全球城市

演化原理与上海2050

GLOBAL CITIES

周振华 ///////////////////////////// 著

格致出版社 上海人民出版社

目　录

0 导论

21 世纪是城市的世纪。在全球化与信息化两大潮流交互作用下,世界各地不断涌现和迅速发展的城市区块群集、跨界连接,形成纵横交错的世界城市网络。在这一网络中凸显重要地位的关键性节点,即全球城市,作为现代全球化的空间表达,日益成为全球经济、政治、科技、文化、社会领域的战略制高点,在全球网络连接中发挥超越领土国界的资源流动与配置功能。因此,全球城市已引起世人的高度兴趣与关注,成为现代学术研究焦点之一,并被一些国家列入重大发展战略。

0.1 背景与意义

当今世界,全球化与信息化两大潮流交互作用带来的巨大变革之一,是全球网络连通性日益增强。这种跨越与渗透领土边界的连通性使全球政治重新洗牌,地缘经济来到前台中央。从地缘经济角度讲,各国将致力于控制全球节点,将其作为实力和影响力的来源。在这一新背景下,全球连通性的管理之战将是冲突或调解的主要推动因素。其中,全球城市作为全球网络的关键节点,是全球连通性流动的"水龙头",不论是管道、渠道、贸易航线还是互联网的连通性。显然,谁拥有全球城市,谁就有权力掌管控制和输送经济连通性流动。从这一意义上讲,"全球城市"发挥的作用甚至可能比旧的民族国家更重要(Perulli,2012)。为此,全球城市崛起与发展就成为一个重大世界性影响的问题。

一些发达国家凭借其全球化主导地位和全球经济核心地位,早在 20 世纪 70 年代开始就已陆续形成一批较为成熟的全球城市,在全球连通性管理上发挥着重要作用。随着全球化进程深化及世界经济重心转移,新兴经济体在融入全球化过程中不断发展壮大,正有一批新的全球城市崛起,在全球连通性流动中日益具有重大影响。面向未来 30 年,我们将处在一个快速变化的世界,新情况、新问题不断涌现,事物的更新、转化、演进瞬息万变。未来 30 年可能比以往变化更快、更大,将处于一个极度非稳态、充满不确定性和复杂性的状态,是世界大变革、大调整、大布局的重要时期。因此,不管是较为成熟的全球城市还是崛起中的全球城市,都将面临适应新形势变化及其进一步深度发展的新挑战,需要谋划未来的发展。

Healey(2010)深刻指出,一个城市未来发展的思想必须"扎根"在控制关键资源的参与者的"心脑"中。因为这种战略思想可能在未来对其在全球城市之间竞争中的角色和为当地公民获取最大好处的潜力将越来越重要(Newman and Thornley, 2005)。为此,一些老牌全球城市纷纷研究和制定面向未来 20—30 年的发展战略,如"纽约 2050"、"伦敦 2030"、"大巴黎 2050"、"芝加哥 2040"、"首尔 2030"等等。对于新兴经济体正在崛起的全球城市来说,更需要把握世界变革、发展主流趋势和战略机遇,充分认识自身在本国全球地位及世界政治经济大格局中的功能定位,谋定而动,顺势而为,充分调用战略资源与动力并通过合适的发展路径迈向全球城市。

当前,中国作为新兴经济体是世界经济增长的主要引擎之一,在全球经济中的地位及其作用日益突出,成为世界重要力量之一。面向未来 30 年,正是我国走向实现中华民族伟大复兴"中国梦"的重要历史时段。在此过程中,势必伴随全球城市崛起,并在全球连通性管理上占有一席之地。上海作为崛起中的全球城市,在未来发展中肩负的重要使命之一就是服务于国家战略在实现中华民族伟大复兴"中国梦"中扮演重要角色。上海未来发展必须站在这样的历史高度,具有高瞻远瞩的战略洞察和战略思想。为此,上海开展了面向未来 30 年的发展战略研究,以确定迈向卓越全球城市目标愿景以及比较清晰的可持续发展框架,增强社会共识和城市凝聚力,并将战略思考转化为战略行动,保证重大举措及政策实施的连续性和综合性。

全球城市的战略研究,包括"上海 2050"发展战略研究,有其自身的研究范式,更注重于趋势预测、目标研判、情景分析等,但在其背后总是基于某种理论框架的支撑。否则,战略研究很容易陷入杂乱无章、主观臆想的陷阱,大大降低其科学性和前瞻性。目前,国内外的这些全球城市战略研究,总体上是以全球城市理论为基本框架支撑。全球城市理论为这类战略研究提供了相应思想知识基础,特别是全球城市的网络属性特征及其功能、全球城市区域等方面内容以及网络空间等分析方法工具,但其在动态演化方面的研究尚不成熟和完善。而动态演化研究恰恰是全球城市发展战略研究中最需要和直接的理论支撑。现有全球城市理论的这一重大缺失,造成全球城市战略研究更多基于一般城市发展规律性,难以体现全球城市独特的演化内涵及其趋势。具体讲,由于缺乏对全球城市动态演化本体论的深刻认识,这些战略研究往往忽略全球城市未来发展的作用机理,抓不住其发展主线;由于缺乏对全球城市动态演化重要变量的系统理解,这些战略研究的趋势分析往往离散化,抓不住影响全球城市未来发展的核心因素;由于缺乏对全球城市演化动态过程的准确把握,这些战略研究的目标愿景及其定位可能带有更多想象力,而不是历史与逻辑的合理推演。这一倾向或问题在许多全球城市战略研究中都不同程度存在,也许已成为一个国际性问题。鉴于此,我们迫切需要深入研究全球城市演化原理,为全球城市战略研究构建其动态演化框架,或提供更好的指导和支撑。

与此同时,对于全球城市理论本身而言,动态演化研究是其理论深化和完善的一个重要方面。回顾全球城市研究文献,早期全球城市定性研究往往停留在现象归纳和比较分析上,从全球化背景中直接推导出全球城市的简单逻辑关系,注重建立全球城市功能和层次结构的研究框架,对全球城市在经济全球化中的地位与作用、通过什么样的运作方式发挥与众不同的作用等问题进行了大量、详细的诠释。其后,随着研究的深化,开始转向采用城际关联的关系视角来探索全球城市之间的网络和流动,并形成了一个关系分析的高潮,挑战原有的全球城市概念(Derudder,2008)。这种新的理论和实证视角把全球城市视为全球网络中流动的主要节点,主要关注城际网络结构方面,通过实证研究衡量全球城市的连接,进行所谓的全球城市排名。这一类研究文献近阶段迅速增多,开发了不同方法从各方面来描述全球城市连接的强度和性质,把更多城市和不同城市网络形式突显出来,从而深化了对全球城市的理解。在此过程中,也提出了一些动态分析及其观点,如Jacobs(1969)和Castells(1996)在不同时间从不同的理论视角均强调了要把城市理解为一个过程,从而提供了全球城市动态分析的基础,但这是基于理解"城市如何运作"的角度提出的,更关注由有序的机制模式内在形成的一个城市将要做什么的主要特色。还有一些动态研究主要限于全球城市形成的历史维度,且使用比较传统的方法。例如,Tilly(1992)从资本积累水平和资本集中水平两个维度描述了城市和城市系统的生成机制,并通过这个分析框架粗略追踪了城市系统特定的历史发展路径,引导我们关注路径依赖性的重要性,并在其比较研究中作为一个关键的解释因素。一些研究文献也进行了时间序列变化的比较分析,但没有更多解释导致这种变化的主要变量,或者零散地分析这些变动因素。

总体上讲,现有全球城市研究本质上是一种静态比较理论,至多有一些动态分析,但不是演化分析。一些学者也意识到全球城市静态比较研究的问题,指出看待全球城市化不是仅仅讨论当代全球化地理产生(重新)的非均匀点,而是要分析其过程,但这似乎很大程度上是缺乏的(Short,2004)。Robinson(2002)更是一针见血指出,不能从地图上研究全球城市。因此,在原有基础上拓展动态演化研究,构建全球城市动态演化的基本框架,从而解释全球城市"从何来,去何处"的演化轨迹,对于丰富全球城市的立体影像,完善和深化全球城市理论具有重大意义。

0.2 研究对象及主要内容

本书的研究对象是全球城市演化,即全球城市生成、崛起、发展、趋向的动态演化过程。其中,涉及全球城市演化本体论、演化生态环境、演化物种论、演化动力学、演化模式与形态及空间等内容。本书由两大部分构成:基本原理与运用案例。上篇主要阐述全球城市演化原理,构建全球城市动态演化基本框架。下篇主要运用全球城市动态演化基本框架研究"上海2050"全球城市演化的案例,或者说,指导和支撑"上海2050"全球城市发展战略研究。

在基本原理部分(上篇),主要构建全球城市演化理论框架。首要的工作是把全球城市简单范式化,特别是确立本体论基础,其目的是更清晰表达全球城市内涵,深刻理解全球城市为何物、从哪里来、被什么力量所推动、表现为何种基本属性等基本问题。如果演化对象(全球城市)本身的内涵不清晰,就难以准确找到其演化的一组变量及其相互作用关系。如果演化对象(全球城市)本体论假定不明确或根本不同,其动态变化过程的性质就无法确定或完全不同,其结果,要么无法构建演化分析框架,要么构建两种截然不同的分析框架。然而,对全球城市内涵的定义及其表达,必须回归到本体论上,确立其理论假定。只有深入到基于本体论的不同理论假定上,我们才能有效区别对全球城市的不同认识论及不同方法工具,避免停留在全球城市概念表层的争论不休,而且也不会因基于工具主义的经验数据上的争论引起全球城市理论观点的任何变化。实际上,理论之间争议最终将回到本体论上才能见分晓和得以解决,任何理论替代或理论新发展只能来自本体论的新假定。按照全球城市的本体论假定,我们抽象出反映全球城市本质内涵及特性的核心范畴——联结。这一核心范畴为全球城市理论范式化奠定了构造和演绎的基础,避免了全球城市概念化描述。然后,从这一核心范畴逻辑演绎出全球城市存在空间(地点—流动空间)和全球城市表现方式(全球城市网络)等关键性概念。这些关键性概念充分反映了全球城市赖以生存与发展以及发挥特定作用的基本条件,构成全球城市范式化的基本框架。最后,从中定义全球城市,揭示全球城市的时代性和与众不同的特性。

在此基础上,构建全球城市演化基本框架,其目的是解释某一变量或一组变量如何历时而变化,如何在理论上理解所观察到的全球城市变化背后的动态过程。为此,首先要识别和筛选全球城市演化的主要变量体系。也就是,回答哪些是主要变量及其如何相互作用促进全球城市形成与发展。其次要把全球城市演化理解为是由这些主要变量的组合过程导致相应的不同发展路径(Olds and Yeung,2004)。也就是,这些主要变量对某一城市的具体影响有不同的组合方式,从而使全球城市演化呈现不同的路径。这就需要通过分析嵌入于全球网络中的社会经济参与者的视角和动机,来深入挖掘这些网络关系和考察城际流动与联系的内容和含义。最后,才是关注由有序机制模式内在形成的一个全球城市将要做什么的目标定位及主要特色。

在案例运用部分(下篇),主要是运用全球城市演化分析框架进行"上海2050"战略研究。这是基于如下的考虑:尽管理论的一般性来自丰富多彩的实践的抽象,特别是历史演化案例分析在此过程中起着重要基础性作用;但一种理论的力量不仅在于解释过去和现有,更在于预测未来,所以全球城市演化理论也需要运用于未来演化的案例分析,让未来的结果来检验和修正理论。与运用考证方法的历史演化案例分析不同,这种未来演化的案例分析实际上是通过指导和支撑全球城市战略研究来检验一种理论的预测力。我们选择上海作为运用案例研究,与作者本身对上海情况较熟悉有关,但更主要在于其具有典型意义。美国《时代》周刊在《上海的变迁:东方融合西方》专题报道中指出,上海这座城市,是一个世界的宠儿,历史的混合物,不仅代表着中国,也带着全世界的愿望;全世界没有哪座城市能如上海这般更好地捕捉时代脉搏;上海的崛起有着一股不可阻挡的推动力,这股推动力来源于中国五千年的文明;上海作为一座城市,历史并不很长,但东西方交融的活力和乐观充斥在未来的每一个要素中;谁又能否认上海是21世纪最生机勃勃的城市呢?当然,这段评论仅针对上海这座城市的特质而言。如果我们把它放在未来30年中国在世界民族之林崛起的大背景中,那么上海全球城市崛起及在全球网络中的占位就完全与世界经济版图重塑、全球城市网络重构等重大历史性变化联系在一起,它不仅代表着中国及新兴经济体的全球城市崛起,而且也代表着未来深刻反映全球化空间表达新变化、新特征的新型全球城市。

在"上海2050"战略研究中,涉及全球化、世界格局变革、中国崛起及全球城市发展、上海城市基因等影响因子,以及上海全球城市演化目标愿景、核心功能、空间过程、战略资源与核心竞争力、演化中的可能性问题等。我们首先逐一考察影响和决定上海全球城市演化的各种变量的未来变化趋势,从宏观层面的全球化与信息化、经济长周期、世界经济格局变动等,到中观层面的国家经济实力、国民经济安排等变化,乃至到微观层面的城市发展水平、基础设施等。因为上海未来全球城市演化并不为我们主观愿望所使然——"我们希望怎样""我们想要什么",而是基于其面临的战略环境、战略机遇以及驱动力等选择环境,及其作为选择单位的应对与创新能力。在分析这一未来变化过程中,包含随机和非偶然这两种要素。尽管我们重点在于抓住未来变化中的非偶然要素,但非偶然要素都是由对随机要素的筛选而形成的,所以两者要一起加以考察。当然,最终是形成对非偶然要素变化的预测判断。然后,对这些未来变化的主要变量进行综合分析,揭示其相互作用如何以特定的组合方式对上海全球城市演化产生影响,形成上海全球城市演化的结构因果关系和过程因果关系。由于这一组变量之间的关系相当复杂,其动态的关系更是变幻莫测,因此重点在于缜密处理这些变量动态关系及研判对上海全球城市演化影响的可能性状态。再则,具体分析上海城市基因、历史惯性、现实基础及发展趋势等内生性条件,考察其对外部主要变量历时变化的可能性反应。在此过程中,将涉及历史与现实、现实与未来、内因与外因、作用与反作用等众多方面关系,重点在于分析上海这座城市携带的知识与信息及其在与外界变化的相互作用中将如何表现与发展。

在此基础上,基于历史发展轨迹,把握未来发展趋势,综合运用这些主要变量及其相互关系逻辑演绎其动态过程,合成推演(推测)上海迈向全球城市的演化可能性及愿景目标,粗线条勾勒出上海全球城市演化的核心功能,以及全球城市空间扩展过程的基本路径。最后,分析上海作为一个城市有机体在其演化过程中如何依据战略资源及核心竞争力发挥内在能动性,以及应该发挥到何种程度。由于全球城市演化取决于知识潜能和物质条件。在短期内,特定的物质条件约束决定了城市的发展;但在长期,城市系统创造知识潜能的自生能力可以减少与排除这些约束,因而成为城市发展的决定性因素。因此,重点在于分析上海全球城市演化过程中面临的主要可能性问题风险,以及缓解这些风险的基于适应与学习过程的主要动态要素,如新的发展愿景和猜想、可扩展活动的知识与信息等。

0.3 研究方法

本书上下篇的内容(全球城市演化),本质上是一个有机联系的整体。然而,毕竟一个是演化原理,另一个是案例运用研究,所以在研究方法上是不同的。为此,我们将分别阐述其各自不同的方法论。

全球城市动态演化理论研究,是全球城市生成发展及变迁速率和方向的学理性研究。鉴于全球城市演化内容的复杂性,需要从不同角度予以理论解释,从而通常采用一组方法论。

(1) 结构—过程方法。全球城市演化意味着来自空间和时间中奇特变异现象的新世界状态的突现,进而导致经济过程新型态的出现,其中也许产生新的实体。因此,它本质上不是总量扩展,而是一种结构变迁,要求基于差异和多样性来识别经济活动及其功能的相对重要性的结构—过程方法。由于这种差异历时而持久存在,不是随机偏离的,因此这种结构—过程方法可用来分析全球城市演化形成的因果关系,意味着一种"内在的关系"。其中,结构因果关系是组织的现象,即全球城市各个部分是如何协调以形成整体的;过程因果关系作为一种分析手段,其目的是要把握全球城市历时变化的动力学。

(2) 个体群方法(population approach)。由于全球城市演化中的支配行为多样性变化的规律性只能在个体群层面上观察到,所以全球城市演化通常要采用个体群方法,与实际群体的分析密切相关,而不是指个体城市。个体群方法作为描述性集合,不是任何个体的代表者,而是群体的代表。这就要求在分析单个全球城市崛起或发展时,要将其纳入实际群体的一般演化过程中加以考察。个体群方法与本质论方法(typological approach)不同,前者把多样性视为基本实在本身,是变化的先决条件;后者关注理想类型,把所有对理想类型的偏离视为偶然,从而导致整齐划一的行为者假定。个体群方法关注的是群体和用群体统计特征的变化对演化的测量,即关注的是给定群体中某种行为变化的频率,从而可以反映全球城市演化内核的显著特征。

(3) 分类学方法。全球城市是由许多具有突现特征的实体构成,这些实体具有自主的本体地位,因而不存在对全球城市进行测量的统一标尺。例如,在一种给定的外部约束结构中,不同城市的适应性是不同的,其测量不可能存在统一标准。而且,由于这种约束条件经过世代时间和物理时间而演化,其信息反映不同时期的不同环境压力;反过来,这并非必然反映为一种必然的统一世界。因此,在考察全球城市演化中,必须在规则性描述与个体现象陈述之间插入一种正式的分类学方法。这种分类学方法意味着空间与时间上的某些全球城市现象被归入自然种类中,它们是在经验规则性的意义上,其行为符合某些(现象学的)规律。分类学方法强调城市之间的差异而非共同特点,从而避免所有标准的加总程序。事实上,加总问题属于全球城市现象的共时维度,而全球城市演化则属于历时维度,只能基于分类学的差异性。

(4) 叙述方法。按照前面所述,变迁的分析必然是一种结构分析,而对结构不可能进行统一测量和加总,必须引入时间,得出不同时间维度交互作用所导致的历史方式,因而在考察全球城市演化中必须采用叙述的方法。这种描述性解释把研究普遍规律的因果机制分析与对新奇的个性描述联系起来,并在一种非形式化的和非偶然方式安排的思想网络中把各种关于单一机制的理论陈述联系起来。其重要特点之一,就是在归纳与演绎之间保持反思性的平衡。因为经历了选择的奇特事件不断涌现,所在归纳必然具有其地位;然而,如果这种奇特事件涌现被结构化,特别是如果这种过程的某种最终阶段通过把历时过程结合到共时分析中被仔细考察时,在这些结构选择中起作用的机制可以在演绎框架中被分析。

(5) 类比方法。由于各种类型的演化具有某些共同要素和通类性特点,所以全球城市演化研究在一定程度上可采用类比方法,特别是适应性演化方法。例如,类比某种有机体以及将多样性、变异、选择机制等应用于全球城市演化研究。这种借助于类比方法进行全球城市演化解释是有用的,也是比较普遍的,但要注意其局限性。因为全球城市演化中存在着人类能动性的目的维度,其适应性演化不同于生物的适应性演化。而且,选择过程中对过去选择结果的记忆(基因)和对未来的预期,其塑造的相关行为者的选择特征必定在过程状态中发挥作用,但这不可能是普遍意义上的理性,也不可能是所有行为者以同样方式在过程状态中发挥作用。事实上,行为者的预期不同,正是变异发生过程的核心;而创新和创新战略正是特异预期得以形成的过程。因此,全球城市演化的解释具有独立于其他应用领域的自身逻辑,本质上不是生物学解释,其类比方法只能部分或局部运用。

此外,还有一些演化研究方法在理论上是合理的,但实际应用可能难度很大。例如,基于模仿者方程(replicator equation)的统计方法。这种模仿者方程界定了全球城市在全球网络中节点地位的分布动态,全球城市相对地位的变化取决于其特殊选择特征如何围绕着当前群体平均值而分布。所有动态运动,都要远离平均值原则。从这一意义上讲,全球城市演化可以被统计理论来描述(Horan, 1995),但由于全球城市演化不能被视为趋向于某一吸引点的收敛过程,所以不是概率意义上的,而是关于在选择和发展的压力下总体分布的统计动差如何随时间而演化。也就是,该方法运用选择特征分布在统计上的特征,用分布的群体动差来解释演化的变迁。但全球城市的统计历来是其研究中的一个难点,且要建立庞大的数据库,采用这种方法是相当困难的。本书研究没有采用此方法。

全球城市未来演化案例研究或战略研究,主要涉及影响和规定全球城市演化的各主要变量历时变化及其共时相互作用的预测判断,以及各主要变量调整对全球城市演变"时延"影响过程的动态分析,从而有其自己特定意义的方法论。在本书研究中,我们主要采用了以下一些方法。

(1)多视角扫描方法。影响和规定全球城市演化的每一个主要变量,在历时变化中的现实可能不仅仅有一个,而是有多个平行的现实同时存在。从这一意义上讲,没有一幅扫描图景是"完整"的,每一幅图片只是丰富多彩现实中的一个节选。同样,变化中的发展路径(从此岸到彼岸)可以采取任何形式:一条曲线、一个正弦波、一个螺旋式等。因此,对于每个主要影响因子,要以同一时间在多个层面并行发展的形式进行趋势预测,多视角扫描其对未来全球城市演化影响的多维草图。

(2)系统集成方法。由于各主要影响因子是通过共时相互作用方式影响和规定全球城市演化进程,并且选择环境与选择单位之间有一个动态互动过程,因此要基于多方面因素及其关系的深刻思考,对其影响作用进行系统集成,并对选择环境与选择单位之间的动态互动过程进行系统集成。这种系统集成主要基于它们相互之间的关联性,但这种关联性首先是以其单个预测判断的准确性为基础的。如果其中有一些预测判断发生严重偏差,则会影响其他预测判断的准确性,从而导致总体(集合)预测判断或最终预测判断出现问题。另外,系统集成不是"集合"所有的未来可能性情景,而是选择诸多未来情景中最有可能发生的情况作进一步阐述。

(3)折中主义方法。从动态研究面临的不确定性来讲,没有一种预测分析范式是绝对正确的。不同的分析范式只是强调了不确定性现实的不同方面。为此,预测分析中要将主导范式发生重大转变的可能性包括进去。最为理想的情况下,应该根据面临的问题从一个范式转移到另一个范式,以避免囿于通过"一副眼镜"(即目前的主导范式)进行分析的局面。但在折中主义处理中,要按照假设的逻辑展开,具有内部一致性,以避免趋势预测的一部分与另一部分自相矛盾。一旦假设错误,不仅涉及目标的最终状态,而且对发展路径的描述也将是错误的。

(4)历史—逻辑演绎方法。研究一种动态的现象时,应当基于历史观点:准备向前预测多少年,就应当回头向后看多少年。同时,分析诸多关系变量对全球城市演化的动态作用,需要具备有关主题的知识,要有强大的逻辑演绎力量,根据可以获得的事实做出预测分析,否则将导致因果关系的偏差甚至倒置。这种历史—逻辑演绎方法要求有意识地选择某种范式,因为一个范式就是一种世界观,同时也是一个简化的过程,可以帮助我们将事物的显著趋势与那些起干扰作用的"噪声"区分开来。

(5) 粗线条"写意"方法。从技术上讲,判断那些根植于全球城市演化中的稳定因果反馈结构的趋势和倾向是完全有可能的,但趋势预测与事件预报不同,不是预计未来全球城市演化中的个别事件或细节,而是具有广泛性质,是粗线条的"大画面"。从这一意义上讲,趋势判断是不可能以高准确度来完成的。就一项预测来说,其最终正确的几率只要比错误的几率更高就可以了。因此,这种预测判断是预示性的,但没有确定性,判断结论出现一定偏差属于正常现象,并不企望能达到何种精确程度,只要大体轮廓基本相符,战略研究的价值也许仅此而已。

此外,"上海2050"发展战略研究是一个开放学习系统,意味着不论采用什么方法得出的判断及其结论都是初步的、现阶段的,而不是最终定论。随着上海未来建设全球城市过程的逐渐展开,通过基于产生优势的选择标准以及学习或适应过程,我们应该对当前确定的全球城市演化愿景目标和路径进行筛选和适应,对有哪些不完备和不合适等情况有新的认识和更好的想法,从而相应修订目标和路径。这是战略研究特有的基本方法。

0.4 研究特色、创新点及其不足

我们知道,全球城市演化是一个实践过程。全球城市演化理论从根源上讲来自其实践知识增长及其高度抽象。然而,思想知识(理论)增长并不仅依赖于实践知识增长,也可以是现有思想知识为基础的思想知识(理论)的发展,即思想产生思想的一个自动催化过程。这是所谓的思想创生动力学。从这一意义上讲,全球城市演化实践也是由思想知识(理论)的增长所驱动的,体现了理论指导实践的意义所在。但思想生产函数(production function for ideas)概念表明,现有思想知识有其局限性,更何况现有全球城市动态演化思想知识本身积累较少且不完善。而且,尽管基于信息的非竞争性,思想可以被任意次数使用,但给定思想存量的情况下,更多的研究努力最终也会造成收益递减(Machlup,1962)。这就是我们研究全球城市演化面临的主要困难和挑战,同时这也意味着要有更大的理论创新和重大突破。

我们在这一研究工作中,首先是基于对大量全球城市文献的梳理,包括全球城市理论研究的演变过程及其脉络、不同理论观点的识别及其整合,以及各种观点相互之间关联性的考察。其主要目的,不是一般文献整理,或把现有文献研究观点简单反映出来,而是在此基础上进行全球城市理论简单范式化。一是全球城市理论观点的系统集成,不仅是对一以贯之发展的理论观点、具有互补性的理论观点进行集成,更主要的是通过对截然不同的理论观点的改造和重构进行集成。二是尝试性地提出全球城市本体论假定和核心范畴,不管其是否成熟和完善,这在现有文献中是较少见的。三是初步形成全球城市理论简单范式化轮廓,为全球城市演化提供了别具一格的新视角。

全球城市演化框架的构建,更需要创造性和尝试性的新探索。首先,全面揭示全球城市演化的系统性选择力量,并作出详细说明。因为全球城市演化理论解释的内容,既包括这些变量或系统所经受的某些随机变异或扰动,也包括对现存变异进行系统性筛选的机制。在一些全球城市变迁中,存在着强烈的群体选择力量。当然,这里还有一个相当复杂的群体性选择的标准问题。在尚未解决选择标准问题之前,演化理论只是有限的解释力;当这一选择标准问题合理解决后,演化理论可以用来解释并在一定程度上用于预测。其次,揭示全球城市演化中的主要动态要素,即新的发展愿景和猜想、可扩展活动的理论和模型的生成,它们将在实践中得到检验。因为全球城市演化的一个特征就是个体学习、组织适应和组织的环境选择,而且它们是同时存在的,因此对大量外部条件(全球和国家层面)变化的反应和内在能动性显得十分重要,其中新经济活动及功能的创生起着特殊的支配作用。这就要求既对相应外部条件的全面考量,也对新经济活动及功能创生条件的深入分析,并阐述两者之间的密切联系。同时,必须重视惯性力量的存在,其为筛选中的幸存者提供了持久的保证。再则,揭示全球城市演化过程的三种基本要素之间的相互依存关系。因为全球城市演化不能简化为仅仅是行为变异或微观多样性和功能变迁型态(patterns)的选择问题,其发展要素是不可或缺的,否则演化框架是有严重缺陷的。正是通过发展过程,才有经济活动及功能的创新。三者之间的联系取决于满足经济需要的“更好”方式能否随时间推移而提升其相对重要性。最后,揭示制度框架在全球城市演化图景中的重要性,特别是对发展过程的实际价值。同时,把这些秩序性的制度和组织作动态处理,其同样也是演化的,经历变异、选择和发展的过程,从而把制度结构内的演化和制度结构本身的演化纳入全球城市演化框架。

在初略建构全球城市演化理论框架基础上,我们运用其进行上海全球城市未来演化的案例研究。这是一种大胆尝试。就我所接触到的文献,目前还没有这种全球城市未来演化的案例研究。这一案例运用研究,实际上是结合了“上海2050”发展战略研究。战略研究有其自身的研究范式、分析方法、话语系统，更是一种跨学科的综合性研究。与其他研究的重大区别之一，在于其更注重目标导向及其前瞻性考量。例如，与理论学术研究的观点导向（针对不同的观点）、政策咨询研究的需求导向（针对需要解决的现实问题）等不同，战略研究通常是前瞻性的目标导向，即针对目标可能性的研究。由于当今城市的经济发展和内部结构日益受到全球化，特别是城市外部关系的影响，越来越难以分析城市内生的、来自在传统意义上行政边界内正在发生的"内部运作"，因此我们把"上海2050"发展战略研究置于一个全球开放系统中，重点研究城市的外部关系，特别是全球城市网络关系的影响，从中寻找适合上海在世界经济中（更好）位置的目标定位。也就是说，上海未来发展前景将由其在全球经济网络关系与全球空间分工中的特定位置所决定。这是上海未来30年发展战略研究的核心问题。但这要求进行各种影响全球城市演化的外部趋势分析，其涉及面广、专业性强、工作量大，以单个人的力量很难来做全部相关变量未来变化的预测分析。好在目前已有一些国际智库和学者从不同角度研究全球、国别或某一领域的2050发展战略，使我们可以从中借鉴和引用一些相关预测判断，但这些趋势判断的主要结论由我们自己来研判和选择。

随之而展开的关键问题，是如何识别和确定上海未来愿景目标。这在许多战略研究中都是一个没有很好解决的问题，主要倾向于把全球城市作为标签，然后通过各种衡量标准来设计全球城市愿景目标。例如，有的通过历史标准衡量或按历史逻辑来设定愿景目标。这种历史标准被认为是相关的某种过去状态的记录或追忆（Loasby，1991）。具体讲，就是借鉴别的全球城市怎样走过来的历史作为推理的集中点，为面向未来的全球城市愿景目标进行设定。其背后，实际上是相信未来在许多方面将与过去相类似，其基本假定是：过去与未来是对称的，存在着不变规律。又如，有的通过外部标准比较的衡量来设定愿景目标。这与某类路径依赖模型有关，实际上是假定：愿景目标设定（这样而不是那样）完全依赖于其他全球城市目标定位出现的相对频率，即以相对频率高的全球城市目标定位为参照系或标准来设定未来发展的愿景目标。问题是，全球城市崛起的历史背景及发展路径各不相同，全球城市目标定位出现的相对频率也是动态变化的，因此这实际上是以静态方法来设定动态愿景目标。还如，有的通过想象标准衡量来设定愿景目标。其基于相应情景中对未来可能性的某种评估，并以此来设定未来全球城市的愿景目标。作为一种战略研究，固然要有想象力，畅想较为容易，幻想更为轻松，但均不包涵未来不确定性，或者说把不确定性排除在外。而不确定性现象，特别是与基本不确定性现象相关的新奇事物，必然会将行为者置于一种必须把错误和失败都预期到的相应境遇之中。显然,想象的逻辑推断有较大局限性。再如,还有通过计划标准衡量来设定愿景目标。这实际上把未来目标看作是被设想的:按照打算("拍脑袋")的东西对结果进行判断。然而,全球城市是"人类行动的结果,而不是人类设计的结果"。全球城市战略研究之所以出现上述这些问题,主要在于仅认同了"全球城市"这一概念符号,而往往缺乏对其内涵、特性、语境及其概念适用性、特定运用等的深刻理解和掌握。简言之,缺乏全球城市演化理论的支撑。我们知道,任何一个有价值的战略研究,都是基于某种理论框架的,而不是仅仅借用某一概念。

与此不同,我们依据全球城市演化理论进行这一战略研究,直面未来的不确定性、复杂性。首先,充分认识到全球城市寓于不断深化的全球化过程之中。因此,全球城市的"地方"不能被理解为具有单个驱动活力,包含在明确定义的空间边界内的综合体。相反,它们是由在多个网络中投资物质项目和赋予地方品质意义的参与者交互作用形成的复杂结构(Healey,2007)。而当代全球化则被称为无数信息、商品和人员流动的暴风雪,这一绝对量级的"全球流动空间"是如此令人生畏:它反映了一定程度的社会复杂性,很难预期,更不用说理解了(Thrift,1999)。面临如此不确定性、复杂性,我们确实无法知道未来,但也不能只是空中挥手和哀叹复杂性,因为我们可以确定当前进程,其预示一个可能选择的未来。关键在于:要把全球城市作为一个动态过程,按照演化的逻辑来进行科学推想(推断)。可以肯定的是,全球城市演化不应该被认为是无序的、变幻莫测的,而是依据一系列因变量与自变量关系被定向在一定范围和区间,仍有某些规律可循。我们在这里所做的工作,就是尊重所面临的复杂性,同时在这当中寻找我们的机动性,解释城市演化的全球力量,梳理全球化的不同空间和形成一个城市全球角色的特定愿景。为此,我们建立了一个保持全球城市发展复杂化关键特性的简化框架,作为开展战略研究的一个可行基础。这种拓扑框架是现实中非常复杂的全球城市演化的对立面。超越复杂性的关键问题是:复杂性本身就是过程参与者的一个产物,这在城市发展战略研究中必须充分重视。当然,在面向未来的战略研究中,我们并不是简单排斥其他逻辑的推断,其也可以作为一种参考。但必须明确,演化是主逻辑,其他的则是次逻辑,而且要纳入演化主逻辑的基本框架中,作为主逻辑的补充和丰富。通过这一分析框架,我们可以在不确定世界中抓住相对确定的主要变量,在双重复杂性中梳理出主要变化趋势,从而展望上海未来发展的可能前景及战略定位,提供达到这一愿景"什么是必需的"多重准备。"上海2050"作为一个未来演化的案例运用分析,尽管面临未来许多不确定性而难以提高其准确性,甚至可能出现较大偏差,但基于对全球城市演化理论的实际运用，至少在学理上可以"自圆其说"。

　　由于知识存量不足，且又是全新的尝试，本研究只能作为一个初步性成果。全球城市理论范式化还停留在比较简单、粗线条的层面，尚未深入探讨和精致构造；同样，全球城市演化分析框架的构建也只是初步的，尽管已基本具备所涵盖的核心要素，但并没有形成完整的理论体系。运用全球城市演化分析框架的"上海2050"案例研究，严格意义上讲是理论实证研究，更侧重于战略形成的机理分析，用以指导和支撑发展战略研究，而不是战略研究本身。当然，其中涉及战略研究的内容，也需要运用战略研究的预测方法，但充其量也只是理论版的"上海2050"发展战略研究。好在这只是用于全球城市演化的典型案例分析，也许不用从战略研究角度苛求其内容全面性、判断准确性、观点前瞻性、数据原始性等规范。当然，这也注定了其战略研究的全面性和完整性的欠缺。上述这些理论和案例研究的不足和缺陷，在某种意义上讲，也为今后全球城市演化研究留下较大空间。毕竟这一艰巨的研究工作及演化理论构建是个体难以完成的，需要依靠群体力量，并且是一个持续不断的深化过程。

上篇　演化原理

本篇在全球城市范式化基础上，通过结构—过程、个体群、分类学、类比、叙述等一组方法，研究全球城市生成发展及变迁速率和方向的基本学理，构建全球城市演化分析框架。

首先，定义全球城市，揭示全球城市本质内涵及时代特性，确立全球城市演化的本体论假定及抽象出全球城市演化核心范畴——联结，并把基于联结的世界城市网络作为全球城市演化框架。在此基础上，通过演化组织架构、影响因子及演化过程分析形成全球城市演化动力学，从宏观全球城市演化角度构建演化主导模型，以及从个体全球城市演化角度阐述演化（类型）多样性，并通过全球城市演化形态趋势研究揭示全球城市演化的内在走向及表现。最后，分析全球城市空间过程演化，揭示全球城市网络化功能得以发挥和实现的独特空间结构。

1 文献综述

　　全球城市演化作为全球城市理论的一个重要组成部分,主要涉及演化主体及本体论、选择环境及背景条件、演化动力学以及动态演化机制、路径等内容。但目前全球城市演化尚未形成专门独立的研究分支,一些零星观点和思想散落在全球城市相关研究之中,需要从中筛选和撷取。更主要的,全球城市理论发展时间不长,在作为演化单位的全球城市本身内涵及本体论、空间结构等问题上存在诸多歧义,需要进一步梳理和明示。因此,此文献综述涉及的范围较广,内容相对较多。

1.1　全球城市研究

　　全球城市研究在 20 世纪 70 年代以后开始兴起①,经过 40 多年的发展,目前已逐步形成涉及广泛内容、运用不同方法工具、定性与定量互补、不断内涵深化的新型范式,完全有别于传统的城市理论②。

1.1.1　全球城市理论发展

　　尽管在 20 世纪 70 年代之前就已提出世界城市等概念,如 Hall(1966)吸收早期 Geddes(1915)的研究成果,提出一些城市在国际层面上的功能集中,并将其定义为"某些进行一个非常不成比例部分世界最重要商业的大城市",但主是基于传统城市理论的"当地研究",并不具有全球城市的特定涵义。全球城市研究兴起的特定背景,是基于 20 世纪 70 年代的三大发展:第一,1971 年布雷顿森林协定体系的崩溃导致对全球金融

---

① 现有文献中对全球城市有不同的定义和理解,甚至使用不同术语(世界城市或全球城市)来表达。大部分学者将两者混为一谈,指的是同一个涵义,但也有学者(如 Sassen,1991)认为两者不同,并予以区分。笔者倾向于使用全球城市这一术语(在第 4 章予以阐述)。但在此文献综述中,我们仍引用原作者使用的术语,且将其视为同义的、可替换使用的概念。

② 在传统城市理论中,研究城际关系的传统方法是通过分析"国家城市体系"。通常使用全国人口普查的非关系数据,城市的人口规模定义了一个"国家城市层次结构"。城市研究被国家化,城市关系是领土性的,所以无法对经济全球化背景下伦敦和纽约等大城市作出正确理解。

市场,随之而来的是对主要城市作为"国际金融中心"的研究兴趣。第二,跨国公司崛起和新的国际分工,导致对城市作为"控制和指挥中心",城市企业总部集中的研究兴趣。第三,特定的航空公司到处延伸国际航班,被视为构成连接各大洲城市的全球网络。这些发展成为我们称为全球化的宏观社会过程的一部分,而全球城市成为对这种潜在划时代变化的完整理解,从而形成了大量和充满活力的全球/世界城市文献的发展。

当时的全球城市研究文献呈现"经济取向"的特点,主要兴趣集中于探索和推理新的世界经济版图(Fröbel, Heinrichs and Kreye, 1977)。Hymer(1972)用政治经济的方法研究世界各地城市,发现跨国公司的出现产生了企业高层决策集中在少数主要城市的倾向,提出了对应原理,即跨国公司内的集中控制与国际经济内的集中控制是一致的。这样,世界主要城市将是高层战略规划的主要中心,并形成一个新兴城市层次结构,即发达国家少数关键城市集中化的高层决策日常活动,将被一些地区次首位城市所环绕。Cohen(1981)考虑到企业对先进生产者服务的需求,把这些新要求与一系列全球城市的出现联系起来,扩展了 Hymer 对城市中跨国公司的关注,不仅把全球城市作为公司总部的中心,也作为国际银行和战略企业服务的中心,认为只有具备广泛国际商务机构的地方才能真正被称为世界城市。这是一个跨国公司跨境活动的新战略角色,是作为公司控制和协调新国际体系的中心。同时,Cohen 在比较实证分析中把跨国公司组织结构和城市网络之间的联系结合在一起描述了全球体系及其内部等级秩序。最早提出全球城市术语的 Heenan(1977)明确阐述了其"关注新兴的全球城市的现象",把全球城市崛起与世界经济联系起来,认为跨国公司的全球化和区域组织正形成"创建全球城市的需要",因而全球城市是一个系统的要求。另外,Reed(1981)关注城市作为国际金融中心,等等。这些早期的零星研究,形成了全球/世界城市文献的基础。

在 20 世纪 80 年代,全球城市研究开始逐步形成理论框架,其中 Friedmann(1986)和 Sassen(1991)两位重要学者主导了该理论的发展。Friedmann(1986)基于经济的方法提出了著名的世界城市假设:(1)一个城市融入世界经济对于其内部发生的结构性变化是决定性因素;(2)主要城市被"全球资本在生产和市场的空间组织和关节中用作'基点'",使它安排世界城市在一个基于这样组织的"复杂空间层次结构"中成为可能;(3)世界城市的全球控制功能被反映在其生产部门;(4)世界城市是国际资本累积和集中的主要网络站点;(5)世界城市经历国内外居民的大迁移;(6)世界城市受资本主义对立社会的影响,因此受制于空间和阶层的极化;(7)世界城市发展产生的按价格计算的社会成本,往往超过国家的财政能力。为此,他把世界城市狭义化定义在通过跨国公司的权力和控制上,是经济全球化日益增长的经济地理复杂性需要的一个有限数量的相互关联的控制点。Friedmann(1986)的世界城市假设一经提出,迅速成为许多经济全球化中城市发展研究的支柱。Sassen(1991)则从先进生产者服务的战略功能角度提出了全球城市理论,强调全球城市充当生产商进入全球经济的接入点,以及地理邻近的商务服务公司"打包互补性"等。Sassen开始只把伦敦、纽约、东京列为全球城市,后来扩大到一组20个城市,研究其在全球经济发展中所起的至关重要的作用(Sassen,2002)。

全球城市理论在20世纪90年代以后发展兴旺,涌现了大量涉及范围广泛的文献。例如,Knox和Taylor(1995)、Massey(2007)等试图建立和扩展全球城市理论框架,Short、Kim等(1996)、Beaverstock、Smith等(2000)及其他一些学者创建了测量世界城市形成的方法,Hill和Kim(2000)及其他学者检测了主流概念中一些假设,Wang(2003)、Hamnett(2003)等学者通过选择性世界城市案例研究提供了深入见解。因此,这一期间的全球城市研究产生了巨大数量的观点、结构叙述和不同的方法论。

当然,全球城市理论也遭到一些质疑和批判。Brenner(2004)认为,Friedmann和Sassen的主导观点发展来自努力尝试和理解当代经济过程,都没有从城市本身的理论开始或发展起来,其主要局限之一是与其较薄弱的城市理论基础有关。在其范式中,城市是什么以及它们如何彼此相关是一个未经检验的问题,除了一个模糊的层次结构前提外。另外,Friedmann的"世界城市层次结构"被确认为主要结构,但实际规范的层次结构是一个七个标准列表的"物化理论"。同样,Sassen(1991)的全球城市概念也仍然秉承了层次结构。这种世界城市层次结构采用了经典的"物化理论"方法来评价一个城市的重要性,主要是通过其公司的聚集而不是相关公司的连接关系。Smith(2001)批评"全球城市"是一个被不切当具体化的社会概念,对全球城市本身提出的日益紧迫问题极少提供有用的东西,特别是这一范例的经济主义偏见以及追求一个固定的城市层次结构,"这应该被放弃","(全球)流动的多元性和经常矛盾的成分,因为全球城市论点鼓励社会极化的错误是不可避免的"。

1.1.2　现代世界体系分析

在某种意义上,现代世界体系分析是全球城市研究的理论前提。许多全球城市研究的关键支持者,其(一些)知识实际上来源于Wallerstein现代世界体系分析。

在传统城市理论研究中,Christaller(1933)提出"城市区位论",揭示了城市的规模、功能和等级效应,并且将城市的规模与等级的关系概括为正六边形模型,提出了中心地系统与服务业最优布局模式。这一著名的"中心位置理论"一直专注于地区和民族国家的尺度关系来解释经济发展模式,其领土关系是线性和二元的。与此不同,美国学者Wallerstein(1974)在依附论的基础上提出现代世界体系理论,把所有国家作为一个整体(即世界体系)加以研究来理解社会变革,把世界经济取代国家经济作为其重点,分析资本主义作为世界体系的特点是通过资本积累不断变化的中心—外围关系,主要关注空间动态不平衡发展。他关注长周期,特别是康德拉季耶夫(Kondratieff)周期(约50年的长度)和较长的霸权(支配)周期。对于后者,Wallerstein(1984)作出了独特的贡献,识别了在整个现代世界体系中的三个霸权周期:荷兰周期集中在17世纪,英国周期集中在18世纪后期和19世纪,美国周期集中在20世纪。这种周期在地理上的反映,基本结构是一个核心—外围模式。其核心过程与历史上高工资、高技术、高盈利的输入与输出联系在一起(例如,管理商品链的领头公司工作是一个核心机制);外围过程与相反因素(低技术、低工资、低盈利)有关。在地理上,这些过程往往趋于集中和隔离(反映市场力量、进入壁垒和链条治理形式的演变),从而产生了核心过程主导的经济扩张地方和外围过程主导的经济不发达地方。这样的世界经济核心由一个复杂的经济结构组成,能够主导并创建简单的外围经济结构,以服务其贪婪的需求。Wallerstein(1979)认为这些结构不稳定,还有第三种处于核心形成和外围形成进程中相对平衡的半外围类别。在世界经济的历史中,一些地区或国家通过半外围而上升或下降。

现代世界体系分析在相当程度上被以后的全球城市研究者所吸收与利用。例如,Friedmann(1986)在其城市层次分类中明显使用了世界体系分析——通过对"核心国家"城市和"半外围(semi-peripheral)国家"城市进行区分等。在Friedmann(1986)那里"核心"城市是特指的,因为它们位于"核心国家"。当然,也有一些学者认为现代世界体系分析虽然把世界经济取代国家经济作为其重点,但只是来源于中心位置理论的一个大胆空间跳跃,从其自下而上的农村市场起源,以及作为"国家城市体系"自上而下的集权模式(Berry and Horton,1970)上升至跨国模式。这实际上是把全球经济视为基于民族国家领土的国民经济"容器"的"马赛克"。这种体系思想意味一系列的属性,如"反馈回路"和"趋向均衡"等,而这些并不反映真实的城际关系。而且,把城际关系作为一个体系来处理鼓励了对城市的内向思考,然而城市不应该被视为分离的一组关系(Taylor,2013)。由于世界体系分析明显传承了"中心位置理论"的核心—外围范式,从而也被批评为简单的二元论。例如,Dicken、Kelly等人(2001)明确抱怨中心—外围框架的商品链分析的"世界体系血统",Leslie和Reimer(1999)反对"高度二元语言",

其导致"表面能级"的地理位置。但也有学者认为,上述批评是基于对世界体系分析中核心—外围概念的微妙误解。因为世界体系分析中的核心—外围是一个深层结构而不是"表面"的结果,远非一个简单的"双重世界"。这个修订的中心—外围模型需要两个过程的交织性来达到一个比通常定义采用的国家作为空间类别成分的结构更为复杂的地理结构(Terlouw,1992;Daviron and Ponte,2005)。关键还在于,世界体系分析中的核心—外围不是一个不变的地理范畴,而是支撑一个非常动态世界体系的空间结构。

现代世界体系分析的核心—外围模型,对以后的全球商品链形成和世界城市网络形成都有重大影响,从某种程度上讲是由其两个过程机制所派生出来的。全球商品链分析使用该模型的一个主要原因是为了追踪跨越核心—外围边界地域的链条,揭示价值如何在链条中被增加以及利润如何在链条内被分配的不公平地理。在世界城市网络分析中,通常处于结构上层的核心被定义为核心过程主导的全球城市和"全球化城市区域",而处于下层的外围被定义为外围过程主导的城市和城市区域。因此,核心—外围模型对全球商品链和世界城市网络分析是极为重要的。

1.1.3 跨国主义研究

Smith(2001)认为城市研究应该在一个跨国意义上被改革,改变经济中心的解释,以提供一个对 21 世纪挑战的真实回应,从而提出"跨国城市化"观点。这个"跨国主义"术语指的是不同而又连接的移民维护了区位之间多重联结和相互作用,因而意味着拒绝二元对立,如移民与滞留者、国内与国外、或一体化与家庭社区的链接。Vertovec(1999)等学者描述了出现的新地理——跨国社会空间,强调同时性和多重嵌入的跨国社会关系,既是固定在民族国家的,也是超越民族国家的。这种由自身无明确国家认同的行动者在全球—地方网络中所创建的跨国城市空间,依据跨国的新组织逻辑(如市场透明度等)正被生产和使用。总体上讲,过去十多年中出现了两类跨国主义的文献。

第一种研究思路主要聚焦"跨国资本家阶层",如跨国公司高管、生产者服务公司专业人士(主要,但不是绝对)以及官僚和政客的工作和生活。根据 Sklair(2001)的观点,这些群体构成了一个"跨国资本家阶层"。一方面因为它们拥有和/或控制生产资料、分配和交换的主要手段;另一方面它们是"与资本主义体系一致的",而不是与特定的国家一致的。这些移居者日常生活依赖于多重的、经常性跨国界的互连,其公共身份被配置于多个民族国家关系中的移民。

第二种研究思路涉及跨国都市生活。其中,又细分为三个研究线索。一是跨国社会关系研究。Smith(2001)认为,城市是"跨国网络形成背景下的跨国实践网络站点,为社会互动的社会结构设置以及权力的介质,意味着双向跨国流动的效果"。跨国社会关系作为"锚固"同时又超越一个或多个民族国家,突显出社会空间过程,社会行动者及其网络,通过其打造跨地方连接和创建日益维持跨地方性的新世界存在模式。在这当中,发生的跨国实践是重要的,因为它迫使我们去思考移动对象的位置。跨国城市被视为"具有权力关系的空间——即社会关系的控制—调节—抵触"(Smith,2005)。二是城市转型(如现代化、卫生和住房改革等)中的跨国关系研究。Kenny(2009)认为,必须把跨国主义"作为多重连接的产物,其通过一个精心设计的、多向网络的许多线程连接西方城市与其他的城市,在城市卫生和住房改革汇集了不同国籍的专家的情况下,揭示了这一时期的本地和全球相互作用的参照系,并展示了如蒙特利尔和布鲁塞尔等单个城市所面临的问题,远不是独一无二地,发现了跨国尺度的共振"。Benmergui(2009)呼吁"跨国"思维的主导方式,但在城市作为个体转换机构的思想不能强加于拉丁美洲的地方和国家机关。布宜诺斯艾利斯和里约热内卢的主要团体都能共享这种观点,这些团体"是跨国性建立,通过网络和跨国行动者接触,以及国际会议、国际创业会议或跨国组织,如美洲国家组织和联合国"。三是跨国建筑的角度。Sklair(2005)认为,全球化城市中的标志性建筑被跨国资本家阶层的不同部分"作为一个城市介入的主要策略"所使用。Presas(2005)也关注全球化和最近城市景观重塑之间的关系,有"新型建筑出现——跨国建筑",其不仅仅是一个当地的办公大楼,跨国建筑超越了城市的天际线,通过多样化的全球流动使城市空间互相连接,并定义跨国建筑依赖于这个特定城市空间生产和使用中的主要行动者的跨国特征,以及依赖于建筑作为全球流动与当地基础设施之间节点的功能。为此,跨国城市空间的另一个显著特征是:它们正趋于全球同质化、标准化甚至麦当劳化,其意味着脱离了当地语境化。

上述这些观点是对城市超越物质结构的理解,即作为一种社会环境,以及超越移民的城市化,作为一种社会革命。Wirth(1938)指出,"只要我们确定具有城市物理实体的都市生活……我们就不可能达到任何适当的作为一种生活方式的都市生活概念";都市生活具有超越仅为农村向城市迁移的影响:它定义当代人类的生活方式和社会关系,把大都市设置为"经济、政治和文化生活的开启和控制中心"。因此,非常类似于Massey(1993)形容为起因于物理和社会交集的地方"自然关系"。但Sudjic(1992)从城市建筑和城市景观变化过程的叙述中给人们一个有力的提醒:不要忘记了都市的物理存在,其很容易在地方、流动、社会关系和全球化问题的学术争论中丢失。另一个作者King(1990)从一个更加历史性角度阐述了类似观点,呼吁全球城市的物质元素不要被遗忘在学术抽象中,要考虑城市风格作为象征性权力的物理本质。正如Bourdieu(1989)描述的,这种形式的权力是一种依赖其他学科上实施合理社会分工愿景能力的语言能力,因此定义社会空间为某人在典型个体间谈判的"制造世界"过程中的一个优势。在这个程度上,城市的物质属性在大量外交中有社会反射,因为它集合了构建与城市以及城市(内)政治对话的象征性意象。

1.2 全球化空间研究

全球化构成全球城市演化的主要背景和动力。这使全球城市研究首先要从基于领土边界的国家尺度上升到全球尺度,摆脱传统国家城市体系的束缚,并进行"地点空间"向基于全球化的"流动空间"的结构性变换。因此,与全球城市直接相关,人们对全球化空间有更大的兴趣,呈现一定数量的研究文献。

1.2.1 地点空间与流动空间

空间的复杂科学理论强调,可以从不同的角度看空间。但长期以来,人们实际上只是关注地点空间,即使从不同角度看空间也只是基于地点空间的多角度。例如,Lefebvre(1991)概述了三个不同角度来观察空间:生活空间、感知空间和构思空间。生活空间是我们的社会交往的基础;感知空间是一个物理的实体化环境;构思空间从某种意义上说是被建筑师、政治家、科学家和其他理论上考虑空间轮廓和按照物理空间行事的设计师和规划师所构思的。与此相适应存在三种空间尺度,即距离维度、功能维度和过程维度。事实上,这种地点空间观点深深根植于城市研究中。从20世纪30年代Jefferson(1939)的首位城市研究,经过50年代Davis(1959)的大城市(100万以上人口)研究,直至20世纪下半叶,社会学家、经济地理学家和经济学家引入了大量其他标准来确定在一个地区或在全球范围内商务、政治和文化方面的最重要城市,例如总部或大公司、银行和金融机构、非政府组织的数量等,始终是把城市作为具有地点特征属性实体进行研究的。早期全球城市理论在很大程度上也是由单一地方(地点)空间性的理论所支撑,强调地点对全球城市的空间性。20世纪90年代以来,以Krugman(1991)为代表的新经济地理学作为报酬递增理论革命的兴起,突破了传统主流经济学在规模报酬不变和完全竞争的假设前提下分析经济现实,特别是经济空间的局限性,解释了经济活动的空间集聚和区域增长集聚的动力。Krugman(1991)比较系统地阐述了收益递增思想,并试图在报酬递增基础上建立一种新经济区位理论。但在他看来,收益递增本质上是一个区域和地方现象。因此,尽管通过对报酬递增的 D-S 模型赋予空间解释,新经济地理学对报酬递增、外部经济、运输成本、要素流动和投入产出联系的性质及其相互作用进行了深入的探讨,对于理解全球化条件下的生产、贸易和经济发展的特点具有重要意义,但仍然只是基于地点空间的前提假设,在这点上没有新的突破。

全球城市作为全球化空间表达,必须突破单一的地点空间维度,为此一些学者认为有必要考虑与这些区域发展理论非凡变化有关的空间转换,用新的空间理论来描述地理和区域变化的动力学。Castells(1996)在其开创性研究中提出当代社会性质的本质变化需要一个"新的空间逻辑",区分了地理上连续、邻近的"地点空间"与不连续性、无缝同步远端位置的"流动空间",并把网络化"流动空间"作为社会构造的主要物质支撑,实现了从"地方空间"向"流动空间"的空间结构转变。由此,城市被界定为处理全球信息和创新驱动型经济流动的节点。"一些地方是交换器、通信中心,为所有元素融入网络的顺利交互扮演协调的角色";"另一些地方是网络的节点,围绕网络关键功能构建一系列基于地点的活动和组织的重要战略作用区位"(Castells,1989)。在这样一个空间中,权力来自指挥无数流动的能力。因此,城市作为全球网络节点的角色,对全球经济是至关重要的,因为它们为没有固定位置和移动的货币和思想充当了阈限区域。Appadurai(1997)在"流动空间"的基础上进一步从理论上区分了五种主要流动类别:科技方面由跨国企业、国际组织和政府机构的技术、软件和机械传播的流动所产生;金融方面由快速的资本、货币和证券流动所产生,很明显这不仅通过金融服务人员的传送和集中,而且通过投资和收回投资的迅速改变的地理位置;人群方面由商务人员、客户、旅游者、移民和难民等流动所产生;媒体方面由来自打印媒体、电视、电影渠道的影像和信息流动所产生;观念方面由观念构想的传播所产生。Taylor、Hoyler 和 Verbruggen(2010)也提出要以一个非本地连接的"中心流理论"来补充城际关系的标准处理,而中心地理论作为代表本地(腹地)的连接。这种新结构主义的概念模型,把城市界定为连续网络过程的空间互动,降低了地点在网络中的节点作用,在两个方面是非常重要的:其一,对于世界城市,那儿没有层次结构安排的假定。其二,作为一个网络化的过程,所有城市都被或有可能被整合到网络之中。这意味着由城市作为具有属性(地区特征)实体的研究,转向城市作为一系列关系组成(地点之间的关系特征)的研究。

但也有一些学者认为,在当前讨论的背景下,流动的隐喻是不尽如人意的,存在两个致命缺陷：一是空间具有公认的非可迁性本质特征（Law，2000），而 Castells 流动空间指的是组织没有地理毗邻而同时发生社会实践的技术上和组织上的可能性，从而剥夺了流动的连续形式。这种非连续的流动成为抽象或物质的空间，是非证自明的矛盾语。二是流动空间排斥了结构的因果关系。此外，Deleuze 和 Guattari（1988）指出，Castells 是把流动视为权力的工具，而未把流动本身看作是对权力的侵蚀——这不仅抵消了在无数流动中 Castells 赋予的表面上权力，而且唤起了一个通过流动空间行使权力的外部机构。

1.2.2　流动空间的流量测度

与地点空间的集聚功能不同，流动空间更多体现外部连接，从而需要通过相应的流量来测度其连接程度。在这方面，大多数研究集中于一个狭窄的运输导向中心。例如，Parnreiter（2002）通过主要海运航线和港口的流量来研究城市门户作用，Niedzielski 和 Malecki（2012）研究铁路网络的流量。更多的学者，如 Zook 和 Brunn（2006），Taylor、Derudder 和 Witlox（2007），O'Connor 和 Fuellhart（2012），研究全球航空网络的流量，因为它们更紧密地与城市系统同时发生（Choi，Barnett and Chon，2006）。特别是 Smith 和 Timberlake（2001）使用多个网络分析技术来解释 1977 年和 1997 年间六个时间点上城市之间的国际航空乘客流数据。通过这一流量分析，他们注意到，尽管整个 20 年纽约、巴黎、伦敦、东京和其他少数主要的欧洲和北美大都市主导了这一流量，但其他地方的城市角色和地位已大幅度转变。这种使用空中交通模式来测度流量并定义城市连通性，提供了罕见的城市之间流动纵向研究的可能性，但也受到一些限制。首先，这种方法受限于其地理范围，不能捕捉那些缺乏机场或依赖其他交通方式的主要服务城市的流动空间状态。其次，一个排他性的基于航空运输的测量，并不包括城市连接的一些其他重要类型流量，如物理或电子介导的产品和信息运动，或不是由航空运输承担的个人移动。此外，尽管航空数据包括了所有乘客，但无法把商务和休闲旅行分开，其遵循不同的模式和涉及不同类型的交流（Limtanakool，Schwanen and Dijst，2007）。最后，基于航空的城市网络可能被航空枢纽位置选择等外部因素所扭曲，其可能其有巨大的旅客流量，但经常不是乘客的最终目的地。因此，中心辐射型航空航线组织可能产生对基于网络空间流量状态的偏差估计。总之，这种围绕基础设施及其流量测量的城市网络研究，需要寻找更具包容性和精细的方式来捕捉城市之间的流量及其网络连接，不仅要合并不同尺度上操作的多种运输方式，如飞机、火车和汽车等（Batten and

Thord，1995)，解释城市网络的远程关系特征以及短程关系特征，而且要用新的方法使用现有数据，区分商务和休闲乘客、目的地和中转枢纽等不同流量内容和组织。显然，这些研究相当详细地解决了全球城市体系中城市之间不同维度的物理连接及其流量测度，在全球城市体系的文献中是非常有用和有价值的。

空间流动不仅仅体现在物质流动上，还有许多信息或知识的无形流动。尽管看似普遍意识到 ICT 驱动的世界中信息"本身"的重要性，但在城市和社会研究中涉及这个信息世界中城市连接的分析则很少。只有部分此类趋势被研究，如使用内容分析来分析新闻来源或分析某一时间特定主题的会议记录(Pred，1980；Derudder，2006)，获得一个城市对外关系的替代衡量。正如 Hillis(1998)指出的，人员、产品和物体的物质流动时常取代信息或知识的无形流动。因此，一个重要方面是开展围绕信息基础设施及其流量测量的研究。Mitchelson 和 Wheeler(1994)的论文具有开创性的贡献，其引入了使用城市之间信息流动数据来揭示美国城市系统地理。其后，Malecki(2002)及 Rutherford、Gillespie 和 Richardson(2004)开展了基于互联网基础设施的"全球性覆盖"研究。Choi 等(2006)从两个年度的互联网地理报告中编制了一个 82 个国际城市的网络，这个网络捕获一对城市之间信息流动的能力，测量带宽的每秒兆位(Mbps)。Devriendtl、Boulton 等人(2011)利用万维网(WWW)作为巨大和有价值的信息来源，监测城市关系变化以及定量估计商务突显性。通常为了理解方法论的原因，研究人员更倾向于理解基于基础设施或其媒体传播的信息流动(书籍、杂志、信件、文档等流动)，而不是试图跟踪信息"本身"(Mitchelson and Wheeler，1994)。例如，使用所谓"电子空间"(CP)的方法(一种探寻物理基础设施和物质连接的特定网络地理)，分析比特(数字数据的单位)在空间中的流动。这些信息流的"网络"分析，揭示了互联网"不动产"(如互联网服务提供商、服务器等)不均匀集中的政治经济地理表现是这种信息流虚拟世界的一个支撑(Dodge and Shiode，2000)。互联网基础设施组件的物理位置成为流动空间的基础，因而提供了一个与兴奋/激动的"世界无国界"宣言的有益对应物(Ohmae，1990)。当然，Kellerman(2002)、Bakis(1993)等学者也意识到，如果想要知道更多关于当前全球化信息世界中的城市及其相对位置，那么不仅需要研究有形的信息基础设施及相关的位置流动，而且要研究与信息有关的城市网络空间，识别那些地方(按电子空间方法)之间的信息流动，并定性和定量分析这些是什么信息流动和有多少信息流动(CS 方法)。网络信息不仅仅是在地点之间被引导或不变地运送；它不是中立地代表一个潜在的物质现实，也不是作为飘浮上面的"信息云"而存在(de Vries，

2006)。网络空间概念表明,信息和空间的表现(地图、照片、数值数据等等)是与复杂的地方体验方式相关的。Brunn(2003)使用超链接来考察莫斯科、伊斯坦布尔、德黑兰、北京四个欧亚城市之间的联系(流量或流动)。Williams 和 Brunn(2004)利用地图描绘亚洲最大城市的联系,并对 197 个城市由最突出的搜索引擎得出的信息进行分类。Devriendt、Derudder 和 Witlox(2008)使用超链接二分体分析来描绘欧洲城际信息网络。

但总体上讲,流动空间的流量测度研究是不够的,在实证阐述中一直是缺乏的。正如 Alderson 和 Beckfield(2004)指出的,为了探索和评估世界城市假说的表述,人们理想地构建一个多关系网络,结合城市之间经济、政治、社会、文化联系的数据,不幸的是,这些数据是极其稀缺的。Derudder(2006)指出,如何实施这种流动优先和超越地方(实体)和属性的关联性是经常被公认的挑战之一,但并没有得到解决。

1.3　世界城市网络研究

与一般城市不同,全球城市内生于世界城市网络,是作为网络主要节点而存在的。全球城市演化实际上是基于世界城市网络扩展中的主要节点动态变化。因此,世界城市网络研究构成全球城市演化的一个重要组成部分。

1.3.1　全球城市组织范式

虽然 Friedmann 和 Sassen 也强调世界城市在一个"城市系统"或"城市网络"中形成,从而暗含着对全球城市网络的推理路线,但他们没有明确提出全球城市网络规范,导致之后的研究者往往侧重于城市本身及其"特点",使用一系列通常的属性指标,如公司总部、资本和贸易市场规模等来预言全球连接程度以及规定城市系统,并试图通过世界城市的识别和排名来定义这些层次。

当然,也有一些学者转向思考全球化的网络。Jacobs(1969)早就指出,一个城市仅仅通过与农村腹地的交易不会增长。一个城市似乎总是隐含一群城市在彼此之间进行交易。Sheppard(2002)认为,城市的"地位"是由其在跨国网络的位置所定义的。对此,他赞成非本地关系在城市构成中的重要性,因为条件变化取决于"与遥远地方的直接交互",而不仅仅是"地方自主性"。Taylor(1997)也观察到,世界城市层级"只有通过网络才能被定义"。为此,需要对世界城市网络进行精确规范,否则,不能对其操作进行详细研究——它的节点、它们的连接以及它们如何构成一个整体(Taylor,2001)。为此，Taylor及其合作者Beaverstock等人开始将注意力从中心和复合体本身转向它们作为"世界城市网络"是如何相互影响的，用联锁网络过程的形式来涵盖非本地关系。Taylor(2004)鉴于分散化经济活动的战略控制的必要性，以及再领土化的功能进入全球尺度，坚持认为由这些全球城市中的参与者进行的战略控制，是通过其具有的网络能力实现的。重要的不是城市本身，而是城市之间的关系，即全球连通性，特别是那些连接的质量和强度。因此，世界城市网络研究一直假设：城市位于一个"系统"中，一些城市在这个系统中处于比另外一些城市更好的位置(Alderson and Beckfield,2004)。

从20世纪90年代初开始，Camagni(1993)、Yates(1997)等众多学者通过分析城市之间的流动来描述全球城市网络。尽管缺乏"关系"数据，世界城市网络实证研究的数量相对较少(Smith and Timberlake,1995)，但也涉及诸多方面。为超越城市网络的基础设施和经济测量，更多学者从参与者或机构的角度提出城市网络研究。例如，Brown、Derudder等(2010)、Parnreiter(2010)的全球商品链研究，Meyer(1986)的国际银行网络研究，Barba Navaretti和Venables(2004)的并购和绿地投资形式的外国直接投资研究，Yeaple(2006)的公司内贸易研究，等等。其中，三个网络模型比较有代表性，尽管其基本假设和操作化不同，但都借助city-by-firm数据集来估计个别城市如何通过公司网络被连接的。

1. 跨国公司治理的所有权链接模型

该模型通过查看公司总部与其子公司的所有权联系来定义城市网络，因为这些联系代表"总部所在城市和其子公司所在城市之间的直接互动"(Rozenblat and Pumain,2006)。其中，涉及公司结构研究(Beckfield and Aldersont,2006)、全球公司间董事(Carroll,2007)等。沿着这一研究线路，通常编制基于世界最大跨国公司地理分布的city-by-firm矩阵，如福布斯500强企业(Alderson, Beckfield and Sprague -Jones, 2010)，或欧洲最大公司(Rozenblat and Pumain,2007)。在这种方法中，城市网络规范是非常简单的：它导致非对称(从总部城市到子公司城市)和价值(所有权联系的数量)的城际矩阵。例如，Alderson和Beckfield(2004)解释，传出(出度)连接数量为城市网络的"权力"，而传入(入度)的连接数量被解释为一个城市的"声望"。当然，更复杂的网络分析工具也是有可能的，包括评估整体连接模式中的地理分布(Rozenblat and Melancon,2009)。此外，虽然其基本轮廓非常简单，容易理解，但在实际分析中可能变得非常复杂，因为这一一般方法可以在许多方面进行扩展。例如，可以查看多个层级的所有权,从而在企业层次结构不同层面定义一个城市网络中心(Wall, et al., 2011)。

总之,所有权链接模型认为连接城市世界系统的关键关系是工业部门的跨国企业(Alderson and Beckfield, 2004),侧重于企业网络中的总部—子公司关系,并提供了从city-by-firm 关系直接转换为跨城的"指挥"的联系。然而,所有权链接模型往往产生相当"不完整"和等级景观的城市网络,因为它忽略了多个区位公司组织的变态分层性质。

2. 联锁网络模型

Taylor 及其 GaWC 同事利用 Sassen 核心理念构建了精确规范的"联锁网络模型",并将其实证研究建立在这一规范的基础上(Taylor, 2001; Derudder, Taylor et al., 2003),导致对世界城市网络及其全球—地方张力的深入了解。Taylor 认为,跨国服务公司在世界各地许多不同城市设有办事处为客户提供优越的全球服务。当两个城市拥有相同公司的办事处时,那么它们可能是相互联系的。当从城市 A 连接到城市 B时,其隐式地解释为交互模型中一定水平链接质量的一个概率,即服务的水平可以(可能)期望在一个公司的网络中。按照这一逻辑,联锁网络方法定义两个城市为网络中的联系,大意上是说:(1)它们是相同公司的办公室的所在地,(2)在这两个城市的办事处有大小相当的功能/能力。联锁网络模型专注于高级生产者服务业,它们被证明代表"尖端"的全球经济活动(Taylor, 2004)。这是因为生产者服务公司已经成为跨国公司自身的因素,创建一个基本的"联锁"世界办公室网络,从而考虑到这种变态分层性质来生成一个"平滑"的和经验实证丰富的城际网络。

当然,这只是世界城市网络研究的一个视角和一种方式,正如 Taylor、Ni 等人(2008)也承认,GaWC 测量世界城市网络的方法形成对全球化中的城市理论上知情、经验实证强健的评估,但这一测量只是城市发展中的一个过程——全球资本的服务。而且,这种方法所用的网络投影法"膨胀"了网络连接,使得它难以区分城市网络中紧密连接城市的"实际"集群与来自投影函数的那些集群。另外,一些学者对联锁世界城市网络模型提出质疑。首先,如果城市("节点")仅仅是在真空中独立于商务服务公司(即它们无关/与彼此无关的)的容器,那么任何试图对其层次结构进行排名将不可避免地受到连锁推理悖论难题的困扰(Smith, 2014)。其次,联锁世界城市网络模型过于强调均匀城际关系,不能帮助我们更好理解这些(公司落户)城市之间的不均匀关系。有中心,必然就有外围,因为两者是相互构成的(Hopkins and Wallerstein, 1977)。再则,其连接值是基于生产者服务公司办公室的规模,但规模不能直截了当地本地解释为进入全球的重要性和权力关系(Parnreiter, 2014)。Beaverstock(2011)认为,这一"模型的关键支持者不愿意集中其精力于网络中机构的研究",已经引起了"说明世界城市网络的起源和细微差别的理论进入僵局"。

3. 双模网络模型

Neal(2008)、Liu 和 Derudder(2012)等人认为,city-by-firm 矩阵本身可以被视为一个网络,即一个所谓的双模或对分网络。双模网络的特点是两套独立节点之间的联结(分别是城市和企业)。在双模公司网络中,城市通过相同公司设置分支机构而联结,与公司通过同处相同城市而联结一致。双模网络的联系涉及城市和企业,使其能够同时评估城市在城市网络中的位置和公司在公司网络中的位置。类似于以前的方法,双模网络模型可以产生一个城市联结程度的排名。用双模网络模型,我们可以捕捉城市和企业之间的互动,测试城市网络形成的假设,加深我们对个别城市和企业如何进行本地交互和形成观察全球企业网络的理解。双模网络模型不会引起网络投影导致的信息损失,并利用完整的 city-by-firm 数据集来同时评估公司和城市在公司网络中的位置。然而,大多数学者似乎不使用双模网络分析,因为这些往往是复杂且计算密集的,有时产生很少直观的分析结果。

除此之外,最近的趋向是开始研究一对(双)全球城市,特别是测量一对城市之间的连通性(Taylor, Hoyler, et al., 2011)。当然,这是整体网络连接测量的构建模块。一些学者认为,这种全球城市二联体是全球城市网络分析的主要单位,而不是个别城市。除了"NYLON"作为可识别的城市二联体存在外,也有对巴黎—伦敦提出的"PAR-LON"(Halbert and Pain, 2010),还有人曾经建议"MIRO"为米兰—罗马的二联体城市,等等。此外,城市二联体分析可以采取进一步使用城市内陆世界(hinterworld)的概念——一个城市连接世界各地的地理位置。使用城市二联体分析可以通过特定城市选择了特定内陆世界方向来说明其在哪里是超连接的(over-linked)和在哪里是连接不足的(under-linked)(Taylor, 2004)。当然,目前综合性的城市网络研究还较少,但已有一些尝试。Taylor(2005)在四种类型网络——经济、文化、政治、社会——中考察城市连通性,是迈出了重要的第一步。

1.3.2 城市网络制造者

与一般社会网络不同,全球城市以及全球化城市作为世界城市网络中的节点,其本身只是一个载体,并不是行动者(参与者),因而这是一个联锁网络模型。在联锁网络中,作为次节点的机构(群体)才是行动者,正是通过其联系与流动从而联锁了城市,成为城市网络制造者。Sklair(2001)从广义角度定义了"跨国资本家阶层"的群体是城市网络制造者,如跨国公司高管、生产者服务公司专业人士(主要,但不是绝对)以及官僚和政客、移民等,其跨国流动打造了跨城市连接和创建日益维持跨地方性的新世界存在模式。Latour(2005)甚至专门提出了行动者网络理论:行动被集合,网络由异构关联组成,以此来对接世界城市网络。

然而,主流观点则从狭义角度定义先进生产者服务(APS)公司是城市网络制造者,其通过公司内网络的综合要素流动与联系,从而联锁了城市之间的关系。最初,Pryke(1994)、Grabher(2001)集中于分析为什么 APS 公司位于城市集群,以及分别摒弃了广泛使用的聚集和区位逻辑的城市经济功能方式分析及其市场和创新过程的解释。Bagchi-Sen 和 Sen(1997)发展了 Dunning 和 Norman(1983)的折中范式来分析不同城市先进生产者服务业区位优势,把市场的规模和特征、市场调节以及人员(熟练工人)的区位和实物资产等确定为影响国际化先进生产者服务公司选择在哪里建立外国前哨的核心因素,并对会计和广告业作了比较分析,注意到了"部门差异化的国际化战略"是至关重要的。Cooke、Delaurentis 等(2007)进一步研究指出,其在全球服务经济的最知识密集部分中具有独特的全球和本地交互作用。Pain 和 Hall(2008)认为,它们"在新的全球分工中占居一个独特的位置,作为知识密集型先进生产者服务业产生的中心——集群活动,在向其他企业和彼此提供体现专业知识和处理高度复杂信息的专业服务中扮演关键角色"。它们在区域创新和经济发展中有至关重要的作用,连接多个参与者、公司和经济部门。Pain(2007)指出,APS 批发功能有不同于其他"高科技"和零售业务服务的更分散集群地理的区位逻辑。Yeung(2005)在研究 APS 公司推动经济全球化中,受到进一步打开黑箱揭示公司及其策略呼吁的启发,寻求识别:(1)具有共同战略目标的公司组群;(2)城市在实现这些目标中的不同角色。所引出来的相关研究问题是:有可能区分所谓广泛存在与战略存在的方法。例如,四大会计师事务所(Beaverstock,1996)、主要金融机构(Wójcik,2011)、混合生产者和消费者的服务,如临时岗位招聘机构(Coe, Johns and Ward, 2007),属于广泛存在的,包括维护尽可能多的城市存在,以便通过服务于当地客户需求使收入最大化。广告(Faulconbridge Beaverstock, et al., 2011)、房地产(McNeill, 2008)、律师事务所(Faulconbridge, 2008),则更多与战略存在相联系,由希望找到办公室在最具有重要战略意义之地所驱动,战略重要性是依据全球影响力和市场连通性所定义的,依据创新从而全球化程度来判断这些地方达到何种程度的先锋地位。Goerzen、Asmussen 和 Nielsen(2013)在日本跨国公司区位策略(包括但不限于 APS)分析中,也注意到类似的策略变化,只有某些公司目标优先区位处于战略性世界城市。

值得注意的是,选择不同的城市网络制造者,不仅仅是广义与狭义之分,更主要的是对全球城市网络构造成具有不同的意义,使全球城市网络呈现不同的性质。Castells、Sassen 和 Taylor 等人基于先进生产者服务公司构建的世界城市网络,属于一种可替换功能的组合矩阵。与此不同,Latour 的行动者网络理论则是分解结构,倾向于在多变故的"必须采取行动瞬间世界"中定位它,而不是在功能主义的从远处控制和命令的"一个冥想世界"中定位它(Thrift,2000)。当然,也有一些学者,既赞同 Latour 的观点,坚持全球城市研究需要从其简化为性能、实践、关联中恢复到事件概念,又认为行动者网络理论的无限关联性有消灭其他全部痕迹的危险,以及其坚持不懈尾随关联中遇到的限制则是其无法消除的。为此,Badiou(2006)关注删减法的本体论(事件的非结合力),强调事件的发生必须从一个完全展开的稳定状态中被减去,因为这一地方本身(或结构)只给予我们重复。在 Badiou(2003)看来,一个事件是与不可判定的概念有联系——否则,其发生在状态中可被计算,因此这将是虚张之事,相同的枯燥重复。Doel(2001)认为,全球城市既不是通过结构性权力的指挥和控制,也不是通过行动者网络的实践和执行,它们是多样性的。很明显,多样性不是一个。这是一个多元的复合,其组成和分解是可以永远移置的。这是真实的全球城市和世界城市网络。它们作为多样性的复合而存在,而不是作为单一性。世界城市网络不是什么团结一致,而是解开在一起——一种被极度追求掩饰和阻止的无约束力。

1.3.3　研究主要方向及分析工具方法

世界城市网络研究正朝着不同方向展开,以取得新的突破。在此基础上,通过进一步综合来深化该领域研究。一些学者开展城际连接的解集研究。例如,Taylor 和 Walker(2004)及 Taylor、Derudder 等(2011)的定义内陆世界/定向研究;Taylor、Catalano 和 Walker(2002)及 Neal(2011)的测量功率差研究;Taylor、Catalano 和 Walker(2004)及 Hanssens、Derudder 等(2011)的服务部门比较研究;Taylor、Derudder 等(2012)的战略性网络与地方识别研究,等等。一些学者对不同机构进行扩展研究。例如,Taylor(2005a,2005b)及 Lüthi、Thierstein 和 Goebel(2010)把模型运用于不同于"主要 APS"的其他非商务机构的网络制造者;Krätke(2011)、Toly 等(2012)、Bassens 等(2011)添加了城市作为外交、联合国和非政府组织网络的节点,或者利用模型变形用于其他网络制造者,等等。一些学者进行不同情境的扩展。例如,Hoyler 等(2008)、Thierstein 等(2008)、Lüthi 等(2010)扩展到超大城市地区的研究;Taylor 和 Derudder(2004)、Schmitt 和 Smas(2012)扩展到世界—地区层面的分析;Rossi 和 Taylor(2007)、Taylor 等(2011)、Growe 和 Blotevogel(2011)扩展到国家层面的分析,等等。一些学者对全球城市网络变化进行监测即时比较。例如,Taylor 和 Aranya(2008)、Derudder 等(2010)、Hanssens 等(2011)追踪城市连接性的变化;Pereira 和 Derudder(2010)解释连接性的变化,等等。

在世界城市网络研究中,还涉及不同分析工具和方法的运用,如主成分分析(Taylor, et al., 2002)、多维定标(Taylor, et al., 2001)、差异分析法(Taylor, 2004)、模糊集合分析法(Derudder et al., 2003)、群体分析法(Derudder and Taylor, 2005)、二联体分析法(Taylor et al., 2010, 2012)等。一些学者还对模型的技术进行评估/改进。例如,Liu 和 Taylor(2011)检查模型的稳健性;Hennemann 和 Derudder(2013)进行新的连接性测量;Neal(2011)区分中心性的形式;Neal(2008)进行双模式分析;Neal(2012)分析模型的确定性;Rossi 等(2007)识别决策和服务城市,以及 Pain 和 Hall(2006)、Parnreiter(2010)增加定性研究的需求,等等。

1.4 动态演化研究

全球城市动态演化研究文献相对较少,经常散落在相关论述中,主要涉及城市动力学、演化经济学以及全球城市动态过程等。

1.4.1 城市增长动力机制研究

Jacobs(1969)把城市生产活动划分为两种类型:"旧工作"是已经进行了一段时间仍在继续生产的工作;"新工作"是考虑新方向的生产活动。其划分的依据,不是时间意义上的"过去式""现在式"或"将来式",而是暗含着部门分工水平是至关重要的。如果城市是更多的旧工作,意味着城市的部门分工不变;如果城市呈现新的工作,意味着城市的部门分工变得更加复杂。在 Jacobs 看来,在城市部门分工不变的情况下,这种重复"生产工作"导致一种形式上的经济增长,只是简单的经济增长,但并不被视为经济扩张。这是因为虽然经济可能会变得更大,但它仍然是本质上相同的内容、结构和复杂性。在城市的部门分工变得更加复杂的情况下,由于新工作是"开拓性工作"——它创建新的劳动分工,改变经济的内容、结构和复杂性以及它的增长——从而才是经济生活的扩张。在此基础上,Jacobs(1984)确定了两种类型的城市:动态城市和静态城市。静态城市是被动的场所,通过货物运输,但很少有相关的经济活动且没有额外的财富创造。动态城市是创新中心,本地生产直接扩展到贸易。根据Jacobs(1984)的观点,不是所有城市都一直是重要新工作的地区,而是当它们通过新的工作产生经济扩张时,它们才构成动态的城市。也就是,经济体系的扩张有可能通过进口替代战略,将静态城市转化为动态城市。进口替代活动给城市经济带来独立,创造竞争,形成与其他城市的贸易关系。因此,竞争的城市最终嵌入网络之中。动态城市发展体现在两个方面:出口乘数效应——新工作创造新的出口市场(其他城市),进口替代乘数效应——通过模仿和即兴创造新的工作来供应城市市场(更换来自其他城市的供应商),进口被取代。相较于前者产生稳定的经济扩张,Jacobs(1969)揭示了后者创建"爆炸性"的增长:"一个巨大的过程、甚至可怕的经济力量"。

Myrdal(1957)首先用地区的例子阐述了著名的"积累循环因果关系"概念,说明任何一种形式的循环,或互为因果,或相互作用都是累积的,从而也是失衡的。他承认可能存在内生性变化,这些内生性变化与向上或向下的运动相互作用,但这些相互作用并不会把经济系统带入稳定的均衡,"因为均衡将是不稳定的"。通常,经济系统不存在自动的自我稳定趋势。他强调,"某一变化并不引起抵消性的变化,反而是,引起支持性的变化,这一变化会使经济系统朝着第一次变化的相同方向移动,而且向前移得更远。由于这种循环因果关系,一个社会进程将在累积中向前运行,而且经常以一个加速率加速向前运行"。而且,这种相互作用随着时间的变化而变化,使最初的偶然事件发生重大而持久的影响。此后,该区域不断增长的内部和外部经济加强或维持着它的经济增长。

Dixit和Stiglitz(1977)构建的垄断竞争模型(简称D-S模型),引入了报酬递增和不完全竞争,从而经济活动的演化不再是线性的,而是由非线性动态所支配的。假定存在足够强的规模经济,任何厂商都会选择一个单个的区位来为一国的市场提供服务。为使运输成本最小,无疑会选择一个有大的当地需求的区位。然而,恰恰只有大多数厂商都在那儿选址经营的某个区位才会有大的当地需求。因此,一个产业带一旦建立,在没有外部扰动的情况下,这一循环将会长期持续下去,这就是布赖恩·亚瑟(W.Brian Arthur)所谓的集聚的路径依赖(path-dependent)特性。从某种意义上来说,产业集聚很可能始于一种历史偶然。如果专业化生产和贸易是由报酬递增而非比较利益所驱动,则什么样的产业在什么样的区位形成集聚一般来说是不确定的,而是"历史依赖

（history-dependent）"的。但是，不管属于什么样的原因，某种专业化生产与贸易格局一旦建立，从贸易获得的好处将累积循环，从而使得这一格局因进一步强化而被锁定（locked-in）。

以 Krugman（1991）为代表的新经济地理学是包含非均衡力的经济学，其核心模型是非线性模型，以收益递增作为理论基础。这种收益递增是指经济上相互联系的产业或经济活动，由于在空间上的相互接近性而带来的成本的节约，或者是产业规模扩大而带来的无形资产的规模经济等。因此，Krugman（1991）把空间聚集视为收益递增的外在表现形式，是各种产业和经济活动在空间集中后所产生的经济效应，以及吸引经济活动向一定区域靠近的向心力，并由此解释了城市增长动力机制。人们向城市集中，是由于这里较高的工资和多样化的商品，而工厂在城市集中，是因为这里能够为它们的产品提供更大的市场，因此空间聚集是导致城市形成和不断扩大以及区域发展的基本因素。Fujita 等人（1999）使用历史方法，强调影响集聚的力量的持续和积累。也就是说，存在向"路径依赖"和"历史事件"发展的趋势，反映了空间经济学中演化过程的基本方法。

针对 Krugman"中心—外围"模型主要建立在静态框架之上，其中隐含不存在长期增长的假定，Baldwin 和 Forslid（2000）扩展了该模型，引入资金和产品创新因素，构建了一个长期增长以及工业选址都内生的模型，表明长期增长对经济活动空间分布的影响，并进一步讨论了不同类型经济融合对经济活动空间分布的影响。Currie 和 Kubin（2003）针对中心—外围模型基于连续时段的长期稳定问题，在短期框架中采取离散时间的假定讨论其动态变化。

1.4.2　演化经济学

20 世纪 80 年代之后的现代演化经济学，是对经济系统中新奇事物的创生、传播和由此所导致的结构转变进行研究的经济科学新范式（Boland，1981；Witt，2001）。Winter（1964）指出，演化经济学是关于生成（becoming）而不是存在（being）的理论，因而关注经济动态过程，注重对"变化"的研究，分析均衡是如何达到的。演化被定义为可观察的系统历时地自我转变（Witt，1993）。Alchian（1950）用非线性动力学方法看待经济发展过程，Batten、Casti 和 Johnsson（1987）深入分析了经济变迁和技术变迁。

演化经济学以达尔文主义为理论基础，以达尔文进化论的三种机制（遗传、变异和选择）为演化经济学的基本分析框架。Nelson 和 Winter（1982）提出了一种组织遗传学,形成以其为代表的变异—选择理论。Hodgson(2002)主张要从简单类比转向本体论研究。Weibull(1995)、Vega-Redondo(1996)提出演化博弈论,识别了个体群中带有遗传性固定行为模式的策略——这些通过各自或者是个体群中每个个体的相对频率得到展示,或者是只显示一种策略并以各自的相对频率出现在个体群中的不同个体。

演化经济学强调惯例、新奇创新和对创新的模仿在经济演化中的作用,其中,创新是核心。Herrmann-Pillath(1993)提出人类创造力原理,认为演化经济学的核心主题是人类创造力、发明和创新。在与真实的世界打交道的时候,人类创造力、发明和创新是人类学习的基本组成部分。其基本理念是强调人的主观能动性,个体既不是"欲望的血球",也不是机器中的螺丝,而是能动的。Hodgson(1995)指出,在社会经济系统中,新奇事物是个体独创性的结果,它源自个体对社会经济结构及其转变意会性和特异性的知识和技能。Witt(1993)强调,作为社会经济演化的一个恰当概念,正确地评价新奇的突现及其传播的关键性作用是必不可少的。Foss(1994)指出,演化经济学所关注的就是新奇的突现、可能的扩散及由此所导致的已存结构的转变。

演化经济学强调经济变迁过程中偶然性和不确定性因素的影响,突出时间与历史在经济演化中的重要地位。时间的存在意味着经济变迁是一种演进的过程,这个过程不仅包含着未来的不确定性与非决定性,而且还包括着过去沉积的历史对未来发展所起到的制约作用。Rosenberg(1982)强调,我们所说的不确定性,是指无法预计求索的结果或预先决定一条通往特定目标最快捷的途径。这种不确定性有一个很重要的暗示:行动不能被计划。Arthur(1994)、David(1993)强调路径依赖在动态过程中的重要性,认为经济演化是一个不可逆转的过程,呈现"锁定"现象(Cowan,1991)。

演化经济学也采用了耗散结构、混沌理论等方法,强调演化过程中的自组织(Weise,1996)。

1.4.3　全球城市动态研究

全球城市动态研究,早期比较集中于有关欧洲城市趋势的比较研究。Hall 和 Hay(1980)阐述了一个典型的城市增长和衰退的序列模型,符合主流城市经济和地理学,包括住宅区位的进入空间交易模型和相关工业分散的观点。有三个主要阶段:"城市化"(活动的空间集中),紧随其后的"逆城市化"(核心的分散化和下降),最终的"再城市化"(活动分散到卫星城镇和农村地区)。

Van den Berg、Drewett 等人(1982)通过分析 1950—1975 年间西欧和东欧 14

个国家 189 个城市的人口变化来检测模型。他们发现相当多证据支持了城市化到逆城市化，然后分散化和下降的基本演化。不同国家和城市在这些发展阶段上的时间选择是不同的，东欧和部分南欧地区远远滞后于西欧。一旦城市达到一定规模、人们取得了一定程度的收入，被无情力量所驱动的城市下降可能是一个不可避免的过程，部分因为他们被更高的汽车保有量和机动性激活了对更多空间和花园住宅的渴望。

这一分析被 Cheshire 和 Hay(1989)的西欧城市趋势研究进一步更新和扩展。它也有一个问题焦点，但在范围上更全面和有更强劲的经济基础。他们对 1971—1984 年间 229 个城市的人口和就业变量的数据进行了分析，对 53 个城市的较小样本补充了更广泛的社会、经济和环境变量。他们的分析证实了以前研究的主要结论，即城市体系在不同地方正在以明显的类似方式老化。虽然衰退是大多数发达经济体城市的主要特征，但 Cheshire 和 Hay 也提出了城市复兴的前景。首先，产业结构从制造业向服务业的一般转移是非常重要的，因为服务被认为具有更强的城市定位。此外，某些人口趋势偏好城市区位。

Cheshire(1995)使用 1990—1991 年欧洲人口普查的数据更新了早期分析，其主要结论是，一个更复杂的具有更广泛跨城市经历的城市发展模式正在兴起。在某些情况下，有明确的证据表明，分散化的比率相比于 20 世纪 70 年代放缓，表明相对的再集中化。在被选择的北欧城市中，一种情况特别明显，即它们拥有历史上著名的核心、老牌大学和受过高等教育人口的中等收入人群。在其他地方，分散化仍在继续，停止这一过程的前景看起来渺茫，尤其是老工业城市。Champion(1995)分析了类似数据并得出结论，在 80 年代分散化似乎减缓。然而，他不主张一般概括，因为各国之间差异巨大。这种多样性促使他认为，欧洲城市没有单一的演化轨迹。他也非常谨慎地识别变化的大方向和集中化与分散化倾向之间的平衡。

欧洲委员会基于更大"城市审计"的一份报告(European Commission，2006)研究了 1996 年和 2001 年之间 27 个国家规模非常不同的 258 个城市的变化。主要结论是，当代人口趋势非常多样化，覆盖了快速增长和急剧下降之间的全光谱。而且，城市之间的差距远远大于地区或国家之间的差距。但它没有尝试根据其不同轨迹或检查其差异背后的因素来归类城市，也没有评估城市的位置是否改善或恶化。

自 20 世纪 90 年代中期以来，学者们开始研究全球城市出现在发展中国家和转型经济体的可能性。例如，Olds(1995)研究了 20 世纪后期全球化进程中太平洋地区出现的新的城市空间。Lo 和 Yeung(1998)对发展中国家和地区的潜在全球城市进行了研究。另外,联合国大学组织了"巨型城市和城市发展"国际合作研究项目,重点是对亚太地区、拉丁美洲和非洲的巨型城市综合体进行系统研究(Lo and Yeung,1996)。特别是 20 世纪后几十年,亚太地区经济快速增长的事实,也增大了人们研究该地区全球城市发展的兴趣。如 Yeung(1996)对亚太地区的全球城市作了全面透视;Shin 和 Timberlake(2000)研究了亚太地区全球城市的中心与外围及其连通性问题;Chen(2000)从跨国空间的角度研究了亚太地区的全球城市崛起问题。香港恒生银行(Hang Seng Bank,1999)研究了香港走向世界城市之路,等等。

2 全球城市定义

全球城市作为演化过程中的选择单位,要求其被选择的特征须历时足够稳定,以保持对这个群体同一性实体的定义。全球城市的基本定义,是其演化过程分析的首要前提。目前,尽管全球城市概念经常出现在学术论著及大众传媒上,日益被大家所接受,但对其内涵界定往往并不清楚,甚至存有较大歧义。因此,我们首先要对作为主要研究对象的全球城市进行定义和概念建构,并对与此相关的若干概念进行辨析。

2.1 概念建构方法论

概念建构或定义的主要工具,是其所运用的基本方法论。对于全球城市这一概念存有不同理解和界定,本质上是由其所运用的方法论不同所致。如果撇开其概念构建的基本方法论来讨论全球城市定义,只会在枝节问题上纠缠不清,并导致概念混乱。因此,在讨论及界定全球城市内涵之前,我们首先梳理及明确这一概念构建的基本方法论问题。

2.1.1 全球化的基本视角

任何一个概念建构,均基于某种视角或立足点。不同的视角或立足点,直接规定了概念所要表达的不同基本内容及观点。全球城市概念建构,同样有一个选择从什么样的基本视角或立足点出发的问题。

在全球城市文献中,几乎都是从全球化的基本视角出发来研究全球城市的,在这一问题上似乎并没有明显的不同观点或争论。但问题在于如何看待全球化,对此实际上是有不同的理解,从而反映对全球城市概念表达上隐含的不同视角。一些文献把全球化视为不同于"民族国家"或"当地"的一个特定地理尺度的活动,或一个"放大"了的地理尺度的活动。这实际上是以传统城市学中心空间分布理论为基础的,只不过把"国家城市体系"上升至全球尺度来处理。从这一基本视角出发,一些学者仍然立足于传统的

"地点空间",进而把全球城市视为全球经济的"中心地"位置,扮演贸易、金融中心或工业中心、港口等重要场所的角色。例如,全球资本用来组织和协调其生产和市场的基点,国际资本汇集的主要地点,专业化服务的供给基地,金融创新产品和市场要素的生产基地,大量国内和国际移民的目的地等。尽管其在建构全球城市概念中也提及网络、节点等,但本质上倾向于基于地点空间的城市品质及功能,把中心位置模型放大到全球尺度范围而已。因此,问题不在于是否以全球化为背景来研究全球城市,而在于对现代全球化如何理解,其构成全球城市概念建构的基本视角。

全球化就其最基本含义来讲,确实是指一个特定地理尺度的活动。这种"全球"尺度,经常相对于"民族国家"的尺度,但有时也与"当地"尺度形成对比。从特定地理尺度的活动来讲,全球化并不是一个全新现象,几个世纪以来在周期性地发展(Andrade, et al.,2001;Bordo, et al.,2005)。然而,全球化不只是活动尺度"升级"到世界层面,其核心是过程的现代化。全球化作为当代现象,深植于 20 世纪 70 年代发生的经济技术重组,有着特定的时代内涵,即非政治的跨国家过程。尽管政治变化本质上是国际的,其是关于国家在全球扩展之间的关系,这在过去乃至现在毫无疑问都是非常重要的,但我们今天所理解的全球化并不是国际关系。当代全球化的跨国家过程,不是由国家组织的行动,而是非政治的超越国家界限的行动。其中,"新国际分工"使跨国范围的世界经济活动比例有着决定性的改变(Sassen,1997),明显加快全球流动的规模和速度(Held, et al.,1999),生产能力和出口制成品已经以同样的方式分散到一个不断扩大的边缘和核心国家网络(Dicken,2003),形成多层面的"密集关系"(Keohane and Nye,2000)。与此同时,跨国经济活动的性质和组织也随之发生根本性变化。跨国公司内部和之间的商品、资本和信息流动,日益替代传统的国际贸易。当今的商品生产比以往跨越更多国家,每个国家依其比较优势承担着特定的任务(Gereffi,1994)。这种倾向于全球新福特主义的趋势,要求更复杂的国际金融和商务服务。反过来,这导致主要城市复兴的重要性,作为其管理和协调,以及服务、销售、创新、筹集投资资本及国际资产市场形成的站点(Sassen,1999)。与此相联系,一个新的规则模式的兴起,其具有公共—私人合作机制、选择性贸易改革、更少限制的劳动法律、电信及高科技基础设施、富有商业前景的科学技术大量补贴等特征。竞争力意识吸引这种新规则模式导致一个完全不同的"国家科技主义"的地缘政治(Petrella,1991)。还有,作为全球地缘政治结果的一部分,跨国非政府组织(NGO)的兴起与扩散,其在一定程度上也是对经济全球化的回应。

今天,全球化被视为一个经济、文化、社会和政治维度的通用范式,涉及当代社会生活各个方面的"不断扩大、深化和加速的全球连通性"(Held,et al.,1999)。由于这种连接性,全球化可以被定义为:具有各种参与者之间"多元关系"的网络发展超越"多大陆距离"的延伸(Keohane and Nye,2000)。从这一意义上讲,当代全球化是一个新的空间组织。正如Castells(1996)指出的,在全球化之前,主要空间形式是地点空间,其中最著名例子是以国家之间国际关系为前提的世界政治地图。然而,新的支持技术——20世纪70年代通信和计算相结合的产业——导致经济活动几何结构的更多可变性、更快的经济节奏及社会环境和世界时空压缩,导致技术、人口、资本、商品和思想跨越国界流动的增加(Appadurai,1996)。因此,现代全球化置于一个流动空间之中,其新优势在于提供了在全球范围内同时的社会互动,让企业有了真正意义上的全球策略,并将公司和国家连接在一起形成当前的全球经济,功能变得比以往更多并相互依存(Hirst and Thompson,1996)。在这一流动空间中,由于非政治的跨国流动连接是以城市,特别是全球城市为主要载体(即城市被视为散发和接收多种类型和层次流动的动态实体),以至于其不再作为地方空间而是作为流动空间的主要组织。从这一意义上讲,现代全球化空间严重削弱了民族国家作为其"国民经济"管理者的基础性作用(例如Held,et al.,1999),而突显了全球城市对当代政治经济的中心重要性。这是关于世界空间秩序不再围绕国家而是作为"联锁"城市网络的关键证据(Beaverstock,et al.,2000)。从这一意义上讲,世界城市网络是全球经济的"操作脚手架"(Sassen,2001),也是全球化与全球城市之间关系的连接器。因为全球化空间表现为网络化联结方式,而全球城市是生产者服务公司内网络和城市间网络中出现的一个结果,其作为世界城市网络的主要节点扮演全球资源要素流动的通道、枢纽角色,从而成为全球化空间的表达方式。

从现代全球化空间表现的基本视角出发,我们可以把全球化与信息化确定为一个限定参数,其描述一个全球城市在全球性人际关系中的存在,同时也描述其作为全球化与信息化的"产品"和"生产商"的历史特殊性和偶然性。全球化带来新的国际劳动分工,从而使全球经济的地域分布及构成发生变化,产生一种空间分散化而全球一体化组织的经济活动。同时,全球化伴随着从工业社会过渡到一个新的信息社会,即"全球网络社会"的崛起(Castells,2009)。通信革命及其信息化从根本上改变了时间和空间之间的关系,使以前必须通过人们在同一时间、同一个地方汇聚一起相互作用激活的空间组织能够无需人们走到一起而在全世界同时激活。因此,全球化与信息化交互作用在原有"地点空间"基础上引入了一个关键的空间维度——流动空间,作为我们当代世界的特色。

当今,全球化与信息化两大浪潮的交互作用,加强了全球连通性和世界一体化结构,至少对于实际上与世界生产交换体系及全球通信和知识网络密切联系的那部分世界人口来说影响重大,对其作为既是生产者又是消费者有了深刻的重新定义,同样社会生活的时间和空间被深刻地重新安排。然而,其中的许多变化都是通过全球城市被处理和传达的,这些城市是维持当代世界经济多种连接与互连的节点。因此,全球城市作为一种新的城市形态,是在全球化与信息化交互作用背景下应运而生的特定产物。当然,全球城市也应当作为自身对先进科技、跨国公司策略以及地区、国家和超国家治理和机构积极回应的产物。这一点也很重要,其意味着全球城市不是"被动"产生,完全由"外部力量"所构造的,而是自身对全球化与信息化交互作用作出积极回应的产物。

总之,把全球化理解为一个现代化过程,强调现代全球化的新空间,将为全球城市定义提供一个新的基本视角。从这一基本视角来看,全球城市是一个非常特定的概念,并不是对所有城市适用的一个普遍性概念,也不是已经或正在演绎的全球化背景下的一般城市主题。全球城市概念只是一种现代全球化空间表达的理论抽象。

2.1.2 概念建构方法

与概念建构的基本视角相关,引申出来的不同方法将导致不同内涵的全球城市理论抽象。在现有文献中,全球城市概念构建的基本方法有较大差异,甚至表现为明显对立。归纳起来,大致有两种截然不同的典型方法。

一种是功能主义(和构造主义)的基本方法,通过城市结构分析来揭示其内部组织构造特征及其功能,并由此来界定全球城市特质及其地位。特别在早期的文献中,这种基本方法是比较流行的。Hymer(1972)的"全球"城市层次结构,Cohen(1981)的作为公司控制和协调新国际体系中心的全球城市,Heenan(1977)提出的跨国公司全球化和区域组织正形成"创建全球城市的需要",Friedmann(1986)的著名世界城市假设,Sassen(1991)从先进生产者服务的战略功能角度提出的全球城市理论,等等,均是运用了功能主义(和构造主义)的基本方法。

另一种是关系主义的基本方法,把全球城市作为主要关系的实体进行分析,重点在于探索全球城市的含义与功能是如何产生流动、过程和关系的结果。由于其通常超越传统城市边界,因而全球城市是去领土化流动的结果。这一方法关注城市外部连接的网络化基本特质，把全球城市主要功能视为处理日益网络化社会的多方面流动。城市作为节点的定义，在这里仅仅是主导全球流动的作用。全球城市作为主要节点，不仅处理最多数量的流动，而且也处理最多不同类型的流动。例如，Castells(1996)明确指出，全球城市不是被其内部特征所界定的，而是由其在全球"流动空间"中的战略地位所界定，即全球城市是世界范围内"最具有直接影响力"的"节点和网络中心"。GaWC(全球化和世界城市)小组在城际关系基础上重新分析城市系统，用(世界)城市区域"内陆世界"分析取代了腹地研究(Taylor，2003)。

这两种基本方法的差异，关键在于基于不同的空间：功能主义(和构造主义)方法基于地点空间；关系主义方法基于流动空间。其共同点，则表现为把地点空间与流动空间完全分离与割裂开来。在双重空间分离与割裂的基础上建构各自的全球城市概念，都是有严重缺陷的。对于前者来说，我们前面已经指出，全球化空间是非领土化的尺度，单纯的地点空间与其完全不符。用这一基本方法来构建全球城市概念，实际上是沿袭传统城市理论方法，从而全球城市被视为纯粹由资本等要素构建的物质实体。对于后者来说，尽管全球化空间更多表现为流动空间支配地点空间，但流动空间不是独立存在的，失去"地点"的流动是没有效用的，所以用这一基本方法来构建全球城市概念则是不全面的。

现代全球化空间，既不是单纯的地点空间，也不是单纯的流动空间，而是互相本构的地点—流动空间。流动空间作为社会的基本空间组织，意味着社会权力现在主要寓于流动之中，而不是驻留在物理性地方，但这种流动的虚拟世界需要接地于"特定地点"(节点)，在那里发生必要的协调和控制功能、创新和发展过程。事实上，城市之间积极的相互作用和流动的发生，不是简单通过信息通信技术和人员物理运动的手段实现跨越地球空间的信息、服务和金融流动。城市之间跨国家、跨大洲贸易更多发生在全球城市之中，因为它们是大量存在全球公司总部及其国际劳动力的地方。这些专业和资深的参与者在全球城市中共同存在(co-presence)与接近，促使高阶功能的跨国流动发生。这种情况通过在全球城市中的正式与非正式、面对面与虚拟接触的混合而发生。大量的跨境和全球决策与交易正发生在全球城市的同一地方。从这一意义上讲，流动空间与地点空间互相本构是通过全球城市这些节点得以创建和维护开创性工作的，而全球城市则是流动空间与地点空间互相本构的特殊表达。

因此，我们要从联结空间二重性互相本构的逻辑出发，来看待全球城市的空间结构。这就要求我们把功能主义(和构造主义)的方法与关系主义的方法结合起来，用以建构全球城市概念。这种"功能—关系"主义方法,更多关注过程本身,并在这一过程中统一城市的功能与关系。也就是,我们把全球城市视为一个过程,这一过程既是实体(功能)的又是流动(关系)的。通过这一过程,先进服务生产和消费的中心功能以及从属的当地社会(实体)被连接在一个全球网络中;反过来,在公司、产业和经济部门内部及其相互之间网络互补性的基础上,服务经济关系内在连接城市,在这当中,城市和地区有一系列的角色和功能(Taylor and Pain,2007)。从全球城市作为一个过程来讲,其内部组织构造特征与外部连接网络化基本特质之间具有高度的一致性以及内在联系。全球城市内部组织构造中的任何一种要素,都有其自身的全球或地区网络,从而十分有助于城市对外广泛连接;而全球城市对外网络连接的任何一种战略角色,都是由其自身内部组织构成所支撑。这实际上也阐明了全球城市的内部集群化过程与外部网络化过程相互作用关系。全球城市之所以处于经济增长前沿,就是因为这两个经济外部性(集群外部性和网络外部性)轨迹重叠一起提供了关键的市场优势。

2.1.3　概念类型

作为理论抽象的概念,不是唯一性的,具有不同类型,可以是描述性的,也可以是分析型的,或者两者兼而有之。在不同概念类型背后,实际上是一个内涵界定层面问题。作为一个描述性概念,其主要回答"全球城市是什么及其表现"等问题,我们称之为具体内涵界定;作为一个分析性概念,其主要回答"全球城市作为什么样的存在,意义与作用何在,以及如何变化"等问题,我们称之为基本内涵界定。在全球城市概念建构中,可以采用不同的概念类型,以表达不同层面的内涵。问题在于,不能对概念类型不加以区分,混杂在一起来阐述全球城市内涵,否则会给全球城市定义带来许多混乱与困惑,容易引起歧义。在全球城市研究中,长期以来难以形成对全球城市定义的普遍共识,这是重要原因之一。因此,在全球城市概念建构中,首先要区分不同概念类型,然后要选择哪一种概念类型建构。

回顾全球城市文献,我们可以看到,已经有许多全球城市的描述性概念,给出了全球城市具体内涵的界定,着重于全球城市功能角色的刻画,给人以更具象的认识和把握。然而,描述性概念的最大问题之一,是由其概念类型的本质规定性所决定,势必会带来一个冗长且杂乱的"项目清单",让人眼花缭乱。如果我们归纳由 Hall、Ullman、Friedmann、Sassen、Thrift 和 Taylor 等学者提供的描述,"全球城市功能"包括了一系列的主要角色:(1)政治权力中心;(2)贸易和商业的门户(具有港口、机场、铁路、商业路线等);(3)信息和文化的聚集和传播中心(具有全球影响力的主要学术机构、博物馆、网络服务器和提供者、大众媒体等);(4)国际活动(体育、文化、政治等)举办地;(5)人口聚集节点;(6)全球流动和/或旅游的枢纽;(7)人力资本和学术界(科学家、艺术家、民众运动等)聚集点;(8)宗教崇拜的主要站点(朝圣地、精神象征地、主要宗教组织的"总部"等);(9)国际组织、非政府组织和公司总部的所在地;(10)标志性建筑的站点;(11)大型侨民"收容所";(12)具有全球知名度的大都市(城市名称的可识性),等等。事实上,随着时间推移和多维度研究视角扩展,这一清单目录完全可能继续增多和延长。这一冗长清单给出的全球城市具体内涵界定,要得到大家共识是十分困难的,几乎是不可能的。实际的情况是,由于观察视角和研究重点不同,往往是一些学者着重描述全球城市的某几个功能角色,而另一些学者则描述了其他一些功能角色。这在整体上似乎是"盲人摸象"的情景,又由于缺乏其相关性,而难以拼凑成一幅完整的图像。更为关键的,这些功能角色的相关性和次序(相对重要性)并不是空间和历史上固定的,而是动态变化的,难以适时准确把握。目前,人们还往往热衷于这种全球城市描述性的具体内涵界定,把功能角色清单视为衡量全球城市的关键指标并由此来决定全球城市地位,显然将带来更大的误导。

从全球城市范式角度讲,我们赞同Sassen(2006)的一个深刻见解:全球城市不是一个描述性术语,(而是)一个允许人们探测全球化的分析型概念。这种分析型概念对全球城市基本内涵的界定,是一种稳固的定义结构,并不随时间推移而改变,将贯穿于全球城市的整个过程。也就是,随着时间推移,不管全球城市如何演化及其功能角色如何转换,其基本内涵界定是不变的,除非它不再是全球城市了。因此,只有全球城市的分析型概念,才能形成真正的全球城市范式,而描述性概念难以担当此任。

当然,这并非意味全球城市的分析型概念可以完全替代描述性概念。全球城市的描述性概念仍然有其独特功效,但必须在分析型概念基础上使用,并以特定时点为前提条件。也就是,首先要构建全球城市的分析型概念,形成全球城市基本范式,然后在此基础上,描述性概念用于界定基于不同时点的全球城市具体内涵,这种具体内涵则是可变的。在这一双重概念框架下,全球城市定义既具有稳定性又呈现动态性,更适合全球城市演化的研究。也就是,全球城市的分析型概念及其形成的全球城市范式,将揭示全球城市演化的根本动因及其过程;全球城市的描述性概念及其界定的可变性具体内涵,将反映全球城市演化过程的具体表现。

2.2 全球城市范式

鉴于全球城市文献中已有较多的描述性概念,且其界定的具体内涵具有可变性,而分析型概念相对较少,且对全球城市范式具有重要性,我们这里所要做的主要工作,是构建全球城市的分析性概念,抽象全球城市基本内涵界定及其本质属性特征。

2.2.1 狭义和广义

在界定全球城市内涵之前,我们首先提出全球城市的狭义和广义之分。这种区分主要来自现代全球化空间表达的不同角度:一种是基于经济全球化的角度;另一种是基于全面全球化的角度。

狭义的全球城市主要是基于经济全球化进程的规定性(经济决定论),以Friedmann和Sassen"世界/全球城市"假说为代表。其核心观点是:经济全球化促使这类城市产生超越民族国家的影响,在全球层面上发挥控制与协调功能。因此,全球城市是新国际劳动分工的产物,是金融国际化的产物,也是跨国公司网络的全球战略的产物。这一全球城市概念是掌握全球化进程中出现的世界经济新组织结构的一种经济地理学方法(Parnreiter,2014),本质上从经济地理学的角度来看全球化过程是如何组织和治理的:模型的一个关键目的是设想经济全球化,不仅仅作为资本流动,而且作为协调、管理和服务这些流动的工作(Sassen,2001)。这种狭义的全球城市,主要描述其空间经济属性的特质及其在世界经济体系中的战略性地位。

广义的全球城市是基于全面全球化进程的规定性(综合决定论),以洛杉矶学派的后现代主义全球城市研究为代表。Soja(1996)认为,当代城市化是一个完全的全球化的社会过程,城市化与全球社会变革是相伴而生的,全球化的城市化或后福特主义城市化产生了像洛杉矶这样的全球城市。Lefevre(1991)把城市空间的变化视为社会政治经济变化的反映,强调要把空间变化与不同空间尺度乃至全球尺度的资本循环和经济社会变迁相联系。Knox(2002)也认为,如今的全球城市已经是经济、政治、文化全球化的原因和结果。因此,全球城市不仅与跨国公司、国际银行和金融行业等机构的运作有关,而且也是超国家的政治以及国际机构(国际非政府组织和跨政府组织)激增影响的产物。

从学理上讲,广义全球城市似乎更为完整和准确。因为城市经济本质上是社会关系的表现和结果,城市主要是社会构成,它至今仍然被证明是至关重要的。美国城市生态学"芝加哥学派"的城市社会学家一直强调"社会"和"政治"在城市建设中的重要性,认为城市是"经济"和"生态"规模之间的社会关系,是最大集中的一个完整社会关系形式和象征的点。Lefebvre(1991)把"生产的城市空间"的概念,其政治组织和不均匀的地域,与社会实践联系起来。为此,一些学者批评主流全球城市研究错误地建立在经济理论上,没有足够的社会理论(Pahl,1986)。

然而,狭义全球城市作为主流研究倾向,似乎也有一定的合理性。尽管全球化可能是一个全面过程,但首先是经济全球化的兴起与发展,目前已进入深化过程,且在空间表达上已形成深刻的规定性。相比之下,社会、政治、文化的全球化进程还只是局部兴起,在空间表达上尚处于萌芽状态。更为重要的是,目前人们尚不清楚社会、政治、文化全球化的空间表达是否与经济全球化的空间表达高度一致。如果两者之间有较大区别,那么能否统一、如何统一为一种空间表达方式等还是一个未知数。因此,在大多数场合下,人们实际上使用的是凸显经济全球化规定性的狭义全球城市。

我们对此采取的态度是,现阶段以狭义的全球城市为基本内涵界定,并根据研究内容的需要适当兼顾和赋予全球城市的社会、政治、文化的具体内涵,这与全球城市经济、科技、文化融合发展的内在要求也高度吻合。以后随着全球化进程深入发展,全球城市在社会、政治、文化等领域的全球化空间表达要求越来越强烈,并与经济全球化的空间表达高度一致或统一,将转向广义的全球城市。

2.2.2 基本内涵界定

全球城市的狭义与广义之分,对其具体内涵界定有直接影响,如狭义全球城市的内涵仅限于经济规定性,而广义全球城市的内涵则宽泛得多,但这似乎并不影响在更抽象层面上对其基本内涵的界定。我们把全球城市基本内涵归纳为以下几方面。

1. 全球城市寓于世界城市网络之中,其本质属性是基于流动的联结

全球城市是通过作为世界城市网络的主要或基本节点,显现其作为现代全球化的空间表达。由众多相互连接的城市构成的世界城市网络,充分体现了城市对外关系不是一个可选的"追加",从而联结是城市非常合理的存在,不存在作为单个城市的自行操作。寓于世界城市网络之中的全球城市,不仅仅是流动的结果,而且也是流动的主要来源。其本身存在的合理性及其重要性,取决于与其他节点之间的关联程度,即通过网络中的广泛连通性而体现其在全球经济活动中的重要地位。具体讲,通过使城市和系统

相互依存、互为支持而行使城市控制力;通过被嵌入到密集网络或社会与物质关系之中而发挥城市影响力。从这一意义上讲,"没有连接,全球城市的概念就没有意义"(Taylor,2004)。

因此,全球城市的本质属性,既不是自身拥有的超级规模与强大经济实力,也不是跨国公司和(全球)先进生产者服务(相当大)集群的存在,而是"协调和专业服务于全球企业和市场是否正在发生"(Sassen,2001)的网络联结。这种网络联结体现在通过城市中各类功能性机构活动铰接地方、区域、国家和全球尺度的商品链上,覆盖整个所在地的范围——从农业村庄、到制造业或旅游城市、到全球城市。除了与国外城市密切连接,如 Taylor(2001)构想的两个全球城市被连接达到它们都包含相同先进生产者服务(APS)公司分支机构区位的程度,其内部(国内)连接中也同样强劲。依据对角线中心性的自我连接(self-ties),纽约、伦敦、巴黎和东京在列表较高层级占优势(Wallr and Knaap,2011),显示了一个城市在全球和当地的经济功能之间很强的一致性。因此,全球城市的一个重要特征是,其有连接全球、区域和本地网络之间的能力,无论在被观察的哪个企业层面上。这种网络联结表明了位于一个城市的生产商有直接进入另一个城市的市场机会。一个城市在网络中越是处于中心性,对生产商寻求开拓全球市场越是处于一个有利区位,从而在世界城市网络中处于更高(重要)地位。因此,全球城市的网络联结,是全球城市范式的理论核心,也是全球城市区别于传统国际大都市的内在规定性(其具体区别,我们将在下节阐述)。

当然,对于全球城市的网络联结,有各种不同解释。Friedmann(1995)用跨国公司总部的"命令与控制"来解释其网络联结,强调世界城市是表示"地方和站点"的"空间组织社会经济系统"。Sassen(2002)通过生产者服务公司在跨境分工中被组织,其公司的子公司或其他办事处连接全球范围内的全球城市,来解释每个城市的界别分组可以构想为网络的一部分,因而没有这样作为单一的全球城市实体,正如不可能有帝国的单一首都那样:"全球城市"的类别只有作为全球网络战略网点的一个组成部分才有意义。Castells(1996)通过新的流动空间的连接,把全球城市解释为在一个新的信息社会中超越其地方(本地)的全球流动空间的网络枢纽和节点。上述这些解释在充分肯定全球城市网络联结上无疑是正确的,但值得注意的是,仅仅强调全球城市表示为"站点和节点而不是行动者"的"空间组织社会经济系统",隐含着"机械装置"本体论假定。我们依据"有机体"的本体论假定,同时要把"全球城市"描述为一种依赖于城市企业家精神和城市平衡秩序获得全球连通性地位的城市,即全球城市的网络联结具有双重性。正如

Acuto(2011)指出的,一个全球城市可以被刻画为一种社会(城市)实体:充当作为全球流动的关键节点;执行多重和重要的世界城市功能;在这些功能中保留中心控制角色;维护当地和全球的城市秩序平衡;通过企业家活动表达这种迈向全球的秩序。

2. 全球城市是网络空间组织的关键节点或基本节点,具有明显"地点——流动"空间的过程统一性

在所有融入世界城市网络的城市中,全球城市表现出与其他城市更广泛、密集的相互作用,成为城市网络中具有举足轻重地位的基本节点,而其他城市只是作为一般或普通节点。全球城市的基本节点地位,具有明显的"地点空间"与"流动空间"的双重性:(1)网络扩展与集中。随着全球城市网络连通性的增强,一方面,城际功能联系趋于扩展和强化;另一方面,全球功能趋于集群化和集中化。正如 Rodrigue 等人(2006)观察到的,全球城市的服务集中,正伴随着一个似乎生产分散化的空间趋势。(2)网络流动性与物质性。一方面,全球城市的网络流动渠道日益信息化/虚拟化的非物质化,变得更为脱离地方空间;另一方面,全球城市的网络流动又日益依赖物理基础设施,即使在最数字化领域,例如金融和银行业也是如此。这明显反映出两个(流动和地方)空间逻辑之间的"结构性精神分裂症"。(3)城市网络化但"领土治理"。一方面,城市网络化促进先进生产者服务全球流动,在多尺度上构造了基本协同功能的城际关系;另一方面,基于领土空间的治理则是各自独立的。这些构成城市现代商务流动至关重要的决定因素。

必须指出,这种空间双重性是一种过程的二元性,其关键在于:过程可以交织在同一时间与同一个地方。首先,当代国家主导的经济政治过程处于不断耗散中,导致其增强全球和地方行为的重要性。全球城市的全球化过程与本土化过程是统一的。也就是,以"全球—地方"的垂直联系为原则,而相互之间则是水平(横向)联系。因此,全球城市是"地方—全球"联结的经典场所。在任何情况下,这似乎是一种全球本土化运转的具体形式。在这当中,地方性的交集提供联合全球活动的基础。其次,全球城市是静态过程与动态过程的混合体。通过数量庞大的高楼大厦及基础设施的物质性代表,其形成了全球城市地标性的形态轮廓。但这些看似强大的静态结构,其功能则是作为动态节点结构。因为这些办公室里的功能性机构,与外部有广泛的联系,促进要素的流动。有效的多式联运系统,显然对支持服务经济的流动是至关重要的。再则,全球城市发展是内向集群化过程与外向网络化过程两个轨迹的有机重叠。其外部网络化因跨国机构的大量集群而得以扩展;反过来,其广泛的外部网络关系也由此成为吸引跨国机构集聚的重要因素。

不管是外向网络化还是内向集群化,均具有外部性,而且是相互补充的。

3. 全球城市的关键功能,在于把不同地理尺度的经济活动联结到世界经济中去,实现全球资源流动和合理配置

全球城市充当网络的基本节点,汇集各种公司专业化服务以及各地资源作为全球经济的控制点,以及作为位于其中的生产商融入全球经济的进入点,由此促进全球资源要素大规模流动及其配置。或者说,它们作为跨境经济活动的治理点,对世界经济进行管理和控制。按照 Ullman(1945)关于一个大都市的地位是其执行功能结果的观点,全球城市正是通过基于网络的全球资源流动与配置获得在全球经济中的重要地位。

当然,在全球城市这一关键功能由谁"制造"与主导问题上,存在不同的解释。Friedmann 和 Wolff(1982)强调,世界城市是"通过决策和金融,互相紧密连接的",从而组成"一个控制生产和市场扩张的全球体系"。"世界城市的控制功能"反映在公司总部集群、国际金融、服务全球商务的运输和通信基础设施、高水平的商务服务、信息和文化产品的生产和传播上(Friedmann,1986)。Sassen(1988)认为,全球城市是"世界经济管理和服务的地方",以及"世界经济组织中的高度集中指挥点"(Sassen,1991),主要是生产者服务公司发挥着世界经济管理功能。实际上,推动"全球资源配置功能"在全球城市的空间集中,不仅是跨国公司的全球商品链关系,也是商务服务公司与其客户公司(跨国公司)之间的关系,而且还是商务服务公司本身之间的协同关系,即先进生产者服务公司倾于重视接近其他专业公司的好处:复杂性和创新往往需要来自多个服务行业的多个高度专业化的投入(Moulaert and Djellal,1995)。跨国公司总部趋向于集中,而生产者服务业从属于集聚经济(Bourdeau-Lepage,2007)。它们之所以集中在全球城市,是因为全球城市具备富有密集知识和可用技能的环境。正是这些高技能、高薪收入工人的共同体和活动集群在全球城市内,其构成管理全球经济的新马歇尔主义节点(Amin and Thrift,1992)。从更宽泛含义上讲,所有在全球城市中直接与间接参与全球活动的功能性机构,都在实现或实施着全球城市促进全球资源流动和合理配置的关键性功能。

4. 全球城市呈现多层次的空间权力关系,在多尺度连接中扮演重要角色

全城城市的空间权力是在网络组织的流动中被赋予的。在这一网络组织的流动中,全球城市实际上经历了两个进程:一方面,去领土化过程。这是由全球金融部门、跨国企业、全球生产者服务公司和交通、通信信息部门的技术革命所实现的。因而,全球城市具有强烈的跨境关系,打破了传统基于中心地理论的城市—外围腹地关系,侧重于

跨大洲的内陆世界(hinterworlds)联系,在空间权力上超越了国家范围。另一方面,国家体系对全球城市形成的影响过程。尽管流行观点通常认为目前跨国公司可以在全世界设立生产工厂,地理因素变得无关紧要了(Cairncross,1997),但世界并不是"平"的(McCann,2008)。事实上,跨国公司认真选择其总部及子公司区位仍然基于国家的属性特征(Brakman, et al., 2008)。因此,全球城市呈现多层次的空间权力关系:首先,它们作为领土权利的坐标和国家制度体系的图层;其次,它们是全球体系网络中的节点。

全球城市的多层次空间权力关系,使其具有"环接更大的地区、国家和国际经济"的任务,在多尺度连接中扮演重要角色。不仅全球化通过基于全球城市的全球功能性机构办公室网络加剧了金融等资源要素的流动铰接,而且由于世界社会和经济组织的尺度已经发生了变化,现在的国民经济也高度依赖于通过全球城市的流动,全球城市为国家构成了至关重要的经济流动"门户"。事实上,全球城市具有把区域和国家市场连接到全球经济之中的专业化功能作用,使紧邻的其他城市在一个广泛地理区域中获得互补服务功能,促进彼此之间的协同作用,并从中获取全球化收益。全球城市在多尺度连接中,与其他国内外的联结城市构成非零和博弈的关系。

5. 全球城市在全球事务中产生的重大影响力与作用力,随其在世界网络中发生联结的重要性而动态变化

全球城市的网络连通性水平,是其在全球事务中体现重要性及其地位的基础。通常,越是具有广泛性、高水平的网络连通性,其在全球事务中的影响力与作用力就越大;反之亦然。然而,全球城市的网络连通性水平并非处于静止状态,而是经常会出现两种变化状态。一种是绝对变化的提升或下降,表现为网络联结数量、密度(紧密性)、质量(联结对象本身的水平)的增减。另一种是相对变化的提升或下降,表现为即使自身保持原有的连通性水平,甚至还有所提高,但随着其他城市的网络连通性水平急速提高,仍可能处于"相对"下降状态;反之亦然。这两种变化都会影响和决定其在全球事务中的影响力与作用力,改变其在世界网络中的地位。

此外,全球城市的网络连接是结构性的,具有不同经济功能全球连接的特点。也就是,全球城市在所有方面的联结上并不是"均匀"或强大的,在不同领域和行业有各自不同的全球连接强度,在"出度"与"入度"方面有各自不同的全球连接方式[①],在控制力和

---

① 出度关系表明在一个特定城市的公司拥有在其他城市的公司所有权程度,从而可以解释为某些城市对其他城市的"权力",表现为城市控制力。入度关系表明在特定城市的公司被在其他城市的公司所拥有所有权的程度,表现为城市吸引力。

平台方面有各自不同的全球连接水平。因此,随着经济领域和行业在世界经济中的重要性变化,以及相应的"出度"与"入度"方面全球连接方式的变化和平台方面连接水平的变化,全球城市在世界网络中的重要性及其地位也会发生结构性变化,从而其在全球事务中的影响力与作用力将明显不同。

上述五个方面内涵构成了一个全球城市范式。实际上,这也给全球城市下了一个分析性定义:全球城市是基于世界网络联结和"地点—流动"空间过程统一性,具有多层次空间权力关系,在多尺度连接中实现全球资源要素流动与配置,并随其联结重要性程度动态发挥影响力与作用力的基本节点城市。

2.2.3 属性特征

在界定全球城市内涵的基础上,进一步分析与一般城市不同的本质属性特征,将有助于我们更全面、准确地理解全球城市。在现有文献中,基于不同的方法论,对全球城市的属性特征有不同的描述。早期的全球城市研究,更强调其功能的属性特征。例如,Friedmann(1995)认为,世界城市地位的关键指标是一个城市是否具有服务、管理公司与市场及进行融资的全球营运的功能。Sassen(2010)指出,所有成为世界经济中心的城市,源自其作为"企业和市场的全球操作和转移国家财富到全球环路所需的组织商品生产的空间组织功能",以及"分布在那些操作中所需的命令功能"。后期的全球城市研究,更侧重于其关系的属性特征。我们从上述的全球城市范式出发,对其属性特征进行归纳和提炼。

1. 不成比例的流量规模

全球城市作为世界城市网络的基本节点,在其广泛联结中,起决定性作用的是它们之间交流什么,而不是它们那里有什么。也就是,全球城市不是依靠它所拥有的东西而是通过流经它的东西来获得和积累财富、控制和权力。它所感兴趣的,不是其在内向而稳定系统中的固定位置,而是其中的流进与流出的途径,加速与减速的收缩和扩张。这种流进与流出,并非旨在其内部财富积累和资本沉淀,而是服务于融入世界经济的全球资源配置,从而呈现出与其自身系统积累需求不成比例的流量规模。

在全球化驱动下,资源要素的全球流动急剧增长。2012 年,全球商品、服务、金融流量高达 26 万亿美元,占全球 GDP 的 36%,几乎已是 1990 年世界 GDP 总量的 1.5 倍。其中,大部分是经由全球城市的基本节点进行流动的。因此,相比一般城市,全球城市通常具有最大规模的物流、人流、资金流、服务流、信息流、技术流等。从另一种意义上讲,也正因为作为世界流量主要载体的全球城市的发展,极大地扩展了世界流量规模。据 McKinsey Global Institute(2014)估计,如果数字技术广泛普及和新兴经济体发展繁荣,到 2025 年全球流量总规模将增至 3 倍,对世界 GDP 每年增长的贡献在 2 500—4 500 亿美元,或者说,占世界经济增长的 15%—25%。因此,全球城市不成比例的流量规模将只增不减,成为一种固化的属性特征。

当然,全球城市不成比例的流量规模因其不同类型而有形成差别。一些全球性联结的全球城市,具有更高不成比例的流量规模;一些地区性联结主导的全球城市,其不成比例的流量规模相对较小。一些综合性的全球城市,具有较高的综合流量水平;一些专业性的全球城市,则具有较高的专业流量水平。但不管什么类型的全球城市,均具有不成比例的流量规模,反映了其网络联结的重要性程度。对于每一个全球城市来讲,其在各类流动中,也并不处于同一或均匀水平。例如,伦敦、纽约等在金融流方面居于前列,而在货物流(港口)方面较差;洛杉矶在移民流,(航空)货物、服务与人员流,数据与通信流方面有较高水平,但在金融流方面排不上位次;上海在货物流(港口)方面居第一位,但在其他流量方面则排位靠后;新加坡、香港、旧金山等在"五流"中也有明显差异(见表 2.1)。然而,全球资源配置功能的内在规定性使各类资源要素流动交织在一起,而不是高度分离,从而全球城市一般具有较高的综合流量水平。例如,表 2.1 中八个全球城市至少在"四流"或"五流"中占有全球一席之地。

表 2.1 若干城市在"五流"方面的全球排名

	港口货物流	航空货物、服务、人员流	金融流	移民流	数据与通信流(互联网带宽)
纽 约	25	18	2	1	5
伦 敦		3	1	3	2
香 港	4	10	3	3	
新加坡	2	16	4	10	10
上 海	1	19	21		23
洛杉矶	19	5		2	6
旧金山		21	9	11	9
迪 拜	9	6	16	15	

资料来源:根据 McKinsey Global Institute(2016) Digital Globalization: The New Era of Global Flows 的数据整理。

全球城市的流量结构,则是动态变化的。早期世界流量中占主导地位的是(港口)物流,充当"门户"的枢纽型全球城市往往具有最大的流量规模。随着世界投资、贸易大规模兴起,金融流在世界流量中的地位上升,金融中心的全球城市具有较大的流量规模。当前,数字化正在改造和丰富各类流量,特别是促进了信息知识流的迅速增长,超越物流、金融流而占据主导。2012 年,世界货物流增长 11%,服务流增长 10%,金融流增长 6%,移民流增长 2%,而数据与通信流增长高达 52%(McKinsey Global Institute,2014),日益成为全球城市流量中的重要部分。从整体看,当前知识密集型流量不仅占到全球流量的 50% 以上,并以高于资本和劳动密集型流量 1.3 倍的速度快速增长。因此,未来全球城市将更多承载知识密集流量。

2. 协同作用的网络化平台

与不成比例的流量规模相联系,全球城市具有大量协同作用的网络化平台。这些网络化平台作为大规模流量得以实现的重要载体,是全球城市进行全球资源配置的重大基础设施。从类型看,既有大量单个要素与产品(货物、人员、信息、资金、技术、服务等)流动的专业性平台,也有若干要素组合流动的综合性平台;既有大量功能各异的单体型平台,也有综合功能的复合型平台;既有各种物理性平台,也有基于互联网的虚拟平台,以及两者混合型平台。在实际运作中,这些网络化平台是相互交叉、协同作用的,共同承载全球资源要素的大规模流动与配置。因此,这些网络化平台具有内在的高度集聚性,并产生集聚外部性。与此同时,这些网络化平台主要是外部联结的功能,从而也具有网络的外部性。

从形态上讲,全球城市具有各种各样的网络化平台,但其功能上则是一个有机构成的整体结构。全球城市的网络化平台基本构架表现为:一是海量、泛在、快捷、便利的信息交流与整合平台。其中,主要是基于大数据、云计算、智能化的互联网信息平台,但也包括广泛、频繁的人员面对面接触的交流平台,诸如会展、论坛、俱乐部、协会、会所、公共空间等。因为尽管信息通信技术在跨国办公室网络被密集使用,但面对面的交流仍然是高价值 APS 贸易和生产的重要媒介,商务旅行与虚拟通信一样是增加的。二是高效、透明、规范的产品与要素交易平台,包括各类商品、服务和要素市场,各种交易所等,以及无形市场、场外交易平台等。三是配套齐全的专业服务平台,包括评估、咨询、策划、广告、会计、法律、人力资源培训等。四是便捷、通达的产品与要素移动物理平台,包括交通运输等基础设施和信息基础设施等,特别是交通枢纽变得越来越重要。因为基础设施主要特征通常表现为,它是对通用技术(GPT)生存重要的整个资本存量的一部分,而通用技术对维护和发展生产是至关重要的(Biehl,1991)。总之,这些网络化平台本身构成一个基于协同的功能结构。

然而,这一平台的功能性结构是动态变化的。例如,就产品与要素移动的物理平台而言,其各种平台的重要性随时代而变化。在商品时代,海上运输是进行国际贸易的唯一手段,从而一个城市作为经济中心在于其港口,港口成为最主要的平台,构成了全球货物流动网络中的一个节点,着眼于提供一个更远的广泛地区的服务,是更大参与全球贸易能力的一个结果。相比于大陆城市,港口城市能够吸引大米、咖啡、石油、汽车和纺织品等商品流动,从而得以迅速发展。世界上最大的 25 个城市,1925 年有 60% 是港口城市,到 2000 年大约有 80% 是港口城市(Bosworth,1996)。许多早期的全球城市,通常都是重要港口城市,是国际贸易与航运中心。随着服务经济时代的到来,相对于全球城市作为服务中心的功能来说,港口(运输)则是次要的(Ducruet,2004),航运服务显得更为重要。例如伦敦和纽约等全球城市,它们确实位于海岸或海岸附近,但其运输规模相对缩小,而以强劲的航运服务成为国际航运中心。而且,随着信息通信技术(ICT)为高附加值的生产和贸易带来了复杂性、流动性以及面对面的交流,现在时间成本比运输成本更重要(Pain,2007),移动(旅行)时间成为一个至关重要的因素,航空运输形成新的冲击波,已成为客运的首选模式。尽管货运依然是主要海上运输,但城市的经济中心已部分从海港转移到机场(Cartier,1999)。在某种程度上,港口(运输)的基础设施已不再列为全球城市的一个必要条件。未来的主要趋势是走向网络化的水平化,目的在于强化其超越分散分割地方的逻辑,因此信息基础设施的平台作用越来越重要,对于创造比较优势有着深远意义(Hepworth,1989)。互联网是一种通用终端(GPT),甚至具有其最标准的应用程序,如电子邮件等,是商品和服务生产、分配和交换不可或缺的整体(Batty,1997)。互联网骨干网络的基础结构特性,具有使其能够在影响潜在收入、生产力及就业方面发挥重要作用的特点。现代经济的高价值商品正在互联网上被运送,几乎以过去两百年里进行工业产品运送的相同方式作为运输网络(O'Kelly and Grubesic,2002)。

3. 高度集聚的全球功能性机构

全球功能性机构是在网络化平台上操作并实现大规模流量的主要行动者,从而是全球城市在全球资源配置过程中的核心力量。全球城市是这些全球功能性机构的主要所在地,从而也成为全球资本、信息、商务服务、科技以及高端专业人才等要素的汇聚地和流动地。这些全球功能性机构,不仅是操控全球商品链的跨国公司总部,也包括庞大的"生产者服务综合体",如金融及专业服务公司等,其在为产业链、价值链提供相应专业服务中,除了协调功能外,也带有某种程度的控制功能。而且,随着科技全球化的深化以及全球城市的科创中心发展,全球研发中心、卓越中心、高技术企业、风险投资基金等也日益成为全球城市高度集聚的全球功能性机构,其对全球经济的引领功能不断增强。

全球城市通过高度集聚这些全球功能性机构,极大增强了自我中心性。首先,这些全球功能性机构具有产生和传播与经济战略和商业环境相关的思想和集体信念的知识结构和能力,从而为其树立了权威。其次,这些关键行动者可获取信息、建立并保持联盟,以及监控隐性合约等,有助于其支撑社交方面的能力。再者,这些全球功能性机构具有大量充足的专业知识来识别市场缺口、开发科技新用途并产生创新;在创新早期阶段有动员大量民众参与的能力;以及具有社会网络提供对细分市场的快速反应,从而促进其创新能力的培育。更宽泛地讲,这些全球功能性机构所具有的控制、协调、引领功能,及其相互依赖和交互作用,赋予全球城市的全球资源配置独特功能。

4. 盛行"全球村"的标准交互作用模式

全球功能性机构高度集聚,本质上规定了全球城市是一个盛行"全球村"的标准交互作用模式的地方。这是全球城市软环境的重要组成部分,在某种程度上是首位的。否则,全球功能性机构无法顺利开展全球运营活动,从而也难以在全球城市高度集聚。

值得注意的是,作为全球城市的属性特征,不是一般意义上的投资环境或营商环境,而是更深层次的"全球村"的标准交互作用模式。因为全球城市中的各类参与主体之间,越来越多地交换基于全球事务的信息,导致其所携带的通类知识日益全球化,更多运用全球语言,即主要是基于相同意思、同一语境表达的交流沟通,从而使其行为方式及其要素资源联结趋向于"全球村"的标准交互作用模式。更多开放式的交互,必须遵循国际通用惯例,按照多边、双边或区域、跨区域投资贸易协定的标准处理各种事务。较普遍的共同参与、协商共治的交互方式,必须按照制度化的框架协调社会经济活动中的相互关系。基于共享、共赢的交互作用,必须充分发挥各类参与者的积极性和潜能,实现社会效用最大化,满足各类参与者的不同需要。这种在全球城市中日益盛行的"全球村"交互作用模式,其强大的动力在于参与其中的各类主体对这种交互作用模式有共同的利益和需要,从而是内生性的。

5. 充满活力和创新的全球引领示范

全球城市在与外界广泛的网络联结中实现全球资源配置,不仅经济活动十分活跃,而且经济与社会、文化的互动程度非常高,也是信息、娱乐及其他文化产品的生产与传播中心,提供了一个令人兴奋的环境、多方面的概念化,为信息、知识和创造性贯穿于新服务商品的生产之中提供了巨大机会,从而能创造更多工作机会和带来富裕程度提高,是当前或潜在的"动态城市"(Taylor,2004)。为此,Malecki(2002)得出"全球城市充满活力"的结论。与此同时,全球城市在与其他城市广泛交流中能不断开发其创新力量,实现革命性的变革,并凭借其综合、系统集成优势,容易形成创新集群及迅速的创新扩散,从而成为引领全球创新思想、创意行为、创业模式的主要策源地,包括创新生产在内的主导产业的生产场所。因此,全球城市必定是非常充满活力和创新的地方,具有强大的全球引领示范效应。

上述五方面的全球城市本质属性特征,不是分别的孤立存在或简单集合,而是内在关联的,表现为一个属性特征的系统。全球功能性机构作为主要行动者,必须借助各种网络化平台和"全球村"的标准交互作用模式才能进行操作,促进全球城市不成比例的流量规模,显现充满活力和创新的全球引领示范。这表明了五个属性特征的"核心—条件—结果"的联系。同时,它们又互为条件而存在。例如,网络化平台只有通过相应主体的操作才具有实在价值,"全球村"的标准交互作用模式只有在参与者应用中才有意义。但如果缺乏各种网络化平台和"全球村"的标准交互作用模式的供给,全球功能性机构则不会趋向此地高度集聚;反过来,没有这些功能性机构高度集聚所产生的需求,也不会形成各种协同作用的网络化平台和"全球村"的标准交互作用模式。

2.3 相关概念辨析

全球城市研究尚处于概念化探索过程中,学者们提出了许多概念、术语,并有不同的理解。在战略规划研究的实际运用中,也经常会出现不同概念的使用,特别是国际大都市、世界城市、全球城市等概念的使用频率较高,但通常没有具体的说明,有时这些概念是被混用的。我们认为,这些不同概念的提出,都有相应的背景及其特定含义,不是可以随便混用或替换的,需要对此进行辨析。通过这种概念辨析与比较,不仅可以避免理解上的歧义和混乱,更主要的是将有助于我们加深对全球城市内涵的认识与理解。

2.3.1 全球城市与国际大都市

长期以来,在研究一些国际贸易、经济中心城市时,通常使用国际大都市的概念。目前,这一概念在理论研究中已明显减少,但在战略规划和官方文件中还被习惯性使用。人们困惑的是,全球城市与国际大都市,到底是同义非同名,还是有真实的不同含义或差异。这是需要加以辨析和识别的。通常，人们往往采用直接比较其定义内涵的方法来区分不同概念。在各自内涵定界比较明确的情况下，这无疑是一种最便利的方法。但问题是在其内涵界定不很明确的情况下，我们无法采用这一方法，只能通过其概念建构差异的分析来间接反映其不同内涵，对此加以区分。

国际大都市概念早在经济全球化之前就已提出，用以描述早期在世界经济中占主导地位的大城市。Geddes(1915)把国际大都市定义为：那些在世界商业活动中占有不成比例数量(占主导地位)的城市，并用来说明国家首都的统领作用和交通网络系统中的商业、工业中心。例如，17世纪的伦敦、阿姆斯特丹、安特卫普、热那亚、里斯本和威尼斯曾经是国际大都市；到了18世纪，巴黎、罗马和维也纳等城市开始崛起"称雄"成为国际大都市；到19世纪，柏林、芝加哥、曼彻斯特、纽约和圣彼得堡成为了国际大都市。这些国际大都市只是凸显了在世界商业活动中的主导地位，其关键角色只是与帝国的力量或是贸易的组织有关，源自国家之间"中心—外围"经济(商业)关系体现在城市空间上的自然逻辑。

与此不同，全球城市概念是在经济全球化，特别是"新国际分工"的历史背景下提出的，被用来描述在当代经济全球化中进行全球资源网络化配置的主要节点城市，例如纽约、伦敦、巴黎、东京等。这些全球城市凸显在世界经济网络中的主导地位，其关键角色与经济全球化下的跨国公司、国际银行和金融行业、超国家的政治以及国际代理机构的运作等有关，源自全球化经济关系体现在城市空间上的自然逻辑，即作为经济全球化的空间表达，是经济全球化背景下的特定产物。

由于形成的历史背景不同，其概念及其内涵的建构完全不同。国际大都市基于"国际"框架而形成，强调国家中心的空间性。依据古典贸易理论，在国际经济中，经济发展来自一个国家的绝对、比较竞争优势。其潜在的一个假设是，民族国家是控制世界经济空间的参与者。国际大都市就是这种国家绝对、比较竞争优势的空间表达。这一假设在传统国际经济关系中是可以成立的，但在经济全球化背景下则失去了其成立的依据。因为，当今国际贸易的空间性无疑要比只有"单一"的一个国家的生产者与另一个国家的消费者之间的贸易更复杂。更为重要的是，在当代全球经济中，生产和贸易模式主要是依据企业策略行为，而国家的(固定)要素禀赋在解释商品流动中已变得越来越不那么重要。外包的产业组织趋势以及基于新技术和经济自由化的政策，使民族国家作为分析单位显然已不够了。与此不同，全球城市基于"全球"框架而形成，强调"全球—地方"的空间性。这种"全球"框架反映了"新国际分工"条件下跨国公司主导的复杂全球经济贸易关系。例如,公司内和产业内贸易构成当今世界贸易的一个重要份额。正如Dicken(2003)指出的,跨国经济流动的重要性已有经验证据,生产和贸易已被解释为一系列以跨境公司为基础的交易。随着全球经济一体化的发展,正式领土体系的治理似乎失去了权威,被更加分散的权力关系取而代之。因此在"全球"框架下,跨国公司等功能性机构成为全球城市概念构建中的内生变量。尽管民族国家的重大作用依然存在,但在全球城市概念建构中已成外生变量。

目前,在使用国际大都市概念时,通常会加上"现代化"的修饰词,即现代化国际大都市,以区别于传统国际大都市。实际上,这不是一个简单的概念升级问题。国际大都市概念形成或使用的背景和基础条件已发生根本转换,不是加上"现代化"的修饰词所能涵盖全新内涵的。也就是,在不同背景和基础条件下建构的概念,是无法实行"版本"升级的,只能对其概念进行根本改造或替换。如果对国际大都市这一概念进行"现代化"改造,真实反映其现代化的含义,那么就要从背景框架、理论范式及分析方法对这一概念进行根本性变革,注入全球化与信息化、全球城市网络的空间结构、网络连通性分析方法等全新内容。这样做的话,不外乎就是现在提出的全球城市概念内涵,我们何不直接采用概念替代的简便方法,既不用为区别于传统国际大都市而费劲地对现代化国际大都市内涵作出特别说明,也不容易引起概念混淆和识别困难。正因为如此,目前已越来越普遍地用"全球城市"概念替代"国际大都市",以真实反映世界经济中占主导地位的大城市特质及其功能的历史变迁,更准确地体现现代全球化的空间表达。

2.3.2　全球城市与世界城市

与国际大都市的概念不同,世界城市和全球城市两个概念均是在经济全球化的历史背景下提出的,以反映经济全球化的空间性。这两个概念在一定程度上具有共同理论出发点:全球化经济活动的地理分散化,但同时某些活动在一些城市集中。也就是,经济活动的全球分布需要战略控制功能在某些城市的存在。正因为如此,目前在大量文献中,这两个概念往往是通用或交替使用的。即使一些学者看到这两个概念的不同,但认为只是外延上的差异。如 Taylor(2005)暗示的,"全球城市"不过是具有更明确特点的"世界城市"而已。从这一意义上讲,全球城市是世界城市的一种类型,并不是所有的世界城市必定代表全球城市。我们认为,尽管这两个概念之间的差异不像全球城市与国际大都市概念那样有根本性区别,但并不是简单的名称之争,而是存在内涵上的一些差异,这可以通过构成其战略性功能的机构分析来进行辨析。

Friedmann 提出的世界城市假说,主要立足于跨国公司(尤其是制造业跨国公司)的生产全球分散化,而其总部集中在少数大城市,行使对生产管理的控制与指挥,强调公司总部在世界城市的空间集中,从而在世界城市集中了控制和指挥世界经济的各种战略性功能。在此之后,大多数关注主要城市全球经济指挥和控制功能的研究,通常建立在主要跨国公司总部区位识别的基础上(Godfrey and Zhou, 1999; Alderson and Beckfield, 2004)。Sassen 进一步观察到跨国公管理和协调功能已经变得如此复杂,以致其总部将这些功能外包给专业服务公司的事实,从而关注这些先进生产者服务(APS)公司,包括跨国银行、国际律师事务所、全球会计事务所和中介管理公司等。这些专业服务对于在复杂性和不确定性的跨境交易中成功开展业务是必不可少的,尤其对具有全球抱负的生产商更为重要。为此,Sassen(2001)立足于跨国专业服务企业在少数大城市集中的事实提出了全球城市理论——"使用全球城市功能的概念(是)来识别一个特定情况,即一个在全球经济管理和服务中实现相当有限和高度专业化功能的城市"。也就是,Sassen 把占主导地位的相互依存的先进生产者服务公司作为全球城市概念的基础,强调新的动态"集聚"促使先进商务服务企业聚集在少数地方。这样,全球城市概念超越了"指挥中心"的含义,它们在城市历史上是第一个"全球服务中心"。因此,全球城市概念标志着从 Friedmann 强调企业总部在世界城市空间集中的观点的明确转变,对全球城市功能的含义作了更全面的说明,即不仅仅是跨国公司总部,而且先进生产者服务公司对全球分布的经济活动也起到战略控制和协调的功能。由于Sassen 的全球城市构想顾及不同城市性质的变化,反过来不仅概括了 Friedmann 最初设想的节点,而且突出了其全球地位源于主要由先进生产者服务所代表的中心地先进生产的特殊产出,实际上超越了 Friedmann 的世界城市假说。

可见,这两个概念得以构建的立足点是不同的,从而其内涵界定上是有差异的。尽管这不是本质性的区别,但并不意味着这种内涵差异可以忽略不计而加以同时、交替使用。更主要的是,这种内涵的差异性涉及概念是否具有更大适用性的问题。随着经济全球化进程的深化以及全球信息化兴起,这两个概念的内涵在实践中得以检验,其适用性的"天平"似乎逐渐向全球城市概念倾斜。

其一,近十多年来,跨国公司(特别是制造业部门)总部,不仅将其服务功能大量外包,而且也有部分的分散化趋势,即从全球城市向外转移到邻近适宜的一般城市。Lyons 和 Salmon(1995)观察到一个新的趋势——自 20 世纪 70 年代中期以来,特别是在美国,大公司倾向于将总部搬迁到基础设施改善和更低成本的小城市。Florida 和

Jonas(1991)也发现在美国,自 70 年代以来总部从大城市搬迁到郊区已成为司空见惯的现象。越来越多的大城市现在只有二级总部,为了其高度专业化功能(Sassen,2006)。为此,Godfrey 和 Zhou(1999)认为,用总部功能来测量"全球城市层次结构"是一种蹩脚方法,并建议更加强调关注公司地区总部,其反映战略区位决策而不是简单的公司创建起来的地方。Alderson 和 Beckfield(2004)从另一个角度提出,从命令与控制功能的角度来看,一些区域中心在城市层次结构中占据一个比世界城市更好的位置。在其公司表现的基础上,这些区域中心最终可以在某些行业成为全球经济的焦点(Taylor and Csomos,2012)。显然,跨国公司总部实际运作的变化,在一定程度上削弱了基于公司总部的世界城市概念的根基。与此不同,在信息化条件下,由于隐性知识仍需要"面对面"交流,专业服务很大程度上依赖于这种信息交流方式,所以先进生产者服务功能(特别是面向全球的功能)仍保持强劲的集中化趋向,日益向全球城市集聚。Sassen(2006)指出,生产者服务业复合体——尽管强烈面向公司部门——比它们所服务的跨国公司总部更有可能仍集中在城市中心。从这一意义上讲,反而增强了基于先进生产者服务公司的全球城市概念的根基。

其二,尽管这两个概念都暗含着基于世界城市网络的思想,但其实现城市之间"联锁"的机制或内部网络不同。跨国公司主要是基于所有权关系的总部与子公司之间的内部网络,其子公司(生产加工基地)可能分散于许多一般城市之中。另外,总部与子公司之间主要是生产控制与指挥的信息、人员等资源交流。与此不同,先进生产者服务公司则是一种世界各地分支机构或办事处之间的内部网络,其基本上都位于大城市或主要城市,因为不同专业服务彼此需要配套服务支撑,形成集聚效应。另外,其公司内部网络主要是服务协调的信息、人员等资源交流,更具广泛性、频繁性、交叉性。相比较的话,不管是公司内部网络的分布、规模,还是内部网络信息、人员等资源交流的频率与密度,后者均超过前者。也就是,基于先进生产者服务公司的全球城市更强调通过全球网络的流动,与世界城市那种"通过利用指挥控制功能的组织嵌入特定中心地的集中正相反"(Allen,1999)。因此,全球城市概念更好体现了基于世界城市网络的核心思想。

其三,随着产业融合和全球价值链高端管理,跨国经营机构(公司)本身也在发生变化,特别是越来越多的制造业跨国公司,其附加值中的服务份额不断增加,从而纷纷转型为服务型跨国公司。而且,随着海外公司员工人数比例、海外经营业务份额、海外公司盈利份额的不断增长,越来越多的跨国公司转型为全球公司。这种服务型跨国公司和全球公司的行为特征,与全球城市概念的内涵更加贴切,从而也在一定程度上强化了全球城市概念的适用性。

　　总之,这两个概念虽然具有类似相同的理论出发点,但各有侧重,从而呈现内涵上的差异性。比较而言,全球城市概念的适用性更强一些。在我们的研究中,更倾向于使用全球城市概念。当然,我们不是简单沿用 Sassen 所定义的全球城市概念,而是进一步充实其内涵,甚至对其隐含的本体论假定进行改造,正如上面我们已经做的工作——形成更高度抽象(基本内涵界定)的全球城市范式。

2.3.3　全球城市与全球化城市

　　全球城市寓于世界城市网络之中,作为其网络的基本节点,但构成世界城市网络的城市并不限于全球城市,还有更多作为一般节点的城市。因此从世界城市网络角度讲,需要辨析作为基本节点的全球城市与作为一般节点的全球化城市这两个概念,识别其关系及其差异。

　　世界城市网络作为全球化的产物,首先涉及全球化对城市的影响程度及其范围。实践表明,全球化进程对所有城市都有重大影响(Marcuse, et al., 2000)。一些"中等城市"(medium cities)同与其毗邻的大城市一样,也必然对全球化趋势作出反应(Knox, 1996),即在空间利用方面取得更大的选择性和适应性,通过资金流、劳动力流、商品流、服务流、信息流等与外部众多城市形成稳固的联系和协作关系。因此,全球化不能被视为只影响少数特殊城市。相反,全球化从多个地方被组织和管理,我们正面临着跨国经济网络不断延伸到世界经济偏远内陆地区的城市,包括在复杂构造的世界城市网络中越来越多的北半球和南半球城市。

　　然而,在早期全球城市文献中,尽管也提到网络以及把全球城市视为网络站点,但很少谈及与其他一般城市的连接,从而"数以百万计的人和数以百计的城市从许多城市研究的地图上被抹去了"(Robinson, 2002),特别是南半球的大多数城市在世界城市地理图中消失。这是全球城市研究的一个重大局限。因为在全球化背景下,一个城市之所以成为全球城市,在于其广泛的网络连通性,即不仅与其他全球城市的连接,更多的是与一般城市的连接。在全球城市研究中,如果集中在相对较少的全球城市及其相互间连接,丢失了与其他无数城市之间的连接,那么世界城市网络便"沦陷"为全球城市之间的网络,全球城市的广泛网络连通性这一前提便不复存在,从而无法定义其为网络的基本节点。换言之,由于排除了全球城市之外的无数城市之间的连接,现代全球化的空间是不完整的,从而全球城市无法作为现代全球化的空间表达。

与此相反，另一种研究倾向则是把注意力转移到"全球经济进程如何影响所有城市"（Robinson，2006），考虑全球化以及特别是全球经济治理的地理分布，以更正所有过度简单化的南北力量清晰分水岭的概念。例如，Massey（1999）强调当代城市应该被理解为全球化的通道。Short 等人（2000）特意使用"门户"术语替代"全球城市"，以此来强调城市受全球化影响的途径，用门户概念来说明城市在与全球化相联系的相关网络中的不同角色和功能（Andersson，2005）。

事实上，全球化既不像冷淡覆盖整个世界的水上浮油，也不完全是由一部分"超级城市"所控制。相反，在它所形成的世界城市网络中，不仅包括全球城市，而且也包括许多受全球化"影响"的相互连接的一般城市。正是这一系列城市的进入，才使全球化观点可信地作为一个地理现象：世界城市网络。正如 Taylor（2004）指出的，虽然世界上为数不多的城市可以定义为"全球"城市，全球服务运作通过其得以高度集中，但许多其他城市被卷入和"连锁"在交叉的先进性生产服务网络关系的全球网络之中。全球城市作为生产性服务业提供了管理和控制世界经济的概念化，也逻辑性地体现在全球城市连接无数非全球城市的分支机构上，从而建立起世界城市网络。也就是，全球城市不仅相互构成，而且也通过其连接"普通城市"（Parnreiter，2010）。在这些被连接的城市中，仍是进行全球市场的生产，从而融入世界城市网络之中。Marcuse 和 van Kempen（2000）把这些受全球化影响而融入世界城市网络的城市称为"全球化城市"，Taylor 等人（2006）将其称为"全球化中的城市"。在我的论著（周振华，2008）中，更倾向于"全球化城市"的表述，以与全球城市相区别。全球城市与全球化城市的差异可以明确表述为：前者是基本或主要节点，或者说是主导全球化进程的城市；后者是一般或次要节点，或者说是受全球化影响或被卷入全球化进程的城市。世界城市网络在不同地理尺度上扩展，依赖于连接全球城市与无数全球化城市。但问题是，在具体城市识别上，两者之间的差异很难用明确的标准来衡量。也就是，全球化城市进入全球城市的临界点，是很难标准化衡量的。这正是全球城市研究中的论证核心。

全球城市与全球化城市的概念辨析，不仅有助于对全球城市概念的深入理解，而且对全球城市演化研究更为重要。如果说全球城市与世界城市的概念辨析只是为了使其内涵界定更为准确和具有更大的概念适用性，全球城市与国际大都市的概念辨析意味着全球城市对国际大都市的"升级"替代；那么全球城市与全球化城市的概念辨析则开辟了全球城市动态演化的理论路径，即随着世界城市网络中的节点地位变化，一些全球化城市可以崛起为全球城市，一些全球城市也可能蜕化为全球化城市。

3 演化本体论及核心范畴

全球城市演化分析可能需要一种与其他城市科学相当不同的概念框架,因为它们处理实在的基本方法是不同的。为了给全球城市理论确立一种新的演化范式,有关本体论的假定是必不可少的前提条件,必须予以明确说明。与此同时,基于高度抽象的核心范畴是构建演化分析框架的基本要件之一,必须能对动态演化有全面覆盖性。

3.1 全球城市本体论

本体论应该是哲学层面的东西,但它定义了我们对全球城市的基本看法,是研究与探索全球城市形成、发展和演化的前提条件。同时,本体论也是全球城市研究中大多数猜想和假定的起源。因此,全球城市演化分析首先要解决本体论的基础性问题,明确表达对全球城市的基本看法及方法论立场。

3.1.1 本体论的重要性

从全球城市文献看,主要是从现象学研究开始的,即通过对一些特定城市,如伦敦、纽约、东京、巴黎等的考察,归纳出与一般城市不同的特质,进而抽象出所谓世界/全球城市理论。这些研究揭示了全球城市形成与发展的背景、动力以及作用机制,描述了全球城市的属性特征、功能结构及其在全球化中的地位与作用,从而建构起全球城市的基本理论框架。在此基础上,形成了大量个别全球城市研究、不同全球城市的比较研究、全球城市不同功能的多视角研究,以及全球城市层次结构的实证研究等,从各个方面补充和丰富了全球城市理论。然而,这些研究并没有明确提出本体论主张,更多采用一种隐含的方法论立场,或者说,对于研究者自己所坚持的特定方法论意义并没有太多自觉性思考。为什么会发生这样的情况?这主要是因为大多数全球城市研究采用方法论的工具主义:理论被视为对全球城市现象进行分析并组织观察的工具,而不是作为对现实的一种描述。在理论与现实之间,则插入了许多经验实证的工具,如属性分析方法、网络分析方法等。全球城市理论只是为具体的经验实证服务的,并通过经验实证来检验理论的正确性。正因为如此,给全球城市研究带来了一系列的缺陷与问题。

首先,全球城市理论的大多数假定,事实上被看作是理所当然的。这就带来了两个问题:一是基于经验实证的计量模型与作为测量基础的理论,在它们的基本假定上是同一的。也就是,在全球城市的经验实证中,确定、测量和理解数据上所选择的标准,没有独立于作为所要检验的计量模型基础的理论。这意味着认识实在的独立通道是不存在的。二是由于存在着某些无法证伪的共同假定,因此它不会发生在具有不同经验主张的不同理论之间的竞争,而只是在一种共同的概念框架中对理论与现实观察之间的偏差进行内部调整。其结果是,对全球城市理论的经验检验导致了对其假说的持续精练,并不会引起理论结构的基本变化。事实上,全球城市的经验规则性(现象规律)不能独立于理论被陈述,从而其不能作为证伪的经验基础(Lind,1993)。

其次,由于没有深入到基于本体论的不同理论假定上,尽管全球城市实证研究中由于采用不同方法工具得出不同观点,也只是停留在表层的争论不休上。而且,基于工具主义的经验数据上的争论,也不会产生全球城市理论观点的任何变化。因为一般对于科学来说,在方法论上存在着相当大的多样性,而思想理论发展的内部动力学可能更多是由隐含的方法论冲突而非经验与理论问题所驱动的。实际上,理论之间的争议最终将回到本体论上才能见分晓和得以解决,任何理论替代或理论新发展,只能来自理论中新的假定。

因此,从实在论的观点看,任何对现实陈述的理论都必须从基本的本体论假定出发,以便在理论和现实之间建立某种联系。本体论的选择,不仅决定了理论假定的框架,也决定了为理论的有效性提供标准的认识论(库尔特·多普尔,2004)。我们知道,所谓的"形而下"是现实的、我们可感的世界,而所谓的"形而上"则是可感世界背后抽象、不可感并且作为其根据存在的原因。本体论就是探讨"形而下"世界的"形而上"根据。也就是,本体论是探讨这个世界上存在的一切是否在背后都有一个抽象的、不依赖于现实世界的基础,即研究一切实在的最终本性。全球城市演化的本体论,就是探讨全球城市变化发展背后存在的基础或根据,以及在什么样认识论基础上探讨这一背后存在的基础或根据。在某种程度上,全球城市本体论反映了我们观察全球城市变化发展的世界观和基本方法论。全球城市理论和实证的统一,根植于其本体论的基本假设中。不同的全球城市本体论假定,则反映了观察全球城市变化发展的不同世界观和基本方法论。

3.1.2 "机械装置"假定

现有全球城市文献中,涉及全球城市形成与变化发展的内容,既有理论阐述也有经验实证,虽然没有明确表达其方法论立场,但很大程度上是沿袭了传统城市理论的本体论假定。在传统城市理论的主流观点中,城市往往被视为基于力学的一种"机械装置",其变化发展主要受"向心力"与"离心力"交互作用的支配。传统城市经济学的土地模型、基于外部经济的城市体系模型,都是关于经济活动为什么和怎样在离心力作用下扩散出去的理论。工业区位理论、解释城市规模和分布模式的中心地区理论、分析区域增长的基础—乘数模型以及 Harris(1954)的市场潜力概念等,进一步考虑了离心力与向心力之间与距离有关的合力。新经济地理学代表人物 Krugman(1991)的"核心—外围"模型,则是借助规模报酬递增和不完全竞争的 D-S 模型,更完美地对向心力与离心力之间与距离有关的合力做出了解释,这一合力是其建立空间经济理论的核心所在。正是在这种城市"机械装置"本体论假定基础上,一系列相关研究通常关注于城市规模、空间容量、基础设施、功能属性等,即装置本身大小;关注于城市内部分工、产业结构、企业组织、空间布局等,即装置基本构造;关注于输入—输出、投入—产出、集聚—扩散等,即装置运转流程。

全球城市研究虽然采用了中心流理论、世界城市网络理论等,从而构建了不同于传统城市理论的新框架,但在本体论上仍然沿袭了城市作为"机械装置"的本体论假定,只不过是把这一本体论假定放在了完全不同的全球化空间之中加以运用。全球城市研究的鼻祖 Friedmann 和 Sassen 均采取了功能主义(和构造主义)的基本方法来揭示其内部组织构造特征及其功能,并由此来界定全球城市特质及其地位。因此,在其研究中,通常以经济实力、市场规模、竞争力等标准来衡量全球城市,将其特征表现为基于物质性实力、规模等的控制力和影响力,其主要是依靠它所拥有的东西(如独特的区位、各种设施、经济实力等)来获得和积累财富、控制和权力。在以后的全球城市研究中,更多采取了流动空间和城市网络的方法,逐步淡化了对基于地点空间的全球城市功能属性研究,特别是 Castells、Taylor 等人基于先进性生产服务公司构建的世界城市网络,是一种可替换功能的组合矩阵,将全球城市定义为世界城市网络中的主要(基本)节点。然而,其基本方法论仍然属于依赖一个外部机构来引起、命令和控制事件的结构主义和新结构主义。也就是,结构关系决定中心、节点以及指挥与控制功能的分布,其传送着所有保持不变的力量。每一次事件的发生,只不过是重复着结构关系。即使作为动态过程,也是结构性的,而不是事件性的。在此过程中,作为世界城市网络缔造者的机构(先进性生产服务公司)只是作为一种继电器的作用,而作为网络主要节点的全球城市则是由功能主义的从远处控制和命令的"一个冥想世界"中来定位的。如果一些城市比另一些城市更有关联性,是因为这样的城市具有与特权地位一致的结构—功能主义倾向。

与基于先进性生产服务公司的世界城市网络理论不同,Latour(2005)的行动者网络理论则是分解结构,以促成恢复对实践、性能以及实施的兴趣。其假定当地之外(out-thereness)是压倒性的、丰富的、有活力的一组不稳定潜力,一种最终不可判定的流量(Law,2004),因此倾向于在多变故的"必须采取行动"的"瞬间世界"中定位全球城市(Thrift,2000)。对于 Latour(2005)来说,全球城市的权力并不来自外在性,而是一个异构元素关联的内在效应,因而更加注重三个方面:邻近、平面性和转化。也就是,强调"不能跳跃",因为产生关联的序列不能跳过,至少通过改变尺度或添加维度;"保持一切平的",因为每个可能的条件(例如,弱与强、大与小、远与近、高与低、短暂与持久)是关联和分解的局部影响;"不能填满空白",因为没有什么可以从完整的关联星座中分离出来。然而,Latour(2005)把作为网络缔造者的机构视为"变换器",其行动产生差异。因此,(网络)中的每个节点,都可能成为一个分叉、一个事件,或一个新的转换的起源。在此基础上,全球城市被重新定义为作为异构要素和实践的关联,扮演一个适应某种文化的经济活动的变换器性能(Beaverstock,et al.,2002)。可见,尽管 Latour(2005)分解了结构,强调如果一些城市比另一些城市更具关联性,是因为其关联程度表现出一种影响和被影响的加重倾向,但其"变换器"的核心概念则隐含着"机械装置"本体论的基本假定。

基于城市"机械装置"的本体论假定,使全球城市理论发展受到严重的内在阻碍。如果说在这种本体论假定下,全球城市的静态分析还有可能的话,那么基本上是排除了全球城市演化分析的可能性。我们看到,自 Friedmann 提出"世界城市假说"以来,几乎所有的相关研究都聚焦于既定(已经形成)的全球城市上,对其在经济全球化中的地位与作用、所具备的主要功能及其通过什么样的运作方式而得以发挥等问题进行了大量、详细的诠释,而严重淡化甚至忽视了一个非常重要的问题,即"一个城市是怎样成为全球城市的"(Douglass,1998)。这一问题恰恰是全球化进程中城市演化过程的重要内容。实际上,这并不是研究者们主观偏好或主观意图所致,而是由其本体论假定所本质规定的。因为"机械装置"的本体论假定使其只能局限于对已经形成的全球城市进行孤立的或割裂的实证分析,或进行静态比较研究,而难以扩展到全球城市演化分析中去。

由于"机械装置"本身缺乏内在能动性,其演化过程需要外部第一推动力,这意味着全球城市构建及发展是按事先设计的蓝图被"装配"而实现的,或是对一种全球城市建造详细规划的执行。由于作为一种"机械装置"而缺乏反射能力,这意味着全球城市演化的所有行动都是"随机的"。全球城市的兴起或衰落作为一个随机变量,除了城市在任意时点的规模变动外,其他方面都是无法分析的。"机械装置"运转具有力学均衡态,这也意味着全球城市基于均衡概念的变化发展,是一般均衡移动的演化过程,即从一种低级均衡运转装置转向另一种高级均衡运转装置。因此,基于"机械装置"本体论假定的全球城市变化发展研究,尽管也是动态学的,但完全是"决定论"类型的全球城市变迁理论。对于这种物理—机械范式来说,全球城市演化代表了某种全球城市发展规律,而全球城市理论研究就是提出时空中普遍应用的规律,从而被假定为固定不变的。

3.1.3 选择新的本体论

以上分析表明,沿袭传统本体论假定是无法研究全球城市演化的,我们必须选择新的本体论。虽然本体论的大多数预设不能在经验上被检验,但可以通过合理的判断来选择某种本体论学说。我们是基于这样一个判断:即城市作为处于人类文明中心的独特定居点,是由众多参与者、公司和其他组织组成的复杂自适应系统,形成不同的关系和共同发展。在这一复杂自适应系统中,通过接近,开启频繁的面对面接触和其他合作和竞争的交互,将有助于增加人们的知识和技能,以提高他们的能力,创造性地应对经济等环境挑战,以及开发新产品和改进产品、过程和服务,而其他地方不能轻易复制这些条件(Turok,2009)。换句话说,城市是动态经济,通过创造力不断多样化其活动,随之产生人口的密度和规模。这并不意味着创造力是一种城市的垄断,但它强烈地在城市中得到表现,城市就是这种创造力行为高度集中的地方。

为此,我们选择的本体论假定:把城市视为一种具有反射能力和内在能动性的生命有机体。当然,这是类比生物进化论中的某种有机体。事实上,它们之间存在着深刻的区别。首先,城市并没有自然的生命周期,也不存在一个自然的规模。其次,与固守基因的表现型(活的有机体)不同,城市并不长久保留其惯例,而是建立起改变其自身的机制。

基于城市"生命有机体"的本体论假定,信息和能量是其最基本的概念。从抽象意义上讲,城市这一有机化是由信息和能量构成的。城市虽然表现为各种实在的存在,如各种基础设施、建筑,包括无形的文化、习俗、制度等,但由于有序的物质只是作为信息贮存的某种状态,所以本质上可归结为信息。当然,这一信息的变化总是在共时和历时的维度中被选择所规制,具有内部反馈环和重组因子,将不显示与"环境"的简单关系,因此不能等同于关于"外部世界"的信息。由于信息的生存值是不同的,有的时间长,有的时间短,从而它实际上决定了城市演化中变异和选择性保留的结果,有些随时间推移消失了,有些则保留下来了。有序的物质作为信息贮存的某种状态,需要历时而保持。因此,时间是城市演化的关键。

与之相关,能量作为一种原生物质,是一种保有和维持信息储存结构的必要条件,也是评估信息"值"的最终标准。因为城市作为一种生命系统是一种耗散结构,如果没有从外部对这个系统提供新的能量,它就将通过其自由能散布到环境中,导致熵增。因此,以有序的自由能而存在的能量平衡,是城市运行过程的最基本约束。如果不存在持续的能量供给,城市的生命系统将出现结构的衰败和信息的丧失。也就是,能量作为一种演变的复杂约束的集合,是通过有序化所进行的信息积累的前提条件。正如 Bunge (1977)指出的,能量作为对信息生产和保存最普遍的约束,就成为最终的概念建筑板块。能量流动可以内生地产生秩序,以至于所产生的现象如果稳定下来,它可以被设想为,正是有关环境条件的非参考知识(non-referential knowledge)使这种内生秩序成为可能(Barham,1990)。这意味着信息和能量之间存在着直接和密切的关系。

这种基于生命有机体的本体论假定,展现了一种不同于物理主义公理方法的结构。由于我们把城市设想为各部分被协调的有机体,所以它也可以被设想为各部分之间交换具有结构性信息的有机体。随着时间推移,信息的流动将导致城市知识基础的改变。所谓城市知识基础,被定义为携带者的信息结构,并被设想为一种凸显的信息结构,适合于主客观两个方面。城市实在客体,就是外部观察者可以直接观察到的城市现象,如城市形态、城市风貌、城市景观等,其积淀和承载着深厚的历史文化,构成城市知识基础之一。城市参与者的主体,表现为具有主观能动性的城市心智,是城市知识基础的重要组成部分。当然,这不是指个体或某些群体(如政府、企业、社会组织等)的心智,而是所有城市主体的集体心智,表现在城市中的企业、市场、政府、家庭以及其他主体的不同制度层面上。这种心智表现为持续交换信息的相互依赖过程,并赋予城市有机体的反射能力和内在能动性,以及通过其作用于城市演化过程的可能性。因此,城市作为一种有机体,是一种二重本体论:基于参与者的城市心智(主观能动性)和城市实体(客观实在性)。两者之间存在系统性的因果相关性以及持续的交互作用。特别是基于城市参与者的心智,是城市的一种要素,但同时也是关于城市的一种镜像,这种镜像指导着城市参与者的行为。也就是，城市心智是城市演化过程中的一种自主的因素，其生产是一种内生过程，构成城市演化本体论的有机组成部分，不能排除在城市之外。这是研究主体行为的任何方法最简单和最基本的本体论假定。

从静态来看，城市作为一个生命有机体，由于其心智要素指导着参与者行为，从而表现出对外部变化的反射能力和内在能动性。例如，面对经济全球化的迅速渗透和信息化网络的发展，城市中各个行为主体，如企业、政府、其他机构以及家庭凭借其心智水平对外部变化作出不同程度的反应，被迫适应其他主体的快速变化，调整自身的行为，并使行为方式更加多样化。在此过程中，其集合的结果就是增强了组织和集体的反射能力。在经济中，这种反射能力意味着积极参加竞争性学习；在社会和消费中，这种反射能力是为了获得"满意"而处理经济反射性所带来的相应情况，即对每一个企业、家庭及个人和公共机构带来的新形式的风险。由于城市的这种反射能力同时存在于生产和消费领域，依赖于城市内各主体的关系以及城市中形成的不同惯例习俗，因而每个城市的反射性都是不同的。

从动态来看，在变异和选择过程中，城市实体可能状态与城市心智可能状态两种变化之间形成交互作用。知识可能状态的变化导致了参与者行为的变化，行为变化被城市实际状态给定的因果相互依赖（规律）所选择，最终导致了城市可能和实际状态的变化。这种实体变化并不一定要反映在知识可能状态的新变化中，但会作为一种约束在演化过程中起作用。一些起始的变化，可能只是由概念知识所构成，并不包含在随后的演化系列中创造出来的所有知识和信息中，而这些知识和信息贮存在不断变化的约束结构中。因此，状态变化的序列，同时也是一种创造和积累信息的过程。由此，我们得到基本的本体论假定：二重演化本体论可以被理解为互相联结起来的信息结构。

因此，与传统文献把全球城市单纯视为由全球化与信息化的"外部"力量形成的"地方和站点"不同，在我们看来，全球城市是作为全球体系中有目的行动的位点存在，其中的一系列活动和企业家精神表示人际关系中全球城市参与的所有特性，不仅是网络节点，而且是世界体系中的行为体。正如 Latour（2005）所说，不是"行动者"（其积极行动）或"系统"（其表现为被动），而是"自治人物"的社会实体，他们意识到的生命、物质结构或机构。

基于城市"有机体"的本体论假定，我们就得出本体多元论的概念。首先，处于共时约束形态下的城市信息结构是不同的，无法进行加总，也不存在内在的本体论层次。这意味着城市的反射能力和内在能动性是不同的，相互之间无法达到均衡，也无法进行结构层次排列。即使在外部环境条件相同情况下,一些城市可能演化为全球城市,而另一些城市则不能。其次,某类城市的信息只是明确地指向城市体系中的某部分,因为它包含着一套特定"意会性知识"的约束。这种自成一类的城市,不能化约为一种普遍性的东西。同样,与另一个城市的类似约束进行通约的测量标准也是不存在的。这意味着城市演化不存在统一的发展模式和衡量标准,即使两个城市都趋向于全球城市演化,也有不同的方式和路径。

3.1.4 "有机体"本体论内涵

基于"有机体"假定的本体论,除了二重性的基本特点外,还具有一系列结构特征,具有与传统本体论完全不同的内涵。这为全球城市演化研究提供了坚实的理论基础。

许多文献往往把城市描述为一系列可能状态的某种实现,而把发展变化作为已实现城市状态的序列。这意味着可以用状态函数来表达(Bunge,1977)城市演化。但实际上,这是把城市作为一个封闭系统来处理。也就是,城市演化可能状态的集合是给定的,它并不随时间而变化。与此不同,基于"有机体"本体论假定的城市状态的任何变化,则必须抛弃原先的封闭系统状态,把城市演化置于开放状态下。这意味着城市演化可能状态的集合是随时间而变化的。另外,基于全体参与者的城市心智也是由一系列可能状态所构成的,其学习和知识创生是一种开放过程。这里的一个前提假设是:尽管城市心智与城市实在之间存在某些因果联系以及持续的交互作用,但两者的可能状态的集合并不完全同一,也不完全平行。否则,就回到了实在的单一结构,要么势必在城市变化发展中引入新状态的随机发生,要么使用城市之外某种创造性行为的假设。这主要是因为:基于全体参与者的城市心智不是简单的城市实在的影像,其可能的知识状态受城市实在所干扰,不存在最优状态。这是由于存在人类知识不可能性定理,人们的认识必然会出现偏差或谬见。因此,"生命有机体"二重性本体论不可能构建起独一无二的一种确定性的形式化概念体系,从而完全拒绝理论一元论和普遍主义。

在此前提下,从演化的观点来看,基于全体参与者的城市心智的可能状态,是导致全球城市可能状态发生变化的关键性力量。因为城市心智出现的偏差或谬见是新知识唯一可能的来源(激进可错论)(Levinson,1988)。正是由于这种偏差或谬见,才能够产生与现实的碰撞,最终通过实践的选择和保留,或者产生新知识,或者纠正现有知识。从这一意义上讲,人类知识不存在一种向独一无二真实世界图景的不可避免的进化,它是一种可错论的进化。在全球城市演化过程中,其路径是:知识状态的变化导致行为的变化（即创造力），转过来改变了全球城市可能状态的集合，全球城市的状态变化又将导致城市心智状态的变化。在这当中，心智不真实的可能状态集合要远大于全球城市可能状态的集合，所以创造力是无限的。

同时，因为实在的二重结构，这种无限大的心智不真实可能状态集合不是唯一由全球城市实现状态和它的因果相互依赖所决定的。因此，心智状态是一种机会事件，它与人类知识中不是完全和正确反映出来的实际的因果相互依赖有关。但是，它们并不是理性预期的思想谬误的随机扰动。因为在知识状态的心智相互依赖中，它们是非偶然地由人类思想的某种动力学所导致的。从这一意义上讲，这一心智变化的机会，等同于某种知识状态的"奇特"变化，是城市可能状态集合发生变化的主要原动力。城市的创造力，就是依靠知识状态奇特变化而不断涌现的。按此逻辑推论，创造力是一种机会事件。知识状态的不断变化是新的世界可能状态不断突现的原因，奇特事件是真实世界中城市变迁的关键性因果决定因素。在这个时代，全球城市演化的重要因素是新偏好的形成，技术和制度的创新以及新资源的创造等。换言之，新奇事物的创造才是城市演化的关键。对于这种可变化的奇特创造过程，既没有必要像一般术语那样采用一种本质论的理解，也没有必要采用一种唯名论的态度，但可以放在变异和选择，即遗传特征的选择性保留这种动态观点中加以解决。也就是，奇特现象（作为一种机会现象的变异）变成了个体的特征，如果它们通过遗传和选择会在一种个体群中得到扩展，那么就被一般术语命名为种类。虽然奇特现象不能被理论化，但变异和选择的整个过程可以被理论化。

知识状态奇特变化的重要特征之一，是不可逆性。因为演化过程中时间以一种基本方式被引入，演化被设想为一系列有序的变异和选择的事件，每一种变异通过选择生存下来，并成为由许多个体构成的个体群的一种特征，同时又成为以后有可能产生的新特征的约束和边界条件。因此，知识状态奇特变化的不可逆性，不是某些过程特定的性质，而是一种普遍的本体论范畴。当然，这里引入的时间，不是"物理的"时间，也不是简单的"历史的"时间，而是过程的"艾根时间"（Eigen-time）。对于不同过程之间交互作用的演化型态来说，过程时间是决定性的，产生了我们所说的"历史"，从而成为其一种必需的条件。当然，在二重本体论框架中，我们还可区分"艾根时间"与"观察者时间"。前者是城市客体演化的过程时间，具有不可逆性；后者是基于城市心智的心理时间，由于它基于反思，这意味着将过去和未来的事件设想为处于现在，反之亦然。因此，心理时间维度不存在一种由不变的时间箭头所表示的唯一的因果方向。这两种类型时间的不同假定,在全球城市演化中都是起作用的。因此,时间是一种复杂的范畴,它包含着演化性变迁中不同的各类交互作用过程的暂时秩序。

总之,基于"有机体"本体论假定的全球城市演化理论,与上述"决定论"的城市变迁理论本质上是不同的。事实上,全球城市演化理论是排除这些城市变迁理论的。而且,从基于"有机体"的范式来说,全球城市演化理论是一种"可变规律"。因为规律是演化的产物,作为演化轨迹的因素,就其性质来说,它对变化的解释只是暂时有效的。全球城市演化理论研究是一种变化的理论陈述,而不是提出一种普遍有效的规律。

3.2 核心范畴

在选择了全球城市演化的本体论假定后,我们要做的基础理论工作是确立全球城市演化的核心范畴,其将贯穿于全球城市演化研究的全过程。整个全球城市演化研究围绕这一核心范畴展开,从而达到某种程度的形式化。

3.2.1 联结

在全球城市"生命有机体"本体论假定中,信息与能量是城市系统的基本要素,而信息流动与能量交换及其系统性的因果相关性,关键在于联结,即相互联系和交互作用。联结是城市"有机体"存在及其演化的最基本要求。城市实体所体现的城市形态、风貌、景观等,是基于物理性的特定联结。城市心智所体现的文化、制度、技术、治理、组织结构、企业家活动、认知习惯和金融系统等,都是特定的联结现象。城市心智与城市实体之间持续的交互作用,更是一种普遍的联结机制。

当然,"机械装置"的本体论假定中也存在着联结。没有联结,机械装置便不能运动。但这是一种机械式的联结,主要是基于内部关系的物化联结。这种联结的改变,也可以表现为一种动态过程,但不是一个发展过程,更不是一种演化过程。因为按照城市作为"机械装置"的本体论假定,这一过程将由城市存量资本、物质财富及其功能、品质等变化所构成,以要素及其属性等变化特性表现出来。因此,人们往往从城市本身实体变化来刻画这一过程,以规模、经济实力、资本存量和财富积累等物质形态的变化来加以识别,并采用许多相关指标,如人口规模、城区空间规模、GDP、固定资产投资、基础设施容量、企业数量、利润、税收等来衡量这一变化。Jacobs(1984)把这种观点驳斥为"集物品为一体的生产",不是一个发展的过程。因为这些物化"东西"没有成为建设性地组成非本地公司过程的一部分将不会产生发展。作为一个过程,城市动态不应该由发展信号物(机械、拖拉机、工业厂房、办公室、水坝等等)的积累来衡量,这是一种"谬误"发展的"物化理论"(Jacobs,2000)。

尽管全球城市作为一种全球化背景下的特定城市形态,其动态演化总是表现为一个过程,而不是过程中的横截面,但我们不能停留在这一肤浅认识上,而要深刻理解一般动态过程的基本含义,即这一过程将由什么所构成,或由什么样的特性来表现。我们赞同 Jacobs 对"谬误"发展的"物化理论"批判,要用流动关系扩展来理解城市动态过程。这与城市"生命有机体"的本体论假定是一致的,即能量流动内生出秩序。它是基于这样一个事实:城市是一个满足各类流动(尽管是暂时因而不断变化配置的)和由人们以不同方式及在不同范围所经由的网络站点,在流动的形式上以不同的深刻方式重新配置经济社会生活。为了精炼这一流动的含义及用法,Clark(2005)偏爱采用水银而不是水来隐喻流动。从这一意义上讲,城市不是一个流动被吸引进入预先存在的实体。相反,如果没有其基于流动关系,城市的存在不会被注意。也就是说,关键的问题不是理解城市本身实体(这意味着采用一个固定的研究对象的定义),而是理解流动所带来的其构成和功能不断改造的过程。因此,城市更像一个"会场",社会关系的特定交叉点,其全部被"构建在一个比我们在此刻所定义为地方本身更大的规模之上"(Urry,2000)。或者,如 Latour 和 Hermant(1998)所说,城市是一个开放的剧院或舞台,在这上面各种各样可见和不可见的演员扮演着大量不断变化的主角和跑龙套角色。Wallr 和 Knaap(2011)的实证研究也表明,依据对角线中心性,只有 16% 的交互证明为城市内部(自我连接),从而支持了 Allen(1999)关于重要城市的地位源于它们之间的流动而不是沉淀在其内部的观点。在当今条件下,流动加速及深化地方之间的联系,更被认为是当代全球化世界的特征。因此,流动不仅仅是社会组织的一个元素,更是支配我们经济、政治和象征性生活过程的表达(Castells,1996)。

在城市流动关系的基础上,我们进一步提炼出"联结"的概念。所谓的"联结",从抽象意义上讲,是实体之间基于流动关系的持续性联系和相对稳定性交互。其有三层含义:首先,城市的联结在于流动关系,而不是城市本身实体。其次,城市的联结是一种持续性联系。这与城市流动关系也许表现为偶然事件性、间断性的联系不同。例如,由于在某一城市举办国际性展会(如世博会等)、艺术节以及重大体育赛事(如奥运会等),或者由于遭受天灾人祸得到国际援助等所带来的一系列城市联系,具有暂时性、间断性的明显特点,不包含在联结这一概念之内。最后,城市的联结表现为相对稳定性的交互作用。在现实中,城市之间的交互是复杂的,存在着随机性交互、游离性较大的交互以及短暂性交互等形式。这些交互形式是客观的,有时也会起重要作用,但不包含在联结这一概念之内。因此,联结这一概念也可以表述为:一种城市之间持续性联系和相对稳定态交互的流动关系。

至此,我们把城市动态过程理解为由城市基于流动关系的联结变化所构成,并以内部关系与外部关系的交互作用等变化特性表现出来。城市作为一个动态过程,只有在城市联结的基础上才能最终形成基于动态分工的经济特色、经济扩张和生态位特化。在所有动态城市的研究中,"联结"均为一个核心范畴。对于全球城市来说,"联结"更应成为一个核心范畴。因为一般城市基于流动关系的联结,毕竟还是比较单纯的,如Jacobs(1984)所说的主要通过贸易活动而形成,但全球城市基于流动关系的联结往往通过投资、贸易以及商品链、供应链等多重复合活动而形成,因而要复杂得多。而且,一般城市的联结方式比较简单,如基于贸易、投资的点对点联结、点对面联结等,而全球城市主要是网络联结,其是由全球功能性机构内部网络联锁。还有,一般城市的联结范围相对有限,主要基于周边腹地、相邻地区乃至国内范围,而全球城市的联结远远超出这些范围,主要基于全球尺度。全球尺度的联结关系是全球城市的生命线,决定全球城市是否存在的根本。如果说,对于一般城市来讲,联结关系的无扩张或缩减只是意味着其经济生活扩张过程被侵蚀,处于简单的经济增长状态从而成为静态城市的话,那么对于全球城市来讲,没有全球尺度的联结关系则意味着彻底消亡。因此,多尺度联结是全球城市的本质属性,从而成为全球城市演化的一个基本核心范畴。

3.2.2 联结二重性

按照城市"有机体"的二重性本体论,全球城市"联结"也具有二重性:一方面,实在流动的城市联结;另一方面,基于信息、知识等心智流动的城市联结。两者之间具有内在统一性。全球城市实在流动的联结,大量表现为我们可感的能源、原材料、中间品、服务以及资金、技术、人员等频繁流动,这些流动使全球城市建立起对外持续性联系和相对稳定性交互。然而,这些流动是有明确目的性的,流向是受控制的,流量规模是有意识性的,从而在某一时点上是相对稳态的。这意味着流动背后存在着支配、操控和引导的力量,具体表现为大量基于信息、知识的战略规划、项目策划、订单合约、各种指令、任务分配、沟通协调、咨询服务、结算清算等活动。这些活动在助推商品、服务及资源要素流动过程中,其本身也是一种流动关系,从而形成基于心智流动的城市联结。过去,人们往往注重全球城市实在流动的联结,偏重于全球城市的贸易流量、资金流量、人员流量等规模状态,而忽视全球城市的信息流量、知识流量等构成的功能状态。事实上,全球城市的联结,其核心是心智流动的联结,集中体现为功能联结。贸易流量、资金流量、人员流量等实在流动的联结,只不过是全球城市心智流动的物质载体和外在体现。因此,没有心智流动,实在流动就流动不起来;当然,没有实在流动这一载体,心智流动也就失去了存在的意义。

全球城市"联结"二重性的内在同一性最终将落在何处? 人们自然会想到,既然是作为全球城市联结的二重性,其同一性应该在于城市本身。其实不然,全球城市只是全球流动关系的一个空间载体,其本身并不主要驱动全球流动关系的形成。相反,集聚在全球城市内的各种功能性机构,才是驱动全球流动关系形成的主要力量。因此,这种联结二重性的同一性在于构成流动关系的主要载体的功能性机构——从广义上讲,包括所有促进全球流动关系的功能性机构,如企业与行业协会、学校与科研院所、文化机构与宗教团体、政府与非政府组织等。由于目前全球城市联结的全球流动关系主要是经济方面的,所以从狭义上来讲主要指跨国公司和专业服务公司、全球营运中心、全球研发中心等功能性机构。正是这些机构借助于交通、通信等基础设施,通过其心智流动与实在流动的同一,形成全球城市的联结。

除此之外,从全球城市的内部与外部角度看,基于流动关系的联结是双重的:一方面是内部的联结,即城市内部各种要素的联结;另一方面是外部的联结,即城市间的联结。在动态过程中,全球城市内部的各要素之间也是一种流动关系,并发生持续性联系和相对稳定性交互,特别表现在城市内部分工关系及其结构上。这种城市内部分工关系的复杂化,是通过部门、机构的集中机制实现的。然而,这种部门、机构在城市的集群化,并不是由于具有共同喜好的公司选址在一起,而是由于来自经济扩张的不同经济部门众多公司的接近。因为城市是知识密集的环境,与技能劳动的分工相关,其通过创新和模仿为创造新的工作提供素材(Fujita and Thisse,2002)。然而,全球城市的活力,不仅取决于基于部门分工的内部关系复杂化,还取决于与其他城市产生的知识、大宗商品和人员流动的关系,赋予城市其流动空间的本质。因此,城市的对外关系与其内部关系一样重要。这种水平的城际关系拓展是城市动态的扩张机制。

事实上,全球城市联结的内外双重性是交互作用的。通过产业、企业集群的对内关系复杂化,在很大程度上与对外关系拓展有关。而且,从某种意义上讲,正是对外关系的拓展赋予更多的产业、企业集群化动力,提供了内部关系复杂化的更大空间。反过来,城市内部的部门分工复杂化,功能性机构的大量集聚,则进一步强化了对外关系的拓展,增强了水平的城际关系。正是在这一内外关系的交互过程中,形成城市动态发展,导致城市联结不断增强。一方面,表现为城市的互连能力,如连接数量增加、连接程度加深、门户功能增强、控制指挥功能强化等;另一方面,表现为城市的开发能力,如市场拓展、资本积聚和积累、技术进步、就业增加、流动性增强等。简而言之,城市被视为一系列内外关系的交互,作为网络形成中涉及的一系列过程、事件、表现和实践,是由不断执行的关系所构成(Thrift,2008)。全球城市联结是其内部关系与对外关系交互的统一,而不仅仅是其中的单一关系。

3.3 联结空间

城市联结不是凭空显现的,而是存在于相应的空间之中,基于不同的空间尺度。因此,联结的概念在这里要转化为联结空间问题。对流动和联系的结构方面背后的意义、动机和基本原理的考察,将使我们不仅能描述、而且也能更好解释世界城市网络及其过程(Lai,2012)。

3.3.1 联结空间类型

联结空间,首先涉及空间尺度的不同范围,诸如地区、国家和全球等不同空间尺度。非常直观的是,这些不同空间尺度意味着联结范围的大小,很容易被识别。但复杂的是,联结空间不仅仅是空间尺度大小问题,它还具有不同性质属性的类型。从全球城市研究角度讲,联结空间的核心问题不是空间尺度大小,而是空间属性类型。如果撇开空间属性类型的差异,那么空间尺度就成为同质的范围大小问题,从而地区、国家、全球的不同联结空间不过是简单的依次"升级"而已。这样,便会把全球城市研究引入歧途。

传统城市理论往往局限于领土化的空间尺度(地点空间),把城市视为资源要素的"仓库",并依据经济、社会和文化资本的禀赋来比较其相对重要性,从而构成所谓的国家城市体系。也就是,把城市"安装"在一个地点或地方上,一个点构成一个中心,围绕其建成一个"世界"。这个"世界"可能有不同的维度,但肯定有一个中心。如果沿着这一思维逻辑和方法来看待全球城市,就会简单"升级"到更大范围的全球空间尺度。然而,全球城市作为现代全球化的空间表达,其联结空间主要基于突破领土(物理的)约束的全球化空间。这种全球化空间是有别于地区、国家空间的特殊属性空间联结,即一种非领土化的尺度(流动空间)。按照 Castells(1996)的观点,这种不连续性、无缝同步远端位置的"流动空间"由三个层次组成:基础设施层,节点和枢纽层,管理精英层。其中,第二层次是流动空间中最重要的层次,因为这是交流和协调发生的层次(Taylor,2004)。因此,这是一种空间属性类型的重大变化,并不是基于同一空间属性类型的依次"升级"问题。

在全球化的时代,由于资源要素全球流动导致非领土化现象,城市有丧失其作为一个秩序空间点的风险,正在空间生产中成为不断改造结构的项目。城市的发展是一种不断演变、多尺度和地缘政治关系中战略目标主张的状态,而不是一个目标或一个领土划定的地点(Brenner,2004)。当然,即使在这一转型过程中,城市仍是一个复数现象。也就是说,单一形式的城市并不存在。因为适合于城市的统一方法并不存在。因而,城市新模型是不断分化和创建的,通过改变技术经济过程和政治条件不断地再生。但在全球化时代,城市模型总体上倾向于具有一些新网状特点:开放模式、分散化、在边缘而不是在中心的发展等。也就是,城市由围绕"地方空间"被组织转向围绕"流动空间"被组织,显现出地方网络化的重要性。在前一种情况下,地点之所以重要,是因为活动在其中发生;在后者的情况下,流动之所以重要,是因为活动在它们之间发生,充当了在其他地点协调活动的渠道。因此,这是一种全球化时代浮现出来的城市新模式。

Taylor(2007)在此基础上进一步区分了本地和非本地两种类型的空间尺度,并运用其把城市发展过程区分为"城镇化"(cown-neel)与"城市化"(city-neel)。尽管在现实中城市和城镇这两个词经常互换使用,在字典里通常简单定义为大城镇,但 Taylor 既不是在这一标量测度上使用,也不是在如国家行政区划指定的更正式定义上使用[1],而是将其作为不同空间尺度下的城市对外关系拓展的双重过程。所谓的"城镇化"被解释为一个城市居住区连接到其腹地的本地过程,使城市及其腹地作为相一致的经济单位,创建一个经济互动的功能性区域,具有中心与外围相对稳定关系的非动态化、依赖及层级结构、有边界的地点空间等特征。所谓的"城市化"被解释为一种城市网络的非本地过程,使网络中的城市作为相一致的经济单位,具有动态和复杂、发展与相互依赖、没有边界的动态城市网络等特征。Taylor 的联结空间分类,把城市发展内容结合进去,从而更具象化,但本质上是 Castells"地点空间"与"流动空间"核心内容的扩展。按照

---

[1] 在我国,城市化和城镇化是基于行政建制意义上的定义,从而城市化是指以城市为中心的农村剩余劳动力转移,城镇化的范围更广一些,包括一系列的市镇、乡镇、集镇等的农村剩余劳动力转移。因此,与 Taylor 所区分的城市化与城镇化概念完全不同,在理解 Taylor 这一观点时要特别注意。

Taylor 的联结空间分类,全球城市只是其"城市化"过程的产物,并与基于"城镇化"的城市——即使是巨型城市——作了一个明确区分。从这一点讲,其分类是有意义的。

3.3.2 联结空间互相本构逻辑

上述分析表明,区分联结空间的不同属性类型是十分重要的,特别是在全球城市研究中。然而,在现实中,仍然会碰到两者之间关系的方法论困惑。显然,作为一个传统城市概念——领土边界构成了其直接腹地功能——其融入密集的、全球环路的传输和交换似乎是困难的(Taylor,2003),而要完全撇开这一点似乎也是困难的。因为城市发展成为经济活动中心及其集群背后的许多因素要求保持其物理的、基于领土的重要性,其在许多情况下是历史构成的优势(Beauregard and Haila,2000)。为此,许多城市发展研究似乎从根本上卷入联结空间这一概念光谱的两极,即关注地点空间的一极与基于流动空间的另一极,从而把两者完全断裂与对立起来。

例如,我们前面提及的 Taylor 运用本地与非本地空间来区分"城镇化"与"城市化",在对其特征表述上就存在某种程度的把两者相分离的倾向。事实上,对于一个城市中心来讲,与周边地区(面积可大可小)的各种经济往来也是一种对外关系。尽管这是一个有边界的当地腹地,但与城市中心之间也会形成各种要素流动,而且是一种双向要素流动。只要这种要素流动足够充分,便会形成相互之间的复杂分工,促进城市的经济生活扩张。Jacobs(1984)曾在这一尺度上确定了五个源于动态城市经济的"巨大力量":(1)扩大城市的市场(规模和种类);(2)更多样化的工作(新工作);(3)日益增长的城市工作(旧工作)转移;(4)新技术的使用;(5)城市资本的增长。在城市区域中,这五种力量共同行动来创造平衡增长:市场刺激新的产品生产;技术在城市中心创建新的劳动分工,导致在该地区转移工作的外包(旧工作);所有这些为城市的资本提供了机会。因此,关键在于这些力量是以积极的态度彼此加强来发展一个与核心城市经济结合在一起的充满生机的区域经济。又如,Taylor 所说的城市—腹地关系是一种相对稳定关系的观点,这只在相对封闭条件下才能成立。在一种开放系统条件下,城市—腹地关系受强大的外部冲击(如大量外资进入和大量外贸活动)也会呈现不稳定关系,倾向于快速的经济变化。中国改革放开以来,长三角地区的上海与周边地区关系变化及其快速发展就是很好的例证。无独有偶,Taylor(2001)还曾有一个延伸全球城市/国家关系建模的建议,提出全球双分层空间经济模型设想。这一全球空间经济由两个相互作用的空间构成:集中于全球城市的流动空间和由国家经济司法权(SEJ)构成的地方空间,但这一个双分层模型并没有融合全球城市/国家关系,存在一个政治地方的马赛克地图攻击一个经济流动链接地图的矛盾。因为前者的动力学由诸如关税税率和政府制定的劳动法等政策构成;后者的动力学是由企业的集聚和连接过程保证的。实际上,网络地图上的流动,既是国家的,也是跨国的。从这一角度讲,马赛克空间与网络空间存在交互作用,有一种整体联系。

我们认为,这一联结空间光谱的两个极端应该进行折中主义处理,将其视为两者关系的"相合"交互过程。联结空间中的全球与本地、地方与流动之间并不存在截然相反的对立,更多是互相本构的逻辑。

事实上,任何"流动"总是有起点和终点。"流动"只是在这个时候且当它们在其终点(重新)变成(在城市)"地点"时,才具有意义。例如,信息或资本等要素并不是在流动过程中被使用,而是到达目的地后才被使用。也就是,"流动"只有或多或少从"固定"的基地/地方才产生(及"消耗"),"流动"的实际效用总是需要基于地点的固定性。此外,"流动"也并非可以在任何时间、以任何形式"登陆"任何地点的。实际的流动必须适应至少某种程度不同形式的规则(如根据法律或监管规范)、受到城市行动者施加的阻力和摩擦(因为语言、文化、社会经济或政治原因)等,有一个流动的过滤或选择过程,通过改变其内容或形式使流动适应于给定城市的特异性。反过来讲,"地点"也决不是自我循环的实体,而是开放的社会和物质结构(Lathamt and McCormack,2004)。"地点"只有通过"固化"流动的过程才被构建,总是由网络的流动所构成。全球化和数字化过程有助于地点的矢量化,那就是它们增加了参与地理的交流和遥远的联系。

因此,全球与本地、流动与地点的联结空间,既不是作为互相对抗的两个不同实体,也不是彼此机械叠加的集合体、连接或组合,而是一个互相本构过程。在其中,全球与本地、流动与地点之间共同作用,不断彼此定义和加强。假如城市被更好地理解为一个过程的话,那么这并不是因为它们经常混合流动,而是因为它们是一个交往关系,其中流动空间和地点空间总是相互连通或转换的。首先,流动—地点空间转换的发生,主要通过由行动者在其行动中使用的工具、仪器、规范、法规和技术所构成的一系列的日常实践。城市行动者做什么和什么时候做,都是在一个地点的基础上参与不同类型的流动。这种转换也是大量的日常操作,尽管其中的大多数人并没有意识到这一点(Guillaume,1999)。其次,流动—地点的空间转换,内在涉及和(重新)产生一组或多或少有不同或冲突目标的行动者之间复杂和动态系统的权力关系。在整个流动—地点变换过程中,存在着不同目标函数和行为方式的行动者,城市发展正是在一个不同行动者之间冲突与协调的持续不稳定环境中被塑造的。因此,行动者如何使其自己处于与其他行动者的关系中,以及他们在多大程度上使用特定的工具和手段实现权力关系和影响城市发展,是至关重要的(Moulaert, et al., 2003)。最后,流动—地点的空间转换,内在涉及一个变换标量、来自多个尺度的系统性的过程和实践,从而需要有一个超出标量固定性的概念性变化,把空间视为一个当地与异地之间更软性的连续沟通(Massey, 2007)。换句话说,流动—地方转换的空间舞台,总是远远超出任何政治(行政)或功能的城市边界。流动—地点转换本质上是变换标量,采用先天不同于地理层面上的社会—技术实践和过程之间(不断变化)的链接和连接。从这一意义上讲,流动—地点的转换被视为多尺度混合进入一个柔软连续性(尽管不一定没有断裂)的空间。为此,Harvey(1996)识别了城市生活中"相合"的重要性,提出关注"用多个过程流动方式共同构建一个单一的、一致的、连贯的、但多方面的时空系统",强调持续需要适合于(临时)领土不变性的机动流动。也就是,城市作为动态和不稳定的流动—地点,其中各自品质的流动和地点是不能真正脱节的。假如把地点如何塑造流动与流动如何塑造地点完全分离,就会导致潜在误导和简单化结论。

当然,在城市发展不同阶段,这一双重过程是不平衡的。城市发展之初,更多的是本地关系拓展,而且许多城市在以后相当长时间里主要就是停留在本地关系上;随着城市的进一步发展,越来越多的非本地关系形成和发展,甚至超越了本地关系,更依赖于非本地关系。但城市作为一个动态过程,是本地关系与非本地关系的动态平衡过程。我们正在见证一个深刻的尺度改变,因为城市一方面被"全球力量"所影响,另一方面被"国家监管系统"所影响。正如 Short(2006)指出的,"我们需要在全球、国家和地方多个和互动尺度上将城市概念化"。事实上,Short 确信"标量过程"的存在:全球、国家和城市进程正在影响世界各地的城市个体,而全球化城市是国家和全球连接中转移的网络站点和平台。

对于全球城市,人们现在更多关注其非本地关系、流动空间的联结,因为这是全球城市的基本特征属性。尽管城市财富和权力的积累与保持是因为在流动空间中流经和嵌入城市中,从而引导我们关注其所包含的与其他城市的联系,但我们也不应忽视这是一种"接地"的流动。因为全球城市也是具有历史、政治、社会和文化背景特定配置的地点。关注全球城市作为地点意味着什么?首先,就是承认全球城市在全球城市网络中执行特定角色的差异,并在有意义的关系中连接它们。这一观点会带来对影响其融入世界城市网络模式的特定历史环境和背景的更好鉴别,有助于当代全球城市的发展。其次,就是认识到全球城市被真正有社会、政治和经济生活状态的居民和社区所居住,并反过来被全球城市形成过程所影响。

4　演化框架：世界城市网络

传统的城市动态变化研究，通常以城市规模变化为衡量标准，基于"中心—边缘"世界城市体系演化框架，由此揭示城市联结方式，例如星形结构、双边与多边循环等动态变化。全球城市不仅突破国家尺度延伸至全球范围，而且城市间联结通过网络形式显现出来，其意义在于被认可为空间关系转化，是对传统地缘政治解释二元论的挑战，其动态演化是在世界城市网络内发生，并通过其网络地位变化反映出来的。因此，全球城市动态演化研究，要以网络节点地位变化为衡量标准，基于作为当代全球化组织框架的世界城市网络演化框架。

4.1　复合联锁网络构建

在全球城市研究中，主流的世界城市网络是 Taylor 及其同事提出的基于先进生产者服务公司构建的联锁网络模型。这一网络模型在揭示全球城市内涵及属性特征方面有较强的解释力，但由于其隐含"机械装置"的本体论假定，在全球城市演化分析中具有较大的局限性。因此，需要在其基础上进行改造与充实，赋予城市心智的本质规定性，构建一个适合全球城市演化的世界城市网络框架。

4.1.1　Taylor 的联锁网络

现代城际关系的建模，实际上是城市如何彼此联结的一种合理表现。从全球城市的联结关系来讲，其基于全球广泛连通性，表现出两大明显特点：一是全球尺度下的联结；二是基于地点—流动空间的联结。因此，世界城市网络模型反映了现代城际关系的彼此联结特性。这一世界城市网络，表象为城市间的网络联结，其彼此之间的构成和动态性中的差异，确保它们以不同方式和不同程度跨空间伸展，但实质上是通过联结人们一起追求某些目的的交往和互动模式而形成的，那些混合不同组织范围的形式是最有效的网络化实践。因此，这是一种社会网络。我们知道，作为一种社会网络，其节点是行动单位,连接则是社会性的。按理说,基于全球化交互流动的城际关系,应该通过其产生贸易(生产和消费)的城市作为分析的空间单元来建模一个"全球空间经济",但城市本身只是一个空间单位,而不是行动主体。作为一个空间单位,城市只是这些资源要素全球性流动的经由点或组合点(网络节点)。资源要素的全球性流动,包括在这些城市经由点或组合点的流动,则是由相应行动者(机构)的操作活动来实现的。对于这些机构来说,通过结合了权威和扩散技术的广泛而密集的网络,可能会提高其空间覆盖来实现漫长目标(Mann,1993)。因此,连接城市的流动空间(网络和链条)要求来自作为机构的行动者的投入或运作,从而必然引入由联锁网络所描述的过程。

因此,与一般网络不同,Taylor 的世界城市网络是一种独特的联锁构造,即由网络制造者(机构)联锁城市之间的联结。这一世界城市网络由三个层面构成:网络层面——世界经济;节点层面——城市(空间单元);次节点层面——机构(行动者)。正如 Taylor(2003)指出的,全球化中的城市空间表现为世界城市网络,其中的节点(城市)通过贯穿节点的机构活动而连接。正是在这一意义上,全球城市不是独立于创建它们的公司的(Beckfield and Alderson,2006)。这一联锁网络模型表明,位于城市中进行全球性活动的机构(行动者)是世界城市网络的制造者。因此,即使城市在理解世界城市网络的过程方面仍是研究对象,但网络制造者或行动者则是研究的主题。

从联锁网络一般意义上讲,凡是驱动资源要素全球性流动的机构(行动者)都可以成为网络的制造者。由于全球化的多样性,应该有各种类型的促进全球性流动的机构,如跨国公司、先进生产者服务公司,甚至全球非政府组织等。这些全球性机构在世界各地的城市设有分支机构,通过其内部网络的业务联系把世界各地的城市连接起来。正如 Krätke 和 Taylor(2004)强调的,多样性的全球化活动导致全球城市网络形成中的多元全球化。显然,选择不同的机构作为网络制造者,就会构建不同类型的联锁网络。由于不同机构在全球的分布状态不同,或其内部网络不同,由其联锁的城际关系也会不同。

Taylor 在构建世界城市联锁模型时,把先进生产者服务公司识别为关键经济主体,关注其在不同尺度连接城市经济中的作用,将其作为主要网络制造者。这主要遵循了 Sassen(2001)关于先进生产者服务业是全球经济构造和功能主要参与者的观点,同时结合了 Jacobs(1984,2000)有关充满活力的城市以多元化经济过程方式扩展经济生活,进而导致与其他城市复杂关系的观点。先进生产者服务业不仅在世界各地办公室之间的交换过程中创造了许多自身行业的全球性流动,更主要的是服务于那些真正创造许多全球性流动的对象,服务于那些全球或跨国公司办公室之间的交换过程,如果不是全部的话,也是绝大部分。而且,先进生产者服务业作为尖端行业,是 Jacobs 意义上有活力的关键指标,即哪里有先进生产者服务业的集中,哪里就有明显的经济扩张。

Taylor(2001)通过观察(先进生产者服务)公司有效连接生产商进入其他城市的全球市场来回答"全球城市如何能扩展为对世界城市网络的解释"。当位于一个城市的生产商想要进入其他地方的全球市场,如果支持其运营的先进生产者服务公司在其他地方有分支机构,就可以使它在其他城市最有效地开展业务。为适用这一需求变化,先进生产者服务公司必须通过其在不同城市分支机构的内部网络为客户提供无缝服务。全球专业服务支持,意味着这些服务公司可以在世界各地的城市提供其服务产品。先进生产者服务公司分支机构网络是连接城市作为全球服务中心的公司区位策略产物。它表明,一个先进生产者服务公司分支机构网络的广度定义了对其生产商客户直接或有效进入全球市场的广度。先进生产者服务公司的分支网络创建了(潜在的)A 地生产商与 B 地和 C 地市场之间的经济联系,或更抽象地表述为城市 A 与城市 B、C 之间的经济联系。也就是,城际联系的强弱取决于城市中全部先进生产者服务公司复合体构成的重叠程度。因此,这些先进生产者服务公司的集中及其内部全球化网络意味着城际经济网络,即先进生产者服务公司内部网络联锁了城际网络。这些由先进生产者服务公司在多个城市分支机构协同定位所打造的联系,构建了世界城市联锁网络。先进生产者服务公司作为世界城市网络制造者,对于全球城市是至关重要的,甚至成为全球城市的关键特性。

由于先进生产者服务公司在全球分布更广泛,其内部网络更复杂,由其联锁的城际关系也更为全面,不仅联锁全球城市之间连接,而且联锁全球城市与全球化城市之间的连接。基于先进生产者服务公司活动的世界城市网络,包含世界各地数百个城市,其中既有作为基本或主要节点的全球城市,也有作为一般节点的全球化城市。世界城市网络的广泛覆盖性,实际上是全球化的整体空间性问题。这反映了如此一个事实,即经济全球化是一个包罗万象的过程,没有"非全球城市",只有城市在全球化进程中的形式和强度的不同变化,主要基于一个城市的历史轨迹和当代位置性(Taylor, et al., 2014)。因此在其模型的实证分析中,相比基于公司总部的世界城市网络,其分析覆盖的城市规模更大。例如,《财富》"全球 500 强"公司,约一半收入是在仅 20 个城市的公司总部创造的;而基于(先进生产者服务)公司的"α世界城市"列表,以"把主要经济地区和国家连接到世界经济中去的非常重要的世界城市"为特征,则包含了 47 个城市。而且,从网络规模的差异以及先进生产者服务公司对全球商品链行使指令功能的假设来看,它有一个更加分散化经济治理的地理分布。在这些最佳连接性的全球城市中,有三分之一是位于中等收入国家,特别是亚洲有很好的连接性,甚至许多"第三世界"的城市也在"α世界城市"的地图上。如果考虑"α,β和γ世界城市"完整列表的话,所有"第三世界"特大城市(达卡除外)都被包含在内。显然,这可以较好反映世界城市网络概貌。更为重要的是,这一世界城市网络提供了全球城市演化的前提条件及基本框架。因为只有在这种全球化的整体空间性中,我们才能观察到一些全球化城市如何演化为网络主要节点(全球城市)和一些全球城市可能蜕化为非主要节点。

当然,犹如任何理论模型都有其局限性,Taylor 的世界城市联锁网络也有其不可避免的缺陷。目前,对它的批评主要集中在三方面。

首先是这一联锁网络的单一性。该模型只是深度讨论了全球城市形成的经济维度,关注社会关系的经济性,尤其是城市间的关系,从地理空间意义上建构了世界经济。但事实上,经济力量从来都不是全球城市发展的唯一因素。全球化或全球城市的形成,是一个包括政治、经济和文化动力的三维过程。这三个维度是相互联锁的,任意评估其重要性是不公平的。另外,它们在全球城市形成中的角色,依据不同视角而不同。如果我们用先进生产者服务公司网络模型,全球经济将更重要;但如果我们使用跨国组织网络,就将发生变化。

其次,世界城市网络主要是由先进生产者服务公司办公室的区位所形成,在一定程度上排斥了城市作为特异性的地方和其他参与者社会实践在城市网络形成与发展中的作用。尽管这一联锁网络模型有助于阐述流动塑造地方的多层面方式,但其重点很少放在(如果有的话)复杂方式上,而在其中,地方(通过其社会参与者和机构因情况而异的混合)可能塑造流动(Storper,1997)。显然,这些全球性流动不限于先进生产者服务业,也不局限在其企业部门内部。另外,公司内的一些服务未必外包(如企业内部的设计师等),还有一些服务(维修)很少具有物质特征的附加价值,因此用其追踪网络流动有一定的局限性。

再则,从先进生产者服务公司提供的服务来讲,并不是所有行业都是全球范围的,很多服务公司,特别是金融服务公司,继续通过其初始区域/国家的办公室集中,与世界其余地方的办公室进行有限的运作。这意味着先进生产者服务的区位策略是不同的(Taylor,2011),有不同的尺度。通过世界城市网络主成分分析可以发现,广告服务、法律服务和商务服务行业是全球范围的区位策略,由全球城市完全控制,并通过其与全球链接。例如,广告服务通过纽约链接全球其他城市;法律服务通过纽约、华盛顿和伦敦等其他城市链接全球;商务服务通过伦敦、波士顿等美国城市链接全球。然而,大多数服务行业的区位策略并不是全球范围的,更多表现为集中于一个主要世界地区的全球—地区服务策略。例如,金融服务亚太策略,由亚太城市构成;欧洲法律服务泛欧策略,均由欧洲城市(两个来自东欧)构成,包括法兰克福、伦敦、巴黎和布鲁塞尔;金融服务美国策略,则由美国城市组成,但不包括纽约。在更小尺度上,还有小区域服务策略,如金融服务加拿大策略和金融服务澳大利亚策略,看起来真的像"国家策略"。

这些批评都有一定的道理,也给人们新的启发。然而,这些批评不足以撼动 Taylor 世界城市联锁网络模型的根基。尽管从社会网络的角度看,这个过程既是经济的,也是政治、文化的,但考虑到政治、文化更多受到民族国家的限制,Taylor 等人主要从经济角度来建构世界城市网络也未尝不可。尽管全球性流动并不限于先进生产者服务业,也不局限在其企业部门内部,而且先进生产者服务行业并不全都是提供全球范围的服务,但相比之下,先进生产者服务业仍是至关重要的,更适合充当世界城市网络制造者的主要角色,因为找不出更好的机构来替代,只能选择"次优"。当然,为了考察更复杂的世界城市网络,也可结合其他机构在连接城市经济上的作用进行一个有益补充,或与其进行比较分析。

我们认为,Taylor 世界城市联锁网络模型的根本局限性,不在于其技术层面,如侧重于全球化和社会关系的经济性、对先进生产者服务机构的识别与选择等,而在于隐含的本体论假定——"机械装置"。正如我们在前一章指出的,其基本方法论属于依赖一个外部机构来引起、命令和控制事件的结构主义和新结构主义。作为世界城市网络缔造者的机构(先进生产者服务公司)只是作为一种继电器的作用,从而每一次事件的发生只不过是重复着结构关系。因此,Taylor 世界城市联锁网络模型在实际运用中,可以用于全球城市静态分析,甚至动态分析,即通过先进生产者服务公司的集聚及其网络关系扩展来确定全球城市在网络中的地位及其变化。然而,这一模型却难以进行全球城市演化分析,因为它本身无法解释先进生产者服务公司为什么在某一城市区位大量集聚,又是如何形成供应商—客户关系的,以及如何形成内生的网络关系扩展。因此,我们需要在此基础上进行改造与充实,构建基于演化的联锁网络。

4.1.2　基于演化的联锁网络构建:第一步骤

Taylor 的联锁网络模型尽管较好揭示了全球化的整体空间性,但并没有从理论上很好表达这种覆盖广泛性的机理。按 Taylor 的方法规定,世界城市网络中城市之间连接的存在(或缺乏),反映了生产商直接、有效地进入全球市场的机会(和障碍),准确讲,是一个机会程度问题。实际上,这是前置性地假定了先进生产者服务公司的分支机构事先就在世界各地存在,或事先已存在先进生产者服务公司的内部网络。但问题是,先进生产者服务公司为什么在世界各地的城市广泛设立分支机构,或者说驱动先进生产者服务公司内部网络形成和存在的主要因素是什么。一个较广泛的共识性解释是:先进生产者服务公司通常"跟随"跨国公司进行全球化布局。这实际上表明在先进生产者服务公司分支机构设立之前,世界各地(城市)之间就已经存在某种经济联系,先进生产者服务公司只不过是遵循这一城际经济联系来设置其分支机构,其内部网络形成是受这种经济联系驱动的。但在 Taylor 的联锁网络模型中,并没有阐述清楚这种前置性的全球经济联系,只是检测潜在流动的"渠道体系"和节点交叉点,而没能揭示信息、知识和资本在节点和次节点层面的实际流动,从而也没有揭示先进生产者服务公司内部网络形成的基础条件。为此,Saey(1996)批评道,全球城市形成和核心过程之间显现的空间相关性,其本身不足以说明系统结构之间的关系。因为一个巨大的、全球化的生产者服务业存在本身,并没有告诉我们一个特定的城市是不是一个跨境经济活动的管理和治理中心。也就是,它们不足以全面评估全球城市的形成。实际上,这反映了对集聚经济关注上的差异:全球城市研究主要不是关注解释生产者服务业在全球城市的集群,而是生产者服务集群在全球城市中的功能作用。为了全面揭示世界城市网络覆盖广泛性的机理,我们主张把跨国公司的全球商品链网络与 Taylor 的联锁网络结合起来,解决先进生产者服务公司内部网络形成的基础条件,并在不同尺度上阐述先进生产者服务公司对城市之间的联锁。

Hopkins 和 Wallerstein(1986)把"商品链"表达为:一个劳动力和生产过程的网络,其最终结果是一个完成的商品。其重点是从物质投入、中间加工到最终消费,实现资本。随后 Gereffi 和 Korzeniewicz(1994)提出了一个相对一致的关注价值创造的"全球商品链模式",其在跨国网络中分布和控制,从原材料开采、初级加工通过贸易、服务和制造过程的不同阶段,到最终消费与废物处理等一连串扩展的节点。作为一个整体,全球商品链可以连接不同的生产、贸易和服务提供过程的组织模式,甚至可以包括产生的外部性和市场间溢出(Gereffi and Kaplinsky,2001)。因此,全球商品链是通过全球化经济中的日常生产、分配和消费实践来揭示社会关系不断重现的空间顺序。通过建模商品链,不仅使我们高度关注基于价值控制与分配的全球城市,而且势必引起我们关注全球城市以外的城际关系。因为这种全球商品链显露了许多小定居点是如何通过资本、劳动力、商品、服务等各种流动与世界城市网络连接的。其中，明确包括了初级生产阶段，其位于农村地区并与城市转型和贸易流程相关(Jacobs，1969)。因此，这样宽视角的考察可能有助于开发一个更加空间细化的世界城市网络分析，也可以描绘这些似乎在世界城市网络边缘城市的特定角色。更重要的是，它为先进生产者服务公司内部网络形成提供了前提条件的解释，即跨国公司全球商品链布局形成的城际经济关系导致先进生产者服务公司分支机构的区位布局。同时，也把先进生产者服务公司提供的服务理所当然地转化为参与商品链管理与控制的操作。

尽管跨国公司总部和先进生产者服务公司之间通常存在一种共生关系，制造部门网络(全球商品链网络)与服务部门网络之间也有一定的关联性，但这种关联只在系统的顶端是强大的，而整个系统则呈弱相关性。因为基于全球商品链与基于全球服务链的网络关系是不同的。(1)投资关系：前者呈大规模投资，且关系紧密，通常是控股方式；后者呈小规模投资，且关系相对松散，尽管有总部、地区总部与分设机构之分，但并不一定是严格的控股方式。(2)运作关系：前者完全是依附关系，听命于上级指挥；后者相对独立，有较大的自主性。(3)层级关系：前者是等级结构，后者是变态分层。(4)地理分布：前者呈垂直分布且扩展有限，其分布也不一定集聚在城市，有些在远郊或邻近城市的地区；后者呈水平分布且容易扩展，尤其是计算和通信技术的进步，使它们扩大其服务供给的地理分布，而且服务公司永远是集聚在城市来为其客户提供专业商务服务的。正因为如此，尽管生产者服务部门带头绑定城市进入一个全球网络，但制造部门也很可能用全球商品链来构造城市之间其他形式的网络连接。全球商品链通过关注劳动和生产流程的全系统网络，而不是通过一系列的经济容器来概念化全球经济。

当然，全球商品链网络分析本身也存在一定局限性。由于该方法的重点在于特定商品生产的流动空间，商品链研究在具体说明它们位于其中的链条如何有助于整体经济系统的复杂动力学是欠缺的(Bair，2003)。此外，该研究尚缺乏商品链空间性的综合处理(Leslie and Reimer，1999)。尽管在理论上洞察到全球商品链的连接来自世界不同部分的输入，把它们集聚在特定地点并提供输出到不同区位，但对这些商品链实际地理位置的研究仍然较薄弱。许多有关著作集中于全球商品链在区域发展和区位潜力中的作用(例如 Schmitz，2000)，但一个包罗万象的空间概念仍是一个尚未实现的任务。也就是说，迫切需要跟踪空间上的商品链作为不同地区之间的地方去向联系。甚至，在商品链研究中，仍然专注于民族国家作为分析的地理尺度(Coe，et al.，2004)，只是为了改善公司或国家在国际贸易网络中的地位。另外,全球商品链的实证分析的范围有限,大部分研究集中于少数初级商品和工业领域。尽管早期呼吁探索商品链的"服务部门关系"(Rabach and Kim,1994),但一直缺乏对服务业卓有成效的分析,不管是凭自身能力构成商品服务的行业,还是它用来促进其他更多实实在在的商品生产的服务行业。其重要的原因,也许是对于理解生产者服务业在建立和维持全球生产网络中的重要角色缺乏关注,导致最重要的遗漏(Daniels and Bryson,2002)。最后,基于商品链的新节点(如商品链中的一个新工厂)是一种非网络化扩展,其仅仅是累积效应(Shy,2001)。但在真正网络经济中,加入网络的每个新节点都具有潜在流动的指数增长效应。这里反映了前者的实体增加与后者的关系增加之间的本质区别。

这里,我们要做的工作,不是简单用全球商品链网络取代基于先进生产者服务公司的联锁网络,而是借助于两者之间存有的共同基础和内在关系来进行有机集成。

首先,它们共同起源于世界体系分析(Brown, et al.,2010),共享一个相似经济空间的一般概念,即不连续地域性的全球网络关系,从而都描述了基本的流动空间模型:通过商品流动连接的生产节点和通过信息流动连接的城市网络节点。

其次,全球城市处于这两个网络的交集处,或者说这两个网络流动空间的连接来自非常合理的全球城市存在,其阐明在不同地理尺度上的经济活动进入到世界经济(Derudder and Witlox,2010)。世界经济中的所有全球商品流动基本上都通过全球城市而运行。这就是为什么无论全球商品链如何区位分布,没有全球城市就难以启动和持续的原因。全球商品链形成过程,需要由这些全球城市来控制。同样,联锁网络得以形成及运作,很大程度上取决于这些全球城市的连通性。

再则,在沿着商品链连接分散的生产和消费中,生产者服务的提供是必不可少的(Parnreiter,2010)。因为这些公司应该具有服务、管理和控制公司全球业务的最高能力,为全球商品链提供了关键输入,从银行最初贷款资金来启动生产,到使用广告公司的服务来促进最终消费。特别要指出的是,商品链分析方式往往把服务当作单独链条,是有片面性的。这会产生把生产者服务孤立化的效果,而不是成为支持商品链发展和繁殖的必要服务供应。此外,值得重申的是,这些都是生产者服务,其知识商品本身是一个中间产品,需要注入到全球商品链中,导致最终的资本实现。因此,通过城市的生产者服务提供,对连接分散的生产和消费站点从而保证商品链的成功操作是至关重要的。当然,这里首要的前提是跨国公司全球业务(商品链)对生产者服务的需求。为了在日益复杂和全球化的世界经济中运作,跨国公司的商品链必须通过基于先进生产者服务的城市网络传递,客观上存在对生产者服务的强烈需求。作为结果,是生产者服务的交易。这意味着创造关系数据,并假定为全球城市的功能联系。

那么,把两者综合起来的含义又是什么呢?

首先,可以更好地表现为全球化的整体空间性。在经济全球化背景下,所有城市都不可避免地融入全球商品链,即使其在全球商品链中只是次要角色。因为城市只有在这样的空间内流动,才能在世界经济中得以维持和发展。这就解决了城市被如何连接到世界城市网络之中的问题。同时,也阐明了世界城市网络中除了全球城市外为什么还覆盖了大量全球化城市的问题。这种全球化的整体空间性,将有助于了解全球城市是如何与全球化城市有关联的。

其次,可以更全面地阐述全球城市在世界网络中的整体中心性。当世界城市化被理解为一个过程(即提供先进生产者服务使全球生产可行),那么面向世界市场经济活动的企业与在一个特定城市的服务提供者之间的多方面联系必定被显示。也就是,跨国公司作为生产者服务的客户与生产者服务公司作为供应商均集中在全球城市,这种生产者服务供应商—客户关系是至关重要的,即充当了世界城市网络的动态"振荡器和搬运者"(Beaverstock,2007)。由于所有全球商品链通过全球城市"运行",全球城市被视为商品链中的一个关键节点;而恰恰是因为其先进生产者服务插入到生产过程中,因而全球城市也是一个无数商品链的服务节点。这就使全球城市获得其整体中心性。

最后,可以更明确地显示全球城市在全球资源配置中的地位和作用。基于先进生产者服务业的联锁网络从先进生产者服务公司提供服务的角度,强调了全球城市的协调功能;全球商品链网络则从跨国公司控制价值创造与分配的角度,强调了全球城市的命令指挥功能。城市联锁网络与商品链网络的集成,由于揭示了全球城市中的生产者服务公司与商品链中的企业是如何互动的,势必把生产者服务公司的前向联系和商品链中公司(服务)的后向联系映射出来,从而可能导致对生产的实际控制来自哪里,以及价值如何形成、在哪里被创造和分配有一个更详细的了解。也就是,商品链的价值创造及(不平等)分配,是在全球城市中由跨国公司和生产者服务公司共同组织和治理的;而控制价值创造与分配手段的创造能力及对其配置的权力,则是全球城市形成的潜在力量。因此,这就把全球城市对全球资源配置的控制与协调功能统一起来,并加以内生化了。

4.1.3 基于演化的联锁网络构建:第二步骤

在上述基础上,我们要进一步确定世界城市网络是通过全球和国家到当地的不同尺度操作的影响而建立起来的(Parnreiter,2003)。也就是,世界城市网络以一个规律为特征:它是无尺度的。这就破除了全球城市演化的空间尺度束缚,并赋予其演化的内在动能。

在传统城市研究中,始终存在不同尺度的标量,如宏观与微观、全球与当地等。Taylor 联锁网络的基础也未能超越其感兴趣的主要尺度,即全球尺度,实际上成为少数城市的单一尺度分析。其他一些学者(例如 Derudder, et al.,2003)试图在更大的地理细分中分析城市网络,扩展我们对有限数量主要城市的理解,但却无法解释其他尺度的连接。也就是,这些分析趋向于越来越大的数据集规模,其最终结果只是摆脱了仅考虑全球范围内主要节点的狭窄逻辑,但在揭示国家和区域尺度上,城市网络连接到更广阔范围的方式则是微弱的(Hall and Pain,2006)。实际上,这种方法助长了全球尺度的僵化,导致"全球"与"当地"发展进程之间的天然对立,或"城市"与"超城市"之间的任意区别,这促使内源性(内部)与外源性(外部)动力学、坚持分层和对立性标量组织观点的人为差异。而且,这些问题不是通过反向视角被离弃,恰恰是将空间尺度变成模糊概念,比如"全球本土化"等。这样做,是表明一个既定的事态、一个基础、一个给定、一个毫无疑问的框架,人们随后可以从中开始解释在给定情况下正在发生的事情。因此,这种"尺度"是一种后结构主义理论。

在世界城市网络中,我们必须转换这种认识论和方法,把全球和当地等不同尺度有机结合在网络节点上。也就是,我们理解的"当地",是一个自身包含全球元素的结构。或者说,"当地"并不是一个小尺度结构,其本身已经包含在全球尺度内。全球是一个模式化的地域,在那里将形成不同尺度的渗透与混合。同样,地方结构也被其他地方、地点、时间、行动者所重构。这种认识论和方法是从地方之间的循环出发的,而不是基于地方本身。正如 Perulli(2012)指出的,我们不是从这个地方或那个地方出发,而是从这个地方已经成为可能的事实出发,因为它已经被一些其他地方、站点、行动者所重构,瞬间形成了它:我们所看到的不是在其定义中那么多这个地方本身,而是地方之间的运动系统,它使这些地方中的每一个均成为可能。如果用这种认识论和方法来看城市或全球城市,那么全球城市是在不同地理尺度上的多重社会关系网络的交叉点,那里跨国行动者通过其跨国生活的就业、政治动员和文化实践,或通信和旅游手段被物质化连接(Smith,2001)。也就是,全球城市是跨国经济、社会、文化和政治流动被定位的地方,它们是当地经济、社会、文化和政治实践成为跨国化的地方。这样,在世界城市网络中,宏观或微观尺度、更大或更小的尺度就不再存在(Latour,2005)。任何一个网络节点城市,既是当地的也是全球的,或者说它们既不是本地的也不是全球的,而是两者兼有。同样,作为网络节点的城市,是流动空间与地点空间的连续统一体。每个城市既是物理的,也是社会的环境,或"城市形态"以及"城市过程"(Soja,2000)。

为此,在基于演化的联锁网络建构中,我们还应进一步综合行动者网络理论(ANT),以便整合世界城市网络中的不同尺度,特别是地方空间与流动空间的关系,并从理论上完善世界城市网络制造者。

行动者网络理论为我们提供了一些接近于这种社会技术视角的城市,从理论上阐述了短期和长期网络是如何由人类和非人类所构成的,类似于城市生产过程的基础,其总是制造、维护和重塑城市空间(Smith,2003)。更为主要的是,它反对地理固定范围和层次观点,地方不是以某种方式比全球更有实体形状,提出了网络天生既不是地方也不是全球,而是或多或少的长度,或多或少的连接(Latour,1993)。从这个角度看,全球化并不导致任何活动的尺度改变,或多标量维度。Smith(2008)通过行动者网络理论还提出了更多变化标量愿景的长短网络、远近关系等等。这意味着流动空间与地方空间从一开始就不可能单独发挥功能或有意义,从而行动者也不可能把从来就没有分开过的东西结合起来甚至重组;相反,强调流动空间和地方空间是如何在城市中通过社会—技术变换过程而协同产生。这种流动空间和地方空间的变换是一个交往的过程,两个或两个以上的系统实体之间通过交往,其关系被(暂时)建立、维护、修改和/或中断(Guillaume,1999),其变换操作,总是处于城市生产和再生产的核心。与 Crague(2004)把城市视为在其领土上吸引和汇集各种流动的换向器略有不同,其在定义上更加强调流动与地方之间的变换操作,是城市行动者使用其不同工具、仪器和技术以多个、有时相互矛盾的方法来实现流动和地方的变换,而不(仅仅)是不同类型流动之间的变换操作。在此过程中,它们可以经常找到适应其自身动态的流动—地方环境,而不是单纯在各种网络的间隙中操作来连接流动。正如电话交换机几乎以相同方式在运营网络和基于地方的用户(尽管越来越多的移动)之间的联系中操作,很多城市行动者的工作可以被视为几乎只涉及流动和地方的变换。因此,全球城市既是网络节点,也是这些不同、不断变化的社会—技术变换操作的结果。

显然,把行动者网络理论综合到基于演化的联锁网络之中,有三方面好处。首先,它强调了非机械论方法,城市作为流动—地方是由多个行动者的行为和策略所构造的,更适合全球城市演化分析。同时,也弥补了联锁网络单一行动者(先进生产者服务公司)作用的缺陷。其次,它强调城市中流动和地方的变换是一个社会—技术过程,因为它不仅是由不同社会行动者所启动、管理、抵制和经历的,而且它总是依赖和通过这些行动者在处理日常事务基础上所使用的工具和仪器。这样的城市生产—技术维度,是动态演化的一个重要组成部分,它不完全是关系城市理论的概念化。再则,它强调网络的长度和连接并不对应于尺度;在可变长度的网络中,只有一个连续关系。这在很大程度上弥补了联锁网络或商品链网络中单一的全球尺度标量,或不同尺度标量无法兼容的缺陷,可以在不同尺度上揭示网络的连续关系。

4.1.4　基于演化的联锁网络构建:第三步骤

如果说前两个步骤还只是扩展联锁网络,赋予其广泛覆盖性和无尺度性,那么第三步骤是对联锁网络的根本性改造,赋予城市心智在世界城市网络中的本质规定性。

我们知道,网络关系形成的基础在于一系列交互流动。这些交互流动的基本元素或物质载体是资源要素。构成全球流动的最重要的资源要素,是人员、资本和思想以及通过全球流动的解决方案(专业知识、技术、智力产品)。这些资源要素的全球性流动是世界城市网络关系形成的内在动力。因此,从完整意义上讲,世界城市网络是由物理性和非物理性的关系所构成的。前者包括交通、通信等基础设施及其物质产品、资源等载体流动的网络;后者包括交易、交流、组织等社会网络。显然,基础设施网络及其物质产品、资源载体流动网络对支撑世界城市网络来说,不仅是重要的,而且必需的。然而,基础设施网络的作用发挥及其物质产品、资源载体流动的强大推动,则来自交易、交流、组织等社会网络的功能。同样,作为世界城市网络节点的城市,不论是全球城市还是全球化城市,其对外连接和交互流动均为物理性关系与非物理性关系的统一体。从城市生命体的本体论假定看,这些网络物理性关系表现为城市实在的关系,而这些网络非物理性关系表现为城市心智的关系。

先进生产者服务公司等全球性功能机构向某些城市集聚,除了全球化、世界经济重心转移等驱动因素外,与这些城市自身因素也密切相关。但在谈及城市自身因素时,人们更多分析其区位条件、交通等基础设施、物质资本,甚至政治因素等,而很少分析城市心智问题。事实上,在全球化、世界经济重心转移等外部条件相同的情况下,吸引先进生产者服务公司等全球功能性机构集聚的主要因素是城市心智。因为很大程度上基于城市心智的营商环境,是先进生产者服务公司等全球功能性机构区位选择首先考虑的条件。例如对伦敦与法兰克福的比较分析表明,在国际金融中心的争夺中,法兰克福的区位、基础设施、物质资本等条件并不差,甚至具有欧盟央行所在地的得天独厚优势,但最终还是伦敦占居国际金融中心地位，关键在于其城市心智优胜于法兰克福。尽管伦敦的城市基础设施条件并不很好，但历史积淀下来的城市品格、文化多样性、金融基础以及各种正式与非正式制度环境，吸引了大量专业人才进入，从而对各种金融机构集聚形成强大的吸引力。

更为重要的是，先进生产者服务公司等全球性功能机构向某些城市集聚，将带来其城市心智的自我增强效应。这种城市心智的自我增强，通过先进生产者服务公司等全球性功能机构的内部网络和外部网络而得以实现。前面分析指出，Taylor 的联锁网络强调了先进生产者服务公司通过内部分支机构网络来识别城际联系，并联锁了城市网络。在这些先进生产者服务公司等全球性功能机构的内部网络中，主要流动的是大量信息、思想、决策、管理、解决方案等智力产品，即使面对面接触的人员流动，也主要是隐性知识交流。因此，通过先进生产者服务公司等全球功能性机构内部网络的智力流动，将给其所在城市带来大量信息、新思想与观念、显性与隐性知识等，从而增强其城市心智。一个城市集聚的先进生产者服务公司等全球功能性机构越多，意味着有更多的外部心智输入渠道，从而有更多的外部心智与内部心智交互机会。

另外，当不同公司的总部和分支机构位于同一城市时，它们是在相同的资源、规范和社会环境中运作的，从而其通过共享城市的操作环境而彼此连接，形成先进生产者服务公司等全球性功能机构之间的网络（公司外部网络）。这也就是 Neal（2008）提出的全球化双元网络概念——一个是城市之间的网络，另一个是不同公司之间的网络。一个具有良好公司间网络化的公司，对于其客户来说，是更具优点的。例如，网络化公司比其他公司有更高的生存几率（Uzzi，1996），表明它可以为其客户提供更稳定的服务。网络化公司能更有效地获得技术创新（Barley，et al.，1992），表明它可以为其客户提供更先进的服务。虽然这种公司间网络化优势与城市中集聚的不同公司机构数量有关，但更大程度上来自公司机构位于城市的共享环境条件，从而城市是其获得优势的关键组织单元和来源。对于生产商客户来讲，在哪里（哪个城市）购买服务可能比由谁（哪家公司）来提供专业服务更重要。因为前者以更广泛的能力差异化来提供优势，将形成明显的区别，而后者的能力差异化相对较小。这在很大程度上反映了基于城市心智的操作环境对公司间网络形成的重大影响。但反过来，公司间网络中的信息、知识流动与交换也不断增强着城市心智。

当不同公司的总部和分支机构在同一城市分享经营环境时，它们至少也分享了两个关键资源池——劳动力和客户。在劳动力方面，它们招聘来自当地劳动力池的相同管理精英和专业人才,从而有可能交易具有专业性知识的员工。例如,某家会计师事务所办公室的有经验员工,可能是街对面另一家会计师事务所办公室的主要招聘目标,如果该招聘能给其带来优势和所缺乏的知识。即使员工不调离公司,但由于倾向于个人社交网络中的同质性,通过非正式信息交流的机会,他们仍然可能彼此熟悉和相互作用从而分享信息(McPherson, et al., 2001)。此外,随着先进生产者服务业中员工的专业化程度提高,跨组织的专业网络化及其新模式会迅速扩散。因此通过公司间招聘、社交和专业网络化三种机制,信息在一定程度上可以直接在先进生产者服务公司位于相同城市的分支机构之间流动。而当它们共享相同的潜在当地客户池时,信息也可能更间接地在先进生产者服务公司之间流动。在竞争客户的情况下,公司将寻求获得其他公司的核心技术及策略等信息,试图差异化和获得竞争优势。在合作的情况下,公司将寻求建立战略联盟,以便向客户提供"打包"式服务。这两种策略都意味着它们之间信息交换的机会。

当然,位于同一城市的不同先进生产者服务公司及分支机构在共享操作环境时,也分享了由环境不稳定带来的不确定性和复杂性。在环境不确定性条件下,先进生产者服务公司将模仿位于同一城市的其他先进生产者服务公司的操作(DiMaggio and Powell,1983)。这一模仿过程意味着操作实践信息有意或无意地从一个公司间接转移到另一个公司。在资源稀缺时,它们将寻求合作,以便通过规模经济和资源互补性来予以应对(Pfeffer,1982)。在资源供给不稳定,从而提升交易成本超过一个基于市场的解决方案但还没达到需要实现垂直整合时,它们将寻求建立联盟、伙伴关系和网络(Powell,1990)。简而言之,正如 Gulati 和 Gargiulo(1999)发现的,"组织进入连接其他组织应对挑战的境地,是由构成其共同环境的相互依赖形成的"。

因此,这种机构之间的网络连接表明了它们之间信息共享的机会。位于同一城市的不同全球性功能机构越多,它们在共享环境中运作的程度越深,相互之间的信息、人员等交换机会就越多,从而提供了更大的城市心智自我增强能力。

至此,我们看到,不论是公司(机构)进入某一城市,还是公司(机构)内部网络的流动或同一城市中不同公司(机构)之间网络的流动,均具有城市心智的本质规定性。城市之间的交互流动本质上是城市心智的交互流动,物理性的网络流动只不过是其重要物质载体,作为世界城市网络次节点的机构也只是其组织载体。从这一意义上讲,本质上是由城市心智的交互流动联锁了城市之间的网络。因此,基于演化的城市联锁网络,是由多元化行动者在流动与地点换向中的广泛覆盖性和无尺度性的城市心智交互流动所构成的。

4.2 网络结构

世界城市网络覆盖了所有融入这一网络连接的城市。这些城市作为网络节点,通过网络中心性衡量,呈现不同的位置强度,形成一个光谱序列的排列,并从中动态区分出主要节点与一般节点,即全球城市与非全球城市。这些主要节点与一般节点之间形成一种混合网络结构,既不同于传统层次结构,也不同于纯粹网络水平结构,从而既给予各类节点进一步演化的可能性,也赋予节点之间竞争的动力。

4.2.1 网络节点

一般来讲,网络是由网络层与节点层两部分构成的。尽管世界城市联锁网络比较特殊有三个层面:网络层、节点层与次节点层,但次节点只是联锁节点的,节点之间的连接形成网络,从而节点本身是一个重要的组织单位,即融入这一网络连接的所有城市。

这些城市作为网络节点,其中心性程度是不同的。在经济全球化背景下,城市节点的中心性,用经济学术语讲,表现为控制经济交换的能力,特别是提供给生产商在全球经济中的优势。也就是,在城际经济流动网络中更具中心性的城市,将为生产商在全球经济中提供更大的优势。通常,网络中心度有三种具体形式:程度、接近度、中介性(Freeman,1978/1979),其衡量了一个城市可能提供生产商的三种结构性优势,从而定义了城市作为节点的差异。

点度中心度通过测量网络中每个节点基于外出链接的数量来确定每个节点位置的结构强度,反映了一个城市提供给生产商"直接进入"全球市场的机会数量,表明该城市提供其生产商直接参与全球经济的能力。一个城市在全球经济中处于有利区位的最简单方式,也许是为生产商提供直接进入许多不同地方的市场。一个集聚了大量全球先进生产者服务公司分支机构的城市,由于在世界城市网络中有良好连接性(如芝加哥直接连接网络中55%的城市),从而提供其生产商直接有效进入全球市场的不同点。另一个只有少量先进生产者服务公司分支机构的城市,其世界城市网络的连接性较差(例如,圣路易斯的直接连接性仅为2%),从而只能提供其生产商直接进入到少数其他城市。显然,前者比后者为生产商提供更多市场进入和参与城际交易的机会。具有更多链接的节点,也被认为更有影响力,因为它们可以接触到更多合作伙伴和获得更多可用资源。当然,点度中心度指标基于每个节点直接邻近的邻居数量,只是提供了对网络中一个节点的位置如何成为中心的一个直观了解,有时还可能歪曲一个节点所具有的影响,因为它没有提供是否属于一个较小参与者、不连贯集群或较大分割网络的信息(Liu, et al., 2005)。

接近中心度通过计算一个城市由媒介性先进生产者服务公司提供间接进入市场的数量(其在世界城市网络中的间接连接数量),识别了城市提供给生产商"间接进入"全球市场的程度,表明该城市提供其生产商间接参与全球经济的能力。有些城市虽然提供其生产商直接进入国外市场不多,如极端假设只有一个全球先进生产者服务公司分支机构,似乎提供其生产商只有参与全球经济的边际机会,但如果这一个分支机构的总部恰好落户在纽约,凭借其在纽约的协同定位,就能形成更多伙伴关系为生产商提供更多全球交易机会。

中介中心度是依据关系的潜力来衡量网络中每个节点位置的强度。如果一个节点是网络中其他节点之间的中介,充当了市场进入的经纪人或信息传递者,就有一个更高的潜力,因为这个节点获得有利的结构位置。正如 Lyons 和 Salmon(1995)指出的,"一个全球城市的功能可能是充当整个国家城市中的'经纪人'公司",在整个网络结构资源要素流动中处于一个"中介地位"。中介中心度通过计算一个城市在城际连接中作为中介功能的次数(其在世界城市网络中的中介连接数量),识别了城市充当城际交易经纪人为生产商提供"经纪进入"全球市场的程度,表明该城市作为一个网络中所有其他城市连接的交叉节点位置。尽管横向联系已经是全球化发展的关键,但中介位置过程仍然很重要,甚至在更大尺度上也是如此。与其水平联系一样,主要全球城市相对于其国家或世界地区也保留一些"门户"功能。

世界城市网络中的每个节点位置,是由其点度中心度、接近中心度和中介中心度所决定的。由于网络中心度不同,赋予城市节点位置的不同强度,从而呈现城市节点的差异性。这种城市节点位置强度的差异性,表现为一个从强到弱的光谱序列。所有融入这一网络连接的城市根据其强弱程度区分世界城市网络中的主要(基本)节点和次要(一般)节点(其划分标准另当别论)。前者为全球城市,后者为非全球城市(我们称其为"全球化城市")。在世界城市网络中,通常只有少数城市有足够群聚效应和领土资本禀赋(理解为一组有形和无形的资产),使其保持全球关系或发展广泛网络,居于真正的、特有的基本或主要节点位置,即全球城市。大多数城市只是网络中的一般节点或次要节点,但也是世界城市网络中的重要组成部分。主要节点连接其他一般节点,而一般节点也通过主要节点在一个更有限尺度上与其交换资源,而且实际上是以相同的方式运作。

世界城市网络节点按照其位置强度的光谱序列进行排列,是全球城市演化的重要观点。它赋予全球城市系统的开放性,存在一般城市通过节点位置强度变化(增强)向全球城市演化的可能性路径,同时也存在全球城市通过节点位置强度变化(萎缩)向全球化城市蜕化的相反路径。而且,在这一光谱序列中,即使同为全球城市,其节点位置强度也存在着差异性,从而具有不同的定位。对于同类的全球化城市,也是如此。

4.2.2　节点之间关系

世界城市网络节点之间关系,涉及其作为一个社会组织形式是否具有层次结构,是全球城市研究的核心问题之一。

早期的全球城市研究,通常认为存在一个层次结构。Friedmann 提出,城市(国家)融入世界经济的水平将取决于分配给其的功能,其中核心将是全球资本的平台、充当空间组织的点以及生产和市场的关节,导致一个复杂、不均匀的空间层次结构。Friedmann 提出的世界城市(国家)可以被分类为基于经济指挥控制权力的层次结构:那些连接性中名列前茅的是具有"全球经济的命令和控制中心"功能的类型;下一级排名的城市是环接各国经济进入世界经济的城市。其依据的主要是跨国公司总部功能——命令和控制功能,从而那些跨国公司总部高度集聚的全球城市便是全球经济的命令和控制中心。当然,Friedmann(1995)也认识到,建立这样一个层次结构,也许在任何情况下是一件徒劳的事情。对于任何相对较短的一段时间,世界经济太不稳定以至难以使我们确定一个陈旧的层次结构。因此,相比基于这种粗糙概念来考察世界城市彼此连接而不进一步详述排名差异存在,设定层次等级也许更少引人注目。Sassen(1991)虽然识别和选择了先进生产者服务公司来替代跨国公司总部,但这种先进生产者服务活动被认为是至关重要的"高层管理和控制功能"。因此,那些先进生产者服务公司高度集聚的全球城市具有战略控制能力,并形成相应的层次结构。其后,全球城市主流研究通过实证来探讨这一网络层次结构,例如全球和世界城市(GaWC)研究小组关于全球先进生产者服务网络(Taylor,2004)、世界 500 强跨国公司的企业关系(Alderson and Beckfield,2004)、全球公司间董事(Carroll,2007)以及全球公司三个尺度的股份持有(Wall,et al.,2008)等分析。这些研究表明,世界公司体系的层次结构仍强烈持久稳固,没有发现中心性和边缘性新地理的证据。今天同样是少数稳固的总部国家仍倾向于主导全球舞台。在全球公司权力结构中,绝大多数的股份持有者仍然严格地在发达国家之间活动,其仍是世界经济的主要命令和控制中心。城市之间的公司精英网络并没有颠覆发达资本主义核心国的主导地位——反而是加强了,位于核心国家的城市比非核心国家的城市更强大和著名。因此,在具有公司高连接性以及与各自国家强大连接性的城市之间有一种强烈的积极凝聚力。根据 Carroll(2007)观点,这种"不均匀网络"是由诸如跨国政治经济结构、国内特定的法律和商务体系、密切关系的语言和文化、国家政治结构和物理限制的地理空间如距离等因素形成的。这种网络的路径依赖,在很大程度上由固定不变和持久性的社会和物理基础设施所决定(Harvey,1982),进而,全球企业权力结构并不破坏发达资本主义核心国的主导地位,反而是强化了它的地位。从这个意义上讲,这些实践产生了强烈嵌入国家网络,基于企业活动的分层管理和控制以及特定环境中的战略运用和权力配置(Scott,1997)。

然而,根据 Powell(1990)社会组织的经典说法,市场、层次结构和网络是三种不同的基本社会组织形式。Thompson(2003)进一步指出这三种社会组织形式有其各自的关键要素:相互关系是所有网络的核心;官僚逻辑凝固层次结构;价格机制促使市场运作。因此,网络制造者是基于信任的相互作用,层次结构制定者是基于习惯与规则,市场制造者是基于得到法律支持的契约。这些行动产生独特的社会关系:网络是合作关系,而其他两种社会组织则是竞争关系,其中层次结构是不平等竞争关系,市场是平等竞争关系(见表 4.1)。按其逻辑,世界城市网络与层次结构是水火不相容的,或者说世界城市网络不可能(不应该)有层次结构。

表 4.1 三种社会组织形式

主要属性	市　场	层次结构	网　络
社会结构	分散型	锥体	水平
机构	独立的	依赖	相互依存的
授权的行动	合同/法律	习惯/规则	互惠和信任
社会关系	平等的竞争	不平等竞争	合作
信息标号属性	价格机制	官僚的	相互关系
对立面	垄断	无政府状态	原子化
活动的主要范围	经济	政治	社会

资料来源:Powell(1990);Thompson(2003)。

在世界城市网络是否有层次结构的争论背后,实际上隐含着网络中的城市之间到底是合作过程还是竞争过程的不同见解。当讨论世界城市网络变化时,仅仅考虑(突出)基于层次结构的排名变化,暗含着要用竞争方法来研究城市变化。例如,Friedmann(1995)认为,世界城市被"无情竞争、努力获取由其非常本质属性构成的更多命令和控制功能所驱动",甚至一定程度上"其竞争焦虑成为世界城市政治的组成部分"。Sassen 以先进生产者服务公司构建全球城市理论,虽然考虑到生产者服务公司内部网络的合作关系,进而提出竞争与合作关系,但由于把先进生产者服务公司的管理、协调视为战略控制,所以仍然强调竞争过程。在 GaWC 的方法中,公司是变革的机构,而不是城市,这意味着城际关系的本质是全球化服务公司内办公室网络中的城市间合作,而不是城市间资本、资源、知识等天然竞争(Beaverstock, et al., 2001)。但这并不是说,城市之间没有竞争(Begg, 1999),而是合作过程优先。因为它需要城际关系的基本繁殖:城市存在于城市网络之中,网络只有通过集体互补性才可以存在(Taylor, 2004)。这符合一般组织理论,在其中的竞争和层次结构被认为是不同于网络和合作的。然而,在纯粹的网络理论中,只有合作关系,不存在竞争关系。

我们认为,Friedmann 等人关于全球城市主流研究所提出的世界城市网络层次结构,突出"命令与控制""战略控制"等权力功能,在相当程度上沿袭了传统"国家城市体系"以及"中心—外围"理论等级结构的衣钵,是一种"世界城市等级"的分析方法,强调增强城市竞争力的过程。显然,这与世界城市网络本性是格格不入的。Sassen 以及 Taylor 提出的全球城市/世界城市网络范式的核心,即"战略控制",本身存在一个深刻的概念有效性问题。也就是,"战略控制"无法与"公司服务中心""城际/公司内部办公网络"或任何这样将世界经济想象为一个来自远方的被构造的整体相一致(Smith and Doel, 2010)。人们不能仅仅从办公室网络的存在推断出互动、协调、指挥、控制、支配和从属,也不能假设办公室网络表达了战略控制功能在城市中的分布。Sassen 和 Taylor 的"战略控制"的概念和实证规范是不够的。他们把全球经济中的战略控制与"服务""管理""协调"和"融资"混为一谈,甚至把日常商务服务活动认为是至关重要的"高层管理和控制功能"(又称为全球城市功能)。商务服务公司完成真正的全球经济战略控制的能力,并不是公司服务复合体(即空间集聚)或城际/公司内部办公网络(即世界城市网络)一个不证自明的结果。事实上,这一问题迄今为止没有得到妥善解决。首先,生产者服务公司的规模不决定其跨国客户的份额。一个相当大的国家会计师事务所在全球网络运营几年以来,相比专长于全球客户的小广告公司,可能仍然有更多的业务案例来源于其当地的传统专业。其次,没有区分生产者服务分支部门的差异。一个全球律师事务所的较小地方办公室对其客户的经济决策,可能比在同一个城市的会计事务所中型办公室有更多的影响。再则,即使在同一生产者服务部门,一个办公室的重要性可能在不同情况下会改变。例如,在会计部门中,公司内层次结构取决于由此而来客户的城市。此外,每个生产者服务公司内部一些业务比其他业务更具相关的治理功能。例如律师专业的知识产权或税法,可能比那些从事"合规"的业务,对客户在全球商品链中位置发挥更强影响(Parnreiter，2010)。因此,"世界城市等级"不是一个观察全球化中城市的有用方法。单一关注排名而强调城市之间的竞争过程,与网络本性是背道而驰的。

当然,也不能简单套用 Powell(1990)和 Thompson(2003)的社会组织划分方法来定义世界城市网络节点之间的关系。实际上,大多数社会网络分析被设计用来处理不完整的图形,从而节点之间的链接数量是至关重要的属性。同时,网络只能在节点之间相互关系的基础上运作(Thompson，2003),而节点涵盖了除全球城市之外的更广泛的全球化城市,其作为主要节点、次节点或一般节点有不同的链接数量,在网络中具有不同角色和重要性。我们前面的分析已经表明,世界城市网络是一种由不同位置强度(意味着具有不同角色和重要性)的节点构成的。城市在世界城市网络中的不同位置强度使其能够为所在的生产商提供不同类型的结构性优势。这些结构性优势的城市不均匀分布,就意味着一个世界城市网络的层次结构,即一种具有从事全球商务活动节点优势的层次结构。因此,尽管我们不主张"世界城市等级"方法,但这并不意味着没有全球城市层次化的过程。在实践中,世界城市网络不是一种纯粹的网络组织,而是混合形式的网络组织,其不应该纳入有规律性的分类中。

对于这种混合形式的网络组织,我们认为,一方面,节点之间,不论其主次、大小,是一种相互依赖的平等关系。这完全不同于传统层次结构的"主导—从属"等级关系,因为所有的等级都涉及各级成员之间不对称的权力关系:那些在上面的把其意志强加于那些在下面的。另一方面,节点之间,依据其位置强度差异化,具有分层倾向。值得注意的是,这是一个特殊的过程。Cooley(2005)提出层次结构的两个组织形式:一种是单一层次结构,即上层(中心)紧密控制下层;另一个种是多分区层次结构,提供远离中心的更多自治权。世界城市网络的分层倾向属于后者层次结构,节点之间的关系是一个在一种极端不对称关系内的自治:中心持有不需要明显支配的权力(Frank，1969)。显然,这与纯粹的网络组织水平化结构不同。同时,尽管节点之间有不同的层级,但空间关系要比城市、地区之间(一个层次结构产生的)零和博弈的流动更为复杂。

这种混合网络组织的两方面,并不处于对称地位。城市作为节点,通常是网络化的,这是其本性所在;层次结构关系则是有条件的,仅就其位置强度的不同而言。这意味着世界网络中的城市之间存在竞争与合作关系(Begg，1999),但并不是处于同等的重要性,即合作过程是一般、泛在的;竞争过程是偶然、个别的。因为网络本质上是相互关系,网络只有通过相互关系才能复制。网络意味着合作,意味着城市彼此的需要

(Taylor, et al., 2012)。城市间彼此需要和合作,有助于网络的健康(Taylor, 2004)。也就是,它们通过合作而非竞争、双赢而非零和游戏进行运转(Thompson, 2003)。通常,合作过程比竞争过程复杂得多。当然,在某些特定情况下,会加大城市之间的竞争压力(Taylor, 2010)。一是在政治因素超过经济因素的过程中会加大竞争压力。联锁网络模型是一个经济过程,但我们生活在一个政治经济世界。这意味着某些情况下政治进程可以主导城市一般相互关系。例如,在当代全球化背景下,当城市被包含在"国际关系"的思考中,城市市长也许承担传统的国家总统/总理的竞争角色。又如,城市政府沉溺于一个新的政治目的:设计规划来使其城市成为一个成功的全球城市,强化与对手城市的竞争。二是门户的位置争夺。在一个特定和受限制的区域内,一个联系区域与世界其他国家地方的门户位置,只能够由一个主要城市来承担(Anderssont and Andersson, 2000),由此引起对门户位置的争夺。这种门户位置传统上与交通枢纽有关(Pain, 2008),但随着时间推移,会增加新的内涵或其他条件,从而引起新的竞争,其竞争结果是出现新的取代。三是周期性的时间影响。在繁荣时期,城市间合作被视为有利的,容易产生一个双赢的场景,但在衰退时期,将生成城市之间一种更加竞争的关系。这三种情况诱导一个竞争过程,在城市网络中创造了强劲的分层化倾向。然而,这并不是"不可避免的倾向"。因为在世界城市网络中,主要是功能性机构联锁城市之间连接,而机构的行为活动更多是合作过程。因此即使在某些特殊情况下加大城市竞争压力,诱导一个竞争过程,但城市间的合作过程依然存在,并且是主导性的。

我们把世界城市网络视为一种混合形式的网络组织,将有助于全球城市演化分析。因为在 Friedmann 等人及其全球城市主流研究的世界城市网络层次结构中,由于存在"控制与被控制"极不对称的权力关系,那些"被控制"的全球化城市几乎丧失了自主发展的权力,扼杀了其进一步演化的机会,从而呈现出一幅世界城市网络层次结构相对静态图解。事实上,世界城市网络节点之间关系变化是十分活跃和快速的,有些城市的全球连通性在较短时间内跃升,有些城市则急剧下跌。这表明,它们并不处在"控制与被控制"极不对称的权力关系中。同样,在纯粹网络组织中,由于不存在层次结构的权力,其节点之间没有竞争性,也就丧失了城市演化的动力。根据 De Filippis(2001)的观点,网络包含层次结构的权力;否则,它不会首先成为网络。因为,如果更强的行动者从网络参与中只获得不成比例的好处,那么它们就不会有动力继续留在网络中(Christopherson and Clark, 2007)。混合形式的世界城市网络,既给予其中的节点进一步演化的机会,也赋予节点之间竞争的动力。

5 演化动力学

我们知道,全球城市是由大量行为者(机构)在全球范围内通过许多网络联系,并在遭遇到大量噪声的状态中交互作用而形成的。这是一种复杂的、适应性和演化的城市变迁形态,其演化具有散布的交互作用、各种类型的联结、永久发生的新奇、持续适应和偏离均衡的动态、自组织等复杂维度,因此全球城市演化动力学需要同时接纳和综合偶发事件、随机漂移、适应性选择、自组织、非线性过程等动力学主张。

5.1 动力学组织构架

全球城市演化基于"有机体"的本体论假定,意味着它是一个具有反射能力和内在能动性的选择单位,并与此对应存在着一个相对独立于实体的选择环境。也就是,全球城市作为一个具有内在能量—物质实体的选择单位,对变化着的选择环境作出相应回应,在其交互作用下发生变迁演化。因此,选择环境与选择单位构成动态演化的基本组织构架。

5.1.1 选择环境

选择环境是全球城市演化的一个重要约束条件,也是其演化的一个强大动力。对于全球城市演化的选择环境,似乎很好理解,其实不然。因为这一选择环境并非人们通常所理解的外在、自然给定的含义,即所谓的外部环境。在"有机体"本体论假定中,这仅仅是构成选择环境的一部分。如果把选择环境等同于外部环境,其就成为全球城市演化的一个单纯外生变量。这意味着全球城市(选择单位)对其变化作出能动性反应,只是一种被动、机械的选择行为,其动态变化本质上是由外力推动的,显然就回到全球城市"机械装置"本体论的假定上去了。

根据"有机体"本体论假定,这一选择环境具有二重性:既是外在、自然给定的(外生性),又是内在、人为的(内生性)。外生性环境,包括世界层面的全球化、城市化、信息化、经济周期、世界经济格局变革等，国家层面的地缘政治和经济权力、开放度、国民经济结构、国内空间布局、文化及语言等，以及地区层面的区域一体化程度等。这些外部环境显然构成对全球城市演化的约束条件。内生性环境，则是在某种程度上由参与其中的行动者构建而成的，是其在过去城市演化中的选择特征转化为选择优势的结果。也就是，由参与其中的行动者前期选择结果所导致的即期选择约束环境。当然，这也可以由外来的参与者规制而成。例如，国家赋予其战略地位、给予特许优惠等条件，或者因更加开放的对外政策导致大量外来投资时，城市可以将这种选择环境转化为其选择优势，而这种选择优势的结果则形成即期的选择环境。甚至在某些特殊情况下，选择单位也可能不把选择环境处理为给定的基本参数，而是通过自身努力来强烈塑造其选择环境。例如，通过行为规则和城市间交互作用的自发演化、通过与全球城市相关的多样性组织及其网络的形成、通过政治活动等，以一种占优势的方式创建一种选择环境。这种类型的选择环境建构，在某种程度上可视为"更高的演化"过程。因此，全球城市演化的选择环境是由内生性环境与外生性环境交互作用共同构成的。

我们在这里之所以强调选择环境不等同于通常意义上的外部环境，同时具有内生性，是因为它构成了对各种实体把选择特征转化为选择优势进行评估的基本框架。由参与其中的行动者在过去城市长期演化中的选择特征转化为选择优势的结果，其本身就构成了大城市与小城市、中心城市与边缘城市、高生活质量城市与低生活质量城市等差别。大城市具有更大的规模经济和社会机会、文化设施、大学、信息溢出效应、国际连接及其他公司和人员移动的可用性资产等，从而比小城市更倾向于改善。处于经济和政治核心的城市接近于政治权力，是商业财富和科技创新的主要中心，比那些处于边缘的城市有更加强烈的增长。一些城市具有更高生活质量（如良好的气候、宜居等），可能比其他地方城市有更强劲的经济复苏。因此，即使假设在即期外部条件相同的情况下，不同城市（选择单位）由于长期演化所形成的不同基础或来自内生性的选择环境的差异，其面临的实际可选择范围、空间及其可能性也是不同的，或者说面临的选择环境不同。这就可以很好解释在全球化等外部环境相同的情况下，为什么一些城市可以崛起为全球城市而另一些城市则不能，除了城市心智因素外，其原因就在于它们内生性环境不同，实际上面临着不同的选择环境。

这在形式上有点基因概念的类比。因为基因贮存了有关环境的信息，对有机体的演化构成了内在性约束。当然，这是一种城市"基因"的概念，可以更多设想为那些将城市认知主体联系起来的社会惯例，与生物学的基因还是有较大差别的（我们在本体论阐述中已作了说明）。那些社会惯例依赖在（变动）环境中取得的相对成功,并可能有所区别地被复制(Nelson and Winter,1982),这样就让始于不同种类惯例的认知主体个体群有可能通过改变惯例结构来系统地改变其面貌。这种惯例表现在诸多方面:一是给定存量及对其行为的其他约束条件下,城市运转的"标准操作程序"。二是城市投入行为方式的惯例,其支配城市的增长和衰落。三是对更优方法的搜寻,其将有助于提高搜寻能力,反过来又提高了采纳新惯例的能力。因此,全球城市的任何目前状态,都可以回溯到过去一系列的变异和选择性保留。这种变异和选择性保留,在传递信息的约束上产生了"相互套入的杂合等级",而认知主体的任何种类的有意识决策都是在一种复杂的约束系统中发生的。过去的知识积累,可以成为其选择的约束,并与现实约束条件结合起来,将构成参与者即期选择决策的"内部机会集合"。当然,这并不意味着实际的行动（选择）是由遗传决定论所解释的。这里只是提示:对其他完全可变行为的某些约束,在遗传上是固定的。

当然,这并不是说可以忽视或排斥通常意义上的外部环境的重要性。在全球城市演化中,外部环境变化是十分重要的,有时甚至是决定性的影响。因为城市作为一个开放系统存在着与外部的能量交换,外部环境始终是一个重要约束条件。特别在全球城市演化中,更为重要的是遗传基础上的"变异",而这种变异的发生往往是由外在条件重大变化诱导的。我们可以假设一下,如果没有全球化等重大外在条件的变化,这些城市也可能继续演化走向更高级形态,但绝不会"蜕变"为全球城市的新形态。正是从这一意义上,我们说全球城市是全球化进程的产物,或者说全球化是全球城市演化的主要动力。作为影响甚至决定全球城市演化的外在条件变化,是一个综合性的复杂因素,即存在多种外在影响因子的交互作用。这些影响因子存在于不同的层面,例如世界层面、国家层面、地区层面等,分别从不同角度对全球城市演化产生影响。

事实上,城市行动者的选择特征转化为选择优势,始终受到外部环境变化的重大影响。城市行动者往往是在外部环境变化条件下作出新的选择并转化为选择优势,作为其结果内化为即期的内生性选择环境。因此,全球城市演化是在内生性环境与外生性环境交互作用中选择特征转化为选择优势的结果。

5.1.2 选择单位

在动态演化中,城市本身是一个具有能动性的选择单位。由于城市的本体结构是由"城"（物）与"市"（人）组成,城市作为演化中的一个选择单位是基于"有机体"本体论的二重性假定,从抽象意义上讲,可以被定义为知识与信息携带者。在这里,知识携带者与信息携带者是两个不同范畴,前者是基于城市认知主体的一种心智范畴,后者是基于城市实物形态的一种物质范畴。这一区别对全球城市演化方法是十分重要的。

城市作为知识的携带者,是因为其存在着大量从事各种活动的认知主体,即城市参与者(行动者)。这些认知主体不仅是知识的贮存器,而且也是知识创造的发生器。显然,这些认知主体有不同的知识贮存与知识创造,表现为各种专业性知识,但其中存在一种具有共性反映其认知水平的"通类知识",其代表着城市心智。换一种说法,如果这些认知主体假定是理性人的话,那么其"通类知识"就代表着城市理性。更值得注意的是,由于这些认知主体本身就是城市参与者(行动者),所以从某种意义上讲,依赖于认知主体的知识可以被视为一种行动。也就是,代表城市心智的"通类知识",不仅是理论上的知识,更是一种实践知识,即存在于人们实践中的知识。这一观点对于全球城市演化分析是非常重要的。因为,只有这种实践知识,才与新奇行为的创生过程紧密相联,直接推动旧秩序改变与新秩序形成,而单纯理论上的知识不通过实践是做不到这一点的。

与此不同,城市作为信息的携带者,可以在没有任何认知主体的情况下存在,例如凝固与贮存于城市物质形态(如基础设施、建筑、文化物质遗产等)中的信息。由于城市的物质形态(地理环境除外)不是天生的,而是人们历时性构造的产物,这些物质化的人造产物,尽管独立于现时认知主体而存在,却携带着大量(近似)真实的城市发展信息。这种城市携带的信息,首先具有相当独特性。例如,纽约的帝国大厦、自由女神像等,伦敦的塔桥、大英博物馆等,巴黎的圣母院、埃菲尔铁塔、凯旋门等,均代表着各自不同的含义,反映其历史发展的独特过程。其次,在不构成系统的意义上,它是多元论的。从领域讲,有经济、社会、宗教、文化等不同内容的信息携带;从时间维度讲,有古代、近代、现代的不同历史信息。最后,它作为城市本体结构的组成部分,是现时的认知主体从事各种活动的物质基础。

当然,在城市本体结构的构成中,两者是不可分离的。正是两者的有机结合与交互作用,才构成城市有机体的反射能力和内在能动性,从而对选择环境作出适应性的选择反应。当然,两者在全球城市演化中所起的作用是不同的。信息携带只代表着它的物质条件,尽管某种约束性的通道得以扩展,但它并不构成演化潜能,不能完全决定城市发展。然而,它是全球城市演化的物质基础。知识携带代表城市心智的"通类知识",只有知识创造才构成一种演化潜能。从这一意义上讲,城市作为一个能动的选择单位,在全球城市演化中,其知识创造比信息携带更为重要。因为创新追求中累积的知识,将会在当前每一暂时秩序内部创造出该秩序条件的改变,从而引发新奇行为的创生过程,并最终导致新的暂时秩序形成。显然，这一累积因果关系与知识进步和创造是密切相关的。事实上，这种知识进步和创造的周而复始循环，在累积因果关系中起到一种双重的作用。一方面，在个体适应与选择环境之间存在着循环，知识创造的累积不断塑造出新的选择环境；另一方面，也存着从一种已建立的体制中发展出来的循环，跨演化系统而展开。因此，知识创造的累积，将从一种旧体制中导致新体系的突现。从这一意义上讲，全球城市演化过程是一个知识创造累积的发现过程。这种知识创造通常是自发发生的，从而新奇的创生过程也表现为一种自发的"没有原因的原因"。然而，这一知识不能在情景或时间长廊之外得以积累，大量知识总是来自城市发展过程的指引，因此知识创造是建立在相应物质资源和物质基础上的。在某种程度上，物质资源和物质基础的水平，影响和决定知识创造达到何种程度。

显然，从个体城市角度讲，其携带的知识与信息数量是不同的，甚至有较大的差异。这既有历史遗传和积累的因素，也有现实基础和存量规模的因素，还有基于心智的与时俱进的动态因素等。也就是，选择单位有较大的个体差异性，意味着具有不同的发展基础及潜能。因此，在外部环境条件相同的情况下，正是这种携带知识与信息数量的不同，致使一些城市能更好地融入世界城市网络并在其中占据主要节点位置，从而演化为全球城市，而另一些城市可能游离于世界城市网络，即使融入其中也只是作为一般节点，演化为全球化城市。

5.1.3 两者的同构关系

从上面选择环境与选择单位的分别阐述中，我们已经可以看到，选择环境是全球城市演化客观存在的约束条件，城市本身作为选择单位则在演化中起着积极能动作用，即对选择环境的反应和适应性选择。演化中的选择，把单位与环境连接起来。但两者之间并不是简单的对立统一关系，而是一种特殊的同构关系。因为在选择环境中包含着由其自身选择单位过去创造而存留下来的内生性环境（见图5.1）。

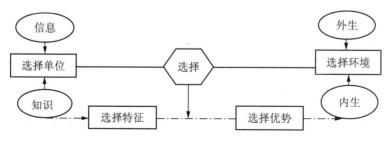

图5.1 选择单位与选择环境的关系

这种同构关系的关键,在于城市行动者知识创造的迭代,即重复反馈过程的活动,其每一次迭代得到的结果会作为下一次迭代的初始值。我们知道,在选择单位中,城市的行动者(政府、企业、社会组织等)是由各种认知主体构成,从而作为知识贮存器。这些认知主体在一定的选择环境中创造了各种类型的组织及其网络(包括内部与外部的网络),随后它们在面对竞争性的选择中,将有意识地对其加以改进和完善,甚至设计全新的组织方式及网络关系。也就是,认知主体通过知识创造导致组织及其网络的变异。如果这些组织及其网络生存下来并发展起来,那么对于该组织及网络的未来成员来说,其组织及网络特性就变成了一种约束和边界条件。这些约束条件,作为对选择压力的反应及成功适应的结果,便携带着它所创造的显性与隐性信息,构成一种内生性选择环境。在以后的城市演化中,参与其中的行动者就将面临这一选择环境的约束。因此,在此整个过程中,有关过去环境的信息及认知主体的知识创造,是与现在环境及认知主体知识创造的影响联系在一起的,表现为全球城市演化中的一种路径依赖。

5.2 影响因子

全球城市演化是一个复杂过程,受诸多内外因素的影响。简化现实的复杂性,恰恰是社会科学研究的任务。为此,我们将从诸多内外因素中抽象出若干影响全球城市演化的主要因子,其是全球城市演化的基本要素或构件。这些影响因子对全球城市演化的作用,并不是均等化的,即有的起决定性作用,有的起辅助性作用,有的起配套作用,或者说有的起直接作用,有的起间接作用。而且,这些影响因子的非均等化作用也不是简单权重排列形式,而往往是"递进嵌入式"的,有的是主因子影响,有的是在主因子下面发挥作用的次因子影响。因研究视角的不同,甚至影响因子的作用会发生转换。例如,从全球城市作为一个整体的演化来看,世界层面的影响因子是主要、决定性的,但作为个体的全球城市演化,世界层面的影响因子无疑构成其基本环境背景,但可能更直接受制于国家层面的影响因子。因此,这些主要影响因子,或构成其背景,或形成其动力,或成为其基础条件等。

5.2.1 世界层面影响因子

全球城市作为一个在世界范围内运作及发挥功能作用的特殊形式城市,其形成与发展的演化,势必首先并且主要受制于世界层面的影响因子。

1. 全球化进程

经济全球化,特别是跨国公司兴起,其对外投资形成的全球价值链布局,带来大量产业内、企业内贸易,导致新的国际分工。一个基本命题是:在跨国公司出现之前,只是传统意义上的国际大都市,而不存在全球城市。跨国公司的出现,形成生产全球分散化与控制管理集中化的局面,从而塑造了基于控制集中的全球城市。跟随跨国公司的先进生产者服务公司全球化,全球城市在控制集中基础上增添了全球协调功能。这些基于外部网络关联的功能发展,常常包括对潜在集聚效应和网络效应的开拓,以及对综合服务功能的建立。反过来,专注于这些结构—功能改进的城市将对它进行锁定,其他城市将处于不利地位。

这种基于全球化的跨国公司演化模式,导致了全球城市特殊演化模式。在早期发展阶段,由于跨国公司区位的多样性以及跨国公司的快速变动,全球城市的世界网络联结及其功能往往较小,进入相对容易。随着全球化程度提高,跨国公司数量增加,并出现高度聚集及专业化功能得到发展,在基本的控制与协调功能集合下,学习成为累积性的,现有机构就对潜在的进入者具有优势。经过市场淘汰过程,全球城市就稳定地由若干业已建立的巨型全球功能性机构所组成。不仅如此,基于全球商品链和价值链的全球化生产与消费,也影响到所有相关城市(Robinson,2006),使其成为众多商品链构成的一个节点,而所有商品链通过全球城市运转寻求诸如生产者服务的核心劳动过程(Brown, De-rudder, et al.,2010)。全球城市正是全球化进程中涌现的世界经济新地理的主要范式。目前乃至未来城市中心活动的日益全球化过程,将成为一个趋势性的变化。正因为如此,"全球化"已经成为讨论当代城市正发生的经济和社会变化的一个关键术语。

当然,全球化本身是一个不断深化的动态过程,其涉及诸多方面内容。投资贸易关系日益复杂化,呈现多边、双边等多种形式交织。其中,不断出现诸种投资贸易关系之间强化或弱化的更替,以及投资贸易关系的标准和要求不断改变和提高,从而导致投资贸易关系的深化和全球投资贸易格局变化。跨国公司全球产业链布局调整,不仅导致组织方式变化,而且重塑跨国公司的世界版图。并且,跨国公司本身也在不断变化,越来越多的制造业跨国公司产品附加值中服务份额日益上升且占主导,从而转向服务型跨国公司;跨国公司海外业务、利润等份额越来越大,从而转变为全球公司。因此,全球化进程动态深化势必影响全球城市演化。

2. 信息化浪潮

信息通信技术(ICT)模式对城市和地区发展的意义显然是至关重要的。信息通信技术,包括互联网及其骨干网在"新经济"时代似乎发挥重大且越来越重要的角色,生产、分配和交换的过程越来越依赖它们。更重要的是,其配置产生空间层次差异化的影响。这些发展不仅导致了虚拟跨境流动的加剧和"信息经济",而且其他经济部门越来越多地依赖以知识为基础的专业先进服务去增加生产和贸易的价值。因此,一产、二产以及三产的市场及其生产网络,日益涉及城市(Pain,2008)。对于城市,互联网似乎促进了一种"双刃效应",即同时促进了离心力和向心力。信息通信技术不会自动导致经济活动的分散化(Richardson and Gillespie,2000),它们可能既有集中也有分散的效应,与早期的"距离消亡"概念性影响相反——其只看到它们潜在分散化(Malecki and Gorman,2001)。信息通信技术及其互联网骨干网络一般倾向于集中在主要的城市群。尽管它们设法消除一些偏远地区面临的地理障碍,但这种演化并没有削弱人口和经济活动倾向于在城市地区集群(Moss and Townsend,2000)。相反,人口和经济活动越来越多倾向于在核心都市地区集聚。

信息化作为全球城市演化的自变量,是因为城市之间的关系极少是有形的,其间的无数流动是来自商务的思想、信息、知识、计划、指令、建议等。对于这样的流动空间,信息化在其中起到关键性作用。互联网的基本属性之一,是连接众多不同且分布范围广泛的网络。全球城市的发展及其功能日益依赖于先进的远程通信网络和服务。远程通信网络从而促进了全球城市的形成和发展。全球城市的存在,只是因为技术能使远程生产中心之间产生交互。这充分体现在以通信联系为基础的世界资本市场交易中。在这种情况下,如何获得信息空间的进入权和对信息空间主要节点的控制权,是在国际资本积累博弈中取得最终胜利并成为全球城市的关键之所在。

3. 经济长周期及经济变革

经济长周期及经济变革更多通过影响全球化进程而对全球城市演化发生作用,从而是"递进嵌入式"中的次影响因子。在现代世界经济中,一般而言,长周期的上行和繁荣阶段更有助于推进全球化进程,因为经济的活跃刺激国际投资贸易活动;而长周期的下行和衰退阶段有可能迟缓全球化进程,因为经济不景气容易导致贸易保护主义盛行和国际投资活动减弱。经济长周期中发生的经济变革对城市发展和城市空间变化有直接影响。当今时代,经济变革对城市发展和城市空间的影响更为巨大。例如,日益增长的服务经济、知识经济强化了城市作为全球流动空间内隐性知识交换节点的重要角色。正如Dickens(1998)概括的,由激进创新所驱动的这些经济周期,影响城市的功能层次结构。城市可以增加和减少在全球城市网络中的重要性,这只是一个时间问题。

4. 世界经济格局变化

对于个体群或个体全球城市演化来讲,世界经济重心的转移是一个重要的影响因子。在现代世界,世界经济重心几乎是全球化中心的同义词。处于世界经济重心的地区,不仅在世界 GDP 中占较大比重,而且在国际投资和国际贸易方面也占较大比重,从而也成为全球化的中心。显然,这些地区将成为作为个体群的全球城市崛起或全球城市相对密集的地方。因此,世界经济重心转移意味着全球化中心的转移,从而使一些地方作为个体群的全球城市趋于衰弱,而另一些地方作为个体群的全球城市趋于兴盛。

当然,世界经济重心转移的自变量是通过外国直接投资(FDI)的中间自变量实现的。虽然外国直接投资显示为全球资本流动总量中一个较小、甚至减少的份额,但其对全球经济重组的战略影响是重大的(Dunning,1993)。因为外国直接投资是由战略和长远意图所驱动的,被定义为一种涉及长期关系以及反映持久利益和控制的投资(UNCTAD,2001),有别于高波动性和以短期投资为主要目的间接投资。这种"战略控制"意义上的投资,意味着投资者有意愿通过一个企业开办来建立并维护在一个国家中的长期经济关系,与此同时,凭借它们有一个影响管理的目的。因此,外国直接投资一方面是"经济全球化的工具"(Wu and Radbone,2005),另一方面是作为跨国公司空间行为的表现。

5. 世界城市化

世界城市化作为全球城市演化的一个配套性影响因子,主要是通过为世界城市网络扩展提供大量实体基础起作用的。也就是,不在于城市化本身对全球城市演化产生直接影响,而是城市化中伴随着城市属性的变化对全球城市演化产生间接影响。在当今的世界城市化中,随着经济全球化以及国家边界被不断突破与渗透,城市已从当地地域分离出来,充当了全球经济的重要空间载体。实证研究表明,84%的跨国网络发生在城市之间而不是其内部,欧洲和北美大约有 70%的连接延伸到其各自超地区之外(Wallr and Knaap,2011),从而城市在全球网络中的位置明显提升。现在谈论城市,如果没有考虑它们是在一种新型全球分布式系统中的,确实不再有意义。从这一意义上讲,世界城市化将助推世界城市网络扩展,从而影响全球城市演化。

5.2.2　国家层面影响因子

虽然全球化与信息化交互作用于城市,使其融入全球城市网络,但任何一个城市总是位于一定国家和地区之中的,即使像新加坡这样的城市国家也是如此。因此,对于个体群及个体的全球城市演化来说,国家因素仍起着重要作用,具有直接影响。

值得指出的是,对于国家在全球城市演化中扮演什么角色,或者说是否作为其影响因子,是有较大分歧的,主要集中在对全球化与国家之间关系的不同认识上。在早期全球城市研究中,一些学者还是把领土国家视为全球城市形成中的一个特定角色。Friedmann 和 Wolff(1982)认为,"世界城市位于世界经济和领土国家之间的接合点","公共服务集群"和国家机构的财政能力对世界城市的功能性能有重要影响。但随后的全球城市研究中,开始出现具有重要影响的"去地方化"理论,不再把国家作为全球城市形成的解释性因素。一些学者认为,在全球金融体系和跨国企业一体化生产网络不断崛起的背景下,由于国家和全球经济的不一致导致领土权的灭亡(Taylor,1995),因此全球"去地方化"过程是城市与领土国家一般互利的分解,即前者脱离了后者,从而领土国家失去了其对全球化经济动力的解释价值,需要有新的理论来克服"领土陷阱"(Angew,1994)。总之,这些观点超越国家及其领土的逻辑,强调关系视角,排除了国家领土或福利系统对全球化进程,特别是在城市尺度上贡献的解释性。然而,近年来一些学者对此提出质疑:是否"把洗澡水连婴儿一起倒掉了"。Brenner(2004)通过"再地方化"的术语来强调国家、公共机构和领土安排对全球城市形成的作用。不同类型的国家福利系统,经常是"国家特质"的产物,本质上停留在其历史安排中(Esping-Andersen,1990),因而影响全球城市的形成。

在我们看来,仅用国家相关变量来解释全球城市演化固然不可取,但也不应忽视或否定国家因素对全球城市演化的影响。因为现代国家是领土政治实体,其可以在领土范围内调节经济要素,能够通过领土边界来控制和影响经济要素的流动,并通过管理预算来试图平衡这些领土内外实践活动的影响。这可以被视为本地/非本地的政治效果,即定义了本地(国内)和非本地(外国)的"想象共同体"有效建构及其成功的程度(Anderson,1983)。另外,也与政府角色转换有关。在过去空洞的领土容器形式中,属于国家的空间是不充分的,而且它是通过监管被生产和转换的(Brenner,2004),但今天我们见证了国家角色的变化:从一个国内经济监管者转变为更加积极主动参与全球竞争的主体。国家通过在新的世界体系中重新配置自己的领土边界,并通过对领土内部之间差异化进行干预,不断复制和更新与城市直接相关的状态空间。因此,国家处于一个封闭和独立舞台的静态视图应该被一个动态、过程的状态所取代。

即使从微观层面讲,与知识生产相关变化(如灵活组织和动态跨境流动等)相适用,政府监管也被公司认为是网络策略中的一个构建因素。这一政府监管被描述为弥补

"市场缺陷",其可以塑造跨境关系和从项目开发到服务交付、实施和运营支持的生产联系的地理分布。显然,这将在就业和移民立法、教育和培训、税收和基础设施、结构能力供给、劳动力灵活性和运营成本等方面形成贯穿全球区位的差异化。另外,政府政治稳定、反映灵敏和文化弘扬等,也在很大程度上塑造了区位功能,特别是当政府机构成为先进生产者服务行业的客户时,更是如此。因此,全球网络关系不仅仅是成本与距离的一个结果,其中涉及诸多因素,包括政府所起的作用。从某种意义上讲,公司和国家在获取全球市场份额的竞争中是被联锁在一起的,单一民族国家仍然是一个同样重要的机构(Gertler,1992)。在那里,公司变成更多的渗透性,国家自身通过人为建立领土边界而差异化,以便区分和形式化其空间性。这些地理单元包含不同形式的权力与合法性来组织人员和机构的空间。

总之,国家也许不构成经济实体,但行使重要的经济权力,从而对经济活动及其过程产生重大影响。从这一意义上讲,城市繁荣或衰退是作为国家行动的结果。因此,在考察全球化过程对全球城市的影响中,我们不能忽略其国家背景、环境和文化(Dieleman and Hamnett,1994),必须考察一个国家地位的重组以及历史性安排和制度的延续对全球城市演化的重大影响。从这一意义上讲,国家因素是全球城市演化发展的协变量。

1. 在全球经济中的地位

对于任何一个全球城市来讲,其形成或崛起都离不开所在国在世界体系中所处的重要地位和作用。一个城市连接的进化,是由其国家在全球经济中的地位所决定的(Alderson and Beckfield,2007)。一种形象的说法,如果美国不是一个全球范围内占支配地位的参与者,纽约将不是(全球城市的)纽约。国家在全球经济中的地位,直接决定了其所在国的城市演化为全球城市的可能性。

国家在全球经济中的地位,或地缘政治权力,也被称为国家竞争力,其有丰富的内涵。按照古典国际贸易理论假设的比较优势,其存在于一个国家的要素禀赋之中,包括土地、自然资源、劳动力和当地人口规模(Anderson and Van Wincoop,2004)。Porter(1990)的竞争优势理论深化了比较优势概念,表明今天企业和国家的成功也依赖特定行业的独特技能、技术和知识的发展,以及通过国际成功企业的集群连接到其国内城市地区中的特定属性。此外,国家竞争力还取决于国家的相对中心性、其活动的专业化和差异化模式及其功能分工。一个国家的竞争力,对其城市外出连接数量和进入连接数量都有高度积极和显著的影响,尤其是对前者影响更大(Wall, Burger and Knaap,

2008),因为只有某些具有禀赋和战略能力的国家才能创建吸引企业 FDI 的竞争优势 (Guisinger,1985)。

因此,国家在全球经济中的地位或地缘政治权力是一个综合性影响因子。其中,国家财富水平(经济实力)、市场规模、军费开支和一些文化、外交等软实力指标被确定为相关解释变量。特别是"国民经济规模与全球城市形成过程的分布之间存在一个积极关系"(Taylor,2000),以 GDP 增长率来衡量的市场潜力对位于新兴市场的全球城市崛起有一个解释性的价值。

2. 对外开放度

在现代世界,国家定义了"经济管制的空间",对城市经济活动对外扩展是至关重要的。是否具有商务友好的国内政策和贸易友好的对外政策,直接决定了一个国家的城市在什么时候以及如何融入经济全球化。由此可以假设:如果国家有更大的经济开放度,其城市将吸引更多全球化先进生产者服务公司和更加紧密地融入全球化进程。一个国家的"经济开放"水平,是吸引全球服务公司到其主要城市的一个重要影响因素。Pereira 和 Derudder(2010)的实证研究表明,这个变量的标准化 β 系数在所有 6 个变量中是最大的,因而是对因变量影响最大的自变量。

一个国家对外开放度,涉及国内产业领域的开放水平,参与多边及双边、区域投资贸易协定的程度,准入前与准入后国民待遇及正面、负面清单,竞争中立原则、贸易便利化,经常项与资本项的自由流动等内容。通常,我们用贸易/国民生产总值、吸引外来直接投资与对外直接投资、服务贸易与技术贸易、贸易投资便利化等指标作为解释变量。

3. 国家宏观经济安排

且不论发达国家与发展中国家之间的国民经济类型差异,即使在发达国家之间也存在着国民经济类型的差异,形成了不同形式的资本主义(Hall and Soskice,2001)。这种国民经济类型的差异对全球城市演化产生显著影响,正如 Ma 和 Timberlake (2012)的实证分析显示的,城市融入全球或全国城市体系的不同形式和途径依赖于国民经济的类型。在其他条件相同的情况下,经济自由化程度较高、社会劳动生产率水平较高且社会福利较弱、社会差距较大(以基尼系数衡量)的宏观经济安排,可能更有利于促进一个国家的全球城市化;反之亦然。因此,国家的不同宏观经济安排及其国民经济类型,对城市融入世界城市网络的演化过程有很高的解释性价值。

4. 基于制度安排的国内空间格局

国家在领土组织以及城市体系结构和区域差异化中扮演着重要角色,往往构建了城市化的不同空间格局。当然，这里也有历史因素在起作用。正如 Flora(2000)指出的，城市化的不同空间格局远远超出领土国家地位的形成，甚至影响这个过程。但即便是历史上形成的，也可追溯到当时基于国家制度安排的重要影响。例如，各国不同程度的联邦制(次国家单位颁布法律和税收的权力)和地方分权(次国家层面上公共支出的自主权)，形成领土组织"马赛克"的多样化空间(Kaiser and Ehlert, 2006)。Hohenberg 和 Lees(1995)区分了欧洲城市化的不同空间格局，如密集城市化核心区域的"莱茵河模式"、单个主导城市的"巴黎模式"以及以松散型城市结构为特点的"外围模式"等。

在其他条件相同的情况下，这种不同的空间格局对全球城市形成与发展也将产生影响。作为一个令人惊讶的分析结果是，具有较低区域性差异的分散化空间格局的国家，尽管城市体系中的集中度较低，但其中的大城市存在对全球城市形成与发展有积极的影响；反之，则有消极的影响。例如，中心化组织、空间布局不平衡的法国，以一个占主导地位的全球城市(即巴黎)为特征；而分散化组织、空间布局较平衡的德国则有 5 个全球城市，总体上显示了一个更高的网络总连接(Taylor 等，2011)。因此，通过领土国家的透镜，反映了不同空间格局造成全球城市分布非常不均匀模式。由于领土空间组织的两个维度(联邦制和地方分权)显示多种形式的组合，对全球城市演化的影响似乎不是线性的。然而，这里应当假定，领土结构以及空间再分配系统的财政体系影响这一过程，其往往遵循领土结构的历史逻辑，而不是一个全球化的经济。

5. 国家的倾斜化支持

全球城市的演化，离不开国家政府的支持及其政策。不管自觉与否，这实际上是以非常不同的方式发生的。即便是在所谓自由资本主义条件下，全球城市演化中也常常有政府"看得见的手"在助推。例如，伦敦的全球城市形成，取决于各种国家行政力量(保守派和自由派政府)的持续努力。20 世纪 80 年代早期自由化政策诱导伦敦金融业的崛起(1986 年的金融大爆炸)以及新的公共部门(港区当局)、开发区和新的治理结构(大伦敦管理当局)支持外资对伦敦的房地产投资。可见，国家的支持对全球城市演化有很强的影响。而且，在资源有限的条件下，国家可能作出某种选择，把某些具有潜能的城市列为国家战略予以倾斜性支持，如给予特许措施、特殊政策、优先资源供给等，从而对个体全球城市演化的影响更大。

6. 文化、语言等因素

一个国家的文化对人们的思维习惯及行为方式有潜移默化的影响，并体现在习俗、惯例、潜规则等非正式制度上。显然,在文化相近的城市间,相互交往更容易表达与沟通、达成意见共识;而在文化差异较大的城市间,相互交往则有较大的陌生感,不同的文化背景使表达与沟通相对困难,甚至经常产生误解与矛盾。因此,在其他条件相同的情况下,跨国公司和全球化先进生产者服务公司更愿意进入文化背景大致相同的城市设立其机构,使其更容易建立起网络连接。相对而言,进入完全不同文化背景的城市,将有较大的摩擦成本,至少有一个不短的适应期。同样,不同的语言体系也会造成相互表达与沟通的困难,增大交易成本。在其他条件相同的情况下,使用同一语言的城市间更容易建立网络连接,反之亦然。当然,相对于国家层面的其他影响因子,文化、语言等因素对全球城市演化的影响程度是较低的。因为跨国公司和全球化先进生产者服务公司进入不同文化背景和语言体系的城市,可以(通常)采取"本土化"策略以降低这种影响。

5.2.3 自身层面影响因子

从演化角度讲,选择单位携带的知识与信息构成其演化的基础与潜能,是一种自身层面影响因子。

1. 城市规模

在传统城市学研究中,城市规模通常是由人口来衡量的。然而,人口规模与全球城市演化没有必然的联系。因为全球城市演化取决于全球化控制与服务强度,或者说,跨国公司和全球化先进生产者服务公司的集中程度,而人口规模对跨国公司和全球化先进生产者服务公司存在的影响并不十分显著。Short(2004)研究结论表明,基于人口数量的城市规模作为全球化控制与服务强度的衡量,与世界城市网络形成只有较少完美对应关系。在这一光谱的两端有明显异常值:一些在世界城市网络中的超级连通性城市(如伦敦和纽约),并不具有绝对的人口规模;而一些具有绝对人口规模的超级城市(例如达卡和喀土穆),在世界城市网络中则是很难连接的"黑洞"。因此,我们这里讲的城市规模,不是单指人口,而是侧重于产业密集的城市规模效应。具有这种规模效应的大城市,一般更容易吸引先进生产者服务公司。从这一意义上讲,全球服务公司已经越来越位于世界特大城市(Pereira and Derudder,2010)。

2. 城市实力

从财富创造及积累来看,主要是城市的 GDP 总量及其增长率,其反映了一个城市的经济活动扩展程度,对吸引公司的跨国控制与服务活动集聚有重大影响。但在全球城市演化中,GDP 变量的作用趋于相对减弱,城市实力越来越体现在经济流量规模上,诸如货物流量、资金流量、人员流量、信息与知识流量等。这些流量不仅从一个侧面反映了城市的全球资源配置能力，而且是全球网络连接的直接指示器。因此，这一变量允许我们检验对一个城市网络连接增长是否有影响。

此外，城市实力并不局限于物质资本，也日益体现在人力资本上。人力资本是全球化控制与服务活动集聚的基础条件之一。具有雄厚人力资本的城市，对跨国公司及全球化先进生产者服务公司更有吸引力。因此，人力资本这一变量与全球城市演化直接相关。人力资本包含了城市的整体教育水平、职业教育与高等教育水平、劳动者整体素质与技能水平等，可以通过受教育程度、学生教师比率、顶尖大学数量及比率、高端人才与专业技术人员比率等指标进行测量。

3. 基础设施

城市基础设施是对外连接的重要载体，特别是交通运输基础设施承载了城市大规模流量，在对外连接中起着重要作用。因此，它在先进生产者服务公司区位选择中扮演了一个重要角色，拥有发达基础设施的城市通常吸引更多（重要）的先进生产者服务公司，从而是一个与全球城市服务强度有关的最重要研究变量(Taaffe，1962)。

当前，尽管信息通信技术的发展跨越了时间与距离，但商务服务面对面关系的需求仍然持续不断(Denstadli，2004)。因此，航空运输成为跨国资本家阶层、移民、游客城际移动的首选模式(Bowen，2002)。相对于海运、铁路与公路运输等，航空运输被认为是解释世界城市网络形成的关键变量(Keeling，1995)。Neal(2010)纵向分析了航空运输与先进生产者服务业重要性之间联系的因果关系，表明航空连接性变化往往解释了先进生产者服务业在劳动力市场上重要性的变化，而不是相反。航空网络变化影响商务服务的就业增长(Irwin and Kasarda，1991)。此后，Brueckner(2003)、Debbage和Delk(2001)也获得了类似结果，令人们进一步确信可以用航空连接水平来解释主要先进生产者服务公司的存在。Taylor、Derudder和Witlox(2007)的实证研究更是得出"航空客运量(航线连接性)与城市参与全球服务供应的相关性高达53%"的结论。因此，航空网络及其相关基础设施是全球城市形成最明显的表现(Smith and Timberlake，2001)。

另外，智能建筑、电信港、光纤以及其他关键技术，已成为正在浮现中的信息化城市的基础设施的一部分。这些电信设施的建设和扩张，对一个城市未来的经济增长以及在全球城市体系中的地位将起到决定性作用(Moss，1987)。Pereira和Derudder(2010)用国际电话费用指标表示电信技术整体发展，其线性回归模型显示对吸引全球先进生产者服务公司具有统计学意义：国际电话费用越是便宜，城市作为服务网络站点的状态越发展。

4. 城市基因

城市基因作为某种信息和知识的携带者,具有独特性和多元性。不同的城市基因,对外部环境变化具有不同的反应和适应性,并在城市演化中发挥着强烈的持久作用。

地理区位作为一种信息携带的城市基因,具有城市类型的传代特征。一些城市因特定区位而成为整个地区的门户和通道,对几乎所有全球化先进生产者服务公司具有独特的吸引力。这种基于地理区位的门户功能,将使这些主要城市变成重要站点,具有相对于其他标准模型的全球服务强度。当然,随着经济格局变化和交通运输重大发展,地理区位会发生变化,有些城市的门户功能将弱化,有些城市将成为新的门户和通道。

与作为客观实在的地理区位不同,历史传统是城市心智(知识)长期沉淀和持续传承下来的结果,从而是一种携带更强知识信息印迹的城市基因。这在短时间内是很难改变的,并且在新的条件下通过人们的行为方式而不断显化。因此,一些具有开放、创新、融合等历史传统的城市,在全球化条件下更适合建立外部连接和融入全球城市网络;而一些具有保守、平稳、相对封闭等历史传统的城市,则往往在行为方式上自觉或不自觉地对外部连接不主动、不积极甚至有排斥倾向。

5. 城市首位度

一个城市在其地区内所处的地位,对吸引跨国公司和全球化先进生产者服务公司有重大影响。Sassen(2001)曾假设,一个国家的首位城市倾向于日益集中跨国指挥和控制活动的公司。Taylor 和 Aranya(2008)提出国家首都城市将经历全球连通性积极变化的"政治假说"。我们越来越多地见证全球化的控制与协调活动相对集中于首位度高的主要城市,从而导致这些主要城市高水平的全球服务强度。这些首位度高的城市,在吸引全球化先进生产者服务公司网络中办公室的数量上,比仅在其人口规模和乘客数量上所能期望的更多。当然,由于先进生产者服务公司的区位动力学是多方面、复杂的现象,城市首位度相对来说不是一个明显的重要变量。因此,我们可以把城市首位度作为一个虚拟变量来测试主要城市是否也具有全球化先进生产者服务公司(超出规模)的不成比例水平。

5.3 演化过程

全球城市演化是一个选择单位与选择环境之间交互作用的变异和选择的过程。其中的关键问题,是物质和能量的流动如何在作为知识的秩序中被组织,重要的环节是变化着的状态空间。这种变化着的状态空间是耗散结构中所发生的变异和选择的演化过程的结果。

5.3.1 新奇行为的创生

从演化观点看,在某一时间和地点所观察到的城市,都必须被解释为一种持续不断演化过程中的转变,或者不同程度处于快速变化的产物。这一演化过程具有两个基本特征:一是它的历史性。演化意味着在时间进程中城市新质会突现,其具有"不可改变性"。因此,时间是重要的。即使有可能展现出周期性的模式,但这个过程本身也不会完全相同地重复,一定会在时间进程中呈现城市的新质。二是变迁过程的无止境性。因为城市系统拥有一种耗散结构,当它消耗自由能时就具有改变自身的能力(当然,它们也受制于外部力量的影响)。从这一意义上讲,城市持续变迁不是始于外部推动力,而是由城市系统内的力量内生性促成的。城市持续变迁始于外部推动力是"机械装置"本体论的结果,必将趋于变迁过程的衰竭。

城市系统实现历时的自我转变,特别是向全球城市演化,其深厚的历史底蕴及强大的现实基础,显然是一个必要条件。因为具备这一条件的城市,更有可能对外部环境变化作出及时反应,有更好的适应性。然而,这并不是演化的充分条件。基于知识(城市心智)的新奇行为创生是全球城市演化的充分条件。

所谓新奇行为创生,就是新知识创造、新发现的行动可能性。这在很大程度上产生于对选择环境某种状态不确定性的一种感觉意识。也就是,面临这种不确定状态,则惯常的思维和行为模式似乎没有能力予以解决,从而在基于社会性规定的行为模式与变化中的环境之间出现或存在着一种断裂。这种诱发新奇创生的不确定状态,是各种各样的。从最一般意义上讲,也许是人类与生俱来的一种对环境变化富有猎奇与冒险体验的偏好。这种偏好随人们所感受到的相对沮丧程度而变化,越是感觉平淡单调,就越有强烈的尝试未经历过行动的可能性动机,越容易引发新奇行为的创生。对于那种可能是基于环境变化的抱负水平变化所带来的不确定状态,则出于对现状的相对不满,或在实践中受挫又无前人经验可借鉴,从而产生搜寻新的未知选择的强烈动机。如果没有成功的发现,其抱负水平随之下降,甚至搜寻新的未知选择的动机趋于消失。如果搜寻成功,发现了有更好的选择,其抱负水平也将提高到一个新水平。现实中最普遍并最具持久性影响的不确定状态,通常是由竞争引起的,特别是在他人行为模式不断产生有利结果时,更会激发搜寻新奇的强烈动机。而且,在竞争压力下,随着越来越多的行为者搜寻新奇和试验,导致选择过程本身引发的多样性减少,也会刺激进一步创新的动机,不断增大新奇创生的可能性。当然,在环境变化可能威胁到城市生存时,这类挑战或危机状况也会触发对新奇的搜寻,以寻找新的出路。例如,当城市从规模和区域优势转向基于网络的状态时,一些城市可能通过新兴的交流模式发现自己处于十字路口,从而可能让它们别无选择:要么大力发展新的网络关系,转变为链接广泛分散、不连续的内陆地区的交叉网络枢纽,从而保留其地位;要么冒着失去其权力和影响力的风险,成为"下线"的大都市,处于比其单独按规模衡量更低的位置。这就会触发其对新奇的搜寻,设法从基于规模优势成功转变为基于网络状态。从实际情况看,个别城市由于没能在此紧要关头触发对新奇的搜寻,从而没能成功转换其基础,导致城市在缺乏强有力网络存在的条件下其功能及地位遭到削弱,如匹兹堡和克利夫兰等工业衰退城市就是离线大都市的典型案例。底特律则是一个逆向基于网络状态而增加基于规模状态的失败范例。人们的关注已经远远超越通常包括门户的占主导地位城市以及其他陷入困境的较少主导城市列表,寻求更多类似"成功"的城市(Gritsai, 1997)。

因此,新奇的创生是与环境变化的不确定性联系在一起的。正是因为不确定状态的出现,行为者才能预期到境遇改善的可能性,从而触发对新奇的创生。当然,在一般情况下,这种新奇的创生在特定时间和地点是以一种可能较慢但持续的基本速度独立发生的,只有在处于挑战或危机的状况中才会极大地超越这一基本速度。

我们知道,当人们面临环境变化带来的不确定状态时,通常首先会去识别与确认这种不确定性的原因。而在此时,实际上已被转变为一种"问题状态",从而进入解决问题(新奇行为的创生)的过程。但由于这一新奇创生过程受到"未知的范围"所包含的认识论约束,因此就新奇本身性质而言,其意义和含义不可能事先就被肯定性地预期到。同时,现实中可能出现的新奇数量是趋于无限的,从而也不能据此而明确预测将来会出现什么样的新奇。这表明,新奇创生的可能性受到自然约束,新奇行为创生实际发生的过程是由许多作为约束的特征所决定的。这些自然约束,不仅是共时(能源和资源)约束,也包括历时(制度和传统)约束,其根植于诸如可能是作为历史遗产的规范、以知识为基础的信念等制度之中,并持续通过年轻一代的社会化被传递着。从这一意义上讲,这种约束本身也是演化过程的结果。也就是,除了其他方面,给定某些环境选择压力,它是变异和选择性保留的结果。当然,制度产生影响和约束,但同时又为社会在实际中以自己的方式进行组织留下了相当大的变动空间。此外,这些约束不是绝对的,而是随着环境的选择压力而变化的。其中,特别是以知识存量或"知识轨迹"的约束为基础的。正如 Dosi(1997)指出的,知识并不是随机增长的,相反,它根据指导的变异规则运行,与之相伴的则是强有力的对任何技术机会搜寻的约束。我们这里强调的是,在动态演化中,创造力约束和创造力激励是同时存在的,且同样重要,即内生的创造力是在约束条件下起作用的。实际上,这不仅用于对新奇创生阶段的解释,在下面阐述的演化过程(选择过程与发展过程)乃至整个全球城市变迁形态中也同样适用于这一逻辑解释。正因为如此,在环境与选择变化之间就不存在完全的因果决定论,从而避免了全球城市演化的历史决定论。

在新奇创生的激励与约束同时存在且交互作用的情况下,新奇行为的创生过程表现为不同层次的普遍性和内容的多样性。也就是,既有个体群层面的新奇创生,也有整个社会层面的新奇创生,且倾向于不断增加新奇创生多样性的数量。从个体群层面看,例如某一产业及其企业,或某一社会组织,其成员的共时性个体决策,可以被理解为新奇行为的相对频率在个体群中产生作用的过程。在任一时点上,这个过程都潜在地与新奇的内生创造发生交互作用。其结果,必然是新奇行为的创生不断趋于多样性,即新奇创生的发散性。这种微观层面的个体群新奇创生,构成整个社会层面新奇创造的基础,并在一定程度上反映了整个社会新奇创造的水平。然而,这并不意味着个体新奇创生总合简单等同于整个社会的新奇创生。从社会层面的新奇创生来讲,与个体群新奇创生完全发散性不同,具有某种倾向性的选择,即某种程度的收敛指向性。因此,在一种社会层面上,总是表现为在一个方向或其他方向上的选择性增强来引导创新活动,并有可能促进或阻碍个体群的新奇创造(Witt,1987)。也就是,当两者方向一致时,起促进作用;反之亦然。因此,社会层面的新奇创生与个体群层面的新奇创生具有不同的属性,且对立统一。

当然,个体群的新奇创生,除了导致大量多样性外,其在突现后可能会得到传播,通过系统或系统的某些组成部分进行扩散,或者可能通过模仿而被扩散。尤其是与社会层面选择性指向一致时,这种新发现的行动可能性将被广泛接受,其所产生的行动就是创新。因此,由环境变化的不确定性诱发的大量新奇行为创生及其扩散,其重大意义在于"变异"功能,导致城市系统远离均衡稳态,从而成为演化过程永无止境的强大原动力。

5.3.2 选择过程与发展过程

面对环境变化的不确定状态,持久性的新奇行为创生打破了城市系统的均衡稳态,从而成为动态演化的前提条件。但新奇行为内生创造的交互作用趋于增加多样性和发散性，由于其无法引导城市的演化方向，从而对动态演化是毫无意义的。因此，从演化的角度讲，新奇行为创生只有选择性保留才有意义。这一选择过程作为一种与发散性新奇创生交互作用的收敛过程，将使新奇的多样性增长受阻，甚至被侵蚀，从而保留某些新奇创生作为城市演化的"种子"。从这一角度讲，选择过程是全球城市演化的重要环节。

这一选择过程的展开，首先必须存在足够多样化可供选择的新奇行为，即要有足够异质数量的选择"样本"，否则，选择的可能性就很小。同时，还要有强烈的选择压力，以致产生对不同新奇行为的相对地位显现。在此前提条件下，这一选择过程是通过社会不同种类个体之间同时存在的一种选择效应的交互作用发生的。我们知道，不同种类的新奇行为中总是隐含着某种价值函数的追求。然而，选择过程是一种"取舍"的决策，而非均衡化的最优，从而势必影响到新奇行为的不同价值函数，可能并常常意味着在价值函数之间的冲突。因此，尽管不同个体群在新奇行为选择中具有明确的目的性或偏好，但由于在其相互施加影响的过程中，不同的目的性被相互抵消，从而最终成为一种无目的性的集体选择。当然，不同个体群在选择过程中所施加的影响可能不同，依据其竞争优势或能力。政府作为一个特殊的个体群，具有导向功能，在此过程中施加的影响可能相对较大。一些利益集团也可能有较大影响。然而，不同个体群在选择过程中所施加的影响，除了小部分外，大部分是相互排斥与抵消的，包括政府施加的影响也是如此，从而其在选择过程中绝非主导。从这一意义上讲，新奇行为的持续适应是一种社会自然选择的结果，而不是从上层强加而来的。

在这种无目的性的集体选择中，竞争过程无疑是一个起作用的选择装置。通过竞争，可以持续地制造消除变异和减少个体群中新奇行为多样性的压力。在这种强烈的压力下，任一新奇行为只有其发展速率快于群体平均发展速率时，相对重要性才会上升或相对地位显现，从而具有"入选"的可能性，即具有选择特征形态。新奇行为的相对地位，是选择保留的一种重要价值标准。我们知道，这种选择过程的"适应性"保留，是不可能确立一种度量的。因为在一个存在多元化信息和知识种类的选择环境中，不可能把所有种类新奇创生的机会成本化约为一种单一维度，并借此对个体新奇创生进行最优选择的度量，唯有通过其相对地位的显现才能有所比较。与此相关，与"效用"作为在选择上排他性的指向标准不同，选择过程中作为一种重要价值标准的新奇行为相对地位，不只是一种客观的范畴，而是作为价值范畴，它取决于感受到的地位。这种相对地位不可能存在唯一的排序，而是存在着许多对主观参考组的排序。尽管如此，按照系统发生论的观点，这种相对地位的驱动力可能与不同的再生产的成功呈正相关。因此，新奇行为的相对地位显现，实际上是整体的选择过程优化原则的反映，将对相关群体新奇创生的平均水平产生重大影响。从这一意义上讲，选择过程是一个多样化新奇创生的择优过程。

然而，在这一新奇行为多样性的选择过程中，由于竞争对手之间并不是在同一发展模式中竞争，而是旨在比竞争对手具有更好的发展模式，所以在某些条件下，可能出现异质的新奇在彼此共存时会更好的情况。也就是，经受选择压力的新奇创生之间不是唯一性的选择，不必引致"你死我活"的竞争性趋势。其结果，它们在选择中或个体群的均衡中将共同存在（多态现象），也许出现共时性的多种发展模式并存局面。显然，这一多态选择，将提高整个群体新奇创生的增长率，即提高整个群体新奇创生的平均适应性。

另外，在选择过程中，个体新奇创生之间可能存在一种基于个体调整相关性的交互作用。也就是，当个体群成员对新奇创生的反应趋于相互关联时，它们之间就（无目的性地）相互影响。更准确地讲，个体的某种新奇行为选择，将依赖于这种（或那种）新奇行为在个体群中已经出现的频率，即频率—依赖效应。从这一意义上讲，每一新奇创生（变异）的持久性或成功的生存，对其他与之竞争的变异具有依赖性。由于每一具有选择特征的新奇创生都是历时变化的，而且变化取决于其特征及当前群体中其他特征的分布，因而选择过程中的群体就平均化了（Metcalfe，1998）。也就是，选择过程是一种平均数选择过程。这一频率—依赖效应的动态性，产生个体群层面上的某些规律性。当然，前提条件必须是让选择压力有充足时间对受其选择的新奇发挥作用。只有在充足的时间下，新奇创生才能通过选择而系统性、有差别地被扩大，呈现基于个体调整相关性的频率—依赖效应。如果新奇行为很快被转化为创新性活动，那么这一选择过程对新奇创生的系统性、差异性扩大的作用就不复存在。显然，缺少了这一选择过程，就难以对新奇行为进行"适应"保留，从而无"演化"可论。

选择过程的结果，是对多样性新奇创生的"适应"保留。选择过程的动态运动不是对吸引子（attractor）的偏离所致，而是由新奇相对地位显现以及频率—依赖效应等引起的，因此不存在动态多重均衡问题，也不存在均衡的变动快于作为基础的调适过程的情况。

然而，任何选择过程都要优胜劣汰，摧毁个体群中最初存在的大量新奇创生多样性。这意味着城市演化中要消耗掉其自身的"燃料"。如果不能历时补充这种新奇多样性，就不会有新的变异发生，从而演化过程将趋于衰竭。因此，在减少新奇多样性的选择压力（竞争冲击）与增大多样性的创新活动之间，必须保持一种动态平衡。这就提出了选择过程要配之于发展过程的客观要求。这一发展过程孕育着新的变异，能及时补充个体群的新奇多样性。因此，这种选择过程与发展过程相互依赖的联合效应，构成了对全球城市演化内生解释的关键。也就是，一个完整的全球城市演化理论应该通过更高秩序的变异、选择和发展过程对这些形成的特征加以解释。

在全球城市演化中，发展过程与选择过程是交互作用的。发展过程孕育新的变异，并不是撇开选择过程的"另辟蹊径"，而是沿着选择过程形成的具有相对地位（相对价值）新奇创生所诱导的合适方向展开。同时，发展过程将改变这些新奇创生的相关选择特征，使其进一步完善，进而将不同的选择优势在群体的实体间进行扩散（再分配）。从这一意义上讲，发展过程既是选择过程的结果，又是新选择过程的展开。两者之间的交互作用，可以在多种层面上进行，例如在微观（组织）、中观（区域或部门）以及宏观等不同层面进行交互作用。

在给定的情景下，选择过程与发展过程之间的交互形成何种结果，取决于以什么样的方式联结。一般而言，两者之间以一种自动催化（autocatalytic）的方式相联结，其基于"知识生成知识"的事实。由于所有知识都是临时的，我们只能局限于目前所知，直至某些更好知识的出现。而且，知识的累积是一个扩展过程，只有在已有的可能性转变为现实时，才能使新可能性的明确提出成为可能（Popper，1985）。因此，信息生成和信息向实践知识的转化过程是自动催化和永无止境的，由此驱使城市运转远离均衡也是永无止境的过程。选择过程与发展过程以自动催化的方式联结在一起，使两者之间的关系表现为正反馈过程的特征，并且是那种伴有大量噪音因素减弱的正反馈过程。在这种情况下，其结果就是推动城市体从一种惯例（如衡量标准）向另一种惯例转变。当然，这一转换不可能适用于所有不同个体主观动机和信念，势必会出现一些赞同、支持与一些反对、抵触的局面。但我们可以把某一些反复出现的因素假设为系统地影响着转变行为，尽管其他因素也发挥着作用，并可以通过频率—依赖效应来体现个体群中有多少其他个体发生了转变。因为频率—依赖效应不仅仅在选择策略互动中发挥作用，而且在很多情况下是由决策、预期形成或偏好中的非策略性的相互依赖促成的。总之，在选择过程与发展过程之间正反馈关系作用下，某些新奇行为不仅得以选择保留，而且得以持续完善适应，新的秩序从中诞生。

5.3.3 自组织与演化方向性

前面的分析表明,基于心智的创造力在全球城市演化中发挥着重要作用。但这种创造力只是在各种约束条件下发挥作用,其发挥作用的程度受制于共时约束和历时约束的水平。因此,即使人类对全球城市的演化拥有"处置权"(主要表现为能动性),但全球城市演化仍具有"随机漂移"的倾向,表现出强烈的自组织色彩。

在全球城市演化中,作为内生驱动的知识生成与组织使用之间的交互作用是典型地围绕网络而建构的。不管是内部网络还是外部网络,网络内相互的利益关系导致了各种各样的协调,从而形成协同机制。这种自组织的协调,是全球城市演化中的主导过程。它可以发生在不同的层次上:城市内部构件要素之间的协调;城市与区域之间的协调(全球城市区域);城市与全球城市网络中其他城市之间的协调,等等。这种自组织的协调,所引致的只是暂时秩序,而不是均衡。因此,这些不同层次上自组织协调的相互联结型态及环境因素的随机干扰,不仅对于新奇创生的速率和方向是决定性的,塑造了其转变过程,而且它们自身也是一个新秩序的制度化过程,绘制了相应的演化图景。从这一意义上讲,自组织成为通往无意识或局部设计的通途。

如果我们把全球城市视为一种类型的组织,那么在其演化过程中对环境变化有意义的适应,并不在于旧组织学习和掌握了新方法,而是往往意味着旧组织死亡和新组织诞生。因为,当一个城市依据其独一无二的资源禀赋或竞争力形成独特的产业结构及其功能,而且为了获取效率形成了一套包括与学习和创新有关的惯例,这些惯例具有内在一致性,这种内在一致性又常常带来一定刚性时,其在任何时候所能改进或改善的范围都是相当有限的。在这种情况下,尽管其确实可以学做新的事情,但这种学习能力也是有限的,很难对那些成功的城市进行有效模仿,因为这要求模仿者一下子要采用大量不同实践。从这一意义上讲,城市有机体的本体论模型假定:城市这一组织根本无法改变其行为方式。这意味着城市应对变化的能力在任何时候都完全取决于组织多样性的存在,或新组织的诞生。这犹如"能力毁灭型技术进步"(Tushman and Anderson,1986),需要用与旧技术极不相同的技巧和理解力来处理它们,旧的进入壁垒不复存在,新公司进入,而大量的老企业则消亡。与此相类似,在全球城市演化中,对重大环境变化的有意义适应,可能包括创造性毁灭的大部分要素,是一个浴火重生的"脱胎换骨"过程。也就是说,全球城市演化将遵循"间断性均衡"模式。每隔一段时期就会发生突变,产生新"物种"。再过一段时期,新"物种"迅速演化为稳定的形式。在某些情况下,新

"物种"的出现会取代旧"物种"。其结果是,在内在机制的驱动下,自然而然地从简单向复杂、从单元向多元、从粗放向集约方向发展,不断提高自身的复杂度和精细度。

最后要指出的是,选择偏好对全球城市演化方向性的意义。如果在不断流动的新知识中选择一种特殊类型的新奇创生,存在着某种偏好,而它在历史过程中又可能积累,那么其演化路径应该具有某种方向性。但问题是,偏好是否意味着一种导致演化中一般趋势的选择倾向? 这就不能一概而论了,而要具体看是什么样的偏好。

第一种是出于创新者自身改善的选择偏好。其在把新奇转化为创新活动时,通常要考虑机会成本。如果这一转化实际发生了,那么可以推测其一定是有助于创新者的改善。尽管创新过程有方向上的适应性,而且在创新过程中,实体"学习"到的东西可以传递给其他实体,但创新作为单边性行动,对其他人更多意味着未来前途被毁,甚至出现损失,即创新的负外部性效应。这种负外部性还可能表现在造成对环境的破坏。因此,这种选择偏好只是有助于演化朝着"更高级"形式的无方向发展,并不意味着一种导致演化中一般趋势的选择倾向。也就是,这种选择偏好只是暗示了演化的一种趋势,尽管不是一种必然的事物,却走向更高社会状态。这可谓是一种进步,但演化不能用"进步"的概念来描述。尽管存着这类在某种维度上可以评价进步的标准,但在多种多样的共时环境和历时约束中,变异和选择的演化性变迁不允许我们使用这种评价标准普遍化。在衡量演化选择的"适应性"上,不存在独一无二的标准。因为在衡量变化的这一刻度与衡量变化的另一刻度上,存在着不同的演化时钟,是无法采用统一标准的。

第二种是城市行动者共同具有某些基本的、由遗传决定的选择偏好。这种偏好产生于其生存和保存物种的物质需求,且经历了或多或少文化上形成的关联长链条,成为城市行动者及其行为倾向(偏好)的遗传部分,其本身也是一种城市演化的结果。尽管这种先天性偏好是非常少的,但在现实中能诱导出具有巨大多样性的特异的、获得性的偏好,并在当前的选择上显示出来。这些当前的选择,并不必然增加遗传适应性,但行动者的决策仍然以一种复杂的主观方式与曾经具有适应性价值的基本偏好相关。因此,这种选择偏好规定了行动者奋斗中的某些一般性趋势,其中的共同遗传因素产生了演化路径的某种方向。这也就是为什么我们在全球城市演化中特别强调城市基因的原因,即其在一定程度上规定了全球城市演化路径的方向性。

6 演化模式

在全球城市演化动力学基础上,我们进行全球城市演化模式的分析,即全球城市在选择单位与选择环境交互作用中如何具体展开动态演化过程及表现为演化多样性。首先,从宏观全球城市演化角度构建演化主导模型。然后,从个体全球城市演化角度阐述演化(类型)多样性。

6.1 演化主导模型

为了从一般意义上说明全球城市形成与发展,必须基于宏观全球城市演化角度构建演化基本逻辑,以揭示全球城市演化机理。在此基础上,阐述全球演化的一般过程及其表现特征。

6.1.1 演化基本逻辑

我们的演化基本逻辑是从宏观全球城市演化视角构建的,从而是一种整体抽象意义上的全球城市演化基本逻辑。在前一章的分析中,我们从世界层面提出了全球城市演化的五个主要影响因子,实际上是宏观全球城市演化的影响因子。这里,我们将进一步分析这些主要影响因子在宏观全球城市演化中的逻辑关系。

对于全球城市演化而言,全球化进程无疑是最主要的决定性影响因子。全球化不仅构成全球城市兴起与发展的特定背景,而且也是推动其发展的基本动力。信息化浪潮虽然从转换时空的角度也直接作用于全球城市动态变化,但更多是在与全球化浪潮交互作用中对全球城市演化起重大作用。当今,经济全球化进程与世界信息化进程的交互作用已非常明显,并日益强烈。由跨国公司或全球公司的全球贸易、投资和生产的国际化,以及金融主导经济一体化所推动的全球范围(除部分非洲国家)的国际经济、政治、文化的交流,正是借助于日益发达的电子信息技术、交通工具及其网络才提升到了一个历史空前的程度;反过来,现代信息技术的广泛运用及其网络化,也正是借助于资源要素大规模全球流动而得到迅速推广与普遍。因此,尽管这两个变量对全球城市演化的"权重"是不同的,但我们主张用全球化与信息化交互作用来解释全球城市演化,也许效果更好。

我们知道,全球化的过程起源于地域经济的扩展,因而在地域上产生了一种复杂的二重性:经济活动在地域上的高度分离与全球范围内的高度整合。在信息化过程中,借助于现代信息技术及网络的信息流动,在地域上也产生了一种复杂的二重性:信息"瞬时"通达的高度分散化与信息生成、传播的高度中心化。随着整个世界从工业时代走向服务时代,这两个"二重性"不断重合,融为一体,产生全球化与信息化的交互作用。在全球化与信息化交互作用过程中,城市(特别是大城市)重要性日益凸显并不偶然的,而是有其内在的逻辑性。全球化与信息化的交互作用,一方面导致大量经济活动分散化和信息扩散,并不断增强全球与地方的经济、文化和政治的联系,形成不断一体化的基于信息流动的全球生产和服务网络;另一方面,对高度分散化的经济活动进行控制与协调的需要,导致全球化现象在地域经济的集结点,使其成为全球生产和服务网络的空间载体,在全球经济中凸显其重要地位。显然,城市,特别是在区位上具有独特优势的大城市,无疑是这种空间载体的最佳选择。其结果,全球城市成为这一世界网络的基本节点。因此,全球城市不是这种分散化的具体体现,相反是这一分散化过程的结果,同时也是这一"集结"过程的塑造者。正如 Amin 和 Thrift(1992)指出的,自我中心是全球化世界经济的本质。与此同时,在全球化与信息化交互作用过程中,那些日益全球化城市乃至演化为全球城市,其功能、组织及体系结构也随之发生剧烈的变化,如服务业逐步取代制造业而成为城市发展的支柱行业;创新能力成为城市发展的决定性因素,从而使城市成为创新基地,成为全球性产品与服务销售市场及消费中心,等等。

当然,全球化与信息化的发展及其交互作用存在于一定的时空中,即经济长周期及经济变革状态空间。长周期的不同阶段与经济变革的不同状态空间,对全球化与信息化的发展及其交互作用产生不同的影响,即发展速度的快慢与交互作用程度的大小。这里必须指出,经济长周期及经济变革,不是作为独立自变量对全球城市演化产生影响,而是通过影响全球化与信息化对全球城市演化产生间接影响。尽管从历史上看这一变量对一般城市发展有直接影响,例如早在 13 世纪,当农业部门的技术发明和繁荣的贸易经济刺激增长时,欧洲面临大量新城市的出现。进入工业化时代后,其经济变革创造了一个城市功能广泛空间分异的需求——花园城市作为低密度生活的隔离地方(Howard,1902),但这也带来了增加通勤交通和城市昼夜不停活性化流失的缺点,导致以后由 Jacobs(1993)提出的传统城市空间具有高度功能混合和密度的假定。然而，由于全球城市演化框架的根本性变化，经济长周期及其经济变革并不直接对应于全球城市的因变量。如果没有全球化与信息化这一媒介，这一变量对全球城市演化并没有太多的解释力。因此，它是全球城市演化的一个协变量。

同样，世界城市化这一变量与全球城市演化也没有直接的规定性关系。但全球城市作为一种特殊型式，是从城市发展中演化而来的，并不是完全有别于城市及城市体系的另一种独立存在。世界城市化进程不仅推动了城市本身发展，而且在更大范围内推进了世界城市体系发展。从这一角度讲，世界城市化对全球城市演化有一定的影响。当然，这是在城市功能展现——以城市空间逻辑从单一"地点空间"转向"流动—地点空间"为基础——导致传统"中心—外围"世界城市体系发生重大变革的前提条件下发生作用的。也就是，世界城市化这一变量通过全球化与信息化交互的媒介，作用于新型的世界城市网络，从而对全球城市演化产生(间接)影响。

至于世界经济格局变化这一变量，则比较特殊。这一变量对宏观全球城市演化的解释，与前面提及的世界层面四个影响因子有所不同，主要不是用于解释宏观全球城市怎么形成，而是解释世界范围内全球城市在哪里更有可能产生。实际上，这一变量与国家层面的影响因子之一，即国家在全球经济中的地位，直接相关，可能对个体全球城市演化分析更为重要。

从以上世界层面影响因子的逻辑关系分析中，我们可以看到，全球城市作为一定历史阶段的产物，是在当今全球化与信息化交互作用的背景下形成和发展起来的，并被赋予了特定内涵。如果没有这样一个背景条件及基本动力，就不会存在全球城市。然而，我们不能像 Friedmann 和 Sassen 那样从中直接推导出全球城市。因为全球化与信息化的交互作用是通过世界城市网络构建来促进全球城市演化的。也就是，尽管全球化与信息化交互是全球城市演化的内生动力，但要通过世界城市网络构建这一动态逻辑的重要环节。这一重要环节的意义，在于它将全球城市演化基于关系理论的流动性，而不是置于"物化"理论的中心位置，从而有助于全面准确界定全球城市的本质特征。

因为在世界城市网络中，城市是作为一个节点而不是中心地存在。作为一个节点的价值，在于它和其他节点之间的连通性。这种与外界的广泛连通性，凸显城市价值流的功能与价值取向，并决定了城市在网络中的地位。其中，一些城市凭借日益广泛和强大的核心功能的网络连通性成为主要或基本节点，即全球城市。可见，全球城市无非就是在这一世界城市网络中处于较高层级的主要节点城市，是内生于世界城市网络的，其作为主要节点的基础和价值存在于广泛的网络联系之中,其举足轻重的地位与作用恰好是在世界城市网络中体现出来的。从动态角度看,世界城市网络是随着全球化与信息化进程不断深化而持续扩展的。在世界城市网络的不断扩展中,势必会涌现出更多的全球城市。而且,随着网络中节点功能和地位的变化,一些全球城市可能衰弱下去,一些新兴城市可能崛起为全球城市,从而呈现全球城市动态发展图景。因此,我们不能脱离世界城市网络这一动态逻辑的重要环节来理解全球城市本身,只能从世界城市网络变化中来解释全球城市动态发展。

以上是宏观全球城市演化的基本逻辑(见图6.1上半部分)。至于我们具体考察一国范围内的全球城市演化或个体全球城市演化,还要分析国家层面的影响因子和城市自身的内生变量(见图6.1下半部分)。只有这样,才能解释为什么在同样共时和历时的全球化与信息化宏观背景下,一些国家有全球城市崛起,而另一些国家则没有,或者一些城市演化为全球城市,而另一些城市则没有。但在具体考察一国范围内的全球城市演化或个体全球城市演化中,都不能脱离或解构这一全球城市演化的基本逻辑。国家层面的影响因子,实际上是反映一国引领或融入全球化与信息化进程的条件如何,以及这些条件将对本国全球城市的演化产生何种影响。城市层面的内生变量,实际上是反映一个城市对全球化与信息化反应和适应性的基础如何,以及这些基础能否支撑其向全球城市演化及其发展到什么程度。两者作为基本逻辑框架的具体衍生,都是围绕全球化与信息化这一主要自变量展开的,与全球城市演化的基本逻辑相一致。否则,国家层面影响因子和城市层面内生变量在解释个体全球城市演化时,就会有很大局限性,甚至无法解释。例如,Taylor和Aranya(2008)从城市层面捕捉了一组暗示影响进一步吸引机构,特别是先进生产者服务公司进入全球城市的独立变量,并测试了2000年到2004年全球城际关系决定因素的一些假设作为回归模型的独立变量[①],但"回归"统计上显著处于一个非常低概率的水平,只有6%(调整后)的城市连通性变化被这些独立变量所解释。结果作者承认,在所观察到的连通性变化中,超过90%的变化不是由他们设定的假设来说明的。其问题的根源就在于,它仅仅从城市吸引机构的一个狭窄角度来设置解释全球城市网络变动的独立变量,而不是系统分析城际关系在全球范围内的转移,特别是揭示这种变化的整体决定因素。

因此,全球城市演化具有复杂和多方面的特性,不能简单增加一些常识性独立变量

[①] 他们的网络连通性模型是基于一个通过全球化先进生产者服务公司存在的城市能力来生成战略企业信息和知识流动。

来提高其"解释"程度,而需要深入研究置于基本逻辑框架的整体决定因素,以更好地揭示全球城市网络的动态过程,进而揭示全球城市演化机理。

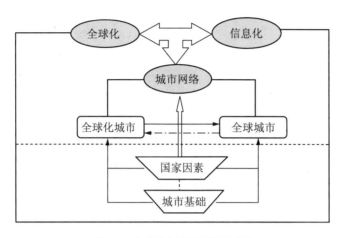

图 6.1　全球城市演化逻辑关系图

6.1.2　动态演化过程

在全球城市演化的基本逻辑框架下,我们阐述全球城市演化一般过程。按照前面的论述,全球城市是一种当代全球化的空间表达。一般意义上,这意味着社会和经济活动在一定空间(城市)中被组织的方式。从城市作为某种空间载体的功能讲,就是所谓的城市功能空间性。这种城市功能空间性的变化,是全球城市演化的主要标识。正如前面已提到的,Castells(1996)区分了社会和经济活动在空间中被组织的两种方式,即"地点空间"和"流动空间"。我们在联结空间一节中已定义了两者的内在统一性,城市功能实际上存在于地方—流动复合体空间中,而不是分别存在于不同空间中。但为了建模需要,我们可以在理论上把城市功能空间性分为两种类型:基于流动(网络)的城市功能空间性与基于地点(规模)的城市功能空间性,并将其作为两个坐标来构建一个简单的理论模型,据此来阐述全球城市演化的一般过程。

城市功能空间性意味着城市功能通过其在地点—流动空间的网络中心度或重要性被分层次地组织起来。尽管现实中城市功能空间性对"地点"或"流动"依存的权重有所不同,但其内在统一性决定了不可能出现较大偏差。因此我们可以假定:由这两个坐标构成的图形中存在一条 45°等角线。这也内在规定了全球城市演化轨迹不是从地点空间性转向流动空间性,或者相反,而是沿着地点—流动复合体空间演化的。

由于全球城市是汇集功能性机构控制管理、专业化服务和地方资源作为全球经济的服务与协调点,以及作为位于其中的生产商走向全球经济的进入点,因此全球城市功能空间性被假定为其提供服务与协调的程度以及影响生产商直接、有效地进入全球市场的程度。也就是,城市功能空间性的存在(或缺乏),反映了生产商直接、有效地进入全球市场的机会(或障碍)。这一假定的基础在于,除了少数大型生产商内在化甚至自身具有最复杂的专业服务功能,且保持多个全球区位,从而直接进入外国市场外,大多数大型生产商仍依靠先进生产者服务公司进入全球市场,受城市功能空间性优势(劣势)的影响。而且,在全球化进程中,不仅仅是大型跨国公司,更多的较小生产商参与了全球经济。这些较小的生产商数量巨大并经常与大公司之间形成互动,但没有外部支持难能参与全球经济,必须依靠先进生产者服务公司进入全球市场,受城市功能空间性较大影响。

当然,一个城市为生产商提供进入全球市场的机会,不是简单的存在或不存在的两个极端,而是一个机会程度问题。这种机会程度的强弱或大小,取决于城市中全部功能性机构(如先进生产者服务公司)复合体构成中的重叠程度。也就是,当两个城市包含许多相同先进生产者服务公司的分支机构时,它们为生产商按比例提供它们之间无缝、直接、有效经济交易的更大机会;反之亦然。因此,这种机会程度也就是提供生产商直接或间接进入全球经济的优势程度。鉴于不同的机会程度,一些城市对于生产商来说是比另一些城市更好的地方。这意味着城市功能空间性与为生产商提供进入全球市场的机会程度或优势程度呈正相关。城市功能空间性越大,其提供生产商进入全球市场的机会越大;反之亦然。

对于全球城市来讲,城市功能空间性拓展置于世界城市网络结构的变化之中,从而城市功能空间性是其在城市网络结构中位置的函数。它被假设,在任何给定的时间里,两个城市在城市网络层次结构中的不同位置是与其功能空间性的差异性正相关。在城市网络结构中的相似位置,将被预期有类似的城市功能空间性,而在城市网络结构中的不同位置,被预期有不同的城市功能空间性。例如,Ross(1987)发现,美国城市在总部—分支机构联系的指挥和控制网络中的中心性预测了高阶功能的存在,而另一些研究发现了美国城市功能分化与其在贸易、银行、信息扩散、运输等网络中位置之间的关系。

这个世界城市网络随着时间的变化不是一直稳定的,所以必须被视为一个过程,而非静态系统。如上所述,世界城市网络规范的基本出发点是,城市通过机构(跨国公司、先进生产者服务公司、政府和非政府组织等)内部网络(附属办公室)的重要战略信息/

知识、资金、人员等要素在城市间流动而产生连通性。因此,城市之间的连接被设想为是这些机构组织的总链接,全球城市主要是这些机构组织区位选择的结果。

如果把这种网络连通性变化作为因变量,联锁网络的功能性机构作为自变量,那么可能有三种情况会改变城市功能空间性:(1)所在城市功能性机构的迁移决策以及自身变化,包括因所在城市的机构办公室重要性/大小变化而产生连通性的可能变化。这决定了功能性机构在一个城市的数量和大小的因素变化。其背后的一个猜想是:更重要或更大规模的办公室,将会在其内部网络中与其他办公室有更多的连接(Derudder and Taylor,2005)。(2)所在城市的功能性机构在其他城市的存在发生了变化。例如,一个给定的功能性机构在其他城市设置了更多的办公室,因其有了更多世界各地的连接而将促进其所在城市的连通性。(3)所在城市的功能性机构与其他城市机构之间的合并,使以前不连接的一对城市通过这两个机构组织内部分支机构网络的加入而成功连接。例如,通过并购导致全球公司网络的永久性重新配置,将带来城市在网络中更加接近。

因此,全球城市演化的一般过程可以归结为城市功能空间性的变化过程。从整体上讲,这一演化的一般过程,总是表现为城市功能空间性从较低位置(A)不断趋向于更高位置(B—C)的变化过程(见图6.2)。当然,从个体性讲,一些全球城市也可能表现为城市功能空间性从较高位置滑向较低位置的逆向变化过程,即走向衰落的演化过程。

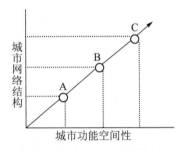

图6.2　全球城市演化一般过程

当然,考察个体全球城市演化,除了基于演化一般过程外,还需分析其具体过程。因为,个体全球城市作为演化过程的结果首先是路径依赖,即今天的城市网络节点地位几乎总是表现出与昨天的城市功能结构空间性强烈的联系;其次是演化过程的多元性,即不同种类的全球城市具有不同的演化方式,实际的演化过程涉及市场、专业组织和政治过程的交互作用。

6.1.3　演化表现特征

在全球城市演化一般过程中,通常有一些区别于个性的"通类"表现,其不仅是强烈的、显化的,而且也是持续的、非偶然的,暗示着背后有一定的规律性在起作用。为此,我们从不同角度来综合分析这些演化表现特征,以便揭示全球城市演化的本质及其趋向。

1. 全球网络关系的深度扩展

尽管全球城市演化过程中,其实体规模(人口、财富、容量及承载力)通常也随之增大,但不能作为其演化特征标识。根据 Taylor(2004)的观点,城市发展可以被视为一个网络化过程,其正演变为不同但又相互交织的空间尺度。全球城市演化特征主要表现为基于网络关系的"一个全球的场所感"变化,这可能是构成一个进步的社会分化过程和全球化与时空压缩的结果。这是过程式的而不是静态的,是开放和外向的而不是封闭和内向的,由具有冲突身份而不是唯一身份的不同星座构成,而且继续承认个别地方的特异性(Massey,1994)。这种全球网络关系的深度扩展,通常是平淡无奇的空间延伸和城市的遥远连接,空间邻近不再是其城市的特色。因为,城市是"或多或少的间距经济关系的集合体,其在远近网络或网络站点的不同位置将有不同的强度"(Amin and Thrift,2002),从而全球城市演化越是具有更大孔隙度,就越能具有各种各样更多"间距"的节奏、想象力和潜力。

而且,这种全球网络关系的深度扩展,不仅取决于它所维持的外部联结的数量和强度的增强,同样重要的是,还取决于那些与其连接的城市所维持的外部联结的数量和强度的增强。正如 Neal(2011)指出的,一个城市的地位随着时间推移是否上升或下降,不是取决于其内部的功能,也不是取决于其自己的网络,而是取决于整个世界城市网络的结构。因此,全球城市作为世界城市网络主要节点的演化,并非孤立进行的,也不是只依靠自身的力量,而是同时也伴随世界城市网络关系的扩展而演化的。

2. 基于多重网络的复合功能拓展

全球城市演化表现为其独特的驱动全球资源网络化配置功能的更新,不断生成新的功能,但不是以新功能简单替代原有功能,而是基于多重网络内在互补性的功能复合拓展,从而日益成为全球资源有效配置的更强大引擎。

早期全球城市主要基于跨国公司全球商品链网络,由此衍生出制造中心功能,即 Friedmann 所称的命令与控制功能。其后,先进生产者服务公司跟随跨国公司走向国际市场,寻找一个外国存在来服务原有客户以及找到新客户,并凭其自身实力也日益成为跨国公司(Harrington and Daniels,2006)。先进生产者服务公司为了给客户提供无缝服务和保护其全球品牌完整性,在世界各地主要城市设立众多办公室,并实行所有工作的内部化,但当其为客户开展服务项目需要通过多个办公室合作时,不同城市的办公室之间进行大量信息、指令、专业知识、设计、规划、策略、创意等流动,以及电话会议、面对面商议等。这些办公室业务活动的无数流动,被 Thrift(1999)称为"全球流动空间的暴风雪的一部分"。因此,全球城市获得新的"其经济基础中的某个特定组件",开始基于先进生产者服务公司全球服务链网络,由此衍生出在组织全球资本中新的服务中心功能,即协调功能,赋予全球城市一个"在当前世界经济阶段的特定角色"。尽管基于全球商品链与基于全球服务链的网络关系是不同的,但正如我们在第 4 章中阐述的这两种网络关系具有内在互补性,因此全球城市演化基于双重网络关系进一步复合了全球资源配置的控制与协调功能。

不仅如此,从未来发展看,全球城市将有更多的复合功能拓展。随着知识经济发展,特别是在现代信息通信技术和互联网、大数据助推下,各种社会和经济活动越来越依赖于知识创造和应用,日益显现出城市经济基础进一步从商务服务向知识产业的自我加速转换。与此同时,随着知识全球化进程加快,国际学术交流与合作将更加密集与频繁,国际技术合作项目日益增多,并将涌现出大批全球知识机构,如全球研发中心、全球创新联盟等,形成全球知识网络或全球创新网络。因此,全球城市又将获得新的"其经济基础中的某个特定组件",开始基于全球知识链网络,并由此衍生出新的科技创新中心功能,即引领功能。显然,基于全球知识链的网络与前两者又有所不同,但与前面一样也是具有内在互补性的,所以未来全球城市可能基于多重网络,复合全球资源配置的控制、协调和引领功能。

3. 内在化心智的不断提高和增强

在全球城市演化过程中,我们经常可以观察到其节点地位的变化,其意味着一般空间的收缩、产品和要素流动性的增加,由此带来各种形式城际和区际的社会分工(McKenzie,1933)。当然,这种城市社会分工是基于在一个相互依存的世界城市网络中的更大角色,其中职业和行业更具与其角色相匹配的高端化和全球化等特点。这不仅要求新的参与者不断加入,进行各类参与者群体的更新与重组,更要求各类参与者之间形成标准交互作用模式。各类参与者群体的更新与重组是它们之间形成标准交互作用模式的基础,而形成标准交互作用模式则最终促成各类参与者群体的更新与重组。因此,在其节点地位变化的背后,更一般发生在全球城市内的,是各类参与者之间标准交互作用模式的出现。

全球城市内的各类参与者作为"通类知识"的携带者,其相互之间是交互作用的,一方面在整体上是由"通类思想"之间的联结所表现的,另一方面是由知识携带者之间的联结所表现的。前者联结表现为"被想象的"交互模式设计,后者联结就是嵌入其心智之中的实际交互模式。所有联结的合成物,就是一种交互模式。我们可以把实际交互作用设想为被协调的各类参与者的合成物，也可以被设想为各类参与者之间交换具有结构的信息的合成物。因此，知识表现为持续交换的信息的相互依赖过程。两者之间的关系表现为，这种实际的交互模式本身就构成了通类知识的有形的现实化。如果实际的交互模式更多表现为各类参与者之间要素资源的联结，那么要素资源联结代表着表层结构，而通类知识的联结则代表着这一交互模式的深层结构。随着时间的推移（全球城市演化），各类参与者之间的信息流动将导致知识基础的改变，赋予新的知识（思想）联结内涵，从而使各类参与者之间要素资源联结发生变化。因此，这种交互作用模式是基于相应知识与信息的一种主观能动性的反映。它可以被设想为，正是有关环境条件的自参考知识（其不仅与结构及其凸显的模式有关，也与具有知性能力的当事人有关）使这种标准交互作用模式成为可能，并稳定下来成为内生秩序。

因此，全球城市演化不仅表现为要素资源联结的节点地位变化，其内在深层结构变化是内在化心智的提高与增强及其通类知识联结的改变，从而导致各类参与者之间标准交互作用模式的演进。当然，由于这一过程本身是非线性的，同时内生秩序又是一种持续变化着的奇特事物，其意味着这一过程不能被归类到某类展示同样经验规则的现象中。从这一意义上讲，它们只在全球城市演化的特定时空情境中占据一种位置：在历史上它们是独一无二的，排除了其他类型的现实化。

6.2　演化（类型）多样性

前面我们分析了全球城市演化的总体趋向以及一般过程的表现特征，但实际上，在国家层面影响因子和城市自身内生变量的不同约束下，全球城市演化过程呈现（类型）多样性。这也是全球城市演化过程的一种内生化现象。当然，全球城市类型划分，至今没有一个固定模式，很大程度上取决于研究目的和研究对象的需要。例如，集中在城市属性组合的城市多维度分类（Boschken，2008），或者聚焦于城市的本质关系结构上，将其作为工具来描述城市在网络中的位置或状态（Choi，Barnett and Chon，2006）。其实，主要问题在于，没有任一单个角度可以综合全球城市演化的多样性。因此，我们基于不同角度来阐述全球城市演化的（类型）多样性。

6.2.1　基于节点属性的演化类型

全球城市作为世界城市网络的主要节点，其本身具有多重属性，但基本属性可以归结为节点的规模与类别。不同于作为实体的城市规模（其由人口、面积、经济实力等构成），节点的规模属性是指网络连接的覆盖面，由网络连通性来反映。同样，也不同于作为实体的城市类型（其由资源、区位、功能等构成），节点的类别属性是指网络连接的主要种类，其由机构、平台、流量等构成。由此，全球城市演化基于节点组织的类型划分，可以确立两个维度：空间尺度与种类尺度。

空间尺度是针对网络空间范围而言，用来衡量城市网络连通性覆盖的主要范围。与地理空间范围的概念不同，它不仅仅是指连接的距离长短、数量多寡，更主要是指连接对象的空间性大小。因此，这是由点度中心度和特征向量中心度来衡量的空间尺度。从这一空间尺度来看，尽管全球城市是世界城市网络的主要节点，但并不是所有全球城市以同样方式被视为"全球"的，因为全球城市处于世界网络的不同流动之中，其连通性覆盖的主要范围是不同的。当然，对于一个全球城市来说，其网络连通性覆盖范围可能是一种混合型组合，既有长距离连接，也有中距离连接，还有短距离连接。但根据其不同连接的权重大小，我们仍然可以从总体上区分其连通性主要覆盖范围是全球性取向或区域性取向。一些全球城市的网络连接具有全球主义取向，不仅网络的点度中心度高，而且特征向量中心度也很高，即更多连接那些核心节点或层级较高的节点，表明其对全球资源控制与协调的空间尺度是全球性的。一些全球城市的网络连接具有地区主义取向，尽管其网络中心度也较高，但特征向量中心度则较低，即更多连接的是一般节点或层级较低的节点，表明其对全球资源控制与协调的空间尺度是区域性的。

种类尺度是针对网络类别而言的，用来衡量城市连通性的网络种类多寡。与一般城市类型学不同，它不是用来识别属于哪种类型的城市，如工业城市、资源型城市、内陆城市、沿海城市等，而是来测度城市连接种类特征，即单重性连接还是多重性连接。因此，这一种类尺度是考量网络连接领域（方面）的多少。从种类尺度来看，尽管全球城市是一个综合体，具有多领域、多种功能组合的网络连接，但不是所有全球城市以同一个模式被视为"综合性"的。这是因为全球城市处于全球网络的不同类别之中，例如经济网络、科技网络、文化网络、外交网络、非正式组织网络等，其连通性程度可能是不同的，在某一网络中具有较强连通性，而在另一网络中则具有较弱连通性，甚至几乎没有连通性。因此，我们可以从总体上区分其连通性种类的基本特征，即专业性连接特征或综合性连接特征。一些全球城市可能在多领域、多方面网络中都呈现较高水平的对外连通性，表明其对全球资源控制与协调是综合性的。一些全球城市可能只是在某个领域、某些方面网络中呈现较高水平的对外连通性，表明其对全球资源控制与协调是专业性的。

当然,全球城市综合性与专业性的界定,有广义与狭义之分。广义的综合性涵盖经济与非经济领域,都具有强大的网络连通性;广义的专业性则是指在其中一个领域具有强大的网络连通性。狭义的综合性仅涵盖经济领域(在广义综合性界定中就成为广义的专业性),在多方面的经济功能上都具有强大的网络连通性;狭义的专业性则是指在某一经济功能上有强大的网络连通性。由于目前主要是经济全球化,世界城市网络也主要基于经济连接,所以研究文献中更多是指狭义的全球城市综合性与专业性的涵义。例如,Csomós(2013)按照基于全球行业分类标准(GICS)的产业部门指挥控制指数(CCI)区分了综合性和专业性的全球城市。综合性全球城市的标准是:不仅产业部门众多,而且大部分产业部门具有较强指挥控制功能,其中还要有一个主导产业部门。专业性全球城市的标准是:由多个(至少4个)具有指挥控制功能的产业部门构成,其中有一个部门居主导地位,其对城市 CCI 的贡献超过 50%。其测量表明,纽约是一个典型的综合性全球城市。其所有行业 CCI 在美国均排名前十位之一,是美国唯一包含所有 GICS 行业的指挥和控制中心,其中金融业提供了城市 CCI 的 55.55%,日用消费品行业和医疗行业也在美国名列第一,其金融和医疗保健行业还是全球排名第一。而其他城市均为专业性城市,包括圣何塞(信息技术 CCI 为 93.86%)、华盛顿(金融 CCI 为 79.46%)、达拉斯(能源 CCI 为 62.07%)、休斯顿(能源 CCI 为 86.05%)、西雅图(信息技术 CCI 为 56.20%)、夏洛特(金融 CCI 为 83.60%)、布里奇波特(工业 CCI 为 84.65%)、辛辛那提(日用消费品 CCI 为 71.54%)。

依据节点属性的空间尺度与种类尺度,我们在理论上可以区分全球城市四大组类:全球综合性城市、全球专业性城市、区域综合性城市、区域专业性城市(见图 6.3)。Taylor(2005)曾提出了与此类似的四种全球城市。在全球性覆盖的层级上,有"功能综合性"节点城市(如纽约、伦敦和巴黎)和提供专业性贡献的所谓"全球利基城市(niche-cities)"(如香港或东京)。然后,再考虑较低层级(区域性覆盖)的两类城市,其分别由"子网节点城市"(综合性的)和"(只)在特定活动领域中具有全球贡献的城市"所代表。每一个全球城市依据其发展水平、连通性覆盖的主要范围以及连接网络种类,都可以在这四大组类中找到自身位置。这也许是全球城市演化中"自然分工"的结果。这意味着在宏观全球城市演化中,(类型)多样性内在规定了一些城市充当某种角色,另一些城市充当另一种角色,从而这种角色定位分布的整体结构是稳态的。即使发生一些比例关系上的结构性变动,作为历史选择的结果也是相对缓慢的。当然,对于个体全球城市来讲,在此结构中有可能发生角色转换,尽管事实上这种角色转换也相对较少、不太显著。

如果一些全球城市在此(类型)多样性结构中发生角色转换,即从图6.3中的一个象限走向另一个象限,通常总是沿着某一维度进行线性运动。例如,一个区域专业性全球城市,要么沿着种类尺度向区域综合性城市演化,要么沿着空间尺度向全球专业性城市演化。如果还有进一步演化可能性的话,要么作为区域综合性城市向全球综合性城市演化,要么作为全球专业性城市向全球综合性城市演化。相比较的话,从专业性上升为综合性的难度较大,其发展基础的累积时间可能更长;从区域性上升至全球性的可能性概率较小,其很大程度上取决于全球化中心转移而不是自身发展基础。现实中,也可能同时沿着两个维度移动,但两个维度的同步均衡演化则是极少的,即使有的话,也只能作为特例。当然,随着全球城市演化的宏观背景变化,全球化经由渠道和路线的改变,一些全球城市也有可能发生反向的角色转换,从全球综合性城市蜕化为区域综合性或全球专业性城市,或者从区域综合性或全球专业性城市蜕化为区域专业性城市,由图6.3中虚线箭头所指。

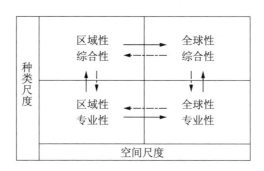

图6.3 不同组合的全球城市类型

6.2.2 基于连接功能的演化类型

全球城市功能尽管有多种表现形式,如集聚与辐射功能、综合服务功能、枢纽与门户功能等,但基本功能或本质功能只能归结为全球网络连接功能。全球城市的网络连接功能,既是基于地点空间的,又是基于流动空间的。尽管这两个尺度本身是一个统一体,不可分割,但其表达的连接功能是不同的。因此,我们可以利用这两个空间维度——地点尺度与流动尺度,构建全球城市基于连接功能的演化类型。

地点尺度,通常是地理位置性的含义。然而,在全球网络连接中,地点尺度则作为网络位置性的一种特定表达式。Sheppard(2002)指出,城市的"地位"是"由其在跨国网络中的位置"来定义的,"人们可以看到这些城市的角色和轨迹与其位置性是密切相关的"。我们知道,全球城市的位置性是一系列全球化功能性机构区位选择的结果。当这些功能性机构的区位选择瞄准特定城市空间,并将其作为努力构建支撑市场开发和创新优先的战略性功能的一个组成部分时,该城市方显出战略性地点属性。从这一意义上讲,全球化功能性机构(公司)是城市的一个"市场",形成市场(交换)的高水平"新产品"是一个独特的战略性地方过程。这些城市正是作为全球化功能性公司配置和发展自身核心竞争力的重要节点,才具有重要战略功能的区位,其围绕网络中的关键功能建立一系列基于地点的活动和组织(Castells,1996)。因此,我们可用这一地点尺度来衡量城市连接功能的战略性程度。

这些具有战略性位置的城市,是在全球显著集聚经济、本地化经济与跨国公司总部、先进生产者服务公司之间建立起一个互惠关系的城市(Cook,Pandit,et al.,2007)。这种战略性位置可以从两个方向来看:从城市的角度讲,要有关键性的公司,其作为网络的战略性运营成为城市的必要部分。从公司的角度讲,要有核心的城市,其是公司区位选择必定在那里的战略性地方。这种战略性地方不是一般意义上的,而是与某一经济部门相关的特定战略性地方。当然,也将会有被其他标准定义的其他全球商品链的战略性地方(Goerzen,Asmussen and Nielsen,2013)。总之,这种战略性地方是由跨国公司总部的各种指挥能力和先进生产者服务公司创新发展战略存在的组合所产生的,具有战略性公司选择进入来进行操作的特质。正是由于这种战略性公司与城市战略性位置的相互关系存在于集聚的中心和本地化进程,其定义了全球城市的集聚经济(Bathelt,Malmberg and Maskell,2004)。

尽管网络中的所有节点是平等的,但并不排斥一些节点连接功能可能比另一些节点更具战略性。也就是,这种作为网络构建本质的相互关系同样会导致"不平等权力关系",其也寓于网络之中。作为基于位置战略性的权力,主要是来自功能性机构的指挥控制权,即所在城市的跨国公司总部对其分布世界各地分支机构的"指挥和命令"功能,或对全球价值链的治理与管控功能。事实上,在乍一看似乎相当平坦的生产者服务公司网络中,其组织模式也同样意味着有指挥链,一些"重大"策略是由领头的合作伙伴及主要合作伙伴形成的(Parnreiter,2010),其通过服务创新而创造的垄断具有某种程度的指挥功能,因此其所在城市的办公室有类似于跨国公司总部的战略位置性。

由于全球网络连通性只是一种总体衡量,城市的广泛网络连通性并不意味着就是一个如 Sassen(1991)提出的完全、丰富的"战略网络站点"感觉中的全球城市,因此我们还需要用战略性网络连接来确认哪些城市是战略性地方。在这里,我们要明确并非所有跨国公司机构都具有相同意义的战略性。公司总部及地区总部是具有战略性的,而其他办事处等机构战略性意义较小。同样,并非所有先进生产者服务公司都具有相同意义的战略性,会计事务所和金融服务公司由于通常采取无处不在的区位策略而具有较小的战略性,而律师事务所、管理咨询公司和广告公司等则具有较大的战略性。此外,公司内并不是所有办公室分享同等水平的战略重要性,这可能反映在用于管理存在的组织形式上,而且反映在诸如规模和人员配备等其他特征上。因此,我们要进一步细分哪些功能性机构是更具战略重要性的,并以此来寻找战略性地方,确定有一定数量(阈值)战略性公司或更多办公室落户的城市。其结果,一些全球城市由于更多的跨国公司总部和先进生产者服务公司创新发展战略存在,其位置性可能体现高度战略性;而另一些全球城市由于更多的跨国公司分支机构和先进生产者服务公司一般服务存在,其位置性可能体现低度战略性。

流动尺度,作为全球化中网络连接的一种特定表达式,衡量连接功能的流动性程度。这种功能连接的流动性程度,与全球化功能性机构(公司)作为城市的一个生产商相联系。一些更关注于生产市场产品(服务)的功能性机构(特别是营销与物流、针对当地市场的研发等)趋向于区域性分布,而提供一般服务的先进生产者服务公司则采取无处不在的区位策略而分布于更多城市或形成遍布全球的企业内部网络,从而是一种一般化的网络过程。通常,我们用中心度的三种计算方法(向度、紧密度和相关度)来测度连接功能的流动性程度。当一些城市成为跨国公司价值链中功能性机构区域性分布选择的节点,或成为先进生产者服务公司作为当地市场节点时,便能发挥协调所有融入网络中的元素顺利交互的作用,形成较高的网络流动性。这些具有较高中心度的城市,不仅自身有大规模流量,而且充当一个中介角色促进网络中其他城市之间的资源流动。反之,一些城市功能连接的网络流动性程度就较低,只有较低的中心度。

这种城市网络流动程度性程度差异,也表现为具有不同的网络权力。这种网络权力主要是通过提供全球化功能性机构(公司)的大量对外连接而产生的。因为这类公司通常借助于其企业内部网络提供全球服务,而在其网络中的一些城市由于区位、市场等因素往往成为这些提供全球服务的公司选择"必须在那儿"的场所或地方。这些特定的地方(城市)就在网络中处于中心地位,形成对网络流动产生重大影响和支配的网络权力。鉴于城市在网络中所处中心地位的差异,可以细分为"强网络权力"与"弱网络权力"。一些全球城市在网络中的中心度较高,具有较强的网络权力。一些全球城市在网络中的中心度较低,具有较弱的网络权力。

依据这两个维度,我们可形成全球城市的四大组类:高战略性与高中心度;高战略性与低中心度;低战略性与高中心度;低战略性与低中心度。显然,第一组类是最高能级的全球城市;第二、三组类其次;第四组类则最低能级。纽约、伦敦是典型的第一组类的全球城市,既作为高度战略性的地方,又在网络中处于高中心度地位。东京总体上也应该属于第一组类,但具有偏向于第二组类的明显特征。根据2010年《福布斯》全球2000强的数据分析,就总部数量而言,东京远远领先于其最接近的竞争对手巴黎、纽约和伦敦,其收入超过纽约和伦敦的总和,是高度战略性的地方,但其全球服务公司连通性却远远低于其总部连接。香港是典型第三组类的全球城市。尽管香港没有总部功能,其"命令和控制"的权力比东京少得多,但香港全球连通性的排名却高于东京,主要是其作为服务客户进入快速增长的中国市场的重要通道,具有如此巨大的"网络权力"而弥补了其"命令和控制"权力的不足。迪拜是典型第四组类城市。许多金融服务公司在迪拜有办公室,成为连接良好的先进生产者服务业集群,其"控制"进入城市的投资类别,主要是房地产市场和大型基础设施项目。为此,迪拜应被视为"门户全球城市",但仅仅是一个通向本身的门户。

所有全球城市依据其位置性战略意义及流动性程度,可以大致在这一组类群中找到自身所处位置,从而确定其演化类型。通常,这种角色定位分布的整体结构是稳态的,由不同的全球城市来充当不同的角色。当然,在动态演化中,个体全球城市的角色可能发生变化,尽管这种角色转换相对较少,并不频繁。其正向的转换将趋于高战略性与高中心度的全球城市。其中,也有两条不同演进路径:一是通过演进为高战略性与低中心度的全球城市向终极目标演化;二是通过演进为低战略性与高中心度的全球城市向终极目标演化(图6.4)。当然,随着跨国公司和先进生产者服务公司连接功能区位选择的改变,一些全球城市也有可能发生反向的角色转换(由图6.4中虚线箭头所指)。

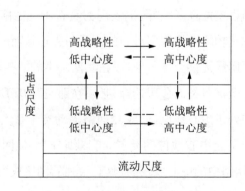

图6.4 基于连接功能的演化类型

6.2.3 基于关联结构的演化类型

全球城市并不是在网络中作为一个线性的、分层现象状态的概念;相反,它总是处在一定的网络关联结构中,表现为世界城市网络中的一个多维位置状态,其暗含着在世界系统中扮演的不同角色。全球城市基于关联结构的分类,有两个维度:中心地位和权力地位。

通常,大多数学者把中心地位与权力地位视为等价的,或者至少是有因果联系:权力来源于网络中心位置。也就是,一个城市在全球城市网络中越具有中心位置,就越为强大,越能够控制或影响资源的流动。例如,Allen(1999)认为,权力强大的城市处在全球经济所有重要方面的交叉点。因此,当城市的连接权力达到一定程度,就位于若干聚合资源流动的中心。同样,Boschken(2008)把中心描述为"部分基于城市作为一个权力和连接节点的角色"。然而,从关联结构上看,中心地位并不同于权力地位,两者有不同的结果。我们可以假设有两种可能的城市网络 A 和 B(如图 6.5 所示),图中圆圈代表城市,线条代表城市间的资源流动(连接)。显然,这两个网络有非常不同的关联结构,由黑圈定义的焦点城市在不同关联结构中的地位是有区别的。在网络 A 中,它不只是自身连接,也连接到其他的连接上,有助于提升一个城市的中心性,为资本积累或创新扩散提供机会。由于这种中心性概念,不仅取决于一个城市的自身连接,还取决于与此连接的其他城市的中心性,所以称之为递归中心性,其中一个城市的中心地位取决于它连接城市的向心性。通常,这些中心的集中和扩散交互为城市提供了双重结构优势,作为资本集中和许多资源集聚的场所,也作为创新和声誉可以迅速广泛传播到整个网络的场所。然而,在这一关联结构中,由于存在众多直接和间接连接的城市,其连接就有了更多替代选择,它们可以忽略焦点城市的行动或要求。从这一意义上讲,焦点城市对其连接伙伴缺乏控制或影响资源流动能力。正如 Cook 和 Emerson 等人(1983)指出的,处于网络中心地位的全球城市,显然有来自许多来源的资源集中机会,或者来自许多来源的资源扩散机会,但这种流动性或大规模流量不会自动转化为控制资源流动的权力。相比之下,网络 B 的焦点城市虽然只能从更有限的连接城市得到资源流动,处于非递归中心性位置,但由于它是唯一的通道,与其连接的城市没有什么可替代的选择,从而不能无视焦点城市的行动和要求。从这一意义上讲,它对其连接伙伴具有议价和谈判的显著影响,具有控制城市之间资源流动的能力(权力)。这里权力是作为一种能力(Allen,1997),比其他城市更能影响世界城市网络中的资源流转。由于这不仅取决于城市的自身连接,还取决于与其连接(或者,事实上是缺乏)城市的被连接,所以称之为递归权力,其中城市的权力地位依赖于它与缺乏向心性城市的连接。Allen(1999)谈到这类城市位置的优势,指出像纽约和东京等城市的重要性"来自世界银行业和金融业除了经由这些城市金融区似乎别无选择的事实"。

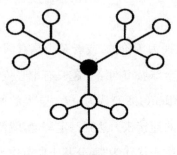
城市网络A
中心地位,但不是权力地位

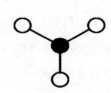
城市网络B
权力地位,但不是中心地位

图6.5　两种网络关联结构中的地位

这种不同网络关联结构中的位置差别,是无法通过中心度来测量的。因为在这两种情况下,由黑圈定义的焦点城市有相同的点度中心度(即相同数量的直接连接:3)。同样,采用紧密中心度和中间性中心度测量时,两个网络中的焦点城市均是最中心性城市。可见,中心度只能评估网络中城市之间是否存在连接关系,但不能测量网络中一些连接关系是否明显比其他关系更强。对于这种不同网络关联结构中的位置差别,我们可以通过中心城市和门户城市的差别来类似反映。

传统的中心城市和门户城市在其空间形式和功能上呈现比较明显的区别,两者是完全不同的。"中心"城市通常在一个地理区域内有一个相对中心的位置,以及一个具有交通走廊中心辐射型分布的腹地半径,起着促进商品和人员流动的"枢纽"作用。门户城市有其独特的空间形式和功能,表现为其在区域边界上的位置以及控制可达性的"看门人"角色。门户城市作为"一个入口"(意味着一些地区的必然出口),往往是狭窄的,可能被所有希望进入或离开从属区的人使用,所以其"背后"涵义是负责从属区域与外部世界之间的连接。传统的门户城市普遍与其所谓的"天然"门户、港口、滨水等历史遗迹相联系,这给予它们控制超越其地区内市场进出流动的能力。因此,门户城市被"拥有控制商品和人员流动潜力"的特定区位所定义(Burghardt,1971)。当然,技术发展将改变传统门户城市作为"地域约束"的概念,而成为减弱物理障碍重要性和优先"经济空间连接"的城市。而且,日益增长的服务贸易、技术贸易具有不同于货物贸易的流动方式,服务经济流动与那些物质运输走廊、跨越海岸山脉等可能有不同的路线和地理,提出了这些生产者服务的全球"出口"与传统门户城市作用变化之间的重要联系(Drennan,1992)。同样,基于知识的"新"经济兴起,导致传统门户城市作用出现变化(Pred,1997)。总之,新型门户城市增添了某些"枢纽"作用。在 ESDP(欧洲战略空间展望)中,"门户城市"被描述为"大港口、国际机场、交易会和展览城市及文化中心",其提供进入欧盟领土以及周边"大都会地区"的入口,具有将被扩大的较低劳动力成本或与在欧盟之外经济中心链接等优势。在其他地方,"全球门户"被描述为交通枢纽,特别是海港和机场,其被很好地分布并增加与其内陆地区联系来提供更加平衡的洲际运输和服务层次。与此同时,随着全球化发展,以及各种各样的信息通过电子网络全球传送,中心城市不断突破自身腹地的界线拓展外部关系,尤其是全球性外部关系。在全球化中城市日益重要的频繁变换边界的外部关系,意味着地区枢纽作为全球贸易枢纽以及新的信息门户的作用。因此,在全球空间尺度下,这些中心(枢纽)城市被赋予某种门户的作用。因此传统中心城市和门户城市的变化,都趋向于成为与全球先进生产者服务网络中生产新模式相联系的信息流动与交换的节点(Castells,1996/2000)。然而,同样作为节点,由于在关联结构中的不同位置,仍然有类似"枢纽"与"门户"不同作用的区别。前者主要是具有大规模资源集中与扩散流动的节点,后者主要是具有资源必须经由此地流动影响力的节点。

Neal(2011)指出,中心地位和权力地位是全球城市不同的特征,来自不同的联系结构模式。一些城市可能有结构性机会成为贯穿于网络大量资源集中或有效分散的场所,但是没有能力去控制它们的流动。也就是,作为一个较大规模流量集中的节点,但却不是一个具有重要流动影响力的节点(处于中心地位,却不处于权力地位)。与此相反,一些城市可能有结构性机会来控制资源的流动,但只是有限的资源集中与扩散能力。也就是,作为一个较小规模流量集中的节点,但却是一个具有重要流动影响力的节点(不处于中心地位,却处于权力地位)。这表明全球城市网络中的位置状态,不是一个从高度中心和权力的全球城市到外围和无权力的低层级城市的线性现象。相反,全球城市的网络状态被更好理解为一个多维现象,中心地位和权力地位是独立的、以不同的方式相结合来构成不同类型的全球城市(Guimera,Mossa,et al.,2005)。

依据这两个维度,可形成全球城市的四大组类(见图 6.6):处于右上角象限的高递归中心和高权力地位的全球城市,作为经济、政治和社会全球化的主要前哨站。处于左上角象限的高递归中心、低权力地位的城市,通常是以枢纽角色为特征的全球城市,具有通过网络流动的要素积聚和扩散的结构性因素,支撑创新和投资活动。处于右下角象限的低递归中心、高权力地位城市,通常是以门户(通道)作用为特征的全球城市,具有作为通道功能的结构性机会,通过其代理和协调其他城市进入网络其余部分的能力获得影响力。处于低递归中心和低权力地位的全球城市,能级最低。

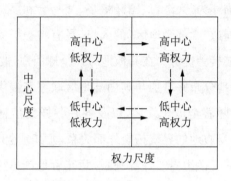

图 6.6 基于关联结构的演化类型

当然,考察反映不同资源流动(例如外国直接投资、移民)的其他类型网络,可能会显示,同样的城市在另外背景下扮演着独特的角色。一个城市可能在某些领域扮演一个门户(网关)全球城市的角色,而在其他领域则扮演枢纽型全球城市的角色。因此,在全球舞台上任何给定的城市特征和地位,是其在每个若干网络中的中心和权力不同水平的结果。

7 演化形态趋势

全球城市的个体演化,基于其不同时点的背景、约束条件、发展基础及城市基因等,呈现多样化的个性特点。但作为个体群的演化,通常带有某种规律性的形态表现,反映了一定角度的世界体系空间表达,从而构成全球城市演化的一个重要组成部分。这种全球城市演化形态趋势研究揭示了全球城市演化的内在走向及表现。

7.1 基于网络集约的演化态势

世界城市网络在规模扩展的同时,其关联方式及其程度也发生变化,趋于更加集约化。实际上,就是节点之间连接更加集成和紧密,表现为网络密度增大。在世界城市网络关联集约化过程中,全球城市也随之发生动态变化,呈现网络城市发展、联体城市发展、"小集团化"等演化形态趋势。

7.1.1 网络城市发展

世界城市网络关联集约化,首先突出表现为全球化空间节点密度的增大,城市之间的联结更加紧密、频繁,从而使越来越多的城市从其规模和区域优势转化为基于网络的状态。这不仅进一步增强全球城市作为网络基本节点的功能,而且导致更多全球化城市有可能成为全球城市崛起的新生力量。

我们知道,在基于规模优势的情况下,城市只有通过扩张规模状态来确立其地位,从而形成"大城市处于中心位置,许多中小城市只具有外围地重要性"的基本格局。在转向基于网络的情况下,由于减少了对地点空间因素的依赖,城市将通过扩张网络连接状态来确立其地位。也就是,网络引入了复杂的城市方程式,对城市经济产生重大影响,即改变了过去仅仅试图计算一个城市所支配的资源份额(与其规模相联系)的做法,开始关心绘制网络连接、关系和流动的图表,其支撑着城市权力和影响力(Thompson,2003)。尽管从表面上看基于城市网络的权力总体上似乎更加不确定,但实际上就是简单指向这类作为城市内存在的专业服务公司、总部、文化资本或战略决策者的城市资产。

在此过程中,全球城市功能将更多体现在关注解决网络的复杂性,并通过它来揭示其对周围城市所发生的影响和控制能力的维持、加强或丧失(Carroll,2007)。而另一个突出变化是,更多在过去世界城市体系中无关紧要的中小城市成为连线城市,强化了网络连接性。由于通过网络提供的正外部性的良好互连,可以满足以前由城市绝对规模满足供求的基本临界物质的需要(Capello,2000),所以这些中小城市完全能够通过各种形式来充分利用可能的网络效应,包括规模、范围和位置。因此,在城市网络关联集约化的情况下,邻近、互补的城市可以通过基础设施和交易网络合伙经营其资源,形成一种"网络城市"(Batten,1995)或"多中心大都会"(Hall and Pain,2006)。这些城市和机构单元的彼此紧密相连,不仅通过其空间接近性,而且由于其作为创新和创造力中心的共同角色促进了合作和信息交换的关系。这些联系允许该地区达到一个功能复杂性,因而有可能超出隔离状态的一个城市层次结构中的位置。

在这种网络城市发展中,由于管理、生产和消费功能的空间分离,实际的供求区位较少受到约束,城市的市场地区享有增强扩张的机会,其结果是进一步削弱了(旧)层次结构中城市的全球控制潜能(Lyons and Salmon,1995),而受益于这种基于网络的压缩空间的中小城市则可以延伸其腹地和超越其腹地,通过位于连接系统其他分离部分的网络关键交叉点而获得有影响力的位置,反过来产生新的和更强的经济联系,甚至有可能成为先进生产者服务公司网络中的关键节点。这将给全球城市演化带来两方面的重大影响。

一方面,为全球城市提供了空间扩展的可能性。全球城市演化确实是一个非本地关系过程,尤其是早期的全球城市演化(如伦敦、纽约等全球城市崛起),主要是突破本地关系,大力拓展非本地关系。并且,在当时历史条件下,经济全球化尚未深刻影响到广大区域,其周边地区及城市还主要是国内的本地关系,从而导致这些早期全球城市"鹤立鸡群"式的崛起,呈现明显的"灯下黑"现象,即具有不成比例的非本地关系,与国内、周边城市的连接较弱。但在网络城市发展的背景下,传统意义上的本地关系发生了改变,其生产活动比过去更多地非地区化,实际上已经没有精确的边界。尽管仍存在地区的行政边界,但受到全球化跨越边界动力学的影响,网络城市之间已被各种类型和方向的流动所穿孔和交叉,并形成了也包括一系列中心城市以及中小城市密集的多节点城市群地区。因此,目前本地关系的一般特征已表现为:本地关系与非本地关系作为一个过程,可以交织在同一时间的同一个地方,也即两者不是二元对立的二元性,而是过程二元性。在这种变化的背景条件下,全球城市演化突破了原有的空间局限,表现为在不断扩展全球网络关系的同时,越来越嵌入本地关系过程之中,与周边地区及其城市进行互动,并将其纳入全球网络关系中,形成所谓的"全球城市区域",甚至"超级城市区域"。当今,伦敦、纽约等全球城市均已同周边地区城市形成内在互动关系,寓于全球城市区域或超级城市区域之中。例如,在英格兰东南部,通过先进生产者服务网络集聚赋予伦敦的高连通性,正引起许多远处较小城市中心之间的网络联系,其跨越 2.9 万平方公里的面积,成为一个功能内在连接的全球"超级城市区域"(MCR)。从这一意义上讲,全球城市演化表现为全球网络与城市地区双重关系过程动态平衡的特征。尽管伦敦、纽约等全球城市早先突显了非本地关系不成比例的拓展,但最终还是回归到两种关系过程的平衡。这也就是所谓动态平衡的含义。如果脱开基于网络城市的本地关系过程及全球城市区域,已很难解释当今全球城市演化特征。我们将在下一章详细阐述全球城市空间拓展过程。

另一方面,为中小城市融入全球网络成为全球化城市乃至作为全球城市崛起的新生力量创造了必要条件。网络城市发展,并不是简单规定中小城市初始进入网络的连接和关系强度,而是在动态过程中挖掘中心城市增强网络连接和关系强度的潜力。现实中,尽管中小城市通常是弱连接或间接连接,但恰恰是这种较弱或间接的连接可能具有更多构建新网络关系或改善几十年或更长时间形成的现有网络之间不那么强劲关系的潜力(Burt,1992)。这意味着这些中小城市基于规模的"先天不足",不仅不会成为其进入网络连接的严重障碍,反而具有更大的构建新网络关系的潜能。因此,并不能排除这些中小城市在其城市间连接中经历爆炸式增长的可能,甚至其中一些将成为全球城市崛起的新生力量,在城市网络中占据关键位置,并逐步演化为主要节点。这一演化路径由于增加了过去不具备可能性的新生力量,大大拓展了进入全球城市的潜在空间,从而将显得越来越重要。

7.1.2 联体城市发展

世界城市网络中的节点,可以是紧密的联系,也可以是松散的联系。在某种情况下,它可能采取许多步骤才能从网络的一端到另一端;在另一种情况下,它只需要几个步骤便可以实现这一目标。这反映了世界城市网络中节点之间的联系依据平均距离和整体集中而有所不同。因此,它们可能存在不同的连接方式,如紧密连接核,或一些宽松或断开的连接组件。这种紧密连接核的方式,突出表现为联体城市发展。

这种联体城市发展的基础,在于网络连接性方面非常接近,处于几乎相同的高水平,并又存在着多样化网络的互补性,从而构成其紧密的关系或紧密连接核。如果说网络的直径被定义为"最大的测地距离"(Hanneman and Riddle,2005),即两个网络边缘之间的最大数量的步数,那么较短距离的伙伴连接,比更远距离的伙伴连接有更好和更强壮的连接。联体城市表现为网络中两个节点之间最短的可用路径或距离,从而是最"有效的"链接。

在以往全球城市文献中,只有伦敦—纽约的二联体城市被广泛研究(Wójcik,2013),甚至有其自己的名称——NY-LON(Smith,2012)。这个二联体城市在全球网络连通性方面非常接近,伦敦为 98.96,纽约为 100.00(2008 年数据),可以被认为是等价的。但部门数据显示,它们在世界城市网络中的角色有所不同,在不同网络连接中也各不相同。例如,纽约的金融服务(银行、金融和保险)比伦敦更具连接性(排名第 1),而伦敦的非金融部门有更多的连接性。但在非金融服务中,纽约的广告和咨询服务(排名第 1)比伦敦(排名第 2)有更强连接。正是这种多样化网络的互补性,构成 NY-LON 的服务关系。实际上,在欧洲还有一个类似于 NY-LON 的城市进程,即巴黎与伦敦之间的关系。在欧元区,巴黎已经被证明在 2008 年作为全面商务服务集群比法兰克福(排名 32)有更强烈的全球联系,而伦敦总体网络连接性并没有因巴黎包含在经济货币联盟中或在世界城市网络中的日益卓越而减少。在 2000—2008 年间,巴黎—伦敦全球网络连通性趋于接近,强化了 PAR-LON 作为新型城市空间的印象。这两个城市作为欧洲服务节点,有许多共同的特点(Halbert and Pain,2009),但 PAR-LON 关系本质上是协同和非竞争性的,在全球网络中的角色和功能是互补的。巴黎在金融(巴黎排名第 8,伦敦排名第 3)和会计(巴黎排名第 9,伦敦排名第 1)服务方面的网络连接性相对较少,但在广告、法律和咨询服务方面是世界第三大的全球城市。因此与 NY-LON 相比,PAR-LON 通过其非金融服务活动在世界城市网络中更具综合性。

联体城市发展是一种城市进程,表明它们之间的全球连通性差距的缩小,代表了它们越来越多的网络集成,产生新的城市空间。在世界城市网络未来发展中,随着全球化进程的不断深化,更多城市的网络连接性水平相应提高及接近,并在全球网络中扮演不同的角色,势必涌现出更多的二联体、三联体城市,从而使世界城市网络呈现集成化趋势。在这种更加密集的网络中,测地距离相对较小,平均距离是低的,紧密度指数提高,表明具有更大的连续性和连通性,为世界城市网络提供更大的凝聚力和活力,减少干扰的可能性。

与此同时，随着世界经济多极化和世界经济重心转移，将形成覆盖更大世界范围的新型多联体城市，改变仅覆盖发达国家地区的多联体城市格局（如 NY-LON-PAR）。可以预见，当亚洲地区未来成为世界经济重心，那么在该地区一定会出现一个连通性也达到同样高水平，并具有基于亚洲地区独特功能互补性的全球城市，其将与欧美同类全球城市组合成新的联体城市。

然而，世界城市网络内小型集群的发生率更高，从而更多的多联体城市将出现在区域层面。特别是跨国公司全球供应链的"近岸"布局，将涌现出一批地区性的全球城市，其网络连接性水平将趋于接近，并形成网络多样化的互补性。因此，这将导致在区域层面产生更多的二联体或三联体城市，特别是在全球网络子集比较集中的核心地区。

当然，由于世界城市网络的多重构造及复杂性，这种联体城市发展不是单一联体"婚姻"，而往往是"一女多嫁"和相互交叉的，呈现多重复杂关联。例如，上面提及的伦敦不仅与纽约是二联体城市，与巴黎也是二联体城市，甚至与香港和新加坡构成三联体城市。同样，新加坡和香港不仅是伦敦网络的一部分，而且也在其他网络中享有位置，如新加坡又成为东京和苏黎世联体系统的一部分等。因此，这也反映了全球城市关系演化复杂性和多重性的动态趋势。

7.1.3 "小集团化"发展

随着全球化进程覆盖更大世界区域，世界城市网络规模趋于不断扩展，增大了全球化空间的节点密度，且使其节点更加普遍化分布，但全球化空间覆盖是非均匀的，从而网络节点的地理分布仍是非均匀的。在世界城市网络中，一些节点可能合成整体，另一些节点则可能分散游离，从而表现为一个相互连接的节点网络子集。这种合成整体的节点之间，通常关联紧密，呈现"小集团化"倾向，而分散游离的节点之间，则关联相对松散，是非集团化的。全球城市的"小集团化"地理分布，反映了城市之间网络连接趋向于地区性集中（Derudder and Taylor，2005）。

从动态过程看，伴随世界经济中心转移的全球要素流动的重大改道或变动，将导致整个世界城市网络结构变动表现为这样一种情景：原有的某些重要节点，会因要素流动的改道而轻易丧失其地位，可能边缘化；同时新兴节点也可能形成与出现，在新的要素流动中扮演不同的角色，并处于持续的变迁之中，有可能成为新的要素流动的主要通道或控制管理中心。值得注意的是，在全球要素流动的重大改道或变动过程中，受其影响或改变的,不是单个城市,而是群体性的城市。这意味着全球要素流经途中将有一批全球城市兴起,呈现一种簇群生成与演化的态势。

Taylor(2011)的实证研究表明,目前城市之间网络连接的地区性集中,主要表现在西欧、北美和亚太作为核心区域。根据 2008 年世界城市网络整体连通性排名,亚太地区在前 10 位中有 5 个城市,在前 25 位中有 9 个城市。西欧在前 10 位中有 3 个城市(其中伦敦位于第 1,巴黎位于第 4),在前 25 位中也有 9 个城市。北美在前 10 位中只有纽约(位于第 2),在前 25 位中也占极少数(芝加哥排名第 19),大部分处于较后位置,洛杉矶仅第 39,华盛顿、亚特兰大和旧金山均排在 50 强的最后 10 位。除此之外,其他的城市节点尽管也在一定程度上显示了世界城市网络的全球维度,但大都处于分散游离状态。例如,莫斯科(第 12 位)、布宜诺斯艾利斯(第 16 位)、孟买(第 17 位)、圣保罗(第 21 位)、墨西哥城(第 24 位)、加拉加斯(第 38 位)、圣地亚哥(第 41 位)、约翰内斯堡(第 44 位)、马尼拉(第 48 位)、波哥大(第 49 位)等。因此,北美—欧洲—亚太的三个一组表明全球化的"群岛经济",其肯定不是统一的,而是由几乎完全彼此连接的三大"群岛"组成。与此形成明显反差,是南半球城市和地区的较弱参与,这可能与这些地区有非常不同的国家劳动力配置有关,可以说是影响这些地区连接到全球生产网络的原因(Coe,Hess,et al.,2004)。

当然,这种世界城市网络子集的地区性集中是动态变化的。即使在 2008 年全球金融危机之前,这种城市网络连接的区域转变就已开始展开。2000—2008 年间,其最显著的变化之一,是美国城市(特别是洛杉矶、旧金山和迈阿密)和撒哈拉沙漠以南非洲城市的全球连通性减弱,而南亚、中国和东欧城市(特别是上海、北京和莫斯科)的全球连通性增长。在 2000 年,20 个最为连接的城市中,包括 5 个北美城市和 5 个亚洲城市;而到 2008 年,前 20 个最为连接的城市中,只剩下 3 个北美城市(纽约、多伦多、芝加哥);与此形成明显反差,亚洲则有 9 个城市(Derudderb,Taylor,et al.,2010)。在此期间,尽管前 6 位城市(伦敦、纽约和香港,巴黎、新加坡和东京)基本没变(只不过排名先后有点变化),但接下来的 7—20 位城市中却有一些重大变化,8 个城市是新进入的,而像芝加哥、洛杉矶和阿姆斯特丹这样的城市失去原有的位置,支持了像上海、北京和首尔等城市的"东西方交换",表明一个首要的"世界区域"的趋势,即世界体系正处于一个"从西向东"的主要地理变换之中(Arrighi,2007)。随着亚洲地区更多城市融入全球城市网络,该地区将会有一批全球城市的簇群发展,并将在世界体系中发挥更大的节点作用。

与此同时,另一个新变化是跨国公司全球供应链"近岸"布局的重大调整。由于各国制造商越来越多地制造曾经依赖进口的中间产品,其全球影响是制造商开始将制造厂迁往距离本国更近的地方或集中在更大的市场。与此相联系,跨国公司全球生产布局的选址标准发生变化,由以往寻求成本优势、获取生产要素等显性动机转向寻求潜在市场规模、较好营商环境和较强产业配套能力等隐性动机。这种生产链"近岸"布局导致全球供应链缩短,并已开始显现相关效应:许多制成品(如汽车和药品)的全球消费已超过这些商品的贸易增长,而许多中间产品(如织物和电子零部件)的全球贸易增长却呈现放缓迹象。更主要的是,将进一步强化区域性节点城市的地位和作用,促进区域性全球城市的发展及其相互连接。也就是,将形成以基于区域性供应链控制端的全球城市为核心,以区域性全球城市为骨干构架,连接大量周边全球化城市的网络子集。这意味着可能改变现有网络子集的超区域连接状态。目前,北美、西欧、亚太之间的超区域连接十分明显(Carroll,2007)。例如,欧洲与世界其他地区连接性达70%,而发生在欧洲地区的连接性只有30%。在北美,65%的连接是全球性的。这些结果证实,全球生产网络确实是一个强耦合区域。约30%的本地化经济连接,是来自通过领土嵌入性获得的地理集聚的互相依赖;相反,约70%的"远距离"操作连接,反映了太强的地方和区域根植性。然而,随着全球生产网络的调整,更多地形成区域性全球供应链,将弱化网络子集的超区域连接,强化其区域内的连接性。这将进一步突显区域性全球城市在全球生产网络中的重要性。从空间分布看,这将带来网络子集的更大发展,分布更为均匀,不仅集中在北美、西欧、亚太核心区域,而且也将产生新的区域。特别是随着新兴经济体的发展,也将有一批全球城市兴起,并构成新兴经济体的全球城市小集团。

7.2 基于网络结构纯化的演化态势

全球城市之间的经济关系通常被理解为一个层级世界的表达,"这些相互关系的性质(如频率、强度、重要性、支配/次支配)从底层强化了世界体系的结构,复制了其层次结构,以及有力塑造了特定地区的社会生活"(Smith and Timberlake,1995)。在动态过程中,这一网络层级结构是不断变化的。但其变化不是所谓的层级结构消失,而表现为网络结构纯化。在此变化基础上,全球城市,特别是其功能演化,将呈现新的变化特征。

7.2.1 网络结构的基础性变动

按前面所述,世界城市网络是一个联锁网络,其功能性机构(公司)是网络的制造者。这类功能性机构(公司)的内部网络特性,直接作用和决定了世界城市网络层次结构。也就是,世界体系结构将反映跨国企业中的层级组织(Hymer,1972)。为了利用以及创建空间经济和市场决策机会,跨国公司中出现不同的组织架构(Faulconbridge,Hall and Beaverstock,2008),大致有三种基本类型:(1)由定义战略的董事会/合伙人管理的全资公司作为跨国形式,尽管所有的办公室作为同一品牌下的分支机构;(2)网络公司,作为由几家独立公司组成一个战略联盟的全球网络形式;(3)混合公司,作为正式全球联盟的一部分,在一个公司的名下将独立的公司集合在一起。这类功能性机构(公司)的组织结构变动,将导致世界城市网络层次结构的变化。因此,观察世界城市网络层次结构的变动,首先要分析这一基础性变化。

全球化专业服务公司鉴于不断增长的技术、商务和监管环境的不确定性,要提供其客户所不拥有或没有支持不能开发的战略知识和经验(Wood,2002),通常采用网络公司和混合公司的组织类型,从而其行为方式更多是没有尺度、没有层级的。这些专业服务公司十分注重通过协作和集成,包括国内公司与国外公司的协作,以达到优势互补及拥有正确的网络,并注重通过网络建设来增强其吸引/无缝地访问客户和服务客户的能力。这些专业服务公司不是根据标量逻辑组织操作的,没有“全球化标量的观点”。对它们来说,一个全球城市不是操作指挥中心或枢纽,而是其组织形式的网络,为其延长和加强网络化服务。因此,其公司内部网络也不像一个嵌入“尺度层次结构”的组织,不存在权力和知识自上而下流动的所谓“全球”“国家”“区域”或“当地”办公室(中心)。GaWC测定城市不同连接值的基础是先进生产者服务公司办公室大小的差异,其假定:更大的办公室具有更多的连接。但实际上,既有办公室大小的差异主要源于一个特定城市或国家中的市场规模,并不意味着任何指挥系统,不能反映重要性乃至层次结构。因为这些处于不同城市的办公室之间的关系是水平和功能的。尽管它们提供一个综合性的、或多或少标准化服务的投资组合,但提供专业性知识则是通过项目团队,其呈现在更少的城市。这种专门化服务是历史形成的,不存在专门化服务之间的层次结构,也不存在权威秩序——某地办公室专业人士命令别处办公室同事的一般区域层次结构。别处的办公室专业人员,同样为其客户的全球业务提供“管理功能”,从而成为全球商品链的一个关键节点。因此,公司内部网络是在“地平面”(平面、水平)上运营的,它们只有通过这些关系的力量才能结合起来。其公司网络的形成和延长，是许多行动者在联结行动中聚合在一起的产物，是一项"异构工程"的工作，而不是交叉的标量过程的结果：这里没有"地域尺度的生产"。

因此，这些全球化专业服务大公司开发的新管理系统和组织模式，更容易转向"全球性"公司。例如，作为"四大"全球会计师事务所之一的德勤，是一个没有国家中心所定义的公司，是一种典型的混合公司组织类型。德勤及其会员事务所都是独立的、不同的法律实体，不对其他实体有义务。德勤只是帮助协调会员事务所的活动，但自身不向客户提供服务。也就是，在一个品牌下，由独立公司中数以万计的专业人员进行全世界协作，处于网络站点中自我横向（self-profiling）的状态。这意味着没有严格意义上的全球总部，在其品牌下运作的办公室之间也没有一个明确的层次结构。当然，由于部门主管往往来自接近客户的一个城市，所以一些城市很明显将比另一些城市有更多的部门主管，但这仅仅是因为那里有更具活力的经济以及更多的全球化公司。

与此不同，制造业跨国公司，特别是早期制造业跨国公司，通常采取全资公司的跨国形式，以分散化组织策略为特征，表现为跨境、相互依存和多维的，在全球范围内进行整个增值过程的组织。这是一个"分布式"（跨越国界）而又专业化的资产和能力的复杂配置，通过强大的相互依赖性来整合分散化资源。这种相互依赖关系是经常地"专门设计用于构建相互依存单位中的自我强化合作"（Bartlett and Goshal，2002），在其内部形成指挥与控制或者协调的层级组织。Hannemann 和 Riddle（2005）指出，这种跨国公司垂直层级组织网络的拓扑结构类似于星形结构（见图 7.1）。当然，一个公司的组织架构比这要复杂得多（Dicken and Malmberg，2001），并不是如此过分简单的大型跨国公司层级组织结构投影到地理空间上。

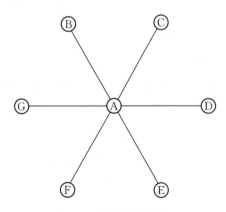

图 7.1　垂直层级组织网络

然而，跨国公司组织结构不是一成不变的。因为OLI模型（外商直接投资的优势理论）被跨境并购（AM&A）、有机增长、战略网络和联盟等不同策略所代表的综合国际化向量所改进，其可能会在时间和空间中改变（Faulconbridged, Hall and Beaverstock，2008）。自20世纪90年代初以来，除了绿地投资外，由私人股本基金从事的外国股权投资、合并和收购（并购）已经成为外国直接投资（FDI）的主导形式，大约80％的外国直接投资流量致力于企业并购（Kübelböck，1999）。这带来的一个重大变化是：公司总部的组件分散化，可能恰好不位于同一空间。正如Braunerhjelm（2004）指出的，公司总部的三个组件，即首席执行官和高层管理团队（约10—20人），总部职能机构和团队职责（50—500人），税收目的的场所登记，可能全都位于不同的地方，从而改变了跨国公司传统的垂直层级组织结构。与此相联系，再加上跨国公司全球供应链"近岸"布局的调整，导致公司地区总部功能日益强化，在全球经济中描绘出一个更微妙的全球指挥控制功能（CAC）实证图片（Godfrey and Zhou，1999）。就可能的横向联系而论，分支机构，特别是地区总部日益增强其自主权和责任，促进与附属公司和独立的本地公司的交互与协作，在许多情况下模糊了跨国公司组织空间的范围（Nachum，2000）。

在此基础上，制造业跨国公司的进一步转变，将日益趋向于更加"全球"的公司（Dicken，2003）。这种全球公司的海外员工、产值、利润、附加值等比例不断上升超过其在母国的比例，甚至公司总部迁离母国，把法规友好、资源丰富和连通手段完善等作为选择安置人员、工厂、行政办公房或银行账户开设场所的依据，将公司注册、企业管理、金融资产安排等部门及行政人员分散到多个国家，越来越多地存在于网络之中，企业及其运转可以完全转移到云端，成为脱离地域限制和利用云端力量的超国家型公司。这种日益增长的"全球性"公司，超越了简单的生产、销售或消费地理单位的扩张，意味着新兴形式的连接性和空间性（Amin，2002），从根本上依赖于信息网络特征的流动空间，更少受到其源于地方的社会环境影响（Castells，1989）。其公司各单位之间的内部竞争作为一个重要机制，通过其重新定义空间分工和时空配置，封装"流动经济"和"领土经济"之间复杂的相互关系（Yeung，1998）。其结果是，一个复杂的综合的公司网络，具有资产和功能配置的分散化、相互依存和专业化；通过分支机构之间的不同角色和职责来集成全球业务，以及世界范围内的知识联合开发和共享，多重创新过程的同时管理等特征。

制造业跨国公司的另一个可能转变趋向，是演化为服务型跨国公司。随着资本主义发展新阶段的结构过程(经济系统的全球化、先进的通信与信息技术,或无形因素重要性增大)、客户公司组织的复杂性提升(由于国际化战略、生产外包过程,或引入信息通信技术),以及这种类型活动的信息属性等变化(Jones,2005),制造业跨国公司在价值链两端(研发设计与营销)迅速扩展,导致来自服务的附加值不断上升而生产制造附加值下降。这将促使跨国公司构建新的信息系统、知识管理和工作实践以及所谓的组织内外的组织空间,来同时获得全球竞争力、跨国的灵活性和全球学习能力(Bartlett and Ghoshal,1998)。而且,这将涉及大规模公司边界内外的工作方式和员工中人际交互的转变(Jones,2007)。因为关键知识转移机制是通过与同事、客户、竞争对手和其他社会参与者"面对面的接触",无论是在工作场所或其他地方(Beaverstock,2004)。为此,办公室网络成为其主要机制,借助于当地人员或移民,通过相互作用的社会化过程允许企业在组织内转移隐性知识(Jones,2005)。其结果是,将演化为类似于专业服务跨国公司的组织结构。

不管是哪一种转变趋向,制造业跨国公司已经从一个相对简单的统一尺度(unidimensionally)和垂直控制过程演化为一个公司内部和公司间垂直和横向关系的复杂系统(Maskell,2001)。在这种情况下,空间和位置不再是组织资源的被动来源,仅在那里被商业组织所利用。相反,组织空间是在商务组织形成、管理和绩效建造中的一个活跃和积分元素(Yeung,2005)。这种以期达到空间范围经济来实现经济效率和组织利益的新组织空间配置,促使原先那种占主导地位的企业垂直组织形式趋于瓦解(Taylor and Asheim,2001),创建了一个"变态分层"系统(Hedlund,1986)(见图7.2)。这种变

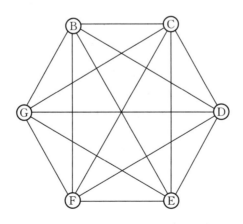

图7.2　变态分层组织网络

态分层组织结构在三个方面区别于企业组织层级模型。第一,资源和管理能力分散化在整个组织中,而不是仅处于公司总部。第二,地区总部及子公司之间存在产品、人和知识流动的横向关系。第三,从多个维度来协调业务活动,即代表性的地理、产品和功能(Hedlund,1994)。在这种变态分层组织结构中,企业嵌入于相互依存、互惠互利、不同权力关系的松散耦合网络之中(Grabher,2006),所有的行动者是相互连接的(Todeva,2006)。

当然,上述制造业跨国公司转变趋势并非是对原先垂直组织结构的简单替代,可以完全忽视首位的垂直、层级维度,而是转向一个更综合的组织网络。在这一综合组织网络中,并不存在明显的或本质的网络结构类别,而是不同程度的重叠和相互渗透,形成重叠、并列和嵌入治理机制的复杂组合体(Grabher and Powell,2004)。从这一意义上讲,是一个等级结构和变态分层结构共存,垂直和水平相互交织的复杂网络(Wall,2009),其证实这些不同组织原则的共存。

7.2.2 网络结构纯化趋向

与跨国公司组织转向一个更综合的网络层次结构相一致,世界城市网络不再遗传一个明确的"树形"层次结构,而是各级城市之间更多地横向互动。城市之间的交互,既不是纯粹的垂直等级,也不是纯粹的变态分层,而是两者之间的混合物。

传统世界城市网络,由于主要基于跨国公司指挥控制关系的组织结构,高等级经济活动高度集中在少数城市,呈现出一个比较"尖"的层次结构。Neal(2008)的研究表明,在城市网络中,度中心性层次结构的不平等水平,显著大于接近中心性层次结构($z = 16.60$,$p < 0.01$),显著低于中介中心性层次结构($z = -9.98$,$p < 0.01$)。也就是,度中心性层次结构的不平等居中,其两边是一个相当平等的接近中心性层次结构和一个高度不平等的中介中心性层次结构。从最为显著不平等的中介中心性层次结构来看,纽约、巴黎、东京、伦敦显示处于战略性位置,是全球公司所有制关系的主要介质或经纪人。就度中心性层次结构而言,从不同的企业所有权定向性(出度和入度)来看,也有截然不同的表现。Wallr 和 Knaap(2011)基于 2 259 个城市数据的实证研究表明,在入度关系上,不论是工业部门还是服务部门,均有来自发达国家到发展中国家更多样性城市,意味着城市网络相对平等的层次结构;但在出度关系上,基于工业部门有出度得分的城市只占 17%,均来自发达国家,纽约居首,紧随其后的是巴黎、东京和伦敦,其合计持有总出度关系的 25%。在服务部门中也基本如此,出度最高排名城市均位于发达国

家。而且,这两个部门系统的出度中心度得分之间有 0.84 的强相关系数,意味着拥有工业公司总部的城市同时也是高密度生产者服务总部的城市。显然,基于出度关系的城市网络层次结构是非常"尖"型的。

随着当代全球化进程深化,特别是跨国公司组织结构的转变,这种趋向多重层次结构的碎片化压力被逐步减少。世界网络中的城市日益强化服务协调功能,逐步淡化控制与指挥功能,并越来越与协同功能关系相关联。依据层次权力的概念,这将有一个"均化效应",因为服务流动不是个别城市的性能。这种与全球服务网络发展相联系的权力关系的意象,可以说已经走向更加变态分层的世界城市关系。当然,这并不意味着当前世界城市网络缺乏层级倾向——伦敦和纽约显然处于支配地位(Taylor,2004)。

尽管当前发达国家全球城市在全球经济中的指挥和控制功能仍引人注目,但与此同时,也已表现出一个新的全球趋势:主要经济体(美国、日本和西欧国家)趋向于失去对新兴经济体,特别是巴西、俄罗斯、印度和中国(也被称为金砖四国)的全球指挥和控制功能(Bianconi,Yoshino and de Sousa,2013)。在 2006—2012 年间,发达国家中,除了澳大利亚和韩国有相当大增加外,指挥和控制指数(CCI)[①]均处于显著下降。其中,美国的总部数量减少到 162 家,其 CCI 显示平均水平的减少。相反,发展中国家的主要城市集聚了越来越多的全球重要公司,特别是中国。巴西、印度和俄罗斯的 CCI 虽远低于中国,但也有显著提高(Csomós,2013)(表 7.1)。即使从行业分类来看,也是如此。例如在汽车行业,尽管一些欧洲国家、美国和日本的全球公司占主导地位,其城市"出度"高得分,表明对这一行业全球资本流动中的强大控制能力。然而,值得注意的是,"南半球"的一些城市在前 60 的名单处于较高排名位置:其中两个是印度的城市,孟买(第 12)和浦那(第 25),以及中国的上海(第 23)和巴西的圣保罗(第 25)。在"技术硬件 & 设备"行业,也是如此。"南半球"一些城市地区出现在前 60 排名中,如深圳(第

---

① 指挥和控制指数用来表示指挥和控制的水平。给定城市 x 在某一年 y 的 $CCI_{x,y}$,计算如下:

$$CCI_{x,y} = \sum_{i=1}^{n_{x,y}} \frac{R_{i,x,y} + A_{i,x,y} + P_{i,x,y} + MV_{i,x,y}}{4}$$

其中:

$R_{i,x,y} =$ 全部数据集的收入比例

$A_{i,x,y} =$ 全部数据集的财产比例

$P_{i,x,y} =$ 全部数据集的利润比例

$MV_{i,x,y} =$ 全部数据集的市场价值比例

$i =$ 给定年份公司总部在城市的数量($i = 1, \cdots, n_{x,y}$)

$n =$ 公司总部在城市 x 的年份 y 的总数

24)、班加罗尔(第 26)、香港(第 26)、北京(第 28)、墨西哥城(第 29)和圣保罗(第 31)等(Krätke,2012)。这清楚表明,所谓"新兴市场"正日益融入全球生产网络中。可以预见,随着发展中国家的跨国公司兴起,总部城市的分布将趋于分散化,世界城市网络随着时间的推移越来越水平化。

表 7.1 2006 年和 2012 年具有最高指挥控制指数的城市

| | 2006 | | | | | 2012 | | | |
排名	城　市	国　家	总部数	指挥控制指数	排名	城　市	国　家	总部数	指挥控制指数
1	纽　约	美　国	98	8.820 6	1	东　京	日　本	154	6.879 7
2	东　京	日　本	189	7.727 1	2	纽　约	美　国	82	6.516 2
3	伦　敦	英　国	89	6.272 5	3	伦　敦	英　国	68	5.596 8
4	巴　黎	法　国	65	5.644 7	4	北　京	中　国	45	5.443 4
5	达拉斯	美　国	28	2.187 0	5	巴　黎	法　国	60	5.027 4
6	苏黎世	瑞　士	12	1.799 7	6	首　尔	韩　国	60	2.175 5
7	首　尔	韩　国	44	1.659 0	7	圣何塞	美　国	25	2.137 6
8	旧金山	美　国	24	1.635 1	8	旧金山	美　国	17	1.921 4
9	芝加哥	美　国	39	1.598 1	9	莫斯科	俄罗斯	20	1.756 0
10	阿姆斯特丹	荷　兰	13	1.558 3	10	香　港	中　国	48	1.712 7
11	华盛顿	美　国	25	1.548 0	11	达拉斯	美　国	21	1.688 3
12	圣何塞	美　国	28	1.494 7	12	华盛顿	美　国	18	1.605 6
13	休斯顿	美　国	30	1.367 1	13	苏黎世	瑞　士	16	1.551 8
14	夏洛特	美　国	8	1.356 2	14	芝加哥	美　国	31	1.408 4
15	慕尼黑	德　国	9	1.345 3	15	多伦多	加拿大	23	1.403 9
16	多伦多	加拿大	21	1.304 0	16	休斯顿	美　国	27	1.303 3
17	北　京	中　国	15	1.244 3	17	马德里	西班牙	18	1.104 1
18	大　阪	日　本	34	1.196 4	18	悉　尼	澳大利亚	21	0.990 1
19	亚特兰大	美　国	17	1.151 9	19	慕尼黑	德　国	9	0.980 6
20	海　牙	荷　兰	3	1.145 4	20	海　牙	荷　兰	3	0.967 1
21	香　港	中　国	36	1.083 6	21	斯德哥尔摩	瑞　典	20	0.948 9
22	斯德哥尔摩	瑞　典	23	1.070 1	22	孟　买	印　度	26	0.942 7
23	布里厅波特	美　国	11	1.065 2	23	明尼阿波里斯	美　国	14	0.931 1
24	明尼阿波里斯	美　国	19	1.043 4	24	法兰克福	德　国	6	0.917 2
25	爱丁堡	英　国	3	1.028 9	25	里约热内卢	巴　西	7	0.907 9

资料来源:Csomós, G.(2013),Geoforum,50,241—251.

如果我们在出度关系中进一步区分高端决策指挥功能与低端生产型功能,把公司内部的控股关系细分为三个层级,即总部对第一级子公司的控股,第一级子公司对第二级子公司的控股,其余下级的控股关系,那么总体网络关系中将呈现等级和变态分层之间相互依存的混合结构,既有星形结构中的中心城市对其他城市行使公司治理,明显表现为等级、垂直的组织相互作用;又有三角型结构的连接城市,代表城市之间变态分层的相互作用。而且,变态分层结构在公司治理的顶部水平是最明显的,因为这一层面关注总部与一级子公司之间的高端、复杂活动,从而顶级城市之间的"扁平化"关系是最多的。随着下降到较低层面,变态分层的特征逐渐下降,至第三层面大都是支离破碎的等级结构。由于世界城市网络中的大多数个体连接,既不是互换关系也不是三角关系,所以从"连接数量"上讲,系统依旧本质上是层级的。然而,大多数连接通常是较弱的。另外,尽管具有互换和三角关系的只是少数城市,但其连接是不成比例的更强。因此,就"连接强度"而言,该系统本质上是变态分层结构。因此,可以预见,随着发展中国家跨国公司的发展,处于第一层面的总部城市将日益增多,其相互之间的互换和三角关系将更密集,从而增强网络的连接强度,促使世界城市网络本质上更趋变态分层结构。

不仅如此,相当部分的制造业和服务业,其行业在城市中的使用也发生了变化。例如,广告服务业的初始"国际化"被称为帝国模型,其总部高度集中在纽约,以麦迪逊大道的集群而著名,是整个 20 世纪的主要枢纽。在纽约的广告公司总部集中了所有先进的业务,从计划到创意设计到账务组织,为客户从事全球广告,而其他世界各地的办公室(有时被戏称为"邮箱"(post-box)办公室),只是简单地把纽约产品拿来,在语言和文化上做些小调整,并简单地卖给当地的电视台。由于纽约的广告业务扩散到世界的其他地方,为世界其他国家所消费,从而成为引领全球经济活动的设计和展示的"世界中心"。然而,这种高度分层框架只是作为进入网络过程的临时进化阶段,并没有能够幸存下来。随受众"变得更加敏感"来识别更微妙信息所反映变化的需要,在办事处从而在城市之间,转换为一个更加合作的安排。世界各地不同的办公室被理解为是由不同种类的技能组成的,其必须与客户连接在一起。广告新的创意更多来自那些纽约之外的办公室,源于它们不同的文化背景。纽约不再是领头的办公室,而"沦为"可能是领导一个项目团队的一部分。其最终结果是,全球广告服务成为一种利用来自世界各地内部和外部资产的多节点网络方式。

总之,与过去世界城市网络层次结构比较"尖"的状态相比,世界城市网络层级结构趋于纯化。当然,这并不意味着层次结构已经是"平"的。

7.2.3　促进性权力的功能演化

与世界城市网络纯化变动趋势相一致,作为主要或基本节点的全球城市也将发生重大变化,特别是全球城市功能将从基于工具性权力向促进性权力转变。这里所讲的权力,显然不是行政权力,而是指支配力、控制力、影响力等含义的权力,与城市的功能相关。

从城市发展的历史视角看,传统城市等级体系中的城市功能大部分表现为行使对他人的控制权,即影响或支配他人意志的能力。在早期基于跨国公司所有权关系的全球城市概念中,其"命令与控制"功能更多表现为工具性权力。因为跨国公司总部与子公司的所有权关系本身就是命令与控制关系。由其所构筑的全球商品链,作为通过公司和其他机构雇员创造的价值体系,其单元之间的连接是不完美市场序列的链条连接,反映了市场权力的不对称,其导致不平等的价值分配。任何特定链条的动力学是由节点或链条片段的投入产出结构、其地理位置、制度和社会政治框架及其治理和控制结构所决定的,其中也存着命令与控制关系。因此,集聚了大量跨国公司总部的全球城市,正是作为全球商品链的控制端(产品研发、市场营销),具有这种独特的资源和能力,从而形成城市权力和影响力;正是通过其最重要的流动与配置能力的实现,增强了城市权力,从而使它享有对更多从属城市的主导地位。正如 Friedmann(1986)强调的,世界城市已经被概念化作为"全球资本的相会点",其重要性是其有能力去运用全球控制功能的一个结果。与这种所有权关系的控制权(power over)不同,Sassen(1991)更注重基于全球化专业服务公司的中心和进入全球市场的知识能力,强调操纵权(power to),重点不是在权力本身,而是通过那些专业知识投入的服务提供使其有能力来操纵全球商品链。在她看来,其权威和权力不是来自作为其中一部分的数字技术压缩的新空间,而是更多来自其把自己定位在全球网络中以实践自身专业优势的金融精英能力。因此,全球城市是通过其累积的专门知识方式来反映比较优势的,并形成其具备的独特能力,即迫使或者更精确地说强迫他人通过其来做生意的能力。正是这种能力使其处在世界城市网络的关键节点。虽然 Sassen 的操纵权不是很直接,但本质上还是表现为命令与控制功能。

总之,在全球城市文献中老生常谈的纽约和伦敦及其东京等,其具有作为控制工具、一些资源组合能力的权力,从而使其在世界城市网络中发挥主导优势。然后,其他较低排名的城市自然被认为具有更少权力、影响力和优势(Neal,2008)。这种全球城市控制力的人格化代表,就是传统精英,如公司董事和首席执行官等,其充当在层次结构顶点的角色(Savage and Williams,2008)。显然,这种基于工具性权力的全球城市功能,是以其他城市具有较少经济、政治和文化等禀赋为代价的,从某种意义上讲,是通

162

过限制其他城市经济的可能性使其成为在远处就能感觉到的存在，而另外一些城市很少或根本没得选择，除了通过网络与它们在一起。换句话说，它们只有通过全球城市才能进入网络。即使在全球城市之间，为争夺这种基于工具性权力的优势，也被视为竞争对手。因此，在此过程中，是一种工具性权力的零和游戏。

事实上，在城市网络化背景下，由于网络的动态特性，其经常转换关系模式，加之其覆盖的不同程度，已经使城市化的权力成为难以确定的现象。对于城市"运行"网络，通过其集中的资源或网络本身是否"生成"城市作为网络站点的权力，很少有确定或明确的答案，似乎应该指向城市网络中权力空间的模糊化。因为随着全球经济的日益复杂化、分散化，信息资源应用和市场专业知识将人们结合在一起来管理和操作远距离的相互作用，在开放、间离的网络中有了更多购买专业知识技能的前景。其中，网络开放性是形成这种相互关系的重要部分，其经常组成它们以及能够处理不同城市之间日常复杂的跨国交易，从而发挥一个基于中介的作用，其似乎很大程度上已不存在"指挥和控制"结构。而且，商务网络越是广泛化和分散化，越是有各种利益卷入，越是有更多的谈判意愿，更少的直接由企业总部安排在一起的可能性。Jones（2002）在对跨国服务公司，特别是投资银行和管理咨询公司的"全球管理"研究中已证明分布式权威在网络组织中的重要作用。"全球"目标公司与"当地"业务往来的结盟，由管理者和合作人在跨国网络上执行的中介作用，强调了附属于商务中介机构的重要性（Morgan and Quack，2005）。特别是当联结增强时，商务网络有一种加强现有行为模式的倾向，重点不是数量本身，而是基于多样性的接触和联系，在于其增添了使参与者能访问不同资源和信息更丰富混合关系的范围。

世界城市网络层次结构的纯化，给全球城市功能带来更大的变化，即从基于网络已存在的关系和连接转向网络"运作"及网络本身建设，趋向于有效"搭桥"、经纪以及连接其他城市在某些暂时稳定关系模式中一起相互作用的中介形式，从而更加突出了全球功能性机构及其专业人士的"运作"网络的作用。Burt（1976，1992）把弱联结称为网络之间的"结构洞"，当其在分散化全球经济中被中介时，开创了进入新资源的空间。其中，起重要作用的是那些经纪或搭桥网络"结构洞"的功能性机构及其专业人士。它们"运作"网络，而不是在其商务交易中进行直接连接，也不是横跨城市网络的"运作"，并通过空间和时间复制这种关系。它们在"运作"网络过程中，热衷于开发弱连接来获得优势，将过去分散的经济主体及其活动带入网络关联之中，从而促进更加创新、资源丰富的网络关联，处于一个打造关联和"搭桥"连接的重要位置。这些在网络连接中起"中介"作用的功能性机构及其专业人士,实际上并不"持有"支配他人的权力,不可能高于网络中的其他人行使权力,它们只是通过建立超越时空距离的社团形式产生了某种权力。或者说,它们凭借组织资源,对其他一些只是间接连接的行动者进行说服和协商去追求某些目标,通过在其中间而不是高于别人来行使权力(Folkman,Froud,et al.,2007)。这里的权力其本身是一个通过功能性机构及其专业人士活动由中介关系生成的结果。这些专业中介机构擅长组织连接全球城市中的商品、金融、房地产等要素资源的交易活动,并不强迫他人(组织、机构)参加到这种网络化的商业冒险之中,而是吸引他人进入这一意味着超越时空复制自身的网络。当成功时,这一效果将会稳定于一种使某些城市网络通过合作而不是简单控制施加自己影响力的关系模式,从而显示了它们是基于为了一个给定结果、希望正和收益把金融和商务关联在一起的权力(Savage and Williams,2008)。这些团队通过确定网络安排总体取向或方向来组织既有收益也有纪律的交易模式的网络化安排能力以及相当于一种网络权力,很大程度上要归功于全球化体系结构拓扑变化(Allen,2008)。

这一变化反映在作为网络主要节点的全球城市上,就表现为其功能是更多地在合适位置中拥有连接网络的"运作",起着吸纳、调动和引导其他城市进入世界城市网络的重要作用,从而是一种基于保护网络的"合作权力"(Parsons,1957),而不是行使的"控制力",也不是作为一种结构性能的权力。这种权力的表达,就是高度集中于全球城市之中的那些建立连接、中介联结和稳定化关系的商务活动。换言之,全球城市不是简单"拥有"公司总部或作为专业知识积累的储备来体现其控制力,而是通过网络(寻找连接以及旨在增强网络化资源)来动员其权力和影响力的。当然,塑造两个城市中商务行为的不同文化和监管规范仍然是明显存在的,但同时通过连接的事实已部分转换了,更多的是通过协商和诱导而不是勒令或严格的权威(Morgan and Quack,2005)。

全球城市的"合作权力"通过将原先分离、不连接的元素带入关联之中,使不同城市结合到一个协作网络化空间中而形成,因而是一种促进性权力。全球城市具有的促进性权力,只是一种达到目的的手段,即被动员来保持网络连接的一般设施,所以其本身并不是一种资源,而是作为通过资源和技能超越广大时空应用而生成的东西。全球城市作为一种依据可用资源能够扩展或收缩的流体媒介,行使的"合作权力"是通过网络互动而持续的,它可以使和谐配合和协调的行动沿着网络的长度和宽度发生,其被用于融合和更改超距交互模式(Mann,1993)。因此,在这种网络化安排中,全球城市的功能已不再简单地被支配权的实践所定义。这种基于招致跨时空网络化关系的"合作权力",使一些全球城市可以在网络交互之中并没有实际上支配其他城市但却占据着主导地位。也就是,具有强大"合作权力"的全球城市,可以主导世界城市网络,但不是以控制和支配其他城市为代价。

由全球城市来"运作"网络以及贯穿其中的权力,如果是全部有效的话,可能导致差不多是竞争与协商的合作,而不是强制约束。与更加尖锐化的工具性权力形式不同,通过全球化网络体系结构中的拓扑变化,使这些竞争与协商的合作通过各种权力范围的"运作"成为可能。同样地,权力—拓扑是黏合的一部分,促使和绑定城市在复合形式的网络交互中。正如 Allen(2003)指出的,在这里,权力运作是通过竞争与协商的合作,而不是傲慢的命令和约束。这种情况下的合作,并不意味着不存在权力,而是一种可协商的交互。其中的管理和专业权威由于在世界城市网络中的分散性质,其结果是协商和调解,权力本身就其结果而言表现出某种空间含糊(Jones,2008)。

在具有经济、文化和政治资源的混合形成不同组织形式的城市网络中,全球城市"合作权力"的功能,作为一种促进的运用,是软性约束。城市网络之所以能够维系在一起,是因为它们对参与者来说具有太大的正收益前景。网络收益的承诺,是涉及其中的所有主体的诉求。可以说,这种诱因和刺激是驱使这些城市行动者之间网络交互的动因。因此,全球城市的"合作权力"运用,只有在保证网络收益的前提下才能实现。这意味着为紧密结合的跨国相互依赖网络形式中的相互关系,提供了已发生的"正和"经济游戏框架(Beck,2005)。例如,伦敦的全球商务前景促使在法兰克福的公司进入全球市场,法兰克福的欧洲业务为伦敦的银行和专业服务提供了一个入口点。伦敦作为全球资本市场的重要性,其集中的财务技能和专业知识,被添加到法兰克福在德国和欧洲市场的服务角色上;法兰克福日益增长的竞争强度通过增强一个扩展的欧洲带来商业机会,则有益于伦敦,这揭示了这两个金融地区相互依存的增强(Beaverstock,Hoyler,et al.,2001)。当然,在这样的网络化交互中,能否取得一个"正和"结果,取决于基于投入支持网络化一起安排的"工作"有效性,即获取更大可能的互补性,尽可能避免替代性。这一结果也许以"正和"方式运转,而全球城市管理和执行的效益则来源于其所承担的将松散安排转化为网络化安排的重要角色。当然,这种"正和"收益不会自动相当于平均收益总和。在其中,一些主体可能比另一些主体获得更多的倾斜回报,但总体上对所有当事人是有利的。

值得指出的是,全球城市的促进性权力以合作而不是竞争的方式来为城市"工作",是在世界城市网络范围内发生效力的。在网络框架"之外",对于一些游离或脱离关键网络的城市而言,这种促进城市交互的"合作权力"可能折叠为对其的"控制权"(Allen,2010),成为零和游戏(Thompson,2003)。不过,从另外一个角度看,由于当代城市网络性质表明权力可以通过将其连接在一起被安排为城市"工作",通过不同轨道使它们采取截然不同的路径,因此尽管从一个分层城市网络中的特定节点来看似乎像一个零和游戏,但从不同类型网络和关联的交叉、每个变量范围和强度的位置来看,则大相径庭。随着广泛而密集的网络变化,由于弱连接具有涌现新关联模式的潜能,这些城市的发展轨迹随之采取不同的方向,也许会后来居上。简而言之,在这个分布式权威的网络世界里,将导致更多互惠互利,其结果显示是"正和"而不是"零和"游戏。

7.2.4 基于网络中端的全球城市发展

世界城市网络层级结构纯化,从其数量形态看,意味着从"金字塔"结构转向"橄榄型"结构,从而带来全球城市演化的新特点。一方面,处于网络顶端的全球城市,特别是全球性综合全球城市,其数量不会有太多增加,仍然保持相对集中的态势,但由于新成员的加入内部会有所调整。新增的全球性综合全球城市,将主要来自新兴经济体而不是发达国家。从战略性与中心度、递归中心和权力地位的角度看,这些顶端全球城市的水平可能会相对下降。当然,这并不意味着顶端全球城市的作用趋于减弱。尽管持续发展的信息通信技术(ICT)允许虚拟化和几乎全球 24 小时的即时交易,但矛盾的是,这些顶端全球城市的作用是被强化的。因为新技术促进了暴风雪式的世界信息流动和复杂金融创新及对专业化知识的需求,后者的工作要求全球稀缺高级技能的投入,但其往往是在顶端全球城市集中和转移的。因此,世界经济系统的中心正通过全球服务生产而得以维持和强化(Pain,2007)。另一方面,处于世界城市网络中端的全球城市数量将大幅增加。特别是随着跨国公司全球商品链"近岸"布局调整以及跨国公司地区总部功能增强,处于网络中端的全球城市在其内部将有较大幅度的调整,特别是原来发达国家的二线城市和新兴经济体城市可能会进入到中端层面。

在这一变化新特点中,更为重要的是,从战略性与中心度、递归中心和权力地位的角度看,网络中端的全球城市节点位置将相对上升,缩小与顶级全球城市的差距,从而淡化顶级城市的节点位置。例如,在美国,2006—2012 年间,纽约的 CCI 是趋于下降的,并导致全美 CCI 下降 34%,但美国其他城市的 CCI 却是上升的,圣何塞、华盛顿和旧金山 CCI 有最大幅度的上升。在 2006 年,达拉斯、华盛顿、旧金山、芝加哥、夏洛特和圣何塞六个城市累积 CCI 才超过纽约;而到 2012 年,仅圣何塞、华盛顿、旧金山和达拉斯四个城市累积 CCI 就超过了纽约。因此,纽约尽管仍处于顶级全球城市位置,其地位不受到任何其他城市挑战,但其同其他城市的位置差距趋于缩小。在 2006 年,纽约的 CCI 是排名第二的达拉斯的 4.3 倍;而在 2012 年,纽约的 CCI 只是当年名列第二的圣何塞的 3.4 倍(Csomós,2013)。

与此相联系,大幅增加的处于网络中端的全球城市,更多表现为区域综合性或全球专业性的全球城市迅速增长。这与世界城市网络层次结构纯化背后的全球区域化发展与全球化专业分工趋势的深层原因高度相关。有相当部分的全球城市崛起或升级到网络中端层面,是基于全球区域化发展成为区域综合性的全球城市,或基于全球化专业分工成为全球专业性的全球城市。

另外,与趋向于一个更平坦的世界城市层级结构相一致,处于网络中端的全球城市节点位置分布也可能更分散化,簇群散落在世界各主要区域。特别是在"南半球"和"东方"地区,将涌现大量处于网络中端的全球城市。

8 空间过程演化

全球城市演化具有内在化的空间扩展及其独特空间结构,构成了全球城市网络化功能得以发挥和实现的重要基础。全球城市的空间扩展过程是当代全球城市动力学之一,从而成为其动态演化的一个重要内容。

8.1 空间扩展

全球城市基于地点—流动空间,在其演化过程中具有强大空间扩展的内生性,将周边地方不断带入流动地理之中,形成全球化中的一个功能城市地区。这与超越区域范围的经济全球化有关,已经成为全球化进程在地理景观上新尺度的结晶(Scott,2001)。因此,全球城市演化表现为独特的空间扩展过程。

8.1.1 特定涵义

全球城市演化中的空间扩展,与传统意义上城市发展通常伴随的空间扩展现象是截然不同的。我们首先要明确和把握全球城市空间扩展的特定涵义。

传统意义上的城市扩展是指基于地点空间的城市边界扩张或市域物理规模扩大,其主要驱动因素是城市的资本积累与集中(Tilly,1992)。这种资本积累与集中程度的变化,与每个历史发展阶段的主导生产形式有关。从这一意义上讲,每个历史阶段都有其主导生产形式的特点、其相关的集聚经济方式和其占主导地位的城市形态(Kloosterman and Lambregts,2007)。前工业化时代(约 1500—1750 年),大多数城市经济主要基于农产品交易(Phelps and Ozawa,2003),并由此形成主要的资本积累。由于当时主要取决于企业内部的规模报酬,从而呈现较低资本积累而高度资本集中的局面,导致相对较小的城市群或城市,首位城镇成为占主导地位的城市形态。工业化时代(约1750—1975 年),大机器生产促进经济增长向更高水平发展,分工深化(公司内和公司之间以及部门内)和资本集约化成为城市经济增长的主要来源,资本积累水平明显提高。随着内部和外部规模报酬的增加,公司平均规模越来越大以及城市平均规模不断增大,突出表现为城市边界扩张或市域物理规模扩大。进入后工业化时代(1975年至今),服务经济占居主导地位,尤其是商务服务发展成为城市的一个关键部门。高度复杂形式的知识和信息处理日益成为商务服务及许多其他当代经济活动的核心,当地劳动力的"知识处理技能"日益成为经济中非常稀缺的重要资源。在这种情况下,企业和供应商受益于空间聚类,提高对这些不同战略资源的可及性,从而构成强烈的协同定位动机。这种产业与企业的高度集群倾向,某种程度上也导致城市边界扩张。

但与之前不同的是,在全球化进程中,商务服务部门逐渐开始在全球经济中发挥至关重要的协调和支持作用,并与世界其他地区相联系的经济扩展与强化密切交织在一起。虽然交通和通信技术进步并没有消除一些重要商务接近的需要,但可以使公司在日益遥远的市场销售其产品以及开发低成本投入来源。这类企业活动日益增加和高度集聚的城市,随之嵌入到各种全球网络交换中。这些动态互利经济关系的本地网络与区际竞争和交换的全球网络之间相互作用,强烈服从于收益递增规律,不仅打开了消费和生产的新领域,也为先进城市经济开辟了新的可能性。更为重要的是,其日益形成密集的城市节点。在此过程中,一些城市作为"重要空间节点"被赋予最好的表现,成为占主导地位的全球城市形态以及当今全球经济的"引擎"(Scott, Agnew, et al., 2001)。与以往不同的是,全球城市的空间扩展,主要涉及其功能与其他城市及地区的关系,即一组相互依赖的节点以及这些节点之间的交互模式,例如通勤、投资、购物、贸易(Berry, 1964)。从本质上讲,这不是一个城市物理边界扩张问题,而是基于地点—流动空间的城市网络化功能的区域性扩展,从而是一种超越城市自身的特有现象。

按照Castells(1989)的理论起点,一般空间形式与社会中占主导地位的社会组织有着千丝万缕的联系。换言之,如果出现一个新的社会组织,那么新的空间形式随之而来,从而诞生一个全新的"空间逻辑"。从这一角度讲,全球城市空间扩展作为一种新的"空间逻辑",必定有新的社会组织在其中起重要作用。这一新的社会组织,主要是服务经济中占主导地位的知识密集型服务企业组织(KIBS),其企业策略在全球城市演化的空间扩展中发挥着关键性作用。这些企业策略可以被视为起因于一系列的紧张关系,其中之一是"区位紧张(locational tension)"(Hoyler and Pain, 2001)。城市中心位置,由于更易接近客户、更多的人力资本可及性和基础设施(交通)便利、相关专业服务配套,以及富有名望的地段及其办公大楼作为投资资产的一种形式,有更好的机会转租(空闲)办公空间,接近便利设施和城市环境的吸引力(包括社交机会)等,对知识密集型服务企业组织具有强大的吸引力,显示了一个"集群效应",但由此成为"寸土寸金"的商家必争之地,也带来了"区位紧张"。另外,城市中心区位尽管优势相当大,但也有一些劣势,如交通拥堵、办公室员工食宿成本高、缺乏员工和客户的停车位等,从而存在一些可能促进离心力的倾向。因此,知识密集型服务企业在竞争压力中,通常把区位作为成本管理的一个重要维度。

由于新的信息技术运用,基于大型办公室的知识密集型服务企业也显著改变了其组织和空间结构,导致一个复杂、分层、多样化的组织结构,具有根据时间、地点和活动领域的可变几何尺寸的特点。就空间结构而言,这些公司经历了一个同时发生的集中化和分散化的双重过程。集中化,意味着服务活动的大都市化或强化企业核心决策位于主要中央商务区(CBD);分散化,意味着服务活动向外延伸或将一些常规、后台的办公操作移向郊区或更远的地方,其覆盖不同尺度空间层次。正如 Cochrane 和 Pain(2000)指出的,新型的服务经济生产形式在经济全球化背景下的实际操作,使人员、信息、商品和金融流动在城市之间得以延伸与加强,跨越了国界和大陆,也转变了城市地区。

尽管知识密集型服务公司有一些共同的基本特征,但也存在着巨大的多样性,而且在其内部及相互之间也有很大的差异性。因此,这种集中化或分散化过程是根据不同类型办公功能及其在公司层次结构中的地位而差异化进行的。一些知识密集型服务公司可能有更多分散化倾向,而另一些公司可能受到更大劳动力市场"空间刚性"的"惯性"影响而有更多集中化倾向。其结果,并不存在"大规模组织"的普遍组织空间逻辑。这种既不是集中化也不是分散化占主导地位的复杂过程,导致复杂的地域发展过程,把大都市地区转换为"多功能、多核空间结构"。但重要的是,在所有公司内,不管其实际区位在何处的各种办公室功能(从主要办公室到后勤办公室),通过经由信息通信技术基础设施的"通信流"手段(即信息流动),都必须是相互关联和相互连接的。在其背后,存在着所有知识密集型服务公司的共同逻辑——营利的商务逻辑(Sokol,2004),其对公司、组织、员工和地方的经济命运是至关重要的。这实际上揭示了超越城市边界的空间扩展所具有的内在功能连接。这种经济地理的考察,通过包含"价值网络"的棱镜,也许会取得更多的成果(Smith,Rainnie, et al.,2002)。由此可见,随着全球城市日益参与全球系统的经济交易和金融流动,强烈的全球—地方交互产生了建立城市行政边界交叉的新功能关系,使理论和实践上的"类别"(城市)变得过时(Castells,2007),从而要求我们把城市作为地区现象(Scott,1988)。

从这一内在逻辑看,全球城市的空间扩展已超越把平均密度或城市规模作为一个空间相关因素,改变了城市空间扩展基于资本积累与集中的动力学,把经济全球化的驱动力列为核心因素。也就是,经济全球化赋予全球城市在发达的、知识密集型的商务和专业服务的相互连贯流动中的一个关键角色,使其成为全球生产网络中生产和贸易的节点。同样,这个角色也赋予给了扩展的城市地区。正如 Hack(2000)所阐述的,这些空间单位将郊区及围绕全球城市中心商务区的城市合并进来。这些地方的活动可能包括更广泛的全球经济力量,构成全球经济的空间节点。因此,全球城市演化中的空间扩展,是一个新功能关系扩展的空间过程,其不受物理边界限制而变得具有可持续性,具有更大空间扩展的可能性,并在空间扩展中将保持和增强经济活力。

在全球城市空间扩展过程中,全球城市关系的两个关键特性(尺度改变和复杂性)起着关键作用。我们知道,当代城市的全球经济关系变得越来越由与组织网络形式相关的连接性和流动来表示。那些更复杂和更强烈融入全球范围服务网络的城市,被赋予与邻近有互补角色和功能的城镇和城市的复杂关系(Pain and Hall,2006)。由于生产者服务网络是一种灵活结构,在其中的人员和知识动态流动,它们在不同尺度上使用城市来战略性参与市场竞争,从而被生产者服务网络赋予的城市关系是多标量和流动的,它们由市场和跨国、动态的组织运作所决定的。因此,全球城市空间扩展可以在不同网络组织的交叉尺度下展开,或者说,同时具有不同的地理尺度。而且,这些地理尺度是很难定义的。在实际过程中,全球城市空间扩展程度会有所差异。一些全球城市空间扩展可能完全是通过全球尺度的生产者服务网络与邻近城镇和城市交互在一起;另一些全球城市空间扩展较少被赋予全球服务网络集成,则更多通过国内和地区尺度的服务网络与邻近城镇和城市交互在一起。然而,在所有情况下,全球城市空间扩展不被自然边界所定义,其城际关系都与现有区域行政和政治单元边界不相一致。

8.1.2 分析范式

如前所述,全球化及其知识密集型服务企业策略驱动是全球城市空间扩展的内在动力,那么,全球城市空间扩展又是通过什么样的作用机制来实现的? 对此有不同的解释,背后涉及不同的分析范式。

传统基于地点空间的城市空间扩展,已有一种比较成熟的分析范式,即集聚外部性,也称为"空间约束外部范围经济"。其通过城市集聚收益与成本的动态平衡,解释了自身城市规模扩展及其边界。但由于按照传统集聚理论的解释,城市集聚外部性局限于城市边界,显然与全球城市空间扩展意味着功能在更大空间尺度的覆盖和完全超越城市边界是背道而驰的,从而不能用来解释全球城市空间扩展的作用机制。

然而,尽管全球城市并不是由规模大小来定义和衡量的,其极端案例是一些特大规模巨型大城市并不一定是全球城市,但不可否认相应规模仍然是全球城市及其功能的重要基础之一,基于地点—流动空间的全球城市空间扩展,仍不可避免地涉及城市规模问题。因为全球城市外部网络连接及其功能,与其集聚外部性是密切相关的,而集聚外部性基于城市规模的临界点。从这一角度讲,全球城市要求具有最低限度的城市规模。当然,最低限度规模只是理论上假设,并没有统一标准,视其不同类型及节点功能大小而异。更为重要的是,全球城市由于大量全球功能性机构(公司)集聚,本身也具有明显的城市集聚外部性,构成其运行的基本要件之一。当然,这种城市集聚外部性并不是全球城市的特有属性,一般大城市也同样存在。因此,我们还得首先从集聚外部性的分析范式说起。

一般来说,城市规模越大,这种集聚外部性存在越多(Melo, Graham and Noland,2009)。因为有更大的投入市场、更大的劳动力池、更好的基础设施与公共设施和更专业的商务服务,更好的供求之间匹配,基于庞大内部市场的更为稳定和更低的运输成本(Siegel, Johnson and Alwang, 1995),更多的大学、研发实验室、行业协会和其他知识生成机构(Isard, 1956),良好的信息传播和消费环境(Glaeser, Kolko and Saiz, 2001),以及不同行业经常混合刺激不同思想及其应用的生成、复制、完善和重组,更多面对面接触机会以及对城市创造性需求的保护(Frenken, Van Oort and Verburg, 2007)。因此,大型、密集和更多样性的城市,作为一个整体大规模运行,带来成本降低、输出增强以及企业和家庭的效用收益。根据 Duranton 和 Puga(2004)的观点,有三个主要潜在渠道使企业和家庭可以受益于共存的城市:共享、匹配和学习,其可以被视为传递给企业和家庭的外部经济。虽然仍不能确定小城市是否为企业和家庭提供潜在的成本节约,但企业和家庭对通过大城市所提供的集聚收益是敏感的(Erickcek and McKinney,2006)。正因为如此,呈现集聚效益成为许多当代城市动力学潜在驱动力的重要性,新经济地理学理论模型(例如 Fujita, Krugman and Venables, 1999)也从而倾向于预测大城市发展。这对于全球城市作为一种物理形态来说,也同样如此。当然,集聚也有成本,特别是基于大规模物理边界扩展的集聚将大幅提高其成本,带来一系列"大都市病",例如交通拥挤、中心区域地段的激烈竞争、环境污染和犯罪,以及社会问题发生范围更大意味着难以被轻易控制。有证据表明,小城市有一个更大的内生能力来保持这些社会、经济和环境成本处于控制之下(Capello and Camagni，2000)。在动态过程中，这种城市化不经济与其绩效负相关，甚至会达到集聚成本超过其收益的地步。一旦到达这一临界点，城市扩张成为不可持续，是一个城市进入(终点)衰落和瓦解阶段的信号。按照 Mumford(1938)的说法，这是一个夸张规模的城市，意味着城市发展的最后遗迹。Gottmann(1961)虽然没有坚持 Mumford 的不可持续相等于不可逆死亡的观点，但也明确指出，特大都市确实站在新的生活方式的阈值上，这些问题的解决方案将依赖文明的生存能力。

一些学者已经发现，集聚外部性似乎可以较好解释城市系统发展，但无法解释当前人口和经济增长的动力(Glaeser and Kohlhase，2004)，特别是对于成熟、发达的城市系统(Partridge，Rickman，et al.，2009)。Dijkstra、Garcilazo 等人(2013)甚至认为，至少新世纪以来，大城市的城市化影响在前欧盟 15 国，同样也在世界其他地方，不是主要的经济驱动力。显然，集聚外部性更不可能解释全球城市发展的动力，也无法解释全球城市空间扩展的作用机制。既然如此，我们为什么还要谈及集聚外部性的城市规模呢？因为现实中存在着城市规模与城市功能之间(积极)明显分离的可能性。这就引出了借用规模的分析范式，即一些城市可以从另一些城市"借用规模"，呈现城市规模与功能之间动态非对称性，即城市功能超出其相应的规模；或者相反，一些城市从另一些城市中获得集聚阴影。这一分析范式可用来解释城市功能通过借用规模超越其城市边界的可能性。

Alonso(1973)提出的"借用规模"概念，是用来解释作为特大城市综合体一部分的小城市在规模与功能之间的分离，即"借用"了较大邻居(城市)的一些集聚效益，同时避免了聚集成本。这种当地优势(如低租金和减少交通堵塞)与通过商业交易和交互而来的附近大城市优势(获得相当大的市场、商务服务和知识、更大和更多样化的劳动力市场和诸如文化等消费设施)之间的互补，是借用规模的本质(Phelps，Fallon and Williams，2001)。接近于大都市或在大都市地区运行的小城市比孤立的小城市发展更好，很大程度上是由于前者对集聚效益和成本的出众平衡。当然，集聚收益和成本之间的平衡因地而异(Camagni，Capello and Caragliu，2013)，这促进形成行业位置模式(Polèse and Shearmur，2006)。因此，在同样的规模尺度下，毗邻大城市的小城市比不毗邻大城市的小城市对行业更有吸引力，其可能是从大城市影响较大的"挤出效应"过程中获利，导致那些对工资和土地成本比较敏感的中端、广泛空间性的产业搬迁到小城市((Henderson，1997)。当然，这里有两个主要问题需要修正或完善。

第一，借用规模并不是如 Alonso 所说的一个单向过程，即小城市通过这一过程借用来自大城市的规模。实际上，小城市作为大城市周围腹地的一部分，也同样有助于大城市借用小城市的规模，获得更多种类的输入，如突出的先进生产者服务业和指挥与控制功能（Puga，2010）。而且，借用规模更经常发生在大城市，尤其是那些构成多中心大都市实体一部分的大城市，其借用规模的几率在某种程度上比其中的中小城市显著较高。因此，借用规模是一个双向过程：不仅小城市通过这一过程借用来自大城市的规模，而且大城市也可以向小城市借用规模。从更宽泛的意义上讲，同等规模尺寸的小城市或大城市彼此之间，也可以互相借用规模。

第二，借用规模效应并不像 Alonso 所说的只发生在邻近城市的地理尺度上，或基于城市地理邻近和/或可访问性。借用规模得以发生的地理邻近和/或可访问性，并不是无处不在的，有相当大区域局限性。Polèse 和 Shearmur（2006）认为，大城市区域内的小城市与周围非城市地区内的小城市之间的差异会越来越不明显，从而借用规模效应将延伸至更大的区域尺度。更重要的是，通过地理邻近和/或可访问性，有可能促进借用规模，但不是必然的。因为在任何情况下，周边城市的存在并不会自动刺激借用规模过程。借用规模效应的发生，本质上取决于城市间的交互过程。相比其真正的交互，借用规模很少是邻近或可访问性的产物。也就是，地理邻近和/或可访问性只是借用规模效应的必要条件，城市间的交互过程则是其充分条件。借用规模或意义不再依赖城市之间的物理接近，而是嵌入在多中心城市区域内和彼此之间包罗万象的网络中，通过企业关系、市场渗透以及信息和通信网络（Hesse，2014）。因此，要从网络视角度来看这种"借用规模"现象。

当我们把借用规模纳入网络框架时，自然而然引出了另一个重要分析范式，即"城市网络外部性"（Boix and Trullen，2007）。这一概念捕捉到了网络效应及其日渐作为地方连通性的重要性，强调城市网络中的交互可能会在由这些网络连接的地方绩效上发挥作用。这一范式背后的逻辑是：城市空间组织的操作，对理解其效率、增长、要素生产率及有时对理解专业化是根本的（Capello and Camagni，2000）。从这一角度讲，将有助于把全球城市空间扩展置于网络连通性基础上予以解释。但有一点必须注意：对于一些城市功能，网络连接是无法替代当地规模的。尽管大城市尤为能够利用网络连接，但网络不能代替所有类型大都市功能的接近（Meijers and Burger，2015）。因此，用一般的网络经济替代集聚经济的命题（Johansson and Quigley，2004）来揭示全球城市空间扩展的作用机制，可能仍存在一定的缺陷。

可见，上述三种分析范式，即外部集聚性、借用规模和网络外部性，既有联系又不相同，分别用来解释全球城市空间扩展的作用机制均有缺陷。因此，我们不是在三种范式中挑选其中一个，或用一种范式替代其他范式来解释全球城市空间扩展的作用机制，而应该吸取其合理内核，通过修正整合为一种新的分析范式。也就是，把城市集聚外部性扩展到超越城市边界的借用规模效应，对借用规模效应通过上述两个重要修正将其纳入网络框架，从而构成"网络化功能交互外部性"。我们将其定义为：在一个多个空间尺度城市网络中通过功能交互而"共享"或"借用"的城市功能或绩效水平。这意味着外部经济并不局限于一个城市核心或边界，而是在一些网络交互中通过功能集成而彼此借用规模，在不同尺度网络中实现集聚经济中的共享、匹配和学习效应。

8.1.3 作用机制

下面我们用"网络化功能交互外部性"这一范式来解释全球城市空间扩展的作用机制。

首先，全球城市空间扩展是一种网络现象，其建立在城市网络基础上，并不保留在一个城市周围的一定区域。只有在此基础上，基于网络的城市交互，构成借用规模的衡量以及实现机制（Phelps，Fallon and Williams，2001），才能使全球城市与其他许多不同类型城市之间彼此借用规模，在城市网络中"共享"集聚外部性，导致其空间扩展。全球城市空间扩展过程，从大都市到全球尺度上发生网络交互，而不同的集聚外部性可以在不同尺度网络中借用与共享。

其次，这种城市网络交互不是一般的连接性，更注重于功能集成作用，其对借用规模具有正效应。因为一般的网络连接既有积极效应（借用规模），又由于竞争的过程有负面效应，即所谓的"集聚阴影"（Krugman，1993）。当两个或两个以上的城市构成相同功能城市地区的一部分时，它们之间形成最强程度的功能集成，比那些只是适度或弱集成的城市表现更好。相反，在缺乏强有力功能集成的关系中，其连接性对其他城市则有更多的聚集阴影，甚至占据主导地位。换言之，城市之间更强程度的功能集成，可能覆盖竞争的负面影响，减少聚集阴影。因此，全球城市空间扩展作为其功能在不同空间尺度的覆盖，重点在于通过网络交互的更大程度功能集成或功能交互。只有这样，才能形成借用规模支配聚集阴影的正面过程，而不是聚集阴影主导的负面过程。否则，将出现集聚外部性不能更好共享与借用的局面，严重削弱全球城市空间扩展的内在动力。

再则，城市的借用规模效应大小，可以归因于其在城市网络中的定位。一个在网络中处于有利地位的城市,可能被允许其"借用规模"(Alonso,1973),通过这些来自其他城市的网络,这一城市可能补偿其相对不足的规模或集聚,并被很好地嵌入城市网络。然而,这里还要进一步区分嵌入什么样的城市网络,地区网络还是国内网络或世界网络。嵌入不同网络的城市,其获得借用规模效应是不同的。Burger、Meijers 等人(2015)发现,一个地区中的最大城市通过地区和(国际)国内网络比其他城市能较好地借用规模,其原因是集聚经济比集聚不经济更强,吸引了全球互联地区的所有活动在其核心。也就是,世界和国家网络的连接对城市功能存在有积极贡献。就城市良好连接的意义而言,嵌入世界和国内网络的城市允许更好地借用规模,具有更多的大都市功能。而嵌入区域网络的城市,其借用规模有限,不转化为更多的城市功能。因为与世界和国内网络相比,强劲的区域网络嵌入性通常使某些城市功能形成竞争效应,导致区域范围内的聚集阴影主导而不是借用规模效应主导。当然,更大的连通性和进入更大网络的好处,也可能让企业和家庭产生激烈竞争(Meijers,Hoekstra et al.,2012),从而蒙受更多聚集阴影。

当然,对于处于网络体系中的城市,有可能同时嵌入区域、国内和世界等不同网络。但对于全球城市的空间扩展过程来讲,首先以嵌入世界城市网络为主导,同时其功能对不同地点空间尺度进行覆盖。这是区别于一般城市区域的重要标志之一。也就是,全球城市以及其他相关城市将主要嵌入世界网络及其国内网络而借用规模,转化为更多的城市功能。当然,其也通过区域网络而借用规模,而这种区域网络往往是在世界网络的主导和支配下发挥借用规模作用的。从这一意义上讲,全球城市空间扩展嵌入于不同尺度网络而借用规模,使其能够获得更多的全球城市功能。事实上,情况更为复杂。许多城市分别嵌入不同尺度的网络,同时又位于不同尺度的空间地区,既在全球城市内,也位于全球城市区域或巨型城市区域等。因此,在全球城市空间扩展中,许多城市具有多重尺度上的关系,有不同层次的功能集成。在这当中,完全可能出现在这一层次上功能强集成而在另一层次上功能适度或弱集成,或者与一些城市强集成而与其他一些城市适度或弱集成。这就构成了全球城市空间扩展过程中的不同空间结构。

8.2 空间性过程的演化态势

全球城市空间扩展表现为其功能的不同层次扩展,即全球城市过程、全球城市区域过程和巨型城市区域过程。这一扩展同时覆盖多个层次,从而三个空间过程属于并存关系,但其主导性不同,且是变化的,因而从时间维度讲,这三个空间过程主导性具有依次演化的顺序性。其中,后一空间过程可以被解释为前一个空间过程的延续和发展。全球城市空间扩展三个过程演化态势体现了全球化世界空间配置的要求,是一个重大的城市空间转型。

8.2.1 全球城市过程

全球城市过程主要是指中心城区功能向郊区扩展并形成网络城市的空间扩展过程。这一过程与 Berg、Klassenn 等人(1982)再城市化理论描述的四个阶段演进有点类似,但其核心点不同,即全球城市过程是一个网络化城市过程。

与任何事物的演化一样,基于全球城市崛起的路径依赖,其出发点是源自单一中心城(区)及其周边为郊区而构建的传统城市空间。从历史上看,所有全球城市最初都是从中心城"发迹",然后以中心城为轴心向周围蔓延式扩展。生产活动的全球分散化,需要许多协调和一整套专业支撑活动(生产者服务)以及高标准的生活质量。这些战略制高点的特殊要求,产生了特别有益于大城市的强劲、普遍的集聚经济。这些基于跨国公司总部和先进生产者服务公司、(国际)可达性(包括物理和虚拟)和生活质量的城市,处于一个新兴全球中心位置。在这个场景中,全球化导致资本积累与集中水平激增的双重运动,转化为趋向于一个非常大的具有多个经济中心引力的城市综合体,其中包括一个专注于高端全球服务空间集中的中心城区。这种单中心、单核的城市空间结构,与Berg、Klassenn 等人(1982)再城市化理论描述的第一阶段(城市化)以中心城主导是大致相同的。

然而,全球城市功能网络化连接的要求,与这种单中心、单核的空间格局根本上是相悖的。这种形式的中心城区高度服从于全球市场供求变化的投入(劳动力和资本)要求,把低附加值活动排斥在外。这种扩张导致有限的分散化,如所谓商业活动的"市郊化"、公司组织分散化,即总部从大城市搬迁到郊区(Florida and Jonas,1991)和"边缘城市"地方分散化(Hall and Pain,2006),等等。早在20世纪80年代,西方发达国家的全球城市就出现企业复合体(总部和先进生产者服务公司)从传统中央商务区(CBD)"迁徙"或"转移"到城市边缘地带。这种曾一度被视为进入城市的扩张过程,被描绘成第三次分散化浪潮,随之而来的是城市区域的住宅和工业分散化。这城市扩张过程,与Berg、Klassenn 等人(1982)再城市化理论描述的第二阶段(郊区化)以及第三阶段(逆城市化)相类似,即人口和土地集约利用的重心移动到郊区位置,而中心城区仍然充当就业的核心；随之大都市往往分成许多城市中心，其中一些是位于城市边缘的中心（Johnson，1974）。但在 Berg、Klassenn 等人（1982）描述的这两个阶段中，大都市会失去其紧凑节点结构，中心城区倾向于人口和就业下降。为了对大都市分裂结构进行补救，从而进入第四阶段（再城市化）。自 20 世纪 80 年代末以来，许多欧洲政府采用"再城市化"策略，旨在复兴其原已建成的城市核心成为功能集约的高密度"紧凑城市"（Shachar，1997）。

显然，这与全球城市过程本质上是完全不同的。全球城市过程的分散化，是适应不断变化经济的一个组成部分，而不意味着中心城区的死亡。尽管分散化模式具有多样性，在很大程度上与其历史传统、地理条件、发展基础等因素有关，但其共同的结果，是使大城市地区的郊区网络发生重大变化，即郊区开始在经济中扮演一个积极角色（Garreau，1991），陆续涌现出具有自循环功能的郊区新城。于是，在全球城市中出现了多中心模式，其构成一个大的通勤—工作区域。也就是，其本身被视为一个系统，即基于多中心、多核空间结构的网络城市。在全球城市过程中，形成由中心城区与郊区新城构成的网络城市，有两个主要依据：一是社会正在朝着基于网络而不是基于区域关系的方向发展；二是全球竞争倾向于更大的城市而不是小城市。因此，这是一个为适应全球城市日益扩张的网络化连接要求，基于其自身经济组织逻辑的全球城市空间性扩展过程。

在全球城市过程中，其空间性扩展是通过极化和扩散之间的相互平衡（Myrdal，1957）以及"借用规模"作用机制来实现的。经济租金的概念是极化和扩散之间平衡形成的最好解释，即由给定的城市功能/活动支付给当地"生产要素"的需要，允许其在当地经济中运作。最常被引用的生产要素是土地、劳动力和资本，这预示着关键资源被用于生产商品和服务（Lipsey and Harbury，1992）。随着全球城市中心城区的生产要素趋于饱和，在经济租金作用下，不断强化扩散过程，导致极化（回流）效应将被扩展（涓滴）趋势所取代。其主要假设是，扩散效应是生产要素不断减少的产物，其中最重要的递减效应次序是土地、劳动力和资本。当给定的生产要素发生短缺时，无法支付其日益增长经济租金的城市功能趋于向下涓滴。这将产生两大影响效应：一方面，为进入中心城区较高门槛的活动创造了新的机会，主要是信息、知识部门，随之而来的通常是增强当地预期回报的供给，导致中心城区的经济、文化和社会持续升级，形成其在世界城市网络发展背景下的持久优势。另一方面，创建了一个大的外围，并作为一个新城来发展，使中心城区的经济和其他功能向一些精心挑选的郊区新城扩散，指定发展成为增长中心（Small and Witherick，1986）。也就是，这种郊区新城发展应符合成为增长中心的目标,其中大部分将演变为其直接腹地的区域性节点城市和服务中心。区域性节点城市演变成全球网络中的国家次集合(sub-anchors),要求有高的目标定位和投资的一切努力,以便允许它们从中心城吸收扩散的机会和功能。这些努力包括发展以适应高科技和先进生产者服务业的设施、多样化的地方"预期回报",这是今天吸引高端劳动职位的先决条件。当然,只有当外围发展起一个广泛的基础设施、主要的交通工具和通信网络时,这一过程才将是有效的。

因此,全球城市过程中的饱和度和扩散,与中心城经济基础和预期回报迅速升级相联系,并不是削弱中心城区的主导地位(其中包括许多全球城市的地位),而是通过疏解无法支付其日益增长经济租金的城市功能实现功能升级,进一步推进中心城的功能优势,保留其在扩大经济、文化和社会结构中的主导地位。与此同时,通过扩散的回流影响,形成二级城市核心,其表现为增长中心/增长极,将简单的中心—外围结构逐渐转变成一个多中心、多核结构,趋向于一个城市网络。

在这种城市网络中,彻底改变了原先占主导地位的城市中心似乎具有所有功能,在规模和功能之间形成紧密联系的状态,呈现规模与功能之间的明显分离,从而为不同中心之间的借用规模提供了可能性。也就是,更加多中心的城市结构可以在集聚优势和集聚劣势之间提供一个更好的平衡,对全球城市绩效有直接和积极的影响。只有这样,方可用"借用规模"来解释边缘城市或郊区地方的经济发展(Phelps, Fallon and Williams, 2001)。Partridge、Rickman 等人(2009)发现,小城市人口增长与接近一个较高层级的城市中心是正相关的。尽管这些小城市面临空间的竞争效应,但它们同时取得使用其较大邻居集聚效益的机会,可能导致更快的增长。

8.2.2 全球城市区域过程

全球城市空间性扩展趋势并没有因其边缘的新中心建立而停止,而是在此基础上突破城市边界,进入全球城市区域为主导的过程,即全球城市与周边城市高度功能连接与集成,使全球城市区域成为全球化经济的空间节点。

全球城市区域过程,背后的驱动力与全球城市过程基本相同,即经济全球化。如果有些细微差别的话,主要表现为更基于 Storper(1997)在《地区世界》中描述的全球化第二种可能性机会。为了在低工资竞争的冲击下生存,同行业的公司必须在不仅是价格的诸多方面进行竞争,其产品必须在技术或创意方面具有特殊性,从而在可持续的基础上保持领先于竞争对手。因此,它们需要在特定环境中不断创新繁荣,实行公司垂直分离,即不同的公司功能进入不同区位的物理分离。这将导致区位功能专业化,一些区位擅长于生产,另一些区位擅长于配送,还有一些区位则是总部活动。实际上,城市也许围绕这些专业化功能正在形成新的产业集群(Duranton and Puga,2005)。在那里,企业、教育和其他机构不仅嵌入密集的交易和非交易的相互依赖网络中,而且在空间上集中(Boschma,2005)。特别是,创新生产的地区世界有其自身的集聚逻辑:基于较窄的"本地化经济",其主要从属于一个特定行业,由此导致分散化的多中心。然而,这一分散化的多中心突破了城市边界或大都市空间范围,跃上一个空间尺度的台阶,即存在于相关的区域尺度中。在这种情况下,全球城市有可能在其异常强劲的全球多部门网络连接基础上进入到一个功能多中心大城市地区过程。事实上,现阶段全球化的最显著特征是将世界各地的城市区域作为全球生产网络当地锚固点,形成所引领的全球范围内"产业都市集中"的扩张和扩散(Soja,2000)。

全球城市区域有一个可变的几何结构和地理的功能性定义,被描述为一系列 10 至 50 个物理上独立但功能网络化的城市和城镇之间,围绕一个或多个中心城市的大集群,以一种新的功能分工吸引巨大的经济实力(Hall and Pain,2006),或"城市及其周边郊区腹地的综合集成"(Florida,Gulden and Mellander,2008)。迄今为止,全球城市区域过程可以在发达国家和发展中国家被观察到(Phelps and Ozawa,2003)。Scott、Soja 和 Agnew(2001)首次列出了世界上 30 个全球城市区域,其有显著差异,从由强大发达核心主导的大都市城市群,如伦敦或墨西哥城等,到更多的像任仕达多中心的地理单元。但不管怎样,全球城市区域被认为是 21 世纪信息/创新驱动型经济和全球化愈演愈烈背景下人类发展的关键性空间组织。Scott 等人(2001)甚至认为,当代全球化条件下出现的新城市形式是全球城市区域,而不是世界经济增长节点的全球城市。

这是全球城市兴起及其扩展到城市区域尺度所产生的一种新现象,在某种程度上也属于新地区主义范围。其实,从 20 世纪 70 年代末开始,就已经有许多人认识到区域是关键的社会空间(Ohmae,1995),区域代表唯一的尺度。在一个以各种流动和网络为特征的日益移动的世界中,传统区域的领土和标量逻辑日益受到城市和地区的"关系"方法挑战。网络地理中具有特定意义的跨国关系、连接和流动,导致空间和区域被概念化为开放、流体和自由的(Amin,2004)。空间不再被视为一个从"全球"到"地方"的嵌套层次结构形式。新兴社会空间结构不一定是领土标量,而是通过空间性流动、并置、孔隙度和连通性所构成的,出现越来越多的所谓"不寻常的地区"——因为它们不符合任何有记录的领土单位(Deas and Lord,2006)。这些区域是货物、技术、知识、人员、金融和信息运动和循环的空间,揭示了一个复杂和无界格架的连接(Allen,Massey and Cochrane,1998)。因此,我们现在可能要生活在一个"地区世界",即现代世界全球互联的基本构建模块的地区(Storper,1997),那里资本积累和治理是"在自身的利益中运用节点力量和调整网络,而不是行使领土力量",因为"没有可确定的管辖领土"(Amin,2004)。这种从属概念的荒谬尺度被连接性的概念所取代(Thrift,2004),意味着地区必须概念化为"非空间进程的中心而不是仅仅衍生"(Agnew,2000)。可见,全球城市区域过程实际上是全球经济一体化进程及其迅速促进城市化产生大型城市形态的产物,从而扩展了被外部联系所定义的"尖的"全球城市逻辑。也就是,全球城市在全球范围的外部网络化,作为全球化功能性机构运作的重要中转站;在区域范围内的内部网络化,作为城市扩张套件,其功能性经济超越传统行政边界,获取物理上分离但功能网络化的城市居住区周边腹地。

全球城市区域作为重要的新的"区域社会形态",其属性是由其外部和内部功能联系确定的(Hall,2001),因而是功能网络化主导型的。也就是,仅仅因为若干城市系统彼此区位邻近,并不意味着它们可以聚合起来形成一个更大、更连贯和更具竞争力的全球城市区域。有证据表明,英国的利物浦和曼彻斯特是相隔不到50公里的城市,作为单个城市系统,它们没有群聚效应来形成全球城市区域。因此,网络连接是全球城市区域的一个重要标志,其与距离有关,但类似先进生产者服务业通过全球化进程的节点。全球城市区域不仅是一个企业、机构和人员互联网络的空间表达,更是一个特定的使网络变得更复杂的多核构造,其被更少本地化、永远宏观地理分布和全球所界定。

我们知道,传统城市区域通常被单中心所定义,包含一个主要中心和周围若干次要中心的不同层级顺序,若干次要中心是主要中心的市场区域的一部分(Haggett,1965),从而呈现基于其市场区域规模和提供功能数目的复杂性的等级秩序(Davies,1967)。其典型代表是一个星型模式的交互,那里不同层次的中心之间货物、服务和乘客的流动是单方面的、趋于集中化(Haggett and Chorley,1967)。其中心的结节性,可以通过规模及其提供的功能范围来表示(Lukermann,1966);中心的中心性通常被定义为其重要性的一部分,可以归结于商品、服务和工作的提供超出中心自身居民的需要(Marshall,1989)。显然,在传统城市区域中,城市层次结构顶部的中心是不成比例地连接到这一"外面的世界",因为其提供了更好的可达性和高阶功能,而其他的中心更多履行区域或局部功能(Lambregts,2009)。与此不同,基于网络化的全球城市区域的显著特征,似乎不是在所有功能空间尺度上的层次结构,而是多中心空间组织。这是强调单中心的层次结构模型难以解释的现实空间(Coffey，Bourne，et al.，1998)，其原因之一是它无法处理后工业时代和全球化推动下更多固有的大都市区多中心空间组织(Kloosterman and Musterd，2001)。因此，在识别"多中心"或"多核性"作为定义21世纪的全球城市区域特征中，有一个强烈的融合观点，即形成多个中心或城市以及集聚经济的复合源，它们是同地协作并相互作用的。

　　全球城市区域形成，可以被看作是有形的、当地空间衔接过程的，更为普遍的技术、经济和监管变化，是市场力量、无名矩阵、复杂相互依赖关系的产物。事实上，城市区域不再被视为由一组资源所定义的静态地方，而是促进创新的动态安排。换句话说，作为孵化器或者说作为换向器(镇流器)，以及处理思想、人员资本和商品的流动。它可以是一个节点，但充满了有形、无形和虚拟类型的四面八方横向流动，并不遵循一个有组织的模式。因此，全球城市区域比其"周边腹地"有更多的互动性(Taylor，2001)。全球城市区域的双重维度，赋予其在基于全球流动和知识驱动经济中的一个巨大优势：不仅是知识创造、学习和创新的重点——资本主义新的后福特经济形式(Morgan，1997)，也是培育新后民族身份、增加社会凝聚力、鼓舞社会和政治动员新形式的重要网络站点(Keating，1998)。因此，这些全球城市区域正成为日益复杂和广泛的全球社会、经济和信息交换网络的核心组件(元素)，成为跨境资本、商品和服务、信息和人流动的产生、传递和接收的关键。

　　在全球城市区域中，经济外部性并不限于一个定义明确的单一城市核心；与此相反，是在一组功能连接定居点之中的共享(Phelps and Ozawa，2003)。这种"区域化"的城市外部性在 Alonso(1973)"借用规模"的基础上被概念化和描述为"城市网络外部性"(Capello，2000)、"空间域外部性"(Phelps，Fallon and Williams，2001)或"区域外部性"(Parr，2002)等，用来解释成为全球城市综合体(区域)一部分的小城市为什么会有大大高于独立性小城市的收益。这主要是因为集聚成本受城市边界的限制大于集聚收益的空间范围(Parr，2002)，所以多中心结构的全球城市区域中的城市在更大程度"借用规模"上处于非常有利的区位环境，全球城市区域中的集聚优势和集聚劣势之间平衡可能会更好(Meijers and Burger，2010)。另外，全球城市区域主要是基于一些朝着服务行业跨越一组定居点的金融和技术外部性的组合，而不是离散城镇或城市的当地尺度上可利用的技术外部性(Phelps and Ozawa，2003)。这将增强与邻近城市的互动，也可能影响集聚外部性的存在。

　　由于城市区域不被自然边界所定义——因为它们本质上是城市的人工制品：边界

向外移动或者停止,完全是由城市经济能量所规定的(Jacobs,1984)——所以全球城市区域治理存在明显的二重性,即领土治理与功能治理。20 世纪,西方国家采取大都会形式,认为这一空间治理至少在形式上仍然是可能的,甚至采用高度环接的方式使大都会有能力安排空间治理。但在全球城市区域中,这种大都会的空间治理被完全破坏了,并形成与大都会的根本区别。为克服领土和关系地理之间衰弱的二分裂,人们需要认识到政治空间是有界与可渗透的(Morgan,2007)。Jones 和 Jessop(2010)主张一种可以把握固有的多态、多维社会空间关系特征的方法,其不仅对分析跨时空连接不同领土、地点、规模和网络具有相对重要性,而且对于分析这些社会空间维度越来越多的部分或所有可能组合以及在固定时空关系的一致性都十分重要。也有学者指出,寻求把新地区主义作为一个新的制度主义范式发展,同样具有把不同社会空间关系尺度(即进行领土重组、新的区域地理、国家尺度改变以及网络社会)捆绑在一起之错(Painter,2008),但考虑到各种维度社会空间关系的程度可以被视为互补的替代品,它可以提供一个有用的实验测试台。

8.2.3 巨型城市区域过程

在全球城市区域基础上,全球城市空间扩展到更大的城市区域范围,被由网络城市中心及其周边地区组成的横贯大都市的景观所替代,形成巨型城市区域(MCR)。正如 Hall 和 Pain(2006)指出的,由先进生产者服务网络所产生的围绕主要全球城市的广泛功能区域,称为全球"巨型城市地区"。

全球城市空间扩展向巨型城市区域演化,其背后主要驱动力同样是全球连通性,其作用机制仍然是基于先进生产者服务公司及其专业人士的区位和实践活动,其连接地方进入一个流动的地理,导致更大区域范围的城市系统功能相互关联的发展。我们知道,随着全球化发展,加剧所有尺度上的市场竞争,似乎增厚和扩展了横向城市网络联系。企业越来越需要跨城市运作来保持竞争力,从而导致城际协同关系。这可能预示着从低价值、离岸、一般活动转向高技能、高收益功能的发展,反映其不同于传统低成本劳动力的市场开发。这将在更大区域空间上反映先进生产者服务产业的特定地理逻辑,其分散化和集中化是"一个球的两面"。由于先进生产者服务知识密集型的生产和交易活动,在全球城市连接中是一个关键的"锚定"(Hall and Pain,2006),所以通过功能多中心先进生产者服务网络扩张的全球连接在巨型城市区域经济动态发展中扮演着重要角色,对巨型城市区域扩张过程是至关重要的。但是,这也巧妙地由一个地缘政治逻辑所支持,即这些地点中的城市化规模和速度现在是如此普遍,新的超当地尺度的城市化正在形成,其有效运行需要经济系统和政治系统在地理上一致。从这一角度讲,巨型城市区域类型的构造变化,取决于是否有快速城市化(形式)或全球经济一体化(功能)作为构造全球化城市化的起点(Harrison and Hoyler,2014)。

全球城市演化的巨型城市区域过程,其重大意义在于:它用21世纪全球化最先进的元素来进行构造的逻辑,寻找后国家空间/标量来解决全球化的资本积累和组织国家(之间)的空间经济,构成全球化的新的城市形态,快速"成为全球和地区经济的新引擎"(UN-Habitat,2010)。由欧洲区域发展基金支持的2003—2006年欧盟"Polynet"研究项目,通过严谨研究区域增长现象与西北欧洲活跃在金融和商务服务领域的全球网络化城市的高度相关性,揭示了城市互连的复杂网络,特别是由先进生产者服务网络所产生的围绕9个欧洲主要全球城市的广泛功能区域,即全球巨型城市地区,并通过巴黎和伦敦的案例研究为其提供了经验证据(Halbert and Pain,2009)。从发展趋势看,全球城市空间扩展将进入巨型城市区域过程主导阶段。Florida(2008)断言,更大、更具竞争力的经济单位——巨型区域——取代城市成为全球经济的真正引擎。世界上最大的40个巨型城市区域,只覆盖了地球表面居住的小部分及不到18%的世界人口,却承担了66%的全球经济活动,约85%的技术和科学的创新(Florida,Gulden and Mellander,2008)。美国区域规划协会(RPA)认为,这是当前和将来美国的超级区域地理。为了美国在21世纪上半叶的平衡、可持续增长,在"美国2050"规划研究中开始筹划这一过程,确定11个新兴巨型城市区域作为原型。

特别要提出的是,基于全球城市空间扩展的巨型城市区域,完全有别于Perlman和O'Meara(2007)"超级都市"所描述的世界上最大城市连绵区或城市群。城市连绵区或都市群的概念,优先考虑当地社会和经济的事项,焦点在于社会再生产,由当地功能标记的连接性和流动,如日常通勤上班、购物等,与活跃的经济全球化是相分离的,不论经济全球化的总体程度以及与目前全球城市扩张相联系的经济活力。与此不同,全球巨型城市区域不只是一个长期城市化过程的新规模,而是变得越来越全球构成和集成,逐渐由流动空间支配(Castells,1989)。这是一种"地区概念的重构",其被链接到"全球环路"(Sassen,2002)。这些地区越是全球连接,越有较强的区域连接。尽管便捷的运输和网络使我们感知"收缩"的世界,但"真正的距离"仍然很重要,当然更重要的是与谁为邻。因此,地方网络连接的尺度改变、城市外部关系的发展以及后者定义和构造城市地区的方式,是决定全球巨型城市区域及其功能真实程度的关键。例如,美国东北海岸区域规划协会确定的巨型城市区域,尽管与 Gottmann(1961)50 多年前提出的大都市群处在大致相同的位置,但其外部经济关系规模则是不同的。

巨型城市区域过程除了形态集成外,还促进了在物理上独立和遥远城市的经济增长,更是一种"功能多中心"的现象,强调功能连接性,而且是全球性功能连接。这是由先进生产者服务网络关系通过一个大城市地区过程的扩展所形成的。如果只是形态上集成为一个巨型城市区域,而城市及地区之间的功能连接是惊人的软弱,那并不是真正意义上的巨型城市区域。这也就意味着并不是只要具备了交通连接(铁路与空运)、相似的经济基础、遵循大致类似的经济周期等条件,就能形成巨型城市区域。恰恰相反,城市之间只要有功能连接的发展,即使有完全不同的经济基础和运行轨迹,也能形成巨型城市区域。

全球巨型城市区域现象,是由城市和世界之间三个不同但相互关联类型的相互作用构成的。第一层面是纯粹的网络/交换品质,称之为网络层面,描述了非领土节点之间商务连接和集中过程的全球网络流动。构成节点(城市)的机构(公司)之间连接或者流动过程的交互,发生非常快,且发生在许多不同的方向。第二层面是纯粹的中心位置/集聚品质,称之为区域层面,描述了中心地区的资源吸引至中心点并进行加工处理。第三层面代表了一个城市自身内部的相互作用,称之为市政或内部层面,描述了一个城市内本身交互的水平和强度,主要是公共空间和生活两方面质量的产生和体现。其中,市政层面对网络层面有相当强劲的联系,而不是对区域层面。全球巨型城市区域的增加值创造核心机制表现为:最优化的重要资源(资本、人力和思想),通过区域层面和从网络中被吸收,在中心城市加工处理,然后释放出少量经过加工的资源返回地区,大部分资源集中在全球城市内形成一个群聚效应(临界质量),制订新的解决方案(产品、服务、专业人士)。然后,新的解决方案发送到城域网中,同时从网络接收到其他新的解决方案。全球城市汇聚来自各地的想法和创意——自己的和那些从城域网络中获得的,形成新的解决方案,通过网络层面交换价值,导致市政层面增加值的增长。

在全球巨型城市区域中,城际关系远远超出了行政管辖的城市边界和法定边界。尽管次区域的商务市场影响位于全球城市外部的办公室网络,但由于先进生产者服务网络彼此提供的服务寓于不同地理尺度,其功能关系不涉及固定的政府各级行政区域的领土方面,从而强调边界必须是"多孔"(可渗透)的(Harrison, 2011),承认地点空间纵横交错空间关系的重要性(Storper，1997)。这种边界的孔隙度，使制度政策与全球巨型城市地区提出的发展问题往往相矛盾，形成高度挑战性。然而，全球巨型城市地区的基础设施、资源和服务，包括交通和住房的全方位发展需要协调、长期规划和投资，所以跨行政边界的政策网络是至关重要的(Pain，2006)。但全球巨型城市区域现有的治理制度，缺乏超越全球城市边界的制度结构来确保在适当功能尺度上的战略规划政策合作，明显反映了全球城市治理的战略规划与全球巨型城市区域作为一个整体发展的主要困境(Macleod，2007)。由全球巨型城市区域功能空间组成的地方政府之间的利益冲突和紧张关系，并不会随区域结构变化而消失。

下篇　上海 2050

本篇运用全球城市演化原理，选择上海作为未来全球城市演化的分析案例，通过指导和支撑"上海2050"发展战略研究来检验这一演化理论的预测力。

首先，从宏观层面的全球化与信息化、经济长周期、世界经济格局变动等，中观层面的国家经济实力、国民经济安排等，微观层面的城市基因、发展水平、基础设施等方面考察影响和决定上海全球城市演化的各种变量。在此基础上，基于历史发展轨迹，把握未来发展趋势，综合运用这些主要变量及其相互关系逻辑演绎其动态过程，合成推演（推测）上海迈向全球城市的演化可能性及愿景目标，粗线条勾勒出上海全球城市的核心功能以及全球城市空间扩展过程的基本路径。最后，分析上海作为一个城市有机体在其演化过程中如何依据其战略资源及核心竞争力发挥内在能动性，以及如何应对演化中的可能性问题。

9 战略驱动力：全球化前景

"上海 2050"研究纳入全球城市的目标导向框架，意味着要将其放在未来 30 年的宏观动态背景中作为全球城市一般演化过程加以考察。正如我们在上篇演化理论分析中指出的，全球城市是全球化的特定产物，全球化进程主导着全球城市演化，是世界层面影响因子中的核心变量。未来 30 年，全球化基本态势及其进程中的新变化、新特点，直接驱动全球城市演化趋势。因此，全球化发展前景是"上海 2050"全球城市演化首要分析的内容。

9.1 全球化基本态势

全球化是一个持续的动态进程。但在全球化的经常讨论中，好像它是一个最终产品：今天所看到的是全球化过程的最终结果。相反，正在发生的事情是一个持续的过程，被作为横断面的快照进行分析（Taylor，2000）。因此，我们要从持续动态进程来研判全球化基本态势。

9.1.1 全球化之命运

当代全球化促进了各类要素和商品、服务的全球流动，在更大的全球范围内实行资源配置，从而深刻改变着世界及人类的活动。正因为如此，全球化成为人们高度关注的世界性问题。在 2008 年全球金融危机后，特别是近几年，这一问题再一次被提到关系其命运的高度：全球化或去全球化。无疑，这对于全球城市演化是一个性命攸关的问题，涉及全球城市未来发展的根基。同样，直接关系到像上海这样的新兴全球城市能否崛起。这要求我们对全球化命运有一个基本判断。

事实上，关于全球化现象的意义及其影响，一直存有不同看法。即使在全球化进程顺利推进的快速发展时期，也存在着尖锐的争论。Cochrane 和 Pain（2000）回顾了 21世纪初各种涉及文化、经济和治理的变化中社会空间关系的观点，识别和归纳了对全球化的各种不同解释。一种消极的解释是把变化中的地方—全球关系负面解读为代表了主要经济和政治利益日益增大的权力和主导地位,以及全球化空间和社会不平衡的后果,即全球化导致世界两极分化。另一种积极的解释是把全球通信扩张和正在延伸的社会空间过程视为呈现日益增长的全球经济发展最终改善一般生活条件的机会。除了这两种对立解释外,还有一种所谓"传统主义者"持有的观点,即把当代全球化简单视为原先全球权力关系的延续。言下之意,全球化既没有导致世界两极分化,也没有带来最终改善一般生活条件的机会。另外一种新兴的"变形学派"观点把全球化视为一种来自原先存在空间关系的发展,但也把信息和通信技术进步和高速旅行的影响视为需要深入研究和认真加以政策关注,从而把当代全球互动定义为一个复杂的关系和空间过程。在其中,权力很少与特定的城市和国家直接相关,而是通过网络日益扩散。这些对全球化的不同认识和理解,并非简单的学术观点之争,其背后涉及全球化的合理性或"合法性"问题,直接关系全球化之命运。

这种争论在 2008 年全球金融危机之后进入"白热化"状态。一种日渐流行的观点,是把 2008 年全球金融危机归罪于全球化的结果。其基本逻辑是:全球生产分散化过程导致了当前公司总部和分支机构地理分布分散化以及全球商品链的进一步扩张。在追求成本降低和利润最大化的过程中,这些公司利用其商品链,旨在组织价值增值的生产环节、协调各种层面的分配、采用控制资源配置的治理结构,以及促进国家和国际政策相协调的制度框架(Gereffi,1994)。然而,尽管公司网络在明显增加,但同样明显的是投资变得只是更加集中在特定国家之中及其相互之间(Driffield and Love,2005)。从这个意义上说,似乎只有一些特定国家融入全球企业网络世界,导致国家之间相对较高的极化。而且,这种利用全球商品链的产业活动经常处于不稳定,甚至错乱的状态,无法为国民经济发展打下稳定的基础。这个过程将导致全球化经济中的国家前景日益增长的不确定性(Kentor,2005)。为此,应该放弃全球化向以多国的国民经济发展为基础的国际化发展。更为严重的是,这种观点似乎被当前世界经济长期低迷态、不稳定和不确定性风险增大、世界贸易投资持续走低等所验证,并正在转换为一些主要经济体的重大战略调整及策略行为,导致贸易保护主义重新盛行,特别是过去长期引领和主导全球化的发达国家趋向内向化"战线收缩"以及呈现"逐步退出"主导全球化的迹象,从而使"去全球化"或"逆全球化"日益成为一种影响越来越大的思潮及策略行动。

这就提出了一个非常尖锐的问题:未来 30 年,世界经济到底是趋向全球化还是趋向国际化(去全球化或逆全球化)?这是一种抉择性趋向判断,有别于一般程度性或进程性判断。因此，对于这一判断，不仅是短期与长期的问题，而且涉及对全球化的学理性的基本看法。综合各方面情况，我们的基本判断是：目前出现的全球化停滞或受阻，只是暂时现象；尽管全球化带来一系列负面效应，但正面效应是主导的，尚未发现"去全球化"的作用机理；随着长周期进入上行通道及相应结构调整，未来全球化将继续深化。

不可否认，2008年全球金融危机对全球化进程形成强大冲击，导致全球化处于停滞不前的状态。从某种程度讲，这是对过去全球经济"恐怖平衡"遭受冲击的一种本能避险反应和暂时回调现象。在过去20多年的全球化进程中，各国经济进一步扩大对外开放，与国际市场的联系越来越密切，新的国际分工导致技术资金主导国家、生产主导国家与资源主导国家之间的全球资源配置格局。然而，技术、资金主导国家过度依赖高消费、高入超、高债务，生产主导国家与资源主导国家过度依赖低成本、高出超、高债权，形成世界经济循环的"恐怖平衡"。2008年的全球金融危机标志着这一"恐怖平衡"的破裂。由于这种经济上的相互依赖性日益增强，意味着局部性经济波动可能通过波及效应引发全球性经济波动，从而对各国经济形成强大的外部冲击。在应对这种外部冲击中，各国政府采取了一系列重大措施，其中不乏大量的应急"救市"政策、贸易保护政策、量化宽松政策等，导致贸易保护主义重新抬头、"货币战"时隐时现等。但我们也看到，更主要的政策基调是各国纷纷实施"再平衡"措施，如美国的"再工业化战略"和"制造回归"、德国的工业4.0，以及中国的供给侧结构性改革等。这应该视为对过去"恐怖平衡"破裂的一种回应，旨在世界市场产能过剩"出清"，建立全球化的"再平衡"。当前呈现的世界贸易增长急剧下降、贸易保护主义兴起，与其说是"去全球化"，不如说是世界经济再平衡过程中的现象。

而且，当前世界贸易增长率显著放缓也与周期性因素相关。确实，全球金融危机曾经造成2009年的世界贸易大崩溃，随后两年虽然贸易增速有所回升，但一直在3%的水平上徘徊，不及前30年增长率的一半，勉强跟上世界GDP增长，贸易增长放缓的范围广泛。这种状况甚至可能在今后一段时间里仍然延续。但从更长的历史视野来看，贸易低迷并不是新现象。在1913—1950年间，世界贸易增速明显低于GDP增速。其中，在1929—1938年的大萧条中，世界贸易平均增速则是负数。当然，目前世界贸易增速放缓背后的原因比以往更为复杂。国际货币基金组织（IMF）在2016年10月《世界经济展望》中指出，与2003—2007年相比，2012年以来实际贸易增长下降的四分之三归因于全球经济增长疲软，尤其是投资领域的不佳表现。此外，以限制性贸易政策为代表的保护主义重新抬头和全球价值链收缩同样抑制了贸易增长，导致2012年以来全球实际进口年增速降低了 1.75 个百分点。另外,贸易增长放缓在一定程度上可能还反映了过去推动贸易增长的超常势头进入了自然成熟期。[①]因此,即使贸易收入弹性(贸易增速与 GDP 增速之比)小于 1,也并不表明"去全球化"的作用机理,而更多与宏观经济不景气和复苏曲折艰难有关。

同时,我们也承认,全球化必然导致的深刻的收入再分配效应以及不可避免的外部冲击是一种消极副产品,全球化进程并不意味着给各国及其国内不同阶层带来相同的利益,利害冲突也不是不可避免。面对这种情况,各国也不可能采取同一种应对方式。对于受全球化影响的深度及各领域中的利害关系,以及国民在应对各个领域的全球化上是否达成共识等问题,各国之间会有差异。不过,虽然各国情况不同,但并不妨碍全球化带来共同利益的存在。因为全球化对世界经济发展的影响,从深层次上来分析,就是在市场经济运行的基础上,通过扩大商品和服务的跨国交换,减少生产要素跨国流动的障碍,深化国际分工,以改善全球范围内的资源配置效率。简而言之,就是通过更有效地发挥市场机制的作用在全球范围内优化资源配置。经济全球化形成大市场以及更好发挥市场机制对生产力成长的刺激作用,是任何其他因素都无法替代的。全球化通过生产要素的跨国流动,使不同国家潜在的生产要素结合在一起发挥出实际的效能,增大世界作为一个整体的生产总量。在此过程中,参与国际分工的国家均能从中分享到不等利益。全球化加速技术跨国转移,将促进各国经济结构持续不断的调整。全球化带来全球经济治理的制度性安排,对于促进当前和今后的经济制度演变具有深远影响。无论是发达国家还是发展中国家,都必须进行制度创新,优化政府管理方式。因此,尽管 2008 年全球金融危机在很大程度上干扰了全球化进程,但不会阻塞全球化发展,至多是改变全球化发展形态,使其更复杂多样化。因为全球化的本质体现了一种历史进步。各国的经济增长前景与全球化进程息息相关,都需要也必须从全球化角度来观察和思考经济运行格局,特别是未来的发展趋势。对于发展中国家而言,启动自身的经济发展必须实行对外开放,自我封闭只能陷入贫困与落后。对于发达国家而言,则需要在全球化进程中来解决发展问题。展望未来 30 年,全球化进程尚有深化空间,其推进趋势不会轻易变化。不管主观的意愿如何,任何国家都不可能摆脱全球化深化的影响,只能在全球化进程中来寻找自身的定位。

---

① IMF《世界经济展望》,2016 年 10 月,http://www.imf.org/external/pubs/ft/weo/2016/02/index.htm。

9.1.2 长周期波动性

全球化进程是在一定时空中展开的,受到共时和历时的世界发展变化(如长周期、科技革命、城市化等)的影响,从而其进程的速率、方向、深度等方面将呈现波动性、非线性的态势特征。全球化波动性,在很大程度上与世界经济发展趋势有关。其假设是:世界经济发展迅速时,全球化进程加快;世界经济发展减缓时,全球化进程放慢。因此,预测判断未来30年全球化态势,需要分析世界经济发展趋势,特别是对其产生重大影响的长周期和科技革命。

考察未来30年世界经济发展趋势,要立足于康德拉季耶夫的长周期,即50—60年为一个周期,主要分为两个阶段,上升阶段(回升＋繁荣)约20—30年,下降阶段(衰退＋萧条)约20年。长周期的波长,通常是由标志性创新技术更替及其主导产业演化所决定的。熊彼特指出,长波周期源于那些影响巨大的、实现时间长的创新活动,因此每个长周期都包括一次产业革命及其消化和吸收过程。为此,要以各个时期的主要技术发明及其普及运用以及生产技术的突出发展作为各个长波的标志(约瑟夫·熊彼特,1990)。范·杜因把长波四个阶段与技术创新生命周期四个阶段联系起来,以创新生产周期的增长、成熟、下降和引进,分别对应于繁荣、衰退、萧条和回升(范·杜因,1993)。对于熊彼特划分的前三个长周期一般都持有共识,主要是对20世纪40年代以后的长波划分有不同看法,其争议在于是划分为一个长波还是两个长波。有的认为,现在正处于第四个长周期的尾端,需要第五次科技革命来推动第五次长周期的经济增长(申银万国证券研究所,2009)。我们则倾向于认为,以"汽车、计算机"为核心创新技术及其主导产业演化的第四长波,经过1948—1966年的繁荣期,1966—1973年的衰退期,1973—1982年的萧条期,以及1982—1991年的回升期,已经结束。从1991年以后,开始进入以"数字技术及网络"为核心技术及其主导产业演化的第五长波(见表9.1)。

表 9.1　长周期的标志性创新技术

	波　　长	标志性创新技术
第一波	1782—1845 年	纺织机、蒸汽机
第二波	1845—1897 年	钢铁、铁路
第三波	1897—1948 年	电气、化学
第四波	1948—1991 年	汽车、计算机
第五波	1991—2035 年	数字技术及网络
第六波	2035—	

20 世纪 90 年代以美国"新经济"为代表的高增长以及延续至 21 世纪前 10 年左右的世界经济快速增长,为第五长波的繁荣阶段。在此阶段,数字技术及网络发展遵循摩尔定律①,每隔 11 年左右超级计算机性能提高 1000 倍(处理器芯片性能提高 100 倍左右,系统规模提高 10 倍左右)。在此过程中,第一波革命打造了互联网,第二波革命是在互联网基础上创立应用软件及服务,并在全球形成逐步完善的信息产业部门,从而在这一繁荣时期中发挥了重要作用。之后,集成电路技术遭遇发展瓶颈,第三波革命(超级"物联网")尚在不断积蓄力量,对世界经济的推动作用明显减弱。以 2008 年全球金融危机为标志,开始进入第五长波的衰退阶段,从美国的次贷危机到欧洲主权债务危机,乃至潜在的货币危机,世界经济一直处于复苏无力、经济分化、不确定性增大、风险叠加的动荡局面。预计未来一段时间将进入萧条期,并持续至 2025 年前后,之后转向回升期,至 2035 年前后结束第五长波(见表 9.2)。

表 9.2　基于长周期理论对世界经济增长的分析及预测

	繁　　荣	衰　　退	萧　　条	回　　升
第一波	1782—1802 年	1815—1825 年	1825—1838 年	1838—1845 年
第二波	1845—1866 年	1866—1873 年	1873—1883 年	1883—1897 年
第三波	1897—1917 年	1917—1929 年	1929—1937 年	1937—1948 年
第四波	1948—1966 年	1966—1973 年	1973—1982 年	1982—1991 年
第五波	1991—2008 年	2008—2016 年	2016—2025 年	2025—2035 年
第六波	2035—2055 年	—	—	—

然而,作为当前第五长波的标志性创新技术,与以往有所不同。基于工业经济的长周期,作为其核心自变量的重大新技术,是直接从制造业部门产生并应用的。正因为如此,这种重大新技术促进经济大繁荣的能量释放表现为急剧增加—衰减的特征,从而进入危机阶段后,其能量基本释放完了,导致长周期的下行压力和波动幅度较大,直至新一轮的重大新技术来替代。但现代信息技术不论在广度与深度上都具有极强的应用性,与其他技术具有高度的融合性,而且越是与其他技术融合,其应用性越强,所以其促进经济繁荣的能量是逐步释放的。据我们观察,目前数字技术及网络发展带来的产业变革潜能尚未充分释放,仍将继续发挥重要作用。未来的数字技术将朝着立体、三维微观半导体结构发展,不再仅仅是线宽的缩小,而是延续摩尔定律(More Moore)、扩展摩

---

① 即当价格不变时,集成电路上可容纳的元器件的数目,每隔 18—24 个月便会增加一倍,性能也将提升一倍。

尔定律(More than Moore)、或者超越 CMOS(Beyond CMOS),预计 2030 年前后将造出具有泽级(Zettaflops, flops)性能的超级计算机。物联网的主要发展趋势一是移动互联网超越 PC 互联网,引领发展新潮流。二是移动互联网和传统行业融合,催生新的应用模式,并扩散到物质世界的方方面面,个人生活、企业经营甚至国家管理都已虚拟化。三是不同终端的用户体验更受重视,未来将更加注重轻便、轻质、人性化的用户体验。四是与区域性创业和影响力投资(既关注效果也关注利润)等趋势融合,更加显现伙伴关系、政策和持之以恒的重要性,合作或者说合作与竞争很可能是将到来的这个时代的基本特征。预计 2030 年前后,在遍布全球的智能网中,会有超过 100 万亿个传感器将人与自然环境连接起来。克劳斯·施瓦布(2015)指出,其特点是模糊了实体、数字和生物世界界限的技术融合。它不是以线性速度前进,而是呈几何级倍数增长;它涉及的范围几乎打破了每个国家每种行业的发展模式;它产生的影响预示着生产、管理、治理整个体系的变革。

　　总之,以大数据、云计算、移动互联网为核心的新一代信息技术成为各领域创新变革的重要支撑和平台,加快生产方式、商业模式、创新范式的深刻变化。在不断壮大的数字经济环境下,接入物联网的企业能够利用大数据和分析结论形成运作模式,从而提高效率、增加生产力并大幅降低生产及配送商品与服务的边际成本,让企业在新形成的低碳的全球市场上更具竞争力。在数字化的世界,一些商品和服务的边际成本甚至接近于零,让接入物联网的数以百万计的"生产消费者"可以在越来越具有共享性的经济中以接近零的成本制造并相互交换物品。目前,在数字化时代下成长起来的一代人已经在以近乎为零的边际成本制造并分享音乐、视频、新闻博客、社交媒体、免费电子书、开放的网上大学课程以及其他虚拟商品。虽然许多传统行业遭到冲击,但零边际成本的现象也带来了一批新的创业型企业,通过其创造新的应用并建立让共享经济繁荣的网络来获取利润。显然,这将创造供给侧的奇迹,带来长期的效率和生产率提高。交通运输和通信成本下降,物流和全球供应链变得更加高效,贸易成本大大降低,所有这些要素都将打开新市场,推动经济增长。因此,数字化颠覆影响到所有交易和所有的人际关系,使产业生产更加智能化,加快向分散化、定制化、网络化的产业组织时代迈进,使商业模式不断创新,向个性化、柔性化、共享化发展,使创新范式更趋于大众化和多样化,众创、众筹、众包、众扶以及源于个体或组织的微创新不断涌现,大大缩短了技术创新周期,从而成为真正改变世界并创造巨额利润的源泉。显然,目前这种核心创新技术的进一步能量释放,是经济下行的一种对冲力量,可能使下行压力相对减弱,并减小经济振幅,形成比较平滑的下行通道。不仅如此,新一代信息技术直接为其他新技术的突破,特别是下一轮标志性创新技术的形成创造了重要基础性条件。不论新一轮世界新技术革命将发生在哪个领域(生命科学或新材料、新能源等),现代信息技术都将促使其尽快到来。然而,上述这些情况可能只是改变长周期下行阶段的表现形态,并不能根本改变长周期的内在趋势性变化,特别是周期波长及其基本节奏。

至于第六长波将在什么时候进入,很大程度上取决于新的世界科技革命和产业革命的发生。第六长波的标志性创新技术将是什么?目前还看不太清楚,带有很大的不确定性,有各种不同的猜测。这主要是因为技术发展的不可预见性日益增强,对科技进行集中预测的可能性则不断收窄。然而,一个普遍共识的是当前正处于世界新科技革命前夜,或新科技革命的孕育期。一些特征性的变化已经开始显现:(1)一些重要科学问题和关键核心技术呈现革命性突破先兆,脑科学、量子计算、材料基因组等前沿科技领域孕育重大应用前景。(2)科技创新在各个领域均比较活跃,呈现"春秋战国"发散性扩展状态,但都具有较大的不确定性,尚未呈现主导性创新技术和较明确的主导性技术路线。(3)信息网络、生物科技、清洁能源、新材料、智能制造等技术领域呈现交叉融合、群体性突破态势,并加快向现实生产力转化,推进科技与产业向"智能、泛在、互联、绿色、健康"方向发展。(4)创新要素在全球范围内加速流动和配置,多节点、多层级的全球创新网络业已形成,世界主要发达国家纷纷推出科技创新战略,谋求和巩固在全球创新网络中的中心地位,人才、知识产权、创新品牌等创新要素日益积累。

尽管预测第六长波的标志性创新技术及主导产业是困难的,但历史经验告诉我们,任何新的科技革命都是由经济、社会、民生等强烈需求拉动与技术瓶颈突破所引发的。因此,我们可以通过这两个维度来研判其可能性发展趋势。

未来 30 年,人类可持续发展的重大问题涉及以下方面:老龄化及健康需求;人口增加对食物(增加 35%)、水(增长 40%)、资源领域的需求;对各类能源的需求;应对气候变化的低碳需求;文化演进的需求;发展个性化学习的需求等。当前国际主要科学机构基于人类发展需求的科技发展预测,主要聚焦在生命与健康、地球与环境两大学科领域。对于前者,英国皇家学会提出衰老过程研究、认知与计算、外太空生命、新疫苗、干细胞生物技术等;美国工程院提出开发基因药物、对人脑的逆向工程等;美国国防部提出认知神经学、合成生物学、对人类行为的计算机建模等;麦肯锡咨询公司把下一代基因组作为未来颠覆性技术之一;中国科学院提出农业动植物品种的分子设计、干细胞与再生医学、重大慢性病的早期诊断与预防干预、人造生命和合成生物学、光合作用机理等。对于后者,英国皇家学会提出生物多样性、地理工程、温室气体等;美国工程院提出研发二氧化碳封存技术、控制氮循环等;中国科学院提出中国地下 4 000 米透明计划。

未来 30 年,高技术的飞速发展将以技术群落的形式出现,即由信息技术、生物技术、新材料技术、新能源技术、新制造技术、海洋开发技术、空间开发技术所构成的技术群落。从纵向来说,这些技术群落的共同理论基础是物质系统不同微观层次的量子理论;从横向来说,它们共同的理论基础是要素、结构、功能、信息、环境相互联系、相互制约性的复杂性科学。而从技术层面来讲,材料领域的重大突破可能是整个技术群落发展的关键。例如,量子阱、纳米管、纳米线、碳纳米球等材料技术的重大突破,储能技术的重大突破,将引起能源领域的重大变革。材料领域的突破也将导致激光加工技术进一步走向成熟,使各种微型(纳米级,甚至分子、原子级)加工技术大显神通,促进柔性制造技术、集成制造技术、智能集成制造技术不断创新。纳米材料的巨大成功,使得信息技术水平提升和使用成本下降,大大推动基于 ICT 的人工智能、数字制造和工业机器人等基础制造技术的成熟和成本下降,通过与新材料、新能源、光电等技术的融合催生可重构的生产系统。新材料还可以结合信息技术、智能制造领域的变革使生物医疗领域的微观治疗成为可能。因此,基于技术发展内在矛盾的重大瓶颈突破方面的预测,主要聚焦在纳米技术引发的材料革命上。美国国防部预测,超材料与表面等离激元学、纳米科学与纳米工艺是未来技术重点突破领域之一。麦肯锡咨询公司把高级材料作为未来颠覆性技术之一。中国科学院把纳米科技纳入未来重点技术之一。

当然,未来存在着无数的可能性,尤其是科学技术发展,其中有许多是真正可能发生的,而绝大多数是根本不可能发生的。我们这里只能推测哪些是"最有可能发生"的。但不管新一轮世界技术革命和产业革命最终将发生在哪个或哪些领域,它将给经济发展带来巨大作用,则是可以肯定的。因为历次重大技术革命和产业革命,无一例外地形成新的高增长部门,并且在原有产业部门通过提高生产力和工资;改善商品和服务的质量,同时降低价格,从而增大需求并因此创造更多职位,甚至可能带来就业机会的净增加。同时,由新技术带来的商品、服务及其价格的透明度提高、消费者的参与以及消费行为新模式的出现,也导致需求侧的重大变革。更为重要的一个技术发展趋势是带来各种平台的发展,把需求和供给结合起来,打破现有的产业结构。这将使新的竞争、权力的再分配和分散化成为可能,从而减弱政府实施决策的中心作用,迫使政府改变现有与民众接触和制定决策的方式。这最终将不仅改变我们所做的一切,而且将改变"我们是谁",影响我们的身份及与之相关的所有问题。

总之,新一轮世界技术革命和产业革命,将不仅给经济增长注入强大的新动力,而且也将极大地改变经济结构、产业结构及其劳动力市场结构,引领世界经济进入长周期第六长波。比较乐观的预计是,2035年前后将进入世界经济第六长波的繁荣阶段,并持续至2050年以后。而比较模糊的预测是,2050年之前进入世界经济第六长波的繁荣阶段。一旦世界经济处于繁荣发展阶段,发达国家在经济复苏基础上将更上一层楼,新兴经济体国家将在夯实发展基础的前提下进一步迎头赶上,而发展中国家经济将在发挥后发优势的基础上得到迅速发展,其总的趋势是全球经济扩张。因此,从"上海2050"研究的时间节点(2020—2050年)看,可能正处于世界经济第五长波与第六长波交替之中。前半期基本上处于长周期的下行通道,世界经济增长速度较低,主要在为新一轮康德拉季耶夫周期高涨期积蓄能量,并需要新的科技革命来推动下一个长周期的经济增长。后半期可能处于长周期的上升通道,世界经济将会得到长足的发展。

与此相适应,在前半期的长周期下行通道中,全球化进程将处于相对低潮期。首先,前一轮生产和主要制造业在全球范围内大规模转移趋于减缓,虽然服务业的全球转移方兴未艾,但其所产生的全球化冲击波相对较小。其次,新科技革命处于孕育期,近期难以取得突破性的进展,创新集群发生的可能性相对也较小。再则,2008年全球金融危机后,新自由主义遭到了全方位质疑,放松管制的力度减弱,国际金融体系酝酿改革,资金跨国流动的监管增强等,客观上是想把经济全球化约束在一个试图可控制的范围,从而使全球化进入相对缓慢的发展阶段。最后,经济全球化产生的双重性影响使人们在关注其红利时也更加重视全球化所带来的负面影响,要求对全球化进行管理。在我们能够找到应对全球化负面影响的有效共同对策之前,全球化需要重新思考有效的全球治理和积蓄新的能量。然而,随着世界经济进入长周期上升通道,全球化进程也将转向新一轮高潮期。经验表明,经济越是扩张,跨地区、跨国界的对外联系越是扩大,相互依赖越是日益增强。与此同时,重大科技革命带来的经济方式大变革,不仅将导致新的国际分工方式,促进资源要素的全球性配置需求和能力,强化在更大空间尺度上的合作协同,而且技术进步本身也将进一步压缩时空,为更大范围的流动与交互创造条件。这种基于全球经济扩张的经济联系进一步加强和密集化,势必促进基于更多"资源"开发的网络规模扩展。

9.2 全球化未来进程

面向未来30年,全球化作为一个展开的过程,有其独特的时空模式,将增添许多新的内容,发生许多新的变化,呈现与以往不同的新特点和新形态。我们从三个维度来预测全球化未来进程。

9.2.1 全球化程度加深

国际货币基金组织(IMF)1997 年 5 月发表的《世界经济展望》把全球化定义为"跨国商品与服务贸易及国际资本流动规模的形式增加,以及技术的迅速传播使世界各国经济的相互依赖性增强"。我们把这种"相互依赖性"进一步细分为外延与内涵两个方面,前者为依赖性覆盖的范围,后者为依赖性达到的程度。

自 20 世纪 70 年代以来,全球化浪潮席卷世界各地,外延性扩展十分迅速,其中有不少国家和地区被卷入这一浪潮之中。当然,各国经济融入全球化的程度是明显不同的,甚至有很大差异,从而呈现处于全球化核心、次核心、外围、边缘的不同分布。这在很大程度上与跨国公司网络的地理分布仍持续不成比例,投资越来越多地集中在少数国家之中和之间有关(Driffield and Love,2005)。尽管跨国公司作为形成全球生产及其一体化的基本单位,但其跨国互动的地理范围仍然有限,跨国公司网络的分布仍持续不对称(Carroll,2007),从而创建了不同国家之间的劳动分工。与此相对应的,是不同企业层级之间的劳动分工结构(Hymer,1972)。也就是,跨国公司只在少数国家集中了高层决策和先进生产,而在其他国家通常局限于低层次的生产活动和收入。这种资本不均衡地理分布凸显了其母国总部的领土权概念,因为资本的存在需要创建相对固定、安全、基本上不能移动的社会和物理基础设施(Harvey,1982)。有迹象表明,企业国际化仍受限于"少数幸福"(Mayer and Ottaviano,2007)。

Wall、Burger 和 Knaap(2011)基于全球财富 100 强(2005)[①]企业内部 9243 个所有权关系的数据集所做的实证研究,显示了这些公司网络的地理位置。很明显,其网络连接集中在北美、欧洲和亚太地区的核心区域。这些地区对其他国家外出(对外直接投资)连接性占比高达 98%,显示权力不成比例的世界分布。这些地区的进入(吸引外来投资)连接性也高达 82%,则表明世界是如何依赖这些核心地区的。全球连接性很明显地呈现一个清晰的"南北"分水岭。例如,在非洲只持有约 1% 的跨国公司关系。同样,虽然有一个清楚的"东西"连接性,但最高强度的连接性则在欧洲和北美之间的跨大西洋地区。从国别来讲,公司外出连接性只是被少数(富裕)母国所持有。其中,最为突

---

① 这 100 强公司声称占有所有 500 强公司 50% 以上总营收和 40% 的就业。此外,这些跨国公司声称,占所有经合组织收入的 27%。

出的是美国(1 192个外出连接)、德国(850个)、法国(457个)、日本(448个)、瑞士(365个)、英国(351个)和荷兰(330个),其占有全部外出连接性的约93%,表明了跨国公司总部的特定区位。进入连接性的前10名为美国、英国、加拿大、德国、法国、中国、荷兰、西班牙、澳大利亚和意大利,其占有全部进入连接性的约50%。更不均匀的是外出与进入双边连接性的分布,1%的双边连接性国家占有全部公司连接性的约45%,双边跨国连接的前五强包括德国—美国(150个公司连接)、美国—加拿大(136个)、美国—英国(112个)、日本—美国(106个)、美国—德国(84),而超过85%的国家之间没有公司的双边连接性。这反映了发达国家比发展中国家更加连接在全球系统内,即使发达国家组群内也仍有相当大的连接性差异。跨国公司网络代表了明显的权力逻辑,其对各国经济融入全球化的程度产生重大影响。

然而,2008年全球金融危机以来,跨国公司呈现新的变化,并预示着未来发展方向。跨国公司全球生产链"近岸"布局的战略调整致使全球供应链缩短,同时跨国公司通过基于模块化、集成化的分工细化导致全球价值链的"长度"进一步延伸。另外,"逆向创新"成为跨国公司的普遍战略。与以往基于发达经济市场需求进行创新性产品研发、生产,进而销往全球市场的模式不同,跨国公司越来越注重新兴经济体的崛起,并随之调整其全球价值链分布策略,将更多的创新活动转向和置于新兴经济体,然后将创新性产品再销往包括发达经济体在内的全球市场。目前已加快了一些与之相配套、连锁的产业转移,并将呈现研发、制造和营销一体化转移的态势。这种产业链的系列转移,使单个企业之间竞争演变为全球生产体系或全球产业链之间的竞争。因此全球生产网络日益密集化,其覆盖面越来越广泛。据联合国贸发会议2013年开展的一项研究显示,全球贸易中的80%属于全球生产网络内的商品贸易,并且这一趋势仍在继续发展。跨国公司的新发展,不仅预示着跨国公司全球版图的重新绘制,而且势必带来全球产业转移和一体化生产的新形态和新特点。其中,有三个重要的相关性趋势。

一是来自发达国家跨国公司与来自新兴经济体跨国公司的共生与交织,将改变传统的发达国家向发展中国家单向产业转移格局,形成双向互动的世界产业转移格局,从而导致更大规模的全球化贸易、资本流动、移民和信息交换,形成互联程度越来越强的世界和一个复杂且覆盖全世界的网络。互联的复杂性和速度将全球化带至一个新水平,并提供了令人意想不到的机会——但也带来巨大风险。二是在一定程度上弱化跨国公司网络的不对称分布,从而调整不同国家之间的劳动分工,在世界各地形成更多的全球价值链节点以及更紧密的生产网络连接。三是将使全球生产网络更加密集化,负责全球化投资贸易的主要网络节点将明显增多,而不再集中于少数几个中心。

因此,未来 30 年的全球化进程深化,尽管仍然会有较大的外延性扩展,把更多国家和地区纳入其中,但更主要的是相互依赖性程度的日益加深,更多表现在新兴经济体和发展中国家参与全球化程度的不断提高,从全球化边缘逐步走向外围,从外围走向次核心,甚至从次核心走向核心。总之,新兴经济体和发展中国家日益深度融入经济全球化,将驱动全球化程度不断深化。

9.2.2 全球化领域拓展

20 世纪 70 年代以来的经济全球化,主要是制造、金融部门的全球化,表现为大量全球货物贸易和全球资本流动及其投资。由此,也促进了国际贸易中心和国际金融中心数量大幅增加,区域分布更加广泛。根据伦敦金融城研究咨询公司发布的"全球金融中心指数"(GFCI)系列报告,国际金融中心数量已由 2007 年的 46 个,快速增加至 2013 年的 79 个。东南亚、中东、美洲和非洲等国家和地区均涌现出许多新兴的区域性金融中心。

目前,经济领域的全球化越来越表现为"非物质化的全球化"(demateriliation globalization)。其中,突出反映在两个方面。一是全球跨境数据流通激增。根据麦肯锡的报告,仅在 2013 年至 2015 年,全球数字信息流通量就翻了一番多,达到每秒 290 兆字节。到 2016 年底,再增长 1/3,这意味着全球企业和个人发送的跨境数据量比 2008 年增 20 倍。企业将更多利用数字方式订购用于 3D 打印的商品,而不是通过集装箱运输接收设备。这种新型全球化的经济价值已经显现。2014 年,资本、商品、服务和数据的跨境流通给全球经济创造了 7.8 万亿美元的附加值。其中,仅数据流通创造的附加值就达到 2.8 万亿美元,略高于全球商品贸易创造的价值(2.7 万亿美元)。这种数字经济的到来,与全球供应链缩短是同步的;全球数据流通的激增,与商品和资本贸易增长趋缓是一致的。这表明 21 世纪的数字经济已经开始瓦解旧的经济秩序,意味着全球化已变得非常不同,并朝着数字化程度更高的方向发展。二是新兴服务贸易的快速发展。全球性产业的不断升级换代和国际分工的细化使原来隶属于生产过程的服务被剥离出来进行专业化的分工和合作,新技术的运用和信息技术进一步高级化和智能化的发展也创造出很多新的服务业态和形式。随着发达国家政府试图通过科技创新来建立新的实体经济的基础,与这些新兴的科技行业伴生的生产性服务行业,比如研发分包、营销、咨询、技术支持和售后服务、专利与专门技术贸易等迅速发展。与此同时,随着现代信息技术发展,极大压缩了时空,也增强了"服务的可贸易性"。而各国公众的消费真正地进入了国际化时代,特别是中产阶层节俭消费行为将演变为一种消费驱动行为(Laermans,1993),一种新的生活方式,继承和导出为不断扩张的全球服务需求。因此,全球服务贸易将获得新的发展空间,特别是教育培训、医疗保健、文化创意、媒介、文物等新兴服务贸易发展代表着未来全球化趋势。

经济全球化的领域拓展,另一个新变化将是劳动力全球化的兴起。相比其他要素来说,劳动力要素流动受国界限制是相对凝固的,因而其全球化程度相对较低。尽管如此,与20世纪六七十年代相比,劳动力全球化的程度仍有较大提高。世界银行数据显示,在1960年,全球的国际移民数大约为7 187.71万人,而到2010年上升到21 331.64万人,大约是1960年的近3倍。尽管国际移民占总人口的比重较小,但相对集中,6 400万人在欧洲,5 300万人在亚洲,4 400万人在美国。一些国家的移民已有较高的占比,如德国的外国劳动力占14%,西班牙是17%,法国为12%,美国为16%。而且,最大部分都集中在城市。例如,阿姆斯特丹、法兰克福、布鲁塞尔等城市的外国人占人口比例在1/4—1/3之间;伦敦是21.1%;纽约是1/3;多伦多和温哥华的外国人占人口比例在40%以上(Perulli,2012)。

未来30年,在若干新因素的推动下,劳动力全球化程度将明显提高。(1)高速可靠的互联网已经对全球劳动力市场产生深刻影响,它将继续改变发展中国家劳动力融入世界经济的能力。互联网为全球信息环境提供支撑,使人们比以往任何时候都能更多地看到,更多地共享,更多地创造,更快地组织起来,促进了以低成本获得能满足21世纪经济之需的高素质全球劳动力。与此同时,一些国家正在利用信息共享来开发自己的先进能力,也将便利劳动力要素在更大范围内流动。例如,在过去由于语言和文化等分割,一半以上的移民是在同语言国家间迁移的,一旦机器翻译的质量明显提高,就意味着语言障碍不复存在,将极大提升劳动力资源的跨国流动性。(2)世界范围内教育水平的提高,促进了劳动力流动的周转率(Lucas,2003),也增大了人们移民国外的可能性。20世纪70年代以来,较之于非熟练工人,发展中世界任一地区熟练劳动力的国际移民都呈现上升态势,可视为人力资本的国际移动性日益增强的证据。尽管全球化和选择性移民政策可能放松了对熟练劳动力国内或跨国界流动的限制,但主要原因是移民可得性的提高,而非人力资本移动性的增强。(3)这些变化由于不断改变的人口结构而被放大。未来30年,世界人口将迅速增长。与此同时,人口老龄化成为21世纪的时代特征。到2050年世界老年人数目将首次超过年轻人数目,达到约20亿人,占总人口比重将达到 21%。其中,发达国家的老年人占比将高达 30%。因此,一方面,年轻人口在非洲和中东地区正在迅速增长,而这些地区面临资源短缺、经济困境和严重的社会裂痕;另一方面,欧洲以及整个北亚地区的人口注定会减少和老龄化。这在某种程度上将促使世界各地数以百万计的人口从农村流向城市寻找工作,并越来越多地跨越国界和海洋进行迁移。(4)围绕人力资源的全球性竞争,正成为所有国家实现战略目标的主要因素。人力资源的质量与国家的竞争力紧密相关,占据主导阵地的将是那些最能吸引精力充沛的人才的国家,国际竞争的主战场将转向人力资源。这种不断加剧的人力资源竞争,必将促进人力资源的全球性流动。

因此,国际移民的数量和流速已经不再主要与人口增长或人口压力联系在一起。与 20 世纪 60—70 年代不同,今天的国际移民较少与困境联系在一起,更多是全球一体化的结果(Massey,2003)。自愿在国家间移民的人群,往往来自经济迅速增长、人口出生率下降的国家,而不再是来自最贫穷、最不发达国家。同时,国际移民的模式也在发生转变,从南北移民转向南南移民(Ratha and Shaw,2007)。2000 年,南方低收入和中等收入国家移居北方富裕国家的劳动力占移民总量的 37%,北方国家之间的移民占16%,南方国家之间的移民占 24%。而且,在世界毗邻地区的国家间进行移民的趋势很强劲(通常是劳务移民),尤其表现在南南移民中。在美国,来自接壤国家的移民比例仅占 30%,法国为 20%,德国为 10%;而科特迪瓦、伊朗、印度来自毗邻国家的移民比例分别为 81%、99% 和 93%。毗邻地区间跨国界的移民,充当了发展中区域经济增长的发动机。在任一地理层次,移民都是人们收获教育、技术、投资回报的途径。旨在获得经济利益的劳动力流动和自愿移民,都趋向于经济先进地区的集聚。这种劳动力全球化兴起的影响将是十分深刻的,或许改变经济增长的面貌,特别是支撑全球中产阶层队伍壮大的机制恐怕也会随之改变。从理论上讲,全球中产阶层受益于有更多途径进入以前无法进入的就业市场,可能获得比以前更高的工资。但随着原先属于本地性高素质人群的就业岗位日益成为全球市场的争夺目标,追逐这些就业岗位的劳动力增多将对工资形成下行压力。否则,就需要创造更多就业岗位数量。在这种情况下,全球中产阶层也许会接受由全球市场力量确定的工资水平,而不是因为其工种的需求量大从而抬高工资水平。从这一意义上讲,中产阶层也将成为工资的领取者而非设定者。

上述全球化拓展主要限于经济领域,但未来 30 年,在技术、学术、教育、文化、生态乃至部分政治领域的全球化趋势也将越来越显现。例如,现代信息通信技术的迅速发展使人力资本流动和劳务流动相脱离(如服务外包等),而且这一发展趋势可能进一步增强。当然,没有证据显示这会取代熟练劳动力的流动,但通过创造人力资本与劳动力分体的可能性,现代信息通信技术进一步增加了相对于人的技术流动性。这预示着未来的技术全球化也将有进一步发展并达到新的水平。又如,学术全球化趋势。Oner、Mitsova 等人(2010)的分析表明,1991—2009 年间,城市研究与规划领域国际合著的研究文章中,国家层面的合作数量增加了四倍,城际层面的合作数量增长了两倍。国际和城际层面的合作作者网络显著增长,涉及来自各大洲包括非洲、拉丁美洲、东南亚和澳大利亚的国家和城市。网络内的连接数量从 20 世纪 90 年代上半期的 12 个链接增加到当前的 100 个链接。其他学科的国际合作科学研究也显示了类似的趋势,特别是在生物技术、纳米技术、信息通信技术(Matthiessen, Schwarz and Find, 2006),信息系统(Cunningham and Dillon, 1997),物理、生物医学研究、计算机科学(Newman, 2001),心理学(Cronin, et al., 2003),医学和生物医学研究、数学(Glänzel and Schubert, 2004)等众多领域。

再如,随着知识经济发展,越来越多国家的经济结构向知识密集型调整,国民经济发展急需先进的教育(Romer, 1990),直接刺激了对系统外教育的需求,从而促进教育培训服务贸易发展和教育全球化的逐步兴起。国际交流项目的增加、全球化集成相关材料到课程之中、外国学校项目的特许经营,就是这种反应的例子(Ali and Doan, 2006)。这种先进教育的参与者,将包括那些为寻求新观念和方法从其国内教育系统转移到其他国家的众多国际学生(Gibbons, 2000)。这类服务贸易在那些发达国家之间表现得最为强盛(O'Connor and Daniels, 2001),体现在不同教育制度下的相互协作。同时,教育规模小且受到预算约束的国家的学生向国外流动,也说明这类服务贸易在教育供不应求的地方与教育专业化生产水平高的地方之间大量发生。与早期的情况不同,现在的教育服务出口不仅涉及中学教育,而且包括本科教育,还包括一些专门的英语培训、专业贸易和专业技能培训以及集中的前期职业培训等。除了最常见的吸引外国学生前来学习,也有走出国门,以独资和合资的方式提供上门教育服务。同时,把这些国际连接体现在学生学习过程之中,并作为创新和激励课程开发的源泉(Knight, 1997)。可以预见,未来这种教育服务贸易活动的多样性将更加丰富和扩展。而且,越来越多的国家政府及其教育机构承认,教育是一种"可贸易活动",而不是对课程和学生教育抱负的激励(Elliott, 2000)。许多国家政府常把教育看成是贸易政策的一部分,鼓励学生出国深造或是吸引海外学生来留学的国家政策正好体现了对教育全球化的认可(Callan, 2000)。目前,国际学生的流动主要集中在英国与美国等发达国家,国际学生流动的频繁区域主要分布在美国和亚洲之间,欧洲内部(流往英国、法国和德国)以及欧洲和非洲之间(流往法国)。未来,这种教育全球化的空间分布趋于更加广泛和密集,更加双向流动和循环流动。除了发达国家继续保持教育全球化的领先优势外,像中国等新兴经济体将会有越来越多的国际学生流入,不仅有大量来自发展中国家的国际学生,而且也会有越来越多来自发达国家的国际学生。此外,新兴经济体也将会出现提供上门教育服务的情况。

从更宽泛的角度讲,基于全球市民社会的全球化进程也将有所推进,特别是对全球资源和环境的生态关怀以及后现代的多元、跨文化、非等级以及去中心化的世界交往(Bauman,1998)。尽管人们普遍认为全球市民社会还只是一个"模糊的概念"(Anheier,Glasius and Kaldor,2001),因为它的"组织结构"仍然处于一种"流动状态",然而 Keane(2001)的描述提供了这个主题的本质:这是一个规模巨大的、彼此相互联系的、多层次的社会空间,其由众多的自我指导或非政府的机构和生活方式所组成。通过其"跨界网络",由"连接地方、区域和全球次序的相互作用链"所构成。非政府组织在全球市民社会中起的作用要比现实生活中重要得多(Chandkoke,2002),它们"像埃克森石油公司一样具有相当的跨国性"(Townsend,1999)。主要非政府组织的运营已成为"跨国阶层"的一部分(Townsend,Porter and Mawdsley,2002),并通过无数的网络正在创造一个全球市民社会。Sassen(2002)也从全球服务市场转向全球市民社会,认为绕开民族国家的战略性越界地理分布是"全球市民社会基础设施"的一部分。这是因为城市提供一个"密集的有利环境",跨国的、非国家的活动通过它能在一起开展:"大城市中的政治和市民文化的密度定位了人们生活中的全球市民社会"。我们可以将这些看成是全球市民社会的多重定位,因为它们是全球环路和跨界网络的一部分。虽然非经济领域的全球流动环路通过不同的网络,但非政府组织和跨国公司被融合到相同的总体全球流动空间,其定义了当代全球化。

9.2.3　全球化构造复杂多样化

世界经济格局在理论上讲有两个趋势:一是经济一体化,可分为五种形式:自由贸易区、关税同盟、共同市场、经济联盟、政治同盟或统一。经济一体化发生的国家间大都有以下特点:相同的社会度,外交政策相近,经济发展程度差距较小。1993 年生效的欧洲统一大市场是经济一体化的一个范例。二是所谓的"区域化",即地区间经济合作不断加强的趋势。尽管其产生没有确定的条件和协议,但各国贸易、投资和经济合作中关系的加深,也产生了类似于一体化的某些经济效应。

在全球化过程中,始终存在着一体化与区域化、多边与双边等并存的基本构造。在过去 30 多年,更多表现为发达国家主导的多边体系,诸如世界贸易组织(WTO)、国际货币基金组织(IMF)和世界银行等,其通常被称为"三驾马车"。而且,在进入 21 世纪之前,大多数国家其实都是维护 WTO 多边框架的,签署自由贸易协定(FTA)的数量并不多。应该讲,这种多边框架的制度性安排总体上在过去发挥了重要作用。例如,关税与贸易总协定(WTO 的前身),通过举行多轮的谈判大大削减了国际贸易中的关税壁垒,避免了历史上因贸易磨擦而导致全面冲突,维持了一种较好的国际贸易环境。又如,世界银行在援助发展中国家的经济成长方面发挥了一定的积极作用。

然而,2008 年全球金融危机后,尽管 WTO 在当今国际贸易体系中仍发挥着制度性作用,是全球贸易治理的基石,但已步履维艰,推进不力。与此同时,区域化浪潮汹涌兴起,建立地区经贸联盟的进程趋于加强。特别是发达经济体争相制定 FTA 战略,并试图形成巨型 FTA。尽管特朗普上台后美国退出 TPP 可能导致一些巨型 FTA 的夭折,但双边自由贸易协定数量将会猛增。新兴经济体国家也开始建立自己的制度体系和经济联盟,试图制定贸易投资的新规则和新制度。这也许将重新划定后西方世界的贸易格局,并重新平衡发达国家和新兴市场的经济秩序,直接决定多边主义未来是继续"开放的全球性安排",还是"相互竞争的集团"关系。

这种全球化构造及制度性安排的新变化,绝非偶然。从表面上看,这似乎与一个扩展的国家网络有关,但实际上与跨国公司网络结构高度相关。因为国家逐步融入我们的全球化世界,是以由跨国公司总部及遍布全球各地子公司形成的经济网络为强烈特征的(Brakman and Garretsen,2008)。跨国公司网络是过去投资的结果(Ghoshal and Bartlett,1990),本质上是长期的(Barba and Venables,2004)。根据 Dunning(1993)的 OLI 范式(外商直接投资优势理论),区位优势(解释为"公司国际化在哪里")直接影响全球公司网络的结构,而所有权优势(解释为"企业为什么国际化")和内部化优势(解释为"企业如何国际化")只是间接影响跨国公司的区位决策(McCann and Mudambi,2004)。在现实中,市场寻求和战略资产寻求的动机是公司海外投资的最重要原因(Brakmant and Van Marrewijk,2008),从而水平的外国直接投资构成外国直接投资的最大份额。然而,全球公司网络结构受到双边国家特征的特定影响。这些"双边"的决定因素,也许与交易成本、外国直接投资和贸易之间的权衡,以及国家之间要素禀赋差异有关。这些跨境操作带来经济活动在不同地理尺度的复杂组织(Amin,2002)。而且,由于生产和出口制成品的能力已经分散到一个扩展的国家网络之中(Dicken,

2003），从而每个国家是在执行具有优势的特定任务。在降低运输成本、开发利用先进技术、加大资本和劳动力市场的开放、贸易自由化和国家之间制度协调的促进下（McCann，2008），这个组织间系统把公司和国家连接在一起形成现代全球经济，导致持续增长的功能一体化世界。因此，跨国公司外国直接投资动机及其方式，不仅构造了要素、商品与服务全球流动的联结方式，而且也带来了某些重要的全球性制度安排。可见，这种全球化构造及制度性安排的新变化有其深层基础。

这种全球化构造及制度性安排的新变化也预示着它们是世界未来经济结构化的雏形，即全球化过程中的新区域化。这与过去我们通常所讲的区域化是非常不同的空间组织形态。长期以来，人们在谈论全球化中伴随区域化问题时，更多的认知倾向于两者统一性，区域化被视为全球化过程中的一种特殊表现形式。这大多数是指传统经济地理学中尺度的自身概念（Grabher，2006），即把世界分割成区域，而且是全覆盖的。这种意义上的世界地区或"大洲"成为全球对话框架的一个关键特性，甚至被学者和政策制定者视为全球化过程中经济活动的基本单位。例如，Russett（1967）基于联合国投票区域化的国家统计分析，就反映了这种世界地区的分类。尽管这种区域化避开了国家作为构建模块，其发展是"超领土"的，但仍然是一种基于超级地方主义的分割世界，有区域的界定，主要基于把区域化等同于分类，形成一个简单、马赛克地理的区域模式。因此，这种区域化带有传统国际分工和国际贸易的浓厚色彩，也是早期全球化进程的产物。然而，全球化既不是一个"毯子"过程效应，创造一个如 Friedman（2005）所讲的"平的世界"；也不是 Florida（2008）所谓的"尖的世界"。随着全球化进程的深化，这种传统区域化已不能定义全球化时代的区域发展（Dicken and Malmberg，2001）。上述这些双边、区域和跨区域投资贸易协定所预示的新区域化，表面上是以国家的身份在进行谈判，但实际上是基于全球化繁殖的关键性机构，特别是先进生产者服务公司及其全球网络的活动，介导了不同地理和组织尺度的活动（Coe，Hess，et al.，2004），从而构造新的地区形态。这些关键性经济主体虽然不是空间性的区域建设者（region-builders），不一定倾向于制定区域计划，但它们是空间性的网络制造者（network-makers）。它们为服务全球价值链和全球资本而建立的世界城市网络，不可避免地反映了为其服务的不均匀市场地理分布和公司的世界地区起源，其结果是由这些关键性经济主体日常业务活动所形成的一个世界区域地理。这不是作为本地嵌入式实体和有秩序组织成为有意义的世界空间，而应该被视为"群岛经济的新岛屿"，存在一个跨国网络嵌入的过程，在不同的、相互关联的地理尺度上创造信任的人际关系（Henderson，Dicken，et al.，2002）。

因此,这种全球化过程中的新区域化具有特定属性。首先,这是基于连接而不是分裂的非地方主义的世界区域化。也就是,用看似凌乱的连接替换了整齐边界的地方主义。其次,地区标签是由母地区提供的,但随后的区域化内容总是包含一个重要的全球延伸模式,从而是一种模糊的区域化边界。再则,有很多重叠,但这种重叠不仅是区域边界的模糊和渗透,而且区域中心也同样模糊和渗透。最后,这种区域化并没有覆盖地图上的大部分世界及其人员,不是传统世界区域地理的全覆盖。从发展趋势看,这种全球化过程中的新区域化将成为当代世界经济的基本结构,从而为更复杂的全球一体的多元地理全球冲突提供了一个框架(Taylor,Derudder,et al.,2013)。

当然,这并不意味多边体系的消亡或被完全替代。事实上,WTO 进程仍然是在推进的。例如,完成了在 WTO 框架内扩大《信息技术协定》(ITA)产品范围的谈判,意义重大。内罗毕部长级会议首次承诺全面取消农产品出口补贴,并就出口融资支持棉花、国际粮食援助等达成新的多边纪律。随着正式批准利比里亚和阿富汗的加入,WTO 成员已增加到 164 个,具有广泛的代表性和对发展中国家的重要性。因此,未来 30 年,这种多边体系将继续存在,WTO 的基础性地位将不会动摇,更不会消失。显然,未来 WTO 如何推进是一个难题。如果推进没有起色,WTO 多边贸易体制可能有边缘化的风险。除 WTO 外,二十国集团(G20)作为当今具有广泛代表性的经济治理平台,理应在贸易和投资方面发挥更重要的作用,但 G20 讨论的贸易投资议题更多集中在宏观层面,缺乏相应的约束力。亚太经合组织(APEC)作为亚太地区经济治理的平台,涵盖 21 个成员,具有代表性,理应在推动亚太自贸区建设进程上做出更大努力,但仍未取得实质性进展。未来 G20 和 APEC 能否承担更多全球贸易治理的责任,取决于新的突破。

因此,在未来 30 年,我们预判全球化构造及制度性安排将趋于复杂多样化,呈现"WTO 多边体系+各种区域性双边投资贸易"的复杂格局。在此过程中,可能会酝酿形成全球化新的长期"游戏规则",特别是全球化规则趋于高标准。例如,在服务贸易和投资准入上倾向于相互提供更加宽泛的国民待遇,并以负面清单形式提出对不符措施的保留。在国际投资领域中提出国有企业、劳工、环境、业绩要求等更高标准和规则,提出更高水平的知识产权保护标准。在国际服务贸易的规则、规范、领域和模式上提出新的更高标准和要求,涉及金融、电信、专业服务、海运、电子商务、信息通信、国企、政府采购、服务业补贴、自然人移动等领域的新贸易规则。这些贸易与投资规范,也许演变成为重塑国际贸易、投资和世界经济格局的战略手段。这种全球性制度安排,不只是对跨国界的经济活动有很大的制约力,也将对各国内部的制度变迁产生深刻影响。这也就是我们通常所说的与国际惯例接轨,从而带来国内原有制度性安排的转变。可以预期,以市场经济的运行为基础,各国在经济生活的制度安排方面可能会呈现更大的趋同性。

9.3 全球化驱动全球城市演化趋势

未来30年,全球化基本态势及其进程,势必带来世界体系的联系更加广泛和密集,并使世界体系的功能结构和空间结构上升到新高度。在此情景中,世界城市网络将发生重大变化,意味着将对全球城市演化产生重大影响,直接规定了全球城市一般演化进程及其方向。因此,这不仅对已有全球城市未来如何进一步发展和提高有重大影响,更直接关系到新兴全球城市能否崛起以及如何崛起的重大问题。显然,这是"上海2050"研究必须关注的重要方面。

9.3.1 扩展全球城市群体数量

全球化导致城市之间的相互连接和相互依赖关系,塑造了不同于传统城际关系的世界城市网络。当然,与全球化相关的一系列协变量在此过程中也起着推波助澜的作用。未来30年,随着全球化进程的不断深化,日益增长的经济部门在许多城市扩展了办公室,同时办公室网络扩展到新的城市,这必将带来世界城市网络规模扩展。也就是,全球化空间关系转化的程度,直接体现在世界城市网络规模扩展上。

我们知道,网络规模由连接节点的数量所定义(Newman,2001)。世界城市网络规模扩展,实际上就是连接节点数量的增加,表现为整体连通性提高。Hanneman和Riddle(2005)强调了网络规模的关键重要性,因为社会结构作为更大的网络需要更多开发和维护社会关系的资源。因此,世界城市网络扩展意味着更多开发和维护全球化空间关系的资源投入,即更多的国家和地区将参与经济全球化以及越来越多的城市融入其中,不管其是主动参与还是被动卷入,从而不断积累网络规模扩展的"资源"。在此过程中,它们之间相互依赖性程度也日益加深。

当然,在全球化进程中,当其迅速推进时,世界城市网络规模较快扩展;反之亦然。例如在世界经济第五长波的上行通道中(20世纪90年代和新世纪前10年),经济全球化得以长足进展,国际贸易与投资迅速增长,导致更多国家的城市形成全球连接,使世界城市网络规模呈现显著扩展的特点。Derudderb、Taylor(2010)测量了2000—2008年间全球范围内城际关系的变化,揭示了这一期间世界城市网络平均连通性从0.20上升到 0.22 的明显特点。其中,网络连通性大于 20％的主要城市数量,从 2000 年 110 个上升到 2008 年 125 个。2008 年,307 个城市中的 179 个比 2000 年更加连接到世界城市网络中。当前,世界经济长周期进入下行通道,主要国家经济处于低迷状况难以复苏,国际贸易与投资增长明显减缓,经济全球化进程受阻,在一定程度上将影响世界城市网络规模扩展速度。当然,正如我们前面分析的,这种状态是暂时的、过渡性的,从长远看,世界城市网络规模长期扩展态势不会改变。

从未来发展看,全球化进程导致世界城市网络规模扩展,其主要力量来自发展中国家的城市越来越多地融入其中,表现为增量扩展的明显特征。因为当前世界经济体系变得不均衡是显然可见的(Harvey,2006),并导致当代的全球—地方空间分区演化的复杂分层。尽管现代世界存在经济活动组织全球一体化,北美、欧洲和亚太内部及其之间密集经济集聚是明显的,但同样也很明显的是,存在着从全球经济的重要经济过程中被排除在外的"辽阔领土"。这种"复杂二元性"的空间分散,从某种角度说明世界城市网络规模扩展具有较大的潜在空间。然而,在市场竞争机制、技术变化和时空压缩的驱动下,全球市场竞争优势的转变将提高经济活动的全球性覆盖(Cerny,1991)。随着全球化进程更大范围的扩散和发展中国家的经济起飞,在跨国公司和先进生产者服务公司集中与分散的过程中,虚拟化的信息和知识交流促进和提升了跨境金融、商务和专业网络的发展,导致日益增长的跨政治和管辖权界限的互连城市,将在世界城市网络中吸纳更多发展中国家的城市。在这一过程中,世界城市网络增量扩展的势头将十分迅猛。特别是新兴经济体,不仅呈现较快经济增长速度,而且通常通过对外开放来发挥其后发优势和比较优势,所以较快地融入经济全球化进程,其城市也大量进入世界网络之中。因此,未来 30 年,发展中国家也将有一个复杂的城际、服务地理分布。这种城际功能互补的类似模式已出现在巴西、南美等地。无疑,这将促进日益一体化的世界城市网络不断扩展。

当然,我们不能从世界城市网络规模扩展中直接推导出全球城市数量增多的结论。因为世界城市网络并不是单纯由全球城市构成,其中也包括作为一般节点的更大数量全球化城市,其网络规模拓展有可能是全球化城市的增多,特别在增量扩展中实际上更多的是全球化城市的进入。但我们可以提出一个假设:世界城市网络规模扩展提供了全球城市数量增多的可能性,即在节点基数增大情况下可能会涌现出更多作为主要节点的全球城市,尽管其与网络规模扩展是不成比例的增加。这一假设的重要依据之一是,全球化城市随其网络连通性水平提高而演化为全球城市,并不意味完全取代原有全球城市。也就是,新崛起的全球城市可以作为一种增量,而其存量不变,或者新崛起的全球城市只是部分替代原有全球城市,尚有部分作为新增。这一前提条件是否存在?从目前显示的趋向看,这一前提条件是存在的,其突出的表征是:由于世界城市网络连通性整体水平提高,一些全球城市尽管保持原有网络连通性水平,但其相对排名趋于下降。例如,芝加哥在2000—2008年间尽管保持了相同的连通性水平,但由于其他城市已经变得具有更多的连通性,从而有一个相当大的连通性水平相对下降值(Derudderb,Taylor,et al.,2010)。显然,这与绝对水平下降是完全不同的性质,并不意味被新的全球城市所替代或退出了全球城市行列。因此,一些全球城市在保持原有连通性水平,甚至有所提高的情况下出现相对水平下降,意味着有更多城市跻身于全球城市行列,从而形成更多数量的全球城市。从这一角度讲,在世界城市网络规模扩展基础上,全球城市演化将呈现数量逐渐增多的重要态势。

9.3.2 提升全球城市节点功能

未来30年,全球化进程中的世界城市网络规模扩展,仍将凸显全球化传播的地理不平衡以及全球连接商务活动的新城市节点兴起,但可能同时在发达国家和发展中国家中发生。因为世界城市网络规模扩展是以网络连通性总体水平提高为标志的,既表现为新进入网络的城市数量增多(意味着新增的网络连通性),也表现为原有网络中城市连通性水平的提高。

尽管目前世界城市网络以发达国家城市为主导,尤其是在网络层次结构的顶端部,但这并不意味着发达国家的城市不再进入世界城市网络规模扩展之列。恰恰相反,进入21世纪后,发达国家城市的世界网络连通性水平也是趋于不断提高的。最为典型的案例是英国。在2000年的世界网络连接性测量中,伦敦全球排名第一,而英国其他城市没有进入100强的(Beaverstock,Hoyler,et al.,2001)。但2004年世界网络连通性测量表明,英国一些城市经历了全球网络连接性的快速增加:爱丁堡、布里斯托尔、卡迪夫和利兹在这方面特别引人注目(Taylor and Aranya,2006)。在2008年世界城市网络测量中,则显示出17个英国城市的网络连接性具有高于0.05的连接性比例,表明这些城市较好地融入了世界城市网络(Taylor,2011)。其中,曼彻斯特、伯明翰、爱丁堡至少具有伦敦最高连通性的五分之一。从英国城市的区域分布来看,主要是英格兰东南部以外的中型城市日益提高了其网络连通性(Taylor and Aranya,2006;Taylor,Evans,et al.,2009)。曼彻斯特和伯明翰分别是西北部和西米德兰兹郡两大经济区域的中心,正在将自己重塑为新的欧洲城市和世界城市。爱丁堡是苏格兰的省会城市,正快速崛起,已超过了传统上是英国第二大城市地位争夺者的格拉斯哥。格拉斯哥虽然现在已经被邻近的爱丁堡赶上,但它仍然是重要的城市。其余的城市则是主要区域的经济中心和主导城市。由于英国各地城市都不同程度地融入世界城市网络,使英国的经济空间虽然还没有变得完全"均衡",但已大大改善和补充了持续由伦敦"独占鳌头"的城市层次结构。同样如此,在欧洲,其他发达国家的城市也表现为网络连通性水平的进一步提高,正在创建一个以内陆世界关系为特点的密集城市空间。

这一变化带来的结果,不是原有全球城市,如伦敦的节点功能地位下降,反而是进一步提升。一方面,作为主要节点的全球城市,越是在密集的城市网络空间,其联结越广泛(联结长度增大)、越频繁(联结密度增大),从而其节点功能越强大。另一方面,当全球城市周围涌现越来越多的网络节点城市时,其空间扩展将形成以其为核心的全球城市区域或巨型城市区域,全球城市在这一空间平台上将发挥更强的网络功能作用。因此,全球化进程深化将进一步提升全球城市的节点功能,发挥其在全球资源配置中的更大作用。

9.3.3 赋予全球城市多样化特质

虽然当代全球化是经济网络处在前台,反映了在过去20多年的新自由主义全球化的主导地位,但21世纪展现出一个多重发展与危机的时代,科技、文化创意等领域的全球化进程也将加快,涉及更多的全球事务;能源、气候、不平等、不平衡等问题必然要求某种形式的全球治理,政治进程很可能重居狭窄的经济优先之上。

随着全球化部门、领域的不断拓展,全球化构造趋于更加复杂多样,世界城市网络节点本身也不断多样化、复杂化以及在空间上不断延伸化。在此过程中,将形成许多其他类型的城市网络,并随之涌现出大量非经济类别的新型全球城市。例如,具有新的未来优势的以文化、科技、媒介、教育、全球治理等为主导的全球城市。

当然,这些"新类别"也有可能部分叠加在原有全球城市上,使其更为综合性。例如,纽约、伦敦原先承载更多经济网络功能,现在趋向于全球科技创新、文化等非经济网络功能的叠加,成为一个更加综合性的全球城市。同时,这也为新崛起的全球城市提供了直接向综合性网络功能全球城市演化的可能性。然而,由于不同类型网络有其各自分布及延伸,其交集与渗透相对有限,更多将是增加不同类型网络的新的主要节点。而且,从总的演化趋势看,综合性全球城市发展数量将相对较少,更多的是专业性全球城市的发展。因此,这些新类别的全球化将带来更多新的全球城市,特别是具有鲜明专业化特色的新型全球城市。这一演化路径代表着未来方向,是全球城市日益增多和丰富化的重要途径。

10 战略机遇:世界格局大变革

世界发展的非平衡性是一个普遍现象,是在未来不确定性中可以把握的相对确定因素,这将深刻反映在世界格局变革上。未来30年,随着新旧力量的较量和更替,世界格局将发生重大变革,其意味着全球化流经路线"改道"或世界重心转移,从结构上影响和决定个体群的全球城市演化。也就是,世界格局大变革预示着未来全球城市演化的区域性分布及其结构性特征,从而为我们透露哪些地区或国家更有可能发生全球城市兴衰起伏的重要信息。"上海2050"全球城市演化,要在世界格局大变革中寻找其可能性机会与生存空间。

10.1 世界经济格局调整

当前,世界经济正处于大调整过程中,开始打破原有"北半球"主导、欧美发达国家"单极"增长引擎的格局,显现增长多极化、世界经济重心东移等态势。然而,这些变化的势头尚不稳定,存在较大的变数,或许会有反复。为此,我们需要研判未来30年这些业已显现的变化势头能否持续,以及世界经济格局将调整到何种程度。

10.1.1 增长多极化

在世界经济长周期交替之际,一个重要新变化是新兴经济体的群体性崛起,且在世界经济中的作用日益增大,形成世界经济增长多极化态势。

目前,对新兴经济体尚未有一个统一定义,更多是一个范畴的含义。美国克林顿政府曾依据人口较多、有很大的市场,并对其地区邻国具备重要影响力等因素,杜撰了"大新兴市场国家"的术语,包括墨西哥、巴西、阿根廷、波兰、土耳其、南非、印度、中国、印度尼西亚和韩国10个国家。高盛公司的研究报告提出了著名的"金砖国家"(BRIC):巴西、俄罗斯、印度和中国,后又增加了南非,称之"金砖五国"(BRICS)。联合国、国际货币基金组织、世界银行等机构则提出更大的新兴市场国家群体,把马来西亚、哥伦比亚和以色列等国家也包括了进去。

尽管有着不同的定义,但实际上各个范畴中的新兴经济体在过去 20 年中取得巨大进步,已经崛起为有影响力的地区角色。新兴经济体在全球 GDP 中所占份额从 1993 年的约 35％增长到 2013 年的约 50％,对全球 GDP 增长的贡献度几乎与七国集团发达国家相当。其持有的外汇储备相对发达国家从 2000 年的接近二分之一增长到 2015 年的大约两倍。2014 年,世界上获得外国直接投资最多的 20 个国家中,有 10 个是新兴市场国家。新兴经济体对外直接投资也迅猛增长,巴西、中国、印度和俄罗斯拥有 8 500 亿美元的境外投资资本。另外,全球金融体系的管理已经不再取决于由工业化国家组成的七国集团,而是受到二十国集团的支配,其中新兴市场国家占大多数。这些新兴经济体还在气候变化、移民、人权和知识产权等其他全球问题中发挥重要影响。

　　从更宽泛的全球影响力角度看,西班牙皇家埃尔卡诺研究所发布的 2014 年"全球存在指数"显示,美国、德国、英国、法国、日本、意大利、加拿大七国集团(G7)已经逐渐失去了全球存在份额,不仅经济份额下降,软实力也较小程度下降,从 2005 年开始军事存在份额也趋于降低。与此同时,由中国、印度、巴西、俄罗斯、墨西哥、印度尼西亚和土耳其组成的"新兴七国"(E7)的全球存在份额趋于逐步提升。尤其是从 2005 年以来,除俄罗斯外,其他国家的全球存在份额的提升都十分显著,在国际舞台上日益赢得主角地位。当然,这主要是受到了经济存在份额增加的推动,在软变量方面也逐步获得了突出的地位,如旅游和科技等方面的存在份额。在军事方面,这些新兴经济体并非在部署的军队数量上有所增加,更多是在装备上的质的提升。

　　在世界经济长周期进入下行通道的背景下,目前新兴经济体的表现已不如过去那样"抢眼",特别近几年来新兴经济体经历了严重的经济挫折,包括中国经济增长放慢,俄罗斯、巴西及南非甚至经济负增长。这引起了对新兴经济体的质疑,导致了某些"新兴市场国家最有活力的增长时期正走向终结"的论断。新兴经济体的命运如何,是一个重大问题,关系到世界经济增长格局将朝什么方向调整:是回归到传统的单极化增长格局,还是继续推进增长多极化格局。因此,这需要有一个基本研判。

　　我们认为,在全球金融危机冲击及世界经济复苏乏力的背景下,新兴经济体表现不尽如人意,或出现分化,属于一种正常现象。就像很多发达国家的命运一样,新兴经济体也不可能与越来越动荡的全球经济脱节。在各国经济相互依赖性日益增强的情况下,新兴经济体将不可避免地受到全球金融危机波及的外部冲击。而且,在这一全球危机中,新兴经济体本身也构成其中的一个组成部分,即存在大量产能过剩。从这一点来讲,新兴经济体不仅要抵御外部冲击,包括全球需求减缩以及贸易保护、量化宽松等重大影响,而且还要消化内部的产能过剩和解决供给侧结构问题,可能在抵御能力方面显得比发达国家更为脆弱。在这种情况下,新兴经济体的全球"引擎"作用势必大幅减弱,甚至可能出现与过去明显反差的零增长或负增长。然而,这属于"过程中的问题",不能作为判定新兴经济体时代终结的依据。随着新兴经济体自身结构调整,特别是过剩产能的市场出清,其经济增长将会出现明显反弹,回归较高经济增长的原有轨道。

尽管当前新兴经济体增长不如过去那么"显眼",但总体上讲,新兴经济体在全球经济格局中的上升态势并未根本逆转。据IMF预测,2013—2018年,新兴经济体GDP的年均增长速度约为5.9%,远高于发达经济体2.3%的年均增速,在全球经济总量中的占比将进一步上升到55.1%。更重要的是,新兴经济体是具有一定抗冲击能力的。很多新兴经济体不仅从两次大型危机(1998年的亚洲金融危机和2008年全球金融危机)中存活下来,而且它们善于吸取教训,调整相应策略,予以积极应对,如转向灵活的汇率体系,不易受到投机的影响,或者实施更加谨慎的债务管理政策以减少企业破产等,从而经历每次危机后都可能变得更强大。从更深层次的角度讲,新兴经济体的形成及其崛起,其基础并非"偶然因素",而是基于深刻的历史规律。首先是"历史钟摆不断摇动"理论,文明进步的中心开始向南、向东转移;其次是新一轮康德拉季耶夫周期拉开帷幕。经过这次危机后深度结构调整的新兴经济体,随着世界经济转向长周期上行通道,将再次焕发出巨大的活动和能量。

因此,新兴经济体时代不仅没有终结,相反尚处于早期阶段,还有很大的发展潜力。未来30年,新兴经济体时代还将继续,并有强劲表现。麦肯锡预测,到2025年,全球消费者将增加18亿,总数达到42亿,总消费能力将达到64万亿美元,而其中将近一半将发生在新兴经济体(见图10.1)。届时,新兴经济体将成为全球商品、服务、资金、人才和数据的重要生产地和消费地。随着新兴经济体的崛起,越来越多的大公司也将落户在新兴经济体。1980—2000年间,《财富》全球500强企业排名中只有5%的企业来自新兴市场国家,但到2013年,其比例已上升到26%。据麦肯锡预测,在当前全世界约有8 000家大公司(年收益在10亿美元以上)的基础上,到2025年将新增7 000家,大公司总收益将翻一番,达到130万亿美元。其中,最引人注目的变化在于,这些新增大公司的70%将位于新兴经济体,即大约4 800家大公司有望落户新兴经济体,同时也把更多的决策、资本和创新带到了新兴经济体(图10.2)。届时,位于新兴经济体的大公司数可能是现在的3倍以上,从目前大约2 000家上升到2025年的大约7 000家。新兴经济体大公司的全球占比,有望从2010年的27%上升到2025年的46%;同时,全球收益占比将从24%上升到46%。这意味着,在未来30年的时间里,新兴经济体能够主导的跨国公司总部数量将快速接近西方发达国家。其中，中国所控制的跨国公司数量将极有可能超过日本和欧洲，仅次于美国。

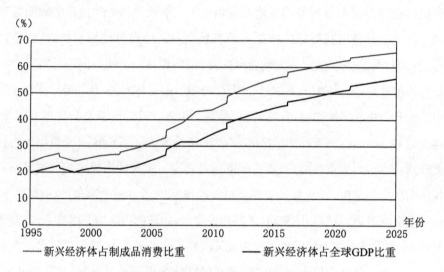

图 10.1　新兴经济体占全球 GDP 与消费比重

资料来源：麦肯锡全球研究院。

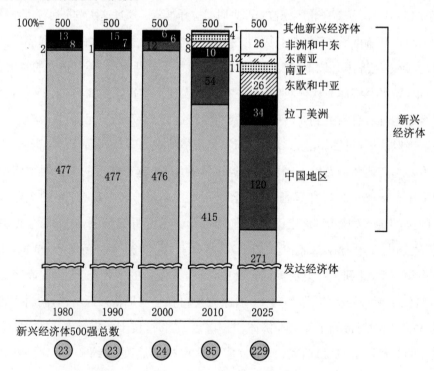

图 10.2　新兴经济体公司在财富 500 强中快速扩张

资料来源：麦肯锡全球研究院。

因此,很多新兴经济体将在世界经济增长中扮演越来越重要的角色。普华永道咨询公司认为,2009 年 G7 的 GDP 总量为 29 万亿美元,E7 的 GDP 总量为 20.9 万亿美元,而到 2050 年,G7 的 GDP 总量为 69.3 万亿美元,E7 的 GDP 总量将达到 138.2 万亿美元,远远超过 G7 国家(见图 10.3)。IMF 也预测到 21 世纪中叶,金砖国家将在所有指标上超越 G7,成为 21 世纪新型、公正国际秩序的孵化中心。而且,除了"金砖五国"外,"灵猫六国"(CIVITS)①、"金钻 11 国"②等经济体也将成为亮点,其中"薄荷四国"③有可能成为微型强国。根据美国国家情报委员会预测,不论是用传统的"全球趋势"研究指标(运用 GDP、人口、军事开支和技术投入来衡量一个国家的综合国力),还是用新的"全球力量指数"(将卫生、教育和政府治理能力纳入其中),到 2030 年,发展中国家的权力总和都将超过包括美国在内的所有发达国家权力的总和(美国国家情报委员会,2013)。

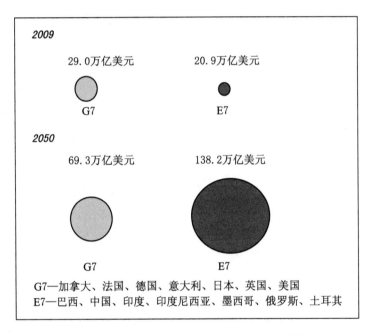

图 10.3　2009 年和 2050 年 G7 和 E7 的 GDP 总量对比

资料来源:普华永道咨询公司。

未来 30 年,新兴经济体的群体性崛起,将改变传统世界经济增长单极化格局,使世

---

①　即指哥伦比亚、印度尼西亚、越南、埃及、土耳其和南非。
②　即指墨西哥、印度尼西亚、尼日利亚、韩国、越南、土耳其、菲律宾、埃及、巴基斯坦、伊朗和孟加拉国。
③　即指墨西哥、印度尼西亚、尼日利亚、土耳其。

界经济呈现多极化增长格局。尽管美国仍将是世界经济的重要一极,但不再是鹤立鸡群的状况,而且令美国在世界经济中发挥主导作用的途径和方式也将发生改变,形成它必须与中国等大国合作才能在世界重大问题上有所作为的格局。欧盟如果不"解体"的话,届时仍然可以成为世界经济的一极,但其影响力将不会有很大增加。以中国、印度为代表的新兴经济体作为一个整体,在世界事务和世界经济中的影响力将趋于增强。总体来看,未来全球产业分工格局中,发达经济体将主要占据产业链高端环节,而中低端环节仍将集中在新兴经济体。但随着新兴经济体追赶速度的加快,在工业革命制高点与市场先机的局部争夺中也将占据一定的有利地位,推动全球产业格局多极化发展。

10.1.2 世界经济重心转移

随着世界经济增长的多极化,世界经济地区格局也进入了一个调整分化期,世界经济与地缘政治力量的轴心已经开始从西方和北方向南方和东方转移,并呈现继续转移的态势。亚洲将成为世界经济增长最快的地区,东亚又是亚洲的增长核心。

20 世纪 60 年代以来,特别是 80—90 年代,全球经济格局的均衡态势被逐步打破,世界经济重心逐渐由欧美转向亚洲,东移态势明显,欧美亚三足鼎立的局面形成且短期内不会出现明显改变(李向阳,2011)。1960 年,东亚地区仅占全球 GDP 的 14%,以后呈现稳步增长,目前约占 27%。与此同时,北美地区在全球经济总量中的占比从 43% 左右持续下降,到 1995 年已与亚太地区接近,之后有所反弹超过亚太地区,但 2012 年已低于亚太地区(见图 10.4)。与此同时,全球投资重心也呈现明显的东移态势。1970 年以来,亚太地区 FDI 净流入占比开始呈现缓慢上扬趋势,80 年代末则呈现加速上升

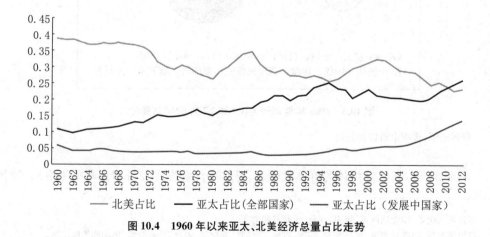

图 10.4　1960 年以来亚太、北美经济总量占比走势

资料来源:大智慧宏观经济数据库。

218

态势,到 2012 年已高达 30％以上。北美地区 FDI 净流入占比曾在 1987 年高达 50％以上,但此后一路下滑,到 2012 年已下降至 15％左右(见图 10.5)。全球贸易重心东移进程发生得更早。亚太地区进出口占比从 1970 年低于北美地区近 15 个百分点,到 1987 年就已超过北美地区,2000 年以后两者进一步拉开差距。到 2012 年,亚太地区占比已高达 25％,而北美地区下降至 14％(见图 10.6)。

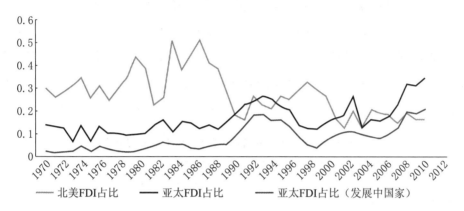

图 10.5 1970 年以来亚太、北美 FDI 占比变化情况

资料来源:大智慧宏观经济数据库。

图 10.6 1970 年以来亚太、北美进出口贸易在全球占比变化情况

资料来源:大智慧宏观经济数据库。

展望未来,中国和印度将在 2050 年引领全球,分别成为世界最大经济体和第二大经济体。普华永道《2050 年的世界》预测,到 2050 年,中国按购买力平价计算经济总量将达 61 万亿美元。印度将从 2014 年的 7 万亿美元增长到 2030 年的 17 万亿美元,

2050 年将达 42 万亿美元,超过美国的 41 万亿美元。受中国、印度强力崛起的拉动,全球经济实力向亚洲转移的基本方向和变化的历史特征是明确的。而且,在亚洲地区,印度尼西亚将从 2014 年的第 9 位经济体上升到 2050 年的第 4 位,达 12 万亿美元;巴基斯坦从第 25 位变成第 15 位,达 4 万亿美元;菲律宾从 28 位上升到 20 位,达 3.5 万亿美元;泰国上升到 21 位;孟加拉国从 31 位上升到 23 位;马来西亚从 27 位上升到 24 位。但日本将从第 4 位下降到第 7 位,韩国从第 13 位下降到第 17 位,澳大利亚从第 19 位下降到第 28 位。根据 2011 年亚洲开发银行发布的《亚洲 2050:实现"亚洲世纪"》报告,亚洲地区到 2030 年可能会占全球 GDP 的 36%,至 2050 年占全球产值的比重将升至 50% 左右,在全球贸易和投资中的比例也将达到 50%。到 2050 年,亚洲人均 GDP 将达到 38 600 美元,超过全球人均 GDP 水平(36 600 美元)(表 10.1)。

表 10.1　2050 年亚洲经济增长及其在全球所占比重预测

	2010 年	2020 年	2030 年	2040 年	2050 年
全球产出(市场汇率,万亿美元)	62	90	132	195	292
亚洲占全球的比重(%)	27.4	33.5	38.9	44.5	50.6
全球增长(%)	—	4.0	3.9	3.8	3.6
亚洲增长(%)	—	5.8	5.2	4.8	4.4
亚洲在全球增长中的份额(%)		55.7	59.3	62.8	66.0
全球人均 GDP(美元)	10 700	14 300	19 400	26 600	36 600
亚洲人均 GDP(美元)	6 600	10 600	16 500	25 400	38 600

资料来源:亚洲开发银行,《亚洲 2050:实现亚洲世纪》,2011 年 5 月。

当然,这只是一种线性趋势预测。其假定条件是,对于收入仍然很低或处于中等水平的国家谋求过去曾经灵验的出口导向模式仍然有效。我们知道,这种出口导向模式在过去主要依赖发达国家的消费者,西方市场是推动东亚国家之间贸易的主要力量。据估计,东亚地区内部全部贸易的大约 2/3—3/4 都是加工贸易,大约 70% 的终端产品提供给发达经济体的消费者。而且,这种出口导向模式主要依赖其成本优势以及发达经济体投资商在本国经营活动所产生的溢出效应。在 20 世纪 70 年代,日本、韩国及中国台湾地区依据这两个条件实施出口导向模式是成功的。但从未来看,第一个条件则已发生逆转。当时日本、韩国及中国台湾地区的总人口只有约 1.5 亿,发达经济体的总人口为 4 亿左右。如今,发达经济体的消费者只有 10 亿左右,而步其后尘的东亚发展中国家的人口大约有 20 亿。虽然后一个条件依然存在,但也会有新的变化,如工业机器人、3D 打印等技术发展将改变产品制造和价值创新的方式,改变生产的基本成本结构,从而改变附加值和利润的获取方式,跨国公司就可能会调整自己的生产网络布局,如"制造回归"等,从而对东亚发展中国家的主要成本优势带来较大侵蚀。因此,这种基于过去国家和地区 GDP 增长率所作的线性推断对未来亚洲地区地缘实力的预测很可能发生偏差。

另外,亚洲地区也存在自身的缺陷,面临着各经济体改革的失败、跌入中等收入陷阱、人口老龄化、经济活力衰减乃至停滞、政治动荡、解决地区共同问题的体制困难以及可能引发新战争等重大风险。这无疑将给亚洲地区发展及世界经济重心东移带来不确定性、不稳定性、甚至严重的困扰。但是,我们认为,这并不意味着如 Auslin(2017)所说的"亚洲世纪的终结"。撇开战争等因素,一些可以相对预见的重要因素将支撑世界经济重心东移的基本面:(1)届时亚洲地区将新增 30 亿人口,成为世界人口的主要聚集地区。(2)亚洲将成为世界城市化的迅速发展地区,预计 2050 年亚洲城市居民比例将为65%。(3)亚洲将成为中产阶层迅速崛起的主要地区。经合组织估计,全球中产阶层(定义为按照 2005 年购买力平价计算人均日开支为 10—100 美元的家庭)将从 2009 年的 18 亿增长到 2030 年的 49 亿,其中亚洲的中产阶层将占 2/3(2009 年的比例仅为28%)。(4)亚洲将成为全球最大的消费市场。到 2030 年,除了全球中产阶层有 2/3 生活在亚洲外,全球 17 亿富豪中超过 60% 也将生活在亚洲,从而将把这个以全球制造业中心著称的地区彻底改变为消费发动机,构成一个价值约 7 万亿美元的零售市场。(5)亚洲将成为全球资本存量最高的地区。未来几十年,全球资本存量净增量的约45% 都属于亚洲,资本存量绝对增量也随之提高,在 2050 年之前将上升到占全球 3/4。

除此之外,亚洲是全球供应链分工最为充分和有机联系的地区,具有较高经济协同程度。尽管亚洲从未形成有效的地区共同体,亚洲经济体的相互依赖主要是通过全球贸易制度而不是双边或区域贸易安排得到加强的,但从另一个角度讲,这将有助于区域或次区域经济合作的空间得到进一步拓展,加快区域内经济一体化速度。当前提出的《区域全面经济伙伴关系协定》(RCEP),其部分目的是在更大程度上发挥东盟与其他RCEP 国家现有的五个自贸协定,以及在过去 15 年里 RCEP 国家之间通过谈判达成的大量自贸协定的作用。RCEP 独具一格的特征是允许该地区的发展中国家根据合理时间表作出符合高标准的承诺,而不会因为这些国家一开始未能达到其标准就被排除在外,因而其涵盖的国家更为广泛。RCEP 的经济合作议程将确立 RCEP 及其"东盟+6"成员国通过东亚开放贸易和投资一体化进程实现经济增长的核心地位,以及 RCEP 实现地区共同目标的中心任务,从而成为亚洲在实现下一次重大结构转型的过程中建立经济和政治信心的重要工具,确保其未来作为高于全球平均增长速度的活力中心地位。与此同时,RCEP 集团也将成为全球经济活力的来源。

另外,还有一个重要变量可能起作用,即 3/4 的领土位于亚洲的俄罗斯转向东方,与中国的战略合作日益加强,从能源贸易到防务,再到发展基础设施等,从而日益自觉地发展为一种共生关系;不丧失主权和尊重国情的合作发展的"双赢"模式,中俄贸易使用卢布和人民币结算(货币联盟),欧亚经济联盟框架内的合作,"一带一路"的合作,共同开发俄罗斯"格洛纳斯"全球导航卫星系统和中国北斗卫星导航系统,莫斯科—喀山高铁项目,等等。如果这一切能如期实现,那么我们将会看到从上海到圣彼得堡的"大亚洲",而不是从里斯本向符拉迪沃斯托克全面延伸的欧亚。这种"大亚洲"的前景是有可能实现的。

因此,未来30年亚洲经济规模、投资贸易规模即便达不到上述预测各占世界50%的水平,也有理由相信将是经济规模最大、世界投资贸易高度集中的地区,在21世纪全球时事中具有引人注目的地位。

然而,值得指出的是,历史上曾经出现的经济增长重心与经济利益分配密切相联的格局,在今后一段时间也许不会出现。换言之,这种世界经济增长重心东移,在一定时间截面上并不一定伴随着科技研发实力和经济主导权的转移。未来30年,我们预计目前的发达国家在技术和经济主导权方面可能仍保持优势,从而使经济增长重心转移与后两种能力转移相脱节。这些发达国家和地区的经济增长速度可能并不高,但可以凭借先进技术和经济主导权的优势获得来自经济增长核心地区的额外经济利益。这种经济增长重心与经济主导权错位的格局,也许是今后世界经济格局变化的一个重要特点。从这一意义上讲,未来30年还不能称全球经济"亚洲化"。当然,这种双重转移错位格局具有不稳定性,必然会不断地向更稳定的格局过渡,走向经济增长核心与科技创新核心、经济制度和规则制定主导核心相一致,从而在利益分配格局上也相一致。

10.2 世界城市格局变化

21世纪被称为城市世纪,不仅是因为大规模城市化给世界上很大一部分人口带来生产、生活方式的巨大变化,更重要的是带来更大规模世界城市之间的连接,意味着世界城市关系的重大转变。因此,这种世界城市化发展趋势与世界城市网络及其全球城市演化有着内在联系,构成考察未来全球城市演化的重要背景之一。

10.2.1 世界城市化

进入 21 世纪,世界发展的一个重要转变标志是 2008 年全球 33 亿人(超过全球人口的一半)成为城市人口。城市作为人类"最伟大的发明"(Glaeser,2011),通过空间集聚使人有可能学习其他聪明的人而变得聪明,并通过连接其间聪明的居民加快了创新,从而释放了人类潜能。这是一个无与伦比的城市内部和城市之间沟通密切的非凡结果(Taylor,2013)。因此,这是人类历史上的一个重大事件。

未来 30 年,世界城市化仍将呈现加速度发展态势,更大规模的人口将选择从农村向城市迁移。联合国(UNFPA,2007)预测,2030 年将有 50 亿人(全球人口的三分之二)生活在城市,至 2050 年,全球城市人口将翻倍(UNDP,2009),城市化率可能达到约 70%,构成一个城市的世界。其中,北半球的大多数地区城市化率至少达到 84%,非洲达到 62%,亚洲达到 65%。

到 2050 年,尽管发达国家城市化水平仍高于发展中国家,但未来 30 年世界城市化及整体人口增长推动的城市人口增加,其中大部分增长将出现在发展中国家,特别是亚洲和非洲。至 2050 年,非洲预计将增加 40%—60%;印度、中国和尼日利亚将"贡献" 37%,其中印度将增加 4.04 亿城市居民,中国增加 2.92 亿,尼日利亚增加 2.12 亿。这种城市人口增长具有历史必然性,部分原因在于迁移流动是逻辑回应不断变化的经济机会,部分原因是大多数城市人口增长实际上是自然增长,而不是净城乡移民。当然,发达国家与发展中国家的城市人口增长,包括自然增长,因不同原因将有非常不同的发展过程。发展中国家的城市化主要还是国内农村向城市移民,而发达国家有更加多样化的原因,通常包括跨国迁移。但不管是哪种情况,城市作为当代生产和就业的焦点,是社会必不可少的,是正在进行的城市化的主要动力。当然,在此过程中,世界城市化最引人注目的同比增加,还包括一些世界上最贫困的城市。

世界城市化发展的另一个重要特点,是巨型城市①不断涌现。在 1990 年,巨型城市只有 10 个,而今天,这一数字已经增加到 28 个,其中 16 个在亚洲。东京是世界上人口最为稠密的城市,拥有 3 800 万居民。紧随其后的是印度德里,人口为 2 500 万,以及上海,人口为 2 300 万;墨西哥城、孟买和圣保罗各拥有大约 2 100 万人口。巨型城市成

---

① 人口超过 1 000 万的大城市,在政策和学术文献中通常被描述为"巨型城市"。其估计规模取决于如何定义大都市区域的边界,这是有学术争论的问题。但这种规模的城市实际上包括不同类型的城市,其社会、经济、政治和空间构造有较大差异。

为占主导地位的迁移焦点，可能变成一种新的现象。这个空间重组在发达国家已近尾声，但在发展中国家则处于进行之中。1990 年，纽约—纽瓦克区域是世界第三大城市，目前其排位下降到了第 9 位，预计到 2030 年其规模将进一步滑落至第 14 位。发达国家城市的低生育率、经济紧缩和气候变化等，是导致近年来一些发达国家城市人口损失的最常见原因。另外，向外移民也是一个因素。发展中国家的巨型城市发展，很大程度上与其迁移特点有关。一般来说，迁移到大城市是由国家内部及国家之间收入差距所驱动的，如发展中国家和发达国家之间的收入差距，城市和大城市之间的收入差距。然而，亚太地区，尤其是中国，则存在一个长期的地理区域/城市的收入差距，或城乡差距。由于在城市工作可以显著改善生计，其代表了逃避贫困的最好希望，所以摆脱贫困的一个主要办法就是从农村迁移到城市，尤其是迁移到巨型大城市。正因为如此，国内和区域内迁移仍是发展中国家的一个重要特征，包括中国。

10.2.2　城市空间重组

世界城市化通常仅被视为城市人口比例增多的一种现象，但伴随着 20 世纪后期的全球化与信息化浪潮，人类居住进入城市的空间重组正在发生，从而赋予世界城市化新的内涵。

首先，城市变得越来越重要，作为全球社会和经济相互影响的实体。尽管 Cairncross(1997)等人预言"地理终结"，但技术发展继续让城市变得更加重要——因其在全球经济活动中的位置。正如 Kay(2001)所说，我们一直听说地理不再重要，这将对城市的目的和作用产生重大影响。然而，城市越来越成为人口主导的位置，因为它们是当代经济的中心。技术促使分散化，但这是建立在城市之上的。城市是作为先进服务经济的战略位置，"在资本自由移动和越来越多人移动的全球化世界中，只有社会资本仍绑定到特定的地方"。

其次，全世界的城市正在经历全球化发展过程，更多城市日益变得在全球经济中"连接良好"。过去世界经济发展的历史地域非均匀，可能会被复制在世界城市之间的差距上，包括欠发达世界区域中迅速增长的巨型城市被认为是可以与全球经济增长关键网络通道相分离的城市。但新的经验证据表明，它们实际上正在改变。世界各地的许多城市通过全球化发展过程，正在升级其"世界城市网络"的连接性。因为没有连接到世界城市网络中的城市（即便是巨型城市）是不可持续的社会、政治和环境（Segbers，2007），从而成为世界上最贫困人口扩张的空间区位。当前，通过城市中网络化的商务组织形成专业、知识密集型的工作,构建城市间业务连接和流动,不仅是城市本身发展的核心问题,而且也已成为发达国家以及发展中国家中支持更广泛的区域和国民经济的关键。因此,更多城市的全球服务连接性升级象征着世界主要城市的重组过程,预示着一个新的发展表现。

未来 30 年,随着世界经济格局大变革和世界经济重心转移,世界城市网络子集变化趋势可能表现为两大特征。

一是进一步强化城市网络连接区域向亚太地区集中,西欧的核心区域将减弱。亚太地区是全球经济中最动态发展地区,中国成为一个令人感兴趣的焦点(Lee, Zhao and Xie 2012),而欧洲遭受最近全球金融危机最严重影响(Derudder, Hoyler and Tay-lor, 2011),欧洲国家的主要城市以停滞为特点。在亚太地区,主要经济体的主要命令和控制功能集中在中国的北京—上海—香港(Lin, 2004)、日本的东京—大阪—名古屋(Hill and Fujita, 1995)和印度的孟买—新德里—加尔各答(Panagariya, 2008)。相比之下,欧盟只是伦敦—巴黎主导(Halbert and Pain, 2009)。当然,欧盟比亚太地区的主要经济体有一个更复杂的系统,一些二线城市,如阿姆斯特丹、马德里、米兰、慕尼黑、斯德哥尔摩和苏黎世等,也有重要的全球和区域指挥和控制功能。

二是分散游离的节点将更多整合为全球城市小集团。随着新兴经济体的迅速发展,包括"灵猫六国""金钻 11 国"等经济体,其将涌现出更多的城市节点,与原有分散游离的城市节点合成整体。这将使城市网络连接的区域集中得以扩展,从而使世界城市网络子集的地理分布更加多元化。

10.3 世界体系重构

现代世界体系是一个基于中心—外围国际分工的经济空间,其反映为国家间系统中的权力分配(Wallerstein, 2004)。随着全球化进程和新技术发展以及国家经济实力调整,由发达经济体长期主导的这一世界体系正趋于动摇和瓦解,导致一个新的世界体系重构过程。

10.3.1 新的世界秩序

在现有世界体系中,1945 年定义的国际秩序根据的是二战之后由占上风的力量确定的等级制度,以及由处于等级制度上层的国家所制定的行为准则。这一世界秩序已延续了半个世纪之多,目前正受到来自各方面的重大冲击。首先,全球化进程中出现越来越多的新角色,逐渐参与到这一过程中,而在 25 年前全球化还只是被少数七国集团所占据。其次,大国之间经济实力重新布局的规模和速度可能是历史上前所未有的,特别是 2008 年金融危机后这一进程进一步加速。在经济实力发生转变的同时,自 2008 年以来每个大国的国内都经历了某些形式的经济再调整。该趋势在政治上虽然不这么明显,但也大同小异。再则,新技术让小型组织及个人具备了能力,也让非国家行为体的力量成倍增长,并进一步削弱了国家对暴力的垄断。新技术与经济危机和危机导致的社会及政治虚弱相结合,造就了局势的不稳定和地缘政治变迁。这样一来,就算实力非常雄厚的国家也发现,很难将军事主导权和战场上的优势转化为持久或有效的政治成果及局面。

以美国为代表的发达经济体相对衰落,导致由门罗主义和华盛顿共识等要素组成的旧治理框架破裂,世界各国战略性地团结起来,多极世界的形成有可能打破旧的世界秩序。越来越多的证据表明,新兴国家将成为国际规则的重要参与者和制定者。当然,发展中国家的分化和重组也明显发展,使其作为一个整体的力量积聚功能下降。在很多世界范围的对话和利益博弈中,其利益并不能总是集合在一起,也不能以一个声音说话,在一定程度上削弱了发展中国家的影响力,使其在世界经济格局中的地位并没有得到如人们期望的那样实质性提高。即使是金砖国家,目前由于其经济发展水平、方向之间存在极大差异,缺乏将各国团结起来、推动彼此接近的共同政治及经济要素,使其共同发挥世界性影响的前景也是不确定、不明朗的。然而,今后金砖国家一旦成为团结当今世界的主要核心,国际秩序将发生本质性改变,而且朝着积极方向前行。因为金砖国家并非五个单独的国家,相反,它们是具有独特文化背景的新兴大国,代表了五大文明区域。与 19 世纪美国和德国的崛起不同,今天的新兴大国拥有对西方而言完全陌生的文明——有些国家拥有数千年的文化延续。这种文化因素将导致"未知的未知因素"。因为在西方与东方、北方与南方之间,不同的民族有着感知不同现实的偏爱。从某种意义上讲,今天权力转移的影响比 100 年前曾撼动地缘政治格局的那些权力转移远为复杂得多。目前的国际体系或许无法在当今崛起大国的分化下生存下来。

美国国家情报委员会(2013)依据未来四大趋势和改变大局的六大因素,设想了四种变换世界的情景:大停滞的世界,大融合的世界,大分化的世界,非国家化的世界。据我们的分析,似乎还应该增加一种变换的情景,即大制衡的世界。今天,我们正处在深刻而长期的全球政治和经济转型期,全球地缘战略格局变化近在眼前,它将带来一个基于不同社会逻辑的新的世界秩序。可以预见的是,未来几十年,全球的权力和存在份额将会继续日渐分化,将会更少看到权力的集中,而全球范围内更大程度的合作与对话将变得更加必要。传统地缘政治将回到新的发展周期,并上升到全球层面。尽管过去发挥关键作用的军事因素仍然重要,但经济将发挥决定性作用,趋于世界政治经济化。这具有深远影响,而且不仅仅是针对市场而言。这将使西方与东方、北部与南部之间伴随着伙伴关系而非霸权主义,产生更平等的交流,更紧密的政治、经济和文化关系,更自由的思想传播。这种国际体系内的力量分布更加均衡,在某种程度上将促使大国之间地缘政治竞争不断加剧。然而,这种竞争的性质则受到两个因素限制:一是各自对国内事务的关注。这是由于民众的利益越来越明显地影响到统治阶层的行为,而民众的主要诉求就是保障福利。二是在经济增长上的彼此依赖。因此,不断加剧的地缘政治竞争将更多通过间接而不是直接对抗来体现。

总之,世界经济格局大变动,导致多极化经济的制衡,特别是发展中国家与发达国家之间达到了权力(力量)的制衡。双边和区域投资贸易协定的兴起,导致全球化与区域化力量的制衡。个人能力显著上升,权力向多维、无定形的网络转移,导致多重权力的制衡,特别是国家权力与网络权力的制衡。权力的扩散,导致多元行为体的制衡,特别是民族国家、非国家行为体以及次国家行为体(城市)的制衡。我们预判,未来 30 年将是一个世界各种力量关系大调整、大制衡创造新格局、新秩序的时代。一个即将来临的新的世界秩序将趋向于加强伙伴合作,增进经济交流,避免大国战争,以及为人类自由提供一个政治基础。

10.3.2　全球治理体系变革

当前的全球治理体系是国家之间系统的现代地方空间组织,以国家边界内空间一致性过程为前提条件。也就是,现代治理是把政治、经济、文化和社会过程集结到"民族国家"来创建由国家政府执行的国家经济、民族文化和国家社会。空间一致性的民族国家对治理问题提供了一个非常完整的解决方法:分化型过程整齐打包到或多或少可管理单元。这些基本治理单位渴望控制在其边界的流动,而国家在国际关系中商谈超越边界的流动。因此,这种全球治理本质上是让流动适应于地方。

未来 30 年,全球治理体系变革的重要因素之一,是城市作用增大以及大量非政府组织积极参与。我们知道,主权国家是一个现代概念,它的思想基础是长期存在的群体认同感。这一概念左右了全球政治近 300 年。然而,随着全球化发展,这种群体认同感将逐渐减弱。一方面,全球化对个人的赋权进一步推进,主体趋于多样化,世界也向多中心方向发展。技术高度发展及其普及,使个人、集团、组织的能力得到飞跃性提高,使国家这一主体的各种垄断性受到冲击。另一方面,全球化也使一些乍一看很小的问题可以快速跨越国境形成大问题,导致所谓的"统治的鸿沟",即统治主体的目标期望与其可以调动能力之间的较大距离,令国家的统治能力被打上问号。事实上,100年前开始出现的跨国公司就可以被视为对民族国家的第一次持续"进攻",至今这些跨国公司掌控的资源比许多国家还多,其拥有的财富和实力甚至可以左右政府的行为。而且,跨国公司本身在进一步向超国家型公司演变,与母国相脱离,把位于不同国家的各种能力组合成为全球价值链,其意义并不只是赚钱的新方法,而是让世界正在进入一个最强有力的供求法则而不是主权法则的时代。1945年联合国成立则标志着全球组织削弱国家主权时代的开始,因为联合国和"国际法"可以说服各国按照其他国家制定的规则行事。至今,大量非政府组织也加入到这一潮流之中。这种基于全球化的世界流动性导致国家边界的重要性日益降低,甚至国与国之间的边界也可能会发生变化,并使其作为重要载体的城市作用日益凸显。从这一意义上讲,城市日益代表国家参与国际竞争,城市政府的影响力增大。这一过程已在进行之中并将成为21世纪最重要的发展动态之一。

当然,这绝不会降低国家的重要性。因为目前国家主权是不可动摇的,其他主体不可能拥有国家所掌握的资源和统合能力。而且,越是跨越国界形成的大问题,就越需要各个国家分工应对。例如,对跨国恐怖主义活动、跨国疾病的传播以及正在推向生物—物理极限,有些甚至超越极限的全球环境污染和气候变暖等全球性问题进行全球合作共管,共同努力提供资源和手段对这些问题进行有效的治理。但在其过程中,将有更多的非政府机构参与全球治理,推进全球标准和规则的制定。例如在会计、审计、保险等领域,官民合作推进制定全球化标准和规则。在跨国相互影响加深之中,环境、安全、健康等广泛领域都会有越来越多的官民合作制定全球标准的尝试。因此,这一变化并非像看上去的那样极端,而是一定程度上回到人类历史上大部分时期世界的运行方式。

另外,全球治理体系的重大变革将趋向于网络治理。在大多数全球治理机构中,虽然有强大的国际压力来支持减少政治上和物质上的全球极化效应,但到目前为止并没有取得明显成效。网络社会的崛起,对此也并没有给予帮助,但为全球治理渐进过渡提供了新的潜力,即全球网络治理。这是一种基于空间不一致性的多层次、多机构、多部门构成的流动空间组织。例如,外交网络代表国际政治网络,联合国网络是一个超国家的政治网络,非政府组织是跨国政治网络。尽管这些都是繁殖现代政治的国际网络,但有较大的区别。"自下而上"的非政府组织网络,相比于其他两个政治网络是最少分层倾向的国际网络。超国家和跨国家的网络,既有补充也有破坏既有政治的可能性。而且,这些网络通过城市跨洲运作。这意味着原先通过不同国家首都城市的组织,正在被全球网络中重叠子网的多元中心城市所取代。这种变化中的全球网络治理基于合作(相互关系)的城际关系,与基于竞争(现实主义)的国际关系形成鲜明对比,完全不同于基于国家之间系统的现代地方空间组织的全球治理结构,是全球治理未来进取的所在。21世纪基于城市之间流动空间的全球治理网络和连通性援助,是一个值得创造的全球治理议程。

还有,全球治理体系未来变革的一个重要趋势,将是更加注重特定地区的治理,可能形成各不相同的地区治理模式。尽管基于多边协商的全球治理机制依然存在,并将继续发挥重要作用,但随着全球区域化发展,地区性治理将越来越重要,其地位更加突出。欧盟是这种区域性治理的典型代表,并形成了其独特的治理模式。从未来发展看,其他地区也许根本复制不了欧盟的治理模式,但一定会创造适合自身的地区治理模式。特别是亚洲,很可能是孕育世界治理新模式的空间。随着中国和印度等新兴经济体崛起,原先以自由贸易体制为基调、由美国主导构筑的亚太地区国际秩序无疑将发生变化。尽管未来有多种可能性情景——(1)新秩序在现有秩序延长线上更新;(2)形成基于实力的诸多大国协调性秩序;(3)向新兴大国发挥主导作用的秩序过渡;(4)没有一个国家拥有决定性实力,无法达成妥协,陷入"无极"状态;(5)共同体的意识提高,诞生"共同体",或形成松散的联合等……但有一点是可以肯定的,即20世纪那种大型政治或意识形态同盟的亚太地区治理主要特点将不复存在。这将使国家之间的双边关系有可能多维度发展,以便双方的能力都不被限制并且不损害对方。在合作与竞争的边缘找到平衡点,将成为新的长期规则。尽管这种状态是不稳定的,但很可能是长久的。现在已涌现出一批这类治理模式的产物,如金砖国家开发银行、亚洲基础设施投资银行、上海合作组织、欧亚经济联盟、各种围绕东南亚国家联盟的组织和亚太经合组织。未来30年,亚洲将出现众多有着交叉成员和职责范围的各种组织。在它们复杂的相互关系中,将出现阻止地区滑向大规模冲突的网络。这种相互之间靠近但非融合、彼此协作但不结盟的模式,可能是21世纪亚洲治理模式。

最后,全球治理体系变革趋势之一是更加突出某些领域的全球治理。尽管全球治理是全方位的,涉及各个主要领域和问题,但在未来发展中,某些领域的问题将变得十分突出,很可能引发全面的冲突。例如,全球气候变化、太空、基因、人工智能、网络空间等领域。其中,特别是网络空间的全球治理显得十分迫切。网络空间是信息、贸易、能源、金融系统和其他很多基础设施赖以实施的基础设施之一,已经成为我们时代最重要的设备。据预测,至2020年全球2/3的人口将可以上网,在线终端数目将达到250亿。我们所有人都愿意维护它的开放和全球性质。然而,随着网络让世界更加互相依赖、高度连接,网络空间的脆弱性也让人越来越担忧,很可能正在变成政府、非国家机构和私人部门博弈的中心舞台。这需要在网络空间存在一个全球范围的约束我们集体生活的基本法则,以保障网络空间的安全。这种网络空间的全球治理,需要国家和私人部门和民间社会之间进行流畅、坦率的对话,可能要改变基于以主权国家为主角的传统体制,而要与另一个所有相关代理人都参与其中的更现代体制相结合。这种更加开放的体制,在技术事务和网络基础设施管理方面占据主导地位,在保证网络空间弹性方面显示出高效。之所以如此,是因为该体制建立在这样一种共识基础之上:自下而上、让所有角色参与集体管理,着重推动信任和国际管理。如果政府以国家主权的名义破坏原来卓有成效的网络空间技术领域治理的话,不信任将会进一步加剧。在这种情况下,企业和民间社会需要发挥作用,以保证符合网络风险变化不定特征的开放、包容和足够灵活的网络空间治理。

11 战略支撑:中国崛起过程

全球城市尽管是现代全球化空间表达,超越了民族国家的界限,但其总是位于某一特定民族国家之内,受国家尺度约束条件的影响。从这一意义上讲,全球城市是一个国家地位的体系和空间尺度转换的"产物",其仍然遵循国家逻辑的公共机构和领土安排。因此,所在国参与全球化程度及其在世界地缘政治经济中的地位和作用,构成全球城市演化的选择环境的一个重要组成部分。未来30年,中国将以特有的强劲经济增长及综合实力、国民经济类型、国内空间格局以及制度安排方式等在世界民族之林中崛起,开启现代世界体系的中国主导周期,将是影响和决定"上海2050"全球城市演化的重要条件之一,或者说是上海全球城市演化的重要战略支撑。

11.1 全球经济的中国地位

在全球化背景下,一个国家在全球经济中的地位,固然与其经济规模(实力)有关,但必须置于融入经济全球化深度基础上才有意义,或者说才能真正体现全球存在的影响力。国际经验表明,引领和主导经济全球化的国家通常在全球经济中处于重要地位,并成为其全球城市崛起并成为卓越者的重要战略支撑。未来30年,中国作为大国经济崛起,在全球经济中的地位发生重大变化,不仅仅是成为世界最大经济体及有更大的全球存在影响力,更是意味着从一般参与全球化到引领新的全球化进程的根本转变,从而为上海全球城市崛起及其演化提供深厚基础及重要战略支撑。

11.1.1 世界最大经济体

中国目前已是世界第二大经济体,但尚处于下中等收入水平。面向未来30年,中国能否跨越中等收入陷阱,继续发挥超常增长潜力或保持可持续增长,不但成为世界最大经济体,而且迈入高收入国家行列,是实现中国梦的一个至关重要的问题。对此,国内外有不少议论与预测,既有乐观的也有悲观的。

按照经济收敛理论,中国人均GDP水平仍较低,意味着理论上还存在着较大超常增长潜力。如一些专家比较乐观的估计,还有15—20年经济超常增长的可能性。当然,未来30年会发生一些约束条件的变化,如人口变化、老龄化、成本提高、需求变动、生态环境约束等。但在这些条件变化中,成本提高、需求变动及生态环境约束等本身是一种常态性变化,并不是影响增长潜力的主要因素,起主要作用的是资本存量、人口及劳动力、全要素生产率等变化趋势。我的研究团队依据资本存量、人口及劳动力、全要素生产率等变化趋势,对中国未来30年经济增长潜力作了一个预测分析。[①]

（1）资本存量增长趋势。主要采用灰色系统理论方法对未来30年中国的资本存量进行趋势性的预测。为了获得更稳健的预测值,综合采用了两种方法分别进行预测(图11.1)。预测方法一:运用1993—1998年各年资本存量的差分结果作为初始值,该方法测算的结果表现为投资平稳。预测方法二:运用2008—2013年各年资本存量的差分结果作为初始值,该方法测算的结果表现为投资充足。

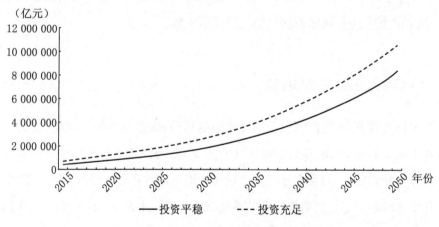

图11.1　未来30年中国资本存量规模预测

（2）人口增长趋势。借鉴门可佩(2004)的测算方法,总人口同样通过灰色系统理论测算中国人口从当前到2050年的增长趋势。结果表明,未来几十年中国的总人口(不含香港、澳门特别行政区和台湾省,下同)仍然将保持平稳增长态势。虽然人口增速趋于放缓,但随着人口政策的不断调整,预计2020年的人口总量达到14亿人,2030年人口总量将达14.5亿人左右,此后可能会保持适度的增长水平,到2050年将有16亿的规模(表11.1)。

[①]　上海市发展战略研究所开展的未来30年中国经济增长预测分析,由朱达明博士主笔。

表 11.1　中国未来 30 年总人口预测具体结果　　　　　　　　（万人）

年　份	预测一	预测二	预测三	年　份	预测一	预测二	预测三
2003	129 207			2027	136 711	145 888	147 818
2004	129 909			2028	136 792	146 611	148 834
2005	130 557			2029	136 865	147 336	149 877
2006	131 154			2030	136 931	148 065	150 947
2007	131 704			2031	136 990	148 797	152 045
2008	132 212			2032	137 043	149 532	153 171
2009	132 679			2033	137 090	150 270	154 326
2010	133 108			2034	137 133	151 012	155 511
2011	133 502			2035	137 171	151 756	156 726
2012	133 865			2036	137 206	152 504	157 973
2013	134 197			2037	137 236	153 254	159 250
2014	134 502			2038	137 263	154 008	160 560
2015	134 780	137 443	137 499	2039	137 287	154 765	161 903
2016	135 035	138 135	138 237	2040	137 309	155 525	163 280
2017	135 268	138 827	138 996	2041	137 328	156 289	164 691
2018	135 481	139 521	139 779	2042	137 345	157 055	166 138
2019	135 675	140 211	140 578	2043	137 360	157 825	167 620
2020	135 852	140 915	141 402	2044	137 373	158 598	169 139
2021	136 013	141 615	142 248	2045	137 385	159 375	170 695
2022	136 160	142 319	143 117	2046	137 395	160 154	172 290
2023	136 293	143 027	144 008	2047	137 404	160 937	173 923
2024	136 413	143 738	144 924	2048	137 412	161 723	175 597
2025	136 523	144 451	145 863	2049	137 418	162 512	177 310
2026	136 622	145 168	146 828	2050	137 424	163 305	179 066

（3）劳动力增长趋势。预测显示,虽然未来 30 年中国总人口可能处于平稳增长态势,但就业人口的比重却有可能面临下降的趋势,到 2050 年甚至将可能低于 50%（图 11.2）,接近于 2014 年前后美国的劳动力人口所占总人口的比重。

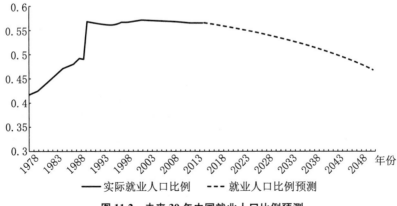

图 11.2　未来 30 年中国就业人口比例预测

（4）全要素生产率增长趋势。综合考虑到赶超红利和制度红利的趋势,我们对技术

233

进步的前景设定三种情形:最乐观的情形,即中国未来30年的技术进步达到过去几十年的长期平均水平(根据回归结果,大约为3%左右);最不利的情形中,我们假设中国技术进步的长期均值在1%左右;在中性情形下,我们假设中国的技术进步处于两者之间(2%)。

在确定了资本与劳动的弹性系数后,通过各要素的未来30年的发展趋势,我们测算出了在面临各种不同的条件下,中国2015—2050年各年的潜在GDP增长率,具体预测结果如表11.2所示。总体而言,在假设的各种不同的条件下,未来30年中国GDP

表11.2　未来中国各年份经济增率预测　　　　　　　　　　　(%)

年份	劳动力充足—投资充足—资本弹性大			劳动力充足—投资充足—资本弹性小			劳动力不足—投资平稳—资本弹性大			劳动力不足—投资平稳—资本弹性小		
	TFP(1%)	TFP(2%)	TFP(3%)	TFP(1%)	TFP(2%)	TFP(3%)	TFP(1%)	TFP(2%)	TFP(3%)	TFP(1%)	TFP(2%)	TFP(3%)
2016	10.29	11.40	12.52	9.50	10.60	11.71	9.13	10.22	11.33	8.41	9.50	10.60
2017	10.00	11.14	12.31	9.23	10.36	11.53	9.07	10.19	11.36	8.35	9.47	10.63
2018	9.72	10.89	12.12	8.98	10.14	11.36	9.00	10.16	11.38	8.29	9.44	10.66
2019	9.45	10.66	11.94	8.74	9.93	11.21	8.93	10.13	11.41	8.22	9.41	10.68
2020	9.24	10.48	11.82	8.54	9.77	11.11	8.86	10.09	11.44	8.16	9.38	10.71
2021	9.04	10.31	11.72	8.36	9.62	11.02	8.79	10.06	11.46	8.09	9.35	10.75
2022	8.85	10.15	11.63	8.19	9.48	10.95	8.72	10.02	11.50	8.03	9.32	10.78
2023	8.68	10.02	11.56	8.03	9.37	10.90	8.65	9.99	11.53	7.96	9.29	10.82
2024	8.53	9.90	11.52	7.90	9.26	10.87	8.58	9.95	11.57	7.89	9.26	10.86
2025	8.38	9.80	11.48	7.76	9.17	10.85	8.51	9.92	11.61	7.83	9.23	10.91
2026	8.25	9.70	11.46	7.64	9.09	10.84	8.43	9.89	11.66	7.76	9.21	10.96
2027	8.13	9.62	11.46	7.53	9.02	10.85	8.36	9.83	11.71	7.69	9.18	11.01
2028	8.01	9.55	11.47	7.43	8.95	10.87	8.29	9.83	11.76	7.63	9.16	11.07
2029	7.91	9.48	11.49	7.33	8.90	10.90	8.23	9.81	11.82	7.56	9.13	11.14
2030	7.81	9.42	11.52	7.24	8.85	10.94	8.16	9.78	11.88	7.50	9.11	11.21
2031	7.71	9.37	11.56	7.16	8.81	10.99	8.09	9.76	11.95	7.44	9.10	11.28
2032	7.62	9.33	11.62	7.08	8.78	11.05	8.02	9.74	12.03	7.38	9.08	11.36
2033	7.54	9.29	11.68	7.00	8.75	11.12	7.96	9.72	12.11	7.32	9.07	11.45
2034	7.46	9.26	11.75	6.93	8.72	11.20	7.90	9.70	12.20	7.26	9.06	11.54
2035	7.39	9.24	11.83	6.87	8.70	11.29	7.83	9.69	12.29	7.20	9.05	11.64
2036	7.32	9.21	11.92	6.80	8.69	11.38	7.77	9.68	12.39	7.15	9.04	11.74
2037	7.25	9.20	12.02	6.74	8.68	11.49	7.71	9.67	12.50	7.09	9.03	11.85
2038	7.19	9.19	12.13	6.69	8.67	11.60	7.65	9.66	12.61	7.04	9.03	11.97
2039	7.13	9.18	12.24	6.63	8.67	11.72	7.60	9.66	12.73	6.98	9.03	12.09
2040	7.07	9.18	12.37	6.58	8.68	11.85	7.54	9.66	12.86	6.93	9.03	12.22
2041	7.02	9.18	12.50	6.53	8.68	11.99	7.49	9.66	13.00	6.88	9.04	12.36
2042	6.96	9.18	12.64	6.48	8.69	12.14	7.43	9.66	13.14	6.83	9.05	12.51
2043	6.91	9.19	12.80	6.44	8.70	12.30	7.38	9.67	13.29	6.78	9.06	12.66
2044	6.87	9.20	12.96	6.40	8.72	12.46	7.33	9.67	13.45	6.74	9.07	12.82
2045	6.82	9.22	13.13	6.36	8.74	12.63	7.28	9.69	13.61	6.69	9.08	12.99
2046	6.78	9.23	13.31	6.32	8.76	12.82	7.23	9.70	13.79	6.65	9.10	13.17
2047	6.74	9.26	13.49	6.28	8.79	13.01	7.18	9.72	13.97	6.60	9.12	13.35
2048	6.70	9.28	13.69	6.25	8.82	13.21	7.42	10.02	14.46	6.82	9.41	13.82
2049	6.66	9.31	13.90	6.21	8.85	13.42	7.11	9.78	14.39	6.54	9.19	13.77
2050	6.62	9.34	14.12	6.18	8.89	13.64	7.57	10.32	15.13	6.96	9.68	14.47

234

潜在增长预测有很大的水平落差,处于6%—15%之间(见图11.3)。假设全要素生产率年增长保持平稳,那么GDP潜在增长区间处于6.18%—9.04%。但一般而言,随着中国制度红利空间越来越小,以及技术进步的不确定性,全要素生产率(TFP)的年增长率将越来越小,类似于美国20世纪80年代所走过的道路,那么TFP年增长率很有可能将稳定在较低水平。因此,GDP潜在增长区间处于6.18%—7.57%。

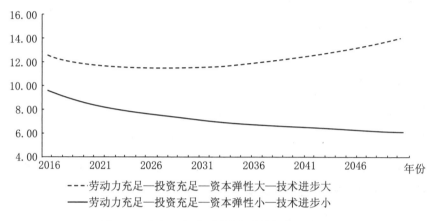

图11.3 未来30年中国潜在经济增长率预测区间

当然,实际增长率完全可能偏离这一增长潜力水平,通常是低于这一增长潜力。这关键取决于全面推进深化改革、创新驱动发展、经济转型升级,从而跨越中等收入陷阱。如果朝着这一方向坚定不移努力并能顺利实现经济转型,尽管增长速度趋于自然下降,也能继续保持良好的发展态势,中国经济强势崛起势在必行。

实际上,在世界和平与发展的前提下,对于中国将成为世界最大经济体已成为几乎没有疑义的问题,只不过是在具体到达的时点上有不同的测算和预测。除了汇丰的预测有更高增长率外,法国国际经济中心(CEPII)的预测相比其他机构也较为乐观,预计中国GDP年均增长率从2010—2015年的8.6%,下降到2025—2050年的4.3%,导致2010—2050年间增长8倍(参见图11.4)。如果按2005年的美元测算,中国可能在2040年超过美国,成为最大世界经济体。到2050年,中国GDP可能比美国大22%,是英国的6倍;中国按购买力平价计算的人均GDP将达到美国水平的89%。如果按实际汇率升值变化的相对价格测算,中国GDP在2020年前后就可能超过美国。到2050年,中国经济将是美国或欧盟的大约4倍。根据普华永道(PWC)《2050年的世界》报告预测,按市场汇率计算,中国将在2028年成为最大的经济体,然后中国的增速将回归全球经济增长的平均水平,2030—2050年间增长速度将放缓到3.4%。到2050年,按购买力平价计算的经济总量将达 61 万亿美元。因此未来 30 年,中国占全球 GDP 的比重将不断上升,并占世界 GDP 的最大份额。根据法国国际经济中心(CEPII)分析预测,在相对价格不变情况下,中国占全球 GDP 的比重将从 2008 年的 7％上升至 2050 年的 20％;美国将从 2010 年的 27％下降至 2050 年的 17％。按实际汇率升值变化的相对价格测算,中国所占份额将从 2010 年的 10％上升到 2025 年的 22％和 2050 年的 33％;美国所占份额将从 2010 年的 25％下降至 2025 年的 17％和 2050 年的 9％;欧盟将从 2010 年占世界 GDP 的 23％下降到 2025 年的 17％和 2050 年的 12％;日本将从 9％滑落到 8％至 5％。根据普华永道《2050 年的世界》报告预测,按购买力平价计算,中国在全球 GDP 中所占的份额将从 2014 年的 16.5％增至 2030 年的峰值约 20％,2050 年小幅回落至 19.5％。当然,也有个别预测对中国未来 30 年持悲观态度,例如 Parsec 金融公司的詹姆斯·史密斯在接受《华尔街日报》2012 年 12 月 4—8 日的调查采访中表示,到 2050 年中国将面临崩溃。未来任何的可能性都将存在,所以不能断然否定其中任何一种可能性,但这种"悲观"可能性的概率只能说很小。

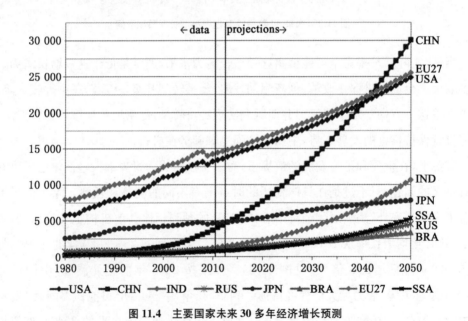

图 11.4　主要国家未来 30 多年经济增长预测

资料来源:Fouré, J., Bénassy-Quéré, A. & Fontagné, L., 2012, "The Great Shift: Macroeconomic Projections for the World Economy at the 2050 Horizon", CEPII working paper, 2012-03, February.

通过比较主要机构的不同预测结果(见表 11.3),共同的结论是:到 2050 年,中国将成为世界最大经济体,占世界 GDP 的最大份额。仅就中国作为世界最大经济体而言,经济总量巨大规模本身也足以在世界上产生重大影响,包括对全球化进程、世界城市网络建构、全球城市演化等深远影响。

表 11.3　经合组织、法国国际经济中心、普华永道对 2025 年、2050 年世界 GDP 份额(PPP)的预测

		2025 年	2050 年
		世界 GDP 份额%,PPP	世界 GDP 份额%,PPP
经合组织	中　国	17	16
	美　国	16	12
	欧盟 27 国	16	11
	日　本	4	2
	印　度	8	14
	俄罗斯	3	2
	巴　西	3	3
	其　他	33	40
法国国际经济中心	中　国	22	28
	美　国	15	10
	欧盟 27 国	15	10
	日　本	5	3
	印　度	8	12
	俄罗斯	3	4
	巴　西	3	2
	其　他	29	31
普华永道	中　国	19	21
	美　国	16	13
	欧盟 27 国	16	12
	日　本	4	3
	印　度	8	15
	俄罗斯	4	3
	巴　西	3	3
	其　他	30	30

资料来源:根据各机构预测的汇总。

11.1.2　全球综合影响力

中国在未来 30 年成为世界最大经济体,无疑将产生重大的世界影响。但经济规模最大并不意味着必定是经济实力最强。一个国家的经济实力不仅基于经济总量规模,更取决于科技能力、金融实力、产业和企业竞争力、全球资源配置能力、人力资源水平,甚至国际规则、标准制定的软实力等。从更宽泛的角度讲,一个国家在全球的实际地位,不仅取决于经济,也取决于军事、软实力等因素,是一个全球综合影响力的体现。

西班牙皇家埃尔卡诺研究所通过"全球存在指数"衡量各国在全球的影响力,表明不同国家的实际地位。这一地位是通过经济、军事、软实力三个层面的 16 个不同变量上的综合考量结果。①根据西班牙皇家埃尔卡诺研究所《2016 全球存在指数》报告,中国的全球存在指数从 2014 年的 387 点提升至 2015 年的 414 点(增长将近 7%),在一年内跃升两位,超过德国(增长 2.5%)和英国(下降 2.4%),居于世界第二,成为仅次于美国的拥有最大全球存在的国家。而且,中国的全球存在指数提升是在总体全球存在指数接近于零增长(0.4%)的情况下取得的,充分反映了逆势而上的强劲势头。

从结构上看,当前中国全球存在指数迅速上升,很大程度上源于快速的经济增长,以及面向外部的发展模式。因此,在基于国家竞争力市场规模的跨国公司总部数量增加、总部城市增加以及指挥控制功能增强方面表现尤为突出,全球影响力迅速扩大。我们知道,跨国公司总部和子公司的区位选择很大程度上考虑一个国家的竞争力和市场规模,其是决定当代全球企业结构的重要因素。尤其是跨国公司总部大本营的区位禀赋,对其成功起着至关重要的作用(Porter,1990)。这些集群的区位禀赋包括基础设施、资源、有效的商务系统和劳动过程,以及有稳定预期和相当大的市场(Cantwell,1995)。跨国公司总部的不平衡分布源于这样一个事实,即只有特定的国家具有很好的禀赋并有战略能力来确保吸引跨国公司总部的竞争优势。因此,跨国公司总部数量和总部城市数量的变化,可以一定程度上反映一个国家的竞争力水平和市场规模。

Csomós(2013)的实证研究表明,2006—2012 年间,中国的总部数量从 56 家迅速增加到 182 家,仅次于美国(533 家)、日本(258 家)列第三位。中国的总部数量虽然与前两位还有较大差距,但增长势头迅猛,达到 225% 的最快增长速度,而美国与日本在此期间都是负增长,分别为 -23.31% 和 -19.38%。在此期间,中国的总部城市也从 8 个增加到 47 个,增长 487.50%,不仅与随后第二、三、四位高增长的印度(50%)、法国(33.33%)和俄罗斯(28.57%)拉开很大距离,而且与美国(-9.48%)、英国(-23.08%)、德国(-4.17%)、日本(-3.64%)等国不同程度的负增长形成明显反差。随着中国的总部数量和总部城市大幅增加,其指挥控制指数从 2006 年的 2.603 2 上升至 2012 年的 9.549 0,增长 266.82%,超过了日本(9.338 7)、英国(7.018 9),仅次于美国(30.952 1)居第二位。在此期间,美国、日本、英国的指挥控制指数均为较大负增长,分

---

① 这些变量可总结为三个层面:经济(能源、初级产品、手工制造、服务和投资);军事(军队、军事装备);软实力(移民、旅游、体育、文化、新闻、技术、科学、教育、发展合作)。

别为−17.95％、−17.01％和−15.66％(表11.4)。

表11.4 总部及总部城市数量与指挥控制指数

国 家	总部城市			总 部 数			指挥控制指数		
	2006 年	2012 年	变化 2006/2012(％)	2006 年	2012 年	变化 2006/2012(％)	2006 年	2012 年	变化 2006/2012(％)
澳大利亚	5	6	+20.00	36	44	+22.22	1.594 8	2.164 5	+35.72
巴 西	8	8	0.00	19	33	+73.68	0.888 1	2.151 0	+142.20
加拿大	11	10	−9.09	60	65	+8.33	2.566 4	2.945 7	+14.78
中 国	8	47	+487.50	56	182	+225.00	2.603 2	9.549 0	+266.82
法 国	3	4	+33.33	70	63	−10.00	5.740 6	5.104 9	−11.07
德 国	24	23	−4.17	58	53	−8.62	5.057 0	4.335 0	−14.28
印 度	8	12	+50.00	33	61	+84.85	0.794 3	1.763 2	+121.98
意大利	19	14	−26.32	46	34	−26.09	2.603 6	1.946 8	−25.23
日 本	55	53	−3.64	320	258	−19.38	11.252 4	9.338 7	−17.01
荷 兰	11	10	−9.09	26	24	−7.69	3.455 9	2.114 0	−38.83
俄罗斯	7	9	+28.57	14	28	+100.00	0.938 4	2.054 1	+118.89
韩 国	7	7	0.00	50	68	+36.00	1.822 8	2.423 0	+32.93
西班牙	8	7	−12.50	29	28	−3.45	1.863 8	1.820 4	−2.33
瑞 士	8	8	0.00	39	44	+12.82	2.933 6	2.903 2	−1.04
英 国	26	20	−23.08	115	91	−20.87	8.322 4	7.018 9	−15.66
美 国	116	105	−9.48	695	533	−23.31	37.721 8	30.952 1	−17.95
其他国家	62	90	+45.16	334	391	+17.07	9.840 9	11.415 5	+16.00
总 计	386	433	+12.18	2 000	2 000	0.00	100.00	100.00	0.00

资料来源:Csomós, G., 2013, "The Command and Control Centers of the United States(2006/2012): An Analysis of Industry Sectors Influencing the Position of Cities", Geoforum, 50, 241—251.

重要的是,这一发展势头仍将持续。根据麦肯锡《城市世界:变化中的全球商务格局》报告预测,2025 年在世界 500 强企业中,中国地区将达到 120 家,占 24％。无疑,这将进一步增强中国的全球存在影响力。可以预见,到 2050 年,尽管中国经济实力将有明显提高,但在一些方面与美国等发达国家仍有差距。

从全球综合影响力看,中国与美国(全球存在指数超过 1 098 点)相比,尚有很大差距,特别是在构成上严重偏向经济因素。随着中国经济增长"换挡",增速适当减缓,其对中国全球存在指数上升的支撑将趋于减弱。这意味着中国未来全球综合影响力提升将更多源于软实力方面的提高。目前,相比经济因素,中国的软实力是明显"短腿"。然而,中国在旅游、体育、文化、教育、科学、技术、合作发展等方面,尚有很大潜力,并已逐渐显现强劲发展势头。例如根据国家发展规划,到 2020 年进入创新型国家行列,基本建成中国特色国家创新体系,到 2030 年跻身创新型国家前列,发展驱动力实现根本转换,到 2050 年建成世界科技创新强国,成为世界主要科学中心和创新高地。可以预见,未来 30 年,随着中国软实力不断提升,全球综合影响力将进一步扩大,不仅可以稳居世界第二位,而且还将缩小与美国的差距。

11.1.3　开创全球伟大工程

除了中国成为世界最大经济体和进一步扩大全球综合影响力,更为重要的是,未来 30 年中国通过开创全球伟大工程("一带一路"),将逐步引领新的全球化进程,从而真正奠定在全球的重要地位。

过去 30 多年,中国在改革开放推动下,积极参与由发达国家主导的全球化进程,并形成了高度外向型经济。2013 年,中国已成为 120 多国的第一货物贸易大国。2015 年,尽管贸易增速减缓,但仍继续保持第一贸易大国地位。在此过程中,实现了中国国际分工地位的历史性跨越,从过去 50% 以上的初级产品出口转变为今天 95% 的制成品出口,其中 60% 左右是机电商品出口,尽管主要竞争力还集中在低技术产品出口上。"十二五"期间,中国服务贸易年均增长超过 13.6%,服务进出口全球排名不断提升。据世界贸易组织统计,2015 年中国服务出口与进口增长速度均大幅高于全球水平,服务出口额与进口额的全球占比分别达到 4.9% 和 9.6%,服务贸易总额位居全球第二位(表 11.5)。其中,服务进口额与排名第一的美国差距大幅缩小至 320 亿美元(按世界贸易组织发布数据计算)。当然,中国目前仍有服务贸易存在较大逆差、传统服务进出口占比较大、服务出口不稳定等问题。与此同时,2014 年,中国成为全球外国投资的第一大目的地国。尽管这带有一定的偶然性,其地位并不巩固,而且随着"世界工厂"的转型以及劳动力成本上升等变化,外国直接投资增速趋于下降,但中国仍然是全球外国投资的热土之一。更引人注目的是,长期以吸引外资见长,直接投资进出形成严重"逆差"的局面得以改变,近年来中国对外投资迅猛增长。联合国贸发组织报告显示,2014 年,中国对外投资大幅增长 15%,达 1 160 亿美元,仅次于美国和中国香港,在全球所有经济体中排第三位。对外直接投资规模与同期中国吸引外资规模仅差 35.6 亿美元。2015 年,中国对外直接投资同比增长 18.3%,在连续 13 年快速增长基础上迈向新台阶,创下 1 456.7 亿美元的历史新高,占到全球流量份额的 9.9%,金额仅次于美国(2 999.6 亿美元),首次位列世界第二(第三位是日本 1 286.5 亿美元),并超过同期中国实际使用外资(1 356 亿美元),实现资本项下净输出。

表 11.5　2015 年全球服务贸易发展状况

国家	出口金额(10 亿美元)	占全球出口份额	国家	进口金额(10 亿美元)	占全球进口份额
世界	4 675	100.0%	世界	4 570	100.0%
美国	690	14.8%	美国	469	10.3%
英国	341	7.3%	中国	425	9.6%
中国	288	4.9%	德国	292	6.4%
德国	246	5.3%	法国	224	4.9%
法国	239	5.1%	英国	205	4.5%
日本	158	3.4%	日本	174	3.8%

资料来源:中国数据来自商务部服贸司,其他国家数据来自世界贸易组织。

目前,中国经济进入新常态,外部环境发生新变化,中国自身和世界的关系也发生了深刻变化。这给我们的对外开放提出了新要求,带来了新机遇和新挑战,也提供了新的发展基础。由此,中国对外开放进入新的发展阶段,实施对外开放新战略。一是形成对外开放新格局。从吸引外资的单向开放转向"引进来"与"走出去"的双向开放,从"东进"(面向欧美发达国家)单一开放转向"东进"与"西进"(面向发展中国家)的多元开放,从产业部门领域开放转向规则标准开放。二是加快实施自由贸易区(FTA)战略,逐步构筑起立足周边、辐射"一带一路"、面向全球的 FTA 网络,全面构建国际合作"大开放"格局。近期,积极推动与中国周边大部分国家和地区建立自由贸易区,使中国与自由贸易伙伴的贸易额占中国对外贸易总额的比重达到或超过多数发达国家和新兴经济体水平;中长期,形成包括邻近国家与地区、涵盖"一带一路"沿线国家以及辐射五大洲重要国家的全球自由贸易区网络。三是构筑开放型经济新高地。增强参与全球治理和区域治理的能力,努力营造一个互利共赢的国际经贸环境。提高技术和资本密集产品的国际竞争力和服务业的竞争力,发展壮大中资跨国公司,掌握配置全球资源的主动权。建设国际大通道,从基础设施建设的物理性相联,到经济贸易、投资活动及货币相通,然后到规则与政策连通,再到基于文化交流的民心相通。

在此过程中,"一带一路"倡议将创造全世界最大的经济发展和建设工程。新丝绸之路将跨越中国、蒙古、俄罗斯、白俄罗斯、波兰和德国,延伸 8 000 多英里,开创一个长度超过地球周长 1/3 的经济带。海上丝绸之路,经中亚和印度洋把中国与波斯湾及地中海连接起来。随着"一带一路"建设的推进,不仅沿线的基础设施建设、园区开发等项目投入及其创造的就业机会将是巨大的,实际上在几乎每一个领域,贸易和商业复兴的前景都是巨大的,可能对整个世界经济产生引人注目的连锁反应,给商业、工业、发现、思想、发明和文化带来新的复兴。

据商务部公布的数据显示，2015年，中国企业共对"一带一路"相关的49个国家进行了直接投资，投资额合计148.2亿美元，同比增长18.2%。中国企业在"一带一路"相关的60个国家新签对外承包工程项目合同3 987份，新签合同额926.4亿美元，占同期中国对外承包工程新签合同额的44.1%；完成营业额692.6亿美元，占同期总额的45%。2016年，中国企业共对"一带一路"沿线的53个国家进行了非金融类直接投资145.3亿美元，主要流向新加坡、印度尼西亚、印度、泰国、马来西亚等国家地区。中国企业在"一带一路"沿线61个国家新签对外承包工程项目合同8 158份，新签合同额1 260.3亿美元，占同期中国对外承包工程新签合同额的51.6%，同比增长36%；完成营业额759.7亿美元，占同期总额的47.7%，同比增长9.7%。三年多来，从丝路基金到亚投行，从中巴经济走廊到渝新欧大动脉，从希腊比雷埃夫斯港建设到印度尼西亚雅万高铁项目，一大批惠及长远的重大项目相继开工，一系列利及世界的项目陆续启动。"一带一路"已延伸到欧洲最西端的英国，像一条同心带串起了亚欧非大陆的历史与未来，串起了沿途60多个国家的友谊和合作。可以预见，今后"一带一路"的投资及其合作将日益扩大，与沿线国家发展战略顺利对接，构建起更多互利合作网络、新型合作模式、多元合作平台，全面展开贸易、投资、基建、产能、金融和货币对接以及人文交流等。

"一带一路"建设一旦成功，它将连接亚洲、欧洲和非洲，形成全世界最大的经济走廊，覆盖44亿人口、经济产值达21万亿美元，分别占全球人口的63%和全球GDP的29%。它可能会改变欧亚和印度洋地区的战略和经济特征，其意义不亚于全世界经济地图的革命性转变。"一带一路"跨越世界主要文明，也有望为全球一体化带来新的机会和可能性。中国在这当中将跨坐两个大洋，而不再单纯依赖与东亚和太平洋的联系，并将在整个欧亚大陆开辟多样化的出口市场和对外投资市场，以及更好地获得能源和食品等，形成大范围使用及储备的人民币圈，在国际经济中与美国处于更加平等的地位。更为重要的是，中国通过"一带一路"合作框架为众多国家提供其迫切需要获得的基础设施，而当今基础设施建设与安全一样是同等重要的全球公共产品，中国作为全球领先的基础设施提供者将在新的地区和全球秩序中扩大国际影响力，对改善国际治理、在国际问题处理方面增加了发展中国家的代表性，将更多提出中国方案、贡献中国智慧、为国际社会提供更多公共产品。中国在为国际问题作出更多贡献的同时，也将拥有实现自己诉求的资源和能力。这意味着中国从参与全球化转向引领新的全球化进程，将作为规范力量与整个国际社会一起致力于一个全球世纪。

11.2 开启现代世界体系中国周期

在现代世界体系中,除了核心(国家)外,还有"核心中的核心",即主导国家。这一主导国家的出现,通常导致现代世界体系中的一个主导(支配)周期。这一主导国家及其支配周期的出现,是由一个集中的爆炸式城市增长所牵引的。也就是,城市是一国经济增长的引擎,集中的城市爆炸式增长创建和奠定其国家的主导地位,并开启其主导周期。这一重要假设有一个必然的当代关联性,并与全球城市的形成及演化直接关联,即全球城市寓于这种集中的城市爆炸式增长之中,而不是孤立生成的。未来30年,中国将由集中的城市爆炸式增长开启现代世界体系的中国周期,从而为上海全球城市演化提供良好的生态环境。

11.2.1 现代世界体系的主导周期转换

在集中的爆炸式城市增长基础上形成的主导国家,是由最有创意的"高科技、高工资"经济过程发散来创造一个强大经济的情形,随后文化和政治优势接踵而至,从而成为其他国家试图仿效的引人注目的成功强国(Wallerstein,1984)。从历史上看,曾出现过16世纪和17世纪的荷兰周期,18世纪和19世纪的英国周期,19世纪和20世纪的美国周期。在这三个主导国家周期中,主要城市爆炸式增长形成了每个周期的开始,并减弱于周期的结束。实证观察表明,每一个周期中,都有不同的数十年"高主导"时期,而整个周期则持续更长时间,约为两个世纪。①

---

① 在荷兰周期中,有4个荷兰城市起着重要作用,它们之间经历了8个爆炸式城市增长的例子。从阿姆斯特丹第一个爆炸式城市增长开始,随后阿姆斯特丹、哈勒姆和莱顿三个爆炸式城市增长,从而建立起荷兰在世界体系中的主导地位。在"高主导"期间,阿姆斯特丹、莱顿和鹿特丹三个城市继续爆炸式增长。但在其周期的下行阶段,只有鹿特丹一个城市继续爆炸式增长。在荷兰主导周期中,其几乎没有什么对手,法国的鲁昂、波尔多、巴黎、里昂和马赛等城市都小于荷兰城市增长。在第二个英国周期中,其有7个城市起着重要作用,它们之间有21个爆炸式城市增长。英国北部的四大城市(伯明翰、格拉斯哥、利物浦和曼彻斯特)主导了18世纪,并在19世纪继续爆炸式增长,尽管呈现逐渐下降趋势。纽卡斯尔和伦敦,在19世纪加入其中。在英国主导周期中,法国通常被视为其主要竞争对手,但也只有巴黎和里昂起重要作用,均处于较低的排名。在美国主导周期中,有15个美国城市起着重要作用,它们之间有25个爆炸式城市增长。19世纪上半叶,由纽约、巴尔的摩、费城和波士顿主导,到19世纪下半叶,其继续发挥重要作用,但排名已趋于降低,芝加哥和匹兹堡加入其中,分别排名第一和第四。20世纪上半叶,纽约、波士顿和费城继续其繁荣,并有洛杉矶、休斯顿、达拉斯、底特律、旧金山、西雅图、亚特兰大、华盛顿等爆炸式增长城市加入其中。然而,到了1950—2005年间,只剩下四个爆炸式增长城市,即华盛顿、洛杉矶、芝加哥和首次亮相的迈阿密。在美国主导周期中,其主要竞争对手是德国。在此期间,德国有7个城市具有16次爆炸性城市增长的迸发。特别在19世纪下半叶,有5个德国城市(莱比锡、柏林、德累斯顿、汉堡和慕尼黑)处于靠近爆炸性增长城市的顶部。

Taylor、Firth 等人（2010）提供了一个地球历史的实证描述和作为由动态城市经济引导的现代世界体系宏大进程的分析，列出了现代世界体系中爆炸式城市增长清单。目前，现代世界体系仍处于美国主导周期。然而，美国主要城市爆炸式增长在 20 世纪下半叶趋于明显下降，并在新世纪的前十多年继续延续走弱的势头。世界城市网络连通性的实证研究也表明，除纽约外，其他美国城市的网络连通性均处较低水平，洛杉矶仅 39 位，华盛顿、亚特兰大和旧金山都排在 50 强的最后十位（Taylor，2011）。当然，美国主导周期趋于减弱，并不意味着其周期结束，不能排除未来 30 年美国主导周期仍将延续的可能性。有人甚至还期待第二个美国主导的时代，但已不能指望有同样的经济基础了，除非有新的大量爆炸式城市增长的出现。从目前发展趋势来看，这种可能性似乎并不大。

从全球范围来看，未来 30 年，这种集中的城市爆炸式增长现象似乎可能在中国显现。20 世纪下半叶，在全球爆炸式增长城市清单中，已改由北京、上海领头，分别处于第一、第二位。这对于主导周期来说，是具有典型性意义的。从以往的主导周期看，其分别是由当时全球爆炸式增长城市清单中的领头城市代表的，特别是处于前三位的城市。当然，这还需要国内有一批全球爆炸式增长城市"集团"的支撑，才能开启主导周期。从目前情况看，中国其他城市尚未列入全球爆炸式增长城市清单中，使北京、上海这两个领头城市显得有些孤单。这种状况也反映在世界网络连通性的全球排名中，除香港、上海和北京处于前列之外，广州与深圳只代表了适度融入世界城市网络，剩下的 14 个中国城市只是弱连接的进入（见表 11.6）。因此，在北京、上海已经成为全球爆炸式增长城市"领头羊"的情况下，能否形成爆炸式增长城市的"中国集团"，是开启中国主导周期的关键，也决定了现代世界体系的主导周期转换与更替。

未来 30 年，在中国大规模、快速城市化背景下，将允许城市继续以前所未有的速度发展。如果按照目前趋势继续下去的话，中国的城市人口将从 2005 年的 5.72 亿扩大到 2025 年的 9.26 亿，新增的城市人口 3.5 亿超过今天整个美国的人口。2030 年，城市人口将达到 10 亿。到 2025 年，中国将有 219 个超过 100 万居民的城市——相比于欧洲今天只有 35 个——以及 24 个超过 500 万人口的城市（McKinsey Global，Institute，2009）。在此过程中，完全有可能呈现相当一批城市迸发爆炸式增长，从而开启中国主导周期。

由于这一主导周期并不是简单的时间序列，可以有重叠：一个国家的城市可以在另一个国家高主导地位期间崛起。从历史上看，英国主导周期和美国主导周期就是重叠

表 11.6　世界城市网络中的前 20 名中国城市

世界排名	中国排名	城　市	GNC*
3	1	香　港	73.8
7	2	上　海	64.1
13	3	北　京	58.6
45	4	台　北	41.8
68	5	广　州	36.4
107	6	深　圳	28.6
236	7	高　雄	16.7
271	8	杭　州	15.0
273	9	南　京	14.8
278	10	大　连	14.7
286	11	青　岛	13.8
291	12	澳　门	13.5
292	13	成　都	13.4
317	14	苏　州	11.5
334	15	新　竹	10.0
345	16	重　庆	9.4
347	17	西　安	9.3
361	18	厦　门	8.2
364	19	宁　波	8.1
370	20	沈　阳	7.8

＊全球网络连接 GNC 即最高（即伦敦）的百分比。

资料来源：Taylor, P.J., 2012, "The Challenge Facing World City Network Analysis", http://www.lboro.ac.uk/gawc/rb/rb409.html.

的,其共享了 19 世纪。因此,即使在美国主导周期仍可能延续的情况下,只要北京、上海继续成为全球爆炸式增长城市"领头羊",且呈现一批爆炸式增长城市的"中国集团",就完全有可能开启中国主导周期。在 21 世纪上半叶乃至更长时间,如果美国主导周期仍然延续,将出现中国主导周期和美国主导周期的重叠现象;如果美国主导周期不能延续,现代世界体系将进入中国主导周期。

11.2.2　中国城市集中爆炸式增长态势

在传统计划经济体制下,中国的城市化严重滞后,城市增长极其缓慢,个别城市甚至趋于萎缩。尽管 1978 年改革开放以来,除了国家战略引导的市场经济发展外,中国特有的政体及分税制等制度安排,使地方政府在推动工业化与城市化交互过程中发挥了积极作用,从而导致城市化迅速发展,城市增长明显加快,但由于基础较差,尚处于成长期,在很大程度上是未能进入全球爆炸式增长城市清单中的主要原因。然而,在这30多年中,中国城市发展已奠定了坚实基础,并保持着良好发展势头,在未来30年完全具有迸发爆炸式增长态势。由于北京、上海已经进入全球爆炸式增长城市清单中的领头城市,所以我们主要分析中国其他城市的爆炸式增长态势。

1. 城市人口迅速增长,空间结构不断升级

直辖市和省会城市作为地区政治和经济中心,原先常住人口规模就已在300万至500多万甚至更多,市域面积也较大。但在近十多年中,天津、重庆、广州、杭州、南京、成都、西安等城市的规模扩张依然强劲,人口规模迅速增长,市辖区面积和建成区面积也明显扩大。一般来讲,这些主要城市的规模迅速扩张对其他城市具有"挤出效应",抑制其他城市的规模扩张。但这种情况在中国并没有出现。一些非省会城市的规模同样也是如此迅速扩张,迅速发展成为大型城市。深圳是最为典型的代表,从一个小县城发展为1 000多万常住人口、近2 000平方公里市辖区面积和900平方公里建成区面积的大城市。苏州、无锡、宁波等城市也是类似情况。青岛、大连,厦门等城市规模扩展,甚至比其省会城市更迅速(表11.7)。

表 11.7 中国主要城市人口和市域面积变化

	市区人口(万人)*		市区面积(平方公里)		建成区面积(平方公里)	
	2002 年	2015 年	2002 年	2015 年	2002 年	2015 年
天　津	616	941	7 417	10 171	453	885
广　州	583	854	3 718	7 434	553	1 237
杭　州	231	517	1 079	4 876	255	506
南　京	480	653	4 989	6 589	438	755
成　都	439	594	2 177	2 173	290	615
重　庆	972	2 137	7 583	34 519	437	1 329
深　圳	232	1 137	355	1 997	168	900
苏　州	168	341	1 730	2 827	129	458
青　岛	241	372	1 349	3 231	133	566
大　连	273	304	2 415	2 567	248	395
西　安	357	701	1 256	3 874	186	500
厦　门	137	211	1 565	1 569	94	317

* 2002 年为城市人口,2015 年为市区人口,不包括市区暂住人口。
资料来源:2002 年、2015 年城市建设统计年鉴。

在城市空间不断扩展过程中，空间结构趋于复杂化和集约化。例如，广州在"十一五"期间，着力构筑由一个中心主城区、三个副城区（南沙、萝岗—新塘、花都）、两个片区（增城、从化）组成，沿珠江水系发展的多中心、组团式、网络型的城市空间架构；"十二五"期间，进一步打造"一轴两城三中心"，即城市新中轴线、东部山水新城和南沙新城，花都新华、增城荔城、从化街口三个片区中心，构筑"一主六副多组团"的大都市空间形态；"十三五"期间，将加强各组团之间的互联互通、生态隔离和组团内部的集约高效，加快形成多中心、组团式、网络型的空间格局。杭州在"十一五"期间，打造"一域一圈两轴两带"的空间发展格局，即"一域"是全面融入长三角经济区，"一圈"是构建杭州都市经济圈，"两轴"是沿杭新景（杭千）高速公路和杭徽高速公路的城市（中心镇）发展轴，"两带"是沿钱塘江流域和苕溪流域的两条生态保护带；"十二五"期间，力创共建共享"生活品质之城"；"十三五"期间，进一步共建共享历史文化名城、创新活力之城、东方品质之城，并以钱塘江为轴线的跨江、沿江、网络化组团式布局，形成"一主三副、双心双轴、六大组团、六条生态带"开放式空间结构模式，城市发展由"西湖时代"走向"钱塘江时代"。南京在"十三五"期间，将形成"一核两翼三极四城"的城市空间布局。具体而言，主城为"一核"，江北新区和东南科技创新示范带作为"两翼"，空港、海港和高铁为三个枢纽极，东山、仙林、溧水、高淳列为四个副城。成都则打造由8个卫星城（龙泉驿、新都、青白江、温江、双流、郫县、新津和都江堰）和6个区域中心城（金堂、彭州、崇州、大邑、邛崃和蒲江）组成的城市空间格局。青岛依据"全域统筹、三城联动、轴带展开、生态间隔、组团发展"城市空间战略，形成1个中心城区（城市群的核心区）、10个次中心城市、35个重点镇（或小城市）的空间格局。

2. 城市保持持续的大量投入，经济实力迅速增强

许多城市从1980年的一年固定资产投资不足10亿元，发展到现在（2015年）一年5 000多亿元规模的投资，天津和重庆达到1万多亿元的固定资产投资额（见表11.8）。与此同时，随着城市人口增加和收入水平提高，其消费规模急剧扩大。许多城市社会消费品零售总额从过去（1980年）15—20亿元的水平，迅速扩大到现在（2015年）5 000亿元左右的规模。商品销售总额的增长也是如此，特别是近十多年的商品销售总额迅速增长（见表11.8）。

表 11.8　中国主要城市投资、消费水平变化

	固定资产投资额（亿元）		社会消费品零售总额（亿元）		商品销售总额（亿元）	
	1980 年	2015 年	1980 年	2015 年	1980 年	2015 年
天　津	23.92	13 065.86	34.64	5 245.69		
广　州	9.96	5 405.95	28.71	7 932.96	50.80	50 902.38
深　圳	1.38	3 298.31	1.96	5 017.84	3 472.29 (2004)	23 490.77
杭　州	4.58	5 556.32	20.54	4 697.23	1 033.49 (1998)	16 505.35 (2014)
南　京	7.82	5 484.47	15.84	4 590.17	1 074.94 (2000)	10 192.50 (2014)
大　连	6.05	4 559.30	15.28	3 084.30	346.76 (1999)	3 979.36 (2013)
青　岛	4.70	6 555.70	15.03	3 713.70	522.15 (1999)	5 620.65 (2013)
成　都	5.57	7 007.00	20.51	4 946.20	370.5 (1995)	7 270.11 (2014)
重　庆	48.247 (1987)	15 480.33	36.63	6 424.02		
西　安	18.44 (1985)	5 165.98	20.82 (1983)	3 405.38		
厦　门	174.51 (2000)	1 896.50	169.24 (2000)	1 168.42		
苏　州	9.2 (1985)	6 124.43	428.2 (2000)	4 461.62		

在大规模投资和消费驱动下，城市的经济总量和人均收入水平呈现大幅上升。在 1980 年，广州、杭州、南京、成都、西安等省会城市的 GDP 均处于 50 亿元左右，人均 GDP 处于 600—1 000 元左右的低水平。但到 2015 年，除西安外，这些城市 GDP 都突破或接近 1 万亿元大关。天津、广州、深圳、杭州、南京、大连、青岛、厦门、苏州等城市的人均 GDP 纷纷突破 10 万元水平（见表 11.9）。

从发展时间阶段来看，这些城市经济实力的迅猛增强，主要始于 20 世纪 90 年代，进入新世纪以后出现明显的攀升拐点。例如，天津 GDP 增长在 90 年代中期形成第一个增速高峰，在 2002 年突破 2 000 亿元以后出现增长拐点，迅速上升至 2015 年的 16 538.19 亿元（见图 11.5）；人均 GDP 增长在 2002 年突破 2 000 元后出现拐点，一路攀升至 2014 年的 105 231 元（见图 11.6）。苏州也是从 1990 年开始起步，2002

年前后 GDP 增长突破 2 000 亿元后出现拐点,在短短 13 年里上升到 14 500 亿元(见图 11.7);人均 GDP 在 1998 年突破 2 000 元后,一路平稳高速上升,2015 年达 136 300(见图 11.8)。

表 11.9 中国主要城市 GDP 总量和人均 GDP 水平变化

	全市生产总值(亿元)		人均 GDP(元)	
	1980 年	2015 年	1980 年	2015 年
天　津	103.53	16 538.19	1 357	107 960
广　州	57.55	18 100.41	1 160	138 377
深　圳	2.70	17 502.99	835	157 985
杭　州	40.65	10 053.58	791	112 268
南　京	42.51	9 720.77	3 538 (1990)	118 171
大　连	48.40	7 731.60	1 065	110 673
青　岛	48.65	9 300.07	819	102 519
成　都	46.30	10 801.20	565	74 273
重　庆	90.68	15 719.72	357	52 111
西　安	35.89 (1983)	5 810.03	674 (1984)	67 139
厦　门	6.40	3 466	35 529 (1999)	90 971
苏　州	202.14 (1990)	14 500	3 617 (1990)	136 300

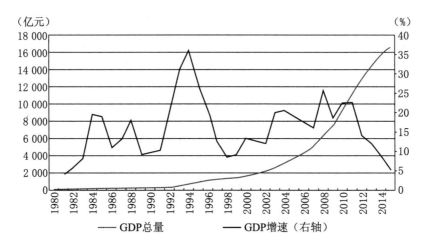

图 11.5 天津 GDP 增长

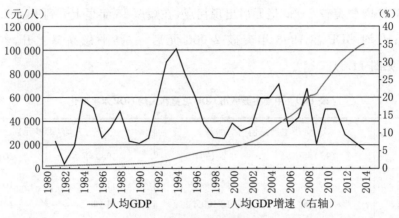

图 11.6 天津人均 GDP 增长

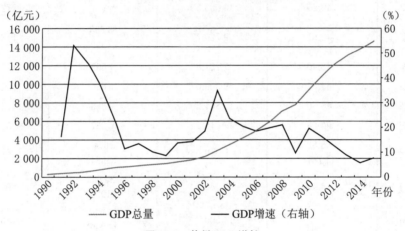

图 11.7 苏州 GDP 增长

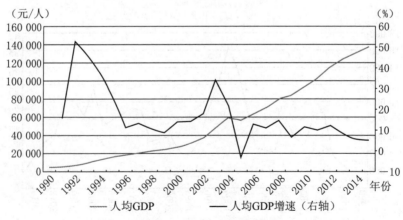

图 11.8 苏州人均 GDP 增长

除了直辖市和省会城市外,各省、自治区的第二大城市经济实力增长也很快。2015年,深圳、苏州成为突破万亿大关的非省会城市,其中,深圳以微弱差距在广州之后排省内第二,苏州则大幅超过南京排省内第一位。青岛、大连、唐山 GDP 均超过其省会城市居省内第一位,另有 11 个城市(深圳、宁波、包头、芜湖、吉林、柳州、赣州、绵阳、昌吉、石嘴山、三亚)位居省内第二,只有 3 个城市(无锡、海东、昌都)位居省内第三。因此,在许多省内形成了城市"双中心",如广州与深圳、苏州与南京、青岛与济南、大连与沈阳等。

3. 城市外向型程度高,贸易投资增长迅速

在改革开放的大背景下,中国城市发展受到外向型经济的强力推动。这些城市通过融入经济全球化建立起强大的外部关联,大量引进外国直接投资,形成出口导向的贸易模式。在此过程中,几乎所有城市均是在很低水平的基础上,形成了高度外向型经济(见表11.10)。特别是沿海主要城市,得益于较早实施对外开放战略,凭借其区位优势和发展基础,在 90 年代就已兴起引进外资的高潮,迅速提高了经济外向型程度。进入新世纪后,随着中国加入 WTO,其引进外资规模更大。2008 年全球金融危机之后,只经过短暂调整,仍保持着大规模外资引进势头。一些内陆城市的外向型经济发展较晚,直至 2005 年前后才形成引进外资和贸易发展的高潮。然而,这些城市一旦起步,引进外资和贸易发展极其迅速。例如,重庆的外资引进直到 2006 年才出现爆炸式增长,2008

表 11.10　中国主要城市引进外资和外贸变化

	合同外资金额(亿美元)		进出口总额(亿美元)	
	1986 年	2015 年	1980 年	2015 年
天　津	39.24 (1996)	313.57	18.27	1 143.47
广　州	2.49 (1980)	83.63	21.71 (1987)	1 280.02
深　圳	4.69 亿	345.20	0.18	4 240.30
杭　州	0.15	91.30 (2013)	0.84 (1989)	665.66
南　京	0.05	61.72	3.64 (1990)	532.70
大　连	0.30 (1984)	127.90	0.90 (1985)	550.91
成　都	0.45	32.52 (2013)	2.41 (1993)	395.30
厦　门	10.04 (2000)	41.60	100.5 (2000)	832.90
苏　州	0.107 (1985)	70.2	1.88 (1990)	3 053.5
西　安	0.35 (1987)	25.53 (2014)	1.36 (1989)	176.19
青　岛	0.70	82.74	58.74 (1994)	701.99

年稍有回调后,又迅速上升达到 60 多亿美元的高水平。其进出口水平,从 2009 年开始出现爆炸式增长,一度接近 1 000 亿美元规模,2015 年达到 749.37 亿美元(图 11.9)。与此相类似,西安外资引进和贸易增长在近十年兴起,势头迅猛(图 11.10、图 11.11)。

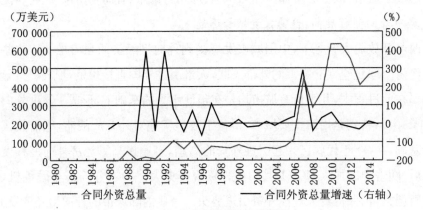

图 11.9　重庆引进外商直接投资

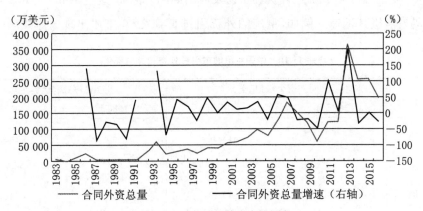

图 11.10　西安引进外商直接投资

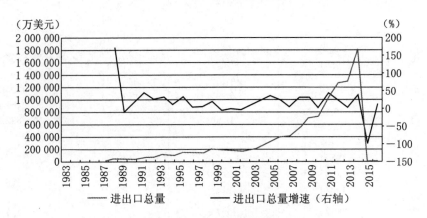

图 11.11　西安进出口贸易

4. 城市产业结构持续升级,功能发生本质性变化

上述这些主要城市(深圳除外,当时刚由宝安县改为地区一级省辖市),原先无一例外都是由第二产业主导(50%—60%),服务业发展极其薄弱(20%—30%),是典型的工业城市。然而,目前,除苏州外,所有城市都已转向以服务业为主导(见表11.11)。其中,广州服务业占比高于第二产业34.8个百分点,杭州高出19.3个百分点,深圳高出17.6个百分点,南京高出17个百分点,西安高出15.5个百分点,厦门高出12.3个百分点,成都高出近10个百分点。目前,这一产业结构转换趋势还在进一步增强。随着经济转向内需拉动以及出口导向发展模式的转换,创新驱动发展,经济转型升级,正在为这些城市服务经济加速发展注入新的动力。而且,现代信息技术及互联网极大改变了人们的消费方式和社交方式,新的服务消费不断涌现,城市服务经济未来发展空间也很大。因此,这些城市的产业结构将进一步升级,综合服务功能将更加完善。

表11.11　中国主要城市三次产业产值比例调整

	1980 年	2015 年
天　津	6.3：70.1：23.6	1.3：46.7：52.0
广　州	10.9：54.5：34.6	1.3：32.0：66.8
深　圳	28.9：26.0：45.1	0.0：41.2：58.8
杭　州	20.1：62.4：17.6	2.9：38.9：58.2
大　连	15.9：63.8：20.3	5.9：46.3：47.8
青　岛	21.0：54.0：25.1	4.0：44.8：51.2
成　都	27.2：49.7：23.1	3.5：43.7：52.8
南　京	7.4：52.6：40.0 (1994)	2.4：40.3：57.3
厦　门	21.6：57.8：20.6	0.7：43.5：55.8
西　安	14.5：56.1：29.3 (1983)	3.2：36.9：59.9
苏　州	13.7：61.0：21.7 (1990)	1.5：48.6：49.9

应该讲,中国的城市尚处在外延式扩展中,未来将转向集约式发展,增长空间还比较大,潜在的新增长点较多。随着中国深度城市化推进和进入工业化后期并转向后工业化,除了上海、北京等城市将继续呈现爆炸式增长态势外,还将有新的城市爆炸式增长不断出现,并以集群方式交替出现,呈现集中的城市爆炸式增长强劲态势。显然,这将有力支撑开启现代世界体系的中国主导周期。

11.3　全面区域协调发展

与小国经济不同,中国作为一个大国经济,全面区域协调发展是其崛起的重要基础之一。未来 30 年,中国崛起过程必定伴随区域发展大格局的重新塑造。这种区域发展大格局反映了中国特有的国民经济类型、基于制度安排的国内空间格局、国家的倾斜化支持等,从而成为影响全球城市演化的重要因素之一。

11.3.1　区域发展新格局

由于中国地理和历史的复杂原因,长期以来区域发展形成"西低东高"的梯度格局。中国东部沿海地区成为经济发达地区,与国际经验是高度一致的。美国哥伦比亚大学地球研究所萨克斯教授的研究表明,世界 60％的 GDP 分布在沿海 100 公里的范围内。特别在改革开放进程中,东部沿海城市率先对外开放,引入大量国外直接投资以及高度面向国际市场;在中国大规模城镇化进程中,东部沿海地区城市吸纳了大量中西部地区的资源特别是劳动力转移,从而进一步加剧了区域发展的梯度级差。然而,随着持续推进西部开发、中部崛起、东北振兴、东部升级的"四大板块"战略,以及交通改善特别是"高铁"时代的全面到来[①]、互联网发展和物流成本降低等,内陆地区发展条件趋于明显改善,梯度转移发展开始显现,促使区域发展格局发生了革命性的转变。

其中一个突出方面,就是中国区域增长格局的重大转变,扭转了长期以来东部地区发展快、中西部地区发展慢的状态。2007 年,西部地区经济增长速度首次超过东部;从 2008 年开始,中西部地区增长速度全面超过东部。在当前经济下行压力较大的环境下,这一势头仍然得以保持。尽管东部地区 1996—2013 年的增长指数高于全国平均值,但 2004—2013 年的 10 年与 2009—2013 年的 5 年两个时段的增长指数均低于全国平均值,而中部地区与西部地区在这三个时段中的增长指数均高于全国平均值,只有东北地区的增长指数低于全国平均值。

更为重要的转变,是不同地区依据其发展阶段、自然禀赋及比较优势等,先后在不同时点进入区域转型过程。东部发达地区较早进入经济转型升级过程,经济增长下降的时点主要集中在 2008 年前后。其中,上海经济增速由 2007 年的 15.2％降至 2014 年

---

① 截至 2015 年底,全国铁路营业里程超过 12 万公里,其中高速铁路运营里程突破 1.9 万公里,居世界第一位。

的 7%，北京同期下降了约 7.2 个百分点。但经过这几年的经济转型，新的增长动力正在增强，经济运行质量提高，近三年这些地区经济增长下降明显趋缓，北京、上海、浙江、广东等地区的降幅都已在 0.5 个百分点以下，增长速度趋于稳定。东部地区将重点围绕创新发展，在新技术、新产业和扩大国际合作和出口方面不断取得新突破。中部地区具有良好的承东启西区位优势，随着全国多条南北纵横的高铁建设完成，湖北的武汉、河南的郑州、湖南的长沙、安徽的合肥都已经成为全国重要的南北交汇高铁大枢纽，经济发展崛起势头良好。根据 21 世纪宏观研究院的区域发展指数测算①，2015 年中部地区整体在区域经济中表现抢眼。其中湖北、江西、湖南、河南、安徽，分别位居 2015 年区域发展指数的第二、第五、第六、第七、第十名。湖北、湖南、河南、安徽的社会消费品零售总额增速均在 12% 左右，投资、第三产业增速也比较显著。中部地区将在研发转化、新兴业态培育、扩大消费和城镇化建设投资等方面继续为经济增长增添动力。西部地区处于投资驱动发展阶段，在大规模投资的拉动下，2000 年以来经济一直保持着较高增长速度，在 2011 年之后才开始下降，现正面临转型的严峻挑战。西部地区将继续在加大基础设施和基本公共服务等领域投资、不断培育消费新热点、发展壮大优势产业、进一步促进向西开放等方面拉动经济增长。东北地区是资源型、重化工业相对集中的地区，经济增速下降最早、转型压力较大。东北地区将在提高产业投资质量、培育新兴产业、培育新消费热点、推进东北亚区域一体化等方面培育经济增长新动力。随着这种区域转型过程的顺利完成，不仅能增强区域可持续发展能力，缩小区域发展差距，而且将促进形成要素有序自由流动、主体功能约束有效、基本公共服务均等、资源环境可承载的区域协调发展的新格局。

从更长远的角度看，随着"一带一路"建设推进和长江经济带建设，中国区域发展将打破和整合现有的"四大板块"，形成 H 形区域发展新格局。

东部沿海地区将在转型升级的基础上，进一步借助东部沿海快速铁路通道、公路沿海大通道、港口和国际枢纽机场等重大设施，形成开放程度高、经济实力强、辐射带动作用大的东部经济发展带。东部经济发展带有较好的基础，并日益显现其雏形，未来主要是串联与整合，强化要素全面有序流动和基于节点的联结。这不仅将大大推动这些沿海地区率先发展，也将有力地促进内陆地区加快发展。然而，未来更大的变化在于西部

---

① 该区域指数是根据各省区市规模以上工业增速、投资增速、社会消费品零售总额增速、第三产业增速、一般公共预算收入等多个数据，通过不同比例来测算的。其中工业占 30% 权重，投资占 10% 权重，消费品零售额、第三产业、一般公共预算则分别占 20% 的权重。

经济发展带的形成与贯通。尽管其现有基础比较薄弱,经济极的集聚和密集程度较低,要素流动和联结较差,但在"一带一路"建设带动下,由于打开了丝绸之路经济带和21世纪海上丝绸之路的南北两个"口子",以及打造贯通海口经南宁经贵阳至兰州的铁路南北新通道,将从根本上改变内陆地区的区位条件,在西部地区形成"南下北上"的对外大通道,有助于充分发挥其自然禀赋和比较优势,增大要素流动性和对外连接,提高对外开放程度,更好融入世界经济。如果该地区能抓住机遇,促进区域转型和实现经济较快增长,完全有可能在未来形成由乌鲁木齐、兰州、西安、成都、重庆、贵阳、昆明、南宁等节点组成的西部经济发展带。当然,这条发展带的形成需要较长时间,并依赖"一带一路"建设的进展过程,尤其是乌鲁木齐、兰州、西安等更依赖新丝绸之路发展,贵阳、昆明、南宁等更依赖海上丝绸之路发展。

这两条经济发展带之间"一横"的连接,则是横贯中国核心腹地的长江经济带。这条全球重要的内河经济带,覆盖九省二市约205万平方公里的地域面积,人口和经济总量超过全国40%,经济增速持续高于全国平均水平,经济带动作用强、辐射范围广,在中国发展大局中具有举足轻重的战略地位。而且,长江经济带并不仅仅是一种普通的经济区域,它包含了一种以巨型生态系统为中心的新的区域。长江经济带建设将以优化为主线,调整产业存量、做优产业增量、完善现代产业体系;以创新为动力,依托科技创新、制度创新双轮驱动,构建全方位创新发展体系;以融合为导向,推进科技、产业、教育、金融深度融合发展,建立要素资源联动机制;以协同为抓手,打破地区封锁和利益藩篱,形成全面合作的发展机制。到2030年,长江经济带的创新驱动型产业体系和经济格局全面建成,创新能力进入世界前列,区域协同合作一体化发展成效显著,成为引领中国经济转型升级、支撑全国统筹发展的重要引擎。长江经济带的崛起和发展,实际上是做强了中国经济的一根主动脉,充分发挥出长江黄金水道在促进资源要素流动、地区间优势互补等方面的支撑纽带作用,可以为其他地区提供全方位的支持,促进资源就近转化为生产力,促进东中西地区的合作互动和协调发展,进而带动中国经济实现新的跨越。

在H形的区域发展大格局下,还有一批南北交错、东西互动的战略性轴带,如珠江—西江经济带、东北哈长经济带、陇海—兰新经济带、包昆经济带、淮河经济带等将进一步发展壮大,成为推进区域协调发展、促进整体经济跨越的重要纽带。

11.3.2　区域发展新特点

改革开放以后,长三角、珠三角、京津冀地区成为中国经济发展的三大引擎。目前,这些核心区域除了进一步焕发活力,继续在促进国家经济发展中发挥示范带动作用外,一个新的变化是区域大开放、大融合,向更广泛的地区延伸扩展,呈现区域泛化发展态势。

泛长三角地区,在原有两省(浙江、江苏)一市(上海)基础上增加了与长三角经济联系紧密的安徽省。其重大意义在于,不仅使安徽省能更好地接受长三角产业转移和直接辐射,并形成以南京为核心的长三角北翼城市群,而且使长三角地区更具产业互补性、资源配置空间性、网络连接多节点,以及更加密集的城市群,扩展了以上海为核心的长三角巨型城市区域。

泛珠三角区域从原先的广东一省扩展到包括福建、江西、湖南、广东、广西、海南、四川、贵州、云南等九省区和香港、澳门特别行政区。由于这些地区直接或间接地与珠江流域的经济流向和文化有关,且在资源、产业、市场等方面有较强的互补性,从而泛区域化的意义十分重大。随着区域内重大基础设施对接、连接港澳与内地的综合交通运输网络的完善,港口之间合作加强,空域资源统筹管理使用,以及智能物流网络建设等,将极大增强对区域发展的支撑能力,并能将港澳两地的国际竞争优势和广东体制机制创新优势与内地其他省区广阔腹地和丰富资源相结合,更好发挥连接南亚、东南亚和沟通太平洋、印度洋的区位优势,成为中国高水平参与国际合作的重要区域。

环渤海地区,在京津冀地区的基础上进一步延伸扩展,增加了辽宁、山东和山西、内蒙古。其位于中国华北、东北、西北三大区域接合部,具有自然资源丰富、资源禀赋互补性强、产业基础雄厚、产业层次梯度明显,同时具备沿海、沿边、内陆开放的多种要素,合作开放优势突出的泛区域化特点,是最具综合优势和发展潜力的经济增长极之一。京沈—京石发展轴是最主要的南北纵向联络轴和主骨架。京津呼(和浩特)新(疆)发展轴是环渤海地区与西部地区重要横向联络轴。青(岛)济(南)石(家庄)太(原)发展轴是贯穿环渤海南部地区的重要横向联络轴和产业集聚带。另外,以沿海城市为节点的沿海开放带,是面向亚太地区和21世纪海上丝绸之路的对外开放重要门户。以内蒙古沿边重要陆路口岸为节点的沿边开放带,融入丝绸之路经济带,成为面向俄、蒙开放的重要窗口、战略前沿和经济走廊。

中国区域发展的另一个新特点,是区域一体化的深化以及各层次区域合作的全面推进,区域合作内容不断更新,区域合作模式趋于多元化。

长三角已形成政府层面实行决策层、协调层和执行层"三级运作"的区域合作机制,确立了"主要领导座谈会明确任务方向、联席会议协调推进、联席会议办公室和重点专题组具体落实"的机制框架。目前设立了交通、能源、信息、科技、环保、信用、社保、金融、涉外服务、城市合作、产业、食品安全等重点合作专题,并将在区域范围内进一步复制推广自由贸易试验区、自主创新示范区等的成熟改革经验,在政府职能转变、体制机制创新等方面先行先试,推进金融、土地、产权交易等要素市场一体化建设,开展教育、医疗、社保等公共服务和社会事业合作。

泛珠三角区域,通过构建以粤港澳大湾区为龙头,以珠江—西江经济带为腹地,带动中南、西南地区发展,辐射东南亚、南亚的重要经济支撑带,以及推进统一市场建设,建设区域社会信用合作体系,构建区域大通关体制等,促进区域经济合作发展。通过积极融入"一带一路"建设,借助沿海的新区和自由贸易试验区建设,推动口岸和特殊区域建设,继续深化内地面向港澳台的投资贸易一体化合作等,培育区域对外开放新优势。通过建设现代化综合交通运输体系,构建能源供应保障体系,完善水利基础设施体系,加快区域网络基础设施建设升级等,推进重大基础设施一体化建设。通过加强区域科技创新合作,构建区域协同创新体系,优化区域创新环境等,促进区域创新驱动发展。通过促进教育、文化、医疗卫生、人力资源和社会保障、旅游、社会治理等方面合作,加强区域社会事业合作。通过加强跨省区流域水资源水环境保护,加强大气污染综合治理,健全生态环境协同保护和治理机制等,协同推进区域生态文明建设。

环渤海地区,通过进一步弱化传统的板块经济和行政政策分割,以基础设施互联互通、生态环境联防联治、产业发展协同协作、市场要素对接对流、社会保障共建共享为重点,继续深化区域合作发展,争取成为中国经济增长和转型升级新引擎、区域协调发展体制创新和生态文明建设示范区、面向亚太地区的全方位开放合作门户。特别是京津冀地区将在产业转移合作、交通等基础设施建设、生态环境保护、体制机制对接方面取得协同发展的更多成效。

中国区域发展的第三个明显变化趋势是城市群区域发展,即通过城市群带动区域发展,开启区域一体化发展新局面。这些新型城市群,与传统的"经济型城市群"不同,将围绕交通等基础设施互联互通、产业联动合作、生态共建环境共保等开展和深化城际合作,不仅是涉及交通、产业分工、创新等内容,同时也以生态、文化和生活质量作为评判标准和发展目标。根据国家"十三五"规划纲要安排,未来五年要建设19个城市群,其中京津冀、长三角、珠三角是世界级城市群,还有山东半岛、海峡西岸城市群,中西部地区城市群,东北地区、中原地区、长江中游、成渝地区、关中平原城市群,以及北部湾、晋中、呼包鄂榆、黔中、滇中、兰州—西宁、宁夏沿黄、天山北坡城市群,形成更多支撑区域发展的增长极。

长三角城市群,包括上海,江苏省的南京、无锡、常州、苏州、南通、盐城、扬州、镇江、泰州,浙江省的杭州、宁波、嘉兴、湖州、绍兴、金华、舟山、台州,安徽省的合肥、芜湖、马鞍山、铜陵、安庆、滁州、池州、宣城等26城市。长三角城市群有较好的基础,经济腹地广阔,拥有现代化江海港口群和机场群,高速公路网比较健全,公铁交通干线密度全国领先,立体综合交通网络基本形成。长三角城市群将形成"一核五圈四带"的网络化空间格局。"一核"的上海,主要提升全球城市功能;南京、杭州、合肥、苏锡常、宁波等五个都市圈,主要是促进同城化发展;沪宁合杭甬、沿江、沿海、沪杭金等四条发展带,主要是促进聚合发展。其目标是,建设面向全球、辐射亚太、引领全国的世界级城市群,成为最具经济活力的资源配置中心、具有全球影响力的科技创新高地、全球重要的现代服务业和先进制造业中心、亚太地区重要国际门户。

珠三角城市群,包括广州、深圳、汕尾、珠海、佛山、东莞、中山、江门、肇庆、惠州、清远、云浮、阳江、河源等14个城市,是目前中国三大城市群中经济最有活力、城市化率最高的地区。它得益于同属一个省管辖的行政区域规划、资源整合协调优势,再加上比邻港澳、与东南亚隔海相望的地缘优势,以及与海外有天然便利的人文联系和极大包容性的文化等优势。珠江三角洲城市群,将通过粤港澳的经济融合和经济一体化发展,共同构建有全球影响力的先进制造业和现代服务业基地,南方地区对外开放的门户,中国参与经济全球化的主体区域,全国科技创新与技术研发基地,全国经济发展的重要引擎,辐射带动华南、中南和西南地区发展的龙头。

京津冀城市群,以北京、天津为"双核",包括河北省的保定、廊坊、唐山、秦皇岛、石家庄、张家口、承德、沧州共8个地级市以及一些新兴城市。北京与天津从"单边"竞争转向"双核互动",各自有不同的定位,前者是"全国政治中心、文化中心、国际交往中心、科技创新中心";后者是"全国先进制造研发基地、北方国际航运核心区、金融创新运营示范区、改革开放先行区"。8个次中心城市按照各自比较优势和城市群区域一体化原则,承接京津的辐射,疏解京津过于集中的城市功能。滨海新区、通州、顺义和曹妃甸等新兴城市,按其特色发展。在此基础上,构成以各城市之间的主要交通线以及沿交通线分布的产业带和城市密集带;促进以中关村科技园和滨海新区等高新技术产业为依托,以快速综合交通走廊为纽带的通州、廊坊、滨海新区城市群主轴发展;促进以滨海临港重化工产业发展带和渤海西岸五大港口为发展核心的秦皇岛、唐山、天津、沧州等沿海地区城市发展带的快速发展。

在长江经济带上,除了长三角城市群外,还有长江中游城市群、成渝城市群,以及黔中和滇中区域性城市群。长江中游城市群以武汉为中心,长沙、南昌为副中心城市,包括湖北的武汉都市圈(1+8)、襄荆宜城市群和湖南的长株潭城市群(3+5)和江西的环鄱阳湖城市群(1+8)。长江中游城市群是中国区位条件优越、交通发达、产业基础好、科技教育资源丰富的城市群之一。成渝城市群以重庆、成都为核心,处于长江通道横轴和包昆通道纵轴的交汇地带,具有承东启西、连接南北的区位优势,且自然禀赋优良,综合承载力较强,交通体系比较健全,各城市间山水相连、人缘相亲、文化一脉,经贸往来密切。这两大城市群的发展潜力较大,届时很有可能实现由国家级城市群向世界级城市群的历史性跨越,从而在长江上、中、下游形成一条城市群连绵带。

这种城市群区域发展,将成为打破非均衡发展格局、促进区域协同发展的新载体,也将成为符合中国资源环境承载能力基本特征的推进城镇化的主体形态。城市群的发展,不仅客观要求各个城市根据自身优势有各不相同的发展定位,促进合理的功能分工,有助于解决城镇化过程中"千城一面"的问题,而且更是要求空间上集中分布的一群城市之间形成网络连接,促进地区之间的互联互通,实现合作共赢、共享发展,在资源开发利用和生态环境建设方面能够统筹协调。同时,也要求每个城市群根据自身优势推动新一轮发展,促进全面区域协调发展。

12　上海全球城市演化内生性基础

尽管上述世界和国家层面的影响因子(外生的选择环境)是全球城市演化不可或缺的背景条件及其动力,但鉴于"有机体"本体论的选择环境二重性,上海自身的演化基础构成选择环境的内生性内容,包括从历史过程考察的城市基因和历史轨迹,以及现实的发展基础与趋向等。这种内生性演化基础与外生性选择环境的匹配或契合程度,某种程度上揭示其演化可能性概率的大小,从而是个体全球城市演化的关键因素。

12.1　城市遗传信息

全球城市虽然是现代全球化的特定产物,但从历史演化角度看并非"天外之物",或从"石头"中蹦出来的,只不过是具有某种特定遗传基因的物种(城市)在新的选择环境条件下变异过程的产物。从这一意义上讲,全球城市是一个历史演化过程,甚至可以追溯到其城市基因形成的整个历史发展。因此,我们需要分析上海带有大量历史积淀的城市遗传信息,考察上海全球城市演化"种子"的质量。

12.1.1　历史发展轨迹

在全球城市演化中,虽然机会是其可能状态集合发生变化的主要原动力,但我们极少看到由一个外生性危机激发一个根本性的突破,在此过程中总是有着某种路径依赖。所谓路径依赖,是指凭借或多或少过去偶尔发生的事件仍然显著影响我们现在决策空间的现象(Mahoney,2000)。作为具有物理和社会方面高沉没成本的城市系统复杂现象,显示了强烈的路径依赖特征。正如 Cheshire(2006)形象描述的,城市比超级油罐车有更大的惯性,政策需要很长时间才产生显著影响。认真对待路径依赖性,意味着认真对待历史。因此,我们有必要梳理一下上海这座城市发展的历史轨迹。

上海北界长江,东濒东海,南临杭州湾,处于"一江一海"交汇处,位于中国南北弧形海岸带的中心点,具有广袤的腹地。这构成了上海独特的区位优势,并在其发展的不同历史阶段以不同方式、不同程度地显现出来,至今仍在发挥着重要作用。当然,一个城市的发展并不完全依赖于自然禀赋,而是取决于内外部的许多条件及其城市心智的积累。对于上海城市发展历史,我在 2010 年组织上海专家撰写的《上海:城市嬗变及展望》三卷本中有较为详细的描述和分析(周振华等,2010)。在此,只是简单提及一下主要历史轨迹,大致分为三个历史阶段。

第一阶段是上海开埠至新中国建立,时间跨度大致为 1843—1948 年。在上海开埠时期,正值西方先起发展国家和地区由农业国向工业国转变,大规模的工业化带动了城市化高潮。这些西方先起发展国家依托轮船、铁路、汽车和飞机为代表而出现的交通技术质的飞跃,促进了航海业和国际贸易蓬勃发展,并在全球范围内诞生了大量现代公司。基于远东市场在全球贸易格局中的重要性,上海利用独特的区位优势,在当时国内所有通商口岸中是发展较快的,因港设县、以商兴市,逐步进入国际化行列。至 20 世纪 30 年代,上海充分利用自身港口城市的全球交汇作用,一举奠定了上海在全球格局中的地位,成为远东地区的贸易中心、商业中心、金融中心以及交通和信息枢纽、文化重镇,成为当时全球范围内屈指可数的大型城市。

当时,上海在国内是主要的工业重镇,工业的集中度非常高。1933 年,上海的工业产值要占全国工业产值的 51%,工业资本占全国总额的 40%,产业工人占全国的43%。同时,上海又是远东的金融中心。全国著名银行总行 80% 设在上海,上海银行公会会员银行的资产总值占全国银行资产总值的 89%(李功豪,2010)。同期,上海的金融市场也比较健全,除货币市场外,还有证券交易所、标金交易所和外汇市场。当时上海市场的黄金交易量仅次于伦敦和纽约;外汇市场成交量巨大。在金融市场繁荣的基础上,上海也集聚了大量重要的外国金融机构。例如,汇丰银行是英国在华资本的中心,也是英国在远东地区金融的重要据点。上海的银行数目和业务总量居亚洲之冠。

上海自开埠以来,这座城市就被赋予最著名的功能标签:上海是一个世界级的商业城市,商业和贸易自始至终扮演至关重要的角色;上海是亚洲最发达和重要的金融中心,以其善于接纳国际资本、人员和思想而著称(Wei,1987)。

第二阶段是新中国成立以后传统计划经济体制下的上海,时间跨度为 1949 年至1978 年。当时,正值西方发达国家从 30 年代大危机中开始复苏,进入 60 年代后进一步推进经济全球化。但由于在冷战时期中国受到西方国家的战略遏制以及经济封锁的

262

影响,再加上实行传统计划经济体制,国内经济进入封闭状态。在这种大背景下,上海城市发展轨迹出现了历史逻辑的严重断裂——脱离了全球化进程,对外贸易、国际资金融通等方面都无法广泛展开,从而使近代上海所形成的港口城市、对外贸易中心、金融中心、东西文化交流中心的功能不再显现。同时,在国内经济亟待复兴与自力更生要求以及"以农业为基础、工业为主导"发展方针的指导下,上海作为当时全国工业基础最好的城市,开始重点发展工业。从1953年开始,尤其是城市工商业的社会主义改造基本完成以后,上海城市的发展方针被定位在建设全国最大的工业基地。

在传统计划经济体制国家强化资源集中投入的情况下,上海围绕"工业中心城市"的定位,迅速形成制造业生产中心的功能,成为全国最大的综合性工业基地。当时,上海具有包括15个工业部门、157个生产门类较完整的工业体系,有强大的产业配套能力,并在短缺经济下涌现出一批誉满国内的名牌产品。与此同时,上海也成为传统计划经济体制下批发流通的中心,大量的工业制成品通过上海的一级、二级批发站流向全国各地。因此,上海成为一座较典型的工商业城市(以工业为主、商业为辅)。

在这一时期,上海城市发展虽然脱离了全球化进程,国际贸易、航运和金融的功能被大幅调整,但凭借强大的工商功能,在国内的中心地位仍然十分显著。1977年,上海生产总值占全国的7.19%,财政收入占比为17.43%,进出口总额占比为15.68%,存款和贷款余额占比分别为19.3%和8.61%。

第三阶段是改革开放以来的上海,时间跨度为1978年至2008年。这一时期正值世界经济长周期进入上行通道,经济全球化进程迅速推进和深化;中国推进改革开放,打破传统计划经济体制,发展社会主义市场经济。上海借改革开放的东风,再次进入全球化浪潮,以开放促改革、以改革促发展,不断冲破传统计划经济体制的束缚,发挥市场在资源配置中的决定性作用。特别是20世纪90年代以来,以浦东开发开放为契机,大力推进要素市场化,促进市场体系建设,通过土地批租、混合经济与股份制等制度安排大力引进外商直接投资,极大解放了生产力,在1992—2007年连续保持16年的两位数经济高速增长。更为重要的是,通过结构调整,实现城市的复兴与再生,拓展城市综合功能,从工商业城市逐步演化为以金融、贸易和航运为支撑的多功能国际经济中心城市,并在联结中国经济融入经济全球化中扮演了重要的桥头堡作用。

在这一阶段,上海城市发展的主要特点表现为:(1)通过建立完整的市场体系,吸引与集聚了国内外大量资源要素,并具有明显的内敛型与沉淀化特征,从而使城市规模迅速扩张,凸显出较强的经济实力与静态配置效率。(2)通过明确"三、二、一"产业发展方针,在"调整中发展"与"发展中调整",服务业打破长期滞后局面而快速发展,产业结构迅速高度化,形成服务业与制造业"双轮"驱动的格局。(3)城市面貌焕然一新,城市设施基本配套,城市形态大为改善,具有较强的经济集聚功能,形成大量的财富创造活动。(4)吸引了大量跨国公司地区的总部、金融机构和研发中心入驻,形成了具有鲜明特色的产业集群和一批具有较强实力和竞争力的企业集群。2008年底,上海外资法人银行总数达17家,占全国的58.6%;另外,上海集中了全国1/3的外资保险公司,一半以上的合资券商、合资基金管理公司。(5)成为一个国家战略重要性的城市,依然保持着对周边地区的辐射作用,与周边地区的合作与竞争程度增强,推动长江三角地区经济增长,并通过自身金融和贸易领域把中国连接到全球经济(Yusuf and Wu,2002)。

从上海城市发展历史看,尽管不是线性轨迹,其中甚至有严重断裂或重大变轨,但作为中心城市的功能和地位始终未变,在不同的历史发展时期均在国家乃至全球经济社会发展中发挥重要作用。这也许是贯穿于上海城市发展历史轨迹的一条主线,并构成上海自身的一种城市特质。另外,从上海城市发展历史轨迹中我们也可以看到,上海这座城市洋溢着对外开放和全球化的"天性",尽管在传统计划经济体制下受到严重束缚,但一旦环境条件发生变化,上海便表现出对外开放和参与全球化的强烈意愿和能力,并对外来全球机构(公司)和人员以及文化等具有很强的"亲和力"和包容性。对于一个城市来说,依靠全球联系成长是一种巨大资产。上海有这一方面的历史积淀和传统。因此,开放性和全球化也是上海历史选择保留下来的一个明显特征。

这两条上海历史遗传的信息,是作为一种城市实在存在及体现的。我们知道,具象化的城市实在表现为基于建筑环境和基础设施的城市形态和城市格局。建筑环境和基础设施的耐久性,特别是住宅和商业房地产的存量,构成路径依赖的动量之一(Storper and Manville,2006)。此外,城市系统由基础设施所连接,其具有稳健性(Le Galès,2002)。上海基于始终未变的中心城市功能及其地位以及基于开放性的全球化特征,已深深嵌入在基于建筑环境和基础设施的城市形态和城市格局之中。例如,外滩的万国建筑群、各式老洋房、石库门弄堂等建筑环境,无不反映着上海全球开放、万商云集、"冒险家乐园"的深厚历史气息。苏州河与黄浦江沿岸的不同建筑环境和基础设施,也同样反映了民族资本和外国、官僚资本在上海群集分布的基本格局。这种城市形态是非常顽强的,一旦在适当的位置,就趋于很难改变。对于规划传统及现存体系本身,也具有路径依赖效应(Needham,2006),因为建筑环境本身以其特定方式能够限制新的空间干预。它们可以被修改,街道可以被扩大,新建筑可以被建造,但历史的重量永驻。因此,城市和城市系统主要是通过增量建设来适应其变化。这种体现上海中心功能及全球开放性的城市形态和城市格局,作为对个人和公司有效区位选择的条件,在很大程度上限制了城市轨道离开其历史路径。从这一意义上讲,基于建筑环境和基础设施的城市形态和城市格局的惯性,有助于既定的城市未来发展。

当然,作为非具象化的城市实在,更多体现在广义的制度框架上。上海基于始终未变的中心城市功能及其地位和基于开放性的全球化特征,更加深刻地渗透在行为方式、运行惯例、组织方式以及对外联结方式等方面。例如,上海独有的海纳百川的气度、大气谦和的格调、讲究契约的处事之道、精明细致的行事风格等,都是作为中心城市在全球化开放中长期熏陶和培育的结果。显然,这种制度框架具有排他性特征,因为它需要高创办成本、学习效果、交互的适应性预期和协调效应。从社会结构来看,后三个因素是特别相关的。从这一意义上讲,这种制度框架的深远影响力比建筑环境和基础设施的耐久性之类有更大和更强的路径依赖性。正如 Taylor(2004)指出的,尽管事实上许多城市系统受经济结构调整和要素集中与分散相互作用方式变化影响的过程是大致相似的,但其形态和一定程度上的命运,仍受到数世纪以前它们如何被塑造和如何与其国民经济相联系的显著影响。这甚至是决定我们时代全球城市区域的地位和动力最具影响力的因素之一,这是使它们能嵌入全球经济的方式。

总之,上海始终未变的作为中心城市的功能和地位,以及基于开放性的全球化"天性",是通过长期历史过程的选择保留下来的两条重要遗传信息,并已成为自身的一种特质。这对于上海未来全球城市演化来讲,是非常重要的内生性基础,以后有可能成为新特征的约束和边界条件。

12.1.2　城市基因

从上海发展历史轨迹中,我们不仅要梳理出上海在此过程中形成的基本特质,更要深入挖掘遗传下来的城市基因。从城市有机体的本体论出发,城市基因(DNA)在其演化中发挥着重要作用。Wilson(2008)把城市的发展和演变看成是基因的演变和生物的进化。因为城市基因的根本属性是携带着信息与知识,一直在不断延续,不断自我复制,实现着它的遗传功能,从而预设了城市发展的潜力,指引未来发展方向。作为历史沉淀下来的认知惯例和行为惯例的城市基因,对于城市演化的路径依赖是起直接作用的。当然,作为类比的城市基因并不具有生物进化中的"种质连续"学说所描述的惰性东西,不能完全决定城市的演化。我们对城市基因的考察,主要是为了识别与剖析城市产生和演进过程中的关键异质性内生因素,揭示上海全球城市演化的城市心智可能性状态,从而有助于我们提高对城市未来发展方向与路径预判的准确性。

城市基因是指城市在长期发展过程中以一种不明确的记忆形式逐渐累积沉淀于城市系统中,相对稳定、不断延续传承,且对城市未来发展具有重大指向意义的内生性属性组合,并通过城市系统运作的各个方面持续表现出来。每座城市的原始基因是各不相同的,它在一定程度上决定了一个城市独特的精神气质。这种城市核心异质性因素的保留和遗传,使城市生命力得以延续,同时保证了城市间的差异和生态系统的多样性。Wu 和 Silva(2011)认为,城市基因应该包括非空间(文化、社会、宗教、政治等,以及城市规划)和空间(地理条件)因素结构,两者相互作用使得城市发展路径各不相同。

从空间(地理条件)因素结构来看,上海沿江靠海、腹地纵深的优越地理位置,决定了城市发展的主导功能和空间布局,即门户城市、中心枢纽的主导功能和空间布局。而且,这一由区位因素决定的主导功能和空间布局的遗传性很强,穿越不同时空延续下来。按理,城市基因中的空间因素,特别是区位条件的遗传性,相对来说是较弱的,往往随时间推移而变化。因为区位条件往往与主导的交通方式有关,具有内河水路、海洋水路、高速公路、铁路枢纽和航空枢纽等不同的区位,从而随着大交通的发展,如从内河航运主导转向公路运输主导,再转向铁路运输和海运、空运等主导,某一地方的区位条件将发生重大变化。另外,随着经济格局变革和经济重心转移,某一地方的区位条件也会发生变化。然而,上海的区位条件极其特殊,不论是何种交通运输方式主导,始终是门户和枢纽的区位。同样,不论是在什么经济发展阶段和何种经济体制下,其区位的优越性也始终没有改变。至今,在中国新的开放发展战略大格局中,上海仍然处于"一带一路"与长江经济带的交汇点。这表明上海的区位条件具有多样性及其自身的替代性,同时也反映了上海的区位条件具有较大弹性及扩展性。

然而,上海城市基因的核心部分是开埠以来近代历史发展进程中积淀起来基于文化、价值观和认知模式的惯例和制度。张仲礼教授曾总结近代上海有九大城市个性:近代崛起的城市、受西方影响最大的城市、中国近代化起步最早和程度最高的城市、中国最大的港口城市、中国最大的多功能经济中心城市、全国文化中心、移民城市、富有反帝反封建斗争传统的城市、畸形发展的城市等(张仲礼,2008)。正是在这些城市个性的张力下,上海逐步形成了独特的城市文化、价值观和认知模式,并表现为独具魅力且一脉传承的惯例和制度。我们把上海的城市基因特征归纳为"交汇、融合、创新、明达"。

1. 交汇

上海枕江面海、连接广大腹地的地理优势，经济和商业中心的重要地位，近代中国最具自治、法治、安全和自由制度环境的制度基础，极富冒险精神的创业发展机会，以及便捷的交通网络、领先的文化事业和市政设施、舒适和惬意的都市生活等条件，为各种资源要素向上海流动和集聚提供了相对优越的生态环境。因此，大量的中外移民、大量的外国资本和民族资本、各种中外文化与制度等，纷纷在上海这座城市交汇（相交与汇合）。例如，上海作为一个移民城市，国内移民主要来自江苏、浙江、安徽、福建、广东、山西等 18 个省区，其通过同乡介绍、亲友携领、家眷补迁等方式移入上海，并滚雪球般扩大，数量呈加速度增长，使上海迅速成为一个百万级人口的大城市。外侨移民最多时曾涉及 56 个国家，公共租界内的外国人来自英、美、法、德、俄等 18 个国家。虽然外侨移民在总人口中所占比重不高，但对上海城市发展和生活方式的改造却有极大影响力。特别是"华洋杂居"后，不仅改变了租界原先的人口结构，同时也使租界人口剧增。城市的不同社会结构，对外国人有不同的吸引力。而上海比中国的其他地方有更高的人均生产率，生活质量更好，英语也讲得更好，似乎更容易接纳外国人，更适合与外国人打交道，外国人也往往感到在上海生活和工作更舒适。

这种交汇的文化、价值观和认知模式，是基于高度开放与流动。在上海的发展历程中（除传统计划经济体制下的人口流动控制外），本质上是始终敞开大门的，呈现高度开放的特征。在开放的基础上，形成全方位的流动，不仅包括人才、资金、信息等要素层面的流动，还有制度、文化、生活方式等各个领域的流动。正是这种基于高度开放与流动的交汇，带来了大量中外物流、资金流、人流和信息流的汇聚，建立起通达中国与世界各地的多层、多面的关系网络，发挥着重要枢纽和节点的功能，促进了上海金融、商贸服务和工业的大发展大繁荣。在此过程中，也形成了对城市高异质性、多元文化、高流动性、快速变迁等的强烈认同。长期生存在这样一种时空环境下的上海人，见多识广，眼界开阔，通常保持一种开放的心态，怀有对新鲜事物好奇与尝试的情结，更易接受环境的变迁。因此，基于开放式、流动性的交汇，成为上海这座城市骨子里的深刻印记，并得以长期传承。

2. 融合

在大量多元、异质、差别化交汇过程中，上海还深入到一种过程中的多元、异质的融合，涵盖了从器物、制度到精神，乃至生活方式、审美理念等方方面面。这种融合表现为多元、异质之间的相互渗透、交集、互为补充和吸收，从而形成新的事物。在近代上海城市发展中,不仅奉行"百花齐放,百家争鸣",而且始终遵循中外融合、多元融合、跨界融合之道,成为世界多元文化、多种管理制度、多样生活方式的"大熔炉"。例如,近代上海的城市治理模式,由于租界的设立对其产生巨大影响。[①] 在"一市三治"的格局下,同时存在公共租界、法租界与华界的三个治理机构,制度各异,事权不一,但其治理方式互相影响、互相渗透,逐步趋于融合。又如,上海城市建筑风格不仅具有"万国建筑博览"之称,更呈现各种建筑形态的合理搭配、中西合璧的建筑风格。还有,中外都市生活方式的融合,更使上海享有"东方巴黎"的美誉。因此,上海这座城市十分善于通过兼收并蓄、博采众长,实现融会贯通、有机融合。

这种融合的文化、价值观和认知模式,基于"海纳百川"的包容和"大气谦和"的同化。在上海的发展历程中,对于无论来自何处的事物,并不是一味简单排斥,而是善于接受与共处,呈现高度接纳性特征。正是在这种极强包容性的基础上,形成来自不同地域、不同种族、不同背景的生产方式、生活方式以及思想文化、习俗的同化过程。而且,这一同化过程更多是"和风细雨、润物细无声"的方式,而不是通过强烈的冲突和摩擦。在此过程中,也逐步形成了善于学习借鉴、善于吸收消化、善于整合和集成的城市特质。这种城市特质具有强烈的亲和力,使各方人士和不同事物更容易融入上海,并很快成为上海的一员或一个组成部分。这种基于包容与同化的融合,产生了大量"混搭"的新奇点和新的事物,带来新的城市生机和强大活力,同时也增强了这座城市的吸引力和凝聚力,从而成为上海这座城市的特有标志和品格。

3. 创新

近代上海作为商业城市、海港城市的开放、流通与辐射,使其成为全球新事物、新观念的汇聚地;与此同时,也带来多元、异质的交汇与融合,从而为上海持续不断的创新提供了肥沃土壤和适宜环境。上海这座城市不仅迸发出强大的创新活力,而且更是流行"崇尚科学、崇尚现代化"的创新。例如,西方近代科学中的数学、物理、化学、天文、地理、生物等许多学科的新知学理,首先传入上海,然后通过上海再传到中国其他地方。由此,上海成为当时中国最大的科学技术中心,最具权威性的《科学》杂志在此创办。上海作为当时中国科技力量最为雄厚的地方,也是洋务运动时期洋务企业集中的城市和中国使用新式机器最为集中的城市,例如江南造船厂被誉为中华第一厂。上海是中国工业的摇篮,也是中国工业技术的发祥地。1949 年以后,上海的科技水平在全国有"半

---

① 在近代中国先后存在的 20 多个外国租界中,上海租界开辟最早(1845 年 11 月设立),存在时间最长(至 1943 年 8 月结束,历时近百年),面积最大,管理机构最庞大,发展最为充分。

壁江山"之说,新中国许多发明创造和高科技含量的企业都与上海有关,诸如世界上第一个人工合成蛋白质结晶牛胰岛素,中国第一艘万吨级远洋轮、第一台万吨水压机、"长征四号"火箭、"风云一号"气象卫星、"神光"高功率激光装置,等等。在政治、社会、文化等领域,上海也有着勇于创新的传统,并打下了深刻的时代印迹。戊戌变法时期,上海是维新变法宣传中心。辛亥革命时期,上海是酝酿革命、鼓吹革命、发动革命、支持革命的基地。"五四"运动时期,上海是《新青年》发刊地,是宣扬科学民主的重要阵地,是支持学生爱国运动最为有力的城市。

这种创新的文化、价值观和认知模式是基于"敢为天下先"的探索尝试和与时俱进的不懈追求。在上海发展历程中,无论是在思想观念、科学技术还是在城市治理、组织机构等方面,表现出不因循守旧、不安于现状,而是善于接受新事物、勇于变故易常、不断推陈出新的明显特征。在此相联系,上海这座城市对世界发展新趋势、新动向、新思潮、新理念等极其敏锐,识时达变,处于创新前沿。正是这种基于敢为天下先和与时俱进的创新,使上海能够处处领先一步,占居先机,发挥动态先发优势,增强城市综合竞争力,维持和巩固其独特的中心城市功能及地位。在此过程中,上海逐步形成了灵动机敏、敢闯敢试、追求卓越的城市品格。

4. 明达

上海在国内最早引入现代工业文明,更多接触到西方国家的领先技术和大机器生产方式,较早地进入世界都市生活方式,呈现经济生活商业化、社会生活城市化和文化生活的多元化,在城市规划和管理等许多方面最早开始与国际惯例接轨,这些都为上海在各种关系处理上的"明达"行为方式提供了深厚基础和良好环境。"明达"的本义,是指明白通达,对事物道理有明确透彻的认识和通行天下的务实美德。我们这里将其引申到对上海城市基因的描述,则是对上海城市强调开明法治、推崇秩序规范、注重理性务实、追求精致精美这一特质的提炼和升华。这种明达的行事风格,不仅表现为思想开明、光明正大、"先小人后君子"的风范、讲究诚信等,也表现为注重理性、尊重逻辑力量、推崇"讲规矩、守秩序、重规范",还表现为讲究科学方法,强调对事实的识别、判断、评估并进而调整人的行为使其符合特定目的,躬行实践,敦本务实,精明强干。

这种明达的文化、价值观和认知模式是基于现代商业文化和契约精神的优良传统。上海近代城市发展,一开始就是一个高度商业化社会,受到现代商业文化和契约精神的长期浸润。上海易于接受外部影响和外国投资者的文化倾向以及一代又一代建立起来的商业伦理,已经成为融入城市的文化意识中。这种流淌在城市血液中的品质,已经被视为上海有别于其他城市的重要标志之一。正是这种城市特质,使上海始终保持、营造出有序、高雅格调的环境,创造出基于实利和实用的城市运作高效率、高效益。

总之,上海"交汇、融合、创新、明达"的城市基因,是这座城市的一种本质内核,其正通过各类载体影响着城市的运行节奏。同时,这种城市基因还通过不断的继承和传递默默指引着城市未来的前进方向。当然,城市基因也有可能在外部力量作用和环境条件重大变化下发生波动和变异。例如,在传统计划经济体制下,上海开放交汇、多元融合等方面受到严重抑制。然而,我们从更长的历史时间看,上海城市基因仍能稳固地贮存在其历史传承中,一旦环境条件改变且相适宜,例如1978年以后的改革开放,就会被唤醒和激活,并顽强地表现出来。实际上,城市基因是基于数代全体参与者信息和知识的历史沉淀和发展起来的城市心智。这种城市心智可能状态是导致全球城市可能状态发生变化的关键性力量。从上海"交汇、融合、创新、明达"的城市基因看,无疑是一种特别适合作为全球城市演化的城市心智。这些城市心智状态,不仅会在新的历史条件下得到淋漓尽致的展示和发挥,而且在上海全球城市演化的适应性选择中将发挥重大作用,助推上海全球城市演化。

12.2 现实基础

如果说城市基因是全球城市演化"种子"的话,那么当前城市发展现实基础则可比喻为孕育的"胚胎"。从演化角度讲,在类似的外在选择环境下,"胚胎"孕育质量状况是决定其能否"脱胎分娩"(作为全球城市崛起)以及生成何种模样(作为何种全球城市类型崛起)的重要因素。

12.2.1 创新转型发展

在近十几年中,上海发展进入一个重大关键性转折期,即进入创新驱动、转型发展的轨道。一方面,2008年全球金融危机的外部冲击使上海长年累积的深层次矛盾日益突出,必须转变经济发展方式;另一方面,国家要求上海充当改革开放排头兵、创新发展先行者以及2010年上海举办世博会等大事件带动,又为上海发展实现新的跨越提供了机遇。上海在"十二五"规划(2010—2015)中适时提出了"创新驱动,转型发展"的主线和总方针,涉及发展理念、发展战略、发展模式、发展动力、发展路径、发展方式、发展空间等一系列重大转换,以及制度创新、技术创新、组织创新、市场创新、管理创新、商业模式及业态创新等,从而在城市功能、土地利用模式、经济基础和社会结构等方面发生了显著变化。

在创新驱动、转型发展过程中,上海主要是进一步推进"四个中心"建设和实施供给侧结构性改革。通过贯彻落实《国务院关于推进上海加快发展现代服务业和先进制造业建设国际金融中心和国际航运中心的意见》(国发〔2009〕19号),推进改革开放和创新的先行先试,加快形成更具活力、更富效率、更加开放的体制机制,以及符合发展需要和国际惯例的税收、信用和监管等法律法规体系,营造具有国际竞争力的发展环境。同时,根据上海2020年基本建成"四个中心"和现代化国际大都市的总体目标,特别是基本建成与我国经济实力以及人民币国际地位相适应的国际金融中心和具有全球航运资源配置能力的国际航运中心的目标要求,分解和落实各项实施任务,出台了一系列政策措施。在此期间,上海率先进行了"营改增"试点,通过浦东与南汇合并的行政区划调整加强浦东新区在"四个中心"建设中的主承载区地位,通过"一区八园"扩大到"一区十三园"加快张江自主创新示范区建设,大力推进虹桥商务区和国际旅游度假区(迪士尼)等重点开发区建设,等等。与此同时,上海明确提出要减少对重化工业增长、房地产业发展、加工型劳动密集型产业和投资拉动的依赖,加快结构调整,并采取强有力措施淘汰高能耗、高污染、高危险、低效益的企业及落后工艺产品,实行铁合金、平板玻璃、电解铝、皮革鞣制等整个行业退出,铅蓄电池、砖瓦等的全行业调整,积极压缩小化工、钢铁、有色金属、水泥、纺织印染等企业的数量,降低重化工行业占上海工业总产值的比重,提升战略性新兴产业在上海工业总产值中的占比,并聚焦柔性制造、精益制造、虚拟制造等先进生产模式,提高企业生产智能化水平,推进产业高端化。

经过"十二五"的努力,上海的"创新驱动,转型发展"已初见成效,特别在改革开放和制度创新上有较大突破和进展,促进了国内外投资者共同参与、国际化程度较高以及交易、定价和信息功能齐备的多层次市场体系建设,加强了有国际竞争力和行业影响力的功能性机构集聚,打造了各类基于网络化的功能性平台,增强了全球资源要素的整合与配置能力,形成了规模化、集约化、快捷高效的流量经济发展。上海金融市场非金融企业直接融资占全国社会融资规模的比重达到18%左右。上海口岸货物进出口总额突破1万亿美元,占全国的比重保持在四分之一以上;服务贸易进出口额占全国的比重达30%。同时,上海在经济转型升级中也保持平稳较快增长。"十二五"期间全市生产总值年均增长7.5%,2015年达到2.5万亿元,人均生产总值突破10万元。服务经济为主的产业结构基本形成,第三产业增加值占全市生产总值的比重超过67%。消费对经济增长的拉动作用进一步增强,最终消费支出占全市生产总值的比重接近60%。投资拉动的外延型增长转向质量效益提升的内涵式增长,经济发展的质量和效益不断提高,一般公共预算收入年均增长13.9%左右。城市创新能力进一步提高,全社会研发经费支出相当于全市生产总值比例达到3.7%。在"十三五"期间,上海将继续推进创新转型深入发展。在进一步加强"四个中心"建设基础上,推进新一轮的自贸试验区建设,加快建设具有全球影响力的科技创新中心。

值得指出的是,上海近阶段的创新转型发展不是一般性的经济发展方式转变,更是一个迈向全球城市演化的重大转折。其中,一个根本性的蜕变是从经济中心构架转向网络节点构架。

自改革开放以来,尽管上海又恢复了基于开放性的全球化"天性",在融入经济全球化中表现突出,且充当了连接世界经济与国内经济的友好界面,但城市发展本质上仍是一个中心地系统的构架,即经济中心城市。上海在改革开放30多年的发展中,包括在建设"四个中心"和现代化国际大都市过程中,其发展路径及具体操作均围绕地点的中心性而展开,反映了地方空间是被正式建立的基本构件,其过程可以解释为城市对外关系中的当地维度,而民族国家是作为顶级的"当地"(一个想象的共同体,相差无几)。因此,上海在这30多年中主要是通过地点的中心性获得周边及更广范围腹地的支撑,通过基于单向流动的资源与能量的吸纳或集聚而形成中心功能。正因为如此,上海强大的单向性资源要素吸纳与集聚能力被称为"黑洞"。这反映了上海与周边腹地的"多层次当地"构成一个由物理尺度定义的马赛克地方空间层次结构,被不同层次城市之间"垂直"联系所支配,强调空间等级层次、城市地方之间权力内在不平等的垂直联系、有界限的地点空间等。

上海近十年的"创新驱动,转型发展",其最为核心的内容及其功效是促进中心地系统构架向网络节点系统构架的转变(见表12.1)。这意味着进入中心的流动将作为生成网络的构件,其侧重于城市的"水平"链接。这一流动的中心性将取决于超越周边腹地的城市网络联结广度、密度以及强度,并通过基于双向流动的集聚与辐射而形成中心功能,由此更多强调城市定居点的空间网络、权力更分散的城市地方之间水平连接、水平网络无界限的流动空间等。因此,上海的"创新驱动,转型发展"不管是从内容上还是形式上均为城市发展的基础性改变、城市功能架构的重塑和城市形态模式的转换,从而为国际大都市升级为全球城市奠定基础。

表 12.1　节点城市与"中心地"城市的特征比较

中心地系统	网络节点系统
中心功能	节点功能
依赖城市规模	不依赖城市规模
城市间主从关系倾向	城市间弹性与互补关系倾向
商品与服务的单一化	商品与服务的多样化
垂直通达性	水平通达性
单向流动	双向流动
交通成本依赖	信息成本依赖
对空间的完全竞争	对价格歧视的不完全竞争

资料来源：Batten, D.F., 1995, "Network Cities: Creative Urban Agglomerations for the 21st Century", *Urban Studies*, 32(2), 320.

1. 从中心功能转向主要节点功能

上海通过"创新驱动,转型发展"促进从中心功能向主要节点功能的转变,是一种城市功能的重大调整。我们知道,中心功能是通过单向资源流动的结构性安排来促进资源集中的,因而在许多情况下中心城市被视为一个新的资本积累机制,处于资源交换中的中心位置,其中心位置在空间上是扩张的。尽管 Friedman(2005)认为运输和通信网络令"世界是平的"而减少了地方的重要性,但事实上这些网络更有可能通过其能力将资源集中在中心城市,加剧了城市之间非均匀的景观(Florida,2005)。这些中心城市通过中心地位促使其信息和声誉可以迅速广泛传播出去,当然同样也更有效地传送商务服务到日益全球化的内陆地区(Neal,2010)。上海在"创新驱动,转型发展"中,实际上是在促进基于全球网络的与其他城市更广泛、密集的相互作用,从而改变通过资源要素不断沉淀和固化来塑造其中心位置的局面。也就是,从注重其在内向而稳定系统中的固定位置,转向注重在其中的流进与流出的途径,加速与减速的收缩和扩张;从吸纳外围能量的"黑洞"转向经由能量传递的"虫洞";从依靠它所拥有的东西(规模)来增强集聚与辐射功能,转向通过流经它的东西(规模)来获得交流、门户与枢纽、控制与服务等功能。这些均是上海城市功能本质性的改变,使其更加注重全球功能性机构集聚、网络化平台打造、流量经济扩展,加强与其他城市节点之间的关联程度,从而使资源集中主要基于资源流动的控制、分配与服务等合理配置;资源扩散更多表现为基于门户与枢纽的大规模流量。

2. 从地点中心性转向"地点—流动"双重空间

上海在"创新驱动,转型发展中"的"四个中心"建设,实际上已突破了以往地点中心性的束缚,是一种城市空间性的重大转变。在以往"四个中心"建设中,通常着眼于作为"中心地"的建设,由此中心地的存在引起各种资源要素流动,因而强调垂直通达性、单向流动、交通成本依赖等。现在上海"四个中心"建设着眼于基于网络节点流动空间,通过有强大的非本地关系流动引起地点的存在,因而强调水平通达性、双向流动、信息成本依赖等。

3. 从城市间主从关系倾向转向城市间弹性与互补关系倾向

上海在"创新驱动,转型发展"中,一个重要方面是城际关系的重构。过去上海作为"中心地",与外围(腹地)的城市通常是一种主从关系,即中心主动集聚和大量吸纳外围的资源要素,而外围的城市则依附于中心,被动接受不成比例的辐射,从而表现为权力内在不平等的层级结构,并与周边或其他城市处于对空间的完全竞争之中。上海在"创新驱动,转型发展"中,特别是通过结构调整,大力发展现代服务业和先进制造业,向产业价值链高端攀升,发展"四新经济",形成经济与产业的高度错位发展,使城际流动的商品与服务从单一化转向多样化,实现不同层级的资源要素交互流动,从而转向城市间弹性与互补关系倾向。这意味着上海在基于水平网络无界限的流动中,与其他城市节点处于平等地位,经由其节点的资源要素流动只是为了达到更合理的配置,从而在城际关系中更多形成"非零和"博弈的合作与协同。这种城市关系的重构,更有利于上海通过城市网络全面融入区域、国家和全球经济的各个层面中。其中,一个重要方面就是通过高度的地区交流与合作,包括高度发达的资本、信息以及人力资源流动,与其毗邻的周边城市形成强大的内在联系,并全部整合在全球经济体系之中。

4. 从主要经济功能转向多元城市功能

上海在"创新驱动,转型发展"中,不仅聚焦于"四个中心"建设的经济功能,凸显其空间经济属性的特质及其在世界经济体系中的战略性地位,而且进一步扩展到具有全球影响力的科技创新中心建设和国际文化大都市建设以及社会发展、城市治理和生态环境建设,努力构建全球创新网络和国际文化交流网络,增强全球性社会网络连接和全球人才流动,从主要经济功能转向多元功能性全球网络连接,构建具有多重维度、多元功能的节点城市。

12.2.2 打造全球城市的"四梁八柱"

上海繁荣发展为世人所高度关注,往往是因为上海这座城市就其基础设施项目、城市增长和再开发、产业转型而言,经历了一个可以说是近代城市历史上城市发展规模和速度无与伦比的过程(Cai and Sit，2003)。其实，更重要的是上海为全球城市崛起所打造的"四梁八柱"，其意义是更加深远的。

1. 促进全球流动必不可少的枢纽型、功能型、网络化的城市基础设施体系已基本建成

上海多年来加强城市基础设施建设，不断提高城市基础设施建设标准化、集约化、安全化、绿色化水平，致力于建成高效便捷、城乡一体、科学智能、面向未来的网络体系。特别是交通基础设施建设成效卓越，已能承载较大规模的全球流动。浦东、虹桥两大空港拥有4座共120万平方米航站楼、5个货运区、6条跑道，是客运和货运并举、国际和国内并重、本地市场与中转市场共同发展的亚太门户复合型航空枢纽。2016年旅客吞吐量突破一年1亿人次，成为继伦敦、纽约、亚特兰大和东京之后全球第五个进入亿级人次航空"俱乐部"的城市。浦东机场的货邮吞吐量九年保持全球机场第三位。2019年浦东机场三期完工后，上海两机场预计客流量将超过1.2亿人次。上海海港国际枢纽地位也得到巩固，2015年上海港口货物吞吐量达到71 739.64万吨，规模位居世界前列；港口国际集装箱吞吐量3 653.70万国际标准箱，连续第六年居全球第一。在此基础上，今后将进一步完善集疏运体系，推进洋山深水港四期、外高桥港区后续项目建设，实现港区功能调整与泊位结构优化，优化外高桥地区路网，改善铁路与港区的衔接。另外，推进吴淞口国际邮轮港建设，建成亚太地区规模最大的邮轮母港。上海铁路对外通道和铁路枢纽建设卓有成效，形成虹桥站、上海站、上海南站和上海东站的铁路客运主枢纽格局。上海进入长三角高等级内河航道网基本形成，长江内支线运输得以发展。上海融入长三角区域的城际交通一体化基础设施基本完成，港口、机场集疏运高速公路和市域对外联系高速公路进一步完善，公路网络服务能力提高，与江、浙两省的道路衔接优化。上海市域内已形成轨道交通网络和多层次轨道交通体系，构成一网多模式(市域线、市区线、局域线)，"十三五"期间还将续建216公里轨道交通，到2020年总通车里程达到约800公里。市域公路网络进一步完善，到2020年公路总里程将达到14 500公里。其中，高速公路通行里程超过900公里，普通国省干线通行里程达到1 300公里。地面公交及线网进一步优化调整，包括建设延安路等中运量公交系统，强化与轨道交通网络的融合，进一步提高公交线网服务覆盖面，中心城实现轨道交通站点50米内有公交站点衔接，中心城公交站点500米半径全覆盖。

另外，上海按照建设"泛在化、融合化、智敏化"为新特征的智慧城市要求，打造领先的信息化基础设施。过去几年，光纤发展指数、宽带速率指数在国内连续排名第一。

"十三五"期间,建设高速移动安全的新一代信息基础设施。实施传输网络超高速宽带技术改造,提供千兆到户接入能力,4G 网络深度覆盖更趋精准,并推进 5G 网络规模试验或试商用。到 2020 年,实际光纤入户率达到 70%左右,固定宽带用户平均下载速率达到 25 兆比特/秒,成为国内带宽最宽、网速最快的地区之一,公共活动区域免费 WiFi 覆盖率全国领先。建设下一代互联网示范城市,完成重点网络设施 IPv6 改造,推进新国际通信海底光缆建设和已建光缆扩容,大幅提升国际网络出口能力和互联互通水平。

上海其他城市基础设施也趋于不断改善。在能源设施方面,完善天然气干网格局,基本建成天然气主干管网二期、石洞口燃气生产和能源安全储备基地、崇明岛天然气管道工程等项目。加快电网网架建设,发展临港海上风电、太阳能等新能源。在供、排水设施方面,基本建成崇明岛东风西沙水库、青草沙水源地南汇支线等项目,开工建设黄浦江上游水源地等项目,初步构建"两江并举"四大水源地格局;积极推进中心城区排水系统改造、重点河道和泵闸改造等项目,建成污水输送干网和处理基地。在防灾设施方面,构筑城市防涝体系,增加全市公共消防站和市政消火栓数量,不断完善消防快速响应、应急联动机制。在生态基础设施方面,城市绿地面积不断扩大,开放空间增多,全面推进外环生态林带建设,加快推进郊区郊野公园建设,以及全面河道整治等。

上海较好的城市基础设施奠定了大规模人流、物流、信息流、资金流、技术流在上海交汇、流动的基础条件,逐步显现连接全球、洲际、国内交通与信息的枢纽作用。

2. 支撑全球城市网络连接的新型产业体系已经基本成形

上海的产业体系已进入服务经济为主导,服务业比重达到 70%,同时将保持先进制造业在经济系统中的适当比重(25%左右),其主要是提升自主创新能力,发展基于工业互联网的新型制造模式,向高端制造、智能制造迈进,成为世界级新兴产业创新发展策源地。上海已形成两大制造业带状分布。浦东、奉贤、金山、宝山、崇明(长兴岛)等沿江临海地区,集聚资源优势,提升产业能级,大力发展智能制造装备、生物医药、高端能源装备、新一代信息技术、新材料、高端船舶和海洋工程装备等,建设世界一流水平的先进制造业集聚发展带。嘉定、青浦、松江、闵行等区,依托产业基础,发挥区位优势,重点发展汽车、新一代信息技术、航空航天、生物医药、新材料等,建设国际领先水平的先进制造业转型升级示范带。

上海新型产业体系的最大特点是产业融合发展,特别是现代服务业与先进制造业的融合发展。上海作为制造业大规模发展的城市,在长期发展历史中形成了特定类型的非物质的专业知识,特定类型的金融服务、会计和法律服务、物流知识和全球物流,不同于纽约、伦敦和香港等并非从实体经济发展而来的知识经济及其主导的功能全球化。相对而言,上海主要位于产业全球化的通道中,是吸引制造业跨国企业总部及高端价值链布局的主要因素,这种专业化优势是难以轻易替代的。这将推动生产者服务业向专业化和价值链高端延伸,生活者服务业向精细化、高品质转变。

上海产业发展还将基于长三角产业链引领功能,形成区域产业集群发展格局,不断提升制造业对资源环境的友好程度,增强国际竞争力和品牌影响力,成为具有高附加值、高技术含量、高全要素生产率的国际高端智造中心之一。同时,不断扩大生产者服务业对区域的辐射能力和影响力。

因此,上海产业发展趋于高端化、智能化、绿色化、服务化,形成以现代服务业为主、战略性新兴产业引领、先进制造业支撑的产业发展格局,为跨国公司总部的集聚提供了完善的产业衔接和配套。

3. 发展流量经济的网络平台已基本建立健全

上海已形成股票、债券、期货、货币、外汇、黄金、保险等门类比较齐全的金融市场体系,市场规模能级显著提升。上海股票、债券、期货、黄金等主要金融市场国际排名显著提升,多个品种交易量位居全球前列,影响力不断扩大。人民币产品市场以打造全球人民币基准价格形成中心、资产定价中心和支付清算中心为目标,辅之以功能完备、实时高效、风险可控的全球人民币跨境支付清算体系,以扩大跨境人民币融资渠道和规模,拓宽境外人民币投资回流渠道,促进人民币资金跨境双向流动,以及探索开展人民币衍生品业务。股票市场在大规模基础上,正在逐步拓宽境外投资者参与境内市场的渠道,并将提升其服务功能,完善不同层次市场间的转板机制和退出机制。债券市场规模稳步扩大,期货和衍生品市场价格发现和风险管理功能不断提升,外汇业务平台服务的竞争力和包容性逐步提高,通过加快上海保险交易所建设提升保险和再保险市场的规模和国际竞争力,股权托管交易市场、贷款转让市场、票据市场等加快发展。在此基础上,将进一步推进跨境人民币业务,显著提升上海作为全球人民币中心的地位;扩大金融对外开放,不断提高上海金融中心的国际化水平;加强国际金融合作交流,持续扩大上海国际金融中心在全球的影响力。

上海面向国际贸易的服务贸易、技术贸易、转口贸易和离岸贸易等市场平台基本完整,并具有万商云集、信息交汇、要素集聚、价格生成、口岸枢纽的综合平台和市场体系优势。上海已建立有色金属、钢铁、化工、石油、天然气等交易市场,并将进一步面向国际市场扩大规模、拓展功能,促进现货与期货联动,实现全要素、全天候交易和全方位服务,进一步增强价格发现能力,持续提高"上海价格"和"上海指数"的国际影响力。通过充分发挥中国(上海)国际技术进出口交易会等作用,完善提升面向国际的技术进出口交易平台功能。同时,通过创新市场流通和交易模式,构建跨境电子商务平台,打造物流综合服务平台,发展保税展示销售、进口商品直销等新型平台。目前,上海正在构建对外投资带动上海产品、设备、技术、标准和管理服务等一体化走出去的市场平台,推进亚太示范电子口岸网络建设,深化亚太经合组织供应链联盟建设,等等。

上海国际海运的货运交易平台已具相当规模,目前正在推进航运保险、船舶飞机融资租赁、航运运价交易等衍生品市场平台,规范船舶交易市场、航运经纪、船舶管理、海事仲裁等平台建设。同时,通过高起点规划建设虹桥航空服务创新试验区和浦东航空经济集聚区,打造国家临空经济示范区,进一步完善国际航运服务平台。

上海正在打造具有国际影响力的综合性和专业性品牌展会平台,促进会展业与商业、旅游、文化、体育等产业联动发展。上海的展览场馆已达到世界一流水平。目前,上海已有展览场馆 14 个,场馆总面积 100 万平方米。其中,超过 20 万平方米的特大型展馆两个,分别是国家会展中心和新国际博览中心。国家会展中心的室内展览面积 40 万平方米,室外展览面积 10 万平方米,其建成使用使上海成为拥有世界最大单体场馆和展馆总面积最大的城市之一。

上海在信息化领域已构建各种数据库平台、大数据平台等。特别是以人口、法人、空间地理三大数据库为基础,加快汇聚共享各类数据资源,推进公共数据资源开放共享和社会化开发应用。同时,推动社会数据资源流通,建立数据资产登记、估值和交易规则,推动形成繁荣有序的数据资产交易市场平台。

因此,上海基于市场体系的各种信息、交易、中介、服务平台趋于完整化、配套化、复合化发展,将为各种资源要素流动及配置提供强大促进和润滑剂作用。

4. 全球功能性机构集聚已具相当规模

自 2000 年以后,跨国公司总部机构、外商投资性公司和外资研发中心进入上海的速度明显增大(见图 12.1)。截至 2015 年 8 月,跨国公司地区总部达 522 家,是国内跨国公司地区总部最多的城市。在沪设立的跨国公司地区总部,主要以美国、欧洲和日本的企业为主。其中,美国企业为 150 家,占 28.7%;欧洲企业 144 家,占 27.6%;日本企业 117 家,占 22.4%。在沪的跨国公司地区总部具有较高的能级,82%具有投资决策功能,61%具有资金管理功能,54%具有研发功能,35%具有采购销售功能。并且,同时具有两个功能以上的跨国公司地区总部达 95%以上。在沪各类外资金融机构总数达 429

家,占上海金融机构总数的30%左右。在沪的外商投资性公司306家,70%的项目和90%的资金投向全国各省市,辐射面广。外资研发中心390家,占中国内地比重约25%,其中有30多家是全球研发中心,15家是亚太区研发中心。

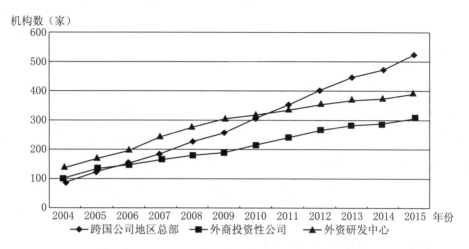

图 12.1 2004—2015 年上海跨国公司总部机构数量增长

随着上海自贸试验区金融制度创新的各项政策逐步落实,特别是通过整合前期跨国公司总部外汇资金集中营运管理、外汇资金池和国际贸易结算中心外汇管理试点账户的功能,形成"三合一"账户体系,以外汇资金集中运营为特征的跨国公司总部型经济正成为一个新亮点,反映了向资金运营总部功能的转型升级。目前,上海自贸试验区保税区域共有包括营运中心、地区总部、亚太营运商等多种形态的各种总部经济企业258家,涵盖贸易、物流、加工、航运、国际采购、融资租赁、服务贸易等七大类型。

有关研究表明,与子公司国家特征相比,总部国家特点似乎对两国之间形成联系的概率和两国之间创建链接的数量有更强大作用(Wall, Burger and Knaap, 2008)。具体说,一个总部国家的竞争力对企业连接的概率和两国之间企业连接的数量均有强大影响,而子公司国家的竞争力并没有影响国家之间企业联系的概率,只是较小影响国家之间企业连接的数量。因此,上海已经集聚大量跨国公司地区总部、全球性投资公司以及全球研发中心,呈现连接广泛、能级较高、网络权力较大的明显特点,为构造全球城市的连通功能提供了深厚基础。

5.与高标准国际惯例接轨的营商环境业已形成

上海在"四个中心"建设过程中,就已提出在市场准入、监管、税制、法制等方面与国际惯例接轨,并争取率先进行"营改增"试点。在中国(上海)自由贸易试验区的制度创新中,更是按照国际化、市场化、法治化的要求,建立与国际高标准投资和贸易规则体系相适应的行政管理体系,推出了负面清单管理制度,推进"证照分离"商事制度改革,建立事中事后监管制度,投资贸易便利化,进一步开放服务领域,推出特殊外汇贸易账户,等等。上海自贸试验区三年来已经初步建立了综合性的规则和制度框架,有一百多项制度创新的成果向全国复制推广。在新一轮自贸试验区建设中,将对标国际最高标准,建立开放度最高的自贸试验区,在投资管理、贸易便利化、服务"一带一路"、综合监管等方面深化建设,进行制度创新的系统集成,与国际金融中心、具有全球影响力的科创中心建设联动,与政府治理能力再造联动。

因此,上海通过制度创新塑造与国际惯例接轨的营商环境,构建对外开放的新高地,不仅继续在引进外国直接投资、跨国公司、国际投资机构和全球研发中心方面发挥重要作用,而且将成为中国企业"走出去"进行海外投资的桥头堡,强化对"一带一路"建设的金融服务、科技服务、投资贸易服务等支撑,有助于构筑国际合作新优势,提升投资贸易标准和规则方面的影响力和主导权。

13　上海全球城市演化前景

　　"上海2050"全球城市演化是一种不确定的动态过程,同时也是一种顺势而为的变迁过程,包括"天时、地利、人和"的交互程度。这就决定了虽然我们无法用计量模型来精准推演,也不可主观臆想勾画其未来,但可以运用趋势推断法从这一不确定性的动态过程中找出一些相对确定的因素及变化趋势,通过发生概率大小的可能性情景来展望上海全球城市演化前景。这一演化前景展望,既包括上海全球城市自身演化进程的前景展望,也包括上海全球城市在国内演化生态环境及其生态位等方面的前景展望。

13.1　演化进程前景预测

　　首先,我们在上述各层面影响因子考察基础上,按照"天时、地利、人和"的演化要义,通过其交互作用假设的若干可能性情景来综合分析上海全球城市自身演化进程的前景。

13.1.1　假设的若干可能性情景

　　从全球城市演化角度讲,选择环境与选择单位之间的交互作用演绎了整个演化进程。这也就是所谓"天时、地利、人和"的演化要义和基本境界。这里的可能性情景分析主要基于其交互的程度。

　　所谓"天时",是指作为全球城市演化驱动力的未来30年全球化进程及世界格局大变革的变化因素。不论对于个体群或个体全球城市演化而言,这始终是首位的环境条件,从根本上决定了全球城市演化的可能性。尽管城市作为有机体具有能动性,在一定程度上能改变甚至创造其演化的局部环境,但却无法影响这一战略环境条件。所谓"地利",是指作为直接决定个体全球城市演化命运的未来30年所在国(中国)的世界地位变化因素。对"上海2050"全球城市演化前景来讲,这是更主要和更直接的影响因素。中国未来的经济实力及世界地位直接左右和支配着上海全球城市演化的命运,从根本上决定了上海全球城市的崛起及其所能达到的层级高度。所谓"人和",是指上海城市内生性演化基础条件及其能动性。上海全球城市演化离不开自身的基础,尤其是城市心智提高,必须通过自身的努力和创新;而且,这也会反过来推动中国在世界体系中的地位提升。我们将在这三方面不同组合的情况下来假设"上海2050"全球城市演化进程的几种可能性情景。

1. 情景一:缺乏"天时"条件下的组合

由于世界新技术革命和产业革命姗姗来迟,世界经济长周期进入上行通道推迟,以及受地缘政治等影响,贸易投资摩擦增大,保护主义蔓延、货币战持续爆发,多边贸易投资进程严重受阻,全球化进程减缓,甚至出现逆全球化。受其影响以及亚洲发展中国家未能顺利跨越中等收入陷阱,导致世界经济重心东移受阻或减缓,世界经济多极化增长格局尚未形成。在此情况下,中国经济发展也将受到外部冲击和各种外部遏制的较大影响,作为世界经济强国崛起的进程将延长。即使通过自身努力能如期实现中华民族伟大复兴,并在现代世界体系呈现美国周期与中国周期的重叠,保持所谓的"地利"因素,而上海也具备良好的内生性演化基础条件,对其作出积极反应,从而使上海全球城市依然能够崛起,但其演化过程可能比较曲折。而且,受全球化进程减缓的影响,全球连接拓展范围相对缩小,上海全球城市能级提升的空间有限。

2. 情景二:缺乏"地利"条件下的组合

伴随世界新技术革命和产业革命到来,世界经济长周期进入上行通道;全球化进程进一步深化,甚至加快发展。与此同时,形成世界经济多极化增长格局,世界经济重心继续东移。然而,由于国内改革不到位,生产力发展受到严重束缚,结构调整不力,自主创新能力不强,不能顺利跨越中等收入陷阱,从而导致中国崛起势头减弱,世界地位提升不快。在此情况下,即便上海具有内生性演化基础条件,其全球城市演化仍将受到严重干扰,直接影响和改变其自身"相态",可能朝着一般全球城市方向演化。

3. 情景三:缺乏"人和"条件下的组合

世界经济长周期伴随世界新技术革命和产业革命进入上行通道;全球化进程进一步深化,加快向更多领域拓展;世界经济重心继续东移,亚洲地区成为全球化流经主要渠道和路线;中国如期崛起成为世界经济强国,开启中国主导周期,可能导致国内一批全球城市群集崛起。然而,如果缺乏国家战略引领,国内群集崛起的全球城市之间无序过度竞争,缺乏合理的网络分工与协作,从而消耗大量战略资源或平摊战略资源;或者由于上海自身创新转型不到位,不能作出积极反应,缺乏自身合理定位,陷入无序过度竞争之中,尽管上海全球城市也可能在这一无序过度竞争中崛起,但演化进程十分艰难,消耗巨大,而且难以发挥自身比较优势向卓越全球城市方向演化。

4. 情景四:"天时、地利、人和"的组合

在"天时""地利"的情况下,只要上海及时完成创新转型,积极充当改革开放排头兵和创新发展先行者,充分发挥全球化流经主要路线的区位优势,且在国内全球城市群集崛起中形成合理分工与协作,上海全球城市演化将迅速推进,并将进入世界一流的卓越全球城市行列。

13.1.2 最有可能发生的演化情景

上海全球城市演化是一个不确定性的动态过程,上述几种情景都有可能发生,关键是发生概率的大小。为了评估其发生概率大小,要从这一不确定性的动态过程中找出一些相对确定的因素,即发生概率较大的因素,从而来判定最有可能的演化前景。

1. 关于世界层面的因素

尽管在未来 30 年有很多难以预料的变化,包括地缘政治、地缘经济的变化以及战争、灾害等潜在风险,从而具有较大的不确定性,但如果撇开大规模战争、特大自然灾难等导致根本性世界改向的情况,仍有一些可以预见的相对确定的变化趋势。正如前面分析指出的,世界经济长周期伴随着新科技革命和新产业革命将从下行通道走向上升通道,走向世界经济复苏与繁荣,尽管进入上升通道的时间可能有先后偏差。与此同时,全球化进程经过曲折,甚至减缓之后,将进一步覆盖更广大地区和国家,并不断向非制造、金融部门拓展,促进科技、文化、生态等领域的全球化兴起。在这一过程中,世界经济格局将发生大变革,新兴经济体不断崛起,形成世界经济多极化增长与平衡格局,世界经济重心继续东移。由此,也将呈现跨国公司的全球版图重绘,全球价值链主导及布局的重大调整,以及世界贸易投资框架调整、多元国际货币体系和全球治理结构变动等。世界城市化将达到新高度,中产阶层崛起,基于互联网的个体权力增大,全球范围内人员之间的交互与流动加剧。这些可预见的发展趋势将促使城市地位更加突出,世界城市网络更加密集化,城市节点增多且分布更加广泛,全球城市的世界体系空间表达和作用更加显著,全球城市的种类和形态更加多样。

显然,这对上海全球城市演化来说,是比较有利的外部条件。具体讲,世界经济复苏与繁荣以及全球化进程进一步深化,将为上海全球城市演化提供强大的动力,促进其

持续性演化发展。世界经济格局大变动以及跨国公司世界版图重绘,将为上海全球城市强势崛起提供难得的契机,实现跨越式演化发展。全球化领域进一步拓展以及全球范围内各种形式的交互及流动加剧,将为上海构建新型全球城市的先发性引领提供更大可能性,有助于创新型演化发展。

2. 关于国家层面的因素

尽管中国崛起面临着许多外部摩擦以及内部中等收入陷阱、经济转型升级、全面深化改革等严峻挑战,但只要在政局不乱的情况下,这些挑战并不构成中国崛起的威胁。可以预见,中国到 2050 年将成为世界强国,不仅在经济总量上居世界第一,人均经济水平将有大幅提高,人民币成为国际储备货币,在全球治理中具有较大话语权,中国的跨国公司在世界版图中占有重要地位,而且科技创新也将从"跟随"逐步转向"同步",甚至部分领域进入世界前列"领跑"。另外,在世界经济重心东移、全球化流经渠道与路线重大改变的背景下,中国作为亚洲地区的经济核心,势必成为全球资源要素流动与配置的重要战略空间,从而在形成信息、资本和投资等要素新的流向、新的流量方面发挥积极作用。

显然,这对"上海 2050"全球城市演化前景来讲,是十分重要的。因为中国的崛起以及在现代世界体系中开启中国主导周期的发展趋势,将促使中国在主动参与并引领全球化进程中,不仅需要一批全球城市群集崛起,代表国家参与国际竞争,而且迫切需要与国家经济实力和世界地位相适应的卓越全球城市,在世界体系中发挥重要节点的作用。从这一意义上讲,上海全球城市演化前景是相对确定的,即与中国经济实力及世界地位相适应的演化目标取向。而且,当国家明确意识到在主动参与并引领全球化进程中必须有在世界体系中发挥重要节点作用的卓越全球城市,并作为重要战略加以实施和推动时,将形成对上海全球城市演化的强大推动力。上海全球城市建设作为自身发展诉求与列入国家战略的发展,是两个完全不同的概念。上海全球城市建设列入国家战略,意味着许多国家意志和战略意图要在其中得以充分体现,要求其在许多方面率先作为。例如,要求上海充当改革开放的排头兵和创新发展的先行者,并让上海在一些领域进行"先行先试"的重大改革,创建新体制机制,形成可复制、可推广的经验,在全国起示范效应。与此同时,这也意味着国家对全球城市建设予以重点支持和扶持,首先考虑在其中进行重大战略布局,给予更多的发展机会倾斜和资源(特别是制度、政策资源)倾斜。国际经验表明,全球城市列入国家战略的最大好处,是形成"单一城市焦点"和促进"机构厚度"。例如,比较分析表明,法兰克福作为国际金融中心的地位与伦敦相比似乎退缩,就因其缺乏在德国内的"单一城市焦点"和"机构厚度",影响其作为先进生产者服务网络中的消费和生产空间的吸引力,以及影响扩展到城市各自的区域腹地。另外,中国全球城市群集崛起态势,也将为上海全球城市演化带来一个"众星拱月"的效应。上海与国内这些城市本身就有较强的关联,当这些城市作为全球城市崛起时,意味着将形成"强强关联",势必提高上海城市网络连通性水平。而且,当这些全球城市群集崛起时,势必要求在其网络关联中合理分工与功能错位,这将使上海全球城市演化可选择更恰当的高标准目标定位。

3. 关于内生性演化基础方面

尽管上海未来发展也面临创新转型的各种挑战及风险,作为全球城市崛起不仅与纽约、伦敦相比有较大差距,更主要的是尚未进入相对稳态的演化进程,尚未在世界城市网络中确立起相对稳固的地位,而且其中的变化也存在着许多不确定性因素。例如在亚太地区,与老牌全球城市的东京、新加坡以及具有较大潜力的印度全球城市崛起之间竞争的影响;在国内,与香港、北京等全球城市之间分工协作的影响,等等。然而,可以相对确定的是,上海处于中国"一带一路"和长江经济带的交汇点,将成为变化中全球化流经渠道和路线的主要位置。我们知道,全球城市动态演化很大程度上取决于全球化主要流经的地方。通常一些偏离全球化流经渠道与路线的全球城市会衰弱下去,而处于变化中全球化流经渠道与路线的一些城市会崛起为全球城市。因此,上海的特定区位不仅将增大上海迈向全球城市的几率,而且将导致上海在世界城市网络中城市节点的功能及其地位变化。另一个可以相对确定的是,上海特有的城市基因及其发展"相态",非常适合于融入全球,拓展全球连接,并在全球连接中具有相当的吸引力与影响力。因此,只要给予一个开放的环境(包括全球和国内),上海在这方面就会有强烈的冲动和表现,释放其特有的动态比较优势。显然,这种内在特质将增大上海全球城市演化的潜在可能性,并增强上海全球城市高级化演化的潜能。

因此,通过不确定中的相对确定性分析,综合评估上述不同的情景,我们认为第四种情景似乎最有可能发生,特别是在未来30年的后15年可能性更大。第一种情景更可能是在未来前10年中发生的状况,但其发生的概率也不足50%,从更长时间来看,其可能性较小。第二种情景的可能性不大,其发生概率不足30%。第三种情景是比较极端的情况,特别是在中国的体制下,其发生概率极小。我们选取第四种情景作为上海全球城市演化进程前景,是一种比较乐观的预测,但似乎也表明了一个大趋势。

13.2　国内演化生态：全球城市群集崛起态势

未来 30 年，上海全球城市演化并不是孤立事件，很可能伴随着国内一批全球城市群集崛起态势。这种全球城市崛起"小集团化"实际上是一种全球城市演化及空间分布的群落生境，从而使上海全球城市演化处于一种独特的演化生态环境之中。

13.2.1　群集崛起的基础条件

历史经验表明，当全球化和世界经济重心聚焦在某个区域或国家时，该区域或国家很可能会呈现一批全球城市，即所谓的全球城市"小集团化"。未来 30 年，当世界经济重心转向亚洲，作为世界最大经济体的中国在全球经济中确立起重要地位，并成为引领全球化的主要力量之一，很可能在这一大国经济版图上呈现全球城市群集崛起的态势。

自改革开放以来，随着深圳、厦门等特区建立，沿海城市开放以及沿江、沿边（境）的全面开放，中国大部分城市都不同程度趋于面向全球市场，朝着外向型经济方向发展。特别是中国加入 WTO 后，大量外国直接投资进入，中国成为"世界工厂"，有力促进了更多城市与世界市场不断增强的连接，并较高程度参与了经济全球化进程。在此过程中，已有相当一批中国城市融入了世界城市网络，从而使中国总的全球网络连通性达到较高水平。在 2008 年，中国就有 19 个城市进入 GaWC 连接清单，总的全球网络连通性已达 382 285，占全球份额的 5.3％，超过英国、德国、加拿大、法国、日本等发达国家，仅次于美国，居全球第二位（见表 13.1）。在 2012 年的 GaWC 全球网络连接清单中，中国（包括港澳台）共有 18 座城市上榜，即 Alpha＋级别：香港（第 1 位）、上海（第 4 位）、北京（第 6 位）；Alpha－级别：台北（第 18 位）；Beta＋级别：广州（第 5 位）；Beta－级别：深圳（第 33 位）；Gamma－级别：天津（第 2 位）；High Sufficiency 级别：成都（第 6 位）、青岛（第 11 位）、杭州（第 29 位）、南京（第 38 位）、重庆（第 40 位）；Sufficiency 级别：大连（第 14 位）、高雄（第 18 位）、厦门（第 26 位）、武汉（第 50 位）、西安（第 70 位）、澳门（第 71 位）。在这两个时间段里，尽管进入 GaWC 连接名单中的中国城市并没有增加，但一些城市获得级别跃升和位置前移，如青岛从 2010 年的 Sufficiency 级别上升至 High Sufficiency 级别等，从而总的网络连通性水平是进一步提高的。

当然，中国目前进入 GaWC 全球网络连接清单的城市，除了香港、上海、北京，其他城市的连接级别都不太高，尤其是在 High Sufficiency 和 Sufficiency 级别上有 11 个城市。我们在前面的演化原理中已指出,融入世界城市网络的节点城市并不意味着就是全球城市,尤其在 GaWC 连接中的 High Sufficiency 和 Sufficiency 级别的城市,更是作为一般节点的全球化城市。然而,实证研究表明,一个国家网络连通性总强度与全球城市数量之间有一个清晰的正向关系。除了像新加坡这样的城市国家是例外,即只有一个全球城市的最高国家连通性,一般而言,一个国家高的全球连通性并不是通过单一全球城市所获得,而是由数个全球城市支撑的,并大致呈现“绿叶衬红花”的格局。例如,就单个城市比较而言,纽约的网络连通性在世界城市网络中是居首位的,但其在美国网络总连通性中所占份额仅为 8.4%,其余都是由美国其他城市贡献的。如果说美国国内城市体系是比较分散的话,那么在德国垂直结构城市体系中,法兰克福的网络连通性在德国总连通性中所占的份额也仅持有 16.5%;即使是法国垂直城市系统中的首都巴黎,其在国家全球连通性中也不到一半(48.7%)。这表明,高的国家网络连通性常常意味着将有数个全球城市的存在。

表 13.1   2008 年十大国家 GaWC 连接

国　　家	GaWC城市数量	GaWC 连通性(国家总和)	GaWC 连通性占全球份额	全球 GDP 的份额(%)
美　　国	61	1 135 819	15.8	25.5
中　　国	19	382 285	5.3	8.6
英　　国	16	297 292	4.1	4.5
德　　国	14	292 635	4.1	5.8
印　　度	9	226 578	3.2	2.6
加拿大	11	210 644	2.9	2.4
澳大利亚	7	200 925	2.8	1.7
意大利	8	168 379	2.3	3.3
法　　国	9	154 764	2.2	4.3
日　　本	13	153 588	2.1	8.7
总　　计	167	3 222 909	44.9	67.2

资料来源:GaWC 数据库,2008。

不仅如此,中国在全球网络连通性中还有一个非常突出的表现,就是已经有香港、上海、北京三个城市进入一个类似一流的世界城市网络连接程度,即进入世界城市网络连通性“前十”的行列,这是其他国家所没有的。我们可以看到,同样作为大国的美国和俄罗斯,都只有一个城市(分别为纽约和莫斯科)进入“前十”的行列。因此,这不只是中国领土广大的原因,更主要是改革开放以来中国的全球发展潜力爆炸式的释放(Lin,2005),通过城市连接到全球经济的结果。而且,在中国高的国家网络连通性中,似乎已形成一个"金字塔"梯队。第一梯队 3 个城市（香港、上海、北京），第二梯队 4 个城市（台北、广州、深圳、天津），第三梯队 5 个城市（成都、青岛、杭州、南京、重庆），第四梯队 6 个城市（大连、高雄、厦门、武汉、西安、澳门）。这些不同梯队的城市不仅共同支撑了中国高的全球网络连通性，其中一些还具有较大的发展潜力，尤其是已进入 Beta 级别的广州、深圳以及 Gamma 一级别的天津具有分别向 Alpha 级别和 Beta 级别迈进的潜力，一些已进入 High Sufficiency 级别的中国城市也有进一步发展和提升的潜力，从而为中国的全球城市集群崛起奠定了后续力量的基础。

从大环境来讲，随着中国在世界经济中的地位提升，开启现代世界体系的中国主导周期，特别是对外开放进入新阶段，从吸引外国直接投资的"引进来"单向开放转向"引进来"与中国企业"走出去"的双向开放，从面向欧美发达国家的"东进"开放转向"东进"与基于"一带一路"的"西进"并举的全面开放，从基于低标准要求的开放转向基于高标准要求的开放，不仅沿海发达城市将深度融入经济全球化进程，提升世界网络连通性的水平，而且更多中西部城市将在"一带一路"的"西进"开放过程中大幅度提高国际化水平，参与到全球化进程中去。因此，这将促使一些中国城市不同程度地进一步提升其全球网络连通性水平，包括目前处于第三、第四梯队的城市可能具有较大发展空间而迅速提升其全球网络连通性水平，跃升到更高级别的连通性。

值得指出的是，在此过程中，中国与其他国家不同的一个关键区别，是国家强有力的资源动员能力，再加上国家的高资本储备以及国家政策的有效支持促进全球城市发展。正如 Doucet(2010) 指出的，从政治经济学的角度看，中国和欧洲对待全球城市显然是在朝相反的方面发展。在中国，国家控制土地和投资以助推战略发展目标，其积极从事全球城市的门户作用。相反，在欧洲，国家的资源和角色正在"退却"，部分原因在于经济衰退（事实上，这更多的是结构问题），部分原因是"推行"新自由主义。

对于中国全球城市集群崛起态势，也许有人会提出质疑：中国是否需要有众多的全球城市，或者说是否存在这种客观需求？在全球城市演化中，确实存在需求导向的强大力量，因为这是全球城市演化的基本条件和内生动力。从中国主权统一的角度讲，不大可能产生一个国家形成全球城市子网络的强烈需求。这与欧洲形成全球城市子网络的情况根本不同。因为欧洲存在许多国家，竞争通过国家边界被强化，从而将会有许多"门户城市"来链接基于行政辖区的国家经济与世界经济。相比之下，中国的商务服务网络流动明显比欧洲更集中，没有如此多门户城市的需要。但从另一个角度讲，由于世界经济重心东移，亚洲地区将成为全球化的核心区域，而中国作为大国经济的崛起也将在亚洲地区发展和引领新的全球化进程中扮演关键角色,这势必产生诸多全球城市在世界经济连接不同层面起决定性节点作用的客观需要。这种需求将拉动中国全球城市群集崛起。

当然,中国目前一些主要城市全球网络连接的空间分布是比较离散的,而且也不稳定。这与我们过去30多年改革开放的特定环境有关。尽管中国一些主要城市的全球网络连接水平上升很快,但主要是基于大量外国直接投资进入中国的"入度"连接迅速上升。中国作为一个大国经济,自然有许多可供跨国公司和全球专业服务公司选择的地区总部或办公室区位。但更主要的原因,在于改革过程中尚未真正形成国内统一市场,特别在要素、服务等领域。面对市场分割的情况,跨国公司和全球专业服务公司的区位选择,将更多考虑与其直接相关的局部市场区位以及比较各地不同的优惠政策,由此选择在不同城市设置其地区总部或办事处。有时为避免市场分割带来的不便,甚至不惜成本在多个城市设置办公机构。因此,这种"入度"连接在空间分布上呈现离散态势,而且也带有某种程度的"虚高"。

未来,这种情况将有所改变。一方面,中国吸引外国直接投资的爆炸式增长阶段终结,将进入成熟期。甚至随着跨国公司生产基地的转移,其在中国设置的办公机构也会相应调整或减少。同时,随着中国全面深化改革和国内统一市场形成,跨国公司和全球专业服务公司的区位选择策略将回归市场行为,对原有设置的办公机构进行区位调整,向一些最合适其业务操作的城市集中。另一方面,随着中国经济快速发展和全球化,本土企业"走出去"的"出度"连接将大幅增长。中国企业上榜《财富》世界500强的数量迅速增长。2015年榜单中,中国已经有106家企业上榜,占总数的21.2%,列美国(128家)之后居第二位,远高于列第三位的日本(54家)。而且,与美国的数量差距趋于缩小,从2011年相差64家,逐步缩小到2012年的53家、2013年的37家、2014年的28家和2015年的22家。当然,目前中国跨国公司以资源和资本密集型的大型央企或地方性国有企业为主导力量,且多属于重工业或传统行业的企业。本土跨国公司总部的区域或城市分布高度集中,2015年《财富》500强上榜的106家中国企业中大部分在北京,占近一半的份额,但有相当企业在上海设立了"第二总部",上海自身有8家,另外4家在深圳,以及天津、武汉、太原、广州、杭州各2家,其他零星城市均只有1家总部。随着北京去非首都功能的调整,这种格局将会有所改变。总体上讲,中国跨国公司总部相对集中在一些主要城市,从而使"出度"连接的城市也将相对集中。总之,未来中国的全球网络连接水平将进一步提升,但主要城市的全球网络连接的空间分布将趋于收敛,更加集中化。这种集中化的动态变化意味着城市全球网络连接的结构性调整，一些城市的全球网络连接水平将明显提高，而另一些城市的全球网络连接水平将相对降低。

13.2.2　群集崛起格局预测

按照未来中国可能连接全球和地区的大体格局，基于目前中国进入全球网络连接的城市清单以及城市网络连接结构性调整的动态变化趋势，我们分析预测一些城市演化为全球城市的可能性情景，并描述其地区分布及可能所处的网络节点地位。

1. 长三角地区

在长三角地区（浙江、江苏、安徽三省和上海市），除上海已跻身 Alpha＋（第 4 位）作为全球城市崛起的演化态势比较明显外，杭州和南京分别列入 High Sufficiency 级别的第 29 位和第 38 位，目前只是作为一般节点的全球化城市，未来 30 年能否演化为全球城市并不确定。一种可能的情景：长三角地区只有上海一个全球城市，作为长三角全球巨型城市区域的核心城市。另一种可能的情景：除上海外，杭州与南京之中有一个可能崛起为全球城市，从而在长三角地区形成"双城"局面。还有一种可能的情景：除了上海，杭州和南京也有可能崛起为全球城市，在长三角全球巨型城市区域形成密集的"三足鼎立"局面。这三种可能性情景，最终将取决于长三角地区在中国崛起中的作用及其在中国参与世界经济中的地位。我们认为，长江三角地区是中国经济发展的重要地区，也是高度开放型经济地区，并且是世界第六大城市群地区。未来 30 年，长江三角地区在中国参与及引领全球化进程中仍处于特殊区位，是中国"东进"连接发达国家与"西进"（"一带一路"）连接广大发展中国家的核心枢纽。这是其他地区所不能比拟的独特区位和角色，完全有可能充当中国崛起过程中的"强势"支撑点。在这种情况下，第一种情景的可能性就比较小，第三种情景只是有可能，而第二种情景的可能性比较大。

如果第二种情景的可能性比较大，那么杭州与南京"两选一"演化为全球城市的最终结果就具有很大不确定性，尤其从目前情况来预测更是如此。因为杭州和南京向全球城市演化的各自优劣势是十分明显的，且正好是"互换"的，即一方的优势（劣势）正好是另一方的劣势（优势）。从地理位置上说，南京距离上海较远，且连接省内北部主要城市和安徽省各主要城市，辐射面相对宽泛；而杭州由于离上海偏近，省内一些毗邻上海的城市直接进入上海全球城市区域范围，所以主要连接部分省内主要城市，辐射面相对较窄。因此从全球城市演化的区位条件看，南京稍许占优。但从经济发展势头及结构形态看，目前杭州明显占优。2015 年杭州 GDP 达 10 053.58 亿元，同比增长 10.2％，增幅居全国副省级以上城市第二,成为全国第十个总量超万亿元的城市,南京尚未跨入"万亿元"俱乐部。在投资、消费、引进外资、进出口以及产业结构等方面,杭州均高于南京。特别是依托西湖景区资源丰富、浙营经济发达和互联网产业基础扎实等优势,杭州基于创业创新的新经济发展十分迅速,以休闲旅游、现代金融、电子商务、现代物流、信息服务、文化创意等为核心的现代服务业已成主导,高科技人才集聚、高新技术产业发展渐成规模,2015 年专利授权累计 19.12 万项,其中发明专利授权 2.88 万项,连续 11 年位居省会城市第一;高新技术企业增加到 4 044 家,高新技术产业增加值占规模以上工业比重提升到 41.8%,为其经济发展注入了强大的活力。通过举办西博会、动漫节、文博会、电商博览会、国际快递业大会等大事件,杭州城市知名度和美誉度大幅提升。因此,如果第二种情景出现的话,只能看这两个城市未来发展情况了。

当然,也不完全排斥出现第三种情景的可能性。在长三角地区,上海是作为整个区域的核心城市,杭州和南京分别是该地区南北两个次城市群的核心城市。上海全球城市地位的确立,并不排斥杭州和南京向全球城市演化的可能性。因为这两个城市的网络节点地位,将更侧重于深耕亚太的地方主义取向,与上海全球主义取向的全球城市定位是错位关系。杭州和南京趋于全球城市的演化,将更多与上海互补,共同构成长三角全球巨型城市区域,并更强有力地支撑上海在世界城市网络中的"置顶"地位。该地区的苏州、宁波等作为重要的全球化城市,在功能上将更多融入上海等全球城市之中,成为长三角全球巨型城市区域的重要组成部分。

2. 珠三角地区

在珠三角地区(包括香港、澳门),香港目前在世界网络连通性中列入 Alpha+级别的第 1 位,广州与深圳分别列入 Beta+(第 5 位)和 Beta-(第 33 位),广州领先于深圳,但总体差距并不大。珠三角地区全球城市演化的可能性情景,一定程度上取决于香港未来发展这一个重要变量。香港目前在世界网络连通性中的较高地位,很大程度上是基于传统历史地位的延续。这种传统的历史地位确立,是由于香港长期以来与欧美发达国家建立的经济连接,同时也是中国改革开放初期阶段特定环境条件产物。香港这种传统历史地位,在当时中国具有唯一独特性,是无可比拟的。香港作为中国经济融入全球化的桥头堡,不仅仅是一般作为中国的"门户城市",而且特别作为中国和其他太亚之间的枢纽城市,更多是在亚太地区扮演了一个重要角色(Godfrey and Zhou,1999)。正因为如此,香港这么小的一个城市在全球网络连通性上仅次于纽约、伦敦,居世界第三。从未来发展看,随着中国崛起并逐渐成为全球化的"核心"之一,以及"东进"与"西进"并举的全面开放和全方位开放,中国经济参与并主导全球化的桥头堡将呈现多元化的存在,特别是上海、北京作为全球城市的强势崛起以及其他一些"门户"城市的出现,届时尽管香港在中国连接全球经济中仍扮演不可或缺的角色,但作为"唯一"桥头堡的独特性作用将有所改变。

香港的传统历史地位变化,不仅关系到自身发展,而且将直接影响广州与深圳全球城市演化的可能性情景。一种可能性情景:随着珠三角城市群国际化水平的提升及其自身国际交往能力的增强,特别是广州与深圳进一步融入世界城市网络及提升连通性水平,同时向全球城市演化,并部分替代香港的网络连接功能,在珠三角地区形成"三足鼎立"局面。另一种可能性情景:尽管香港传统历史地位的变化,但其高度融入珠三角地区,特别是与深圳高度融合,大力推进港深一体化发展,形成香港与深圳的"孪生体"全球城市,重塑在世界城市网络中的新型地位,同时促进广州向全球城市演化,在珠三角地区形成"双城"格局。

第一种可能性情景显然与保持香港稳定与繁荣的"一国两制"基本要求,以及发挥香港"自由港"的独特优势是不相符的。从国家战略角度出发,这意味着中国在世界网络连通中将丧失一个"制高点",尽管多了广州与深圳两个全球城市。而且,在这一群落生境中,香港将与广州和深圳的全球城市崛起形成竞争关系,特别是与毗邻的深圳受生态位法则的支配,其结果要么是香港抑制深圳,要么是深圳抑制香港。因此,最佳的选择是第二种可能性情景,既保持香港稳定与繁荣以及发挥其"自由港"的独特优势,又避免同质化竞争带来的"两败俱伤"。事实上,推进港深一体化发展,有较好的基础和强大的互补性。深圳地处珠江三角洲前沿,是连接香港和内地的纽带和桥梁,是中国改革开放的窗口。"十二五"以来,深圳不断深入推进综合配套改革,主动承接国家、省242项改革任务,加大改革攻坚力度,重点领域和关键环节改革取得新突破,与国际惯例接轨程度大幅提高。"深圳速度""深圳质量""深圳标准"等一系列新理念和新实践以及营商环境,与香港高度契合。深圳海陆空铁口岸俱全,作为中国拥有口岸数量最多、出入境人员最多、车流量最大的口岸城市,进出口规模和出口总额都稳居内地城市首位,与香港经贸可以密切配合。更重要的是,能与香港形成互补的是深圳基于创业创新高地的实体经济发展。"十二五"期间,深圳的先进制造业、生物产业、互联网产业、新能源产业、新材料产业和文化创意产业等战略性新兴产业年均增长20%以上,增加值占GDP比重超过35%,对经济增长的贡献率接近50%,在全国具有极大的竞争优势。全市拥有国家级高新技术企业4 742家,五年新增3 698家。2014年PCT国际专利申请量达

1.16万件,占全国的48.5%。每万人有效发明专利拥有量65.7件,是全国平均水平的13.4倍。因此,促使香港与深圳"合体"作为新型全球城市,不仅有很大的互补性,而且能够继续保持中国在世界网络连通中的一个重要"制高点"。

3. 环渤海湾地区

在环渤海湾地区,北京已列入Alpha+(第6位),作为全球城市崛起的态势已很明显,远远领先于天津的Gamma-(第2位)。这一地区的全球城市演化主要取决于京津冀都市圈的功能分工方式。一种可能性情景:随着北京去非首都功能的重大调整,包括部分经济功能和非经济功能(教育、医疗等)向外转移,而天津的经济功能和综合服务功能将进一步完善和增强,在全球网络中的地位明显提升,并分别固化下来,可能形成各具专业特色的"双子座"全球城市格局。另一种可能性情景:北京与天津的功能高度融合,作为一个"孪生体"全球城市崛起,并在全球网络连接中占据较高位置。

在第一种可能性情景下,北京将向更加专业化的全球城市方向演化,尽管作为政治中心的首都功能仍是世界性的,但其总体的功能性网络连接将缩小;而天津至多是面向东北亚的区域性全球城市演化,全球网络地位不可能很高。这将遇到前面提及的类似香港的困境:从国家战略角度讲,将丧失世界网络连通中的一个"制高点"。另外,天津主要作为面向东北亚的全球城市崛起将对该地区另外两个城市,即青岛和大连形成"挤出"效应。如果在第二种可能性情景下,那么京津"孪生体"全球城市崛起,既强化了在全球网络连接中的较高位置,与上海、港深一起形成中国在世界网络连通中的三大"制高点",同时又释放出青岛或大连向全球城市演化的可能性空间。当然,青岛和大连谁更有可能充当面向东北亚的全球城市,存有较大的竞争性和不确定性。青岛和大连都是2010年第一次入围GaWC全球城市名单,处于最低一级的非全球城市层面Sufficiency的第53位和第61位,相差很小。到2012年,尽管大连在Sufficiency级别上提升到第14位,但青岛从Sufficiency级别上升到High Sufficiency级别,上了一个新台阶,且排名靠前,处于第11位。从全球网络连通性的国内城市排名看,青岛由2010年的第12位上升到第9位,已超越了南京和杭州等城市。相比而言,目前青岛发展势头比较迅猛,尤其是海洋经济发展显著,设有国家海洋技术转移中心、海洋科学与技术国家实验室、国家深海基地、东亚海洋合作平台永久性会址等,海洋生物医药、海洋新材料、海洋工程等产业蓬勃发展。

4. 中西部地区

在中西部地区,过去由于现代化基础薄弱和对外开放区位优势不突出,一些主要城市融入世界城市网络的程度较低。目前成都、重庆尚处于 High Sufficiency 级别,分别为第 6 位和第 40 位,武汉、西安仍在 Sufficiency 级别,分别为第 50 位和第 70 位。但随着中西部开发的推进,中部崛起势头明显,特别是长江中、上游的主要城市在经济下行压力中逆势而上,表现十分突出。而且,这些城市发展潜力巨大。在中国"西进"开放格局下,随着"一带一路"建设的推进,其对外开放的区位发生战略性变化,既可以"北上"连接陆上丝绸之路,"南下"连接海上丝绸之路,又可以"东沿"长江经济带连接"东进"开放。因此,重庆、成都、武汉、西安等城市在"连亚入欧"的世界网络节点作用将进一步凸显,都有条件也有可能向全球城市演化,但最终可能是 1—2 个中西部城市作为全球城市崛起,具体是哪个城市难以预测,要视其未来发展情况。

显然,这是一幅不完整、粗糙的预测图景。未来 30 年,完全有可能有未曾提及的"黑马"跃入其中。在这里,我们只是想大致描绘中国未来 30 年将有一批全球城市群集崛起的态势。

13.3　基于生态位的演化前景

上海全球城市演化置于中国未来一批全球城市群集崛起的演化生态环境中,势必引出一个生态位的重要问题,即这些崛起的全球城市在演化过程中要形成各自特定的形态和功能。上海全球城市演化在未来国内演化生态空间中的生态位,主要涉及与国内其他主要全球城市的关系,特别是在全球网络连接的分工与合作上的不同定位。这里我们通过不同网络连接模式的考察来展望"上海 2050"全球城市基于生态位的演化前景。

13.3.1　网络连接取向

未来 30 年,中国的全球城市群集崛起,特别是一些目前网络连接级别较低的城市不断"升级"进入世界城市网络的较高层级,意味着"中国集团"将在世界城市网络中居于重要地位,全球城市网络连接水平趋于整体性提高。由于城市连通性的一般测量只是反映其整体融入世界城市网络的程度,并没有说明一个城市的连接模式,即没有显示城市在哪里有相对超连接和相对连接不足,所以我们要以分类学方法来区分不同的连接模式。

这里,我们首先考察不同取向的连接模式,其可以通过一个城市连接的内陆世界尺度来加以描述(Taylor, 2001)。有两种内陆世界的测量尺度:(1)一个城市与伦敦和纽约的平均内陆世界连接,作为代表一个城市连接的全球主义取向;(2)一个城市与其他区域(如亚太)内城市的平均内陆世界连接,作为代表一个城市连接的地方主义(本地)取向。现实中,一个城市连接的内陆世界尺度是混杂的,既有全球主义取向的连接,又有地方主义取向的连接,其最终结果取决于更偏向于哪一种取向的连接。这种内陆世界连接主要取向的划分,是全球城市演化的一个重要分类。

有关亚太地区的实证研究表明,曼谷、吉隆坡、雅加达、首尔等城市更多是地方主义取向,而上海、香港、东京、新加坡和北京组成全球主义集团,呈现全球取向的连接模式(见表13.2)。相比欧美的全球城市,目前亚太地区城市总体上更多是母地区连接,在全球延伸中甚至不占重要地位。即使像老牌全球城市的东京虽然列入全球主义集团,也不是强连接到西方城市,而主要连接到国内和其他亚太城市。例如,在工业领域网络的公司所有权三级层面上,东京的高端功能层面(总部对第一级子公司的控股)的出度连接关系是很弱的,已从第3位显著下降到24位,在第二和第三层面的出度连接虽然强大,但主要连接到国内城市和亚太城市,在东南亚内执行一个强大的国家和区域功能。而且,东京是更多的生产导向而不是服务导向,所以在生产者服务网络比在工业领域网络扮演了更边缘的角色(Wallr and Knaap, 2011)。然而,中国崛起中的全球城市比其他亚太城市有更大的全球延伸规模。尤其是上海,其全球取向的连接程度超过东京和新加坡,在亚洲地区居首位。因为中国不仅仅是在一个全球化世界经济中脱颖而出的另一个亚太"发展中国家",更是代表着世界城市网络中的一种新的介入。

表13.2 亚太地区城市的内陆世界特性

城　　市	全球主义取向	地方主义取向
上　　海	1.167	−0.938
香　　港	1.110	−1.012
东　　京	0.949	−1.006
新加坡	0.640	−0.912
北　　京	0.591	−0.715
曼　　谷	−0.401	1.067
吉隆坡	−0.704	0.315
雅加达	−0.819	1.244
首　　尔	−0.939	0.844
台　　北	−1.593	1.113

资料来源:http://www.lboro.ac.uk/gawc/rb/rb204.html.

中国崛起中的全球城市,通过跨越亚太母区域的开拓不断向全球延伸,集中在美国的纽约和迈阿密(其可能代表一种向拉丁美洲的渗透,因为该地区没有城市在这个服务地理位置中起重要作用)、西欧的伦敦等城市、东欧的五个城市、阿拉伯海湾地区城市以及非洲城市(约翰内斯堡)等。Taylor(2006)通过模糊集分析发现,上海和北京的全球取向连接主要是通过悉尼到西欧城市,通过洛杉矶到美国城市,并通过慕尼黑到欧洲东部城市。另外,通过西欧连接,它有一个通过法兰克福与伦敦和纽约以下城市的间接重叠。因此,中国崛起中的全球城市不仅将在亚太母地区(home-region)中占有重要位置,同时也将构成跨越亚太地区的自身母地区,呈现一种明显区域重叠的情况,在世界城市网络中有一个非常独特的服务地理位置。这显示了上海和北京在世界城市网络中的特殊性,不仅比同一连接层面的其他城市更具连接性,而且有点类似在顶级连接层的全球性,表明其对21世纪初全球经济的中心性。

从生态位角度看,基于全球主义取向连接的上海、香港和北京之间关系非常特殊,即它们相互之间的连接非常紧密,通过相互作用而运作。从历史上看,除了欧洲,经济全球化进程似乎"喜欢"在一些国家中让一个城市居于其历史性的竞争对手之上,例如悉尼上升超过墨尔本、多伦多在蒙特利尔之上、孟买在德里之上、圣保罗在里约热内卢之上等均为典型例子。然而,这种情况在中国似乎并没有发生。上海和北京的崛起,并不意味着香港地位下降,后者通过在世界城市网络重新定位可以继续繁荣。同样,上海和北京在其各自提高全球网络连通性中却没有带来"零和"竞争,似乎是一个双赢的过程。因为不管在什么情况下,这两个城市都是排名前十,而不是当一个城市处于前十时另一城市总是在前十之外。这也许是中国大尺度的一个附加效应,或者说由比较宽的生态空间所致。未来30年,根据我们上面有关可能性情景预测,如果出现港深、京津"孪生体"新型全球城市的情景,那么其连同上海仍将是全球主义取向的连接模式。而且,它们相互之间的连接也将很紧密,通过相互作用而运作。也就是,中国三大全球城市都可以找到最适宜生存的生态位。

对于前面预测的中国其他可能崛起的全球城市,尽管也有广泛的全球性连接,但主要是基于地方主义取向的网络连接模式,作为区域性的全球城市深耕亚太母地区。这些潜在的全球城市在亚太地区网络中也有分层操作和各自分工,居有自己的生态位。例如,杭州、南京等城市主要面向东亚连接,青岛或大连等城市主要面向东北亚连接,广州等城市主要面向东南亚和南亚连接,中西部地区的潜在全球城市主要面向中亚和西亚连接。当然,在"一带一路"和长江经济带的战略格局中,这些潜在全球城市的区域连接会有所交叉。例如,青岛或大连等城市虽然主要面向东北亚连接,但其处在"一带一路"的枢纽地位,也会形成其他区域的连接。又如,中西部潜在全球城市除了"北上"连接中亚和西亚外,也可"南下"连接东南亚和南亚。总之,在这些全球城市演化中,会自然形成多样性的连接模式。

因此,"中国集团"在世界城市网络中的位置分布可能并不是所谓的"金字塔"状态,而是呈现极化状,即"两头大,中间小"。也就是,少数全球城市有望进入世界城市网络前十位的高端位置,但大多数崛起的全球城市则刚进入其行列,处于全球城市的底层位置。这也许反映了大国尺度内全球城市群集的结构性特征。例如,目前美国进入GaWC清单的城市数量达61个(当然,并非全都是全球城市),但只有纽约进入世界城市网络前十位,其他许多全球城市的排名非常靠后,也呈现明显的极化特征。但从未来30年看,随着世界经济重心东移,亚太地区本身将成为全球化的核心区域。从这一意义上讲,深耕亚太母地区的中国全球城市也将强化全球连接。而且,随着中国企业"走出去",不仅在欧美地区进行海外投资,而且沿"一带一路"进行网络式投资布局,这将进一步延续跨母地区的全球延伸发展态势,特别是上海、香港和北京这些全球主义取向的城市将延伸至全球更广范围,尤其是更密集地延伸至东欧、阿拉伯海湾地区以及非洲的更多城市。这种深耕亚太母地区与全球延伸自身母地区的重叠,将大大提升中国崛起中全球城市在世界城市网络中的位置,至少是亚太地区其他全球城市所不能比拟的。

最后要提及的一点,由于国内的巨大尺度,中国全球城市演化还可能表现为更多国内连接的特点。在这一点上,与美国有类似之处。例如,纽约在"所有工业领域"连接中,对国内城市的出度达59%、入度达74%,本质上是连接到美国国内城市,其跨国连接是相对稀疏的。纽约在生产者服务领域的连接上也主要连接美国国内城市,达65%(Wallr and Knaap,2011)。考虑到美国国内的巨大尺度(其区域网络尺度约等于所有欧洲国家的总和),对此就可以理解了,也不会去质疑纽约的全球城市性质。其实,更深层的思考是:由于中国这些潜在全球城市在世界网络中的各自定位和互补,所以在其更多国内连接中也将形成多样性的连接模式。

13.3.2　网络连接类型

不同类型的连接模式,可以通过一个城市连接的内容尺度来加以描述。一般划分为综合性内容的连接与专业性内容的连接,基于前者的城市称为综合性全球城市,基于后者的城市称为专业性全球城市。当然,现实中的连接内容是混杂的,即使专业性全球城市的网络连接也是多方面的,这里的区分只不过是其在某些方面的网络连接特别突出和强劲,连接结构的非均衡性特点比较明显。除此之外,在其类别内部也有细分的不同类型,这主要取决于其在世界城市网络中各自的定位和分工以及在一个网络中操作的分层倾向。

前面分析已经指出,上海和北京同为全球主义取向的连接模式,但其网络连接内容的重心或侧重则是不同的,一个为经济性的,另一个为政治性的。而且,这种连接内容或类型的不同,很大程度上规定了这两个城市链接的地理位置是独特的,有其各自连接的内陆世界。城市重新定位实证的详细地理结果显示了这两个城市的政治和商务角色(见表13.3)。[1]北京比上海更好地连接到政治性全球城市,例如强连通到纽约(联合

表 13.3　北京和上海的内陆世界比较

取　　向	城　　市	链接差
北　京	纽　约	52
	东　京	21
	罗　马	17
	洛杉矶	10
	悉　尼	6
	新加坡	5
	首　尔	5
	莫斯科	5
	香　港	4
	圣保罗	5
上　海	伦　敦	−10
	墨西哥城	−13
	维也纳	−15
	雅加达	−15
	法兰克福	−16
	芝加哥	−16
	曼　谷	−17
	多伦多	−21
	米　兰	−21
	都柏林	−21
	布宜诺斯艾利斯	−21
	巴　黎	−22
	里斯本	−26
	苏黎世	−27
	阿姆斯特丹	−27
	华　沙	−28
	吉隆坡	−29
	孟　买	−31
	台　北	−37
	斯德哥尔摩	−42
	布鲁塞尔	−43
	马德里	−44

注:链接差＝北京与一个城市的链接−上海与那个城市的链接。

资料来源:Taylor, P.J., Derudder, B., et al., 2014, "City-Dyad Analyses of China's Integration into the World City Network", *Urban Studies*, 51(5), 868—882.

---

[1]　通过上海二分体联结减去北京二分体联结来比较北京和上海之间的城际联系,其链接差为正数,表明北京有更强的连接;其链接差为负数,表明上海有更强的连接。

国总部)、华盛顿和布鲁塞尔,以及邻近环太平洋沿岸地区主要城市(加上邻国欧亚莫斯科)。上海比北京更好地连接到更重要的全球城市,更为密切地链接其他亚洲和美国重要的商务中心城市,例如伦敦、巴黎、法兰克福、芝加哥、多伦多和孟买等。最为明显的对照,北京链接意大利首都罗马(也具有联合国功能),而上海链接意大利"经济首都"米兰。因此,上海和北京各自不同的内陆世界连接,在世界城市网络中是互补的(Taylor,2014)。

另外,撇开经济性网络连接与政治性网络连接的区别外,即使从经济性连接角度讲,上海和北京也是根据不同分工及通过不同部门工作流动模式融入世界城市网络的。从整体连通性的分行业(金融服务、法律服务、广告、会计和管理咨询)角度看,上海在现代核心商务服务的两个行业(金融服务和广告)处于世界前十,分别为第7位和第8位(表13.4),而北京分别为第12位和第18位。但北京在会计、管理咨询和法律服务三个行业处于世界前十,分别为第8位、第10位和第10位,而上海分别为第14位、第23位和第11位(表13.5)。

表 13.4　上海连接性比北京更强的服务部门

排名	城市	金融服务	排名	城市	广告
1	伦敦	100%	1	纽约	100%
2	纽约	96%	2	伦敦	75%
3	香港	93%	3	巴黎	75%
4	东京	82%	4	香港	73%
5	新加坡	82%	5	东京	71%
6	巴黎	79%	6	新加坡	70%
7	**上海**	**77%**	7	莫斯科	65%
8	悉尼	77%	**8**	**上海**	**64%**
9	首尔	70%	9	华沙	63%
10	马德里	70%	10	悉尼	63%
12	**北京**	**69%**	**18**	**北京**	**60%**

表 13.5　北京连接性比上海更强的服务部门

排名	城市	会计	排名	城市	管理咨询	排名	城市	法律服务
1	伦敦	100%	1	纽约	100%	1	伦敦	100%
2	纽约	79%	2	伦敦	67%	2	纽约	89%
3	香港	74%	3	巴黎	65%	3	巴黎	70%
4	悉尼	69%	4	芝加哥	62%	4	法兰克福	59%
5	新加坡	67%	5	香港	61%	5	华盛顿	58%
6	米兰	67%	6	新加坡	56%	6	布鲁塞尔	54%
7	巴黎	66%	7	东京	56%	7	香港	53%
8	**北京**	**64%**	8	苏黎世	55%	8	莫斯科	50%
9	布宜诺斯艾利斯	63%	9	马德里	55%	9	东京	48%
10	吉隆坡	62%	**10**	**北京**	**53%**	**10**	**北京**	**45%**
14	**上海**	**60%**	**23**	**上海**	**44%**	**11**	**上海**	**42%**

资料来源:Taylor,P.J.,2012,"The Challenge Facing World City Network Analysis",http://www.lboro.ac.uk/gawc/rb/rb409.html.

除了两者的法律服务连接性比较接近外,在会计和管理咨询服务连接方面,北京比上海更加全球优先。这里反映的关键一点是,不同领域的公司往往会以不同的方式使用北京和上海,这样为它们提供了在世界城市网络中互补的角色(Taylor, 2012)。

未来 30 年,随着全球化进程向更多领域拓展,这种内容连接的分类将更加多样化与细化。这预示着中国全球城市群集崛起中将有更复杂的相互关系,个体全球城市演化有更明确的连接分工,从而形成多样化的连接模式。从总体上看,在中国未来的潜在全球城市中,综合性全球城市只是少数,大部分将是专业性全球城市。这些城市在其全球服务关系中的互补比竞争更多。

13.3.3 世界城市网络中的潜在位置

未来 30 年,中国全球城市的群集崛起,将在世界城市网络中居于何种位置,作为个体群全球城市演化的一种考量,构成其演化生态环境之一。尽管这具有更大的动态性和不确定性,但我们可以通过其演化态势作出某些推测。

我们知道,全球化发源于世界经济的心脏地区,并不是均质化世界的单一全球化过程。长期以来,纽约和伦敦是世界经济中心两个最重要重叠的全球城市(被称为USAL),一直是生成这两个独特全球化策略的轨迹。未来 30 年,随着世界经济重心东移,在亚洲、美洲和欧洲三大核心地区并存的格局下,将形成世界经济中心的三个重要重叠。根据大数定律,一般来说世界城市网络中的前几位将会由来自这三个核心地区的全球城市所代表。在美洲核心地区,美国的世界地位依然存在(尽管可能有所削弱),无一例外将由纽约所代表。最具不确定性的是,欧洲核心地区(在欧盟不解体的前提下)将由哪个城市来代表。作为老牌全球城市的伦敦,原先是当仁不让的欧洲代表,但在英国"脱欧"的情况下,其全球城市地位是否下降或能否继续作为一方代表,存有较大疑义。据英《经济学家》报告预言,2050 年全球最强大经济体的七国集团中已没有英国,只有德国仍在其中。当然,也存在欧盟其他全球城市(如法兰克福)取代伦敦作为一方代表的可能性。但事实上,这并不是可以简单取代的,需要具备很多基础及配套条件。因此,也不能排除一种结果,即伦敦的地位随英国"脱欧"而下降,但又没有新的替换者,从而欧洲地区可能丧失进入世界城市网络前几位的代表地位。在亚洲地区,由于世界经济重心东移,进入世界城市网络前十位的全球城市可能会占较大比例,特别是中国的数量可能较多。

Csomósg 和 Derudder(2012)曾利用 2006 年和 2011 年"福布斯全球 2000 强"数

据,用营业额和市值两个指标测量至少有三个公司总部的 151 个城市 CAC 全球指挥控制功能(CAC)的变化,并将其变化水平标准化。从表 13.6 列出的 CAC 正/负变化的最重要 10 个城市来看,亚洲的城市获得更大比例的 CAC,而美国和欧洲的城市失去了 CAC,这符合世界经济地理从"西方"转移到"东方"的预期(Frank,1998)。然而,这幅图画同时又是比简单地由西向东转移更加杂色化。其中,亚洲板块的东京与大阪失去其主要的 CAC 份额,首尔与孟买则获得更多的 CAC(Derudder,Hoyler and Taylor,2011)。未来 30 年,这当中将会有较大的调整,主要是印度的全球城市崛起和日本的全球城市衰落。目前,印度虽然进入 GaWC 清单的城市数量才 9 个,但其总的全球网络连接水平列第 5 位,已超过有 13 个城市进入 GaWC 清单的日本(第 10 位)。随着印度未来可能成为第二大经济体,其城市的全球功能将趋于增强,而日本城市的全球功能将趋于减弱。我们预计,印度将有一个全球城市进入前 10 位,而东京很可能跌出前 10 位。当然,目前最为出色的是中国的三大城市北京、香港、上海,获得更多的 CAC 功能,动态变动是比较强劲的,显示了强大的发展潜力。

表 13.6 全球框架中 CAC 值积极/消极变化的前 10 位城市

排名	前 10 位积极变化城市		前 10 位消极变化城市	
1	北　京	7.91	东　京	−2.03
2	香　港	3.30	底特律	−1.55
3	上　海	3.23	伦　敦	−1.48
4	首　尔	2.62	纽　约	−1.46
5	圣保罗	2.12	辛辛那提	−1.44
6	莫斯科	2.12	费　城	−1.40
7	孟　买	1.80	阿姆斯特丹	−1.35
8	巴　黎	1.33	大　阪	−1.27
9	里约热内卢	1.24	亚特兰大	−1.10
10	圣何塞	1.01	里士满	−1.09

资料来源:Csomósg, G. and Derudder, B.,2012,"European Cities as Command and Control Centres",2006—11,http://www.lboro.ac.uk/gawc/rb/rb402.html.

从目前全球网络连通性来看,香港、上海和北京均已进入前 10 位,表明其在世界城市网络中的重要位置,但如果采用双联体城市分析方法,将会比全球网络连通性的简单排名更增强其重要性。因为在世界 20 强双联体城市中,有 7 个是以中国城市为特征的,占三分之一强(见表 13.7)。此外,香港、上海和北京均与伦敦、纽约双城连接。这表明它们在世界城市网络中发展成为比简单排名更具有战略意义的重要角色。

表 13.7　前 20 名双联体城市连接的中国城市

中国排名	世界排名	双联体城市	CDC*
1	2	香港—伦敦	75.0
2	3	香港—纽约	69.0
3	6	伦敦—上海	62.1
4	10	纽约—上海	58.7
5	14	北京—伦敦	55.6
6	19	北京—纽约	52.3
7	20	香港—新加坡	51.6
8	31	香港—上海	47.5
9	32	香港—巴黎	47.2
10	37	香港—东京	44.9
11	39	北京—香港	43.9
12	44	上海—新加坡	41.1
13	45	巴黎—上海	40.4
14	46	迪拜—香港	39.8
15	47	芝加哥—香港	39.7
16	50	香港—悉尼	39.2
17	52	北京—新加坡	38.8
18	54	上海—东京	38.4
19	56	北京—上海	38.0
20	57	香港—米兰	37.0

＊CDC 是双城连接性，表示为最连接双城(伦敦—纽约)的百分比。

资料来源：Taylor, P.J., Derudder, B., et al., 2014, "City-Dyad Analyses of China's Integration into the World City Network", *Urban Studies*, 51(5), 868—882.

　　即便如此,这在某种程度上还是低估了香港、上海和北京在世界城市网络中的实际作用。Taylor、Derudder 等人(2014)采取测量两个城市潜在商务流动在这一特定双联体城市中相对集中的方法,对此进行网络地位重要性的评估。其高值表明很多公司在两个城市选择设立办公室(通常是重要办公室),并通过这个特殊双联体城市进行特定商务管理。因此,这样的双联体城市是相对超连接的,表明一个增强的"战略化"地位。其测量结果表明,中国 3 个城市在世界前 38 位超连接双联体城市中超过一半之多,其自身相互间的双联体城市世界排名居于第 4 至第 6 位(见表 13.8)。香港对新加坡最为超连接,紧随其后的是对上海和北京。上海对香港最为超连接,紧随其后的是对北京。北京对上海最为超连接,紧随其后的是对香港。其后分别为:香港对纽约、伦敦的超连接;上海对纽约、伦敦的超连接。在三个中国城市方面:香港强有力地继续在其位置中,只是略低于伦敦和纽约；上海高于新加坡列第 4 位；北京上升到第 7 位，高于巴黎。这里的一个重要发现是：在潜在商务流动的战略性方面，中国城市显现出比全球网络分析所表明的甚至更为重要，其在国内和全球连接中的流动表现出强烈特性，即一个引人注目的潜在商务流动的集中，均显示出战略性地方的特征。

表 13.8　前 20 位超连接双联体城市的中国城市

中国排名	世界排名	双联体城市	CDO*
1	3	香港—新加坡	97.4
2	4	香港—上海	96.4
3	5	北京—上海	96.4
4	6	北京—香港	95.7
5	7	香港—伦敦	95.5
6	9	香港—纽约	93.0
7	10	纽约—上海	92.1
8	12	伦敦—上海	91.9
9	14	北京—新加坡	91.6
10	16	北京—法兰克福	90.2
11	17	上海—新加坡	90.1
12	19	香港—东京	89.6
13	21	北京—东京	89.3
14	25	上海—东京	89.2
15	26	法兰克福—香港	89.1
16	29	北京—伦敦	88.5
17	33	北京—纽约	88.2
18	35	香港—巴黎	88.0
19	37	巴黎—上海	87.6
20	38	法兰克福—上海	87.1

* CDO 是双城超级连接性的测量，表示为最大超级连接（芝加哥—洛杉矶）的百分比。仅仅包括全球网络连接的前 20 名城市。

资料来源：Taylor, P.J., Derudder, B., et al., 2014, "City-Dyad Analyses of China's Integration into the World City Network", *Urban Studies*, 51(5), 868—882.

鉴于中国将成为世界最大经济体，现代世界体系处于美国周期与中国周期相重叠以及其他等方面的条件，亚洲核心地区的代表更可能由中国的全球城市来承担。如果按照前面设定的可能性情景，上海以及港深、京津作为"孪生体"新型全球城市崛起，那么中国很可能有三个全球城市同时进入世界城市网络连通性的前十位或第一阵容，成为唯一拥有三大顶极全球城市的国家，在世界城市网络的格局中将产生独特的影响。

而且，它们相互之间形成强大的战略联动与支撑，发挥各自独特作用，正在创建"三合会"城市：上海是发展最快的金融中心，北京是增长最快的政治中心，香港是增长最快的全球平台角色。这与初始网络形成的全球化动力所创建的"三合会"城市（纽约—伦敦—华盛顿）非常类似：纽约是主要的金融中心，华盛顿是主要的政治中心（包括国际货币基金组织和世界银行的财务治理），伦敦是一个全球平台。Taylor（2012）认为，世界城市网络的发展似乎已涉及两个"三合会"城市的创建，其形成的关键阶段与领先国家的发展有关。当前，这两个"三合会"城市过程之间的平行存在，显著反映了一个必要的深层结构，其只能被视为用关系思考的双赢局面。然而，前一个"三合会"城市代表现有的"旧"全球化的核心，后一个"三合会"城市代表了潜在的"新"全球化的核心。

14 上海全球城市目标愿景

"上海 2050"全球城市目标愿景,是一个上海全球城市演化可能达到的最终程度或高度问题。这一目标愿景应该被视为基于主观分析的未来客观性存在,并不是目标构想或制定得越宏伟越好,也不是基于偏好的"一厢情愿"事情。为了让这一目标愿景能够做到"恰如其分"或适度,我们将基于上海全球城市演化前景及其生态位的考察,并结合上海将在世界城市网络中所处的地位及其角色分析,提出上海全球城市演化的目标愿景。

14.1 目标定位

"上海 2050"全球城市演化的目标定位,是结合全球城市类型学的应用,把城市角色直接链接到世界城市网络结构属性上来推演上海将在世界城市网络中所处的地位及其特定角色。这可以从几个不同角度进行阐述。

14.1.1 全球主义取向的综合性城市

前面分析已经指出,全球城市的节点属性主要表现为连通性覆盖范围和连接种类范围,两者不同组合形成不同类型的全球城市,其中全球主义取向的综合性城市是连接层级最高和连接种类最多的全球城市。国际经验表明,当一个国家成为世界经济强国并在现代世界体系中开启属于自己的主导周期时,总是伴随着一个全球主义取向的综合性全球城市出现,例如英国主导周期中的伦敦、美国主导周期中的纽约等。这种全球主义取向的综合性城市,在世界城市网络中为数不多但处于网络顶端,具有最广泛的全球性覆盖和最多样化的网络连接,从而在世界连接中具有强大的全球影响力和控制力。

未来 30 年,中国将崛起为世界最大经济体,开启中国主导周期,引领新的全球化进程,同样会油然而生或需要出现这样一个全球主义取向的综合性全球城市。前面分析指出,中国将呈现全球城市群集崛起态势,特别是香港、上海、北京已进入世界城市网络连通性前十位,可以预见其中必有一个将成为全球主义取向的综合性全球城市。当然,现在就定论"花落谁家",可能为时过早。但从国内来看,目前能够同时具备全球性覆盖和功能综合性两方面潜质的城市并不多,相对来说,上海总体表现比较突出。

从网络连通性覆盖范围来看,国内许多城市的世界网络连接水平还不高,且主要是地方主义取向连接,而在少数全球主义取向较高网络连接的城市中(包括香港、上海、北京等),上海具有较高的中心度水平,全球主义取向连接水平是最高的,表现最为明显。更为重要的是,上海的全球连通性更多与世界城市网络核心节点相连接,特别是与欧美高层级的全球城市连接,具有较高特征向量中心度水平。这种既有高水平的中心度,又有高水平的特征向量中心度的网络连接,正是全球主义取向的连接特征。尽管上海目前的全球主义取向连接,与纽约、伦敦相比尚有较大差距,但在国内城市中是首屈一指的。即使与全球网络连通性排名世界第四位的香港相比,从网络连接的取向来看,上海的全球主义取向程度要高于香港,而香港更多是亚太地区城市的连接(Taylor,2006)。另外,Taylor、Derudder等人(2014)比较研究了上海与北京的双城连接之间的主要地理区别,表明有两个明显的不同:第一,北京涵盖了除香港之外的所有太平洋城市链接(包括澳大利亚的两个城市),而上海更趋向于广大美欧地区城市链接(见表14.1);第

表 14.1　上海和北京与其他前 50GNC 城市的双城相对强度

趋向连接上海的城市	差　值*	趋向连接北京的城市	差　值*
慕尼黑	1.09	华盛顿	−0.86
米　兰	1.04	首　尔	−0.73
马德里	1.01	都柏林	−0.66
圣保罗	0.81	吉隆坡	−0.52
圣地亚哥	0.70	约翰内斯堡	−0.50
孟　买	0.69	法兰克福	−0.48
纽　约	0.61	墨尔本	−0.34
伦　敦	0.53	莫斯科	−0.30
里斯本	0.52	达拉斯	−0.24
斯德哥尔摩	0.51	亚特兰大	−0.23
华　沙	0.51	新加坡	−0.23
布拉格	0.46	费　城	−0.22
迈阿密	0.46	布鲁塞尔	−0.20
伊斯坦布尔	0.37	苏黎世	−0.19
波士顿	0.32	德　里	−0.16
巴塞罗那	0.30	迪　拜	−0.16
巴　黎	0.24	台　北	−0.13
维也纳	0.23	曼　谷	−0.12
洛杉矶	0.17	墨西哥城	−0.10
布宜诺斯艾利斯	0.15	悉　尼	−0.09
香　港	0.11	雅加达	−0.08
旧金山	0.09	东　京	−0.03
多伦多	0.07	杜塞尔多夫	−0.00
阿姆斯特丹	0.01		
芝加哥	0.00		

　　＊差值按(上海双城相对连接−北京双城相对连接)计算(这些值是非常小的,因此它们被乘以万分之一)。前 20GNC 城市被包括在内。

　　资料来源:Taylor, P.J., Derudder, B., et al., 2014, "City-Dyad Analyses of China's Integration into the World City Network", *Urban Studies*, 51(5), 868—882.

二,北京更倾向强烈连接世界上政治维度的首都城市(如华盛顿、布鲁塞尔、马德里、莫斯科等),而上海双城连接中趋向于更多经济维度下的全球城市,显示了全球商务功能的战略地位。相关数据表明,欧洲城市通常更紧密连接上海,多达13个城市,而连接北京的只有6个城市。美国前五大城市加上迈阿密(在美国排名第7,主要链接到拉丁美洲)共6个城市偏好于连接上海;只有其他4个城市偏好于连接北京。在上榜的4个拉丁美洲城市中,有3个偏好于连接上海,其中圣保罗与上海有特别强大的链接。因此,上海目前全球网络连通性已表现出明显的全球主义取向,呈现网络连通的全球性覆盖发展态势。

从网络连通性的种类尺度来看。在广义功能综合性方面,香港明显偏于单一经济连接;北京主要是政治中心的缘故,在政治方面有强大的网络连接;上海应该属于居中。我们知道,一个城市有大量的跨国组织集聚,将是一个全球治理中心。这些城市是作为政策中心、主要政治外交社区和全球含义战略信息的复合体。上海虽然在这方面与北京有较大差距,但拥有的跨国组织数量在国内是排第二位的,且与其他城市远远拉开了距离。中国有673家跨国组织,其中综合性跨国组织(大使馆和领事馆)占43.88%、专门性跨国组织(外国媒体和文化机构、外国商会)分别为44.68%和11.44%。这些跨国组织位于国内22个城市,北京最多(381家),随后是上海(153家)和广州(51家)。这三个城市占跨国组织总数的近90%,其他19个城市仅占10%(Su and Xue,2012)。从结构上看,上海的差距主要在于综合性跨国组织上,北京有150家大使馆,占50%,上海只有63家领事馆,广州37家领事馆,其他12个城市只有少数几个。在外国商会方面,其差距并不大,北京和上海分别为20家和15家,广州有10家,三个城市占总数的近60%。在当前的全球治理体系中,除了正式外交网络外,国际组织、非政府组织、民间外交等非正式外交网络的作用越来越大,非政治首都的城市只要具有这些非正式外交网络的大量机构,同样可以在全球治理中承担重要角色。尽管上海不是政治首都,但这并不影响其吸引更多非正式外交网络的跨国组织,向广义功能综合性方向拓展,犹如纽约等城市那样。因此,这并不会成为上海向广义功能综合性方向拓展的障碍。在科技、文化的全球连接中,香港相对较弱,北京与上海基本上保持同一水平。

实际上,在全球城市的网络连通性种类中,最主要、最强大和影响力最大的是经济方面的连接,政治首都的全球网络连接则是次要的。而在狭义(经济)功能的综合性方面,上海明显优于北京,特别是上海的多样性连接特征十分明显,集国际金融中心、贸易中心、航运中心、经济中心于一身,既有门类齐全的金融市场体系、各种贸易投资平台,又有大量跨国公司地区总部、外资投资性公司、外资研发中心,还有大量各种类型的专业服务公司等。这是国内其他城市所不能比拟的。Taylor(2011)的实证研究表明,上海的金融全球网络连通性排名世界第7,法律排名第11,广告排名第8,会计排名第14,管理咨询排名第23。

从综合评估看,上海已经是国内全球主义取向连接最高水平的城市,在连接种类上也具有综合性倾向,尽管其内部尚不均衡,但有较大发展潜力,因此总体上讲,上海具有较强的全球主义取向和功能综合性发展的潜质。如果与未来中国的世界地位相适应,需要有一个全球主义综合性全球城市的话,上海当属首选。

事实上,上海这种全球主义取向的综合性发展态势,并非带有随机性、不稳定性,而是有稳固基础和强有力条件支撑的。从历史渊源看,在20世纪30年代,上海就是远东国际金融、贸易中心,而且在文化、艺术、科技、教育、城市治理等方面也是出类拔萃的,与欧美发达国家有密切的往来和连接,具有悠久的历史传统。更主要的是,自改革开放以来,上海一直是连接中国经济与世界经济的重要桥梁,尤其是与欧美发达国家连接的重要界面。上海不仅吸纳了更多来自欧美发达国家的直接投资,而且吸引了大量欧美发达国家的跨国公司地区总部、国际投资机构、先进生产者服务公司等机构。这些功能性机构以上海为主要基地在中国开展全球化业务,从而通过其内部网络使上海与欧美发达国家主要城市形成强大的网络连接。如果说外商直接投资建立的工厂、生产基地等,随着劳动力成本、商务成本等提高易于发生转移的话,那么只要中国经济基本面不发生根本性逆转,中国巨大的潜在市场规模和潜在经济动能,足以使这些在上海的功能性机构不仅不会轻易转移,反而会进一步加强。另外,与其他全球城市不同,上海除了服务经济发展外,还保留着先进制造业,并促进先进制造业与现代服务业的融合发展。这意味着上海未来不单纯是服务经济功能的综合性发展,而是工业经济与服务经济立体功能的综合性发展。国家在上海设立中国(上海)自由贸易试验区,进一步推进金融等服务领域开放和加快人民币国际化进程,也将增强上海全球主义取向的网络连通性和基于经济功能的综合性特征。由于上海经济功能的网络连通性已有较好基础,在某种程度上也可以腾出更多资源拓展非经济功能的全球网络连接。更主要的是,适应经济、科技、文化融合的城市发展趋势,上海也需要经济功能与非经济功能网络连接的均衡发展,构建良好的投资、运营的生态环境。随着上海加快建设具有全球影响力的科技创新中心和国际文化大都市,在文化、艺术、科技、教育、城市治理等方面的国际交流和全球网络连接也有较快增长,越来越多的国外机构和国际非政府组织进入上海,增强了上海网络连接功能综合性发展态势。

因此,从基于节点属性的类型划分看,与中国未来世界地位相适应的"上海2050"全球城市演化,更适合于全球主义取向的综合性全球城市的目标定位,成为与纽约、伦敦并驾齐驱的全球城市。

14.1.2 高流动的战略性城市

全球城市的功能在于全球网络连接功能,主要表现为位置的战略性程度和网络的流动性程度,两者不同组合构成不同类型的全球城市,其中高流动的战略性城市是位置战略性与网络流动性程度最高的全球城市。这类全球城市在全球资源配置中处于战略性地位和具有流动性控制与协调功能,从而其"全球—地方"的垂直联系更紧密,非本地关系更强大,城际水平联系更广泛、更持续地相互作用,并将通过城市网络全面融入区域、国家和全球经济的各个层面中。融入区域层面,通过其将各区域连接成为一个有机整体,进行高度的地区交流与合作,包括高度发达的资本、信息以及人力资源流动,与其毗邻的周边城市形成强大的内在联系,并全部整合在全球经济体系之中。融入国家层面,通过其将国内市场与国际市场连接起来,将国内更多的地区与城市融入经济全球化进程。融入全球层面,通过其将世界各地的城市连接成为网络化关系,成为新型世界体系的空间表达。显然,与中国未来的世界地位相适应,也迫切需要有这样类型的全球城市。

从目前的发展基础以及发展态势看,上海作为战略性地方的位置性和流动性程度已有相当出色的表现。一些实证研究表明,上海在战略性网络连接中排名第11位(见表14.2)。上海的战略性办公室数量达23个,只比纽约、伦敦少了2个,超过巴黎、香港、新加坡、东京等城市。当然,上海每一战略性办公室连接水平较低(261.70),与纽约(438.04)、伦敦(372.64)、新加坡(360.35)等相比有较大差距。其主要原因是,上海更多的是跨国公司地区总部(而不是真正的公司总部),以及具有较大战略性的律师事务所、管理咨询公司等功能性机构相对较弱。表中的国内其他城市,香港排名第5位,高于上海,尽管其战略性办公室数量为20个,比上海少,但其每一办公室的连接达337.20。北京排名第14位,其战略性办公室数量为22个,每一办公室的连接为253.28,低于上海。

表 14.2　战略性网络连接

排名	城　市	战略性网络连接	办公室数量	每一办公室的连接
1	纽　约	10 951	25	438.04
2	伦　敦	9 316	25	372.64
3	芝加哥	7 629	24	317.88
4	巴　黎	7 023	22	319.23
5	香　港	6 744	20	337.20
6	旧金山	6 484	24	270.17
7	洛杉矶	6 325	23	275.00
8	悉　尼	6 219	18	345.50
9	新加坡	6 126	17	360.35
10	东　京	6 110	22	277.73
11	上　海	6 019	23	261.70
12	米　兰	5 731	19	301.63
13	法兰克福	5 613	20	280.65
14	北　京	5 581	22	253.68
15	莫斯科	5 201	17	305.94

资料来源：Taylor, P.J., Derudder, B., et al., 2014, "Advanced Producer Service Firms as Strategic Networks, Global Cities as Strategic Places", *Economic Geography*, 90(3), 267—291.

一些实证研究进一步对战略网络连通性与全球网络连通性进行回归以及记录残差。这些被标准化(0 为平均值和 1 的标准差)，所以正数表明相对战略性高连通，负数表示相对战略性低连通。在表 14.3 中，通过其残差大小进行的城市排名，显示其战略

表 14.3　回归战略性网络连接与全球网络连接的残差

排名	城　市	残差	排名	城　市	残差
1	纽　约	2.53	16	达拉斯	0.26
2	旧金山	2.36	17	华盛顿	0.24
3	芝加哥	2.26	18	米　兰	0.11
4	帕洛阿尔托	1.51	19	上　海	0.01
5	洛杉矶	1.36	20	东　京	0.00
6	曼　谷	0.98	21	莫斯科	−0.01
7	奥克兰	0.93	22	北　京	−0.02
8	杜塞尔多夫	0.92	23	罗　马	−0.26
9	迈阿密	0.79	24	慕尼黑	−0.27
10	利雅得	0.78	25	台　北	−0.29
11	约翰内斯堡	0.74	26	伦　敦	−0.31
12	法兰克福	0.74	27	香　港	−0.32
13	巴　黎	0.63	28	墨尔本	−0.40
14	斯德哥尔摩	0.48	29	休斯顿	−0.43
15	悉　尼	0.47	30	新加坡	−0.45

资料来源：Taylor, P.J., Derudder, B., et al., 2014, "Advanced Producer Service Firms as Strategic Networks, Global Cities as Strategic Places", *Economic Geography*, 90(3), 267—291.

性连通相对于整体性连通的重要性。在这个分析结果中,尽管中国城市在全球网络连接中正变得越来越重要,但总体上并不被反映在战略性连接上,只有上海是战略性高连接,在平均值之上,排名第 19 位。北京虽然紧随其后列 22 位,但在平均值之下(−0.02)。香港排名第 27 位,也为负数(−0.32)。尽管上海刚好进入正数,但已排在东京(平均值)之前,并稍微拉开了与香港的距离。这说明上海在全球网络连接中处于战略性位置。

尽管上述战略性网络连接分析与全球城市网络连接分析不同,但仍然是一种总体水平的衡量,并没告诉我们具体城际连接的构成:由有多少连接组成(即它拥有公司与其他城市的数量),与哪些城市有更强的连通性和与哪些城市有相对弱的连通性。因此,它只能说明其全球网络连接似乎是由相对分散模式的城际连接性所组成,更多与非重要城市的连接,只是一般地融入网络之中。只有通过城际连通性双联体分析,才能明确揭示这种情况。通过考察全球网络连通性前 20 名城市的前 40 个双联体情况,表明上海有 8 个双联体城市伙伴,比排名第一的纽约少 2 个,比伦敦少 1 个,与香港持平,排名第 4。而且,上海的双联体连接中,更多是全球网络连通性前 20 名的城市(11 个),包括伦敦和纽约(表 14.4)。这说明上海趋向于一个更集中的城际连接模式构成其全球网络连通性,具有特别是与一些主要城市连接的特征,比一般融入网络中更具有战略性的地位。

表 14.4　GNC 排名前 20 位城市的前 40 个双城伙伴

城　　市	双城伙伴*	双城伙伴排名**	GNC 排名
纽　　约	10	1	2
伦　　敦	9	2	1
香　　港	8	3	3
上　　海	8	4	7
新加坡	8	5	5
法兰克福	8	6	19
北　　京	7	7	12
巴　　黎	7	8	4
东　　京	6	9	6
洛杉矶	4	10	17
芝加哥	3	11	8
悉　　尼	1	12	10
马德里	1	13	15
多伦多	0(59)	14	13
孟　　买	0(67)	15	16
米　　兰	0(100)	16	11
圣保罗	0(109)	17	14
莫斯科	0(120)	18	18
迪　　拜	0(132)	19	9
墨西哥城	0(174)	20	20

* 对于前 40 中的零伙伴城市,其最高排名双城伙伴在括号中给出用于排名。

** 对于总计平均的双城伙伴城市,它们按照表 14.2 中其最低的平均排名进行排名。

资料来源:Taylor, P.J., Derudder, B., et al., 2014, "City-Dyad Analyses of China's Integration into the World City Network", *Urban Studies*, 51(5), 868—882.

如果从双联体连接性的变化态势看,上海处于动态增长。2000—2010年间,在所考察的双联体城市中,伦敦与纽约之间的连接增长是下降的,为-12.65。而上海的增长最大,其中与北京的连接增长达69.40%,其次与纽约和伦敦的连接增长变化分别为38.84%和37.91%。北京的增长第二,但只有上海的差不多一半水平(表14.5)。香港与上海、北京的连接是增长的,但与伦敦和纽约的连接是下降的,分别为-11.04和-14.85。这清楚地显示,上海在全球城市网络中战略化程度越来越重要。为此,Taylor、Derudder等人(2014)从双联体城市转向三联体城市分析,富有想象地将北京、上海、香港等同于华盛顿作为政治中心、纽约作为创新中心、伦敦作为离岸中心之间关系的结构逻辑,得出三个中国城市排名出现一样的相同序列:纽约和上海相对更加战略化,伦敦和香港的战略化最小,华盛顿和北京的战略化居中。特别是,伦敦和香港非常相似地具有相对较低的战略化水平。

表 14.5　双城连接的变化(2000—2010)

双　　城	CDC 变化%	双　　城	CDC 变化%
北京—上海	69.40	纽约—上海	38.84
香港—上海	39.58	纽约—北京	20.22
北京—香港	20.54	纽约—香港	-14.85
伦敦—上海	37.91	伦敦—纽约	-12.65
伦敦—北京	16.73		
伦敦—香港	-11.04		

资料来源:Taylor, P.J., Derudder, B., et al., 2014, "City-Dyad Analyses of China's Integration into the World City Network", *Urban Studies*, 51(5), 868—882.

从未来发展态势看,上海连接功能的流动性程度和位置战略性程度将进一步强化和提高,其主要基于上海作为连接世界经济与中国经济的纽带和桥梁。一方面,随着世界经济重心东移和跨国公司供应链"近岸"布局的重大调整,跨国公司地区总部的战略重要性趋于增强,而上海已集聚了大量跨国公司地区总部无疑将提升其战略性位置程度。与此相配套,具有较大战略性的律师事务所、管理咨询公司等功能性机构也将加大在上海的集聚。另一方面,随着中国大国经济崛起以及"一带一路"建设推进,有更多中国企业"走出去"设点和海外并购,也将借助上海国际金融中心、贸易中心和航运中心以及科技创新中心的全球网络平台,把其总部功能转向上海,特别是中央国有企业很可能采取"双总部"策略,把市场运营的总部功能放置在上海。这些都将使上海与世界更多城市建立起网络连接,提高其流动性程度,同时大幅度提升上海战略位置性程度,强化与世界一流全球城市的连接,特别是与发达国家一流全球城市的紧密连接。

因此,从基于连接功能的类型划分看,"上海2050"全球城市演化将是高流动的战略性全球城市的目标定位。这种目标定位是以控制与服务全球资源流动与配置的中枢功能为核心,集全球资源大规模流动的多元门户通道、广泛多样的全球资源配置平台为一体,通过集聚一大批具有控制与协调功能的跨国公司和全球公司总部,特别是本土的跨国公司和全球公司总部,在全球资源配置中引领和主导全球资本、信息、商务服务、高端专业人才等要素汇聚和流动,并成为全球创新思想、创意行为、创业模式的主要策源地,在全球治理和国际事务协调中发挥重大作用。

14.1.3 门户型的枢纽城市

全球城市总是处在一定的网络关联结构中,表现为世界城市网络中的一个多维位置状态,其暗含着在世界系统中扮演的不同角色。基于枢纽型的递归中心性位置与基于门户型的递归权力性位置的不同组合,构成基于关联结构的全球城市类型。

从目前发展基础和发展态势来看,上海在全球网络连接中,既有枢纽型城市特征,同时也有门户城市特征。然而,其对应的空间尺度有所不同。从全球空间尺度看,上海更具枢纽型城市特征,处于递归中心性位置,其表现为强大的集聚和扩散能力,形成大规模的经济流量。因此,上海不仅与亚太地区城市有广泛连接,而且与欧美发达国家主要城市(纽约、伦敦等)有较强的连接,甚至超过香港。然而,在同样的全球空间尺度上,上海的门户(通道)作用相对较小,似乎不具有很强的对国外城市资源流动指挥和控制的可能性,不像纽约、伦敦那样国外城市资源流动须经由其门户方可进入世界市场。上海在这方面的差距,主要在于目前缺乏全球价值链管控功能以及基于"出度"的全球连接。

从国内空间尺度看,上海不仅具有枢纽型城市特征,更具有门户城市特征。也就是,国内城市往往要通过上海这一门户进入全球资源流动,从而具有较大的影响力(权力)。历史上,上海由于沿江临海的特殊区位,天然就是一个重要门户城市。改革开放以来,随着中国大量引进外国直接投资并在出口导向发展模式主导下,上海的门户作用进一步增强,成为国内城市连接世界经济的重要通道之一。例如,从国际航运的集装箱运输来讲,长江三角洲地区作为其直接腹地是最主要的集装箱运输生成地区,包括进出近洋与远洋的集装箱生成量;长江流域(不包括长江三角洲)作为其第一间接腹地,包括四川、湖北、湖南、江西、安徽等省及重庆直辖市,通过上海港中转的货物每年达到1 000万吨;其他沿海省份作为其第二间接腹地(或潜在腹地),包括北面山东省的青岛、江苏省的连云港,南面福建省的福州、厦门港进出的远洋集装箱。

因此,尽管上海既有枢纽型城市特征,也有门户城市特征,但目前分别对应于不同的空间尺度,说明其在关联结构中并不是真正的高中心性和高权力性。但有这两种特征的基础存在,说明仍具有朝着这一方向进一步演化的可能性,或者说增大了这一演化的可能性。

从未来发展看,这一演化可能性有条件予以实现。其中,有三个主要变量在起作用。(1)随着中国的跨国公司或全球公司的发展,特别是借助上海"走出去",除进入欧美发达国家,还将进入非洲、拉丁美洲等发展中国家,特别是"一带一路"途经国家和地区进行海外投资。与这些国家原本连接不良的城市建立起新的连接,意味着专注于打造战略联系。如果说加强资源集中的可能性(即中心),需要与连接良好的地方建立新的连接;那么提高指挥和控制的可能性(即权力),则需要与连接不良的地方建立新的连接。这将大大提升上海在关联结构中的高权力性,发挥全球门户的作用。(2)未来30年,一个新变化将是国内有相当一批城市进入全球城市行列,其与上海连接的性质也随之变化,从而将改变上海面向国内城市门户作用的性质,转换为更多面向全球的门户作用。事实上,纽约的全球性连接约有60%—70%是与国内的全球城市连接,从而凸显其全球门户作用。(3)最重要的是,人民币国际化,进而成为举足轻重的国际储备货币之一。自2009年以来,中国已经与包括英国、澳大利亚在内的20多个国家或地区签署了总规模高达4 030亿美元的货币互换协议,跨境贸易人民币结算规模日益增大,人民币离岸金融也随之发展,以及人民币"入篮"等,有力地推动了人民币的国际化进程。随着逐步放开资本项下可自由兑换,人民币将在更广泛的空间和职能领域发挥作用,如成为世界主要国家央行的外汇储备货币,或在国际贸易中充当世界货币等。上海建成与中国经济实力以及人民币国际地位相适应的国际金融中心,是以人民币产品为主导的全球性人民币产品创新、交易、定价和清算中心。未来30年,一旦人民币与美元、欧元一并成为国际三大货币,在国际货币体系中形成三足鼎立之势,上海必将成为世界银行业和金融业别无选择的经由地方之一,从而凸显其全球门户的重要地位。

因此,从基于关联结构的类型划分看,"上海2050"全球城市演化趋向于全球门户型枢纽城市的目标定位。届时,上海作为高中心度的枢纽型城市,既有大量直接连接,也有来自更遥远的间接连接,从而强力吸引各方资源要素汇聚,并有效扩散到世界其他地方。同时,上海作为"高权力"的门户城市,又能将连接延伸到那些很少连接性的城市,使这些城市通过其唯一门户(通道)才接入世界城市网络,从而控制和影响网络中某些部分的要素流动。这将意味着未来在世界城市网络关联结构中居于"双高"地位的上海,作为全球化的主要前哨站,具有资源集聚/扩散以及资源流动控制的结构性优势,不仅为本城市中的行动者(如跨国公司、政治领袖、文化组织、社会运动)的战略和创新提供更大机会,而且为其他城市中的行动者进入全球市场提供更有效路径。

14.2 总体目标及分目标

上述"上海2050"全球城市演化目标定位,是从全球网络连接的三个不同角度进行的分析预测,从类型学上提出了上海全球城市演化目标取向的类型特征。在此基础上,我们将通过多元目标取向的汇总和一体化处理,进一步提炼出"上海2050"全球城市演化总体目标,以及与总体目标相一致的具体分目标。

14.2.1 卓越的全球城市

上面分析预测的基于全球城市类型特征的三种目标定位,并不是截然分割,而有一定的交集和内在统一性。首先,它们都基于全球网络连接,作为关键性网络节点特征的体现。其次,它们均为各自全球城市类型演化的最高级别,意味着它们在网络中对外连通的范围、频率、强度以及种类都是最强大的,在连接功能上的位置性和流动性上处于高端,在网络关联结构上的中心性和权力性是最强的,从而所起的作用是最大的。再则,基于以上条件,它们都表现出对全球资源流动与配置的战略性功能作用,即影响和决定全球资源流动尺度、主要流向、配置重心、配置方式的功能。最后,与全球资源流动与配置战略性功能作用相配套,它们必定具有全球综合服务功能。显然,从其统一性来看,能够同时达到三种全球城市类型中最高水平的城市,必定是具有全球重大影响力、协调力和控制力的卓越全球城市,犹如现实中的纽约、伦敦等。

因此,基于全球城市类型特征的三种目标定位的高度统一性,我们可以把"卓越的全球城市"作为"上海2050"全球城市演化的总体目标。当然,这并不意味着上述目标定位分析是徒劳的。恰恰相反,它是构成卓越全球城市总体目标的重要支柱。否则,卓越全球城市的总体目标不仅毫无根基,而且将显得空洞无物。也就是说,我们在解读"上海2050"卓越全球城市总体目标时,必须从全球主义取向的综合性、高流动的战略性和门户型枢纽城市等方面进行理解。

卓越的全球城市,其核心内涵,就是具有全球资源流动与配置的战略性功能。未来30年,上海演化为卓越的全球城市,所表现出来的基本特征是:(1)全球资源流动与配置中的强大创造力,其影响和主导全球资源的流向及配置方式。这是上海全球城市在全球资源流动与配置中所具有内在活力、创新力的集中表现。(2)全球资源配置中的广泛影响力,其影响和主导全球资源的流量及配置范围。这是上海全球城市在全球资源流动与配置中基于网络外在连通性的集中表现。(3)全球资源配置中的吸引魅力,其影响和主导全球资源的流速及配置效率。这是上海全球城市在全球资源流动与配置中具有自身良好品质的集中表现。这些基本特征是相互联系、相互支撑,缺一不可的。因此,上海未来将是一个充满创造力、尽显影响力、富有魅力的全球城市。

在卓越全球城市的基本特征表述中,我们不倾向于把"国际竞争力""核心竞争力"等列入其中。全球城市确实代表国家参与国际竞争,但这只是表明其所起的作用,而不是其基本特征之一。首先,城市不是一个像企业、国家那样的竞争主体,除非把城市作为一个经济实体,但这在世界上并不被普遍认同。其次,处于全球城市网络中的城市,之所以产生普遍的连接,并不是通过建立友好城市关系或政府经贸关系,而是基于所在城市的机构(公司)内部网络关系形成的。这种由机构(公司)内部网络而形成的城市间连接,显然更多的是合作,而不是竞争。从这一意义上讲,网络本质上是合作的。当然,在改善投资环境、增强城市综合服务功能等方面,完全可能存在一些竞争现象,但不是主要的。例如,纽约与伦敦的金融中心存在一些竞争,但两地的金融市场更多是互补的,包括不同种类市场的互补、市场时区的互补等。

"上海2050"迈向卓越全球城市的目标,势必存在一些环境干扰和风险,但只要中国实现民族复兴的趋势不变,上海总体上可以朝着这一总体目标发展,达到这样一个高度的全球城市。尽管与纽约、伦敦等全球城市相比,上海目前仍有较大的差距,也不是短期内可以迎头赶上的,但在大部分有利外部环境条件和国家战略强大推动下,上海被激活的城市基因将充分显现,持续保持向卓越全球城市演化的基本"相态",到2050年完全有可能建设成为与中国经济实力及世界地位相适应,具有全球资源流动与配置战略性功能,充满创造力、尽显影响力和富有魅力的卓越全球城市。届时,上海作为亚洲的代表,将与纽约和伦敦(假如其仍为欧洲代表)一起形成最高层级的三联体("纽伦海")。而在这一高层级的三联体中,上海将更具有战略创新特性的相对动态优势。因为一般而言,一个地方越具有战略性,就越有弹性。特别是在世界经济动态重心有可能加速向东转移的情况下,更有利于上海的战略创新特性富有更大弹性。而对于西方相对衰落来说,伦敦的战略创新特性将逐步丧失转为战略模仿特性,纽约的战略创新特性可能不太有弹性了。

14.2.2 繁荣、连通、文明之城

原则上,分目标必须与总体目标保持高度一致,是总体目标的具体化表达。按照"上海2050"卓越全球城市的总体目标,我们倾向于从城市创造力、城市影响力、城市魅力三个维度来阐述其分目标。

1. 更具创新活力的繁荣之城

卓越的全球城市,必定呈现充满生机、欣欣向荣、蓬勃发展的繁荣景象。这是其内在的规定性和基本表征。这种城市繁荣发展基于其内在迸发和不断涌动的强大创新活力,通过不断地推陈出新、新旧更替而超越商业周期性法则支配和基于产业生命周期支撑的局限,从而得以持续保持和实现新的飞跃。

这种城市创新活力,通常由选择环境变化所诱导,但更来自行为主体基于智力的活跃程度和创造力。激发行为主体的创新冲动和创造力发挥,需要富有挑战性的环境和崇尚和谐的氛围。这意味着要主动打破超稳态,制造失衡的危机感,创造更多的发展机会,让各种新奇不断普遍涌现,同时又有系统性的激励以及可行有效的协调,从创新无序走向创新有序。这种强大创新活力带来的不是生物学中的突变(类似于创新),而是持续不断的高速创新,具有不受限制的智力演化的特征;同样,也不是一般对选择环境新变化作出被动反应的创新,而是基于城市心智演化的对选择环境变化作出积极反应,并能主动改变其选择环境的创新。另外,这种强大创新活力表现在经济、科技、文化、社会、生态、政治等多领域的创新,市场、企业、社会组织、城市治理等多层次的创新,且相互作用、融为一体。

上海卓越全球城市更具创新活力的繁荣,集中体现在:(1)广泛而活跃的全球资源战略性配置。全球公司、跨国公司及种类功能性机构的高度集聚,全方位、多层次功能性平台上的全球密集交易,各类资源要素的大规模全球流动,以及众多进入全球市场的机会提供和无缝衔接的服务。(2)全球科技创新策源和引领。具有联结广泛、高中心性的全球创新网络,基于创新资源全球流动的高度集聚和有效配置,基于自主创新能力强大的广泛国际交流与合作,良好的科技创新环境和完善的科技服务体系,引领科技前沿的创新成果持续涌现,科技产业化应用富有成效。(3)全球多元文化交汇。广泛、密集的国际文化交往,全球多元文化的汇集与交融,具有全球认同感的文化传播力,充分展示国家文化软实力,富有深厚的城市历史文化内涵,一批具有国际影响力的城市文化地标,兼具国际时尚与东方底蕴的城市文化形象。(4)全球治理倡导与推进。中国参与全

球治理的重要平台之一,各种国际组织和非政府组织办事机构集聚,包括世界城市日等重大事件活动的常设机构,具有正式和非正式对话机制,形成一些有国际影响力的世界性论坛、国际会议,开展一系列全球治理内容的重大活动。

2. 更为开放互动的连通之城

卓越的全球城市,必定呈现高度的全球网络连通性。这是其核心内涵和基本特性。这种高度的网络连通性,基于其高水平和全方位的开放互动,不仅带来生活在不同经济环境,具有不同文化、不同行为规范、不同处事方式的各类经济主体之间的互动,也带来更多经济主体之间的交流以及更为复杂和不确定的交流,从而成为一个城市进入全球城市网络和上升为主要节点城市的强有力成因。而这种不断积累的过程,则导致了一个有利于提升城市网络节点稳定性的锁定机制。同时,高水平和全方位的开放互动,不仅带来大量近距离的交流或流动,更是促进远距离的交流或流动,这意味着更大范围和更大规模的资源要素流动与配置。因此,这也构成卓越全球城市拥有全球资源战略性配置功能的前提条件和明显标志。

上海卓越全球城市更为开放互动的连通,集中体现在:(1)世界城市网络的关键性节点。全球取向的网络连接范围,不仅向发达国家和地区延伸,而且向广大发展中国家和地区延伸,特别是向"一带一路"的沿途国家和地区延伸。立足于战略性位置的网络连接,特别是与发达国家卓越全球城市的紧密联结。综合性的全球网络连接,不仅是投资、贸易、金融等方面的全球网络连接,而且也是科技、教育、体育、文化等方面的全球网络连接。具有相当密度和流动频率的网络连接,形成较大的流量规模。(2)中国及发展中国家连接世界的重要枢纽与关键门户。依托海港、空港及其集疏运体系和互联网的强大能力,提高通关便利化水平,成为货物、人员、信息高密度流动的集散中心。在"一带一路"建设中发挥支点作用,成为发展中国家企业进入全球市场的主要通道。通过增强上海对内对外两个扇面的辐射能力,发挥中国接轨世界和世界连接中国的重要中介角色,充当中国企业"走出去"的战略基地。(3)长三角全球城市区域发展的核心平台。通过全球城市空间扩展过程融入区域发展,在相互"借用规模"效应基础上,形成基于紧密网络联结的长三角全球城市区域或巨型城市区域,充分发挥同城效应,促进协同发展,引领长三角世界级城市群发展。

3. 更富魅力的文明之城

卓越的全球城市,必定成为新一代文明的典型代表,是引领与广泛传播新一代文明的新型城市。这是其代表历史进步和城市发展的一个重要标志。正如刘易斯·芒福德指出的,人类文明的每一轮更新换代,都是密切联系着的城市作为文明孵化器和载体的周期性兴衰历史。全球城市作为现代全球化的产物,理应引领人类文明的发展。

全球城市作为新一代文明的典型代表,将更多体现网络文明。更加注重互联互通的网络构建,强调多元主体共同参与和协同,追求以人为本、创新、和谐、合作共享、绿色等发展理念;更加注重基于网络化的可持续发展,相应延伸出集约、智能、绿色、安全等发展倾向;更加重视基于网络联结的城市群支撑作用和区域协调发展的力量。

上海卓越全球城市更富魅力的文明引领与传播,集中体现在:(1)基于网络化的生态新都。改变传统的生态文明观念,在网络化的基础上实现人与自然的和谐,推动低碳减排的示范引领,锚固水绿交融的自然生态格局,引导集约紧凑的空间结构,构建绿色环保的交通体系,倡导绿色出行等等,成为高密度超大城市可持续发展的典型城市。(2)高效互联的智慧之城。移动互联网、大数据、云计算、物联网等普及运用,信息化与城市化高度融合,建立健全智慧城市运行管理体系,普遍实行智能交通、智慧教育、智慧医疗、电子政务、智慧公共服务、智慧社会管理、智慧园区、智慧社区等,呈现知识社会创新2.0环境下的城市形态。(3)多元活力的和谐城区。以促进人的全面发展为基本出发点,形成更加便利舒适、充满关怀的人居环境,具有多元活力的环境品质,高效运作的公众参与制度,通畅的利益诉求渠道和有效的协商机制,多元复合的和谐社区,居民不断增强的幸福感、认同感和归属感。(4)保障有力的安全城市。强有力的产权保护和人身财产安全保障,良好的社会治安与公共秩序,完备的城市生命线系统的风险防范能力、应急能力和恢复能力,切实可行的城市运行安全保障。

15 上海全球城市核心功能

全球城市作为各种要素流动达到全球意义的促进者,并不是执行相同的系列活动,也不是在提供全球影响力的所有功能中承担相同的分量,而是依据其在世界城市网络中的地位拥有自己特定的核心功能。"上海2050"基于全球取向综合性卓越全球城市的目标定位,赋予其经济(金融)、科技、文化高度融合及富有战略性的核心功能。这种核心功能的基本功效(作用)是不变的,但其内涵将随时代变迁而不断充实和调整。我们这里分析的是作为一种远期展望的核心功能,与上海既有的城市功能也许有较大差别,其中要经历一系列中间性功能转换的过渡,从而可以显示上海全球城市演化中核心功能升级转换的基本方向及路径。

15.1 全球价值链管控功能

随着经济全球化进程的不断深化,特别是跨国公司快速发展及其向全球公司演变,资源要素全球化配置不仅日益突出和重要,而且促进各种投资、贸易、金融、产业活动的有机整合,越来越集中体现在全球价值链网络化运作上。上海全球城市发挥全球资源战略性配置作用,将集中体现在具有强大全球价值链管控的核心功能上。

15.1.1 全球资源战略性配置的集中体现

全球价值链(global value chains, GVC)把全球化生产解释为一系列商品不同生产阶段之间以及不同企业机构之间的跨境交易(Gereffi and Korzeniewicz, 1994),其分布式资源网络结构取代了早期阶段垂直整合的经济国际化,是基于新国际分工的全球化生产和资源要素配置的高级形态。全球价值链的两个基本属性是:(1)全球价值链的连接是地理上分布于一系列的位置和各自空间节点活动之间必需的跨境流动。(2)全球价值链是一个高度多元化的产业活动,投资、融资、生产、技术、贸易等阶段之间的共享,其特异性根据每个商品链而变化。它也是一个附属于不同基础设施和交通模式的流动性行业。因此,全球价值链运作具有资源要素流动与配置"双跨越"的明显特征,即跨企业组织边界和跨领土国家边界。

从目前显现的经济全球化趋势看,未来全球化生产将更多朝着全球价值链方向发展,形成以全球价值链为主导的全球分工体系。具体来讲,有以下几方面。

一是全球价值链日益生成投资带动贸易以及促进产业内、企业内贸易的主导格局。过去,国外直接投资往往是由贸易所带动的,主要为了规避贸易关税和非关税壁垒。如今,国外直接投资更多旨在形成全球价值链,不仅导致国际投资迅速增长,而且极大促进了贸易增长。21世纪第一个10年,全球资本存量每年增加5万亿美元,在今后的20年里有可能翻番到每年10万亿美元,到2050年之前有可能再次翻番。在这种情况下,投资贸易协定谈判虽然也有降关税为零的内容,但更主要是高标准的良好投资环境,包括准入前国民待遇+负面清单、投资者—政府争端解决机制、原产地规则等,还有深度一体化议题、横向新议题等。而且,货物降关税是与原产地规则配套的,主要不是激励一般贸易,而是激励国外直接投资的产业内、企业内贸易,保障FTA带来的利益仅限于成员国享用,最终是引导全球范围内的直接投资更多流入成员国。

二是全球价值链从"离岸"布局向"近岸"布局的转变,将呈现全球离散化、区域聚集化的趋势。过去,全球化生产主要是垂直分工,表现为发达国家的生产活动及其就业岗位与向发展中国家转移,投资区位选择以低成本为首要因素,从而形成全球价值链"离岸"布局的格局。如今,全球化生产转变为垂直分工与水平分工交织,且水平分工日益突出,投资区位选择以潜在市场规模为首要因素,从而越来越转向全球价值链"近岸"布局的局面。这种区域聚集化,在北美、欧盟以及亚太表现更为突出。这一变化将导致全球价值链更为集约化,价值链的联系更为空间接近。同时,这也将带来全球范围内的价值链分布更为广泛与密集,以及价值链之间有更多交集和渗透的可能性。

三是全球价值链的网络化特征将更加显著。随着各种产品的价值链在不同国家和地区间不断延伸与细化,"重复贸易"方式不断增加,由此形成了生产网络的复杂化以及相应价值链的网络化。与以往简单的"价值链条"相比,网络状的全球价值链将产生更多的"化学反应",促进技术融合、产品融合、市场融合及产业融合。同时,网络状的全球价值链将形成更多的"溢出效应",强化价值链之间知识、技术和能力的关联性。

基于全球价值链的生产要素全球化配置存在可选择的数量和多样性组合安排的可能性,表明这是一个高度复杂的"当地—全球"组织关系系统。正如Gereffi、Korze-niewicz等(1994)指出的,全球价值链是一个建立内在组织化的网络系统,与位置的特殊性、社会性与当地相结合,其将企业和国家彼此链接在世界经济中。然而,全球价值链在其地理方位中不是随机的,而是一直以向心性形式分布:起始点是多方面的,但其目的地往往高度集中。因此,许多全球价值链的相关节点或链接位于南半球的"全球化"城市(Krätke,Wildner and Lanz,2012),但收敛于少数全球城市的集中。其中,专业化成为全球价值链的功能性集聚和功能性扩散的一个驱动力。一方面,导致不面对客户的"后台"的生产制造及支持功能和人力资源地理分散化,通过全球分布来利用发展中国家低成本劳动力(Nelson,1988),形成全球价值链的一种离心力发展;另一方面,"前台"的核心业务功能集群于相对固定的区位("全球中心"的密集商务区),并以此为基点形成技能、人员和知识在城市、国家内部和之间的动态移动和流转,形成全球价值链的一种向心力发展。离心化和向心化的进程共同构成价值链网络的扩展和集中,要求形成一个可以在任何地方使用的大范围专业人员和更广泛、深入的知识资源基础,特别是在离岸区位能获得熟练劳动力和专业知识。这种扩展和深化组织网络联系正导致新范式,其中离心力和向心力有可能产生全球功能互补性的结果(Paink,2008)。因此,在全球化生产中,资源从外围转向核心是沿着价值链被组织的,而这种资源转移又是由城市沿着这些价值链进行管理的(Frank,1969)。正如 Brown、Derudder 等人(2010)证实的,沿着商品链的价值创建和(不平等)分配是在全球城市中被组织和被治理的。这意味着世界体系中的核心化是由特定地方吸引众多全球商品链的能力所塑造(Wallerstein,1983)。

随着世界经济重心的东移以及亚太地区生产网络的不断完善,亚太将成为全球价值链的新高地之一。中国作为亚太地区的经济集成国,势必将在亚太地区生产网络中发挥重要作用。而且,随着中国经济实力和自主创新能力的增强,越来越多的本土跨国公司将走向世界,势必构筑越来越多以中国为向心力的全球价值链。在此过程中,上海作为卓越全球城市的目标定位势必将成为全球价值链相关节点或链接趋于收敛的集中地,具有全球价值链管控功能。

与此同时,这也意味着对上海现有"四个中心"功能提出了转换升级的本质要求。因为这种以全球价值链为主导的全球分工体系,对全球城市的全球资源战略性配置功能提出新的规定性和要求。在基于全球价值链的生产要素配置高度复杂的关系—空间的网络流程中,随着公司操作流程的日益个性化,特别是公司的后台活动根据特定需求变化在组织形式与在岸—离岸外包位置之间具有的高度机动性,以及公司间关系的日益多样性,将以灵活的跨境服务/跨境关系为特征,形成诸如在岸和离岸位置的"第二次采购"和"多来源"外包、在岸—离岸产品开发的"混合模式"以及通过战略联盟和伙伴关系协同操作附加值的"增值"业务外包（Willcocks and Lacity，1998）等，从而在联锁的全球和当地尺度上引起价值流动，使跨国公司指挥命令功能和先进生产者服务公司的服务功能的地理分布动态化为价值流动空间。这意味着全球价值链网络化运作日益把投资、贸易、金融、制造产业和航运、物流等活动融为一体。我们知道，只有基于国家单元的跨境关系才能使金融、投资贸易和航运物流等活动具有相对分立的意义，而在联锁全球和当地尺度上的价值流动空间中，金融、贸易、航运以及产业制造等活动已被整合在全球价值链之中，使基于传统国际分工的所谓金融中心、贸易中心、航运中心乃至经济中心的界定及其分割业已失去实质性意义。因此，上海 2020 年基本建成国际金融、贸易、航运、经济中心后，向卓越全球城市演化的核心功能升级是把"四个中心"的各自功能集成于价值流动空间之中，整合为一体化的全球价值链管理与控制功能，从而发挥全球资源战略性配置的作用。

15.1.2 核心与重点

我们知道，全球价值链的核心是治理。"一个没有治理的链条，将是一连串的市场关系"（Humphrey and Schmitz，2001）。所谓全球价值链治理，就是对一连串相应市场关系的管理与控制。问题是，谁来进行管理与控制？尽管在全球价值链中有众多的参与者，其取决于突破不同环节进入壁垒和占据相应环节的能力，但它们之间是竞争性的，具有可能被潜在竞争对手所排斥的动态特征（Kaplinsky and Morris，2001），只有关键行为主体才是全球价值链治理结构中的领头公司。尽管相对于其他价值链的领头公司而言，这也是竞争性的，但在其价值链内部，它作为主导者与推动者是非竞争性的，具有价值链管控能力，涉及全球范围内的直接协调活动、确认不同环节的动态安排和资金分配、分配链条机构的特定角色以及间接的规则链等。这些全球价值链治理的关键行为主体，主要有两类机构：跨国公司总部或地区总部，全球生产者服务公司。

跨国公司通过在全球范围内建立采购、生产和营销网络，形成各种类型的全球价值链，并推动了研发、制造、销售等价值链环节的快速发展，已成为全球价值链打造与配置的核心力量。跨国公司总部是全球价值链的主要治理者，支配着全球价值链的重要环节，对生产要素、关键资源的配置起着重要的网络协调角色。随着全球价值链的"近岸"布局，跨国公司地区总部在全球价值链管理与治理中的重要性和作用日益增强，也将成为核心力量之一。但对于全球生产者服务公司，其在全球价值链中的作用到目前为止还没有被深刻分析(Brown，Derudder，et al.，2010)。全球生产者服务公司虽然不直接缔造全球价值链，但凭借其分布世界各地的内部网络及基于长期合作的国外合作伙伴的资源共享，以及内部有训练有素的专家而具有专业竞争优势服务于全球价值链，对于公司"走向全球"以及连接和管理分散化生产和消费网站是至关重要的。事实上，生产者服务公司为全球价值链整个过程提供服务，从市场调研，提供企业法律、税收和关税法律、刑事法律的信息及其风险评估，管理全球范围内的负债和应收账款等，到提供人力资源管理、广告服务等。不仅如此，生产者服务公司在提供服务中也会对客户的决策过程施加相应压力，例如要求和监督企业合规经营，制定公司治理和企业决策规则和程序，以及通过提供有关业务目标定位和区位选择、税收问题、劳动立法、风险管理以及进入壁垒等服务，实际上是在为客户履行全球价值链的管理和控制工作。生产者服务公司的前结构化决策参与是一种嵌入式治理。通过临时合作团队也可使这种"嵌入式治理"以间接决策形式，把战略关切融入到具体的服务中；或者作为公司顾问或独立董事以直接参与治理的形式影响决策过程。总之，全球生产者服务公司在其客户全球价值链管理和调整中所扮演的角色，定义了治理是"确定金融、货物和人力资源在商品链中如何分配和流动的权威和权力关系"(Gereffi，1994)。"这一类型的治理有实质性含义和操作性含义，而且它与主要权力逻辑相交"(Sassen，2010)。由于生产者服务公司办公室是行使某种形式治理的地方(Parnreiter，2010)，因此其所在的全球城市以其在所有种类价值链中提供的功能，构成"服务部门关系"(Rabach and Kim，1994)。

因此，上海的全球价值链管控功能首先在于这些作为全球价值链主导者与推动者的机构形成大量集聚，并通过其直接的或交叉的全球价值链治理才能体现出来。全球城市中这些主体机构集聚的规模(数量)越大，表明对全球价值链的管理与控制能力越强。当然，这些主体机构的作用还是有所区分的。尽管跨国公司地区总部在未来全球价值链管理与治理中的作用将越来越大，外来的全球生产者服务公司分支机构在全球价值链中也起重要作用，但上海仅仅以此集聚为基础，即便集聚规模很大，也难以凸显全球价值管控功能。更重要的是，本土跨国公司总部和生产者服务公司在上海的大量集聚，辅之以外来机构，才能彰显全球价值链治理结构顶端的主导功能。

从另一个角度讲，全球城市的全球价值链管控功能也就是价值链要素的专业化配置功能，集中表现为资金、商品、信息、服务、人才等资源要素通过节点城市在世界范围内大规模、高频率的流动，导致价值链中不同活动的区位多极化分布。不管是由上游位置还是由下游位置的领头公司所构造和规定的不同类型价值链条，其总是由核心种类生产要素来管控其他种类要素,在治理结构中处于主导地位。因此,上海的全球价值链管控功能要集中在某些基于核心生产要素的特定活动上。

一般来讲,全球价值链可简化为五种活动。通过每一种活动的更加专业化来配置价值链,导致为执行这些活动选择最适当的经济环境(Coe,Dicken,et al.,2010),从而有其各自的地理组织。(1)生产活动由制造加工功能的生产中心组成,通常高度分散化,呈现"离岸"或"近岸"分布,当然也有少部分"在岸"的。但要区分不同行业的经济属性。一般制造行业价值链空间分布通常分散化,而高度知识密集型制造业可能会与知识密集型服务的分支部门分享某些区位的优先权,更倾向于集中于具有高度发达和多样化知识基础的全球城市区域。(2)运营物流由具有商务和操作功能(存储、运输、配送、销售和转发)的利润中心所组成,主要是管理区域销售和组织本地化平台和仓库。这些经营活动可能会随机坐落在靠近交通基础设施和大型区域性市场,也是比较分散的。(3)垂直市场管理活动,由公司共享的同一产品、服务或流程所组成,涉及技术和产品的研发设计、技术标准、质量标准、统一标识、成本管理、公司内资金池等,嵌入在价值链的所有环节。这类管理活动在空间分布上相对集中,也有一定程度的区域分散。(4)高层管理和国际事务管理,如投资决策、IT运用、市场营销、人力资源管理等,趋于一个非常集中的地理位置,即全球城市。(5)强化知识工作,涉及业务分析和开发以及维护主要客户关系。"参与复杂问题的解决,涉及大量的专业人士主见和判断,需要高水平的教育和人力资本"(Florida,2002),这些专业人士通常生活在非常城市化的环境中。全球价值链运作基于各种活动操作之间的严格区分,从地理的角度看,形成一个新的城市层次结构。全球城市只是集聚高层管理和国际事务管理、强化知识工作,再加上部分垂直市场管理的活动,表现为全球价值链管控或驱动价值链的功能,诸如跨境经济关系协调、价值链整合、利益分配主导、知识流集成、技术与商业模式创新引领等。当然,由于全球价值链环节纵向趋于分离,而不同全球价值链之间却相互联系和交叉合作甚至出现横向重组,以便更加高效地进行价值创造和更多获取网络租金,所以全球城市的价值链管控功能还体现在具有强大的网络辐射功能,实现全球价值链之间的互补优化,提高生产的效率与资源的合理化配置。

显然,上海的全球价值链管控功能必须具备从事价值链高端活动的广泛、多层次操作平台。这些操作平台越是强大、便利,越能集聚价值链的高端活动,越能有效促进不同价值链之间的互补优化。同时,为了满足价值链的强化知识工作,上海需要在联锁的全球和当地尺度上引起知识流动,使先进生产者服务的功能地理分布动态化为知识流动空间,成为全球价值链知识流的神经中枢。另外,鉴于价值链的全球覆盖需要巨大能量、资源和资本,推动全球小型企业融入更大的全球网络实体,上海需要提供一系列境内和跨境企业并购、合并和合资等良好环境和完善的市场体系运作,便利于创建新的运营公司、战略联盟以及由一系列合约所连接的伙伴关系。此外,上海必须具备强大的世界网络关联、各种超级资源池以及广泛流动性,以满足全球价值链中多变性操作以及跨采购、物流区位移动的要求,日益复杂"混合"操作模式所需技能和专长在必要时来自全球劳动力的要求,以及特定项目导致各种各样动态服务、采购和物流安排和很难理清并定义实体之间变化关系的要求。最后,上海要营造良好的制度环境和政策环境,与国际惯例密切接轨,尤其是完善劳动灵活性、税制、行政管理、移民、教育、政治稳定、文化和空间规划等监管标准。这对全球价值链的有效操作有重要影响,特别对价值链中的全球要素流动、知识流动和价值流动十分重要。

值得指出的是,全球价值链本身处于动态过程中,一系列趋势性变量都会导致全球价值链运作和区位策略的变化(Paink,2008)。生产技术进步使企业实现规模经济和增强市场覆盖,电子系统和互联网扩大了数字化和虚拟化商务流程的全球覆盖范围,日益增强多区域外包和离岸外包的生产功能潜力。与此同时,外包的分散化并不是一个单向的动态——具有创新服务功能的发展和变革,需要发展灵活"采购"和"支持"的策略。而与外部供应商的合作关系,使得发展灵活和敏捷的制作策略成为可能。新兴全球商务模式正变得越来越复杂,涉及多个动态的在岸和离岸供应商关系。各种业已出现的"第二货源"和"多源"外包及"非核心"服务离岸的模型表明,操作变化的战略驱动,与低工资条件的成本节约关系较小,更多是与增加范围和从相关专业领域获得技能的需要有关。这些新进展表明,全球价值链活动的位置正在开始反映一个基于知识、技能和天赋可得性的新的分工,而不是基于廉价劳动力。因此,上海的全球价值链管控功能也将随之动态化,不断增添新内涵及相应调整重点。

15.2 全球财富管理功能

虽然我们在上述全球价值链管控功能中已把金融、投资贸易和航运物流活动融为一体,但主要涉及与产业链直接相关的金融活动,并不能涵盖其全部内容。金融作为经济活动的核心,有其自成体系的独特运作方式,且不断处于升级发展过程中。在全球城市文献中,金融活动也一直被视为一个关键性功能。为此,我们把它独立出来作为上海未来全球城市的一个核心功能。着眼于未来国际金融中心发展,我们把重点放在全球财富管理功能上。

15.2.1 国际金融中心升级版

国际金融中心涵盖了众多体系化金融活动,发挥着金融的集合性功能。其早期定义,专注于其围绕经济的有效支付和转移储蓄的角色:"特定的国际收支、外国贷款或借款的功能在一个中心地被最好地运转,其(在大多数情况下)也是国内区际收支的专业中心"(Kindelberger,1974)。国际金融中心的金融活动及其功能具有动态性,在不同的发展阶段凸显某些金融活动及其功能的主导性,并随着时间推移由新的主导性替代旧的主导性。从当前及未来发展态势看,国际金融中心的形态与功能将进一步发生变化,财富管理功能将日益突出和重要。面向未来30年,上海国际金融中心建设,除了定位于全球人民币中心外,自身有一个不断升级发展过程,特别是在成为资本市场中心后将增强全球财富管理功能。

随着经济发展和个人财富来源显著变化,全球私人财富规模迅速扩大,对财富管理提出了强劲需求。与通过"老"钱、继承、资源型财富和土地、贵族(North,2005)的传统财富积累不同,20世纪80年代初以来私人财富积累越来越多迅速地来自"新"钱和"白手起家"的百万富翁,来自公司"高管"的天文薪酬方案(共享/股票期权和工资奖金)、金融市场及像对冲基金和房地产投资等另类投资的过高回报,以及创业活动转向在股市上市(Irvin,2008)。与此同时,"西方"国家与迅速扩张的俄罗斯、中国和印度经济的联姻,再加上主要大宗商品价格上涨,也创建了"全新的一批新兴市场富豪"(*The Economist*,2009)和"寡头",其迅速加入亿万富翁、富豪的行列。波士顿咨询公司(BCG)发布的《2014年全球财富报告》认为,2013年全球私人财富总额达到152万亿美元,增幅为14.6%,高于2012年8.7%的增长水平。尽管高净值人士(HNWI)界定及统计范围等差异,导致不同机构对全球私人财富规模的不同估计,但其迅速发展的大致趋势是十分明显的。

更为可观的是,随着人均GDP水平提高和大规模中产阶层崛起,全球私人财富规模将进一步扩大。根据高盛的预测,2050年全世界的人均GDP将达到3万美元,人均GDP与资产管理之间存在显著的正向关系,全世界保险、慈善、共同基金中的资产管理额将与全世界的GDP总规模相近。如果假定美元稳定,按全球年均4%的财富增长率预估,2050年全球财富约为1 200万亿美元。2030年,全世界年收入在6 000—30 000

美元的中等收入群体规模将达到 20 亿。欧洲安全研究所预测,到 2030 年全球中产阶层规模将达到 49 亿。显然,这对私人财富管理提出了强大需求。特别是金融精英的崛起(Folkman,Froud,et al.,2007),为私人财富管理行业提供了一个现成的需求,因为其中许多是银行和金融服务行业的高级白领,他们经常需要定制的金融产品和服务来管理和保护其财富。为此,一些金融中心增强了其对私人财富投资的全球意义,导致私人财富管理行业的快速发展和扩张(Maude,2006)。据花旗银行估计,目前财富管理业在全球金融服务业收入中占到 20%,全球资产管理规模(AUM)大约在 87 万亿美元(The City UK,2013),相当于全球一年创造的 GDP。过去 20 年,伦敦、纽约、新加坡和香港已经成为最重要的在岸私人财富管理的国际金融中心。

鉴于上述背景趋势,我们推断,全球财富管理将成为金融的重大新发展,未来 30 年将迎来全球财富管理的新时代。专业化、个性化、非物质、网络化的全球财富管理服务将盛行,通过全球资产配置来为机构投资者实现保值增值将会成为金融机构竞相提供的主要业务。作为金融业未来重要的发展方向和利润来源,全球各主要金融中心无不将财富管理作为其金融业最具盈利能力的核心产业之一。

特别重要的是,对于身处亚太地区的上海来说,将面临全球投资与财富东移的历史性机遇,包括中国本身高净值人群的巨大发展,打造全球财富管理功能具有得天独厚的有利条件。在 2008 年之前,北美和欧洲具有全球富人总数和全球私人财富价值的最高份额(两者平均大约为总数的三分之二)。从 2009 年开始,在北美领头的同时,全球分布转向亚太地区,其财富为 10.8 万亿美元,超过了欧洲(10.2 万亿美元),其富人即高净值人士数量为 330 万,也超过了欧洲(310 万)(见表 15.1)。根据波士顿咨询集团(BCG)的统计,亚太地区(不含日本)经历最高的财富相对值增长,从 2005 年的 11.1 万亿美元增加到 2010 年 21.7 万亿美元,增长 95.5%(见表 15.2)。未来 30 年,全球财富将进一步向亚洲转移。2050 年亚洲的中产阶层数量占全球比重将超过 60%(见表 15.3)。如果按照 8% 增长率估算,2050 年亚洲财富总规模将在 1 800 万亿美元左右,全球 40% 的财富管理业务将集中在亚洲地区。中国自身的私人财富增长也很迅速。瑞信《2014 年全球财富报告》显示,中国(内地)财富增速为 8.1%,拥有百万美元资产的家庭数量已跃升至世界第三,仅次于美国和日本;人均净资产从 2000 年的 5 670 美元增加到 2014 年的约 2.13 万美元,人均净资产中值为 7 033 美元。瑞信预测,中国的国民财富到 2018 年可达到美国 1993 年的水平,年均增长 13.3%—10.1%。在未来 30 年,中国逐步培养起来的庞大的中产阶层会让全球资本与财富管理成为对大多数人来说必不可少的服务之一,因此财富管理市场将拥有非常巨大的增长潜力。

表 15.1 富人和私人财富的地理分布

地 区	富人(百万)			私人财富的价值(万亿美元)		
	2000 年	2010 年	增长(%)	2000 年	2010 年	增长(%)
北　美	2.2	3.4	55	7.5	11.6	55
亚太地区	1.6	3.3	106	4.8	10.8	125
欧　洲	2.5	3.1	24	8.4	10.2	21
拉丁美洲	0.3	0.5	67	3.2	7.3	128
中　东	0.3	0.4	33	1.0	1.7	70
非　洲	0.1	0.1	0	0.6	1.2	100
总　数	6.9	10.9	58	25.5	42.7	67

资料来源:MLCG(2002,2011)。

表 15.2 资产管理规模(AUM)(2005—2010)

	地区资产(万亿美元)					
	2005 年	2006 年	2007 年	2008 年	2009 年	2010 年
北　美	31.3	35.1	37.5	31.2	34.6	38.2
欧　洲	31.3	33.6	34.8	33.1	35.4	37.1
亚太地区(不包括日本)	11.1	12.8	15.5	14.9	18.5	21.7
日　本	16.7	17.3	17.3	16.6	16.8	16.8
中东和非洲	3.2	3.6	3.9	3.6	4.1	4.5
拉丁美洲	2.3	2.5	2.8	2.9	3.2	3.5
总　和	95.8	104.9	111.8	102.3	112.8	121.8

资料来源:BCG(2011)。

表 15.3 全球中产阶层的数量(百万)和份额

	2009 年		2020 年		2050 年	
北　　美	338	18%	333	10%	322	7%
欧　　洲	664	36%	703	22%	680	14%
中南美洲	181	10%	251	8%	313	6%
亚　　太	525	28%	1 740	54%	3 228	66%
撒哈拉以南非洲	32	2%	57	2%	107	2%
中东和北非	105	6%	165	5%	234	5%
全球合计	1 845	100%	3 249	100%	4 884	100%

资料来源:The Emerging Middle Class in Developing Countries,OECD Centre.

全球财富管理在很大程度上与全球城市的空间位置性密切相关。特别是私人财富积累的新来源及其超级富豪大规模兴起,通常借助全球城市空间位置性的重要介体,即是在全球城市中发生的。全球城市作为主要国际金融的地位、创新创业的乐土,是个人财富积累的一个重要发动机,因为其大量的企业高官以及在金融和专业服务工作的"金领"阶层。他们的高收入是促成个人财富指数增长的一个主要因素。与此同时,全球城市也是这些阶层人群居住生活的主要地方。尽管他们不是稳定的人群,但共同具有跨国主义、世界主义及生活"快速"和高级专用生活方式的特征,即"新世界主义者"(Bauman,2000)。特别是那些超级富豪不只是变得越来越富有,而且成为全球超级阶层,在某种程度上,他们住在全球时空中,作为"网络社会"关节的主要参与者(Beaverstock,Hubbard,et al.,2004)。然而,他们的一个有形重要特征是嵌入在特定的全球城市中,将其作为豪华住处,有自己的商务利益,是管理和保护其个人财富以及炫耀性消费的地方。因此,新的私人财富扩张及高收入阶层兴起,与全球城市有着孪生关系。

20世纪90年代中期,财富管理行业开始定义富豪和超级富豪并将其作为目标市场。这种新的财富管理部门建立起对大量高资产净值人士客户群的服务,包括"在岸"和"离岸"的,比私人银行提供更广泛的服务来积累、管理和转移两代人之间的私人财富。今天,私人财富管理服务的类型通常涉及经纪、银行、贷款、保险和财产保护、咨询(如信托、继承、税收筹划)、看护类(concierge-type)服务(例如游艇经纪、艺术品存储)。21世纪的私人财富管理行业已是一个重要的全球行业,并由于其需要众多金融与非金融机构的配套,越来越集中于主要全球城市。例如,伦敦在私人财富管理方面是世界领先的城市之一。其世界级的声誉是建立在:英国的监管框架以及与离岸司法辖区(瑞士、香港地区和新加坡)的密切关系;其金融和专业服务的范围;有效性和有质量的专业建议;全球和地区金融产品的专业知识(例如伊斯兰金融);以及重要的是,一个国际客户(HNWI)基地。因此,伦敦的私人财富管理行业有能力管理传统(如现金、债券、股票)和替代资产(例如对冲基金),还能专门经营伊斯兰金融服务,具有提供信托和税收问题咨询的专长,从而有众多的私人财富管理的家庭办公室,管理着宏大的私人财富。由此,全球财富管理功能也将成为一流全球城市的重要标志之一。

上海在基本建成国际金融中心的基础上,要顺应发展趋势变化,从资金、资本融通逐步向财富保值增值转变,进一步强化全球财富管理功能,使其成为金融中心升级版的重要标志之一。

15.2.2　全球财富管理功能

全球财富管理功能是依托国际金融中心衍生出来的新型城市功能,主要体现在全球范围内的资产管理、配置与控制，从而影响全球资本流动的方向与分布。因此，衡量全球财富管理中心的重要指标，不再是资产交易规模，而是资产管理规模。这是一个流量指标，用以度量城市可支配和可控制的资产规模，特别是离岸资产规模与结构，包括资产的来源结构与投资结构。全球财富管理的基本内容，是为各种机构和个人进行全球范围内的理财投资和资产配置，使所拥有的财富保值增值成为其首要考虑事宜，并对财富的增值目标做出相应的全球战略决策。也就是，在深刻理解客户群的特征和需求的基础上，对各客户群进行高度差别化的价值定位，扩大金融服务产品的差异化，有针对性地提供包括专营经纪人信托工具、私募基金、联合投资基金以及一揽子保险计划（同合作伙伴联手）等定制金融产品；理财教育、一站式金融顾问服务和各种全权理财计划等顾问产品；专属俱乐部权利、紧急援助服务及全天候娱乐休闲活动等专属生活方式的特色产品，以满足不同特征群体的个性化需求，尤其是高净值群体对人的个性的全面发展的需求。

全球资产配置和风险规避是全球财富管理的重要特征之一。其管理理念在于财富的长期规划、资产的科学管理、负债支出的合理安排以及财务风险的有效规避，通常提供四个相关的一般功能：（1）财富的保护，即关注尽可能在国家限定责任中有效的产品和服务，例如提供税务建议、移民服务、财务计划、建立和管理信托与财产等。（2）财富和可投资资产的保护，涵盖艺术品、珠宝、经典汽车、房地产、私人飞机和游艇，以及定制家庭法律、信托、土地管理建议和专业保险。（3）财富的积累，即提供诸如财务计划、投资策略、中间人业务、外汇交易、另类投资（如对冲基金、私人股本）等服务，以及家族理财服务。（4）"日常生活"财富的零售提供，包括特殊的经常账户、养老金、信用卡和抵押/担保贷款、储蓄、抵押贷款融资以及生活方式的建议、汽车保险。

尽管全球财富管理是为各种机构和个人进行全球范围内的理财投资和资产配置，并以资产管理规模为重要指标，不同于传统资本市场、货币市场、衍生品交易市场的资产、货币、衍生品交易，但它是以完善的金融体系、成熟的资本市场、发达的金融工具为前提条件的，必须借助于各种市场平台进行操作。而且，虽然全球财富管理会应运而生一些新机构，但绝大多数是原有金融机构的业务转型或拓展，形成专业机构投资者的分工细化，有各自的目标客户群和业务范围，运用不同的金融工具组合，也有部分的类似与交集，但相互连接和作用形成一个整体。

银行集团和外资银行、私人银行、一般银行都开展财富管理业务，主要针对高净值—超高净值人群市场，提供财务计划、投资管理、经常账户、有担保的贷款和信托服务等,但各有所侧重,有的为外籍人士提供税务咨询、生活方式建议等;有的为其客户提供一系列专业贷款工具和产品,解决其复杂的金融产品需求;有的提供另类投资的管理,如对冲基金和私人股本。其中,私人银行要占其业务总量的83%,另两类银行的业务比例较低。对于全球专业性银行和投资中心来说,有其特殊的理财产品和目标客户。例如,伦敦有22家提供伊斯兰产品的银行,有34个来自英国的伊斯兰基金管理,这类伊斯兰金融对中东和东南亚高净值人群客户是至关重要的。信托公司覆盖的财产种类更多,如现金、债券、房产、公司股权(上市/私有)、期权、艺术品、游艇、古董、人寿保险以及其他受托人同意接受的资产。它主要利用离岸司法管辖区的税收优惠,来节约或减少所得税、赠与税、房产税等税收负担,进行避税;通过安全隔离信托资产的所有权和收益权,降低企业经营风险、婚姻变化等外部情况变化对家族财富的影响;根据实际需求灵活地约定信托期限、收益分配条件和财产分配方式等,有效避免财政纷争,或通过信托转移的方式保障受益人生活,使得财富灵活传承;通过委托代理方式规避信托信息泄露,保护客户的隐私。保险公司,包括跨国公司和专业公司,主要提供家庭保险以及高度专业保险产品,如珠宝和艺术品、私人飞机与游艇、经典车以及绑架险等保险产品。资产管理(AM)公司,包括具有国内外所有权、各种各样跨国公司及其子公司、投资银行、专业性中小公司等,则为富人市场的不同客户群(一般富人,高净值人群和超高净值人群的整个范围)提供差异化产品和服务,一般富人客户产品往往侧重于"传统"产品,如股票、公司债券基金和政府债券,而高净值—超高净值人群产品还包括"非传统"产品,如对冲基金、定制投资组合和结构化基金。

此外,还要有一大批全球财富管理的服务支撑机构。会计师事务所主要为高净值人群到超高净值人群市场的客户提供个人课税(包括申报)、财务规划、信托构建和管理(继承)与财产(私有财产组合)管理的咨询。其中,大型国际会计公司通过投入私人财富合作团队向客户提供一个完整的在不同地区之间和内部专业投资组合的产品和服务,包括对在当地的外籍人士和非定居居民的专业关注;许多基于地域性的会计事务所把当地高净值人群和高收入家庭/企业家作为主要目标,主要关注个人税收、信托和财务规划。律师事务所主要为客户提供如建立和管理信托与不动产来保护财富的代际转移,针对那些复杂、跨管辖区的财务和盈利事宜的税务建议,定制家庭法律以减少家庭死亡或离婚之后的财富损失等服务。第三方理财机构作为独立中介,专注于高净值客户,提供贴身的财富管家服务。第三方评估机构通过出具专业的风险评估报告,对财富管理产品的预期收益、偿付能力等各方面进行深入分析,并对产品供应商与第三方理财机构之间的关联性进行充分揭示,确保理财产业链更加生态化。支付清算中心通过提供必要的资金转移机制和风险管理机制,促进各类经济金融活动的稳定运行、效率提升以及持续创新。

因此,首要的条件是,高度集聚一大批金融及其相关专业机构,运用各种金融市场平台和金融工具进行全球财富管理。这些机构不仅有根深蒂固的财富保管的信誉、信任和安全的传统,如伦敦在传统私人银行的世界级声誉为新财富管理行业奠定基础(Cassis and Cottrell,2009),而且也创造了一个经验、知识和金融工具溢出到类似金融部门的环境。在此基础上,发展成为一个全球财富管理的重要市场区位,成为一个对全球高净值与超高净值人群有吸引力的所住地。与此相适应,要有一个可利用的全球人才库,具有一系列管理传统基金(如现金、债券和股票)和替代基金(如私人股本、对冲基金、股票衍生品、艺术和收藏品贸易)的金融专家以及专业和专家知识(包括信托和税收),并且是首屈一指的(Beaverstock,2010)。为此,要有一批人力资源服务机构,为财富管理业提供高层次人才引进和猎头顾问、金融人才培训、领导力提升、薪酬计划、保障安排等服务。同时,对从业人才的培养和认证缺一不可,包括国际金融理财师(CFP)、金融理财师(AFP)、金融理财管理师(EFP)和认证私人银行家(CPB)等,并以此界定了金融理财师在为客户提供理财服务应具备的能力、技能、态度、判断和知识要求,以及道德标准、专业责任和职业标准。通过加强从业人员资格职业化,运用金融工具降低财富管理风险,实现管理平台运作的规范化。

目前,国内的财富管理才刚刚起步,大多以产品为导向,但真正的财富管理则是通过因人而异的量身定制来实现的。而且,开展全球财富管理的一些基础性条件也尚不具备,如需要建立跨境的、账户连通的、以资产配置为导向的财富管理和交易电子平台等。但随着中国金融体制改革深化,将逐步形成相应条件促进上海国际金融中心功能升级,强化全球财富管理功能,并形成其独特的发展模式。一是财富市场增长相对较快,主动创业、高额收入和遗产均是财富的主要来源,财富持有者的风险承受力具有分层结构特征,从而财富管理业务综合性较强,既有主要的投资银行业务、经纪业务和货币管理业务,也有大量继承、税务、养老金规划的业务。二是在岸与离岸财富管理并存,不仅满足国内大量投资者的理财需求,而且吸引亚洲和具有全球事业资产配置偏好的欧美私人资产。特别是通过中国居民海外资本与财富管理需求的扩张发展,成为全球财富管理网络的重要枢纽。三是以综合性银行、投资银行、私人银行和独立的财富投资顾问为主要参与机构,包括大量国际知名的财富管理机构。四是通过"产品化"经营方式为客户提供多元化、高品质的金融服务,形成重在以佣金为基础的交易驱动型商业模式。五是与国际接轨的良好法律环境、混业经营推动金融创新的商业环境,高度发达的金融市场和大量金融人才,以及资金自由流动、税收优惠、安全性高、私密性强等优势。总之,未来30年,上海的全球财富管理将朝着服务的高度专业化、管理平台运作规范化、互联网金融信息化、服务产品多元化、管理国际化和离岸化的方向发展,形成基于信息化、定制化的财富管理新业态。

15.3　全球科技创新策源功能

未来30年,全球创新网络(GIN)将成为全球生产网络之外连接全球的全新网络体系,形成经济要素与创新要素"双重网络叠加"的格局。上海作为综合性全球城市的演化,将衍生出全球科技创新策源的全新功能,成为具有全球影响力的科技创新中心,引领全球创新及资源有效配置。

15.3.1　全球城市的新功能

长期以来,全球城市主要聚焦经济、金融功能在全球资源配置中的重大作用,但随着全球知识网络流动及对财富的巨大创造,全球科技创新策源已日益成为卓越全球城市必备的新功能。纽约、伦敦等全球城市纷纷提出建设全球科技创新中心的战略目标,且发展势头迅猛。例如纽约的位于曼哈顿的"硅巷"(一个无边界的高科技园区)业已成为经济增长的主要引擎,凭借其出色表现在2014年超过波士顿成为全美第二大科技城。这并不是一种偶然的巧合,而是基于深刻的发展背景及其趋势。

首先,随着知识社会创建和知识经济发展,全球城市将加剧人力资本、知识和创新能力的集中,催生基于知识的城市(Simmie and Lever,2002),科技创新日益成为全球城市增长的驱动力。在知识社会创建和知识经济发展的大背景下,新的社会认知结构,基于由大学、大学研究中心、公司研发和创意产业组合而成的知识,也许是全球时代经济繁荣和社会变革的最重要因素(Cronin,2003)。在社会财富创造中,知识和创新的作用日益增强,知识能力比由物质资本形式的基础设施、技术和最终产品更重要(Knorr-Cetina,1999)。财富的来源不再是发现矿产资源及工厂设备和制成品中的资本创造,而是一种不同的资本:以不同形式分布在信息网络之上的知识和创意思想(Venturelli,2004)。因此,城市和地区通过三大历史过程的相互作用正深刻修改其结构以及适应其增长动力：基于信息技术的技术革命；全球经济在全世界资本、管理、劳动力、技术和市场的空间中作为一个单位的形成；以生产力和竞争力日益基于新知识生成和分布为特征的一种经济生产和管理新形式(Castells and Hall，1994)。生成和扩散新知识的能力(Matthiessen，Schwarz and Find，2006)以及科技创新能力，日益成为全球城市促进经济增长及其全球竞争力的一个至关重要的组成部分。

其次，学术全球化兴起及全球知识流动，全球科技创新网络的形成及扩展，越来越多的城市发展成为知识生成的动态中心，全球城市在此过程中日益充当全球创新网络的枢纽。随着作为主要的科学研究承担者的知识机构遍及世界并在创建知识社会中日益发挥重大作用，世界各地的教育、研究机构交流增加，特别是在全球层面科研合作的巨大潜力，互联网和其他信息通信技术发展使得处在不同地方的专家互相交流日益方便(Altbach，2005)，以及国际旅行的增加创造了多样化的经验和学习、教学、研究的协作，导致了"学术全球化"。这种学术全球化源于一个地方的创新项目可以很容易地转移到不同的国家或国际环境中，从而促进知识的流动(Umpleby，2007)，增加了知识创造的新维度，并使其获得了已经浮现出来的社交网络属性(Wagner and Leydessdorff，2005)，反映了日益增长的大学、研究中心和研究人员的连通性，超越了基于信息流的简单交流，具有复杂形态的全球组织网络。在这种错综复杂的网络关系中，新知识的创造是"根本性的关系"，由于它基于合作、共享、交流和传播(Wagner and Leydesdorff，2006)，所以重点是放置在社会结构之间的相互作用上，表现为链接和节点的图形。全球城市参与这种全球知识流的形成和组织，并充当了这一网络中的重要节点功能。Matthiessen、Schwarz 和 Find(2002)基于 1997—1999 年的科学引文索引数据，提出了全球研究中心的强度、相互关系和结节性的分析，发现一个研究产出高度集中于少数城市单元的模式。接着，他们利用 1996—1998 年、1999—2001 年、2002—2004 年的科学引文索引(SCI)，依据一般研究产出测量及计算的增长率，发现科研产出集中于世界上最大的 30 个研究中心，其代表了 1996—1998 年研究产出的 32.9％和 2002—2004 年的 34.6％(Matthiessen，Schwarz and Find，2006)。这表明在全球化合作的结构化网络中，只有少数强大节点(全球城市)是明确的领导者，其扮演着双重角色：首先，作为创意思想传入流动的枢纽；其次，作为社会认知结构的节点，生成进入全球知识网络的知识"流出"。

最后，由于知识更新速度加快、科学和技术高度融合，传统意义上的基础研究、应用研究、技术开发和产业化的边界日趋模糊，以及创新组织模式向分布式集成化的演化，传统的科技创新中心正在发生重大蜕变,全球城市固有的综合服务功能及全球连通性更适合充当基于全球创新网络以多元要素融合为导向的创新资源配置中心。科技创新中心的重大变化之一,是从由研究开发、示范应用及技术扩散等若干关键环节构成的创新链转向创新网络,改变创新参与主体(产、学、研、官)相对固定、不同参与主体所对应的创新链环节相对固定且仅限于环节之间交互作用的局面。在创新网络这一开放性平台上,参与主体更加多元化,大量消费者(客户)、供应商以及相关专业服务人员都参与进来形成新的创新资源配置方式,打破了机构间进行科技创新合作的边界范畴。与此同时,科技创新"投入—产出"的线性流程转向聚合裂变的流程,改变流程各个阶段操作分别由不同主体承担,容易造成脱节或断裂导致低效投入产出关系的状态。创新网络平台上内部与外部众多主体的共同参与和互动,使创新过程的各个阶段都有大量创新资源聚合、交汇,进而不断产生裂变和形成创新突破点,形成创新资源聚合裂变流程。尽管这一流程看起来似乎有点"无序",但它是基于自组织的"无序"状态,不仅处处充满活力,随时爆发创新突破点,而且最终趋于收敛,形成创新稳态流程。与之相适应,从单一尺度的科技创新活动转向多重尺度的科技创新活动,改变更多与产品生产制造联结在一起而游离于服务经济之外的局限性。尽管实体性的科技发明、新产品及其产业化是科技创新的核心基础,但现代科技创新更强调技术创新的扩散、创新技术的融合、创新技术的广泛应用、创新技术与创新非技术的有机结合等,不断创造和重塑新业态和新的商业模式等非实物性成果,在更大范围内促进科技、金融、文化等领域之间的融合。

这些都将促进从基于地点空间的科技创新中心转向基于流动—地点空间的科技创新网络节点,改变了以具有明显地域边界的科技园区(科技城)为主要载体的空间格局。作为全球创新网络的主要节点,强调广泛的全球连通性,通过建立更广泛的对外交流与互动的平台,发挥其与外界创新资源交流、交互及诱导有效配置的作用。与这种科技创新中心重大蜕变相适应,全球城市凭借其强大的综合功能更容易搭建全球创新资源流动与交互的空间载体,形成更广泛的对外交流与互动平台。例如,纽约通过聚集全美乃至全世界最优秀的科技人才,凭借其独特的金融和产业优势为初创企业找到投资者和适合自身发展的业务模式提供便利,出现大量的新公司和创业孵化器而成为有全球影响力的科技创新中心。同样,伦敦也是通过大量跨国公司总部为其科技创新营造良好氛围,发挥国际大都市的人才聚集效应,凭借金融和科技专业服务优势,配置全球创新资源而成为有重大全球影响力的科技创新中心。

15.3.2 上海科创中心目标定位

上海建设全球科创中心，固然对其自身创新驱动、转型发展意义重要，是建设卓越全球城市的必由之路，但更多承载着中国崛起的战略意义。未来30年，正值新一轮世界科技革命与产业革命兴起，全球创新版图将发生深刻变化，美国、欧洲、中国等都有可能成为全球新一轮科技创新的中心。尽管目前中国科技创新能力及产出水平与发达国家相比尚有较大差距，但发展势头良好，为世人注目。例如外国企业在中国设立研发中心的动机，从最初利用中国成本优势转向让技术适应当地市场，到现在承认中国已经崛起为世界创新领袖，正利用中国新兴的知识和科技基础来发展基础研究。另外，在当今由中国企业引领的全球化浪潮中，还是以大规模的"中国制造"为主导，但中国企业最终将在中国传统文化与当前市场状况的基础上建立全球化创新系统来引领全球化浪潮。因此，上海全球城市演化中增强全球科技创新策源功能，是代表国家抢占新一轮世界科技革命的高地，助推中国企业全球化创新。

上海建设全球科创中心，作为其全球城市的新功能，意味着在此过程中要根据全球城市的全球资源配置功能及其空间结构特点（有限的地点空间承载着无限的流动空间），充分发挥全球城市基于网络连接的综合性资源流动和服务功能的优势。这就要求塑造基于科技、经济、文化高度融合，技术创新和服务创新之间互动交融，集创新、创意、创业为一体的全球科技创新中心，不仅在原有产业部门涌现大量技术创新，也涌现大量跨界或边界模糊的新技术、新产品、新产业，并不断创造新供应链、新业态和新商业模式，而不是狭义的全球知识中心、科技成果创造与转化中心等类型。同时，要求在全球城市广泛网络连接基础上形成参与主体多元化、创新资源跨界流动与配置、创新项目全球合作、创新技术迅速扩散与融合的现代科创中心模式，作为全球科技创新网络的核心节点，以更为开放灵活的方式及路径实现动态化、空间跳跃式、模块化、并行式、交叉式的科技创新，从而与相对封闭的自行研发、自产成果、自我转化的传统科创中心模式相区别。另外，要求以价值链为纽带，高度聚集创新资源，形成创新集群化与扩散化态势，在空间分布上呈现"小集聚、大分散""交织型、嵌入式"格局，促进"大学校区、科技园区、公共社区、城市街区"融合、空间重合和功能综合的发展，构建以"硅巷""硅盘"为特色的创新城市模式。

基于以上的考虑，上海科创中心目标定位是全球创新资源配置中枢、全球科技创新策源地、国际科技创新竞合平台和中国企业全球化创新战略高地。具体而言，创新资源密集,创新实力雄厚,具有强大的创新资源吸收和集成能力、科技创新成果转化能力和科技扩散辐射能力,促进全球科技要素流动及有效配置,发挥全球创新资源配置中枢的作用。科技创新前沿,科技创新"时尚"的风向标和展示舞台,引导全球科技创新的发展方向,创新辐射强大,具有广泛影响力。全球化创新网络中的主要节点,创新网络连接广泛,创新活动频繁,创新交流合作密集,具有高效的创新网络组织与控制功能,成为国际创新竞合的重要主导者。适应于科技全球化趋势和全球化创新浪潮,整合和利用全球创新资源、增强自主创新能力,成为中国企业全球化创新的战略高地。

上海科创中心的目标定位,不仅要体现在本身的创新程度与水平以及拥有更多科技创新成果上,而且要更多体现在配置全球创新资源能力和引领能力上。现代科技创新中心正是通过这种源自对科技资源与科技成果的获取力、转化力和传播力才产生重大和深远的全球影响力。首先,要有世界一流水平的基础科学研究。目前,物质结构、宇宙演化、生命起源、意识本质等基础科学领域正在或有望取得重大突破性进展,将极大地促进科技创新,具有全球影响力的科技创新中心必须具备在这些前沿科学领域的世界一流研究水平。正如 May(1997)指出的,研究产出可以作为比较生产力和专业化的参考。美国的经验实证研究表明,国际顶级刊物上发表的学术论文数量与发明专利数量有高度的相关性。其中,一个重要的衡量指标是不仅仅当地科学家在国际顶级杂志上发表论文的数量,更重要的是由其领衔或参与的国际合作者在国际顶级杂志上发表论文的数量,其更体现全球创新资源配置的功能及其全球影响力。其次,成为科技创新"时尚"的风向标和展示舞台,引导全球科技创新的发展方向,促进全球科技要素流动及有效配置,作为科创中心发挥其在全球创新网络中的协同作用。在目前情况下,就是要引领基因技术、蛋白质工程、空间利用、海洋开发以及新能源、新材料等一系列重大创新成果,促进由智能网络、先进的计算技术以及其他领先的数字技术基础设施构成的泛在网络之上的各种应用,带动其他领域朝绿色、智能、面向健康和社会服务的科技方向发展。再则,要有强大的科技创新应用能力,特别是体现人们不断追求更新生活方式的社会需求驱动下科技成果的广泛应用。除了要具备关键的共性技术及共性技术平台外,必须集聚一批多学科、跨领域、应用性强的集成服务提供商,为创新活动提供个性化、高效率的创新资源配置方案的集成化服务,强化科技创新应用功能。最后,要在多样广泛的创新网络连接基础上具有高效的创新资源组织与控制能力。作为全球创新网络的主要节点,必须具备促进创新资源及其成果流动的良好制度环境、完善的市场体系及交易平台,并通过以某类前沿技术应用为核心的跨产业、跨企业(或创新团队)、跨地域边界的科技创新联盟和合作关系,成为科技创新竞赛规则的重要制定者、新的竞赛平台重要主导者。

15.3.3 全球科技创新策源功能

全球科技创新策源功能不是通过外生注入的基本创新,而是敏锐地感受到选择过程结果与创新搜寻之间动态均衡的偏移,以及先前引入的基本创新所产生的多样化结果和可观利润的侵蚀逐渐威胁到越来越多行为者的抱负水平,从而激发对基本创新更频繁的搜寻和试验,促使基本创新速度又一次上升进入新的周期。因此,上海的全球科技创新策源功能是基于市场过程,内生于企业追逐利润的抱负水平,以企业主体的创造力为本源。

在一个经济体内,国家的和产业的专业化组织及其形成科学技术基础的能力,并不是靠其自身单独形成一个创新体系。同样,它们通过对新知识的积累、储存和传播而形成创新体系,也并不能单独地生成新奇的创新。在这种情景中,正是企业扮演着从相关的科学和技术体系中获取能力进而形成创新体系的角色。尽管创新体系由地方构建,用于加强特定企业的竞争优势,但在单独的企业或企业群对竞争优势的搜寻中,创新体系得到积聚和拆分。创新体系中各种组织间的联系形态是流动的,这使企业在创新过程的联结中起着独一无二的作用。它们是唯一拥有创新意图和战略利益的组织,是唯一能将如此之多的、分散化的科学技术知识与市场和组织知识结合在一起的组织。它们的创造力在于这种组合作用。因此,市场过程与创新体系的共演(Nelson and Sampat,1999),它们彼此相互渗透,一起出现、增长和衰落。这表明创新活动本质是价值创造,具有明显的产业需求导向性,最终反映在经济实力、增加有效供给与社会福祉上。为此,上海全球科技创新策源功能首先在于集聚一大批具有国际竞争力、潜在成长性高、市场反应迅速的企业组织,或者与其具有紧密的网络连接。这些在全球城市中或连接中的具有战略利益企业组织的创新意图以及对基本创新的频繁搜寻和试验,是全球科技创新策源功能的重要组成部分。如果没有这些全球一流企业组织的存在或连接,即使一些城市有大量实力雄厚的高校和科研机构,充其量只是一个全球学术中心或科研中心,很难成为全球科技创新的策源地。

由于基于企业创造力的全球科技创新策源功能,具有明显的产业需求导向,从而是基于创新链与价值链的融合发展,促进科技成果转化,发挥创新拉动发展的乘数效应,重在培育产业发展的"三高导向"能力:一是高级要素禀赋,即产业发展的要素禀赋要从传统的资源要素转到知识要素和技术要素禀赋，从而充分提升产业发展的效率和质量；二是高端价值链位势，即占据"微笑曲线"两端，而动态维持高价值链位势基于具备一定的自主创新能力；三是高附加值和产出效率，例如通过技术创新、业态创新、模式创新等不断提升产业发展效率和创造价值的能力。

上海的全球科技创新策源功能还在于有效整合和利用全球科技资源，从而要借助于具有多主体参与、知识分享和协同创新的全球创新网络，以及基于网络的集新市场智库、科技发展新动力和创新知识网络构建者三种功能于一身的各种类型新型创新联合体。在一般情况下，特别是在全球化情况下，扩大国际合作研究与开发主要是由利益驱动而不是制度安排的（Wagner and Leydesdorff, 2005）。因此，寻求国外合作机会主要是参与主体花费努力自择的一个结果。显然，这一结果形成的复杂网络形态，显示了自然发生的自组织实体模式，其形成许多今天知识体系的构造（Wagner and Leydesdorff, 2006）。这种全球创新网络最初主要由新节点出现而形成的链接所构成，随着合作参与者的增加，在已经存在的节点之间会出现新链接。当网络上发生重要结构性转换时，最初网络中自发合作的偶尔相互作用便演变为更多合作者坚持稳定和连贯集群的结构化关系。与此同时，网络中大量新的参与者显示多样化和探索知识与思想新来源的趋势。特别是在线全球化研究社区，作为针对有相似兴趣参与主体的全球化专业会议场地和观念交流平台，集聚了遍布于世界各地的学者专家，提供了相关议题的更多关注视角。这些在线社区，随着其成员数量增加而将更具影响力。

尽管这主要是基于自组织的创新网络，但适当的专门引导全球合作的体系或机构也是重要的。各种国家和国际层面的协会，通过会议、研讨会及类似事件，方便来自不同国家研究人员之间的联系，有助于加强全球合作的研究和教育。大多数国家都根据本国科技发展水平和发展需要，有选择地对外开放科技计划和项目，在基础研究、重大全球化问题研究等方面，允许拥有外国国籍的科学家、非本国独立法人或外资研究机构及企业参与本国的科技项目研发。未来，这种国家科技计划对外开放趋势将日益明显。一方面，发达的科技大国或地区，需要吸引全球最优秀的人才为其工作，如欧盟先后制订多项跨国高技术研发计划，通过招标或双边协议形式向其他国家开放；另一方面，部分发达的小国，为弥补本国弱项或进一步加强优势领域，也倾向于有选择地开放部分科技计划。此外，部分发展中国家为提高本国科技发展水平，采取专项国际科技合作计划或专门的科学研究中心形式，不断加强跨国科技合作。如印度尼西亚推出"印尼国际合作研究计划"，为本国科研人员提供国际合作机会。

基于全球网络的全球科技创新策源功能,通过大学、研究机构、公司和企业家的集群在为其城市创造一个坚实知识基础上的迅速相互作用,需要一系列基于创新要素流动与配置的运作平台,如全球知识交流平台、国际研发合作平台、研发公共服务平台、共性技术服务平台、产业化加速平台、知识产权交易平台、科技金融促进平台、研发人员流动平台等。尽管随着通信和运输成本的显著降低,距离的重要作用越来越小,以及"信息社会"中获取信息的几乎普遍性,但这些平台与其他地区的联系仍然是一种"引力模型"。这意味着科技创新参与者之间物理短距离仍然是合作的一个重要标准,思想和直接面对面交流之间的协同效应仍然是科研生产力的主要因素。与此相适应,要具有多种形态企业孵化器及其网络,多层次空间分布的企业加速器(地方性、跨地区、国际性企业加速器),高品质、高能级科技园区的完整创新创业链体系。这将形成来自基础研究与应用研究环境接近的区位优势,满足科技成果转化的特殊服务需求。其中包括专业化的并购交易,新公司、初创企业和大学分拆咨询,运作获得风险资本投资,公众公司成功上市,以及并购活动(Lashinsky,2002)。提供这些服务的专业机构充当"专利代理人"并促进创新开发(Reiffenstein,2009),成为技术社区的重要组成部分。

最后,需要有一个系统性激励的秩序环境。创新活动确实需要系统性激励,而这实际上是指具有良好创新生态的激励。市场机制对创新活动具有协调(co-ordinating)或去协调(de-co-ordinating)效应,它们之间的动态平衡便产生了一种"可行的协调"(Witt,1985),并施加于个人行为的限制上,从而表明了一种相当大程度的秩序。从动态角度讲,基于可行协调的创新活动虽然可能深受最初发生的随机事件的影响,但一旦发生便形成路径依赖,技术上不断得以改进(累积性技术),获得更多消费者的偏好(形成网络外部性),给相关技术带来特殊的互补性,从而形成一种滚雪球式的动态报酬递增。这种动态报酬递增机制是创新活动系统性激励的核心。政府的各项激励政策应该重在改善创新生态,而不是随意干预市场的协调或行政协调,破坏两者之间的动态平衡。但事实上,一些貌似创新激励的政策,往往起到了破坏创新生态的负面效应。

15.4 全球文化融汇引领功能

现代社会中,城市成为文化传播的主要空间,全球城市在文化传播中的融汇引领作用更为突出,尤其成为卓越一流全球城市的必备功能。上海全球城市演化中增强全球文化融汇引领功能,有其历史必然性和现实逻辑性。

15.4.1 文化艺术与经济的共生关系

文化艺术对城市发展具有重要意义，并与经济活动之间有一种"共生关系"。文化艺术除了有其内在价值外，可以在许多方面促进城市生活和城镇经济发展。例如，文化艺术繁荣通过吸引外来游客可以直接创造就业机会和促进经济发展，活跃的文化艺术环境通过提升地方（城市）品质和品位来吸引知识工作者、公司及其对城市的投资（Evans，2009），以及提升城市品牌，增强其文化认同（Mommaas，2004），甚至可能超越本地或国家层面作为全球艺术首都的形象。当然，文化艺术更多是以一种相当不同和更难以捉摸的方式对城市发展起作用，可能有助于确定它们在世界城市体系中的身份和地位。

历史表明，作为全球金融贸易中心的城市，往往也是文化艺术中心。工业化时代之前的佛罗伦萨、热那亚、安特卫普、阿姆斯特丹以及 19 世纪的伦敦是例证，其经营银行以及艺术和文化中心在国际上处于重要位置（Arrighi，1994）。进入现代全球化时代，这种国际金融实力与同样杰出的文化艺术之间的共生关系仍然存在，并更加密切。Hall（2001）指出，更平凡的经济活动和文化艺术活动之间被证明是高度共生的：因此商务旅行者也可以使用文化设施；城市旅游和文化是相互支持的。伦敦同时是一个主要的商业中心、一个主要的文化中心、一个主要的旅游中心，以及所有这些的协同。

高端金融中心与著名文化艺术中心可以共同繁荣，是因为存在既有利于金融业蓬勃发展也有利于艺术场景繁荣的相同潜在因素。例如，基于城市规模的城市化集群效应，将有助于分工细化，形成发达的交通和通信基础设施，通常也具备一种对创造力和新人的开放度，这将有利于金融服务和文化艺术发展。又如，城市服务功能，对全球金融中心发展是关键的，而对创建一个蓬勃发展的艺术氛围以及全球艺术中心也是很重要的。更为主要的是，经济、金融与文化艺术之间有某种因果关系。文化艺术可以被视为直接依赖于伴随一个全球城市的经济活动，城市化经济将有利于包括艺术在内的各种活动。高端服务的收入生成对文化艺术的需求，因为这些服务部门中的高技能员工既有财力也有文化资本来享受文化艺术。此外，有实力的大公司也可能倾向于作为赞助者，赞助文化艺术活动。反过来，文化艺术也作为一个有助于提高地方品质和吸引高技能工人的自变量（Glaeser，2011）。总之，文化艺术可能或多或少自发地对应于决定一个城市在全球城市体系中相对经济地位的金融服务和其他先进服务。它们可能根源于当地教育机构（艺术学校）、专用的基础设施（场所、艺术博览会），锚定于当地传统的本地消费者文化,其随着时间推移沿着路径依赖(如当地节日),或者(国家或地方)文化艺术的公共政策目标进行复制(Throsby,2010)。特别是在欧洲,许多城市现在正积极打文化经济牌,以促进当地商务和就业增长。它们正通过构建新的文化设施和促进当地文化活动来增加直接就业(通过创造新的就业岗位)和间接就业(通过使当地对外来投资者更具吸引力)(Scott,2000)。

当然,经济金融活动和文化艺术活动之间的因果联系,也许是复杂和多方面的,其因果关系的方向很难事先确定(Pratt,2012)。我们甚至可能发现在某些情况下的反向关系,例如金融服务扩张可能推高租金,从而驱逐艺术和文化活动(Currid,2007)。更可能的情况是,某些城市或者专门从事艺术,或者专门从事金融活动,然后其在很高的程度上相互独立。从这一意义上讲,全球金融中心和全球艺术中心之间的本质关系有许多不确定性。例如,香港、新加坡作为金融中心有杰出的表现(在全球金融中心中排名分别为第3位和第4位),但并没有出现在艺术中心排名中。相反,柏林作为全球排名第2位的艺术中心不是一个主要的金融中心,艺术繁荣的维也纳(艺术方面排名第7)也不是金融中心,洛杉矶(艺术方面排名前十)也没有出现在全球金融中心名单上,还有一些欧洲艺术首都的城市(如汉堡、巴塞罗那或赫尔辛基等)也是如此。显然,这是由一些与金融服务并不直接相关的因素驱动的,可能部分是西方或欧洲对艺术偏好的结果,它们利用其他渠道发展成为全球艺术中心。Hall(2001)解释道,欧洲政治分裂培育了一种小城市文化兴盛,"与其规模相当不成比例"。其他的大陆没有那么多具有悠久文化历史的小型民族国家,没有其他地方显示这种完全扁平化的丰富性程度。这种文化的丰富性得到对艺术感兴趣的独具慧眼的贵族和资产阶级精英的长期支持。战后的欧洲,随着福利国家的兴起,受过教育的精英们具有政治意愿去传播文化资本(Sassoon,2006)。在这一路径依赖中,文化艺术卓越状况被复制(Deinema,2012)。

然而,我们可以发现的一个大概率事件是:全球金融中心与全球艺术中心之间的"重叠"程度,在城市层次结构的最高层面显得更高(达到75%),在其底部层面则更低。例如,伦敦在金融中心上排名第1、在艺术中心上排名第3,纽约在金融中心上排名第2、在艺术中心上排名第1,东京分别为第6和第4。旧金山、蒙特利尔、巴黎、爱丁堡等城市,既是全球金融中心也是艺术中心。苏黎世、日内瓦、法兰克福和慕尼黑等城市,既拥有繁荣的艺术场景,特别是在绘画、雕塑等视觉艺术方面,也是资本的首都。这意味着作为卓越的全球城市,大都既是全球经济金融中心又是全球文化艺术中心。特别是伦敦、纽约和东京,它们不仅是顶级全球金融中心,也是重要的全球艺术城市(Currid,

2006)。纽约有 1 600 多个展览会,平均每周 1 000 场戏剧、现场音乐、舞蹈、歌剧等演出,还有许多表演艺术节和国际艺术博览会。纽约在国际视觉艺术事件、国际表演艺术事件、当地视觉艺术事件和地方表演艺术事件等方面都有同样高的排名,这是其他城市所没有的,处于一个明显的领先地位。伦敦在地方表演艺术活动方面排名第一,比其他任何城市举办更多的戏剧、舞蹈、现场音乐、歌剧、马戏团等表演,平均每周超过 1 300场。东京在当地视觉艺术事件方面比其他城市更为领先。它是国家现代艺术博物馆的所在地,以及众多的日本小画廊所在地。从经历地震和轰炸幸存下来的古老建筑到精品艺术房屋,其每一寸墙就是一个潜在显示空间,被誉为搜寻非凡之物的艺术爱好者天堂。巴黎是卢浮宫、红磨坊等传奇场馆所在地,在表演艺术方面特别强,并在视觉艺术方面具有像艺术巴黎(Art Paris)之类的迷人艺术场景。

因此,卓越的全球城市不仅是全球资源战略性配置的地方,同时也是全球文化艺术被广泛提供与消费,充满活力、鼓舞人心和有趣的地方,除了拥有繁荣的当地艺术场景外,也举办许多大型国际艺术节,使其艺术中心的影响超出了其国家边界。它们被视为具有高品质的令人鼓舞的城市环境,有利于创造和革新,丰富其居民生活和吸引外国人才(Evans,2009)。它们是"宜居、可投资、值得访问的"城市,深受居民、工人、公司和游客的欢迎(Kotler 等,1993)。简而言之,卓越的全球城市普遍将文化作为城市保持活力与魅力的核心内容,具备全球文化艺术融汇引领功能。为此,许多重要的全球城市都把文化发展作为目标,增强全球文化艺术中心的功能。例如,伦敦立足建设"榜样式的、可持续发展的世界级城市",将文化战略作为大伦敦发展的八大战略之一,着力打造卓越的创新文化国际中心。东京在《首都圈规划构想》中将"具有深厚魅力的文化城市"作为21 世纪首都发展愿景的重要内容。

15.4.2　历史必然性与现实逻辑性

上海崛起为卓越的全球城市,必须具备全球文化融汇引领功能,其有着内在的历史必然性和现实逻辑性。

首先,一个重要的推动力源自全球都市化。人类的每一次交流过程,都伴随着跨文化的文化传播与融汇过程。在全球化时代,文化传播与融汇在人类活动中越来越频繁,不同文化背景的人群之间发生着大量信息传播和文化交往活动。全球化处于现代文化的中心地位;文化实践处于全球化的中心地位。其中的重要媒介,是全球化所必需的"跨国阶层"的跨国活动产生的全球都市化。这类跨国阶层进行"跨国性质的"工作和消费,他们在全球范围内进行决策并处理全球的投资,编辑信息、开展设计、营销国际产品并为了工作和闲暇穿梭于世界各地。他们身上所反映的是一种缠结、混合、混杂的跨文化环境产物(Welsch,1999)。这种"跨国阶层"的全球活动开始产生新的文化结构和过程,并通过其他"快速"世界的日常活动和空间组织传递和反射,不仅仅是一种相互关联和共享、消费主义物质文化观的状态(Sklair,1991)。在这种新的文化结构和过程中,同时包含着普遍化的个性原则(即打破了时间和空间的传统界限,相对主义的后现代性连续传播以及重新定义独特性、差异和个性)和个性化的普遍原则(即个性化围绕特定地区、阶层、性别和族群的跨国活动)(Robertson,1992)。一方面,由跨国阶层所倡导的消费文化通过国际广告代理、电影业及系列电视剧等在全球范围内普及和流行,促进了文化的全球交融与世界认同,带来全球文化的同质化、普遍化。另一方面,全球都市化通过全球城市热切要求具有不同的、因情况而异的影响,又带有根植于文化地域化、民族化的独特性和差异性。因为这种普遍化的东西对于不同的人意味着不同的东西,取决于把这种意象据为己有的方式,更多时候并不是被仅仅成为偶像的事实所接受(Olalquiaga,1992)。因此,由全球城市所调节和再生的全球都市化是复杂的、动态的和多方面的,其通过全球城市生成新的文化结构和过程不仅包含着文化的均质性、同步性和收敛性,也包含着文化的多元性、分化性和扩散性。从这一意义上讲,我们不能将这种新的文化结构和过程定义为全球文化融合,而是一种融汇。

其次,一个重要的加速器是以现代信息技术和互联网为标志的新媒体。现代信息技术和互联网,不仅使信息生产的内容、数量大大增加,而且使人类获取信息、传播信息的方式与文化产品发生了革命性的变化,进而使人类的思想方式、活动方式发生了根本的变化,人类的文化活动空前活跃,引发文化大变革的四个新特点:一是全球信息的即时传播和快速扩散,促进了全球文化交流和流行文化迅速崛起。二是基于互联网的信息资源的共享,促进了全球文化的大众化和共享化。三是借助于现代信息技术和互联网,促进了文化创意产业发展和全球文化市场的深度拓展。四是全球文化网络的形成,强化了文化国际交流与合作,促进了文化资源的全球性配置。因此,随着家庭、邻里、地区和国家的传统联系被高科技、高速的网络和设施所颠覆,群体之间有了深度的接触、交流乃至融合。在大众传媒的作用下,通过信息的即时传播和快速扩散,更多的人通过旁观他人的生活来看待其自己的生活。结果,憧憬成为了全球都市化的一个社会生活特征。但这些憧憬又会被快速世界的社会空间二律背反所擒获,结果导致进一步的时空界限混合。

上述这两方面的内生动力,均聚焦在全球城市的双重空间之中。全球城市不仅仅代表着跨国阶层的工作地点,而且也是其物质、世界性生活方式的场所。这些跨国阶层通过其崇尚的生活方式给全球城市带来新的文化感受,其作为一种时尚又被"快餐"世界的大众市场消费者所接受,从而形成全球流行文化。这种全球流行文化通过各种媒介日益进入平民生活中,如平民主义的通用语经常来自肥皂剧和轻喜剧系列中的流行话,其着装方式和审美观来自综艺视频和时装、体育等杂志,其生活方式来自各种各样的促销广告。当然,这种全球流行文化越是来自跨国精英们崇尚的生活方式,这些跨国精英们越是向往新的独特性和追求新奇效果,以引领全球文化时尚。同时,全球城市中的跨国阶层生活方式所带来的新的文化感受,通过新媒体的加速传播与扩散,被快速世界中具有更多决定、更多选择、更多灵活性、更多互动、更多目标、更多想象的大众所接受,并转化为一种新的生活方式、新的文化内涵。不仅如此,跨国阶层生活方式所带来的新的文化感受也会在全球城市中不断沉淀和累积,并物质化为相应的建筑风格、文化设施、文化团体、文化产业、文化市场等。正如 Oncu 和 Weyland(1997)指出的,全球城市的全球都市化促进了影响建筑风格、新内涵形态以及承担物质表现新移动的新过程。因此,全球城市拥有一般城市在数量和质量上都难以企及的文化设施、文艺团体、文化创意产业,拥有庞大的文化市场、广泛频繁的文化活动和多样化的受众。这些都为来自全球的文化元素的不断汇集、融合奠定了物质基础。

从现实逻辑性看,上海将在世界文化重心东移和以中国代表的东方文化中心形成中扮演重要角色,成为全球文化融汇引领的主要枢纽之一。未来中国的崛起,不仅是经济、技术等硬实力的强大,而且必定伴随文化等软实力的壮大和影响力的增强。经济、技术等发展与文化发展在宏观层面的互动,为彼此的演进创造了必要的条件。随着中国的崛起,其文化本身将随之发生对应的变化,对亚洲乃至全球产生重大影响。纵览中外历史不难发现,一个强大国家的兴起,往往都会在国际上掀起相应的文化潮流。中华民族泱泱五千年文化培育了独特的思想、价值、审美、政情、民俗,积淀起"和平、和睦、和谐"中华民族最深沉的精神追求,拥有"天人一体"的宇宙情怀、"天下一家"的人类情怀、"中和之道"的协调智慧,是中华民族生生不息、发展壮大的丰厚滋养,也是中华民族的突出优势和最深厚的文化软实力。这种开放、包容的民族特性,使得中华文化能够不断在与其他民族文化的交流、借鉴和融合中得以繁荣发展。当今世界,随着经济全球化和政治多极化向纵深发展,不同思想文化的交流、交融、交锋将呈现出更加热烈的新态势,需要有更大范围、更密集、更包容的文化融汇,抢占引领文化大变革的制高点,快速提高文化软实力和话语权。

　　上海作为全球城市崛起,不仅承接大量跨国阶层的跨国活动,具有强烈的全球都市化的丰厚积淀,而且自身传承下来的"海派文化"根基,高度契合全球文化融汇引领功能。自从 1843 年开埠以来,上海的文化身份就成为一种异质文化交织之下的复合体。海派文化是在江南文化(吴越文化)的基础上,融合开埠后传入的对上海影响深远的欧美文化而逐步形成的特有文化现象,涵盖了士大夫文化、市民文化和西方文化三大部分。首先是通过移民,士大夫群体和商人群体进入上海,形成江南士大夫文化与市民文化的双向融合,然后是通过租界和外国人进入,形成士大夫文化、市民文化和西方文化的三向融合。因此,海派文化作为一种文化风格或文化特性,融汇了中西文化而自成一体,既有江南文化的古典与雅致,又有国际大都市的现代与时尚。基于海派文化的特质,形成了开放性、多样性、包容性和创新性的城市品格,以及"海纳百川、开明睿智、大气谦和"的城市精神。上海作为全球异质文化聚合的空间,是中国传统文化及其地域文化与世界各地文化相互接触、交流、交融的重要平台,并随着环境的变迁、时代的演进而不断递嬗升华。总之,上海增强全球文化融汇引领功能,具有历史传承的城市基因和雄厚的现实基础。

15.4.3　功能表现及基本构成

　　上海作为卓越全球城市的全球文化融汇引领功能,体现了对"文化繁荣是发展的最高目标"[①]的追求,并反映在全球城市具有鲜明的文化特征以及文化品格的共性上。这种全球文化融汇引领功能,具体表现在文化汇聚力、文化交融力、文化创造力、文化影响力等方面。

　　文化汇聚力是指城市汇聚来自全球不同文化的能力。全球城市的开放性与包容性是产生文化汇聚力的必要前提,包括容纳全球各种组织机构、广泛密集的人员流动和各种族移民、各类文化的百花齐放等。开放性越大,能够进入的文化数量越多;包容性越强,能够承载的文化种类越多,从而为全球文化汇聚奠定良好基础。然而,对全球文化汇聚起真正推动作用的力量,在于文化的吸引力:一是自身的文化底蕴,包括文化遗产、文化积淀、文化氛围等带来的探究心理;二是多样性文化差异带来的猎奇心理;三是先进、前沿、时尚文化带来的模仿心理。

---

① 　联合国教科文组织:《文化政策促进发展行动计划》,1998。

文化交融力体现为不同文化交流、相互影响与启发，以及促进更多认同的能力。人类文明的进步，最大部分是得益于彼此的影响、启发甚至辩难。在尊重和保持文化自身特色的前提下，促进文化交流，以便取得更多的文化认同。在某种程度上，文化差异越大，其相互影响、启发、促进的可能性也越大。文化交融是在多元文化的基础上，积极倡导文化互为主体性，即文化主体超越自身文化去尊重、理解和诠释他人文化，并期望在跨文化的理解中拓展视野，以获得豁达的胸怀及多元的解决问题方式；同时，促进不同文化之间的交集与渗透，融入世界文化潮流。因此，文化交融力需要具备尊重文化多元化的浓厚氛围，规模宏大的文化载体，广泛的文化交流平台和无处不在的文化公共空间，有利于开展大量文化活动的良好城市文化生态等条件。

文化创造力体现为基于文化遗产、文化多样性、文化创意有机统一的文化创造性转化和创新性发展。通过深入挖掘优秀传统文化的时代价值，从世代形成和积累的传统文化中汲取营养和智慧，延续文化基因，萃取思想精华，展现精神魅力，继承、阐扬、创造性应用优秀传统文化，促进传统文化与时代精神的有机结合。在传承历史文化遗产的过程中，通过大量吸收外来文化并相互交融，积极借鉴外来文化的先进经验，创造时代标志性的新兴文化和各种新颖的文化创意产品。为此，文化创造力需要具备深厚的城市文化底蕴和文化发展潜力，较高的文化人才、文化活动、文化产品、文化产业的集中度，强大的城市文化活力；强劲的文化创新、创意、创业的能力和高水平文化能级等相应条件。

文化影响力是具有基于规模化、高水准的文化地位高势能，从而对外辐射、输出以及对其他领域产生重大影响的能力。具有这种文化影响力的全球城市，通常是重要的文化创新策源地，并在全球文化市场中居主导地位。同时，具有强大魅力的文化内涵和独特的文化形象，展示与众不同的文化风格，拥有引领国际潮流先进性和能与全人类"对话"的优良文化品牌。此外，有广泛的网络关系，强大的文化传播功能和跨国文化营销能力，进行高频率、全方位的国际文化交流活动和形象推广，既有适宜各种文化活动有效开展的途径和政策，又有完善成熟的文化市场和受众群体等。当然，这种文化影响力也可能通过高端消费者产品与服务的流动而产生：时装、空间装饰、餐饮、个人和家庭目标，其象征着由跨国产品服务阶层传播的消费文化观念的品位和特征。

特别要指出的是，与传统文化大都市不同，全球城市的文化融汇引领功能是基于全球文化网络并通过网络传递与扩散实现的。这种全球文化网络在空间上基于城市关联，其文化流动是通过其相应文化机构和公司的跨国流动与跨国经营实现的。从这一意义上讲,是这些文化机构和公司构建一个城市全球文化网络。正如 Krätke(2003)指出的,全球运营的媒体公司至少像全球生产者服务供应商一样有影响力,因为它们创造一个全球维度的文化市场空间,形成了扩大至全球城市体系的经济和文化网络。在这一全球文化网络中,处于不同位置(依据其节点大小)的城市之间,构成了一个变态分层结构。那些具有大型跨国文化机构和公司总部的城市通常在这一层次结构中占据高位。例如,纽约、伦敦和巴黎在全球"媒体城市"的层次结构中占据高位(Watson and Hoyler,2010)。因此,上海强化全球文化融汇引领功能,首要载体是基于网络的世界一流文化机构和文化公司总部的集聚,包括各类文艺团体和演出公司、文化创意公司、传媒公司(包括"广播和有线""印刷和出版"),以及从事文化交流和合作的高校、图书馆、博物馆、文史馆、协会与学会等。与此相适应,也意味着上海要有发达的文化创意和传媒产业。文化创意和传媒产业发展,一方面与人们日常文化消费相连接,另一方面又与信息等高新技术相连,具有高附加值、顶尖创意、世界流行的产业特征,需要实现策划、包装、推广的有效对接。一个城市所提供的全球化文化产品或服务,越是显示出高质量和领先性及形成文化生产和文化营销的制高点,越是对周边地区和其他国家形成广泛的市场辐射作用,它为自己所集聚的资源和优势也越是明显。因此,许多全球城市,如伦敦、纽约、巴黎、洛杉矶和东京等都有充满活力的创意产业集群,吸引了不成比例的大批创意人才,形成从事跨国服务贸易的文化创新企业。

在全球城市的文化融汇引领中,传媒机构和公司在某种程度上比文化创意企业更重要。虽然现代通信技术的全球覆盖使传媒公司的市场竞争空间可以拓展到全球范围,但传媒公司具有明显的地域性,倾向于在首选市场,特别是国内市场运作,它们仍然在领土方面锚定(Gershon,1997),几乎没有一个传媒组织本身是真正意义上全球性的,在所有世界市场运作的很少。但这些传媒机构和公司通过采取新的组织结构(增加子公司自主权,加强其专业化)和战略伙伴将其连接成一个相互依存的企业网络(Chalaby,2005),旨在实现全球覆盖和效率,同时确保响应当地市场的需求。因为"只有全球网络可以控制全球传媒生产中所需资源,但占居市场份额的能力取决于其适应当地受众口味的内容"(Herman and McChesney,1997)。Krätke(2003)指出,近年来这些传媒产业集群之间跨国联系进一步增强,导致一个连接良好的全球传媒城市系统的出现。其中,少数特大媒体企业通过连接全球的媒体公司在本地和国内的操作形成媒体网络的全球网络支柱(Castells,2009)。这些网络聚集在城市中心、文化生产的关键区位,其在全球城市网络的文化大都市充当"当地锚固点"(Morley and Robins,1995),但它通过交互作用链接到分公司和子公司的全球网络。因此，随着这一网络延伸到世界其他地区，传媒城市通过战略定位进入这些地区。就当前主要媒体城市的世界地区分布而言，主要是北美、欧洲和亚太地区。在前十排名中，三个地区各有三个城市。上海在总排名中列第15位，远低于基于先进生产者服务网络连通性的第7位全球排名，表明上海的文化传媒功能与服务经济功能严重不匹配，呈现明显的"短腿"。从未来发展来说，一个扩展中的亚太传媒市场对上海显得特别重要。亚太地区主要城市高水平的连接，特别是新加坡、悉尼、东京、上海、台北、北京、香港、首尔，表明亚太是一个非常强烈融入全球媒体网络的地区。在这些城市中创建的媒体产品会更多地被整个地区接受。因此，上海除了集聚大型跨国媒体公司办公室和子公司外，还要有许多较小的媒体机构和相关服务企业，创造出独特的媒体集群，并通过大量的网络实现内部和外部的连接。

与文化创意和传媒机构及公司总部集聚相一致，上海需要吸引一大批文化领军人物、文化创意和传媒人才，通过他们的国际文化交流和跨国业务活动，发挥文化融汇引领的作用。另外，上海要有一批在某一些方面具有国际影响力的全球人物，除了音乐、影视、文学等文化领域中的杰出人物外，可以拓展到更宽泛的政治、经济、科学、体育、环保等领域的杰出人物。他们的言行、态度、表现、服饰等随时传递着大量文化信息，对其他国家熟悉他们的人产生潜移默化的影响，甚至会起到引领作用。

上海培育全球文化融汇引领功能，还必须搭建各种功能性平台。其中一个重要方面，是举办各种有国际影响力的文化活动。例如，打造品牌化的国际艺术节、国际电影节、国际音乐节、国际服装节、国际文学节等，举办世界中国学、世界城市日、世界非物质遗产等大型论坛，举办各种世界博览会和不同文化节日的庆典（如圣诞集市、传统节日嘉年华等），举办大型体育赛事（如奥运会、亚运会）和单项体育活动竞赛（高尔夫、足球）等。城市政府可以通过提供公共场所、免费提供服务等鼓励和发展各种赛事节庆活动，在吸引大众关注或参与的过程中，既促进文化融合又起到文化推广的作用。另外，上海要着力打造文化创意产品的交易流通平台，如版权交易、古董和艺术品拍卖、文化经纪公司、文化众筹等。

大型文化基础设施与地标性文化载体，对全球文化融汇引领功能具有非常重要的支撑作用。文化设施和项目以最具人性化、最有亲和力的特点，被城市内外的人们瞩目和喜爱，因而也是城市品格、城市魅力的物化，容易成为城市的代表和象征。为此，上海要建设一批功能突出的专业文化设施以及迪士尼乐园等大型文化项目，为自身文化大都市建设与国际影响力的提升奠定坚实基础。同时,建设作为一个城市实体象征的文化地标,成为全球识别上海文化风格的重要标志,同时也成为国际旅游的重要景点。

最后,上海具有全球文化融汇引领功能,不仅要有自身的文化特色,还要在文化交流中提高自己的国际知名度,并最终成为重要的文化策源地。为此,要重塑"海派文化"的新内涵和新形象,打造城市文化名片,积极进行城市文化形象的国际交流与全球推广,强化上海与世界各种文化的交流交往,拓展多元的交往方式,搭建更多的文化交流载体,提升上海跨文化交往的能力,很好地展示并体现全球城市的文化品位与时尚潮流,形成既能传承中华文化精髓,又能包容并蓄国外多元文化元素的"文化文明新形态"。

16　上海全球城市空间扩展

上海作为全球城市的演化,随着外部网络性连接的增强及日益生成和集聚全球资源配置功能,势必突破基于地点空间的城市物理边界束缚,呈现空间扩展动态过程。未来 30 年,与上海全球城市演化目标愿景及其功能定位相适应,上海全球城市空间扩展动态过程及新型空间结构重塑将是一个重要演化环节。

16.1　全球城市过程

上海全球城市过程主要是为适应全球城市功能网络化连接的要求,中心城区功能向郊区延伸和覆盖的全球城市空间扩展,从而形成具有足够持续性和非常大的内部互联的"多核"城市系统。这一过程通常伴随着全球城市形成而展开,构成全球城市崛起的一个有机组成部分。

16.1.1　多中心、多核城市空间结构

上海传统城市空间是围绕单一中心城区及以周边为郊区而构建的。在长期的城市发展中,上海以中心城区为轴心向周围蔓延式扩展,实际上表现为中心城区规模扩展,呈现单中心、单核的城市空间结构。在这种城市空间结构中,即便上海形成日益强大的集聚与辐射能力,也只是单一经济中心引力;如果与外部有连接的话,也只是与中心城区的单点连接。上海全球城市演化将从根本上改变这一单中心、单核的空间格局,扩展为多中心、多核的城市空间结构。

进入新世纪,随着上海作为全球城市崛起,中心城区专注于高端全球服务空间集中导致有限的分散化,也开始了全球城市空间过程。值得注意的是,这里指的是有限的分散化,而不是分散化,两者有本质的不同。一个分散化空间结构,是指大部分人口不是居住在城市中心而是分散于市域的非集中模式情况。这种伸张化、分散化的开发,提出了对社区安全、房价升值、无限制使用汽车的普遍需求。因此,当这种分散化与低密度开发联系

在一起时,将消耗更多的土地和基础设施,提供更少的财政收入,同时增加住房成本、个人出行费用和对汽车的依赖。与此不同,有限的分散化,是指人口相对集中于城市地区的分散化,其主要载体是郊区的新城、新市镇。郊区的新城、新市镇是一种相对集中的形式,在劳动生产率方面表现更好,能提供更有效的公共服务,表现为城市的"精明增长"。

上海郊区新城建设目前已完成战略空间布局,基本形成一个较完整的新城体系(见图16.1)。地处上海西北翼的嘉定新城,规划占地面积220平方公里,集聚100万左右人口,分为主城区和安亭、南翔三个组团。地处上海西大门有两个新城:松江新城规划占地面积119平方公里,集聚100万左右人口;青浦新城规划占地面积160平方公里,规划人口70万。地处上海南部(杭州湾北部)有三个新城:南桥新城规划占地面积71.39平方公里,规划人口75—100万;临港新城规划占地面积315.6平方公里,集聚60—80万人口;金山新城规划占地面积187.19平方公里,集聚20—40万人口。地处崇明岛的城桥新城,集聚20—40万人口。这些郊区新城是作为一个独立于中心城区的中心城市存在,完全有别于直接依赖于中心城区的传统卫星城。也就是,郊区新城是以高

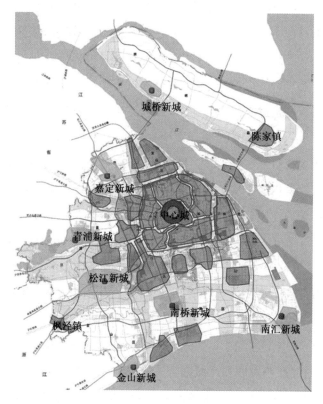

图 16.1 上海中心城与郊区新城

起点规划为引领,高标准建设、高水平管理,统筹城市建设、产业发展、人口疏导、环境保护和社会管理,坚持基础设施和环境建设优先,坚持社会事业和产业发展同步,成为产城融合、主体功能明确、服务功能健全、生态宜居的现代化城市。

与此同时,中心城区根据高端全球服务功能集聚的要求,实施城市更新,优化核心功能,提升城市品质,已形成东西(虹桥枢纽—浦东空港)和南北(黄浦江沿岸)两条现代服务业集聚发展的"十字轴"清晰架构。东西轴上的虹桥商务区、陆家嘴金融集聚区、上海国际旅游度假区、祝桥航空城等串连起沿线功能节点区域,并与东部国家沿海大通道和西部城镇走廊(嘉定、青浦、松江)联动衔接,具有资源要素的导入能力与扩散能力。南北轴充分利用黄浦江沿线生态资源优势和高端服务集聚,沿线形成宝山邮轮城、杨浦八埭头、外滩与陆家嘴金融集聚区、世博园区、前滩、徐汇滨江、闵行紫竹等重点区域,成为集聚高端功能、展示优秀城市文化、示范生态文明的滨江发展轴带。

总之,上海全球城市空间过程,是一个演化为多中心、多核城市系统的过程。其结果,在上海市域范围内,实际上就构成了一个网络化、组团式、集约型的城市群,形成功能结构优化、要素配置合理、居住就业均衡、生态环境良好的空间协调发展格局。

上海全球城市过程中演化出来的"多中心""多核"城市系统,相比"单中心"城市系统,有更多借用规模的可能性。但这并不意味着其中必定发生这种"区域化"的城市外部性。正如 Bailey 和 Turok(2001)指出的,分离城市整合导致比类似规模单中心城市有更多集聚优势的观点是过于简单化了。因为,多中心优势往往伴随着一个缺乏集聚的劣势(Fujita, Thisse and Zenou, 1997;Bertaud, 2004)。这似乎主要局限于大都市地区中个体城市的规模(Parr, 2002)。目前,上海这些新城和新市镇并不具有明显的规模优势。这不仅仅是指基于实际人口规模的优势,还有更深层的涵义,即一些城市规模优势源于都市环境的性质,并与诸如密度、距离、面对面的接触、非正式结构、偶然交互等因素有关(Parr, 2004)。这些郊区新城和新市镇,由于发展时间较短、缺乏深厚的城市底蕴,往往在这方面较少具备优势。正因为新城和新市镇的规模优势不明显,反而凸显了多中心城市结构中更长出行流动、更长商品流动和更少便捷信息流动必然性的弊端。

因此,在上海全球城市过程中,一个重要内容是大力培育新城和新市镇的规模优势。这里,关键是通过产业发展和产城融合来进一步集聚人口规模。然而,现实中我们看到,早期发展阶段,一些新城和新市镇产业发展薄弱,主要通过房地产来吸引人口导入,往往造成"空城"现象。现在,大家已普遍认识到这一问题,加大了产城融合的力度,至少在规划上是如此。例如,松江新城由新城南片区、新城北片区、工业园区和科技园区四个片区组成。青浦新城由现青浦老城、青浦新区(东部)、向西延伸区域和朱家角镇区四部分组成,形成"三轴"(淀山湖大道发展轴、公园路发展轴和老西大盈港发展轴)"六片"(东片——居住区、中片——行政、文化、商业等公共服务功能集聚区、西片——高端服务功能集聚区、滨湖片、北片——高科技创意研发产业园区、工业区片)的发展格局。但值得注意的是,真正的产城融合,不是区块分割式的整合,而往往是嵌入式的交融。如果要划分片区的话,每个片区内都将是嵌入式产城融合,只不过功能特色不同而已。事实上,新城和新市镇只有形成自己的主体产业及相应产业配套,具有生产、生活一体化服务功能,才能真正集聚人口规模。其次,要提升城市性能,优化城市环境,积淀城市底蕴,扩大城市吸引力和影响力。当然,新城和新市镇有一个自然发展过程,需要不断的积淀和升华,人为"造城"运动往往适得其反。

16.1.2　网络化功能交互外部性

上海全球城市过程,不仅仅是"多中心""多核"城市形态的演化,更主要的是塑造多中心的网络关系,其核心是功能集成。因为当集聚优势越来越与更加地区化的空间结构相联系时,网络可能替代聚集(Johansson and Quigley,2004),从而使多中心成为上海全球城市日益强大的资产。然而,形态多中心并不意味着功能多中心,两者有可能出现偏差或偏离,即多中心之间缺乏强有力的功能连接和集成,并没有形成网络关系。从动态看,形态多中心往往先于功能多中心,特别是在政府大力推进新城建设的情况下,总是先呈现多中心形态而缺乏相应功能连接与集成。因此,上海全球城市过程演化方向及其重点在于功能多中心,促进多中心之间功能连接和集成,形成网络化的多中心空间结构。

从上海目前情况看,新城建设已构建起形态多中心的空间结构框架,但网络化程度不高,尚未形成功能多中心的城市网络。这突出表现在:虽然中心城区原有制造业向郊区转移布局,但中心城区许多非核心功能仍未有效疏解,而核心功能由于层级较低也并不显著。与此同时,一些新城的功能定位尚未真正清晰化,处于不断修正之中。即使那些功能定位在规划中已明确的新城,也尚未真正形成其应有的城市功能,仍处于功能培育阶段。因而,新城与中心城区之间的功能专业化分工仍处于混沌状态,直接影响其功能连接和集成程度。至于新城之间的功能连接与集成,就更为薄弱和短缺了,几乎是"各自为阵"状态。在这种情况下,尽管已形成"多中心""多核"的形态架构,但由于竞争效应(Dobkins and Ioannides，2001)，中心城区功能(包括非核心功能)的大量集聚具有明显"挤出效应"，给新城功能培育带来阴影效应，导致其增长有限；而新城之间趋于功能同质化，导致过度竞争。由于缺乏网络化的功能连接与集成，这种"挤出效应"甚至出现在新城与新市镇之间，新城的崛起吸纳了区内大量资源(包括人口)，导致一些市镇迅速衰弱。显然，这尚未充分体现出多中心城市结构对大都市绩效直接和积极的影响。

因此，促进上海功能多中心或网络化多中心空间结构，将是在合理分工、明确和培育起各自主要功能的基础上进行连接和集成。其中，关键是中心城区与郊区新城之间的功能连接和集成。在这里，一个重要前提或环节是中心城区一些整体性非核心功能的有效疏解。这里要对中心城区的非核心功能疏解有一个全面理解。人们往往将此理解为：仅仅是中心城区把一些"后台"功能转向郊区新城。这只是其中一种方式，并不代表全部涵义。如果仅仅把郊区新城作为后台基地，虽然有助于建立起中心城区与新城的功能连接，但也增大了新城对中心城区的单向依赖性，仍然会有阴影效应，不利于新城市的功能培育。正如 Burger、Meijers 等人(2015)指出的，一般而言，大城市对周边小城市蒙上一层阴影，主要是利用其后台基地，而不是相反。更何况，前台与后台功能是可以转换的。例如对于外国公司来说，中心城区在某种意义上也是一个后台，因为它们在中心城区的操作系统以及许多处理能力是为其他地方所用，实现规模经济，实际上是提供某种程度的后台活动与维修，特别是诸如 IT 和结算等。

当然，中心城区的非核心功能疏解，首先取决于中心城区能级与品质的提升，以及核心功能的增强。否则，中心城区的非核心功能就难以有效疏解。若强行疏解，势必造成中心城区的衰落。中心城区能级与品质提升以及核心功能增强，本质上是一个区位红利问题。因为对于许多全球化功能性机构或公司来讲，这一区位红利仍是压倒一切的区位决定因素。例如，伦敦金融城有极高的区位红利，尽管其办公空间不足，金丝雀码头向东已成为金融城的银行和金融服务集群的一个不连续扩展，但一些公司保留使用在金融城的办公室，只是为了在那里开会。因此，上海中心城区能级与品质的提升，主要是营造公司建立信任关系或进行复杂谈判需要的"氛围"、配套服务和创造性的环境、市中心生活方式供给的接近等，这将是巨大的有形资产。对于服务公司来讲，存在于合适环境中是很重要的。而且，它们有各自定义的合适环境。一家银行业的合适环境，并不是一家广告公司的理想环境。

中心城区的能级与品质提升，通常会面临空间饱和以及一些设施陈旧等问题，需要进行城市更新。国际经验表明，城市更新是中心城区破解发展瓶颈的重要举措。这意味着中心城区要加大更新力度,促进城市空间集约、高效、可持续开发利用。这种城市更新要按照历史遗产保护、生态和重大事件导向,统筹土地空间资源,加强对利用低效土地和废弃区域进行改造和更新,鼓励土地及建筑混合使用和复合使用,强调公共设施的一体化和多功能化,保护邻里网络和公共空间,优化水绿生态资源布局,注入大量文化、历史元素,突出体现建筑、环境与人的和谐共存,促进城市功能、规模和结构的紧凑布局。同时,要以提供更清洁、更可靠、更安全的服务为宗旨,分类改造升级交通、能源、水利、环境等城市基础设施,加强对城市重要安全设施的更新与加固。例如,针对中心城区交通拥堵的突出问题建设高效便捷的综合交通体系,完善多层次交通网络,积极发展无障碍出行、步行、新能源等特色交通系统,提升交通设施供给水平、道路交通系统承载能力。又如,针对中心城区人流、车流、信息流高度密集的特点,着力完善城市风险的预防、准备、应对和恢复的安全防护体系和机制,不断增强资源能源供应安全保障能力、综合防灾减灾能力和公共安全风险抵御能力。在中心城区更新中,还要积极引入智慧城市建设,加强现代信息技术的综合运用,重点是推进大数据、移动互联网、物联网等技术在城市更新中的广泛运用,加快对住房、建筑、社区的智能化改造,建立精细化、自动化、敏捷化的智慧城市管理体系,推进信息化与城市更新的深度融合。

在中心城区提高能级与品质以及有序疏解非核心功能的基础上,郊区新城作为一个产业配套、独立循环的城市,要逐步培育和形成体现自身特色的一组完整功能,而不是完全依附于中心城区的附属功能。因此,郊区新城不仅要具备比中心城区更多的制造功能,也要有相当比例的服务功能,有大量先进生产者服务公司的集聚。事实上,先进生产者服务公司由于集聚外部性存在,通常会表现得更好(Phelps, Fallon and Williams, 2001),从而允许公司定位于小城镇,同时获得附近更大地方的专业劳动力和信息外部经济。因为劳动力代表最不移动生产要素之一,(专业)劳动力市场一体化是借用规模的一个重要原因(Phelps, 1998)。而且,在一小时行程的距离范围内,郊区新城仍然可以与中心城区保持面对面的接触,但不会引起中心城区内的交通拥堵成本(Polèse and Shearmur, 2006)。这将使主要大都市地区的小城市已经能够专注于一组功能,特别是在金融和企业服务部门有较高的就业份额(Hesse, 2014)。例如,像嘉定新城那样,优先发展附加值高、辐射能力强的现代服务业,以汽车产业为核心,重点培育以大型制造业、企业营销、研发和行政总部集聚地为特征的总部经济,成为以现代服务业、世界级体育休闲产业和高科技产业为核心的现代化城市。

只有在此基础上,郊区新城才能形成与中心城区的双向功能连接和集成,不仅使中心城区得以增强其核心功能,而且减弱中心城区的集聚阴影,从而得以更好发展,产生城市绩效的直接和积极影响。也就是,新城借用中心城区的"通道"和"平台"进入世界市场,促进资源全球流动;而中心城区则借用新城的"子网络"扩展和提升其通道和平台的能级。这样,在功能互补基础上,可以通过网络交互彼此借用"绩效"来促进区位提升。Camagni、Capello 和 Caragliu(2015)发现,一流城市的网络会导致二线城市更高的平均区位收益,即使这些网络并不存在于当地。也就是,中心城区的网络将有助于郊区新城提高区位收益,而这些新城的绩效提高也将使中心城区得以借用"绩效"而提高区位收益,存在着彼此借用"绩效"而共同提高区位收益的网络化功能交互外部性。

特别要指出的是,基于上海全球城市空间过程的郊区新城,不是一般城市区域住宅和工业分散化,而是适应全球城市功能网络化连接要求,具有对外辐射状的区域节点功能的产物。因而,它们在功能定位上,是"面向全球、连接长三角"的具备综合性辐射、服务作用的区域性节点城市。当然,它们之间也有所分工。地处上海西北翼的嘉定新城,将结合国家铁路干线网络,依托沿江发展带(沪宁段)构建复合城际铁路通道,发挥与昆山、太仓、苏州、无锡等地区联系的区域节点功能。地处上海西大门的松江新城和青浦新城,通过沪杭、沪渝城际铁路复合通道,发挥与嘉兴、湖州等地区联系的区域节点功能。地处上海南部(杭州湾北部)的南桥新城市、临港新城市和金山新城,依托沿海铁路大通道,通过环杭州湾地区多方向、多模式的城际交通通道,发挥与绍兴、宁波、舟山等地区联系的区域节点功能。地处崇明岛的城桥新城,通过加强沿海铁路与沿江铁路的运输和中转能力,发挥与海门、启东等地区联系的区域节点功能。与此同时,各新城之间培育具有自身特色的城市功能。一是错位发展,形成各自专业分工的城市功能。从这一意义上讲,新城除了具备一般城市功能外,也要有基于专业化的自身核心功能,特别是专业特色明显的主导产业及产业集群。例如,临港新城的现代装备产业集群,南桥新城美丽健康产业集聚的"东方美谷",嘉定新城的汽车城等。二是功能互补。在专业分工和错位发展的基础上,新城之间通过网络交互彼此借用其当地优势资源,实现与当地要素的有效配置,形成网络化功能交互外部性。

16.2 全球城市区域过程

上海全球城市区域过程是全球网络契约关系跨市域边界向周边邻近地区伸展的空间重组过程。在此过程中,很可能演化为形态单中心与功能多中心相结合的区域空间结构,有助于提高区域绩效。但关键在于上海全球城市区域发展模式的选择及其动态变化,实现更加网络化的区域治理。

16.2.1 区域空间范围动态化

上海在全球城市演化中日益生成密集、跨国的网络集聚,同时也生成与邻近小的、多部门产业集群互补全球功能的交互联系,从而使全球城市功能扩展到更大的城市区域,包括多个功能相互关联的城市定居点。因为在集群的全球区位中,公司及其配套基础设施的集中,从熟练劳动力到 IT 等,对国际商务依然是至关重要的。由于其国际连接的增加,对这类集群的周边地区扩大有重要影响(Pain,2006)。这些区域的基础设施、创造力以及劳动力市场的密度,对那些全球性公司产生吸引力(Simmonds and Hack,2000),从而全球性公司可能仍然偏爱那些围绕全球城市共同核心的全球城市区域。反过来,这些全球性公司的迁入及其运营将对这些区域的发展做出应有贡献。从这一角度讲,全球化正导致"尺度改变",使城市地区成为"在塑造全球化本身中的活性剂"(Scott,2001)。

特别要指出的是,全球城市区域与都市圈是不同的概念。都市圈主要是时空距离邻近的城市复合体,更多从地区尺度考虑其相互之间的关联。例如在《长江三角洲城市群发展规划》中有五个都市圈,即南京都市圈(包括南京、镇江、扬州)、杭州都市圈(包括杭州、嘉兴、湖州、绍兴)、合肥都市圈(包括合肥、芜湖、马鞍山)、苏锡常都市圈(包括苏州、无锡、常州)、宁波都市圈(包括宁波、舟山、台州)。上海作为全球城市,其功能空间扩展是全球城市区域,完全突破了都市圈的范畴,可能涵盖了某些都市圈或与某些都市圈有部分交集。更主要的是,全球城市区域的本体是一个更加广泛的"网络契约"(书面及隐式的),其针对有形(人员、货物)和无形(服务、知识)的流动,把既定地方连接到相互连接的网络之中。而且,全球城市区域的"网络契约",在许多情况下是全球行动者之间的"关系契约",包括全球企业、服务和全球网络、全球知识等。当然,全球城市区域是一个"地点+流动"的复合空间。也就是,其本体是网络契约,但又有周边邻近的显著特征。因此,上海全球城市区域范围要基于流动空间的网络关系,以企业跨地域联系来测度上海与周边城市的经济联系强度,同时辅之以时空距离法。具体讲,采用"总部—分支机构"分析法,根据标准化单向辐射关联度和双向关联度进行排序,把第一、第二梯层的城市纳入上海全球城市区域,第三梯层的城市需要与时空距离法所确定的范围进行重叠分析来决定是否纳入。

同样,上海全球城市区域过程是一个动态过程,其区域范围是有伸缩性的,要根据城市间网络关系变化而确定,并不是事先圈定一个范围将其固化下来。从这一意义上讲,上海全球城市区域范围不宜依据传统时空距离法来确定。因为不管是以 1 小时通勤及辐射半径 100 公里为标准,形成面积约 2 万平方公里、人口约 4 500 万的上海大都市区,还是以 1.5 小时通勤及辐射半径 150 公里为标准,形成面积约 4.7 万平方公里的上海大都市区,似乎都把上海全球城市区域范围静态化和固态化了。上海全球城市演化本身是一个不断崛起的过程,其网络契约关系是在不断变化的。而且,随着现代交通和信息技术发展,时空距离也可改变。

依据上海与周边地区城市网络契约关系程度,从近期和中期角度看,我们认为,上海全球城市区域的可能空间范围涉及苏南地区的苏州、无锡、常州;苏北地区的南通;杭州湾地区的嘉兴、绍兴、宁波以及舟山等 8 个城市及其下辖的 25 个城市,即"1+8+25"。上海直接毗邻的苏南地区,苏州、无锡、常州三个城市及下辖的昆山、太仓、常熟、张家港、江阴、宜兴、溧阳等城市,一直以来与上海有密切的经济联系,特别是随着沪宁高速公路较早开通,与上海的经济交互更加密集。而且,在对外开放中,与上海一起承接了大量全球产业链的分工,具有较强的功能连接与交互,甚至超过与省会城市南京的连接。杭州湾地区的嘉兴、绍兴、宁波三个城市及下辖的嘉善、平湖、海盐、海宁、桐乡、诸暨、嵊州、新昌、慈溪、余姚、奉化、象山、宁海等城市,一直以来也与上海有密切的经济联系和历史渊源,随着沪杭甬高速公路以及两座杭州湾大桥的开通,极大压缩了时空距离,与上海的经济联系更加紧密,尤其是杭州湾南部与北部的产业集群形成较大的产业配套与互补。如果未来有第三座公路、铁路两用的杭州湾大桥开通,势必带来更大的功能连接与交互。苏北地区的南通及下辖的启东、如皋、海门等城市,原先与上海的经济联系并不强,但随着沿海大通道的贯通,其区位条件大幅改善,与上海的经济联系日益紧密,呈现不少两地联合共建的开发区,成为上海科技成果产业化和产业转移的重要地区。舟山及下辖的岱山、嵊泗等城市,作为港口城市,是上海国际航运中心组合港的重要组成部分,舟山跨海大桥与宁波绕城高速公路和杭州湾大桥相连接,也使其与上海的经济联系更加紧密。

由此构成的上海全球城市区域,由于特定区位、历史渊源、发展基础以及全球化程度等方面的协同,表现出明显的区域特征:(1)全球化深度嵌入,区域整体全球化程度较高。(2)有深厚的历史渊源和天然联系。(3)经济发达,产业先进,产业关联较强。(4)从长三角主体功能分区的角度讲,属于优化开发区域,即资源环境承载能力出现阶段性饱和的地区。(5)城镇化水平高,人口增长快。

16.2.2 全球城市区域空间重组

上海全球城市区域是一个长期的空间重组过程。从这一角度讲,由单中心—多中心定义的区域空间结构可视为外生的(Lee and Gordon,2007)。然而,这里仍然有一个空间结构对绩效影响的问题,即"单中心"或"多中心"将带来什么样的绩效影响。这一问题的评估,对上海全球城市区域空间结构演化及其选择是至关重要的。

上海全球城市区域,从形态空间讲,上海是独一无二的超大城市,其他则是中、小城市,呈现典型的单中心结构。这也许是上海全球城市区域固有的形态空间结构,不会随时间而改变。然而,从功能空间讲,其空间结构则会随时间而改变。在上海全球城市区域演进初期,可能其他城市均围绕上海核心城市单向功能连接,呈现功能单中心结构;随着全球城市区域不断演进,其他城市不仅与上海核心城市形成双向功能连接,而且彼此之间也具有越来越多的双向功能连接,呈现功能多中心结构。从这一意义上讲,后工业化城市地区的新兴空间形式是典型的多中心(Kloosterman and Musterd,2001)。

首先要肯定的是,不管是"多中心"还是"单中心"的空间结构,处于全球城市区域中的城市通常相比孤立的城市有更高借用规模几率(Meijers and Burger,2015)。然而,全球城市区域空间结构对区域绩效的影响是一个复杂的过程,往往呈现双重混合的结果。我们知道,城市化的外部性对劳动生产率有一个积极和显著影响。根据 Rosenthal和 Strange(2004)的研究,城市规模加倍,劳动生产率提高 3%—8%,或者如 Melo、Graham 和 Noland(2009)用荟萃分析估计得出的平均 5.4%。由于外部经济并不局限于一个城市核心,而是相反,似乎是在一组功能链接的定居点中被共享(Phelps and Ozawa,2003),因而全球城市区域由于规模扩大,其城市化外部性效应趋于更大。若大都市区的规模加倍,将提高大都市区劳动生产率 10%以上(Meijers and Burger,2010)。当然,这种外部经济也有成本。因此,劳动生产率是集聚经济(收益)与集聚不经济(成本)之间平衡的结果。

这种平衡在多中心的全球城市区域中表现更好,意味着集聚外部性遍布于更大范围、可能在多个城市的地区中交互,因而集聚外部性的复合源是同地协作。从这一意义上讲,多中心的程度对全球城市区域劳动生产率有一个积极和显著影响。人口越均匀分布在一个全球城市区域的不同地方,全球城市区域的劳动生产率越高。也就是,在其他一切不变的情况下,人口相对均匀分布于城市地区比人口集中在一个大城市有更高的劳动生产率。实证研究表明,多中心程度的加倍,全球城市区域劳动生产率增长5.5%(Meijers and Burger,2010)。

然而,城市规模的影响,随着全球城市区域更加多中心化而减弱,其城市化的外部性更少。正如 Meijers(2008)发现的,一个地区越是多中心,文化、休闲和体育设施的存在越少。这也可以被解读为单中心城市外部性更大的事实。因此,全球城市区域的多中心程度对劳动生产率又有一个间接的负面影响。换句话说,随着全球城市区域越来越多中心,城市化的外部性能级相比单中心要小,基于规模效应的生产率提高将减弱。从理论的角度来看,我们不能指望人口集中于大城市的优势(基于密度、接近和简单的、有时意外发生的信息交换),同样出现在人口分布于多个小城市的一个全球城市区域中。

人们通常沿着思维惯性,认为多中心结构比单中心结构更有绩效。但事实上,多中心结构并不一定意味着有更高的劳动生产率。关键在于,它取决于中心之间的交互程度。只有中心之间的交互导致更高劳动生产率,并高于基于规模效应的生产率提高的减弱,才能真正体现全球城市区域多中心结构的价值。在这一前提条件下,上海全球城市区域的形态单中心与功能多中心相结合的空间结构,将有助于区域绩效提高。

必须指出,中心之间的交互程度,是以地区多中心之间的行业专业化倾向为前提的。《经济学家》(*The Economist*,2004)对日本制造业的调查显示,许多研发光电产品的全球市场领军企业都位于小城市或中等规模城市。这些地方提供专业化的全球功能,并与全球范围内的其他地方保持复杂的关系,但这些地方却不具有通常与全球功能相联系的多样化功能(也不会有规模的多样化)。正是在由较小规模城市组成的地区多中心之间行业专业化基础上,中心之间的交互程度得以提高,构成密集和强烈的生产商地区网络,具有日益强大的内生性增长机制和全球市场延伸力。只有在这种情况下,全球城市区域内通过企业集群才能获得竞争优势,并具有大规模聚集的"组织效应",例如丰富的物理基础设施弥补了城市扩张的公共资金缺乏,密集的当地劳动力市场和房地产市场、生活习俗和文化的整合,尤其是充当学习、创意、创新等新的事务接触和体验中心的角色(Scott,2001)。

从目前上海全球城市区域情况看,这种地区多中心之间的行业专业化倾向虽有所表现,但并不充分,甚至部分行业出现同质化的低水平过度竞争现象。这在一定程度上降低了中心之间的交互程度,从而影响区域绩效水平。但从演化趋势看,上海全球城市区域的经济活力,来自全球城市作为"超星系团"的角色以及一系列"领先行业"的巨大扩张,在其内生性增长机制作用下,这种状况将会改善,多中心之间行业专业化倾向将越来越明显和突出。在多中心之间行业专业化基础上,上海全球城市区域要充分体现"同城效应"的协同发展。当然,除了基于经济网络的功能连接外,在其他方面也要协同发展,例如转变空间开发模式,集约利用土地,加强生态环境保持,促进社会保障区域联动,推动科技、文化交流等。

16.2.3 全球城市区域发展模式

在全球城市区域过程中呈现一系列不同发展模式,本质上与其社会空间维度有关。Jessop、Brenner 和 Jones(2008)在区域研究中曾提出四个截然不同的社会空间维度——领土(T)、地点(P)、尺度(S)和网络(N)。其中,每一个维度都具有其明确的空间转换假设。这些空间维度的组合,构成不同区域发展模式。我们可以用其作为划分和研究上海全球城市区域发展模式的分析框架。

上海全球城市区域过程,其现实起始点是基于"新地区主义"的区域发展模式,具有明显的"层级标量领土嵌入式"特征。这在很大程度上是一种路径依赖的结果。长期以来,在人们的认知中,区域本质上作为一个"地方空间",具有地方主义性质。由于地方政府最清楚驱动地区经济增长的需求,致使一些国家地区政策倾向于进一步权力下放,以确保区域和地方机构有能力、有能量和有信心来克服区域经济差距。在中国改革开放过程中,更是明显表现为权力向地方下放,并通过分税制等制度安排予以固化。当然,权力向地区下放并不意味着国家力量的相对衰落,而是国家所作空间选择性的一个例子(Macleod and Jones,2001)。在此过程中,国家依然是主协调器和变革的推动者,从事更加复杂化、交织化和多样化的重新调节过程,为组织和构建全球化的资本积累形式寻求多尺度政治经济方位(Brenner,2004)。在此过程中,形成了具有较强烈地方主义性质的区域发展模式。

这种区域发展模式虽然承认地区发展各个方面(如行政、文化、经济、政府、历史)的联系,但强调领土的单一空间维度明显优于其他三个维度(地点、尺度、网络),把地方政府、行政单位作为实际或潜在的次国家政治单位。也就是,行政区域是空间经济的组织特性。这作为一种制度范式,倾向于把地区作为整体集成和有界限的领土,尽管承认它们可以采取各种联系形式,却很少(如果有的话)一致性或有一致的地理(Painter,2008)。但考虑到当代地理位置的重要性、地点的特异性以及对人和地点解释的理解(Pred,1984),这种"层级标量领土嵌入式"的区域发展模式并不总是把区域视为静态和固定的,也倾向于认为地区作为动态、流体和演化的社会建构总是处在"生成"过程中(Paasi,2010),强调偶然性及其变化过程形成,并承认地方有一定的集成度和连贯性一致(Paasi,1986)。因此,地方和地区的构成与重组是作为不同(通常是相互竞争的)经济、政治和社会力量在邻近和远处一个特定位置操作的相互作用的偶然结果(Massey,2007)。当然,作为全球城市区域,更重要的是空间尺度变化。Macleod 和 Jones(2001)注意到,要通过全球化条件下的空间尺度改变和再地方化来发现地区是如何被社会和物质重构的。在这种背景下,地区被视为一个多层治理的复杂系统中的竞争和战略地区(Macleod and Jones,2007)。

全球城市区域过程能否容纳或利用这种"层级标量领土嵌入式"的区域发展模式?Scott(2001)曾乐观预测,全球城市区域的胚胎巩固进入明确的政治实体,作为连续的当地政府区域,协作形成空间联盟。但在实践中,这种情况并没有真正发生。虽然有地方政府之间的某些政策合作,但全球城市区域都没有成熟的治理战略系统来支持多尺度发展过程。对此,走向另一个极端的呼吁是"重新国家调节"以反对分散治理(Allmendinger and Haughton,2007),但并没有解决管理开发过程的更大挑战,即在全球城市区域内跨多个城市边界尺度的流动。因此,全球城市空间扩展形成的复杂功能区域,带来了对"马赛克"地方空间政策的新挑战,需要领土边界的非竞争性以及富有弹性、敏捷反应的结构,以便能够使城际商务结构和流动建立友好关系(Castells,1996)。这种强调地方政府发挥着重大作用并形成独特地区权力结构的发展模式,并不适合于全球城市区域发展及其演化。这意味着上海全球城市区域演化首先要突破"新地区主义"发展模式的禁锢。

实际上,全球城市区域是领土化和去领土化进程之间斗争和冲突的产物(Harrison,2010)。在全球城市区域过程中,"领土嵌入"与"关系和无界"并不是非此即彼,而是兼备和互补替代的,通过强调平面本体的网络连接,更适合观察区域透视图的关系概念(Hudson,2007)。在上海全球城市区域演化初期,可能要更多采取兼顾"领土嵌入"与"关系和无界"的方法。一方面,区域内活动尽管在不同地区边界的城市间扩展,但受地方政府边界限制。另一方面,城市区域的网络连接则是超越行政边界的。这样,我们就可以把上海全球城市区域视为功能相互关联的地理区域,包括上海核心城市以及作为网络一部分的城市中心和周边腹地,让网络形式的治理更多兼容既有"领土嵌入"状态的空间组织形式。目前,上海全球城市区域过程是一种更宽泛、更加政治中立和领土内嵌的区域,城市间合作将是唯一的接触点。这意味着全球城市区域的领土边界接合,迅速成为占主导地位的城市间合作协议。因此,这是一种比较典型的"地点＋网络"兼备发展模式。与"层级标量领土嵌入式"发展模式相比,这将更有利于促进全球城市区域演化。然而,基于既作为领土又作为关系配置的地方机构,不可能更依赖网络来维护该地区的整体一致性,而是最终维护协调区域经济发展的监管控制及其自身合法性。从这一角度讲,这一发展模式对全球城市区域形成多节点城际网络是有阻碍的,从而也是不可持续的。

上海全球城市区域进一步演化,也有可能形成一种"同质多形"的发展模式。也就是,围绕四个维度松散捆绑在一起,作为"既有的多态和多维"社会空间关系组合的全球城市区域发展。采取这样一个"既有的多态和多维"的组合方法来配置地区发展,主要是针对全球城市区域日益增长的不确定性。也就是,它是由未来地区经济、政治及其机构日益增长不确定性的政治因素驱动的。在这一发展模式中,领土边界仍然是明显清晰的,包括政治—行政地区和非正式组成部分的地区。此外,也存在多重尺度,即区域不代表唯一的尺度,也包括与城市边界兼容的子区域,表现为新的主导社会空间关系。因此,存在一个清晰的层次结构:区域(跨城市边界)、子区域(与城市边界兼容)、城市、城镇。在这一发展模式中,可能是一种领土(非重叠性)治理与功能(重叠性)治理结合的多层次治理结构。其真正重要的是社会空间关系多个维度如何以不同方式、在不同时期和在不同背景下结合在一起,确保地区整体一致性的相对重要性(Jessop, Brenner and Jones, 2008)。这种需要更加复杂配置的逻辑,在实践中其实是很难操作的。根本问题在于,此过程中新兴尺度改变策略与传统国家标量组织框架发生冲突以及只有部分修正(Brenner, 2009)。显然,这将阻碍区域网络关系深化发展,而且可能导致跨地区的连接并不是完整意义上基于城市区域、大学、机场和港口及其相关的虚拟流动、网络和集聚。

上海全球城市区域演化,最终将走向多节点城际网络化发展模式。这是一种"地区关系主义"(Hazell, 2000)发展模式。它以网络维度占优作为保持地区整体一致性的构建原则,以一组宽松的、更可协商的政治安排,采取关系网络的形态,延伸和超出既定的地方边界(Aalen and Cochrane, 2007)。这种全球城市区域表示和定义为一个关系网络的"流动空间",通过流动扩展到地区之外显示外部网络化,通过经济功能从一个核心区延伸和辐射至物理上独立但功能网络化的城镇周围腹地显示内部网络化,因而是一种多节点城际网络化发展模式。其明显特点是:(1)强调区域边界是开放性的,以及在点上可渗透的,关系网络空间是跨领土的,以直接破坏地区作为一个有领土实体涵义的方式重塑地区。因此这一"关联式和不受约束"的区域,摆脱其领土边界的政治行政区划的约束,用无界的城市区域取代行政区域。(2)在这一关系网络化贯穿领土的地区中,城市作为关键节点在空间经济中处于优先地位,呈现多节点城际网络化的空间愿景。(3)基于节点的流动是最普遍的,最突出的是国际、国家和地区连接的流动线路,而不是政治—行政边界。因此,增长走廊高度聚焦在主要高速公路和铁路、航空网络上,赋予机场和港口作为国际门户的突出地位。(4)具有获取竞争力优势的网络化区域治理,要求进一步权力下放来鼓励和加强协调和合作,通过更好地调整决策与实现真正的经济区域来确保最大的效果。

上海全球城市区域形成多节点城际网络化模式,也许对推进聚焦于跨区域合作和协作的更进步和有效的空间政策(Amin, Massey and Thrift, 2003)是可取的,但其关键所在,则是这种网络化区域治理的新制度框架涉及区域边界的终极指向。因为在这一关联式和无界的区域内,客观上还存在着行政区划,有非常强大的政治和行政组织。网络化区域及其治理无法逃避现有政治—行政单位的领土马赛克,最后还必须"直面国家和地方政府之间的财政关系和流动、管辖权界限、各个地方分配问题的残酷现实"(Jonas and Pincetl, 2006),必须与真正的政治—行政机构接口。因此,区域机构面临的主要任务是,既要为发展经济和空间策略更好管理其基于领土定义的政治—行政边界的法定责任,同时推动超出其区域边界延伸的网络化治理的新安排。换句话说,地方政府如何妥善处理管理领土化和去领土化过程之间的矛盾和紧张关系(Hudson, 2007),使这种更加网络化区域治理在一定程度上与现有领土内嵌状态空间组织形式相兼容。

16.3 巨型城市区域过程

未来30年,上海全球城市空间扩展向长三角地区更大范围的延伸,即向长江三角洲巨型城市区域演化,为其内生性使然。这将表现为一个围绕全球城市的网络化区域发展,其中有一组显示一个复杂分工的物理上分离但功能上相互关联的城市及周边郊区的内陆地区,并呈现独特的形态"单中心"与功能"多中心"的空间结构。

16.3.1 长三角巨型城市区域

上海全球城市空间扩展向巨型城市区域演化,有其相应基础和前提条件:一是长三角地区的高度全球化水平;二是长三角地区的高度城市化水平。长江三角洲地区是中国开放程度最高区域之一,国际贸易、航运、金融等功能日臻完善,货物进出口总额和实际利用外资总额分别占全国的 32％ 和 55％,同时也有日益增多的国内企业"走出去"对外投资,从而具有广泛、密集的全球连接以及在该地区的网络扩张,表现为典型的全球化空间区域特征。长三角地区也是中国经济最具活力、创新能力最强的区域之一。产业体系完备,配套能力强,产业集群优势明显。科教与创新资源丰富,拥有普通高等院校 300 多所,国家工程研究中心和工程实验室等创新平台近 300 家,人力人才资源丰富。而且,长三角地区交通条件便利,经济腹地广阔,拥有现代化江海港口群和机场群,高速公路网比较健全,公铁交通干线密度全国领先,立体综合交通网络基本形成。另外,长三角地区是中国城镇化基础最好、城市群发展最密集、大中小城市最齐全、城市层级合理分布、各具特色的小城镇星罗棋布、吸纳外来人口最多的区域之一。城镇分布密度达到每万平方公里 80 多个,是全国平均水平的 4 倍左右,常住人口城镇化率达到 68％。城镇间联系密切,人文相近交融,具有深厚的历史渊源和人脉关系,区域一体化进程较快。从未来看,长三角地区处于东亚地理中心和西太平洋的东亚航线要冲,是"一带一路"与长江经济带的重要交汇地带,在中国全方位开放格局和更高层次参与国际合作和竞争中具有举足轻重的战略地位。

从形态集成上讲,长三角巨型城市区域是一组位于上海全球城市周围物理上分离但邻近的城市及周边郊区的内陆地区。然而,它与全球城市区域不同之处,不仅在于涉及地域更广大,更主要的是由两个或两个以上的城市系统结合成一个更大的、单一的城市系统。巨型城市区域的基本特征之一,是有若干核心城市(先进生产者服务节点)存在。例如,在世界上最大的 40 个巨型城市区域中,有 24 个是通过两大城市联合命名来标志一个巨型区域的。当然,更为重要的是功能连接与集成,即基于全球网络嵌入巨型区域的城市之间以不同方式驱动在物理上独立和间离的城市经济增长。具体表现为:
(1)经济集成:区域内核心和非核心城市之间具有潜在差异化的劳动分工,特别是全球城市中的先进生产者服务与二级城市中其他类型活动的分工。(2)关系集成:区域内不同城市之间信息、思想、人员、资本的强烈流动,包括由先进生产者服务日常活动引起的有形和无形流动。(3)组织(网络)集成:区域内城市的互补性,先进生产者服务网络不仅仅在全球城市中体现,而且连接一些邻近城市。(4)政策集成:在巨型区域层面存在着战略与规划、政策,甚至协调机构。当然,其并不被视为定义巨型城市区域的构成要件。

依据巨型城市区域形成的内生性及其特点,长三角巨型城市区域演化将围绕若干核心城市展开。上海作为世界综合性全球城市,是长三角巨型城市区域中最主要的核心城市,不仅具有全球资源战略性配置的广泛功能连接,而且将把全球功能连接延伸到不同尺度区域之中。上海在长三角巨型城市区域"四大发展带"(即沿海发展带、沿江发展带、沪宁合杭甬发展带、沪杭金发展带)中处于交汇地位,将发挥龙头带动的核心作用和区域中心城市的辐射带动作用,促进"四大发展带"的聚合发展。南京、杭州、合肥、苏州、宁波等核心城市是先进生产者服务企业集群的地方,也是这些公司网络组织中的节点,成为先进生产者服务机构之间活动关系和交互、相关信息流动和知识转移的容器或流体空间。这些核心城市具有相应的高度,其核心标志是产生基于声誉、技能和专业人士的交互和人际交互的环境和区位。对于先进生产者服务公司来说,获得稀缺和专业的人力资源显得比接近客户更为重要(Cook,Pandit,et al.,2007)。处理核心城市之间信息流动所必需的人际技能的深度和广度,则要求许多具有专门人才和知识的机构有效和紧密共存。隐性或编码的信息交流、正式和非正式的信息、俱乐部效果和社交网络的重要性也是显而易见的。这些特征形成"信息区域"或小而密集的具有流动空间功能的地点空间。一个重要的发现是,知识通过核心城市产生且流动,反映互补功能的全球城市网络关系(Halbert and Pain,2009)。

然而,长三角巨型城市区域中的二级城市(次核心城市)对先进生产者服务公司网络扩展也起着重要作用。由于核心城市以外的全球网络存在,尽管许多战略性连接功能仍集中在核心城市,但许多较小城市中心也获得全球的连接、知识和专业化。当然,这在一定程度上取决于先进生产者服务公司的客户区位和对其服务的需求,取决于包括先进生产者服务公司在内的发展分布是否正在形成多产业集群、其创建关系以及功能的互补性。无锡、常州、镇江、扬州、南通、连云港、嘉兴、湖州、绍兴、舟山、台州、温州、芜湖、马鞍山等城市,均是高度外向型经济,具有先进生产者服务公司的客户区位和对其服务的需求,且具有多产业集群及其创建关系和功能互补性的条件。因此,先进生产者服务企业为接近客户纷纷在这些城市设立和发展新的办公室。这些办公室作为内部网络的重要组成部分,创建了对负责企业管理、研发活动(R&D)和一些专业生产活动的中心办公室的直接依赖,即市场导向的相互依赖性和互补性。其次,这些城市也成为先进生产者服务公司业务分工策略的一个重要部分。例如,其后台业务和活动通常搬迁至这些城市。最后,这些城市在一定程度上也提供特定的能力和技能,形成城市之间的知识专业化和互补性,构成专业信息流动和知识传送的关键模式。除此之外,基于其功能连接的考虑,我们倾向于补充增加浙江的温州市,江苏的连云港市、淮安市,安徽的蚌埠市、淮南市等作为长三角巨型城市区域的重要节点城市。温州和连云港处于沿海发展带的南北两端,均与上海有较大功能连接。蚌埠是京沪高铁、京福高铁、哈沪高铁、京台高铁的交汇点,全国重要的综合交通枢纽,与上海的功能连接较强。淮南素有"中州咽喉,江南屏障"之称,是重要工业基地,且地处合肥与蚌埠之间,理应成为合肥都市圈的重要组成部分。淮安地处江苏省长江以北的核心地区,邻江近海,为南下北上的交通要道,区位优势独特,是长江三角洲北部地区的区域交通枢纽。

在长三角巨型城市区域中,空间相互依赖可以看作是历史上和地理上各自大城市区域之间功能联系的存在。这种网络空间的连接程度,并不仅仅在于这一区域中城市和城镇的规模及之间的物理距离,而是更多取决于哪种尺度(全球、国内和区域)和哪种类型的功能连接。例如,大部分全球连接功能也许集中在上海全球城市,但支撑这些功能的高学历劳动力供给可能分散在更广泛的城市地区。同样,如果上海全球城市在世界城市网络中的位置发生变化,也将影响更广泛长三角巨型城市区域的劳动力和商品市场。这就意味着不能笼统比较不同区域尺度城市之间相互依赖的强弱,也不能笼统比较不同层级城市之间相互依赖的强弱与同一层级城市之间相互依赖的强弱。一般而言,全球尺度的网络连接,更多表现在次区域之间的城市之间相互依赖、相同层级的城市中心之间相互依赖。长三角巨型城市区域中的上海、南京、杭州等全球城市,相互之间也许是更多的全球连接。当然,某些全球尺度的连接,如全球制造产业配套,也会表现在次区域内城市之间相互依赖、不同层级的城市之间相互依赖。例如,上海、南京、杭州各自全球城市区域内的不同产业集群,构成次区域内不同层级城市间的功能连接。相反,区域尺度的连接,通常更多表现在次区域内城市之间相互依赖、不同层级的城市之间相互依赖。

因此,面向未来 30 年,我们预测上海巨型城市区域将涉及长江三角洲一市(上海)三省(江苏、浙江和安徽),由以上海全球城市为核心的网络联系紧密的 30 个城市及周边郊区的内陆地区组成。这是中国参与全球竞争的重要引擎,是世界级的先进制造业发展带和科技创新基地、国家新型城镇化的重要承载区。在长三角巨型城市区域动态演化中,不仅核心城市起重要作用,而且次核心城市也发挥着不可替代的作用。这表明,长三角巨型城市区域过程是一种连接和互补,而不是首位城市的主导。

16.3.2　巨型城市区域的空间结构

长三角巨型城市区域的空间结构,从形态学角度讲呈现"单中心"偏向的明显特征;

从关系学角度讲更多呈现"多中心"偏向特征,从而表现为复杂的"二律背反"现象。

形态学方法侧重于节点的特点,通常基于相对规模来评估其中心的重要性。因此,巨型城市区域中城市规模的更平衡分布表现为形态多中心(Parr,2004);反之亦然。显然,长三角巨型城市区域的城市规模呈现非均衡分布状态。按照城区常住人口计算,长三角地区拥有1座超大城市(上海)、1座特大城市(南京)、13座大城市、9座中等城市和42座小城市(见表16.1)。如果用规模排序分布作为衡量形态单中心或多中心程度的指标,那么长三角巨型城市区域的规模分布回归斜率是比较陡峭的,偏向于形态单中心结构,即以一个占主导地位的中心存在为特点形成明显的规模层级结构。

表16.1　长三角城市群各城市规模等级

规模等级		划分标准 (城区常住人口)	城　　市
超大城市		1 000万人以上	上海
特大城市		500万—1 000万人	南京
大城市	Ⅰ型 大城市	300万—500万人	杭州、合肥、苏州
	Ⅱ型 大城市	100万—300万人	无锡、宁波、南通、常州、绍兴、芜湖、盐城、扬州、泰州、台州
中等城市		50万—100万人	镇江、湖州、嘉兴、马鞍山、安庆、金华、舟山、义乌、慈溪
小城市	Ⅰ型 小城市	20万—50万人	铜陵、滁州、宣城、池州、宜兴、余姚、常熟、昆山、东阳、张家港、江阴、丹阳、诸暨、奉化、巢湖、如皋、东台、临海、海门、嵊州、温岭、临安、泰兴、兰溪、桐乡、太仓、靖江、永康、高邮、海宁、启东、仪征、兴化、溧阳
	Ⅱ型 小城市	20万人以下	天长、宁国、桐城、平湖、扬中、句容、明光、建德

资料来源:国家发展改革委员会《长江三角洲城市群发展规划》,2016年6月3日。

与此不同,关系维度定义的单中心或多中心主要着眼于连接的特点,即跨地区城市中心的功能。巨型城市区域内,如果诸多城市集中向某一中心流动,形成节点的不平衡关系,即表现为功能单中心;如果城市中心之间功能互动处于一种平衡、全方位的关系,或者说城市中心之间功能关系平衡分布,即表现为"关系多中心"或"功能多中心"。另外,Green(2007)对功能多中心增加了网络密度的维度以反映一个地区中心功能的相互依赖(即开放或自给自足),或中心之间功能连接的程度,将其定义为中心之间实际连接与其潜在总连接的比率。事实上,网络密度是空间系统组织的一个重要方面。如果没有它们之间的联系,城市系统中心之间的协同作用将无法实现(Meijers,2005)。在政策环境中,如果没有那种由不同中心之间经济互补性引起的连接,就不能说其功能融入了城市地区(Van Oort,Burger and Raspe,2010)。显然,长三角巨型城市区域呈现功能"多中心"的明显特征,不仅中心之间流动的分布相对均匀,或者说朝着更多方向流动,而且中心之间功能连接的程度较高。尽管全球性连接大量集聚于上海,但并不是朝着上海单一方向流动,而是呈现多方向流动的分散化态势。南京、杭州、合肥等核心城市都有自身的城市群,形成相对稳定的功能关系。即使在较小的城市之间,也存在双向流动。因此,在长三角巨型城市区域内,功能关系并不定向在一个中心,而是双边(互惠)和纵横交错的(较小中心之间也存在)(Van der Laan,1998)。

值得指出的是,与形态多中心不同,功能多中心通常随考量的连接尺度不同而发生变化。如果以一个区域的主要城市拥有同等连接为1,代表纯粹的多中心;以一个区域所有连接存于一个主要城市为0,代表纯粹的单中心首位。Hall 和 Pain(2006)简单测量的结果是:莱茵河鲁尔地区在地区尺度上平均连接达 0.87,接近于纯粹的多中心;但在全球尺度上只有 0.02 的平均连接,非常接近于纯粹的单中心。长三角巨型城市区域的情况可能正相反,越是在全球尺度上,越是表现为功能多中心。因为该区域具有高度的外向型经济,不仅大城市有较大的全球连接,而且中小城市也吸引了具有更广泛办公室网络、包括全球尺度的公司。换句话说,上海在当代全球化中的充满活力的增长过程正扩散到巨型城市区域的其他城市。因此,这些城市吸引具有全球办公网络的商务服务公司,导致全球范围内的连接性相对于区域范围内更高。当然,总体而言,长三角巨型城市区域功能多中心的区域内分布比外部中心性的分布更加相对均衡,即区域内连接往往不如外部连接分层化(Lambregts,2009)。

长三角巨型城市区域存在"二律背反"现象,主要是基于形态学与关系学两个不同角度。尽管地区的形态多中心性和功能多中心性之间有相当大的关联,但城市形态(规模)与功能(关系)毕竟不是一回事,它们是不同的理论建构(Burger and Meijers,2012),如图 16.2 所示。中心规模分布平衡(形态多中心),不一定意味相互之间有功能联系,更不用说这些联系的一个平衡分布和全方位流动模式的存在。此外,在巨型城市区域引入了网络密度的概念,也可能出现功能连接高度不平衡分布(功能单中心)但网络密度很高,或功能连接分布高度平衡但网络密度较低的非一致性。因此,形态多中心地区不一定是功能多中心地区,两者会经常发生偏离。例如,欧洲的莱茵河鲁尔地区是典型的形态多中心,但全球先进生产者服务功能却集中在都柏林一个城市,至少表明形态多中心性程度比功能多中心性程度更强,主要可能归因于中心之间缺乏网络形成

（Hall and Pain，2006）。相反，英格兰东南部地区是形态单中心，但伦敦却通过在英国、欧洲和全球的先进生产者服务业务流动显示出高度功能连接，呈现一个功能多中心的城市间关系。长三角巨型城市区域形态和功能多中心性程度之间较大差别，可能类似于后者。这种差异性可以被两个因素所解释：当地中心性的分布（同一个城市区域内流动程度）和外部中心性的分布（城市接收城市区域外来流动的程度）。由于长三角巨型城市区域的主要城市有较强区域以外的外部联系，所以其功能多中心性大于形态多中心性，通常有按绝对值计算较大的主要中心，与上海作为一个具有较强本地和外部取向的较大主要中心存在结合在一起。由于巨型城市区域主要基于不同中心功能之间商品、人员和服务物理运动的连接，功能多中心概念比其相对应的形态学得到更广泛应用（Burger，De Goei，et al.，2011），所以我们主要着眼于长三角巨型城市区域的功能多中心性。

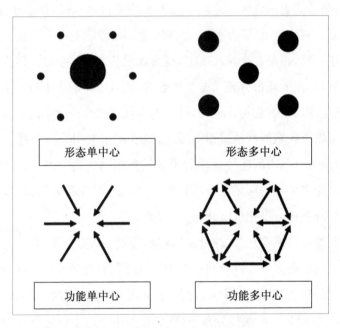

图 16.2　形态多中心和功能多中心

事实上，我们不能简单对多中心或单中心作价值判断。通常，人们认为多中心空间比单中心空间更有竞争力，因为它们提供机会来利用与大城市群相联系的一些积极因素，如广泛的劳动力市场、奢侈品和服务、机场等，同时避免与这样的城市群相联系的一些负面因素，如污染、犯罪和交通拥堵等。然而，大城市地区的各自集成，并不一定保证其将享受到同等规模单中心地区的竞争优势（Veneri and Burgalassi，2012）。其中的关键,在于功能连接的程度。长三角巨型城市区域的"二律背反"现象,总体上讲是功能多中心优于形态单中心。这有可能揭示长三角巨型城市区域空间虽然在物理表现上没有呈现典型的"巨型区域",但实际上用一种日益巨型区域性过程的方式在"超水平发挥"和行动。当然,这一巨型城市区域空间也许集成度还不够强劲,但它们产生经济联系和信息流动,通过嵌入商务服务公司确保其在功能上与全球经济整合。

在长三角巨型城市区域,尽管上海是全球先进生产者服务流动空间或促进网络连接的特别重要的中心,但正是杭州、南京、合肥,甚至苏州、宁波等这样一批重要节点城市的存在,才使其充分发挥作用。因为跨国公司在这些中心地方发现非均质的物质和非物质资源(运输和信息通信基础设施、办公空间和劳动力),从而在那里设立全球产业链的节点。服务于跨国公司客户的先进生产者服务公司,作为扩展至全球层面网络组织的一部分也加入到当地市场。这种全球层面的交互,强化了上海与杭州、南京等重要节点城市之间的相互作用。当然,这是以一种复杂的方式,即通过先进生产者服务公司之间的市场竞争,导致它们之间在巨型城市区域内部层面上的城市互补性。因为在先进生产者服务公司处于完全相同活动区位的情况下,存在着地方竞争,即在不同环境中获得一组最好可用资源固有需求引发的地方间竞争,以便降低成本。然而,由于位于不同城市区域的先进生产者服务办公室(网络内和网络之间)之间的潜在协同效应,使公司不仅在全球城市层面,而且在扩展的巨型城市区域内增加办公室以接近客户。先进生产者服务公司的一些办公室作为在关键全球知识、市场和活动中专业化的全球生产网络发展结果,使不同城市(扩展的城市区域内部和之间)中的专门办公室(相同和不同的网络)之间正发生日益增强的相互作用。因此,地方之间也有互补性。尽管在上海和其他城市的办公室之间的功能专业化往往被定位,但这并不禁止功能互补、关系集成和多中心的存在。事实上,在巨型城市区域,这样的关联和多中心被确定(Pain,2008)。如果缺乏来源于活动机构运作的横向集成,就会明显缺乏关联式多中心的特征。

当然,上海作为长三角巨型城市区域的最主要核心城市,将在整合巨型城市区域中发挥重要作用。因为大多数先进生产者服务网络连接坐落于上海,而由先进生产者服务公司网络衡量的其大部分二线城市的全球性覆盖也相当大,因此上海作为巨型城市区域的密集中心地,将有助于在长三角列岛经济中整合城市区域,使各具差异的城市融入全球网络。同时,长三角地区的二线城市有市场基础,足以刺激当地先进生产者服务办公楼的发展。它也可能反映了网络效应,即上海在当代全球环流中的连接将对二线城市有积极影响,其因此可以进入其他外地市场。从这一意义上讲,上海的全球连接似乎很可能起因于一个将扩展的巨型城市区域联锁到世界城市网络的过程。

16.3.3　长三角巨型城市区域演化进程

从未来演化角度看,上海全球城市演化的长三角巨型城市区域进程可能面临三个悖论,或者说三种关系。这些关系的处理与变化将直接影响长三角巨型城市区域进程。

首先,先进生产者服务业集中于上海全球城市与商务网络在区域尺度上扩展而产生的新兴功能多中心之间的相互关系。显然,旨在通过劝退先进生产者服务业在上海全球城市集中来实现区域经济再平衡的空间政策,不仅是无效的,而且适得其反。在这种情况下,只有承认和适应功能多中心活跃程度差异性和巨型城市区域经济非平衡发展的现实,强化上海与其他中心城市的联系。在此过程中,尽管为了促进环境可持续发展并增加使用虚拟通信,减少区域内出行,但多中心城市发展势必强化巨型城市区域的横向流动,其难以被战略性走廊或公共交通有效支撑(Pain,2005)。因此,这将对物理运输模式、基础设施管理、融资的有效性和环境可持续等形成主要挑战。

其次,区域多中心与新兴的复杂实体流动空间之间的相互关系。巨型城市区域发展地理的重要特征,除了两个相互关联的城市"基础设施",即商务网络基础设施(商务先进生产者服务组织)和物流基础设施(城市肌理和交通)外,还有一个应与之交互并有重要影响的关键基础设施,即公共部门治理基础设施(监管和市场框架)。现有区域行政边界横切了全球商务网络的非领土空间,现有治理结构不足以应对巨型城市区域发展过程的复杂性,特别是地方当局之间的分歧和竞争使其难以用协调方式响应巨型城市区域发展,将导致"两个空间逻辑"之间的"结构性精神分裂症"(Castells,1996),使区域多中心的基本矛盾难以解决,甚至可能导致治理结构的碎片化性质。因此,其关键的挑战涉及相对固定的水平和垂直决策与管辖权结构。

最后,腹地治理和新兴城市内陆世界空间之间的分歧。巨型城市区域过程背后的主要驱动力是全球连通性,但这需要来自多尺度跨越领土边界的城际治理网络的支持。当前治理基础结构的固态化,导致政策和规划未能支持潜在巨型区域城际功能互补性。也就是,城市日益被多尺度流动空间所内在连接,但却在领土构架的腹地空间进行管理。如果要将两者有效结合起来,则暗示现行政策取向需要有两个特定变化。首先,鉴别与世界城市网络(WCN)相互性有关的领土关系解构。这使尺度依赖型的空间多中心战略政策工具变得过时,全球(门户)集聚成为经济可持续发展的必要。第二,再概念化走廊和门户的角色来考虑城市之间的功能互补和需要同步支撑的物质基础设施,促进在相关全球功能尺度上的可持续城际连通性。实际上,网络内陆世界相互性与腹地治理之间的分歧,反映了政治领土空间构造与新兴流动空间之间的差别。前者形成城际关系的竞争,后者形成城际关系的协同。因此,新的城际关系地理不涉及管辖权边界,改变的重点必须是与正式治理边界截然相反的制度流程。

这三个悖论的核心,则是巨型城市区域治理问题。长三角巨型城市区域并不是一个内在连贯的空间,实际上不是作为规划、治理和经济空间而存在的,但它又要求通过城市网络发展来寻求特定区域的空间一体化(即扩大的特定功能区域)。在这里,要对"超级区域空间"和"空间的超级区域化"作一区分(Schafran, 2014),承认在巨型区域空间贯穿着一个非均匀巨型区域化过程,其非均匀地影响不同的空间、地方和人群。如果再引入一个时间维度,其不仅可以提供巨型区域空间中巨型区域化过程最强或最弱的地区快照,而且有能力识别哪些本地空间、场所和人员是巨型区域化过程的主导力量、以前曾经的主导力量、现在的下降力量或新兴力量。因此,它给我们提供了一个考虑巨型城市区域地缘政治的起点。然而,巨型城市区域治理或一个更有效政策实践的必要前提,似乎是迫切需要关注巨型城市区域空间的功能一致性,聚焦于城市之间的功能互补(其像公司那样跨境)。也就是,巨型城市区域治理的基本出发点,主要针对组织特定功能,特别是组织大城市之间的潜在功能。

另外,巨型城市区域治理要基于城市网络关系的多重型,采取多层次、多样化的治理方式。我们知道,不同地方之间被功能性连接,不仅通过劳动力市场关系,而且也通过贸易、资本流动和消费者旅行以及上学、社会访问和休闲旅行的通勤等,从而导致一个跨区域关系的复杂网络。这一城市网络是多元化的,由经济、社会、文化和环境活动的多向流动所构成,从而城市之间空间交互可以采取许多不同的形式。同时,企业和家庭具有关系多重型的从事不同活动的空间方位,从而不同功能连接并不一定有相同的地理范围,如工作通勤的地理范围一般小于企业所有权的地理范围,人们休闲旅行比日常购物愿意出行更长距离。也就是,流动的不对称,带来更多的选择性。例如,金融市场比国家和企业更具移动性;跨国公司区位选择也比国家更具移动性。在公司中,大买家比当地的分销商可以更容易(并积极地)移动,而且全球专家比其客户企业更具移动性;公司比其劳动力队伍更具移动性,等等。此外,不同功能连接的空间性具有多重性,从而具有某种功能的中心不一定是具有另一种功能的中心。同样,一个地区会出现基于某种功能性连接类型的多中心和空间整合,但基于另一种功能连接类型则为单中心和松散连接。因此,在城市区域关系复杂化(Healey,2006)的背景下,巨型城市区域治理是一种多层次、多样化的治理组合。

再则,从长三角巨型城市区域治理结构上讲,既不是一种没有政府的纯粹"民间"治理,也不是政治性地构建一个单一区域空间的政府治理。在 20 世纪末,欧洲一些国家政策精英们曾试图政治性地构建一个单一的、具有全球竞争力的巨型城市区域空间,但在实践中行不通。因为它们作为一个在这两个城市和利益相关者之间"没有切实集成"的产物,未能"识别"经济地理。因此,长三角巨型城市区域是一种国家、地方政府、企业及本地参与者的混合治理。其中,横向关系与垂直关系两个维度是相互交错的,经常表现为以混合、贯穿地方与全球的形式交织在一起,创建新的契约性经济和权力关系,以指导当地行动者行为以及在某种程度上指导在此区域运作的全球行动者行为。在一个规范的基础上,治理机制应包括宪法秩序和新的软协议。国家在巨型城市区域治理中主要是确立宪法秩序,通过中央与地方政府的权力关系(事权与财权)分配、制定区域发展战略规划等方式。特别在中国现有体制下,没有国家的参与,巨型城市区域治理缺少"主心骨"是难以有效实施的。同样,由于巨型城市区域的基础设施、资源和服务,包括交通和住房全方位发展,需要协调、长期规划和投资,跨行政边界的政策网络是至关重要的(Pain,2006)。当然,在巨型城市区域治理中更多的是基于利益交互与双赢的软协议,包括城市政府、行业协会等非政府组织、企业之间的软协议。Albrechts(2001)指出,只有当问题超过个别城市能力的紧要关头和可以提供一个双赢局面时,城市也许才愿意考虑将其部分权限委派给另一个城市当局。其他主体之间软协议的基础及其动力,也是如此。当然,缔约双方的同一性是至关重要的,基于共同的社会规范和行为准则。因此,这种软协议是由地方政府和商会、利益相关者、协会等创建和管理的一个共识和共同行为规则,其主要是基于对人力资本、外部性以及网络的考虑,吸引和规制物质和非物质的跨界流动。在长三角巨型城市区域治理中,一个新的多层关系契约是必要的,即"多对多"、正式和非正式、显式和隐式,以及完整的或不完整、未完成的合约。与这些关系契约相关的,是作为连接契约的工作网络。这些都是正式的(国家—城市契约、城市战略规划)以及非正式的、隐式的(城市、企业之间的知识、技术、人力资本的关系契约和框架项目),不完整的、开放于未来(如环保商品和居民的协议)的契约工作网络。在所有这些契约中,国家只是其中一个订约人,在许多情况下主要是处理城市行动者与有关全球问题、网络等超国家治理之间的关系契约。

总之,长三角巨型城市区域演化进程,在全球和国家的层面,主要是通过创建一个可进入巨型城市区域的国际化网络来加强城市外部网络连接功能;在区域层面,通过提升巨型区域城市之间的功能联系,来实现区域不同部分之间的协同效应(Meijers,2005),最终将成为一组历史上和空间上独立的大都市地区组成的一个更大的、功能相关的城市区域(Kloosterman and Musterd,2001),为经济发展创造一个有利环境,特别是当区域内的城市和城镇实现经济专业化互补时。在此基础上,长三角巨型城市区域治理及其发展政策主要是把表面上相互冲突的两个目标,即提高区域凝聚力与竞争力目标有机结合起来。

17 战略资源与核心竞争力

"上海 2050"全球城市演化尽管表现为许多外在的城市实体变化,包括其形态、功能、空间等转型,但本质上是基于主体参与者的城市心智进化。从这一意义上讲,城市人力资本是其演化的重要战略资源,奠定了城市心智不断趋于提高及对选择环境作出积极反应的坚实基础。特别是与"上海 2050"全球城市演化战略目标及其核心功能相匹配的全球人才集聚与流动,构成了全球城市演化"优胜劣汰"选择的核心竞争力。

17.1 全球城市的人力资本特质

全球城市是全球化所带来的全球知识集聚与流动不断扩展和复杂化的重要载体,不仅仅是"不成比例地吸引具有指挥和控制全球经济的组织及其支撑的专业服务机构",而且继续"吸引有才华和雄心勃勃的人",正因为如此,还是"独特创造力的熔炉"(Hall,1998)。这内在规定了全球城市特有的人力资本禀赋,并赋予其全球人才集聚与流动的鲜明特征。

17.1.1 人力资本禀赋

全球化进程和信息通信技术发展引起世界生产和贸易变化,其日益与高价值、专业化的信息与知识流动相联系。在这一过程中,核心变化在于知识强化和多方位流动,或者说全球知识集聚与流动的不断扩展和复杂化。全球城市作为现代全球化空间的表达,在这方面表现尤为突出。

我们知道,知识型全球功能性机构(公司)面向客户的复杂知识生产功能,仍高度依赖于人际关系和文化关系、跨国高技能劳动力、信任、团队合作和隐性知识转移(Storper and Venables,2004)。它们在不同地理尺度上的市场竞争和相互服务关系,导致公司内和公司之间许多正式和非正式形式的知识转移高度复杂化(Pain and Hall,2008)。同时,全球化市场广泛竞争所需要的知识专业化,导致通过并购和"分拆"的行业持续性整合与分化(Beaverstock，Hoyler，et al.，2001)。这种专业化工作具有多学科的实践，其服务的差异化和多样化是多学科和跨部门碎片化知识的集成和传播，从而产生难以科学测量的知识流动。同样，商务服务参与者之间因"非交易"的隐性知识转移而相互依赖(Storper，1995)。这种企业间隐性知识转移也通过社会网络中的相互服务关系隐含在项目团队的工作及其专业人员交互中。另外，随着一些给定实体中客户与服务提供商的角色转换以及在不同地理尺度上涉及不同的活动和商务，使"公司"的概念越来越无关紧要，从而强化了先进服务中现代商务关系的多分叉和组合的动态过程，导致组织间知识流动与转移的多种新型横向渠道。更重要的是，随着先进商务服务日益融入制造业和农业部门，提高有形产品的附加值也极度依赖于知识(Pain，2008)。这种服务化对所有形式的知识依赖型生产的全球地理分布变化具有深远影响。

尽管全球知识集聚与流动是网络化的、具有广泛连接性，但其集聚与流动的方向有明显倾向性。因为日益增多的全球化机构通过流动性和偶尔接近时刻，把特定的场所和空间结合在一起形成拓扑集合体。这种共同存在充当了社会协调和同步的力量，产生复杂多变的社会拓扑结构(Sheller and Urry，2006)。全球城市便是这一特定的场所，其地理分布是对地方之间强烈流动和互连的一个代理，最重要的是对不均匀分布的全球空间经济、科技、文化的一个代理。全球城市集聚了大量知识型全球功能性机构(公司)，凸显了人机交互和互补技能集群的持续重要性，从而驱动熟练和专业劳动力集聚到这些城市。因此，全球城市具有熟练和专业劳动力高度集聚的人力资本禀赋，比一般城市有更大规模的熟练和专业劳动力数量，从而被赋予一个重要角色，即作为需要支持现代"世界经济"发展的人、知识和人才的来源。

当然，这种全球城市人力资本禀赋不是"自然"和静态的，而是动态变化的，作为一种液体式的凝胶、多重、开放和不断变化，按照新环境和优先顺序来重塑其地理分布(Callon and Law，2004)。也就是，全球城市的人力资本禀赋是由历史决定的，但也被打开的承担流动捷径"虫洞"的当代实践所强化(Sheppard，2002)，大量熟练和专业劳动力通过"虫洞"流入与集聚。因此，全球城市人力资本禀赋存在于流动性中，显现出强烈的流动与集聚特点。

从微观个体来讲，这种熟练和专业劳动力的流动与集聚，主要源于其比较收益差异与人力资本增值的驱动，并表现为多样化形态和不同特点。但从宏观角度讲，核心是基于全球尺度知识增强的交流空间性表现，与全球知识集聚与流动紧密相关。因为日益增多的全球化机构，不管是经济组织还是非经济组织的活动，均被无数信息、指示、想法、计划及大量人员流动所维系,其工作的固有特点导致人员流动与集聚尤其重要。例如,先进生产者服务所实施和完成的工作或项目,首先是向客户提供知识密集、定制的建议(Alvesson, 2001),经常需要与客户在同一空间中进行面对面接触;由于这些交易/项目经常伸展至跨境范围,需要汇集来自多个国家的专业人员,为协调和同步这一过程以及开发协作所需的信任和相互尊重,经常需要间歇性的见面;在商务服务中,为了实行一些隐性组织知识的交流、分享和配置的独特知识管理,以及基于非正式的团队式创新,也要求面对面接触。显然,这将促进熟练和专业劳动力密集的流动与集聚。除此之外,熟练和专业劳动力的流动与集聚还在于为了获取"网络资本"(Larsen, Axhausen and Urry, 2006)和关系接近(Allen, 2002)。这些网络资本和关系接近将产生新的开放性社会空间,创造发展个人之间的联系和关系的机会。其常见形式是各种定期或不定期的会议和活动,如公司年度全体合伙人会议或工作小组会议、机构工作年会、学术研讨会、高端论坛,以及全球赛事、博览会、电影节、艺术节等。借助于这些平台,不仅有助于调整同事或同仁之间的关系,拉近距离、增强相互了解和信任,而且会建立起共享社会经济环境的空间新连接。

当然,在现代信息技术高度发展的情况下,通过电子通信手段可以建立起很多虚拟共存关系。但这仅仅是发展了初步关系的基础,意识到彼此具有的专业知识和经验,而一个成功的虚拟共存关系,特别是基于相互了解和信任的虚拟共存关系通常是在随后面对面接触中才真正建立起来的,并在随后的定期电子邮件对话和电话、偶尔的视频会议等之中得以维护和持续。因此,获取网络资本和关系接近,虽然是偶尔面对面接触与持续虚拟邂逅的共存混合方式,但重要环节是通过面对面接触取得的相互了解和信任。尽管电子邮件已成为占主导地位的大容量信息传递手段,但总体上讲只涉及较低价值层面的交流,只是扮演了一个配角(Callon and Law, 2004)。当虚拟交流的步伐加剧时,面对面接触的流动性和可访问性不仅仍然是重要的,而且似乎是增加的(Storper and Venables, 2004)。

因此,随着全球化范围趋于扩展以及基于网络的全球化机构日益增多,将带来众多部门的各类熟练和专业劳动力加入到全球性流动与集聚中,明显壮大全球城市的熟练和专业劳动力队伍,并通过全球城市这一节点来实现高价值、高度复杂性知识交流的紧密接近与面对面接触。而且,这种熟练和专业劳动力的全球流动与集聚潮流呈现双向化趋势,既从"发展中国家"向"发达国家"集聚与流动,也从"发达国家"向"发展中国家"集聚与流动,导致其流动与集聚的范围扩大和更广分布。

当然，全球城市具有熟练和专业劳动力高度流动与集聚的人力资源禀赋，同时也凸显了人力资本"二元结构"。知识型全球功能性机构(公司)的运作，主要支柱与核心是熟练和专业人员，但大量的配套性服务工作还需要有相当数量的一般人员，包括一般性信息收集处理、常规性业务、办公文档管理、后勤服务等。同时，还有为熟练和专业人员工作与生活提供的大量社会服务，包括餐饮、交通、快递、保姆等。因此，全球城市中呈现明显的"职位极化"，由此带来"劳动力极化"，一方面是熟练和专业劳动力，甚至是全球人才的高度集聚；另一方面是大量一般劳动力的存在。

17.1.2　高技能人才环流形式

全球城市作为全球网络的关键节点，其人力资本同样具有较大的流动性，而且以全球流动性为鲜明特点。其中，高技能人才的全球流动性更为显著。

对于全球城市的人力资本流动性，传统观点是基于工作地与居住地为一体的单一化刚性流动模式，例如移民、人才引进等。正如King(2002)所称的"迁移和流动之间从未有简单界限"，从而人力资本流动性就意味着迁移。在全球城市文献中，也通常把居留的外国人(境外人士)占当地居民总数的比例作为一项重要衡量指标。无疑，在全球城市的人力资本流动中，会有相当部分外国人(境外人士)进入并长期或永久居留，其在当地居民总数中的比例趋于扩大，但这已不再成为唯一、主流的模式。在全球化进程背景下，得益于信息网络技术及现代交通的支持，全球城市人力资本流动性的方式发生新变化，特别是人员的工作地与居住地发生分离，流动类型已经多样化，柔性流动、弹性流动更加广泛与普遍，并呈现出越来越灵活多样的趋势。高技术移民日益具有网络化的特征(Taylor，1999)，包括跨国公司内部流动、短期合约以及学生、学者、管理人员和IT专家的瞬态流动。特别是跨国公司外派人员在母国和其他地方之间的复杂联系(Saxenian，2005)，越来越多的高技能专业人士的临时性跨国移动(Ackers，2005)，只是知识转移，而不是个人移民性质。因此，全球城市的人力资本，特别是高技能人才将面临"流动性"的重大转变，越来越呈现"环流"的基本形式。

Zelinsky(1971)曾提出"流动性转变假设"，认为在所谓的"先进的社会"中，也许是一个重大的国际移民或技术和专业人员的环流，但流动方向和数量取决于具体情况。尽管Woods(1993)批评Zelinsky对现代化和社会进步的线性理解，但从21世纪的角度看，高技能人员日益增长环流的预言似乎是相当准确的(Iredale and Appleyard，2001)，因为高技能人才环流对当代知识经济是至关重要的(Jöns，2008)。这种"人才环流"作为对"人才流失"和"人才引进"观念的替代,目前已成为一个描述高技术移民日益网络化特征的流行词。高技能人才环流,可细分为两种类型:一是基于工作流动的人才环流;二是基于学术流动的人才环流。前者是指有经济性动机的环流,以及其他在跨国公司内部的跨国流动,包括工作派遣、短期合约的工作等。后者是指有专业性动机的环流,以及其他在高等教育和研究机构中的学生和学者临时形式的地理运动,包括短期的会议访问,旨在学习、研究和教学的尽可能多的长期停留,他们经常但并不总是跨越国界。因此,人才环流沿着一个临时流动和永久移民之间的连续统一体,能更好体现全球城市人力资本流动的基本形式。

跨国人才环流对全球城市的短期影响,集中于促进全球资源的有效配置。全球人才环流将给全球城市带来大量知识、思想、信息等,不仅有助于学术、科技等全球创新资源的有效配置,而且也促进经济资源的有效配置。例如,新的发展理念、新的管理方法、新的技能等,都将改善和提高效率,从而使全球城市更具活力和创新。跨国人才环流对全球城市的长期影响,意味着跨国知识网络的建立,从而促进其"知识中心"的累积过程。因为跨国人才环流将把不同知识生产站点连接起来,形成长期性的国际知识网络,即一个跨越国界的协调研究、传播并公布成果、研究并经常授予学位的教学、知识交流和融资的系统(Parmar,2002)。在这种由人才环流而形成的跨国知识网络中,将产生个人及其机构相互作用的长期影响,从而导致"知识中心"累积过程。Latour(1987)认为,往返于科学研究中心,如大学、实验室、档案馆和博物馆的循环移动,其每一个完整的移动环行,都为科学研究中心增添了资源积累,从而使新知识在遥远地方生产,科学研究中心对此比较熟悉从而可以进行管理。而且,由于科学家和学者们的移动过程不仅是基于自身的旅行,还包括在网络空间虚拟旅行和横穿不同知识和理解领域的隐喻性运动(Barnett and Phipps,2005),因此全球城市的知识中心将得益于人才环游的专门知识和保持远距离的接触(Fulford,Lee and Kitson,2004)。

此外,跨国人才环流显示了跨国网络空间性,是"把世界各地捆绑在一起的多样化持续连接和网络"(Featherstone,Phillips and Waters,2007)。由跨国人才环流建立起来的这种跨国连接,还将保持生成后续流动,即把现有的流动点作为到别处谋求工作/职业的跳板。正如 Ackers(2005)指出的,许多科学家与主办机构保持联系。当他们回国或者迁移时,建立一个跨越时间和空间的网络关系,不仅符合自己的事业,也有利于其学生和同事。正是这种保持生成后续流动的过程,促进全球城市人力资本流动的力度,使其形成强大的协作连接。更重要的是,加强人才环流与知识和思想的交换有关,通常涉及研究对象和基础设施的物质转移,从而加强了全球城市的知识交流和协作的累积过程。过去那种停留在国外的长期研究只能提供参与国际科学合作的许多机会之一,而在电子邮件、会议旅游和互联网的时代,这种循环学术流动类型在跨国知识网络的形成和维护中已经作为重要组成部分。因为这些网络本身就是由各种形式的智力循环构成,与本国的高等教育和研究连接,相对密切于世界各地截然不同环境的研究。

值得指出的是,这种"人才环流"将导致全球城市人力资本流动性增强。从表面上看,这种"人才环流"相比永久性高技术移民,具有更大的不确定性和不稳定性,似乎会削弱全球城市的人力资本流动功能。其实不然,这种"人才环流"将给全球城市的人力资本流动性创造更大的动能。因为从微观个体来讲,"人才环流"方式使其摆脱了迁移成本的多重束缚,从而更多考虑比较收益差异,甚至更多考虑或专注于其人力资本增值的驱动。这将极大提高其全球性流动的可能性,增强向全球城市流动与集聚的动力。此外,从宏观角度讲,"人才环流"方式使其减少了受多种因素(如国籍、种族、文化习俗、语言等)的影响,从而使基于全球尺度知识增强的交流空间性趋于更大范围。显然,这将使全球城市的人力资本流动呈现更多的多样化形态和不同特点,也将给全球城市的人力资本流动性提供更大的可能性空间。当然,在此过程中,确实存在更大的不确定性和不稳定性,但只要全球城市能保持对高技能人才"环流"的持续吸引力,就可以动态增强人力资本流动性。

17.2　全球人才流动与集聚

在"上海2050"全球城市演化中,人力资本禀赋突出表现为全球人才流动与集聚,是全球城市演化最稀缺和重要的战略资源。这需要上海奠定与全球人才需求高度相适应的基础与条件,充分发挥全球城市在吸引全球人才流动与集聚中的独特优势,实施卓有成效的全球人才战略。

17.2.1　基础与条件

这里,我们首先要对全球人才予以界定。所谓人才是指具有深厚知识素养及高端专业技能,富有创新能力,对社会经济发展有突出贡献的高级人力资本,其涉及各个领域和各行各业,包括科学家和工程师、企业家、艺术家、高端专业人员、高级技工等。从人才本身属性讲,它是一种知识内在化及积淀强化的产物。我们这里所讲的全球人才,是指全球尺度意义上的人才,其衡量标准是全球知识尺度。也就是,这并不限于基于国籍的海外人才,也包括来自当地劳动力市场的熟练和专业劳动力,只要其构成各种产品和服务的专业知识是全球性尺度的。按照全球知识尺度的衡量标准,基于国籍的所谓国外人才和国内人才是可以相互转化的,即国内人才国际化,国外人才当地化。这意味着全球人才流动与集聚包括来自国外的人才也包括来自国内的人才,只要其达到全球知识尺度的标准。

从目前情况看,上海已经形成全球人才流动与集聚的良好势头,不仅有来自海外越来越多的高级专家与高技能人才,而且也涌现大量基于全球知识尺度的国内专业人才。但总体上讲,全球人才流动与集聚的规模还不够大,其势能还不够强,处于全球人才供不应求的局面,一些领域和行业的高端人才严重不足。在其现象背后,实质上反映了全球人才流动与集聚的基础和条件不足。因此,适应于上海全球城市演化的要求,必须构建全球人才流动与集聚的基础和条件。

这里所谓的基础和条件是针对全球高技能人才的基本需求特征而言的。全球高技能人才是一批特殊人群,往往以"全球族"自居,最具全球都市化的特征。他们跨出国界寻找职位,其活动范畴已经从一时一地拓展到全球范围,会随经济活跃程度和地区吸引力的变化而四处迁移,趋向于传递一种没有地方和区域限制的感觉(Iyer,2000)。然而,由于通过现代通信科技可以使自己接近无限远的地方、人群、事情、思想、创意等,只需花费较少时间和金钱就能容易实现全世界接近,所以让其觉得更加有必要形成一个自我培养的中心,赋予其主观中心(家、社区、地区)一种新的意义,即从"去哪里"转向"归回哪里"和"在哪里休憩"(Strassoldo,1992)。这是一种归属感的转移(DiMuccio and Rosenau,1992),具有稳定性、个性化以及后现代无限相对主义中的中心性的明显需求。因此,那些充满经济机遇,拥有鲜活文化和社会气氛,能够获得世界级享受,可以自由自在展示自己、实现梦想的地方(城市),无疑成为这些人群选择流动与集聚的关键。也就是,对高技能人才具有最大吸引力,成为其首选之地的,是提供成就生活满意的最佳机会。全球城市由于集中了国家或全球的卓越资源,广泛的全球网络交流,具有创造一个令人无比满意的工作环境的自身能力,即吸引最好的人力、资本和思想,加工处理这些资源,将结果转换为解决方案以及与其他城市交换这些解决方案,从而通常成为这些全球高技能人才的选择之地。换句话说,全球城市力量决定城市卓越预期,从而吸引全球人才流动与集聚。上海作为全球城市的演化,要充分发挥这一最大优势,提供倍增资源和能力的机会以及最大化的可能性。

从内部来讲,吸引全球人才流动与集聚的基本条件之一是城市经济、科技、文化的发达与繁荣程度。俗话说"水往低处流,人往高处走"。全球高技能人才向往的"高处",就是全球性财富高地、知识高地、创新高地、文化高地等。只有在这些高地的基础上,才能支撑起人才高地。但在这一点上,我们往往会本末倒置,只关注制订和出台一些吸引人才的所谓优惠政策,主要限于提供更好的科研、工作以及生活条件,诸如科研经费支持、入户、提供住房或住房补贴、各种奖励等。这些政策体现了对知识、人才的尊重,也有一定的吸引力。但事实上,若没有这些全球性财富高地、知识高地、创新高地、文化高地等支撑,这些人才优惠政策效应是很微弱的,不可能构建起真正的人才高地。因为对于全球人才流动与集聚来说,除了获取比较收益差异外(这在人才政策上有所体现),更看重的是人力资本增值机会。即只有在这些支撑性的"高地"上,才有可能获得国际的、先进的知识、经验和资源,并利用获得的知识和资源"从中以获得地位、权威和学术资格"(Crang,2003),或者是才有可能最大程度地获得比较收益差异与人力资本增值,从而对其职业、学术生涯意义重大。因此,这是吸引全球性人才环流的根本所在。从这一意义上讲,全球人才流动、集聚与全球城市卓越程度高度正相关。

从外部来讲,全球人才流动与集聚不是线性、点对点的模式,需要有一个特别发达的全球人才网络结构。尽管城市政府在打造这一全球人才网络中发挥了重要作用,特别是通过营造吸引全球人才的良好环境,但这一全球人才网络本质上是由所在城市知识密集型机构与公司塑造的。全球人才网络与知识密集型机构、公司的跨国网络是紧密联系、相辅相成的。知识密集型机构与公司跨国网络的深入拓展,必然推动人才跨国流动,引起全球人才网络发生变化。反过来,全球人才网络的结构和分布也是这些知识密集型机构与公司区位选址时所考虑的重要因素,并在一定程度上影响着这些机构与公司的网络结构。因此,大量知识密集型机构和公司的集聚,奠定了全球人才流动与集聚的基础。

总之,全球人才环流的深厚物质层面和跨国网络实践更具普遍性(Featherstone,Phillip and Waters,2007)。上海目前这些支撑性"高地"尚未真正形成,或者说其高度还不够。同时,上海目前虽然有较多知识密集型机构和公司的集聚,但其层级不是很高,大都是跨国公司地区总部及规模较小的公司办事处,而且非经济类的知识密集型机构较少,从而全球人才网络还不够发达。上海促进全球人才流动与集聚,既要有一系列"高地"的深厚物质基础,又要有广泛连接的全球人才网络。只有这样,才能对全球人才环流产生强大的吸引力,通过上海这个节点可以直接将全球、国家、区域、本地不同层面的人才资源迅速地汇聚起来,也迅速地扩散到网络的各个节点,使人才资源的集聚与流动空间更加压缩化、扁平化。这将使上海成为其他城市联通全球人才网络的中介或门户,成为全球人才流动的集散地和中转站。其结果,其他城市对上海枢纽节点的相关性、依赖程度提高,形成强大的人才网络向心力。这意味着上海全球人才服务功能的增强,对其他城市和地区的影响力更加强烈,发挥更大的全球人才资源配置作用。

在构建全球人才流动与集聚的基础与条件过程中,一个策略性的选择是:尽可能发挥上海作为全球城市的独特优势,而避免其劣势。这是有针对性的,因为在吸引高技能人才方面一直存在两大认识上误区:(1)高的生活成本是吸引人才的障碍,从而过分强调降低生活成本;(2)宜居环境才能增强对人才的吸引力,从而片面营造所谓宜居环境。我们认为,这两个方面恰恰是所有全球城市的共同"软肋"。如果在这两个方面下功夫,可能导致"扬短避长"的结果。

事实上,全球城市从来都是成本"高地",而不是"洼地"。这是由全球城市的级差水平所决定的,并由分类过程内生。因为人们基于共同选择权按照各自不同偏好选择在不同城市中居住,进行自我分类。城市发展具有受分类驱动的趋向。全球城市的高生活成本,是与高人力资本人群的高收入相对称的。随着时间推移,形成了很强的自我增强机制,导致了高收入和高技能人员日益向某些城市集中。高收入人群的增长,进一步提高生活成本,进而转化为对居住在这些地方的人们的激励。全球城市也许得益于高人力资本和高收入人群的迁入,帮助驱动进一步的经济增长。当然,这并不意味着可以抬高生活成本或放任生活成本急剧上升,因为也会恶化环境或削弱成就满意生活的最佳机会。但这种较高生活成本的内生性,致使全球城市要降低生活成本是很难的事情,并也警示我们不能刻意降低成本。从一般意义上讲,低成本是经济衰退城市的特征。在衰退城市中,分类过程正好相反。大量价格便宜的住宅像一块磁石,吸引和留住了那些较低人力资本的人群,令经济发展进一步不景气。因此,降低生活成本,从静态看似乎有利于吸引人才,使其享有高收入与低消费的双重好处;但从动态看,由于同时也吸引和留住了较低人力资本的人群,反过来减弱了具有广泛居住点选择权的受过良好教育的高技能人群将其作为生活场所的愿望。

对于人才吸引来说,宜居显然是一个重要因素。宜居理论与人力资本理论紧密相关,其逻辑线索是:具有高质量人力资本的个体(通过受教育水平来衡量)通常有较高的收入,从而具有宜居的偏好,选择那些能提供舒适的地方居住。全球城市是一个矛盾体,既宜居又不宜居。因为宜居可以被视为城市居民福利的直接增长,全球城市许多最重要的便利设施(公共产品)对当地居民具有普惠平等的性质,广泛的公共投资(在艺术、公共建筑、公园、学校等方面)是城市宜居价值的递增,更多的职业选择机会是城市宜居价值的充分体现。全球城市具有良好的基础设施、社会设施和职业选择机会等,从而是宜居的,有助于吸引人力资本(Storper and Manville, 2006)。但全球城市普遍存在一个不可回避的矛盾:由于高密度人口和商务活动集聚的特征,使其在生态、交通、居住环境方面可能面临较大的拥挤、城市安全风险、污染等,从而是不够宜居或达不到宜居高标准的。我们知道,不同消费者有着不同的偏好,不同类型的人才也有不同的偏好,从而不存在单一标准,因此评估宜居程度是更为复杂的。在这种情况下,我们只能优先考虑全球人才流动与集聚对宜居标准的首要偏好。前面的分析也已提及,这些人才具有一个类似偏好,即争取满意生活的机会,即使存在着风险、忙碌、交通堵塞等机会成本。事实上,最好的机会,不是最便宜的,也不是略高于平均水平的机会。同样,全球高技能人才更加偏好具有高的活力和各种各样实质选择权,也就意味着要同时忍受城市高密度、生活上的不易和不便等。当然,我们要尽可能改善高密度城市的交通、安全、生态环境等,提高城市宜居程度。

17.2.2 全球化人才战略

上海提高全球人才流动与集聚作为一个重要战略,其核心是基于全球城市力量的独特优势,借助于全球人才网络,形成全球人才环流的地点—流动空间,实施卓有成效的人才政策,为全球人才提供充分实现个人价值、发挥个人特长的广阔舞台。

全球城市作为全球人才流动与集聚的首选地,其收入高、生活条件好、环境优美等是必要条件,但更关键在于它是最重要的全球知识节点,高频率地发生超高价值、高度复杂性知识交流的紧密接近与面对面接触。因此全球化人才战略实施的首要任务,是不断通过对环境条件的动态评估,不断找出和修正与全球人才环流需求的偏差,对原有基础与条件进行调整与改造,并构建新的文化和政治认同,在与其他地方的竞争中形成一种特殊种类的文化空间和场所,为全球人才流动与集聚所用。

全球化人才战略的主要目标是打造"全球人才俱乐部",其主要运作平台一是以跨国公司、国际组织、科研机构、高等院校为代表的人力资本储备平台,二是以国际组织、国际会议论坛、国际赛事节庆、图书馆、博物馆为代表的全球人才交流平台,三是以咨询公司、猎头公司和基金会为代表的全球人才环流服务平台。这三类功能性平台的有机组合,将形成"全球人才俱乐部"的统一体。"全球人才俱乐部"的核心作用就是最大限度地发挥全球人才流动与集聚的"马太效应",形成人才环流"滚雪球"的动态效应。为此,需要充分发挥全球人才俱乐部的"学习效应",通过频繁交流与碰撞,共享专业知识,相互影响与启发,特别是从中获取隐性知识,达到知识增强的目的,从而对人才流动与集聚有极强的吸引力。同时,充分发挥全球人才俱乐部的"组合效应",通过自由选择产生由人才知识结构互补驱动的匹配现象,达到各尽其才的最佳组合。这将形成有别于以往人才围绕资本而流动与集聚的新模式与新格局,即人才将围绕人才最佳组合而流动与集聚,从而更具人才流动与集聚的凝聚力。此外,充分发挥全球人才俱乐部的强大"竞争效应",推动优胜劣汰,从中不断涌现出一大批富有创新精神、锐意进取和与时俱进的精英,不断筛选出更高水平、更高层级的人才,促进人才高端化发展,保持人才流动与集聚的强大活力。最后,充分发挥全球人才俱乐部的"名人效应",使其通过在全球人才俱乐部的"镀金"迅速提高知名度。

如果对全球人才俱乐部进行细分的话,即基于职业流动的人才俱乐部和基于学术流动的人才俱乐部,其作用机制和平台有所侧重。对于前者,崇尚冒险、鼓励创业、倡导创新、宽容失败、进退有序的制度安排,是促进全球人才流动与集聚的重要机制之一。这种制度安排将营造"创业者的乐园""创新者的福地",吸引大量创业者、创新者前来"淘金""镀金",塑造职业人生,实现自我价值,并以此为基地走向世界。因此,这不仅将带来全球人才环流规模扩张,而且也将产生人才环流持续不断的累积循环,促进人才高地不断提升。对于后者,国际一流大学和科研机构是重要平台。要积极争取国家支持,举全市之力建设若干所国际一流大学,加强人才、资金、设施等资源的投入与配置。同时,按照国际一流大学通行规则强化大学治理,通过引进独办、联合办学、加强人员交流等形式,创新与海外著名高校合作的体制机制。当然,关键是人力资本的投资效率。这要求教育方向、专业设置、课程安排、教学内容等更加贴近经济社会发展的现实需求,要求有高水平的师资力量,要求运用现代化的教学方法、手段与工具。在国际一流大学和科研机构的平台上,设立各类应用性和研究性基金、奖学金,是促进全球人才环流的重要机制之一。实践证明,获得基金和奖学金资助的外国访问学者、留学生等,与本国同事之间建立起相当可持续的联系,在访问研究和留学结束后,仍会通过不定期或定期信息交换而保持联系,由此建立起来的学术联系将导致国际合作的迅速发展,融入国际科学界。当然,这种研究基金和奖学金机制的有效运作,要有一系列基础条件,如高等教育和研究的扩张、研究基础设施的改善和质量提升等。这些过程与研究基金、奖学金额度上升,学术资格提升,申请者和科研人员的年龄和职业阶段提高等密切相关。因此,一方面要加强学术流动资助,促进国际专业知识、人员交流和相关物质资源的转移,增加知识"储备"(De Certeau,1986),形成国内知识生产中心;另一方面要加强研究项目和人员的后续交互,开展国际合作研究,促进累积循环,从而促进21世纪新兴的全球知识生产中心(Leydesdorff and Zhou,2005)。

17.3 整体人口素质提高

全球城市的人力资本禀赋,除了高技能人才的流动与集聚外,还有一个整体人口素质提高的问题。这不仅为上海迈向卓越全球城市奠定坚实的保障,同时也是促进全球人才流动与集聚的基础性环节。"上海2050"全球城市演化过程中将面临双重人口结构的挑战,必须把提高整体人口素质作为重要战略之一。

17.3.1 双重人口结构

我们知道,从某种程度上讲,年轻人(天下)的城市才是充满活力的城市。上海在全球城市演化过程中,将面临人口老龄化问题。这一人口变化直接与城市活力相关,对城市经济状况有一个重要影响(Glaeser,2001;Krugman,2005)。上海是国内率先进入老龄化的城市。2000年统计数据分析结果显示,全国人口中65岁及以上老年人占6.96%,而上海为11.53%,差不多高于全国平均水平的一倍,居全国首位,比排名随后的浙江、江苏、北京和天津高出3个百分点左右(郑晓瑛、陈立新,2006)。目前,上海人口老龄化呈现低龄老人持续快速增加、高龄老人平稳增长的特征。当然,城市作为一个开放系统,可以通过外来青年人口迁移来稀释本地老龄化程度,抵消人口老龄化导致的劳动人口短缺。事实上,在过去十多年中国农村过剩劳动力大规模转移浪潮中,上海首当其冲承接了这一波的劳动力转移,进入大量外来务工人员。应该讲,这在很大程度上缓解了上海老龄化程度,但也只是暂缓了老龄化进程,而并未改变其根本趋势。预计到2020年,全市户籍人口老龄化程度将达到36%,常住人口老龄化程度也将超过21%。人口老龄化程度加深,总人口中年轻人口数量减少,意味着劳动年龄人口的相对减少,影响劳动力的可用性,将导致城市一系列更广泛的经济、社会和环境问题(Cheshire and Hay,1989)。从某种意义上讲,也意味着整体人口素质的下降。因此日趋严重的人口老龄化将导致城市活力边际衰减,成为上海全球城市演化中的一个突出问题。

与此同时,由于外来青壮年人口大多数是初中文化程度,高中和大学文化程度比例偏低,平均受教育年限相对偏短,从而在一定程度上降低了上海的人力资本平均水平。虽然与历次人口普查相比,上海拥有大学文化程度的人口快速增加,2010年上海具有大专及以上文化程度人口比2000年增加324.46万人,是2000年的2.81倍,其中大专、本科和研究生文化程度人口分别是2000年的2.37倍、3.06倍和5.54倍。但在此过程中,由于上海外来青壮年人口大多数处于初中文化程度,所以初中文化程度所占比例依然很高。"六普"资料显示,2010年,上海2 208.57万6岁以上常住人口中,具有大学(指大专及以上)文化程度的人口为503.96万人,具有高中(含中专)文化程度的人口为482.32万人,具有初中文化程度的人口为840.65万人,具有小学文化程度的人口为312.18万人,凸显了上海人口文化程度结构"中间(初中)高、两边低"的基本态势(见图17.1)。尽管上海人力资本从自身纵向比较来说是动态增长的,2010年上海6岁及以上人口平均受教育年限为10.55年,比2000年提高1.25年,年龄在15—59岁之间的主要劳动年龄人口平均受教育年限达到11.22年,比2000年提高0.98年,但与国内一些主要城市横向比较来看,上海人口文化程度结构则是相对退步的。上海每10万人中大专以上为21 892人,比处于第一位的北京(31 499人)少了近1万人,并低于南京(26 119人)、武汉(25 191人)。每10万人中高中为20 953人,也低于北京(21 220人)、武汉(21 782人)、深圳(23 965人),略高于南京(20 832人)。但每10万人中初中为36 519人,高于北京(31 396人)、南京(29 640人)、武汉(32977人)(见表17.1)。

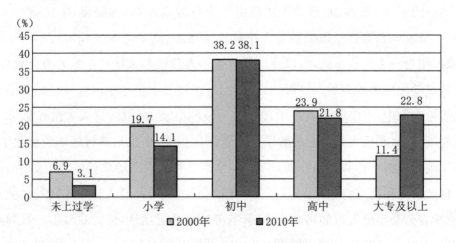

图17.1 上海人口文化程度结构

资料来源:上海统计局。

390

表 17.1　2010 年全国主要城市每 10 万人拥有各种文化程度人口比较　　　（人）

城　市	小　学	初　中	高　中	大专及以上
北　京	9 956	31 396	21 220	31 499
天　津	17 049	38 150	20 654	17 480
上　海	13 561	36 519	20 953	21 892
重　庆	33 790	32 982	13 213	8 643
广　州	15 724	36 127	22 923	19 228
武　汉	13 254	32 977	21 782	25 191
南　京	16 015	29 640	20 823	26 119
杭　州	22 667	31 841	17 720	18 881
深　圳	8 883	44 050	23 965	17 175
全　国	26 779	38 788	14 032	8 930

资料来源：上海市统计局。

　　当然，用受教育水平来衡量人力资本质量只是一个不精确的测度，某些特定阈值（如完成几年教育）的选择是武断的。实际上，人力资本比这一简单测度更丰富和多样，包括一个更宽泛的隐性技能：除了正规学校外，工人能在工作中获得技能和经验，包括问题求解、团队合作和沟通等。尤其在城市这样一个帮助创造人力资本的地方，隐性技能可以通过劳动力市场选择与获取。一些例子表明，尤其是在其工作早期，当新工人寻求获得经验和发展其适合工作技能时，他们将遭受城市较高生活成本压力。如果他们能够生存下来，则表明相比其他地方相同受教育程度的工人，他们更有效率。工人效率改善的部分原因，在于他们利用密集的城市劳动力市场很容易调换工作、探索不同可能职业的能力，这既培养了其技能，也最终使其找到一份能使其效率最大化的工作。当然，这是无法进行量化测度的。从这一角度讲，外来青壮年人口在上海工作所获得的隐性技能，可能比其他地方相同受教育程度的工人更高。同时，这也意味着上海人力资本水平比用受教育水平简单测度出的可能实际上更高一些。但即便如此，也不足以弥补上海人力资本不足的差距，特别是面向未来的全球城市发展。纽约、东京等全球城市的人均受教育水平达到了大专文化程度，而目前上海人均受教育水平只相当于初中毕业程度，存在很大的差距。

　　因此，上海面临双重人口结构问题：一方面是人口老龄化，另一方面是人均受教育水平相对较低。这两方面问题带来整体人口素质不高，成为相对薄弱的关键环节。我们知道，人力资本充分显现为城市活力及其经济成功的关键因素，主要是为城市居民带来较高的收入，而人均收入与受教育水平是高度相关的，特别是具有大学程度的现有人口（而不是中学毕业人口）的存在，与收入增长有明显的相关性。具有较高的受教育水平人口的城市,不仅具有明显的较高人均收入,而且收入增长更快。一个城市如果较好的教育与较高的效率相结合,不仅导致更快的经济增长,而且也使其表现出较好抵御经济冲击的能力。因此,上海整体人口素质相对下降或较低,将削弱城市活力,并成为转变经济发展方式、产业结构调整升级的一大制约因素。

17.3.2 应对策略

上述分析已经表明,人口老龄化与人均受教育程度相对下降之间是有关联性的,其中一个重要介体是外来人口增长。对于一个开放型城市来讲,其整体人口素质提高很大程度上取决于人口和劳动力的流动性。人口迁入与迁出影响一个城市人力资本的禀赋。熟练和专业人员从一些城市迁出,减弱了其人力资本的供给;而对于迁入的城市,则是增加了其人力资本,提高整体人口素质。一般来讲,迁移的倾向往往与年龄和受教育程度有关。年青人的迁移倾向相对更大,而且越是高学历者,越是喜欢迁居,越是更远距离迁居。大量年轻的熟练和专业人员进入,不仅充实当地劳动力,减轻当地老龄化程度,提高整体劳动力素质,而且他们往往也是创业者,提供企业家精神、多样性和广泛联系,甚至可能比当地土著更积极开拓新业务和产生新知识运用于城市经济之中。同时,他们带来的价值观和文化多样性,也使城市成为生活更有趣、更有魅力的地方,更容易形成较高的效率。技能劳动力供应的不断刷新,可以提供城市比较优势,有助于吸引外来投资(Gordon and Turok, 2005)。因此,上海提高整体劳动力素质,着眼点要放在吸引外来人才和高技能工人上。这是上海人力资本策略的关键。持续不断地引入较高受教育程度的年轻人口是一项长期任务,其不受特大城市人口规模合理控制的约束。

实际上,对于外来年轻、熟练专业人口的增长是没有异议的,肯定是越多越好。但在现实中,吸引年轻、熟练专业人口进入,必定伴随一定程度的年老、非熟练和技能人口迁入。作为过去中国计划生育政策的结果,目前出现大量独生子女组成的家庭上有四个老人。这意味着进入上海的两个年轻"白领"家庭,有可能带入四个老人。当然,这只是理论上的,实际并非如此。大部分老人保留着原籍住处,来上海是临时性居住(可能会较长时间),主要帮助子女照看小孩,或来看病医疗等,通常"任务"完成后仍返回原籍地生活居住,真正随子女来上海长期生活居住的老人只是小部分。从某种意义上说,这些老人来沪帮助子女照看小孩,起到"配套辅助"的作用,有助于促进城市活力。

另外,持续不断地引入较高受教育程度的年轻人口,并不意味着绝对、完全排斥一般劳动力进入。上海作为全球城市,与此相适应的服务经济或知识经济产业结构,由于工作职位"极化"特点,不仅需要大量高端专业人才,同样也需要更大比例的一般劳动力。这些人员不仅为高端专业人才的工作进行配套辅助,而且也为其生活提供各种服务。他们可以保证基本服务的提供,这些行业的工资水平对土著居民缺乏吸引力,所以他们在全球城市中具有自己的独特生态位。如果一味吸纳高端专业人才,而配套辅助的一般劳动力不足,会形成一个反向约束,即高端专业人才由于工作和生活得不到必要的配套辅助而流失。从这一意义上讲,保持足够数量的一般劳动力是保持城市活力的重要条件之一。

如果我们着眼于未来,可能更要担忧的是外来人口来源与数量趋于萎缩的问题。这里有一个未来的国内大背景:中国总体上也走向快速老龄化,劳动力人口迅速老化,同时"刘易斯拐点"出现,农村过剩劳动力大规模转移趋于终结。2014年底,中国60岁以上老年人口已经达到2.12亿,占总人口的15.5%。目前中国的生育率已经降到更替水平以下,人口预期寿命和死亡率也接近发达国家水平,20世纪中期出生高峰的人口陆续进入老年。可以预见,从现在到2050年是中国人口老龄化增长最迅速的时期。据预测,本世纪中叶老年人口数量将达到峰值,超过4亿,届时每三人中就会有一个老年人。随着老龄化程度迅速提高,劳动年龄人口相对减缩,劳动力人口也迅速老化。据国家统计局预测,2000—2050年劳动力人口迅速老化,表现在45—64岁的老年劳动力人口比例从2000年的27.23%上升到2050年的43.52%,其中在2035年达到峰值44.18%,随后15年基本稳定在44.00%左右,几乎占整个劳动力人口的一半;15—29岁的青年劳动力人口比例在下降,从2000年的36.24%下降到2050年的25.56%,下降接近11个百分点。与此同时,中国在完成工业化后,随着二元经济结构趋于消除,将不会出现以往特定阶段的农村剩余劳动力大规模转移。显然,在劳动力潜在总供给趋于减少且劳动力迁移回归于常态的情况下,外来年轻劳动力将越来越成为短缺资源,从而成为各地为保持城市活力的主要争夺对象。虽然上海作为全球城市,可能吸引越来越多的国外移民,但这毕竟只是小部分,更多将是引入国内的年轻人口,所以必须直面未来国内年轻人口趋于短缺的现实。

我们知道,迁移通常是对城市与其他地方之间经济机会或生活质量差异的一种回应。从这一意义上讲,人口变化一直是城市经济状况的一个重要结果,特别是工作的可得性(Champion and Fisher,2004)。一般来说,地方之间的差异越大,对人们移动的激励就越大。尽管上海具有比其他城市吸引外来年轻人口更有利的条件,即充满更多经济机会和具有更高生活质量,对人员迁移有足够大的激励,至少在未来一个时期是如此,但随着其他大城市、中小城市发展,特别是生活质量提高,城市之间的差异缩小,迁移来上海的机会成本将大幅增加,从而减弱上海对外来人口的吸引力。与此同时,各地为保持城市活力对年轻劳动力的争夺加剧,也将增加上海吸引外来年轻人口的难度。因此,应对这一老龄化趋势,上海要从长计议,未雨绸缪,要动态化地适度、弹性调控人口规模。当然,动态持续引入外来人口导致城市人口规模增长,会给城市带来一系列的问题,譬如"大城市病",甚至所谓的城市承载力问题等。但关键在于建设一个什么样类型的城市。如果是一个紧凑型城市,一个多中心的城市,就可以容纳更多的人口,并能化解许多交通拥塞等大城市病。因此,发展的着眼点要放在城市本身改善上,而不是简单的人口规模控制上。

当然,一般意义上,整体人口素质提高在于教育,即通过正规教育、职业培训、终身教育、网络教育等各类教育提高人口的技能和受教育水平。就上海自身教育而言,不仅有较好的基础和较快的发展,而且在国内是名列前茅的。现在的问题是如何发挥上海教育基础较好的优势,强化对外来人员的教育。对于外来务工人员,由于其先天受正规教育不足,目前又以就业工作为主,所以主要是加强职业培训、成人教育、终身教育等,普遍提高其劳动素质和技能。在这方面,我们目前重视不够,投入的教育资源相对较少,缺乏接受此类教育强有力的动力机制和约束机制,其教育更多流于一般形式,成效不很显著。因此,要增加这类教育的资源投入,建立健全接受此类教育的约束激励机制,加强这类教育的现实针对性和适用性,提高教育质量和水平。对于改变这部分外来人口的文化结构,恐怕要通过代际交替来完成。也就是,提高其子女的受教育程度。外来务工人员子女受教育程度提高是上海动态改变人口文化结构,提高未来整体人口素质的关键环节之一。因此,要高度重视外来务工人员子女教育问题,绝不能有任何教育歧视,创造条件使其接受同等教育,提高其受教育程度。当然,要设置合理的准入条件,防止"福利"移民倾向。总之,要大力发展各类教育,培育与集聚大批社会教育培训机构,打造多层次、多形式、广覆盖、深度互动参与的学习型城市,优化人口文化结构,提高整体人口素质。

18 演化中可能性问题

面向未来30年的上海全球城市演化,充满了不确定性和多变性,其中会演生出许多令人意想不到的问题,但依据不确定性中相对确定的因素条件,通过演化理论的逻辑力量,我们还是有可能预见到一些涉及演化全局性的可能性问题。这些可能性问题的预见,在促进上海全球城市演化中具有预警意义。

18.1 土地使用约束与房地产依赖

全球城市日益扩展的全球网络外部性内嵌于地点空间之中,地点空间中的土地使用,特别是办公楼宇,承载着了大量产业部门的功能性机构。无疑,土地使用状况及其房地产发展对全球城市网络流动及其演化有重大影响。从上海的情况看,土地使用约束日益趋紧,"空间拥挤"形成强烈的"挤出效应",以及房地产过度依赖等,将可能导致城市活力衰竭的巨大风险,成为全球城市演化中的痼疾。

18.1.1 空间拥挤的排斥性

根据前面分析预测的上海全球城市目标愿景及核心功能,上海全球城市演化将在"四个中心"功能基础上进一步调整升级和扩展,如全球价值链管控、全球财富管理等功能调整升级,以及具有全球影响力的科技创新中心和国际文化大都市的功能扩展。这些调整升级和扩展的新功能及其新工作要求有其相应承载和容纳空间。在既定空间条件下,新旧功能及工作在空间上的叠加,势必造成"空间拥挤"现象。实际上,这在全球城市是一个普遍的空间现象。通常,缓解这种"空间拥挤"有两种途径:一是通过土地使用增量化,构建新功能和新工作的承载和容纳空间,即增量空间调整;二是通过城市更新,把旧功能或非核心功能及其旧工作的承载和容纳空间置换出来为新功能或核心功能及其新工作所用,即存量空间调整。

对于上海来说,第一条途径显然是行不通的。上海在大规模的城市开发与建设中,实行土地使用的增量扩张,建设用地已占 45％以上,远远超过国际上城市建设用地占三分之一的一般标准。也就是,建设用地规模已趋于极限,城市空间(特别是中心城区)被基本"填满"。从这一意义上讲,凸显了土地使用限制性的一般含义。按理说,第二条途径是上海缓解"空间拥挤"的唯一选择,实际上这也带有一般规律性。城市发展进入成熟期,通常主要通过城市更新来促进新功能及导入新工作,但具体实行起来很难,主要是制度性的土地使用权关系复杂化和刚性化严重阻碍存量土地调整和城市更新。目前,这种制度性的土地使用权属,有历史上形成的国有企业占用的土地使用权,其中还有中央国企与地方国企之分;有土地批租形成的企业用地使用权和居民商品房占地使用权,其使用年限参差不齐(由于土地批租的不同年限以及土地批租的不同时点);还有居民租赁房(老公房)的实际占地使用权,农村集体土地和农民宅基地产权等等。因此,上海的土地使用限制性还具有另一重特殊含义,即土地使用权关系复杂化导致土地使用刚性,难以进行灵活调整。

这一双重含义的土地使用限制性,构成了上海城市进一步发展的基本约束条件。而且,这一双重含义限制性约束的作用力是反方向的,或相互制约的。第一重含义的土地使用限制性约束,要求土地使用减量化并进入城市更新为主的阶段。第二重含义的土地使用限制性约束,则给城市更新增大了难度。在这种情况下,"空间拥挤"现象不仅得不到缓解,反而日趋严重,加剧对生存空间的争夺,从而产生强烈的"挤出效应"。当然,这种基于"空间拥挤"的"挤出效应"可能是正向的,也可能是逆向的。前者为新功能或核心功能及其新工作"挤出"旧功能或非核心功能及旧工作;后者正好相反。这种不同方向的"挤出效应",取决于动态竞争优势与"地点黏性"因素。所谓"地点黏性"是指居于某一地点的功能、工作以及机构等基于土地使用权属的非移动性或居留刚性。在"地点黏性"较弱的情况下,由于新功能及新工作比旧功能及旧工作更具动态竞争优势,通常呈现新功能及新工作的正向"挤出效应"。但在因土地使用权属关系导致存量土地调整困难的情况下,由于旧功能及旧工作的"地点黏性"具有强大的"阻入"优势,往往呈现逆向"挤出效应"。显然,逆向"挤出效应"将严重削弱城市活力,对上海全球城市演化形成强大的阻碍。Jacobs(2000)指出,一个城市的经济活力最终是由新工作导入来定义的。这里所讲的新工作,不是原有城市部门分工基础上总量扩张的新增工作,而是指城市分工动态复杂化带来的新型工作,意味着城市新的功能以及功能升级。因此,当出现逆向"挤出效应"时,新工作的创造频率将减慢,以致分工成为静态而变得相对简单,使城市活力衰减,甚至发生停滞。有证据表明,当代全球化的条件下,只有经济转型和基于"新工作"的经济生活扩张过程可以复兴一个城市,最终使其走出经济低迷。对于全球城市演化来说,为了构建一个有活力的、繁荣的位置,更是需要无条件地选择支持经济转型和分工动态复杂化,不断催生新功能和新工作。

因此,在上海全球城市演化进程中,缓解"空间拥挤"现象,防止逆向"挤出效应",关键是解决城市更新中的"土地黏性"问题。目前,这些土地使用权的转移,十分复杂,有各自不同的路径,而且交易成本越来越高。在实际操作中,居民租赁房的实际土地占地,主要通过旧区改造、城市基础设施建设等方式实行动迁,但其动迁成本也越来越高。农村集体土地和农民宅基地,主要通过入股、置换等方式进行开发,但要具备保证农民长效收益的条件。地方国企占用的土地,城市政府可以通过调拨、划拨方式实行使用权转移,但涉及市级国企与区开发主体不对称关系时,仍需要大量协商以及利益补偿。中央国企的土地占用,只能通过大量协商办法。土地批租形成的企业土地使用权,主要通过政府回购、回储方式实行产权转移。另外,不同类型土地使用权在空间分布上可能是交叉和交织在一起的。在一个城市较大区块里,可能涉及多种土地使用权关系存在。显然,在这背后是错综复杂的利益关系。

过去我们在处理这种复杂利益关系时,通常是政府主导。当然,对于旧区改造、城市基础设施建设等方面,本身就具有公益性,确实需要政府主导。对于土地批租,由于城市土地归国家所有,自然也需要政府主导。但对于今后大量基于土地批租的园区二次开发和城市更新,由于多元土地使用权主体之间存在着"博弈",政府单一主导模式,如通过政府土地回购、回储、一级开发等,可能更易陷入"僵局"。且不论政府是否有足够财力进行土地回购、回储等(实际上是财力有限),定价就是一个大问题,协商定价的"讨价还价"没有一个标准,定价过高,政府承受不起;定价过低,土地使用权主体不愿出让,从而陷入一个漫长、复杂的博弈过程,直接影响园区二次开发和城市更新的频率和速度。对于基于土地批租的园区二次开发和城市更新,多方参与、合作开发的 PPP 模式似乎有更好的适应性。PPP 模式作为公共部门通过与私人部门建立伙伴关系提供公共产品或服务的一种方式,对于园区二次开发和城市更新的最大好处,在于兼顾和协调已有的各方利益,使各方整合组成战略联盟,通过合作开发达到共赢,而主要不在于融资。目前,PPP 模式在上海似乎并不"时兴",尤其在园区二次开发和城市更新上。这里有各种原因,有的是认识问题,把 PPP 主要视为一种融资手段,而现在地方政府也不像早期开发建设时那么缺钱,所以对其兴趣不大;有的是对公共部门与私人部门合作的顾虑,怕在合作中有国有资产流失之嫌;有的是因为缺乏成功运作 PPP 模式的必要条件,如对项目实施和具体操作缺乏认知和经验,缺乏专业化机构和人才的支持等。当然,也有基于各自利益考虑,缺乏沟通、信任的合作基础。然而,PPP模式在上海园区二次开发和城市更新中是一种比较合理、有效的开发模式,有助于推进存量土地使用的调整,而这关系到上海全球城市新功能及新工作导入的大局。从这一意义上讲,PPP模式在上海的广泛运用是具有战略意义的。

另外,与"空间拥挤"相关,必须考虑动态过程中的非核心功能疏解。城市更新不仅是形态上的,更是功能上的更新,否则对城市发展就没有多大意义。因此城市更新中的一项重要内容,是非核心功能的有效疏解。对于全球城市来说,非核心功能的有效疏解也是其空间扩展过程的内生性要求。不管是全球城市过程,还是全球城市区域或全球巨型城市区域过程,其网络流动性的地区扩展总是伴随着其非核心功能的有效疏解,通过实现规模借用效应来缓解自身"空间拥挤"现象。

现在的问题是:如何看待和区分上海作为全球城市的核心功能与非核心功能。这是进行非核心功能有效疏解的首要步骤。目前,对于低端加工制造,包括高科技部门中的低端加工制造、一般重化工业生产等非核心功能疏解,可能比较容易达成共识。但对于"四个中心"功能中的非核心功能疏解问题,可能认识上不易统一。毫无疑问,过去20年上海建设"四个中心"并将其作为核心功能,是无可非议的。然而,一个城市的核心功能与非核心功能是相对、动态的。即使在"四个中心"当中,仍可区分核心与非核心功能。例如,对于现代金融中心来讲,通常批发是其核心功能,而银行网点的零售则是非核心功能;对于现代贸易中心来讲,订单、交易、结算、清算等商流是核心功能,而配送等物流是非核心功能。特别是从动态角度看,某一时点上的核心功能,在另一时点可能转变为非核心功能。例如,航运中心在早期阶段,运输、港口、仓储等是核心功能,但发展到更高阶段,航运服务日益成为核心功能。在面向未来30年迈向卓越全球城市过程中,如果把"四个中心"功能静态化,然后再叠加上科技创新中心和国际文化大都市的核心功能,就会形成越来越多的核心功能。

因此,"四个中心"功能需要在一个解构过程中重新提炼和集约化。首先,在金融中心功能上,突出全球性人民币产品创新、交易、定价和清算中心以及投资、财富管理的核心功能;在贸易中心功能上,突出服务贸易、技术贸易的核心功能;在航运中心功能上,突出航空运输与航运服务的核心功能;在产业经济功能上,突出先进装备业、高技术产业、智能制造等核心功能。然后,把这些重新提炼出来的核心功能集约化处理。犹如在本书"上海全球城市核心功能"一章中所述,鉴于金融的特殊性,把金融功能单独列出,并升级为全球财富管理功能,其余三个中心的核心功能统一归结为全球价值链管理与控制功能,并与具有全球影响力的科技创新中心和国际文化大都市的功能一起共同构成全球城市的核心功能。

18.1.2 房地产过度依赖

房地产,特别是办公楼宇,通过其固定性使全球网络中的流动落于特定区位。相对于其他城市,全球城市的房地产发展更显其重要性,作为公司总部等功能性机构空间需求的一种副产品,它们不仅是全球城市网络流动性被动的接收器和发射器,更是积极塑造着城市形态与功能、吸纳公司总部等功能性机构进驻以及通过办公楼宇群聚效应创建了推动集聚经济商务活动宽度的路径依赖。而且,商务楼宇也是一种投资资产、保值手段以及机构和私人投资组合的重要组成部分。作为资产,它们充当银行贷款的抵押和房地产证券化。正如 Lizieri(2009)指出的,私募房地产基金和房地产投资信托(REITs),作为主要的创新产权投资工具,其发展分散了投资风险,提高了房地产与金融之间的集成。商务办公大楼在全球城市的集群,不仅被国际金融和相关商务服务的全球城市用户所占用,而且构成一个可替代、可交易的金融资产。特别是国际金融中心集中了大部分全球房地产投资活动,占全部房产交易类型的 64% 和商务楼宇交易的 72%;前 20 强金融中心城市占全部房产类型交易价值的 37% 和商务楼宇交易的 56%(Z/Yen,2010)。公司总部是商务楼宇的主要投资者,占全部交易的 44%(1 890 亿美元)。在 38% 的商务楼宇跨境销售(740 亿美元)中,顶级国际金融公司占了将近四分之一。因此,全球城市的房地产,特别是商务楼宇的较大发展,有其客观必然性。尤其在全球城市处于成长阶段,随着全球网络流动的新功能导入和大量全球功能性机构进入,房地产及其商务楼宇具有快速、超前发展的特征。

然而,在此过程中也往往容易形成对房地产的过度依赖,产生一系列资源错配、创新侵蚀以及资产泡沫风险隐患等问题,给上全球城市演化带来一系列潜在干扰。这种情况在上海也已有所表现,值得重视。据 Lizieri(2012)分析,2007—2008 年,50.2% 的全部房产类型交易主要发生在 10 个城市,其中的 5 个城市的交易超过 40%,上海居于全球第一,占 15.5%,比第二、第三位的纽约、伦敦高出近 7 个百分点(见表 18.1);55% 的商务楼宇交易发生在 10 个城市,其中的 5 个城市集中了 44% 的交易,虽然当时上海不在前 10 位,但 2008 年以后呈现一个商务楼宇爆发式增长,估计目前已进入前 10 位。当然,这里有深刻的宏观环境和微观机制原因,诸如持续的大量货币发行和比较单一的投资渠道使大量资金为保值增值或获取更丰裕收益集中流向房地产领域;各级政府"土地"财政(通过土地批租收入补充财政支出不足或扩大财政支出)以及银行等金融机构的"加杠杆"进一步助推房地产大开发;房地产开发相对于一般产业部门的"暴利"使大量资金趋之若鹜;商务楼宇开发带来入住企业源源不断的税收等。但不管是什么原因引起,我们要看到过度依赖房地产的危害性。

表 18.1　城市的商业房地产投资:2007—2008 年

全部房产类型交易			办公楼宇交易		
城　市	价值($ m)	比例(%)	城　市	价值($ m)	比例(%)
1. 上海	81 483.7	15.5	1. 纽约	38 511.8	14.96
2. 纽约	45 869.3	8.7	2. 伦敦	37 783.4	14.68
3. 伦敦	44 188.5	8.4	3. 东京	15 589.9	6.06
4. 东京	22 171.7	4.2	4. 巴黎	13 073.5	5.08
5. 新加坡	20 654.3	3.9	5. 新加坡	8 406.7	3.27
6. 巴黎	13 703.6	2.6	6. 马德里	6 353.5	2.47
7. 北京	13 094.2	2.5	7. 首尔	5 782.2	2.25
8. 香港	8 878.5	1.7	8. 华盛顿	5 770.3	2.24
9. 华盛顿	7 283.8	1.4	9. 旧金山	5 282.6	2.05
10. 马德里	6 896.0	1.3	10. 北京	5 031.3	1.95

资料来源:Lizieri, C., 2012, "Global Cities, Office Markets and Capital Flows", in Derudder, B., Hoyler, M., Taylor, P.J. and Witlox, F., eds., *International Handbook of Globalization and World Cities*, Cheltenham, UK, Northampton, MA, USA: Edward Elgar, 162—176.

从产业属性讲,房地产是周期性高增长且具有广泛产业关联的部门,尽管其在某一阶段也许可成为城市的支柱产业,但由于缺乏重大创新带动作用不能成为主导产业。对一个城市来讲,主导产业是最重要的,主导产业部门更替推动着城市经济发展。对房地产的过度依赖意味着强大虹吸效应使城市稀缺资源不断涌向房地产领域,形成金融资源、人力资本、物质资本、社会资本等严重错配,使先进制造业、高技术产业和战略性新兴产业因投入不足而发展缓慢以及产业结构"虚高度化",不仅不能促进主导产业部门更替和创新型城市发展,反而形成对新的主导产业部门形成与发展的制约,导致产业结构扭曲,产业升级停滞不前。而且,这也引发了企业家资源的错配,即企业家热衷于搞房地产,而对于其本质属性的创新和创造力置之度外,导致一大批原先名牌企业和产品因升级不力而消失。从这一意义上讲,实际上"消灭"了一大批真正的企业家。一个缺乏真正企业家的城市,显然是趋于活力衰减的城市。

上海目前正处于大规模投资驱动趋于终结、转向创新驱动发展阶段,只有具备强大的城市创新活力,才能不断适应环境的变化,具有面对全球经济调整等外部变化的创造性反应能力,将资源配置及协调功能更多地延伸到新的行业活动之中,促进其结构和组织形式发生根本性的重组,增强对外网络连通性,对全球资源要素的流动形成强大吸引力,促使其资源配置及协调功能在空间上进一步扩展。这种基于强大城市活力的创新转型决定着城市发展的未来方向与命运,是促进全球城市崛起的有效途径和方式。然而,对房地产的过度依赖意味着过早进入财富驱动,恰恰是对城市主体知识特征、价值取向的扭曲,从而是对城市内部创造力和活力的侵蚀,制约城市这一有机体的积极反应能力或反射能力。这将使城市难以顺应外部环境条件变化以及吸收和融合新的外部推动力量,也难以尽最大可能挖掘城市潜力和创造价值。我们承认,全球城市因其特殊性(全球性、高度发达、金融中心等),有相当程度的财富驱动因素。在上海的全球城市演化中,也不能否认财富驱动的存在,但在今后相当长一段时间里,创新驱动是主导性的,并不是所谓"双轮"驱动,更不能以财富驱动主导。

另外,对房地产,特别是商务楼宇的过度依赖往往埋下资产泡沫风险隐患,导致较大经济波动性。全球房地产投资市场目标高度集中在全球城市及其商务楼宇市场,是一个带有普遍性的现象。随着 20 世纪 90 年代房地产投资工具创新,私募房地产基金快速增长,全球投资者在国外市场形成资本池和投资,而基金结构和投资风格的多样化很容易为投资者建立全球房地产投资组合,从而使商务楼宇跨境投资呈现爆炸性增长。仲量联行的数据显示,私人商务地产交易从 2003 年的 3 500 亿美元上升到 2007 年的 7 590 亿美元。其中,跨境交易从 900 亿美元上升到 3 570 亿美元。在此过程中,导致一些重要全球城市办公楼宇的一个全球所有权的明显转变。例如伦敦金融城的办公楼宇,在 20 世纪 80 年代中期,其国际所有权仍然非常稳定,处于 10% 和 15% 之间;但到 90 年代下半期,非英国的办公楼宇所有权比例开始增加,上升到 25%,2005 年已超过 45%(Lizieri and Kutsch,2006)。我们知道,全球城市和国际金融中心的商务楼宇市场倾向于强化租金和资本价值周期性行为和波动的特征。大多数主要商务楼宇市场的供给不是平滑的,似乎也不会对预期租金作出反应;相反,其建设周期强烈围绕经济停滞周期,其建设滞后于真正的租金增加。因此,租金和楼宇供应之间是一种不对称关系。正是这种不对称关系的存在,开发商可以建造更多楼宇,但一旦建成,商务楼宇是不能简单"撤回"供给来对负的需求冲击作出反应(Englund,Gunnelin,et al.,2008)。如果需求波动与短期非弹性供应产生租金波动有关,那么这种明显的建设周期"循环"有可能导致租金和资本价值的极端波动。

更主要的是,这种大规模全球性房地产投资通常与全球金融和财富流动联系在一起。投资工具创新使其更容易获得全球房地产投资组合,将来自多个投资者的资本汇集起来收购主要财产。在这些工具中,更多的是使用债务,通过证券化和资本市场借贷,促进财务杠杆率提高,从而隐含着房地产的波动率。金融机构购买债券,则带来房地产风险进一步增大。由于房地产开发资金、房地产所有权作为一种投资和拥有房地产之间的差别正趋于模糊化,其居住人、供应商和投资市场是锁定在一起的,这种相互联系在全球城市中被放大,而且许多专业商务服务活动也被捆绑到这种房地产金融活动中。这种房地产和金融市场的集成,房地产的开发市场、投资市场、建筑市场和融资市场被联合锁定在全球城市及其相互之间联动中,暗示着更大的周期振幅,然后可以被反馈到资本市场形成显性的常见波动模式并创建在整个系统内蔓延的系统性风险,形成对城市脆弱性调整的冲击。相比二线城市和非金融城市,全球城市及其金融中心可能与其商务楼宇市场波动影响有更紧密的联系,其周期性波动的幅度将会更大,波峰和波谷将有可能被重合。

因此,上海在向全球城市演化过程中,要根本改变"土地"财政,保持合理的房地产"杠杆化"水平,预防房地产金融的潜在系统性风险,逐步减少乃至消除对房地产特别是商务楼宇的过度依赖。

18.2　社会极化与城市治理

上海全球城市演化将引起经济社会结构的重大转变,社会构成将更为复杂,利益分配更趋多极化,收入极化和分化现象进一步显现,可能面临社会极化冲突的风险,需要建立"城市秩序"。同时,城市治理现代化的重要性日益凸显,特别是适应全球城市特点的治理模式亟待形成。

18.2.1　社会极化冲突

长期以来,城市既被认为人类文明的产物,也经常被视为是社会问题的主要根源,即面临失业、社会排斥和自然衰退的最大困难地方。这反映在人口的密度和多样性上,再加上大规模工业衰落和工作、业务活动的分散化,这些过程导致许多城市社区过度冲突,对城市当局提出了复杂的挑战。为此,一些学者对城市前景持悲观态度,有关城市危机和衰退等话语占主导地位(例如,Hall and Hay, 1980)。全球城市更被假设为全球一体化中的社会空间双重性,即社会两极分化正把城市分裂为两半——在顶端的小部分精英和大部分下层群体。其社会极化的不平等,定义了后工业化都市风格的主要特点,是当代全球城市面临的最大挑战。上海在未来全球城市演化中,从社会层面讲,潜在风险可能主要是社会极化冲突。

全球城市的社会极化倾向或这种"双重城市"是作为相同基础过程深深相互交织的产物而存在的(Mollenkopff and Castells,1992),似乎是全球城市演化中不可避免的现象。全球城市高度依赖于高附加值商务活动和高级技能,其越来越被视为创新和生产率增长的来源。这些具有先进技能和创新能力的人员,对知识的生成和利用是至关重要的,并构成其城市的独特资产。正因为如此,全球城市被视为新经济活力和国家繁荣发动机的一个网络节点(Buck,Gordon,et al.,2005)。与此同时,其高收入与大部分下层群体较低收入形成明显反差。从某种意义上讲,这一社会极化是保持其创新与活力所付出的代价。但问题是,如何使这种社会极化保持在一个"可容忍"范围,避免产生严重冲突。如果由于管理不善、基础设施差、庞大的棚户区、城市犯罪以及社会冲突所引起的内部裂缝爆炸的话,那么就直接丧失了吸引和集聚大量全球功能性机构的坚实基础。因此,全球城市要实现在全球网络中的主要节点地位,必须尽可能处理好社会极化问题,维持"城市秩序"。Hall(1998)强调,这是全球城市至关重要的一个元素。因为全球城市都有一个共同的决定因素:它们尝试城市"外部"连接世界以及叠加力量与其"内部"充满矛盾和规划困惑背景之间的平衡。

国际经验表明,缓解社会极化冲突的一个重要方面是尽可能让社会极化保持在一个"相对"程度。这里的"相对"程度有两层含义:(1)非专业人员收入水平是在不断提高的,但相对于专业人员高薪而言有较大的收入差距。或者说,非专业人员收入水平提高速度相对于专业人员而言较慢。非专业人员的收入趋于提高,其与专业人员高薪的相对差距保持在一定范围且比较稳定,从而这一收入差距是比较容易被接受的。(2)尽管当地非专业人员收入较低(相对于当地专业人员高薪),但与其他地方(城市)同类非专业人员收入相比则是更高的收入水平,从而非专业人员具有相对满意度。因此,上海在经济增长的同时要保持城镇居民收入较快增长,或者快于其他地区和城市的居民收入增长,使社会极化维持在这种"相对"程度上,以减轻或缓解社会冲突。

另外,缓解社会极化冲突也与相关的社会福利制度密切联系。欧洲城市实证案例研究显示,伦敦、巴黎和阿姆斯特丹日益增加的高技能专业人才导致收入差距,但差距的程度及其原因在欧美城市之间是不同的。其中,两个因素是至关重要的。第一,福利体系能力;第二,公共部门的规模(Hamnett,1996)。公共社会福利体系影响全球城市的社会结构远远超出了社会保障方面:它支配收入和福利的再分配,它使女性参与工作,它提供了在社会服务中的工作,它降低经济风险;它支撑了家庭消费潜力(Letho,2000),从而良好的社会福利体系是较低社会差距的一个解释因素(Fainstein,2001)。因此,上海要注重完善公共社会福利体系,不断提高社会福利能力,这对缓解社会极化冲突是很重要的。

从动态角度看,尽管专业人员高薪水平和非专业人员低薪水平之间的不平等存在,但就业的根本重要性在于代际进步,使经济和社会趋于更大公平性(Perlman and O'Sheehan,2007)。在此过程中,社会阶层流动性是关键。这种流动性越强,表明有更多改善就业与收入的机会,而更多机会则体现社会公平。事实上,社会极化的冲突更主要来自缺乏社会流动性,其导致社会阶层固化,使低收入阶层完全丧失向上流动的预期,从而加剧社会阶层的结构性摩擦。因此,上海要从制度上增强社会流动性,推动社会公正,推动起点公平、发展公平,更多给予底层弱势群体较多的教育和发展机会,保证公平制度保障下的社会流动性有效通道,拓展低收入群体成员向上流动的渠道。

18.2.2 城市治理

城市融入全球经济网络的不均匀程度和不同形式,引发了关于城市发展治理的问题。许多城市为了追求承担全球城市功能以加强其在世界范围城际竞争中的声誉和地位,正加强和改善城市治理。良好的城市治理是全球城市和谐、稳定发展的基本支撑,更是全球城市功能塑造与提升的重要支柱。上海在全球城市演化中,如果不能适时转型为现代城市治理,有可能成为短板之一。而且,上海迈向全球城市所要求的不是一般城市治理,而是在其内涵及范围尺度上都有着重大区别的全球城市治理。

全球城市治理在范围尺度上的一个重要特点,是基于流动空间的跨境方法,其并不停止在管辖权边界上。通常,在全球化舞台上的城市治理,是根据全球金融和服务公司假定的"需要",针对城市空间结构和建筑环境重组所造成社会—空间极化的结果。全球城市治理的特有内涵属性,是突出全球网络连接的治理要求,有助于全球功能性机构集聚及其外部网络连接;但同时又具有一般城市治理的内涵属性,即充分体现社会包容性,使金融和服务业商务精英阶层以外的城市居民受益。因此,全球城市为了维持广泛网络连接的流动空间,其功能及构造必须由战略性的信息监管制度和基础设施投资所支撑。

目前,尽管我们已经开始高度关注全球功能性机构的需求,重视全球城市的网络连接治理,但总体上仍停留在一般的城市治理框架,尚未实现根本转型。突出表现在:(1)治理的范围尺度仍局限在基于地点空间的管辖权边界内。这里要明确,治理与管理是不同的,城市政府的管理范围限于管辖权边界内,但治理的范围尺度可以超越管辖权边界。当然,治理的范围尺度中也涉及城市政府的事权,其事权越小,治理的范围尺度也越小;反之亦然。(2)全球网络连接的治理尚未成为核心主体。与此相关,(3)满足全球功能性机构需求与针对社会—空间极化的兼顾型治理机制尚未真正形成,两者之间的关系并没有理顺,经常有一种倾向掩盖另一种倾向的做法。

更主要的问题是,长期以来政府驱动经济活动影响城市发展已成为一种制度性安排。这种基于“政府格式”的城市治理难以适应全球城市演化要求。在全球城市这样复杂的城市中,有数不清有助于形成城际关系的机构,政府机构只是其中之一,主要作为政治类型机构直接参与网络的形成。例如,城市政府之间形成政策的相互联系,有时会演变为正式有组织的城市网络。这种网络在传播“最佳实践”的想法导致城际政策信息流动方面是重要的。但这样的网络是务实的和本质上“简单”的,而且就其是单个决策(加入一个网络)结果的意义而言,随着政府主要领导人员的更替也可能很容易被撤销。因此,这不是城市具有普遍性的网络化。我们已多次指出,在全球城市网络的形成中,关键的核心主体是全球公司或全球功能性机构,其中的企业家精神对于全球城市维护全球城市网络中的优势地位是必不可少的,其促使城市治理走向后工业化的“城市企业家主义”的演化。所谓企业家城市,是那些自觉承担政治和经济活动而不是简单回应其周围环境特点的城市(Jessop,1997)。在这个意义上,全球城市治理是一种“企业家格式”的城市治理。

上海在全球城市演化中,将面临基于“政府格式”的城市治理向基于“企业家格式”的城市治理的根本转型。这种“企业家格式”的城市治理,并不是由企业家来治理的含义,而是在理顺政府、社会、市场三者关系的基础上,以“政府引导、社会自我服务与自我治理、市场促效益提高”为导向,为高效、科学的城市治理奠定前提,构建一个开放的城市治理框架,形成多元城市治理主体,特别是企业家和利益相关者群体,促进各类自治组织的自我发育与成长,释放多元主体参与城市治理的活力,尤其是要充分发挥企业、社会组织、人民群众等多元主体的作用,以及创新城市治理体系,开辟广领域、多渠道的城市治理参与平台,建立从宏观共治框架到微观自治机制的联动机制,推进城市治理能力的现代化、国际化。

另外，全球城市治理更主要是促进社会资本和连接，即合作与互惠的规范，放松不利于交流、机会和创新的束缚，形成激励信任和社会交互的氛围。因为由互惠规范、市民承诺、能有效适应变化的开放、诚信政府，以及提供促进交流网络的社团等构成的社会资本及其相关网络，在全球城市经济中扮演着重要角色。事实上，市民文明与商务集群是不能完全分开的。具有良好治理（开放、诚信、高效）的城市将促进激励社会信任的经济发展，有效整合不同人群的城市将具有更好的经济绩效。相互信任与互惠的社会规范，反过来产生不同的商务组织及其策略、社会容忍的冒险精神、公司间协作和劳动力流动等作为其产出的关键因素，在促进市场经济功能中起着重要作用。也就是，由于城市治理形成的地方文化的不同，一些城市的公司能更快适应技术和市场变化，因为其具有更多非正规的内部实践（支持创新）、与其他公司的较好合作（能使它们更快转变）、所在地区具有更多的企业家和更强有力的网络（因为人们感觉能自由进入其公司）。相反，一些城市的公司很少合作和开放，从而抑制了创新。在产业集群背后的根本力量之一就是"知识溢出"，这些在公司之间的知识和思想流动受到正式和非正式社会交往规范的影响。从这一意义上讲，互惠和社会互动的规范也是产业集群形成与发展的重要因素之一。因此，立足于促进社会资本和连接的城市治理，其中一个重要组成部分是如何有效整合构成其总体的不同种族、阶层、社团等，使其有更广泛的参与，形成信任与互惠基础上的合作与协同。

18.3 生态环境与城市绿色网络

绿色与可持续发展是构成全球城市魅力与吸引力的重要组成部分，也是提升全球城市网络地位的关键要素之一。上海在近30年的发展中，城市形态与功能发生了重大变化，但生态环境仍处在不佳状态。这将成为上海全球城市演化中的一个明显短板，严重制约城市的健康发展，亟待从城市发展大格局中创造环境更可持续发展的城市绿色网络。

18.3.1 生态环境改善

尽管人们对绿色城市的内涵没有一致界定，但多数人的直觉是：绿色城市有清洁的空气和水，舒适的街道和公园，以及广泛多样性的绿色出行方式等。全球城市作为文明之城，势必引领绿色城市之先风。

上海生态环境近年来虽有较大改善，但仍然处于不佳状态，有可能成为全球城市演化中的突出问题。目前，上海的水环境、空气环境和土壤环境都处于较严重污染状态。上海水质性缺水形势严峻,被联合国预测为21世纪饮用水缺乏的全球六大城市之一,水源地结构缺陷、水体功能衰退与水质污染三重压力叠加,加大了城市水源安全威胁。上海空气质量在世界卫生组织的全球空气质量排行榜(全球1 082个城市)中,名列第978位。上海的土壤污染也比较严重。总体上,上海城市生态环境仍处于不佳状态。根据日本智库"森纪念基金会"发布的全球城市实力指数(Global Power Index)报告,2009年至2015年上海环境指数在其各项指标排名中是最为落后的,而在40个城市的排名中,环境指数始终处于倒数10名以内,并且在整体上呈现逐年下降的趋势(表18.2)。在2014年普华永道发布的《机遇之都6》中,上海在30个世界中心城市的各项排名中,可持续发展和自然环境的得分仅为3分(最高分为30分,最低分为1分),是其各项指标中最低的(表18.3),在30个城市中排名倒数第三。显然,这种生态环境不佳状态将日益成为制约上海吸引外来投资、人才流入的重要因素,凸显城市可持续性发展问题。针对这些问题,上海自然要加大环境污染治理力度,进一步落实生态红线管控,加强对绿地、水体、滩涂等生态敏感地区的生态保护与建设,基于河网水系构建"水—绿"生态廊道,重视城市垂直绿化再造,等等。同时,大力发展循环经济,加强能源和环境管理体制机制改革,健全资源循环利用回收体系建设,提高资源集约节约利用效率,实现再生资源综合循环利用。

表18.2　上海全球城市实力指数

年　　份	总体排名	分　项　排　名					
		经济	研发	文化交流	宜居性	环境	可达性
2009	21	8	22	12	13	31	26
2010	26	8	28	11	15	33	16
2011	23	8	28	10	16	33	16
2012	14	7	13	22	22	35	11
2013	12	7	16	16	19	34	11
2014	15	7	15	19	19	37	11
2015	17	9	16	16	22	39	7

资料来源:根据日本智库"森纪念基金会"(The Mori Memorial Foundation)2009年至2015年发布的全球城市实力指数(Global Power Index)报告整理。

表18.3　上海城市发展机遇指数

智力资本和创新	交通和基础设施	宜商环境	可持续发展和自然环境	人口结构和宜居性	技术成熟度	经济影响力	成本	健康、安全和治安
15	14	6	3	15	9	26	4	13

资料来源:普华永道《机遇之都6》(2014)。

然而,上海生态环境的根本问题在于城市生态空间被严重侵蚀。2013 年,上海生态用地只占 36%,远低于东京圈(51%,2011 年)、首尔都市圈(57%,2012 年),而生产用地占 38%,高于东京圈(22%,2011 年)、首尔都市圈(25%,2012 年)。①2015 年上海设立了生态保护红线,总面积为 4 364 平方公里,其中一级保护区总面积约 1 189 平方公里,二级保护区总面积 3 175 平方公里,共包括 15 类生态空间,剩余的生态空间已经不多。在生态用地总量不足的情况下,具有较高生态服务价值的自然生态空间日趋萎缩和破碎化。上海城市森林覆盖率不到 15%,与世界发达城市森林覆盖率 40%—60% 的水平相去甚远,也低于全国 21.6% 的平均水平,只有北京的 1/4 左右,在长三角城市中低于杭州、宁波、南京、无锡等城市。2014 年上海绿化覆盖率为 38%,远低于香港 70%、东京 64.5%、新加坡 58.7% 的水平,同时也低于北京(47.5%)、广州(41.5)、深圳(45%)等国内一线城市。人均公共绿地面积为 13.38 平方米,低于北京(15.9 平方米)、广州(15.87 平方米)、深圳(16 平方米)。上海人均公园面积 0.93 平方米/人,远低于首尔都市圈 3.11 平方米/人(2012 年)、东京都 6.52 平方米/人(2011 年)的水平,也远低于广州 5.91 平方米/人(2012 年)、苏州 5.96 平方米/人(2012 年)的水平。因此,上海生态环境改善,不仅仅是治理环境污染问题,更主要的是建立经济社会与资源环境承载力相协调、可持续发展的生态文明体制机制,构建绿色生态体系。

在这一问题的背后,上海实际上要解决一个推进绿色发展中的城市定位问题。也就是,把城市定位于导致环境问题的一部分,还是定位于解决环境威胁的潜在一部分。许多人实际上是倾向于前者,认为大城市容易造成生态环境问题,且具有内生性。这实际上是把绿色发展与城市发展对立起来。我们认为,绿色发展与城市大小无关,而与城市发展模式有关。如果是一种低密度城市发展模式,郊区化、城市扩张和半城市化等作为不同功能、经济和社会的构成,同时面临一个共同的缺乏足够空间治理安排的问题,那么势必导致生态环境问题。甚至过去一直被认为是可持续发展的城市形态,即那种成熟的、具有分散化模式的多中心城市区域,现在也已经被证明危害集聚经济和产生强烈的横向运动,不能被公共交通有效支持(Kloosterman and Musterd,2001),并导致生态环境问题。与此相反,紧凑型城市发展模式是把城市发展作为推进绿色发展的一个重要组成部分。"城市密集的魔力"让人们得以实现"奇妙的东西"(Glaeser,2010),其

---

① 东京圈由东京都及埼玉、神奈川、千叶 3 县组成,2012 年土地面积为 13 370 平方公里,总人口约 3 570 万人。首尔都市圈由首尔特别市、仁川广域市和京畿道及其管辖的 27 个市、6 个郡和 33 个自治区组成,2009 年土地总面积为 11 819 平方公里,人口约 2 545.6 万人。

人口密集程度本身就是更加节能、绿色的。紧凑型城市提供密集生活与工作的机会,许多东西近在咫尺,城市居民不必远行,工作人员减少通勤距离,倾向于更少消费人均土地和密集替代,享有公共空间,更少的能源消费,减少二氧化碳排放,能够使人们比在乡村和非紧凑地方用更小的生态足迹来生活。从这一意义上讲,密集的城市是教育、文化、社会、健康和工作机会的中心,也可以构成一个比分散定居点更加环境可持续发展的形式。Owen(2009)在《绿色大都市》一书中就把纽约视为"美国的绿色社区"。Brand(2010)甚至指出,创造环境更可持续发展社会的秘诀,是让我们的城市更大。因此,上海生态环境不佳问题,根源不在于特大城市规模,而是低密度开发的城市扩张模式。上海生态环境改善,关键在于大格局调整和转换城市开发模式,通过紧凑型城市发展来推进绿色发展。

18.3.2 追求动态城市绿色网络

目前,人们对"先发展,后治理"的观点已有深刻反思,在实践中被逐渐摒弃,采取越来越多的措施加强环境治理。然而,这又往往走向另一个极端,即单独、割裂式地推进绿色发展,把绿色发展与经济增长对立起来。同样,这种以牺牲经济增长、失去活力城市为代价的绿色发展,也是不可持续的。我们知道,只有充满活力的城市,才能使经济变得更加多样化,正是这种越来越多的城市多元化定义了经济发展(Jacobs,2000)。这种充满活力的经济发展是上海全球城市演化中始终贯穿的一条红线。因此,上海在推进绿色发展中同样需要经济增长,但不是那种传统的、破坏地球生态的经济增长。也就是,上海的绿色发展必须与经济增长有机结合,置于可持续发展的基本框架之中。

"可持续性"是一个广义和规范的目标,几乎涉及任何方面(Mitlin and Satterthwaite,1996)。从这一意义上讲,可持续性的目标是一种需要,包括城市作为社会结果以及经济生产及生物、物理环境和生态影响。同时,可持续发展可以是实现许多不同目标的一种手段。因此,上海要在可持续发展框架内把城市经济发展与生态环境改善紧密联系起来,大力实施绿色发展战略。尽管环境治理政策有时被描绘为总要产生重大的经济成本,但绿色政策能够促使消费者节约,有利于促进当地经济。当然,不能指望绿色商品和服务通过市场过程简单来自现有部门工作,"社会"必须"鼓励"这一变化。但在这一改变中,我们必须保持城市具有的全部创造力:通过开辟新的部门及其工作保持继续增长,但要通过法律等手段限制利润导向的环境破坏性增长。这意味着可供选择的许多城市新工作将来自绿色创新和绿色发展领域,大部分是作为绿色商品和服务的进口替代。

另外，在推进绿色和可持续发展中，人们通常倾向于把城市作为单一实体来分析，在某个时间段来评价一个城市的生态环境。实际上，当今城市越来越相互依赖并受社会和市场变化的影响，反映出高度复杂的城市网络系统，带有明显的社会和环境预期及困境。因此，一种有效方法是避免城市作为"封闭"的实体，而是作为新兴世界城市网络不可或缺的组成部分来发展城市。也就是，我们需要超越传统关注当地空间单位环境改善的可持续性模式，利用城市网络关系进行绿色发展的高级企划、规划设计；形成超越政府发起的"一个真正绿色城市"建设（Girardet，2008），充分发挥绿色城市网络在绿色发展中的功能及作用。这就要求我们不是把一个城市作为碳处理地理空间的点缀着绿色（紧凑和停滞）定居点的静态景观，而是把追求动态的城市绿色网络作为充满活力和吸引力的稳态情境。

上海作为全球城市的演化，绿色和可持续发展应该基于一种通过稳定开发和重组不断克服稀缺性的网络空间，从绿色城市转向绿色城市网络。首先，必须推进现有服务的绿色化——绿色金融、绿色会计、绿色广告等，构建绿色产业体系。因为它促进创造性知识的全球城市间流动，有利于在减少环境破坏条件下的城市基础设施和投资环境中的创新，标志着从劳动密集型和环境有害的就业形式转变为"清洁、高科技"的经济生产，知识密集型的经济活动更能满足可持续发展的过程。其次，大力发展绿色物流。根据投入到产出的地理（特定原材料、定制设备、专业劳动力），我们不排除全球尺度的贸易和长途物流，但尽可能缩短供应链距离以减少流动。这意味着重要的治理创新：一个新的流动治理，其非常不同于纠缠领土边界的流动管理（如保护关税和自由贸易政策）。也就是，除了考虑减少城市生态足迹外，关注绿色城市网络意味着减少城市的生态网迹（netprints）。再则，实现物质再生产与社会发展的平衡。基于创新的新工作可以通过城市网络扩散，所以创造性城市继续发展复杂的劳动分工，主要通过社会发展来促进经济发展。同时，需要产生新的生活方式，使绿色消费、绿色出行、绿色居住成为人们的自觉行动，实现全社会自然、环保、节俭、健康的生活方式。因此，这是一个通过城市绿色网络在动态社会增长中进行操作的稳态商业经济与一个充满活力社会的愿景。

参考文献

Abu-Lughod, J.(1991). Changing Cities, Urban Sociology, New York: Harper Collins Publishers.

Ackers, L.(2005). Moving People and Knowledge: Scientific Mobility in the European Union, International Migration, 43(5), 99—131.

Ackers, L.(2005). Scientific Migration within the EU: Introduction to the Special Issue, Innovation, 18(3), 275—276.

Acuto, M.(2011). Finding the Global City: An Analytical Journey through the "Invisible College", Urban Studies, 48(14), 2953—2973.

Agnew, J.(2000). From the Political Economy of Regions to Regional Political Economy, Progress in Human Geography, 16, 99—121.

Aharoni, Y. and Nachum, L.(2000). Globalisation of Services: Some Implications for Theory and Practice, London: Routledge.

Albrechts, L.(2001). How to Proceed from Image and Discourse to Action: As Applied to the Flemish Diamond, Urban Studies, 38, 733—745.

Alchian, A.A.(1950). Uncertainty, Evolution and Economics Theory, Journal of Political Economics, 58, 211—221.

Alderson, A., Beckfield, J. and Sprague-Jones, J.(2010). Intercity Relations and Globalization: The Evolution of the Global Urban Hierarchy, 1981—2007, Urban Studies, 47, 1899—1923.

Alderson, A.S. and Beckfield, J.(2007). Globalization and the World City System: Preliminary Results from a Longitudinal Dataset. In Taylor, P.J., Derudder, B., Saey, P. and Witlox, F.(Eds.) Cities in Globalization: Practices, Polices and Theories, 21—36. London: Routledge.

Alderson, A.S., and Beckfield, J.(2004). Power and Position in the World City System, American Journal of Sociology, 109, 811—851.

Ali, A.K., Doan, P.L.(2006). A Survey of Undergraduate Course Syllabi and a Hybrid Course on Global Urban Topics, Journal of Planning Education and Research, 26(2), 222—236.

Allen, J. and Cochrane, A.(2007). Beyond the Territorial Fix: Regional Assemblages, Politics and Power, Regional Studies, 41, 1161—75.

Allen, J.(1997). Economies of Power and Space. In Lee, R. and Wills, J.(eds.) Geographies of Economies, New York: Arnold, 59—70.

Allen, J.(1999). Cities of Power and Influence: Settled Formations. In Allen, J., Massey, D. and Pryke, M.(eds.)Unsettling Cities, New York: Routledge, 181—218.

Allen, J.(2002). Living on Thin Abstractions: More Power/Economic Knowledge, Environment and Planning A, 34, 451—466.

Allen, J.(2003). Lost Geographies of Power, Oxford: Blackwell Publishing.

Allen, J.(2008). Powerful Geographies: Spatial Shifts in the Architecture of Globalization. In Clegg, S., Haugaard, M.(eds.) The Handbook of Power, Los Angeles and London: Sage Publications.

Allen, J.(2010). Powerful City Networks: More than Connections, Less than Domination and

Control, Urban Studies, 47(13), 2895—2911.

Allen, J., Massey, D. and Cochrane, A.(1998). Rethinking the Region, London: Routledge.

Allmendinger, P. and Haughton, G.(2007). The Fluid Scales and Scope of UK Spatial Planning, Environment and Planning A, 39(6), 1478—1496.

Alonso, W.(1973). Urban Zero Population Growth, Daedalus, 102, 191—206.

Altbach, P. G. (2005). Globalization and the University: Myths and Realities in an Unequal World, The NEA 2005 Almanac of Higher Education: 63—74.

Alvesson, M.(2001). Knowledge Work: Ambiguity, Image and Identity, Human Relations 547, 863—886.

Amin, A.(2002). Spatialities of Globalisation, Environment and Planning A, 34, 385—399.

Amin, A. (2004). Regions Unbound: Towards a New Politics of Place, Geografiska Annaler, 86B, 33—44.

Amin, A., Massey, D. and Thrift, N.(2003). Decentering the Nation: A Radical Approach to Regional Inequality, London, Catalyst.

Amin, A., Thrift, N.(1992). Neo-Marshallian Nodes in Global Networks, International Journal of Urban and Regional Research, 16, 571—587.

Amin, A., Thrift, N.(2002). Cities: Reimagining the Urban, Polity, Cambridge.

Andersen, J.E., Van Wincoop, E. (2004). Trade Costs, Journal of Economic Literature, 17, 691—751.

Anderson, B.(1983).Imagined Communities. London: Verso.

Andersson, A.E. and Andersson, D.E.(eds)(2000). Gateways to the Global Economy, Cheltenham: Edward Elgar.

Andersson, A.E.(2005). Globalisation in Stages. In Gangopadhyay, P. and Chatterji, M.(eds.) Economics of Globalisation, Ashgate, Aldershot.

Andrade, G., Mitchell, M., Stafford, E. (2001).New Evidence and Perspective on Mergers, Journal of Economic Perspectives, 15, 103—120.

Angew, J. (1994). The Territorial Trap: The Geographical Assumptions of International Relations Theory, Review of International Political Economy, 1, 1, 53—80.

Anheier, H., Glasius, M. and Kaldor, M.(eds)(2001).Introducing Global Civil Society, In Anheier, H., Glasius, M. and Kaldor, M.(eds) Global Civil Society 2001, Oxford: Oxford University Press.

Appadurai, A. (1996). Modernity at Large: Cultural Dimensions of Globalization. Minnesota: University of Minnesota Press.

Appadurai, A.(1997). Modernity at Large, Cultural Dimensions of Globalization, Minneapolis: University of Minnesota Press.

Arrighi, G. (1994). The Long Twentieth Century: Money, Power, and the Origins of Our Times, London: Verso.

Arrighi, G.(2007). Adam Smith in Beijing: Lineages of the Twenty-First Century, London: Verso.

Arthur, W.B. (1994). Increasing Returns and Path Dependence in the Economy, Ann Arbor: University of Michigan Press.

Auslin, M.R.(2017). The End of the Asian Century: War, Stagnation, and the Riske to the World's Most Dynamic Region, Yale University Press.

Badiou, A.(2003). Infinite Thought, Continuum, London.

Badiou, A.(2006). Theoretical Writings, Continuum, London.

Bagchi-Sen, S., Sen, J.(1997). The Current State of Knowledge in International Business in Producer Services, Environment and Planning A, 29, 1153—1174.

Bailey, N., Turok, I.(2001). Central Scotland as a Polycentric Urban Region: Useful Planning Concept or Chimera?, Urban Studies, 38, 697—715.

Bair, J.(2003). From Commodity Chains to Value Chains and Back Again? Paper presented at "Rethinking Marxism", University of Massachusetts at Amherst, http://www.csiss.org/events/meetings/time-mapping/files/bair_paper.pdf.

Bakis, H.(1993). Economic and Social Geography-toward the Integration of Communications Networks Studies. In Bakis, H., Abler, R. and Roche, R.(Eds.) Corporate networks, International Telecommunications and Interdependence, London: Belhaven Press, 1—15.

Bakis, H., Abler, R. and Roche, R.(eds.)(1993). Corporate Networks, International Telecommunications and Interdependence, London: Belhaven Press.

Baldwin, R.E. and Forslid, R.(2000). The Core-Periphery Model and Endogenous Growth: Stabilizing and Destabilizing Integration, Economics, 67, 307—324.

Barba, N.G., Venables, A.J.(2004). Multinational Firms in the World Economy, Princenton, NJ: Princeton University Press.

Barham, J.(1990). A Poincaréan Approach to Evolutionary Epistemology, Journal of Social and Biological Structure, 13(3), 193—258.

Barley, S.R., Freeman, J. and Hybels, R.C.(1992). Strategic Alliances in Commercial Biotechnology, In Nohria, N., Eccles, R.G.(eds.) Networks and Organizations, Boston: Harvard Business School Press, 311—347.

Barnett, R. and Phipps, A.(2005). Academic Travel: Modes and Directions, The Review of Education, Pedagogy, and Cultural Studies, 27(1), 3—16.

Bartlett, C.A. and Ghoshal, S.(1989). Managing across Borders: The Transnational Solution, London: Century Business.

Bartlett, C.A. and Ghoshal, S.(2002).Managing Across Borders: The Transnational Solution, Second edition, Boston, Mass, Harvard Business School Press.

Bassens, D., Derudder, B., Witlox, F.(2011). Setting Shari'a Standards: On the Role, Power and Spatialities of Interlocking Shari'a Boards in Islamic Financial Services, Geoforum, 42, 94—103.

Bathelt, H., Malmberg, A. and Maskell, P.(2004). Clusters and Knowledge: Local Buzz, Global Pipelines and the Process of Knowledge Creation, Progress in Human Geography, 28, 31—56.

Batten, D.F. and Thord, R.(1995). Europe's Hierarchical Network Economy. In avid Batten, D., Casti, J. and Thord, R., Networks in Action: Communication, Economics, and Human Knowledge, 251—66, New York; Springer-Verlag.

Batten, D., Casti, J. and Johnsson, B.(eds.)(1987). Economic Evolution and Structural Adjustment, Berlin: Springer.

Batten, D.F.(1995). Network Cities: Creative Urban Agglomerations for the 21st Century, Urban Studies, 32, 313—327.

Batty, M.(1997). Virtual Geography, Futures, 29, 337—352.

Baum, S.(1997). Sydney, Australia: A Global City? Testing the Social Polarisation Thesis, Urban Studies, 34(11), 1881—1901.

Bauman, Z.(1998). Globalization: The Human Consequences. New York: Columbia University Press.

Bauman, Z.(2000). Community: Seeking Security in an Insecure World, Cambridge, Polity.

Beauregard, R.A., Haila, A.(2000). The Unavoidable Continuities of the City, In Marcuse, P., Kempen, R.(Eds) Globalizing Cities: A New Spatial Order? Blackwell, Oxford, 22—36.

Beaverstock, J.(2004). Managing across Borders: Knowledge Management and Expatriation in Professional Legal Service Firms, Journal of Economic Geography, 4, 1—25.

Beaverstock, J.V.(1996). Subcontracting the Accountant! Professional Labour Markets, Migration, and Organizational Networks in the Global Accountancy Industry, Environment and Planning A, 28, 303—326.

Beaverstock, J.V.(2007). World City Networks "From Below": International Mobility and Intercity Relations in the Global Investment Banking Industry. In Taylor, P.J., Derudder, B., Saey, P., Witlox, F.(eds.)Cities in Globalization: Practices, Policies and Theories, London, 52—71.

Beaverstock, J.V.(2010). Immigration and the UK Labour Market in Financial Services: A Commentary. In Ruhs, M. and Andersen, B.(eds) Who Needs Migrant Labour? Shortages, Immigration and Public Policy, OUP, Oxford, 290—294.

Beaverstock, J.V.(2011). German Cities in the World City Network: Some Observations, Raumforschung und Raumordnung, 69, 213—217.

Beaverstock, J.V., Beaverstock, J.V., Hoyler, M., Hoyler, M., Pain, K. and Taylor, P.J. (2001). Comparing London and Frankfurt as World Cities: A Relational Study of Contemporary Urban Change, Anglo-German Foundation, London.

Beaverstock, J.V., Beaverstock, J.V., Hubbard, P.J. and Short, J.R.(2004). Getting Away with It? Exposing the Geographies of the Super-Rich, Geoforum, 35, 401—407.

Beaverstock, J.V., Doel, M.A., Hubbard, P.J. and Taylor, P.J.(2002). Attending to the World: Competition, Cooperation and Connectivity in the World City Network, Global Networks, 2(2), 111—132.

Beaverstock, J.V., Hoyler, M., Pain, K. and Taylor, P.J.(2001). Comparing London and Frankfurt as World Cities: A Relational Study of Contempory Urban Change, London: Anglo-German Foundation for the Study of Industrial Society.

Beaverstock, J.V., Smith, R.G., Taylor, P.J., Walker, D.R.F. and Lorimer, H.(2000). Globalization and World Cities: Some Measurement Methodologies, Applied Geography, 20(1), 43—63.

Beck, U.(2005). Power in the Global Age. Cambridge: Polity.

Beckfield, J.and Alderson, A.S.(2006). Whither the Parallel Paths? The Future of Scholarship on the World City System, American Journal of Sociology, 112(3), 895—904.

Begg, I.(1999). Cities and Competitiveness, Urban Studies, 36(5—6), 795—809.

Bel, G. and Fageda, X.(2008). Getting There Fast: Globalization, Intercontinental Flights and Location of Headquarters, Journal of Economic Geography, 8, 471—495.

Bender, T. and Farias, I. (eds.) (2009). Urban Assemblages: How Actor-Network Theory Changes Urban Studies, Routledge, London.

Benmergui, L.(2009). The Alliance for Progress and housing policy in Rio de Janeiro and Buenos Aires in the 1960s, Urban History, 36(2), 303—326.

Berg, L., Klassenn, L.H., Rossi, A. and Vijverberg, C.H.T.(1982). Urban Europe: A Study of Growth and Decline, vol.1, Oxford: Pergamon.

Berry, B.J.L. and Horton, F.E.(1970). Geographic Perspectives on Urban Systems, Englewood Cliffs, NJ: Prentice-Hall.

Berry, B.J.L.(1964). Cities as Systems within Systems of Cities, Papers of the Regional Science Association, 13, 146—163.

Bertaud, A.(2004). The Spatial Organization of Cities: Deliberate Outcome or Unforeseen Consequence?, IURD Working Paper Series WP-2004-01, Institute of Urban & Regional Development, CA.

Bhagwati, J.N.(Ed.) (1972). Economics and World Order, New York: Macmillan.

Bianconi, M., Yoshino, J.A. and de Sousa, M.O.M.(2013). BRIC and the U.S. Financial Crisis: An Empirical Investigation of Stock and Bond Markets, Emerging Markets Review 14, 76—109.

Biehl, D.(1991). The role of infrastructure in regional development. In Vickerman, R.W.(ed.), Infrastructure and Regional Development, London, Pion Limited.

Bird, J.H.(1973). Central Places, Cities and Seaports, Geography, 58(259), 105—118.

Boix, R. and Trullen, J.(2007). Knowledge, Networks of Cities and Growth in Regional Urban Systems, Regional Science, 86, 551—574.

Boland, K.E.(1981). Evolutionary Economics, Beverly Hills: Sage Publications.

Bordo, M., Taylor, M.and Williamson, J.(2005). Globalization in Historical Perspective, Chicago, The University of Chicago Press.

Boschken, H.L.(2008). A Multiple-Perspectives Construct of the American Global City, Urban Studies, 45, 3—28.

Boschma, R.A.(2005). Proximity and Innovation: A Critical Assessment, Regional Studies, 39, 61—74.

Bosworth, A.(1996). The World-City System by the Year 2000, Journal of Developing Societies, 12(1), 52—67.

Bourdeau-Lepage, L.(2007). Advanced Services and City Globalization on the Eastern Fringe of Europe, Belgeo, 1, 133—146.

Bourdieu, P.(1989). Social Space and Symbolic Power, Sociological Theory 7,14—25.

Bowen, J.(2002). Network Change, Deregulation, and Access in The Global Airline Industry, Economic Geography, 78(4), 425—439.

Brakman, S. and Garretsen, H.(2008). Foreign Direct Investment and The Multinational Enterprise: An Introduction. In Brakman, S., Garretsen, H.(eds.), Foreign Direct Investment and the Multinational Enterprise, Cambridge, MA: MIT Press, 1—10.

Brakman, S., Van Marrewijk, C.(2008). It's a Big World after All: On the Impact of Location and Distance, Cambridge Journal of Regions, Economy and Society, 1.

Brand, S.(2010). Whole Earth Discipline, London: Atlantic Books.

Braunerhjelm, P.(2004). Heading for Headquarters? Why and How the Location of Headquarters Matter among EU Countries. In Oxelheim, L., Ghauri, P.N.(ed.), European Union and the Race for Foreign Direct Investment in Europe, Amsterdam, 123—148.

Brenner, N. and Keil, R.(eds.)(2006). The Global Cities Reader, London: Routledge.

Brenner, N.(2002). Decoding the Newest "Metropolitan Regionalism" in the USA: A Critical Overview, Cities, 19(1), 3—21.

Brenner, N.(2004). New State Spaces: Urban Governance and the Rescaling of Statehood, Oxford, Oxford University Press.

Brenner, N.(2009). A Thousand Leaves: Notes on the Geographies of Uneven Spatial Development. In Keil, R., Mahon, R.(eds.), Leviathan Undone? Towards a Political Economy of Scale, 27—49.

Brenner, N. (2009). Open Questions on State Rescaling, Cambridge Journal of Regions, Economy and Society, 2, 123—139.

Brown, E., Derudder, B., Parnreiter, C., Pelupessy, W., Taylor, P.J. and Witloxe, F.(2010). World City Networks and Global Commodity Chains: Towards a World-Systems, Integration, Global Networks, 10(1), 12—34.

Brueckner, J.K.(2003). Airline Traffic and Economic Development, Urban Studies, 40(8), 1455—1469.

Brunn, S.(2003). A Note on the Hyperlinks of Major Eurasian Cities, Eurasian Geography and Economics, 44(4), 321—324.

Buck, N., Gordon, I., Harding, A. and Turok, I.(2005). Changing Cities: Rethinking Urban Competitiveness, Cohesion and Governance, London: Palgrave.

Bunge, M.(1977). Ontology I, The Furniture of the World, Treaties on Basic Philosophy, vol.3 Dordrecht et al., 123—140.

Burger, M. and Meijers, E.(2012). Form Follows Function? Linking Functional and Morphological Polycentricity, Urban Studies, 49, 1127—1149.

Burger, M.J., De Goei, B., Vanderlaan, L. and Huisman, F.M.J.(2011). Heterogeneous Development of Metropolitan Spatial Structure: Evidence from Commuting Patterns in English and Welsh City-Regions, Cities, 28, 160—170.

Burger, M.J., Meijers, E.J., Hoogerbrugge, M.M., Masip Tresserra, J.(2015). Borrowed Size, Agglomeration Shadows and Cultural Amenities in North-West Europe, European Planning Studies, 23(6), 1090—1109.

Burghardt, A.F.(1971). A Hypothesis about Gateway Cities, Annals of the Association of American Geographers, 61(2), 269—285.

Burt, R.S.(1976). Positions in Networks, Social forces, 55, 93—122.

Burt, R. S. (1992). Structural Holes: The Social Structure of Competition, Boston, M. A: Harvard University Press.

Cai, J. and Sit, V.F.S.(2003). Measuring World City Formation—The Case of Shanghai, The Annals of Regional Science, 37, 435—446.

Cairncross, F.(1997). The Death of Distance: How the Communications Revolution Will Change Our Lives, New York: McGraw-Hill.

Callan, H.(2000). Internationalisation in Europe. In Scott, P.(ed.) The Globalisation of Higher Education. Buckingham, Society for Research into Higher Education and Open University Press, 44—57.

Callon, M. and Law, J.(2004). Guest Editorial, Environment and Planning D, 22, 3—11.

Camagni, R.(1993). From City Hierarchy to City Network: Reflections about an Emerging Paradigm. In Lakshmanan, T.R. and Nijkamp, P.(eds) Structural and Change in the Space Economy, Springer-Verlag, Berlin, 66—87.

Camagni, R., Capello, R. and Caragliu, A.(2013). One or Infinite Optimal City Sizes? In Search of an Equilibrium Size for Cities, Annals of Regional Science, 51(2), 309—341.

Camagni, R., Capello, R. and Caragliu, A.(2015). The Rise of Second-Rank Cities: What Role for Agglomeration Economies? European Planning Studies, 23(6), 1069—1089.

Cantwell, J. (1995). The Globalization of Technology: What Remains of the Product Cycle Model? Cambridge Journal of Economics, 19.

Capello, R. and Camagni, R. (2000). Beyond Optimal City Size: An Evaluation of Alternative Urban Growth Patterns, Urban Studies, 37(9), 1479—1496.

Capello, R. (2000). The City Network Paradigm: Measuring Urban Network Externalities, Urban Studies, 37(11), 1925—1945.

Carroll, W.K.(2007). Global Cities in the Global Corporate Network, Environment and Planning A, 39, 2297—2323.

Carroll, W.K.(2009). Transnationalists and National Networkers in the Global Corporate Elite, Global Networks, 9, 289—314.

Cartier, C.(1999). Cosmopolitics and the Maritime World City, The Geographical Review, 89 (2), 278—289.

Cassis, Y. and Cottrell, P.L.(eds.) (2009). The World of Private Banking Ashgate, Farnham.

Castells, M. and Hall, P.(1994). Technopoles of the World, London & New York, Routledge.

Castells, M.(1989). The Informational City, Information Technology, Economic Restructuring, and the Urban-Regional Process. Oxford: Blackwell.

Castells, M.(1996). The Rise of the Network Society, Oxford: Blackwell.

Castells, M.(1996/2001). The Information Age: Economy, Society and Culture, vol. I: The Rise of the Network Society, Oxford: Blackwell.

Castells, M.(2000). Materials for an Exploratory Theory of the Network Society, British Journal of Sociology, 51(1), 1—24.

Castells, M.(2007). Why the Megacities Focus? Megacities in the New World Disorder. In Perlman, J. and O'Meara, S., The State of the World: Our Urban Future, http://www. megacities-project.org/, 1—16.

Castells, M.(2009). Communication Power, Oxford: Oxford University Press.

Castells, M.(1996). The Rise of the Network Society, The Information Age: Economy, Society and Culture, Volume I Oxford, Blackwell.

Cerny, P.G. (1991). The Limits of Deregulation: Transnational Interpenetrations and Policy Change. European Journal of Political Research, 19, 173—196.

Chalaby, J.K.(2005). From Internationalization to Transnationalization, Global Media and Communication,1, 28—33.

Champion, T. and Fisher, T.(2004). Migration, Residential Preferences and the Changing Environment of Cities. In Boddy, M. and Parkinson, M.(eds.) City Matters, Bristol: Policy Press.

Champion, T.(1995). Internal Migration, Counterurbanisation and Changing Population Distribution. In Hall, R. and White, P.(eds.), Europe's Population: Towards the Next Century, London: UCL Press.

Chandhoke, N.(2002). The Limits of Global Civil Society. In Glasius, M., Kaldor, M. and Anheier, H.(eds) Global Civil Society 2002, Oxford: Oxford University Press.

Chen, Xiangming(2005). As Borders Bend: Transnational Spaces on the Pacific Rim, Rowman & Littlefield Publishers.

Cheshire, P. and Hay, D.(1989). Urban Problems in Western Europe, London: Unwin Hyman.

Cheshire, P.(1995). A New Phase of Urban Development in Western Europe? The Evidence for the 1980s, Urban Studies,32(7), 1045—1063.

Cheshire, P. (2006). Resurgent Cities, Urban Myths and Policy Hubris: What We Need to Know, Urban Studies, 43(8), 1231—1246.

Choi, J.H., Barnett, G.A. and Chon, B.(2006). Comparing World City Networks: A Network Analysis of Internet Backbone and Air Transport Intercity Linkages, Global Networks, 6, 81—99.

Christaller, W.(1933). Central Places in Southern Germany, Englewood Cliffs, NJ: Prentice-Hall.

Christopherson, S., Clark, J.(2007). Power in Firm Networks: What It Means for Regional Innovation Systems, Regional Studies, 41, 1223—1236.

Ciccone, A. (2002). Agglomeration Effects in Europe, European Economic Review, 46, 213—227.

Clancy, M.(1998). Commodity Chains, Services and Development: Theory and Preliminary Evidence from the Tourism Industry, Review of International Political Economy, 5, 122—148.

Clark, G.(2005). Money Flows Like Mercury: The Geography of Global Finance, Geografiska Annaler, 87B(2), 99—112.

Claval, P.(1981). La Logique des Villes: Essai d'Urbanologie, Litec, Paris.

Cochrane, A. and Pain, K.(2000/2004). A Globalising Society? In Held, D.(ed.) A Globalising World? London: Routledge, 5—45.

Coe, N.M., Dicken, P., Hess, M. and H.Yeung, W.-C.(2010). Making Connections: Global Production Networks and World City Networks, Global Networks, 10, 138—149.

Coe, N.M., Hess, M., Yeung, H.W-C., Dicken, P. and Henderson, J.(2004). Globalizing' Regional Development: A Global Production Networks Perspective, Transactions Institute of British Geographers, 29, 468—484.

Coe, N.M., Johns, J., and Ward, K.(2007). Mapping the Globalization of the Temporary Staffing Industry, Professional Geographer, 59, 503—520.

Coffey, W.J., Bourne, L.S., Randall, J.E., Davies, W.K.D. and White, R.(1998). Urban Systems Research: Past, Present and Future, A panel discussion, Canadian Journal of Regional Science, 21, 327—364.

Cohen, R.B.(1981). The New International Division of Labor, Multinational Corporations and Urban Hierarchy. In Michael D., Scott, A.J.(eds.) Urbanization and urban planning in Capitalist Society, New York, 287—315.

Cook, G.A.S., Pandit, N.R., Beaverstock, J.V., Taylor, P.J. and Pain, K.(2007). The Role of Location in Knowledge Creation and Diffusion: Evidence of Centripetal and Centrifugal Forces in the City of London Financial Services Agglomeration, Environment and Planning A, 39, 1325—1345.

Cook, K.S., Emerson, R.M., Gillmore, M.R. and Tamagishi, T.(1983). The Distribution of Power in Exchange Networks: Theory and Experimental Results, American Journal of Sociology, 89, 275—305.

Cooke, P., Delaurentis, C., Tödtling, F. and Trippl, M. (2007). Regional Knowledge Economies, Edward Elgar, Cheltenham.

Cooley, A.(2005). Logics of Hierarchy, Ithaca, NY: Cornell University Press.

Cowan, R.(1991). Tortoises and Hares: Choice among Technologies of Unknown Merit, Economic Journal vol.101, 801—814.

Crague, G.(2004). Commutation. Essai sur l'économie de l'agglomération, Géographie, Economie, Société 6, 9—21.

Crang, M.(2003). Telling Materials. In Pryke, M., Rose, G. and Whatmore, S.(eds), Using Social Theory: Thinking Through Research, London: Sage, 137—144.

Cronin, B., Shaw, D. and Barre, K.L.(2003). A Cast of Thousands: Co-Authorship and Sub-Authorship: Co-Authorship Sub-Authorship Collaborations in The Twentieth Century as Manifested in The Scholarly Literature of Psychology and Philosophy, Journal of the American Society for Information Science and Technology, 54, 855—871.

Cronin, M.(2003). Translation and Globalization, London: Routledge.

Csomós, G.(2013). The Command and Control Centers of the United States(2006/2012): An Analysis of Industry Sectors Influencing the Position of Cities, Geoforum, 50, 241—251.

Cunningam, S.L. and Dillon, S.(1997). Authorship Patterns in Information Systems Research, Scientometrics, 39(1), 19—27.

Currid, E.(2006). New York as a Global Creative Hub: A Competitive Analysis of Four Theories on World Cities, Economic Development Quarterly, 20(4), 330—350.

Currid, E.(2007). The Warhol Economy: How Fashion, Art and Music Drive New York City, Princeton University Press, Princeton.

Currie, M. and Kubin, I.(2003). Chaos in the Core-Periphery Model, University of Economics and Business Administration, Vienna.

Daniels, P.W. and Bryson, J.R.(2002). Manufacturing Services and Servicing Manufacturing: Changing Forms of Production in Advanced Capitalist Economies, Urban Studies, 39 (5—6), 977—991.

David, P. A. (1993). Path-Dependence and Predictability in Dynamical Systems with Local Network Externalities: A Paradigm for Historical Economics, In Foray, D.G. and Freeman, C.(eds.) Technology and the Wealth of Nations, London: Pinter, 208—231.

Davies, W.K.D.(1967). Centrality and the Central Place Hierarchy, Urban Studies, 4, 61—79.

Daviron, B. and Ponte, S.(2005). The Coffee Paradox, Global Markets, Commodity Trade and the Elusive Promise of Development, London & New York, Zed Books.

Davis, K.(1959). The World's Metropolitan Areas, Berkeley, University of California Press.

De Certeau, M.(1986). Heterologies: Discourse on the Other, Manchester: Manchester University Press.

De Filippis, J.(2001). The Myth of Social Capital in Community Development, Housing Policy Debate, 12, 781—806.

de Vries, I.(2006). Propagating the Ideal: The Mobile Communication Paradox, In Van Der Graaf, S. and Washida, Y.(Eds.) Information Communication Technology and Emerging Business Strategies, Hershey, PA: Ideas Group, 1—19.

Dear, M. and Scott, A.(eds) (1981). Urbanisation and Urban Planning in Capitalist Society, London: Methuen.

Deas, I. and Lord, A.(2006). From a New Regionalism to an Unusual Regionalism? The Emergence of Non-Standard Regional Spaces and Lessons for the Territorial Reorganisation of the State, Urban Studies, 43, 1847—1877.

Debbage, K. and Delk, D.(2001). The Geography of Air Passenger Volume and Local Employment Patterns by U.S. Metropolitan Core Area: 1973—1996, Journal of Air Transport Management, 7, 159—167.

Deinema, M.N.(2012). The Culture Business Caught in Place: Spatial Trajectories of Dutch Cultural Industries, 1899—2005 PhD thesis, Faculty of Social and Behavioral Science, University of Amsterdam.

Deleuze, G. and Guattari, F.(1988). A Thousand Plateaus: Capitalism and Schizophrenia, Athlone, London.

Denstadli, J.M.(2004). The Impact of Videoconferences on Business Travel: the Norwegian Experience, Journal of Air Transport Management, 10(6), 371—376.

Derudder, B. and Taylor, P.J.(2005). The Cliquishness of World Cities, Global Networks, 5(1), 71—91.

Derudder, B.(2006). On Conceptual Confusion in Empirical Analyses of a Transnational Urban Network, Urban Studies, 43(11), 2027—2046.

Derudder, B.(2008). Mapping Global Urban Networks: A Decade of Empirical World Cities Research, Geography Compass, 2, 559—574.

Derudder, B., Hoyler, M. and Taylor, P.J.(2011). Goodbye Reykjavik: International Banking Centres and the Global Financial Crisis, Area, 43(2), 173—182.

Derudder, B., Hoyler, M., Taylor, P.J. and Witlox, F.(eds.) (2012). International Handbook of Globalization and World Cities, Edward Elgar Publishing, Cheltenham.

Derudder, B., Tatlor, P.J., Ni, P., Vos, A. DE., Hoyler, M., Hanssens, H., Bassens, D., Huang, J., Witlox, F., Shen,W.and Yang, X.(2010). Pathways of Change: Shifting Connectivities in the World City Network 2000—2008, Urban Studies, 47(9), 1861—1877.

Derudder, B., Taylor, P.J. (2005). The Cliquishness of World Cities, Global Networks, 5, 71—91.

Derudder, B., Taylor, P.J., Witlox, F. and Catalano, G.(2003). Hierarchical Tendencies and Regional Patterns in the World City Network, A Global Urban Analysis of 234 Cities, Regional Studies, 37(9), 875—886.

Derudder, B., Taylor, P.J., Witlox, F. and Catalano, G.(2003). Hierarchical Tendencies and Regional Patterns in the World City Network: A Global Urban Analysis of 234 Cities, Regional Studies, 37(9), 875—886.

Derudder, B., Witlox, F.(eds.)(2010). Commodity Chains and World Cities, New York: John Wiley & Sons.

Derudderb, B., Taylor, P.J., Ni, P., De Vosa, A., Hoyler, M., Hanssens, H., Bassens, D., Huang, J., Witlox, F., Shen, W. and Yang, X.(2010). Pathways of Change: Shifting Connectivities in the World City Network, 2000—2008, Urban Studies, 47(9), 1861—1877.

Devriendt, L., Derudder, B. and Witlox, F. (2008). Cyberplace and Cyberspace: Two Approaches to Analyzing Digital Intercity Linkages, Journal of Urban Technology, 15(2), 5—32.

Devriendtl, L., Boulton, A., Brunn, S., Derudder, B. and Witlox, F.(2011). Searching for Cyberspace: The Position of Major Cities in the Information Age, Journal of Urban Technology, 18(1), 73—92.

Dicken, P.(2003). "Placing" Firms: Grounding the Debate on the "Global" Corporation. In Peck, J., Yeung, H.W.C.(eds.)Remaking the Global Economy: Economic-Geographical Perspectives, 27—44. London: Sage.

Dicken, P. and Malmberg, A.(2001). Firms in Territories: A Relational Perspective, Economic Geography, 77, 345—363.

Dicken, P. (1998). Global Shift: Transforming the World Economy, Paul Chapman,

London, UK.

Dicken, P.(2003). Global Shift, Reshaping the Global Economic Map in the 21st Century(4th edition), London, Sage Publications.

Dicken, P., Kelly, P. F., Olds, K. and Yeung, H. W-C. (2001). Chains and Networks, Territories and Scales, Towards a Relational Framework for Analysing the Global Economy, Global Networks, 1, 99—123.

Dicken, P., Malmberg, A.(2001). Firms in Territories: A Relational Perspective, Economic Geography, 77, 345—363.

Dieleman, F.and Hamnett, C.(1994). Globalisation, Regulation and the Urban System, Urban Studies, 31, 357—364.

Dijkstra, L., Garcilazo, E. and McCann, P.(2013). The Economic Performance of European Cities and City Regions: Myths and Realities, European Planning Studies, 21(3), 334—354.

DiMaggio, P.J. and Powell, W.W.(1983). The Iron Cage Revisited: Institutional Isomorphism and Collective Rationality in Organizational Fields, American Sociological Review, 48, 147—160.

DiMuccio, R.B.A. and Rosenau, J.N.(1992). Turbulence and Sovereignty in World Politics. In Mlinar, Z.(ed.), Globalization and Territorial Identities, Aldershot: Avebury, 60—76.

Dixit, A.K. and Stiglitz, J.E.(1977). Monopolistic Competition and Optimum Product Diversity, American Economic Review, 67(3), 297—308.

Dobkins, L.H., Ioannides, Y.M.(2001). Spatial Interactions among U.S. Cities: 1900—1990, Regional Science and Urban Economics, 31, 701—731.

Dodge, M. and Shiode, N.(2000). Where on Earth is the Internet? An Empirical Investigation of the Geography of the Internet Real Estates. In Wheeler, J., Aoyama, Y. and Warf, B.(eds.), Cities in the Telecommunications Age: The Fracturing of Geographies, London: Routledge, 42—53.

Doel, M.A.(2001). Qualified Quantitative Geography, Environment and Planning D: Society and Space, 19(5), 555—572.

Dosi, G.(1997). Opportunities, Incentives and the Collectie Pattern of Technological Change, Economic Journal, 14, 33—65.

Doucet, P.(2010). 1950—2050: Sunset and Sunrise over the Eurasian Continent. In Kunzmann, K.R., Schmid, W.A., Koll-Schretzenmayr, M.(eds.), China and Europe: The Implications of the Rise of China for European Space, Routledge, London/New York, 256—270.

Douglass, M.(1998). World City Formation on the Asia Pacific Rim: Poverty, "Everyday" Forms of Civil Society and Environmental. In Douglass, M. and Friedmann, J.(eds.), Cities for Citizens, Chichester: John Wiley & Sons, 107—138.

Drennan, M.P.(1992). Gateway Cities: The Metropolitan Sources of US Producers Service Exports, Urban Studies, 29(2), 217—235.

Driffield, N. and Love, J.H.(2005). Intra-Industry Foreign Direct Investment, Uneven Development and Globalization: The Legacy of Stephen Hymer, Political Economy, 24, 1.

Ducruet, C.(2004). Les Villes-ports: Laboratoires de la mondialisation, Université du Havre.

Dunning, J. H. and Norman, G.(1983). The Theory of the Multinational Enterprise: An Application to Multinational Office Location, Environment and Planning A, 15, 675—692.

Dunning, J.H. and Lundan, S.M.(2008). Multinational Enterprises and the Global Economy, Cheltenham: Edward Elgar.

Dunning, J.H.(1993). Multinational Enterprises in the Global Economy, Wokingham: Addison-

Wesley.

Duranton, G. and Puga, D.(2005). From Sectoral to Functional Urban Specialisation, Journal of Urban Economics, 157(2).

Duranton, G., Puga, D.(2004). Micro-Foundations of Urban Agglomeration Economies. In Henderson, J.V., Thisse, J-F.(eds), Handbook of Regional and Urban Economics 4, 2063—2117, Amsterdam: Elsevier.

Elliott, D.(2000). Internationalizing British Higher Education: Policy Perspectives. In Scott, P. (ed.), The Globalisation of Higher Education, Buckingham, Society for Research into Higher Education and Open University Press, 32—43.

Englund, P., Gunnelin, A., Hendershott, P. and Soderberg, B.(2008). Adjustment in Commercial Property Space Markets: Taking Long-Term Leases and Transaction Costs Seriously, Hendershott, Real Estate Economics, 36, 81—109.

Erickcek, G.A. and McKinney, H.(2006). Small Cities Blues: Looking for Growth Factors in Small and Medium-Sized Cities, Economic Development Quarterly, 20(3), 232—258.

Esping-Andersen, G.(1990). The Three Worlds of Welfare Capitalism, Cambridge: Polity Press.

European Commission (2006). Cities and the Lisbon Agenda: Assessing the Performance of Cities, Directorate-General Regional Policy, Brussels.

Evans, G.(2009). Creative Cities, Creative Spaces and Urban Policy, Urban Studies, 46(5—6), 1003—1040.

Fainstein, S.(2001). Inequality in Global City-Regions. In Scott, A. A. (ed.), Global City-Regions, Trends, Theory, Policy, 285—298, Oxford: Oxford University Press.

Faulconbridge, J.R.(2007). Relational Networks of Knowledge Production in Transnational Law Firms, Geoforum, 38(5), 925—940.

Faulconbridge, J.R. (2008). Managing the Transnational Law Firm: A Relational Analysis of Professional Systems, Embedded Actors and Time-space Sensitive Governance, Economic Geography, 84, 185—210.

Faulconbridge, J.R., Beaverstock, J.V., Nativel, C. and Taylor, P.J.(2011). The Globalization of Advertising: Agencies, Cities and Spaces of Creativity, London: Routledge.

Faulconbridge, J.R., Faulconbridge, J.R., Hall, S.J.E. and Beaverstock, J.V.(2008). New Insights into the Internationalization of Producer Services: Organizational Strategies and Spatial Economies for Global Headhunting Firms, Environment and Planning A, 40, 210—234.

Faulconbridge, J.R., Hall, S.J.E. and Beaverstock, J.V.(2008). New Insights into the Internationalization of Producer Services: Organizational Strategies and Spatial Economies for Global Headhunting Firms, Environment and Planning A, 40, 210—234.

Featherstone, D., Phillips, R. and Waters, J.(2007). Introduction: Spatialities of Transnational Networks, Global Networks, 7(4), 383—391.

Flora, P.(2000). Stein Rokkan: Staat, Nation und Demokratie in Europa, Frankfurt am Main: Suhrkamp.

Florida, R. and Jonas, A.(1991). U.S. Urban Policy: The Postwar State and Capitalist Regulation, Antipode, 23(4), 349—384.

Florida, R.(2002/2004). The Rise of the Creative Class: And How it's Transforming Work, Leisure, Community and Everyday Life, New York: Basic Books.

Florida, R.(2005). The World is Spiky, Atlantic Monthly, 296(3), 48—51.

422

Florida, R.(2008). Who's Your City? How the Creative Economy is Making Where to Live the Most Important Decision of Your Life, New York: Basic Books.

Florida, R., Gulden, T. and Mellander, C.(2008). The Rise of the Mega-Region, Cambridge Journal of Regions, Economy and Society, 1(3), 459—476.

Folkman, P., Froud, J., Johal, S. and Williams, K.(2007). Working for Themselves? Capital Market Intermediaries and Present Day Capitalism, Business History, 49, 552—572.

Foss, N. J. (1994). Realism and Evolutionary Economics, Journal of Social and Biological Systems, 17, 21—40.

Fouré, J., Bénassy-Quéré, A.and Fontagné, L.(2012). The Great Shift: Macroeconomic Projections for the World Economy at the 2050 Horizon, CEPII working paper, 2012-03, February.

Frank, A.G.(1969). Latin America: Underdevelopment or Revolution: Essays on the Development of Underdevelopment and the Immediate Enemy, New York: Monthly Review Press.

Frank, A.G.(1998). Reorient: Global Economy in the Asian Age, University of California Press, Berkeley.

Freeman, L.C.(1978/1979). Centrality in Social Networks: Conceptual Clarification, Social Networks, 1, 215—39.

Frenken, K., Van Oort, F.G. and Verburg, T.(2007). Related Variety, Unrelated Variety and Regional Economic Growth, Regional Studies, 41, 685—697.

Friedman, T.L.(2005). The World is Flat: A Brief History of the Twenty-First Century, New York: Farrar, Straus, and Giroux.

Friedmann, J. (1995). Where We Stand: A Decade of World City Research, In Knox, P., Taylor, P.J.(eds.) World Cities in A World System, Cambridge, 21—47.

Friedmann, J. and Wolff, G. (1982). World City Formation: An Agenda for Research and Action, International Journal of Urban and Regional Research, 6, 312.

Friedmann, J.(1986). The World City Hypothesis. Development and Change, 17, 69—83.

Friedmann, J.(1995). Where We Stand: A Decade of World City Research. In Knox, P., Taylor, P.J.(eds.), World Cities in A World System, Cambridge, 21—47.

Friedmann, J. and Wolff, G.(1982). World City Formation: An Agenda for Research and Action. International Journal of Urban and Regional Research, 6, 309—344.

Fröbel, F., Heinrichs, J. and Kreye, O.(1977). Die neue internationale Arbeitsteilung: Strukturelle Arbeitslosigkeit in den Industrieländern und die Industrialisierung der Entwicklungsländer, Reinbek bei Hamburg.

Fujita, M. and Thisse, J-F.(2002). Economics of Agglomeration: Cities, Industrial Location and Regional Growth, Cambridge: Cambridge University Press.

Fujita, M., Krugman, P. and Venables, A.J.(1999). The Spatial Economy: Cities, Regions, and International Trade, Cambridge: The MIT Press.

Fujita, M., Thisse, J.F. and Zenou, Y.(1997). On the Endogenous Formation of Secondary Employment Centres in a City, Journal of Urban Economics, 41, 337—357.

Fulford, T., Lee, D. and Kitson, P.J.(2004). Literature, Science and Exploration in the Romantic Era, Cambridge: Cambridge University Press.

Garreau, J.(1991). Edge City, Doubleday, New York.

Geddes, P.(1915). Cities in evolution, Williams and Norgate, London.

Gereffi, G. and Kaplinsky, R.(Eds)(2001). The Value of Value Chains: Spreading the Gains from Globalization, IDS Bulletin, 32(3).

Gereffi, G. and Korzeniewicz, M. (Eds) (1994). Commodity Chains and Global Capitalism, Westport, Praeger.

Gereffi, G. and Korzeniewicz, M. (eds.) (1994). Commodity Chains and Global Capitalism, Westport: Praeger.

Gereffi, G.(1994). The Organization of Buyer-Driven Global Commodety Chains: How U.S. Retailers Shape Overseas Production Networks. In Gereffi, G. and Korzeniewicz, M.(eds.), Commodity Chains and Global Capitalism, Westport: Praeger, 95—122.

Gereffi, G., Korzeniewicz, M. and Korzeniewicz, R.P.(1994). Introduction: Global Commodity Chains. In Gereffi, G., Korzeniewicz, M. (eds.), Commodity Chains and Global Capitalism, Westport, Conn: Praeger, 1—14.

Gershon, R.A.(1997). The Transnational Media Corporation: Global Messages and Free Market Competition, Mahwah, NJ: Lawrence Erlbaum Associates.

Gertler, M. S. (1992). Flexibility Revisited: Districts, Nation-States and the Forces of Production, Transactions of the Institute of British Geographers, 17.

Ghoshal, S., Bartlett, C.A.(1990). The Multinational Corporation as an Interorganizational Network, The Academy of Management Review, 15, 603—625.

Gibbons, M.(2000). A Commonwealth Perspective on the Globalisation of Higher Education. In Scott, P. (eds.), The Globalisation of Higher Education, Buckingham, Society for Research into Higher Education and Open University Press, 70—87.

Girardet, H.(2008). Cities/People/Planet: Urban Development and Climate Change, 2nd ed, Chichester: John Wiley.

Glaeser, E.(2010). Why Cities Matter, The New Republic January 19th, 1—5.

Glaeser, E.(2011). Triumph of the City: How Our Greatest Invention Makes Us Richer, Smarter, Greener, Healthier and Happier. London: Macmillan/New York: Penguin Press.

Glaeser, E., Kolko, J. and Saiz, A.(2001). Consumer City, Journal of Economic Geography, 1, 27—50.

Glaeser, E.L. and Kohlhase, J.(2004). Cities, Regions and the Decline of Transport Costs, Regional Science, 83, 197—228.

Glaeser, E.L., Kolko, J. and Saiz, A.(2001). Consumer City, Journal of Economic Geography, 1, 27—50.

Glänzel, W. and Schubert, A.(2004). Analyzing Scientific Co-Authorships through Co-Authroship. In Moed, H.F., Glänzel, W. and Schmoch, U.(eds.), Handbook of Quantitative Science and Technology Research, 257—276, Dordrecht, the Netherlands: Kluwer Academic Publishers.

Goddard, J. and Smith, I.(1978). Changes in Corporate Control in the British Urban System, 1972—1977, Environment and Planning A, 10, 1073—1084.

Godfrey, B. J., Zhou, Y. (1999). Ranking World Cities: Multinational Corporations and the Global Urban Hierarchy, Urban Geography, 20(3), 268—281.

Goerzen, A., Asmussen, C.G. and Nielsen, B.B.(2013). Global Cities and Multinational Enterprise Location Strategy, Journal of International Business Studies, 44, 427—450.

Goldfeld, K.S.(ed.)(2007). The Economic Geography of Mega-Regions, The Policy Research Institute for the Region, Princeton, NJ, 59—83.

Gordon, I. and Turok, I.(2005). How Urban Labour Markets Matter, In Buck, N. et al., Chan-

424

ging Cities: Rethinking Urban Competitiveness, Cohesion and Governance, London: Palgrave.

Gottmann, J.(1961). Megalopolis: The Urbanized Northeastern Seaboard of the United States, New York: Twentieth Century Fund.

Grabher, G. and Powell, W.W.(2004). Exploring the Webs of Economic Life, In Grabher, G., Powell, W.W.(ed.) Networks, Cheltenham: Edward Elgar, 1—36.

Grabher, G.(2001). Ecologies of Creativity: The Village, The Group, and The Heterarchic Organisation of the British Advertising Industry, Environment and Planning A, 33, 351—374.

Grabher, G.(2006). Trading Routes, Bypasses, and Risky Intersections: Mapping the Travels 'Networks' between Economic Sociology and Economic Geography, Progress in Human Geography, 30, 163—189.

Granovetter, M. (1973). The Strength of Weak Ties, American Journal of Sociology, 78, 1360—1380.

Green, N.(2007). Functional Polycentricity: A Formal Definition in Terms of Social Network Analysis, Urban Studies, 44, 2077—2103.

Gritsai, O.(1997). Business Services and the Restructuring of Urban Space in Moscow, Geojournal, 42(4),365—376.

Growe, A.and Blotevogel, H.H.(2011). Knowledge Hubs in the German Urban System: Identifying Hubs by Combining Network and Territorial Perspectives, Raumforschung und Raumordnung, 69(3), 175—185.

Guillaume, M.(1999). L'Empire des Réseaux, Descartes & Cie, Paris.

Guimera, R., Mossa, S., Turtschi, A. and Amaral, L.A.N.(2005). The Worldwide Air Transportation Network: Anomalous Centrality, Community Structure, and Cities' Global Roles, Proceedings of the National Academy of Sciences, 102, 7794—7799.

Guisinger, S.(1985). Investment Incentives and Performance Requirements, Praeger.

Gulati, R., and Garguilo, M.(1999). Where do Interorganizational Networks Come from? American Journal of Sociology, 104, 1439—1493.

Hack, G.(2000). Infrastructure and Regional Form. In Simmonds, R., and Hack, G.(eds), Global City Regions, Their Emerging Forms, London, Spon Press, 183—192.

Haggett, P. and Chorley, R.J.(1967). Network Analysis in Geography, London: Edward Arnold.

Haggett, P.(1965). Locational Analysis in Human Geography, London: Edward Arnold.

Halbert, L. and Pain, K.(2009). PAR-LON-Doing Business in Knowledge-Based Services in Paris and London: A Tale of One City? http://www.lboro.ac.uk/gawc/rb/rb307.html.

Halbert, L. and Pain, K.(2010). PAR-LON—Doing Business in Knowledge-Based Services in Paris and London: A Tale of One City? GaWC Research Bulletin No.307(A).

Hall, P. and Hay, D.(1980). Growth Centres in the European Urban System, London: Heinemann Educational.

Hall, P. and Pain, K.(2006). The Polycentric Metropolis: Learning from the Mega-City Regions in Europe, London: Earthscan.

Hall, P. and Pain, K.(eds)(2006). The Polycentric Metropolis: Learning from Mega-city Regions in Europe, London: Earthscan.

Hall, P.(1998). Cities in Civilisation: Culture, Innovation, and Urban Order, Weidenfeld & Nicolson, London.

Hall, P.(2001). Global City Regions in the Twenty-First Century, In Scott, A.J.(Eds) Global City-Regions: Trends, Theory, Policy, Oxford University Press, Oxford, 59—77.

Hall, P.A.and Soskice, D.(eds.) (2001). Varieties of Capitalism, The Institutional Foundations of Comparative Advantage, Oxford: Oxford University Press.

Hall, P.G.(1966). The World Cities, Weidenfeld and Nicolson, London.

Hall, P.G.(1998). Cities in Civilization: Culture, Innovation, and Urban Order, Weidenfeld & Nicolson, London.

Hall, T. and Hubbard, P.(eds.) (1998). The Entrepreneurial City: Geographies of Politics, Regimes and Representations, Wiley, London.

Hall,P.(2001). Global City Regions in the Twenty-First Century. In Scott, A.J.(eds), Global City-Regions: Trends, Theory, Policy, Oxford University Press, Oxford, 59—77.

Hamnett, C.(1996). Why Sassen is Wrong: A Response to Burgers, Urban Studies, 33, 1, 107—110.

Hamnett, C.(2003). Unequal City: London in the Global Arena, London, Routledge.

Hang Seng Bank(1999). Hong Kong: The Road to Becoming a World City, Hang Seng Bank Economic Monthly, November/December.

Hannemann, R. and Riddle, M.(2005). Introduction to Social Network Methods, Riverside: University of California.

Hanssens, H., Derudder, B., Taylor, P.J., Hoyler, M., Ni, P., Huang, J., Yang, X. and Witlox, F. (2011). The Changing Geography of Globalized Service Provision, 2000—2008, The Service Industries Journal, 31(14), 2293—2307.

Harrington, J.W. and Daniels, P.W.(eds.) (2006). Knowledge-Based Services, Internationalization and Regional Development, Ashgate Publishing, Ltd. Ashgate.

Harris, C.(1954). The Market as a Factor in the Localization of Industry in the United States, Annals of the Association of American Geographers, 64, 315—348.

Harrison, J. and Hoyler, M.(2014). Governing the New Metropolis, Urban Studies DOI: 10. 1177/0042098013500699.

Harrison, J.(2010). Networks of Connectivity, Territorial Fragmentation, Uneven Development: The New Politics of City-Regionalism, Political Geography, 29, 17—27.

Harrison, J.(2011). Configuring the New "Regional World": On Being Caught Between Territory and Networks, GaWC Research Bulletin 370, http://www.lboro.ac.uk/gawc/rb/rb370.html.

Harvey, D.(1982). The Limits to Capital, Blackwell.

Harvey, D.(1989). From Managerialism to Entrepreneurialism: The Transformation in Urban Governance in Late-Capitalism, Geografiska Annaler 71 B, 3—17.

Harvey, D.(1996). Justice, Nature and the Geography of Difference, Blackwell, Oxford.

Harvey, D. (2006). Spaces of Global Capitalism: A Theory of Uneven Geographical Development, Verso.

Hausner, V.(ed)(1986). Critical Issues in Urban Economic Development, Volume 1, Oxford: Oxford University Press.

Hazell, R.(2000). An Unstable Union: Devolution and the English Question, State of the Union Lecture. Constitution Unit, London.

Healey, P. (2006). Relational Complexity and the Imaginative Power of Strategic Spatial Planning, European Planning Studies, 14, 525—546.

Healey, P.(2007). Urban Complexity and Spatial Strategies: Towards a Relational Planning for our Times, London: Routledge.

Healey, P.(2010). Making Better Places, The Planning Project in the Twenty-First Century, New York: Palgrave Macmillan.

Hedlund, G.(1986). The Hypermodern MNC-A Heterarchy, Human Resource Management, 25, 9—35.

Hedlund, G.(1994). A Model of Knowledge Management and the N-form Corporation, Strategic Management Journal, 15, 73—90.

Heenan, D.A.(1977). Global Cities of Tomorrow, Harvard Business Review, 55, 79—92.

Held, D., McGrew, A., Goldblatt, D. and Perraton, J. (1999). Global Transformations: Politics, Economics, and Culture, Stanford University Press.

Henderson, J., Dicken, P., Hess, M., Coe, N. and Yeung, H. W-C.(2002). Global Production Networks and The Analysis of Economic Development. Review of International Political Economy, 9(3), 436—464.

Henderson, J. V. (1974). The Sizes and Types of Cities, American Economic Review, 64, 640—656.

Henderson, V.(1997). Medium Size Cities, Regional Science and Urban Economics, 27(6), 583—612.

Hennemann, S. and Derudder, B. (2013). An Alternative Approach to the Calculation and Analysis of Connectivity in the World City Network, GaWC Research Bulletin 401, Available at http://www.lboro.ac.uk/gawc/rb/rb401.html.

Hepworth, M.(1989). Geography of the Information Economy, London, Belhaven Press.

Herman, E.S.and McChesney, R.W.(1997). The Global Media: The New Missionaries of Global Capitalism, London: Cassell.

Herrmann-Pillath, C.(1993). New Knowledge as Creation: Notes when Reading Nietzsche on Evolution, Power, and Knowledge, Journal of Social and Evolutionary Systems, 16(1), 25—44.

Hesse, M.(2014). On Borrowed Size, Flawed Urbanisation and Emerging Enclave Spaces: The Exceptional Urbanism of Luxembourg, Luxembourg, European Urban and Regional Studies, Epub ahead of print 20 May 2014, Doi: 10.1177/0969776414528723.

Hill, R.C. and Fujita, K.(1995) Osaka's Tokyo Problem, International Journal of Urban and Regional Research, 19(2), 181—193.

Hill, R.C. and Kim, J.W.(2000). Global Cities and Developmental States: New York, Tokyo and Seoul, Urban Studies, 37(12), 2167—2195.

Hillis, K.(1998). On the Margins: The Invisibility of Communications in Geography, Progress in Human Geography 22(4), 543—566.

Hirshman, A.O.(1958). The Strategy of Economic Development, New Haven: Yale University Press.

Hirst, P., Thompson, G.(1996). Globalization in Question: The International Economy and the Possibilities of Governance, Polity Press.

Hodgson, G. M.(1995). The Evolution of Evolutionary Economics, Scottish Journal of Political Economy Vol.42, 469—488.

Hodgson, G. M.(2002). Darwinism in Economics: From Analogy to Ontology, Journal of Evolutionary Economics, 6, 589—781.

Hohenberg, P., Lees, L. H.(1995). The Making of Urban Europe 1000—1994, Cambridge: Harvard University Press.

Hopkins, T.K. and Wallerstein, I.(1986). Commodity Chains in the World-Economy Prior to 1800, Review, 10(1), 157—170.

Hopkins, T.K., Wallerstein, I.(1977). Patterns of Development of the Modern World System, Research Proposal, Review, 1, 111—145.

Horan, B.(1995). The Staistical Character of Evolutionary Theory, Philosophy of Science, 61, 76—95.

Howard, E.(1902). Garden Cities of Tomorrow, Faber and Faber, London, UK.

Hoyler, M. and Pain, K.(2001). London and Frankfurt as World Cities: Changing Local-Global Relations, GaWC Research Bulletin 62.

Hoyler, M., Kloosterman, R.C.and Sokol, M.(2008). Polycentric Puzzles: Emerging Mega-City Regions Seen through the Lens of Advanced Producer Services. Regional Studies, 42, 1055—1064.

Hoylerm, M. and Watson, A.(2013). Global Media Cities in Transnational Media Networks, Tijdschrift voor Economische en Sociale Geografie, 104(1), 90—108.

Hubbard, P. and Hall, T.(1998). The Entrepreneurial City and the "New Urban Politics". In Regime and Representation(eds.), The Entrepreneurial City: Geographies of Politics, John Wiley, Chichester, 1—23.

Hudson, R.(2007). Regions and Regional Uneven Development Forever? Some Reflective Comments upon Theory and Practice, Regional Studies 41, 1149—1160.

Hughes, A. and Reimer, S. (eds) (2004). Geographies of Commodity Chains, Routledge, London.

Humphrey, J. and Schmitz, H.(2001). Governance in Global Value Chains, IDS Bulletin, 32(3).

Hymer, S.(1972). The Multinational Corporation and the Law of Uneven Development. In Bhagwati, J.N.(ed.), Economics and World Order, New York: Macmillan.

Iredale, R. and Appleyard, R.(2001). International Migration of the Highly Skilled: An Introduction, International Migration, 39(5), 3—6.

Irvin, G.(2008). Super Rich, The Rise of Inequality in Britain and the United States, Polity, London.

Irwin, M.D. and Kasarda, J.D.(1991). Air Passenger Linkages and Employment Growth in U.S. Metropolitan Areas, American Sociological Review, 56(4), 524—537.

Isard, W.(1956). Location and Space Economy, MIT Press, Cambridge, MA.

Iyer, P.(2000). The Global Soul: Jet Lag, Shopping Malls, and the Search for Home, New York: Knopf.

Jacobs, J.(1969). The Economy of Cities, New York: Random House.

Jacobs, J.(1984) Cities and the Wealth of Nations: Principles of Economic Life, New York: Random House.

Jacobs, J.(1993). The Death and Life of Great American Cities, New York, USA.

Jacobs, J.(2000). The Nature of Economies, New York: Vintage.

Jefferson, M.(1939). The Law of the Primate City, Geographical Review, 29, 226—232.

Jessop, B. (1997). The Entrepreneurial City: Re-Imagining Localities, Redisigning Economic Governance. In Jewson, N. and MacGregor, S. (eds.) Realizing Cities: New Spatial Divisions and Social Transformations, Routledge, London, 28—41.

Jessop, B., Brenner, N. and Jones, M.(2008). Theorizing Sociospatial Relations, Environment and Planning D., 26, 389—401.

Jiang, Y. and Shen, J.(2010). Measuring The Urban Competitiveness of Chinese Cities in 2000, Cities, 27(5), 307—314.

Johansson, B. and Quigley, J.M.(2004). Agglomeration and Networks in Spatial Economies, Papers in Regional Science, 83, 165—176.

Johnson, J. H.(1974). Geographical Processes at the Edge of the City. In Johanson, J.H., Suburban Growth, London: Wiley, 1—16.

Jonas, A. and Pincetl, S.(2006). Rescaling Regions in the State: The New Regionalism in California, Political Geography, 25, 482—505.

Jones, A.(2002). The Global City: Misconceived: The Myth of Global Management in Transnational Service Firms, Geoforum, 33, 335—350.

Jones, A.(2005). Truly Global Corporations? Theorising Organizational' Globalization in Advanced Business Services, Journal of Economic Geography, 5, 177—200.

Jones, A.(2007). More than Managing across Borders? The Complex Role of Face-to-Face Interaction in Globalizing Law Firms, Journal of Economic Geography, 7, 223—246.

Jones, A.(2008). The Rise of Global Work, Transactions Institute of British Geographers, NS 33, 12—26.

Jones, M. and Jessop, B.(2010). Thinking State/Space Incompossibly, Antipode, 42, 1119—1149.

Jöns, H.(2008). Academic Travel from Cambridge University and the Formation of Centres of Knowledge, 1885—1954, Journal of Historical Geography, 34(2), 338—362.

Kaiser, A.and Ehlert, N.(2006). How and Why Do Political Institutions Matter? Federalism, Decentralisation and Macro-Economic Performance in OECD Countries. In Max Planck Summer Conference on Economic Sociology and Political Economy, 34.

Kaplinsky, R. and Morris, M.(2001). A Handbook for Value Chain Research, Available on-line via http://www.ids.ac.uk/ids/global/pdfs/VchNov01.pdf.

Kay, J.(2001). Geography is Still Important, The Financial Times, 10th January.

Keane, J.(2002). Global Civil Society? Introducing Global Civil Society. In Anheier, H., Glasius, M. and Kaldor, M.(eds), Global Civil Society 2001, Oxford: Oxford University Press.

Keating, M.(1998). The New Regionalism in Western Europe: Territorial Restructuring and Political Change, Edward Elgar, Cheltenham.

Keeling, D.J.(1995). Transport and the World City Paradigm. In Knox, P.L. and Taylor, P.J. (ed.), World Cities in a World-System, 115—131, Cambridge: Cambridge University Press.

Kellerman, A.(2002). The Internet on Earth, A Geography of Information, West Sussex, England, John Wiley & Sons Ltd.

Kenny, N.(2009). From Body and Home to Nation and World: The Varying Scales of Transnational Urbanism in Montreal and Brussels at the Turn of the Twentieth Century, Urban History, 36(2), 223—242.

Kentor, J.(2005). The Growth of Transnational Corporate Networks 1962—1998, Journal of World Systems Research, 11.

Keohane, R.O., and Nye, J.S.(2000). Introduction. In Nye, J.S. and Donahue, J.D.(eds.), Governance in a Globalizing World, 1—45, Washington, DC: The Brooking Institution.

Kindelberger, C.(1974). The Formation of Financial Centers: A Study of Comparative Economic

History, Princeton Studies in International Finance, 36, Princeton University.

King, A.D.(1990). Global Cities: Post-imperialism and the Internationalisation of London, London: Routledge.

King, R.(2002). Towards a New Map of European Migration, International Journal of Population Geography, 8(2), 89—106.

Kloosterman, R.C. and Lambregts, B.(2007). Between Accumulation and Concentration of Capital: Toward a Framework for Comparing Long-Term Trajectories of Urban Systems, Urban Geography, 28(1), 54—73.

Kloosterman, R.C. and Musterd, S.(2001). The Polycentric Urban Region: Towards a Research Agenda, Urban Studies, 38(4), 623—633.

Knight, J. (1997). Internationalisation of Higher Education: A Conceptual Framework. In Knight, J. and de Wit, H.(eds.), Internationalisation of Higher Education in Asia Pacific Countries, Amsterdam, European Association for International Education, 11—22.

Knight, R.V. and Gappert, G. (eds) (1989). Cities in a Global Society, Newbury Park, CA: Sage.

Knorr-Cetina, K.(1999). Epistemic Cultures, Cambridge, MA and London: Harvard University Press.

Knox, P. and Kathy, P.(2010). International Homogeneity in Architecture and Urban Development? Informationen zur Raumentwicklung(IzR), 34(2), 417—428.

Knox, P.(1994). Urbanization: An Introduction to Urban Geography, Englewood Wliffs, NJ, Prentice Hall.

Knox, P.L. and Taylor, P.J.(Eds)(1995). World Cities in a World System, Cambridge: Cambridge University Press.

Knox, P.L.(1996). Globalization and Urban Change, Urban Geography, 17, 115—117.

Knox, P. L. (2002). World Cities and the Organization of Global Space. In Johnston, R. J., Taylor, P.J. and Watts, M.J.(eds), Geographies of Global Change, 2nd edition, Oxford: Blackwell, 328—338.

Koestler, A.(1978). Janus: A Summing Up, Janus, New York: Random House.

Kotler, P., Haider, D. and Rein, I.(1993). Marketing Places: Attracting Investment, Industry, and Tourism to Cities, States, and Nations, The Free Press, New York.

Krätke, S. and Taylor, P.J.(2004). A World Geography of Global Media Cities, European Planning Studies, 12, 459—477.

Krätke, S. (1999). Berlin's Regional Economy in the 1990s: Structural Adjustment or Open Ended' Structural Break, European Urban and Regional Studies, 6(4), 323—338.

Krätke, S.(2003). Global Media Cities in a Worldwide Urban Network, European Planning Studies, 11, 605—628.

Krätke, S.(2011). How Manufacturing Industries Connect Cities across the World: Extending Research on "Multiple Globalizations", GaWC Research Bulletin 391, http://www.lboro.ac.uk/gawc/rb/rb391.html.

Krätke, S., Wildner, K. and Lanz, S.(eds)(2010/2012). Transnationalism and Urbanism, London: Routledge, 91—111.

Krätke, S.(2012). How Manufacturing Industries Connect Cities across the World: Extending Research on "Multiple Globalizations", http://www.lboro.ac.uk/gawc/rb/rb391.html.

430

Krugman, P.(1991). Increasing Returns and Economic Geography, Journal of Political Economy, 99, 483—499.

Krugman, P.(1993). On the Number and Location of Cities, European Economic Review, 37 (2), 293—298.

Krugman, P.(2005). Second Winds for Industrial Regions?. In Coyle, D., Alexander, W. and Ashcroft, B.(eds), New Wealth for Old Nations: Scotland's Economic Prospects, Princeton: Princeton University Press, 35—47.

Krugman, P.R.(1991). Increasing Returns and Economic Geography, Journal of Political Economy, 99, 483—499.

Küblböck, K.(1999). Globalisierung und Peripherie. In Parnreiter, Chr, Novy, A and Fischer, K.(ed.), Umstrukturierung in Lateinamerika, Afrika und Asien,Frankfurt am Main, 159—282.

Laermans, R.(1993). Learning to Consume: Early Departmental Stores and the Shaping of Modern Consumer Culture(1860—1914), Theory, Culture & Society, 10, 79—102.

Lai, K.(2012). Differentiated Markets: Shanghai, Beijing and Hong Kong in China's Financial Centre Network, Urban Studies,49(6), 1275—1296.

Lambregts, B.(2009). The Polycentric Metropolis Unpacked: Concepts, Trends, and Policy in the Randstad Holland, Amsterdam: Amsterdam Institute for Metropolitan and International Development Studies.

Larsen, J., Axhausen, K.W. and Urry, J.(2006). Geographies of Social Networks: Meetings, Travel and Communications, Mobilities, 12, 261—283.

Lashinsky, A.(2002). Silicon Valley: The Lawyers Who got Screwed Too, Fortune, 145, 133—140.

Latham, A. and McCormack, D.(2004). Moving Cities: Rethinking the Materialities of Urban Geographies, Progress in Human Geography, 28, 701—724.

Latour, B. and Hermant, E.(1998). Paris, Ville Invisible, Paris: La Découverte.

Latour, B.(1987). Science in Action: How to Follow Scientists and Engineers through Society, Cambridge, MA: Harvard University Press.

Latour, B.(1993). We have Never Been Modern, Harvester Wheatsheaf, London.

Latour, B.(2005). Reassembling the Social, An Introduction to Actor-network Theory, Oxford, Oxford University Press.

Law, J.(2000). Transitivities, Environment & Planning D: Society & Space, 18, 133—148.

Law, J.(2004). After Method: Mess in Social Science Research, Routledge, London.

Le Galès, P.(2002). European Cities: Social Conflicts and Governance, Oxford: Oxford University Press.

Lee, B. and Gordon, P.(2007). Urban Spatial Structure and Economic Growth in US Metropolitan Areas, paper presented at the 46th annual meeting of the Western Regional Science Association, Newport Beach, CA.

Lee, E.K.S., Zhao, S.X. and Xie, Y.(2012). Command and Control Cities in Global Space-Economy before and after 2008 Geo-Economic Transition, Chinese Geographical Science, 22(3), 334—342.

Lefevre, H.(1991). The Production of Space, Oxford: Blackwell.

Leslie, D. and Reimer, S.(1999). Spatializing Commodity Chains, Progress in Human Geography, 23(3), 401—420.

Letho, J.(2000). Different Cities in Different Welfare States. In Bragnasco, A. and Le Gales, P.

(eds.), Cities in Contemporary Europe,112—130, Cambridge: Cambridge University Press.

Levinson, P.(1988). Mind at Large: Knowing in the Technological Age, Research in Philosophy & Technology.

Leydesdorff, L. and Zhou, P.(2005). Are the Contributions of China and Korea Upsetting the World System of Science? Scientometrics, 63(3), 617—630.

Limtanakool, N., Schwanen, T. and Dijst, M.(2007). Ranking Functional Urban Regions: A Comparison of Interaction and Node Attribute Data, Cities, 24:26—42.

Lin, G.C.S.(2005). Service Industries and Transformation of City-regions in Globalizing China: New Testing Ground for Theoretical Reconstruction. In Daniels, P.W., Ho, K.C., Hutton, T.A. (eds.), Service Industries and Asia Pacific Cities: New Development Trajectories, Routledge, New York, 283—300.

Lin, G.S.C.(2004). The Chinese Globalizing Cities: National Centres of Globalization and Urban Transformation, Progress in Planning, 61(3), 143—157.

Lind, H.(1993). A Note on Fundamental Theory and Idealizations in Economics and Physics, British Journal for the Philosophy of Science, 44, 493—503.

Lipsey, R.G. and Harbury, C.D.(1992). First Principles of Economics, 2nd Edition, London: Weidenfeld and Nicolson.

Liu, X. and Derudder, D.(2012). Two-Mode Networks and the Interlocking World City Network Model: A Reply to Neal, Geographical Analysis, 44, 171—173.

Liu, X. and Taylor, P.J.(2011). A Robustness Assessment of GaWC Global Network Connectivity Ranking, Urban Geography, 32(8), 1227—1237.

Liu, X., Bollen, J., Nelson, M.L. and Sompel, H.V.de.(2005). Co-Authorship Networks in the Digital Library Research Community, Information Processing and Management, 41, 1462—1480.

Lizieri, C. and Kutsch, N.(2006). Who Owns the City 2006: Office Ownership in the City of London Reading, University of Reading Business School and Development Securities plc, 27+iii.

Lizieri, C.(2009). Towers of Capital: Office Markets and International Financial Services, Wiley-Blackwell: Oxford.

Lizieri, C.(2012). Global Cities, Office Markets and Capital Flows. In Derudder, B., Hoyler, M., Taylor, P.J. and Witlox, F.(eds.), International Handbook of Globalization and World Cities, Cheltenham, UK, Northampton, MA, USA: Edward Elgar, 162—176.

Lizieri, C., Baum, A. and Scott, P.(2000). Ownership, Occupation and Risk: A View of the City of London Office Market,Urban Studies, 37(7), 1109—1129.

Lo, F-C. and Yeung, Y-M.(eds.)(1996). Emerging World Cities in Pacific Asia, Tokyo: UNU Press.

Lo, F-C. and Yeung, Y-M.(1998). Globalization and the World Large Cities, Tokyo: United Nations University Press.

Loasby, B.J.(1991). Equilibrium and Evolution, Manchester: Manchester University Press.

Lowendahl, B.(2005). Strategic Management of Professional Service Firms(3rd edition), Copenhagen Business School, Copenhagen.

Lucas, R.E.B.(2003). Migration and Lagging Regions, Boston University, Boston, Processed.

Lukermann, F.(1966). Empirical Expressions of Nodality and Hierarchy in a Circulation Manifold, East Lakes Geographer, 2, 17—44.

LÜthi, S., Thierstein, A. and Goebel, V.(2010). Intra-Firm and Extra-Firm Linkages in the

Knowledge Economy: The Case of the Emerging Mega-City Region of Munich. Global Networks, 10, 114—137.

LÜthi, S., Thierstein, A. and Goebel, V. (2010). Intra-Firm and Extra-Firm Linkages in the Knowledge Economy: The Case of the Emerging Mega-City Region of Munich, Global Networks, 10, 114—137.

Lyons, D. and Salmon, S.(1995). World Cities, Multinational Corporations, and Urban Hierarchy: The Case of the United States. In Knox, P.L., Taylor, P.J.(eds.) World Cities in a World-System, Cambridge University Press, Cambridge, 98—114.

Ma, X. and Timberlake, M.(2012). World City Typologies and National City System Deterritorialisation: USA, China and Japan, Urban Studies, 2012, 1—21.

Machlup, F.(1962). The Supply of Inventors and Inventions, In Nelson, R.(ed.) The Rate and Direction of Inventive Activity, NBER, Boston.

Macleod, G. and Jones, M.(2001). Renewing the Geography of Regions, Environment and Planning D, 19, 669—695.

Macleod, G. and Jones, M.(2007). Territorial, Scalar, Networked, Connected: In what Sense a "Regional World"? Regional Studies, 41, 1177—1191.

Mahoney, J. (2000). Path Dependence in Historical Sociology, Theory and Society, 29, 507—548.

Mahutga, M.C., Ma, X., Smith, D. and Timberlake, M.(2010). Economic Globalization and the Structure of the World-City System: The Case of Airline Passenger Data, Urban Studies, 7(9), 925—1947.

Malecki, E. (2002). The Economic Geography of the Internet's Infrastructure, Malecki, Economic Geography, 78, 399—424.

Malecki, E.J. and Gorman, S.P.(2001). Maybe the Death of Distance, But not the End of Geography: the Internet as a Network, In Leinbach, T.R. & Brunn, S.D.(Eds.) Worlds of E-Commerce: Economic, Geographical and Social Dimensions, West Suusex, Wiley.

Malecki, E.J.(2002). The Economic Geography of the Internet's Infrastructure, Economic Geography, 78, 399—424.

Mann, M.(1986). The Sources of Social Power, Vol. I: A History of Power from the Beginning to AD 1760. Cambridge: Cambridge University Press.

Mann, M.(1993). The Sources of Social Power, Vol. II: The Rise of Classes and Nation States, 1760—1914. Cambridge: Cambridge University Press.

Marcuse, P. and van Kempen, R.(eds.)(2000). Globalizing Cities: A New Spatial Order? Oxford: Blackwell.

Marcuse. P. and Kempen, R.van(eds.)(2000). Globalizing Cities, Oxford, Blackwell.

Marshall, J.U.(1989). The Structure of Urban Systems, Toronto: University of Toronto Press.

Maskell, P.(2001). The Firm in Economic Geography, Economic Geography, 77, 329—344.

Massey, D.(2007). World City, Cambridge: Polity Press.

Massey, D.(1993). Power-Geometry and a Progressive Sense of Place. In Bird, J., Curtis, B., Putnam, T., Robertson, G. and Tickner, L. (eds.), Mapping the Futures, London: Routledge, 59—69.

Massey, D.(1994). Space, Place and Gender, Cambridge.

Massey, D.(1999). What is a City?. In D., Massey, J. Allen, and S. Pile(eds.), Understanding

Cities: City Worlds, Routledge, London.

Massey, D. S. (2003). Patterns and Processes of International Migration in the 21st Century, Paper presented at the Conference on African Migration in Comparative, Johannesburg.

Matthiessen, C. W., Schwarz, A. W. and Find, S. (2002). The Top-Level Global Research System, 1997—1999: Centres, Networks and Nodality, An Analysis Based on Bibliometric Indicators, Urban Studies, 39(5—6), 903—927.

Matthiessen, C.W., Schwarz, A.W. and Find, S.(2006). World Cities of Knowledge: Research Strength, Networks and Nodality, Journal of Knowledge Management, 10(5), 14—25.

Maude, D.(2006). Global Private Banking and Wealth Management, Wiley, Chichester.

May, R.M.(1997). The Scientific Wealth of Nations, Science, 275, 793—796.

Mayer, T., Ottaviano, G.(2007). The Happy Few: New Facts on the Internationalisation of European Firms, Bruegel-CEPR EFIM 2007 Report, Bruegel Blueprint Series.

McCann, P.(2008). Globalization and Economic Geography: The World is Curved, not Flat, Cambridge Journal of Regions, Economy and Society, 1, 351—370.

McCann, P.(2008). Globalization and Economic Geography: The World is Curved, Not Flat, Cambridge Journal of Regions, Economy and Society, 1.

McCann, P., Mudambi, R.(2004). The Location Behavior of the Multinational Enterprise: Some Analytical Issues, Growth and Change, 25, 491—524.

McKenzie, R.D.(1933). The Metropolitan Community, New York: McGraw-Hill.

McKinsey Global Institute(2009). Preparing for China's Urban Billion-Summary of Findings, McKinsey & Company.

McKinsey Global Institute(2014). Global Flows in a Digital Age: How Trade, Finance, People, and Data Connect the World Economy.

McNeill, D.(2008). The Global Architect: Firms, Fame and Urban Form, London: Routledge.

McPherson, M., Smith-Lovin, L., and Cook, J.M.(2001). Birds of a Feather: Homophily in Social Networks, Annual Review of Sociology, 27, 415—444.

Meijers, E.J. and Burger, M.J.(2010). Spatial Structure and Productivity in U.S. Metropolitan Areas, Environment and Planning A, 42(6), 1383—1402.

Meijers, E.J.(2005). Polycentric Urban Regions and the Quest for Synergy: Is a Network of Cities More than the Sum of the Parts? Urban Studies, 42, 765—781.

Meijers, E.J.(2008). Summing Small Cities does not Make a Large City: Polycentric Urban Regions and the Provision of Cultural, Leisure and Sports Amenities, Urban Studies, 45 (11), 2323—2342.

Meijers, E.J., Burger, M.J.(2015) Stretching the Concept of 'Borrowed Size', Urban Studies, 0042098015597642, first published on August 10, 2015.

Meijers, E.J., Hoekstra, J., Leijten, M., Louw, E. and Spaans, M.(2012). Connecting the Periphery: Distributive Effects of New Infrastructure, Journal of Transport Geography, 22, 187—198.

Melo, P., Graham, D., Noland, R.(2009). A Meta-Analysis of Estimates of Urban Agglomeration Economies, Regional Science and Urban Economics, 39, 332—342.

Melo, P.C., Graham, D.J. and Noland, R.B.(2009). A meta-Analysis of Estimates of Urban Agglomeration Economies, Regional Science and Urban Economics, 39, 332—342.

Metcalfe, J.S.(1998). Evolutionary Economics and Creative Destruction, Routedge, London.

Meyer, D.R.(1986). The World System of Cities: Relations Between International Financial Metropolises and South American Cities, Social Forces, 64, 553—581.

Michelson, R., and Wheeler, J.(1994). The Flow of Information in a Global Economy: The Role of the American Urban System in 1990, Annals of Association of American Geographers 84, 87—107.

Mitlin, D. and Satterthwaite, D.(1996). What is to be Sustained, What Developed? Sustainability and Sustainable Cities. In Pugh, C.(ed.), Sustainability, The Environment, and Urbanization, London: Earthscan Publications, 135—177.

Mollenkopff, J.H. and Castells, M.(eds.) (1992). Dual City: Restructuring New York, Russell Sage, New York.

Mollenkopff, J.H.(1983). The Contested City, Princeton University Press, Princeton.

Mommaas, H.(2004). Cultural Clusters and the Post-Industrial City: Towards the Remapping of Urban Cultural Policy, Urban Studies, 41(3), 507—532.

Morgan, G. and Quack, S.(2005). Institutional Legacies and Firm Dynamics: The Growth and Internationalization of UK and German law firms, Organization Studies, 26(12), 1175—1785.

Morgan, G.(2001). Transnational Communities and Business Systems, Global Networks, 1(2), 113—130.

Morgan, K.(1997). The Learning Region: Institutions, Innovation and Regional Renewal, Regional Studies, 31, 491—503.

Morgan, K.(2007). The Polycentric State: New Spaces of Empowerment and Engagement? Regional Studies, 41, 1237—1251.

Morley, D.and Robins, K.(1995). Spaces of Identity: Global Media, Electronic Landscapes and Cultural Boundaries, London: Routledge.

Morshidi, S.(2000). Globalising Kuala Lumpur and the Strategic Role of the Producer Services Sector, Urban Studies, 37(12), 2217—2240.

Moss, M.L. and Townsend, A.M.(2000). The Internet Backbone and the American Metropolis, Information Society, 16, 35—47.

Moss, M.L.(1987). Telecommunications, World Cities and Urban Policy, Urban Studies, 24(6), 534—546.

Moulaert, F. and Djellal, F.(1995). Information Technology Consultancy Firms: Economies of Agglomeration from a Wide-Area Perspective, Urban Studies, 32, 105—122.

Moulaert, F., Rodriguez, A., Swyngedouw, E.(2003). The Globalized City: Economic Restructuring and Social Polarization in European Cities, Oxford University Press, Oxford.

Mumford, L.(1938). The Culture of Cities, Harcourt, Inc.

Myrdal, G.(1957). Economic Theory and Underdeveloped Regions, London: Duckworth.

Myrdal, G.(1957). Rich Lands and Poor: The Road to World Prosperity, New York: Harper.

Nachum, L.(2000). Economic Geography and the Location of TNCs: Financial and Professional Service FDI to the US, Journal of International Business Studies, 31(3), 367—385.

Neal, Z.(2008). The Duality of World Cities and Firms: Comparing Networks, Hierarchies, and Inequalities in the Global Economy, Global Networks 8, 94—115.

Neal, Z.P.(2010). Refining the Air Traffic Approach: An Analysis of the U.S. City Network, Urban Studies, 47(10), 2195—2215.

Neal, Z.P.(2011). Differentiating Centrality and Power in the World City Network, Urban Studies, 48(13), 2733—2748.

Neal, Z.P.(2011). Urban Studies, 48(13), 2733—2748.

Neal, Z.P.(2012). Structural Determinism in the Interlocking World City Network, Geographical Analysis, 44(2), 162—170.

Needham, B.(2006). Planning, Law and Economics, An Investigation of the Rules We Make for Using Land, London and New York: Routledge.

Nelson, R. and Sampat, B.N.(1999). Making Sense of Institutions as a Factor Shaping Economic Progress, Mimeo, Columbia University.

Nelson, R.(1988). National Innovation Systems, Oxford University Press, Oxford.

Nelson, R.(ed.)(1962). The Rate and Direction of Inventive Activity, NBER, Boston.

Nelson, R. R. and Winter, S. G. (1982). An Evolutionary Theory of Economic Change, Cambridge: Bellknap Press.

Newman, M.E.J.(2001). Scientific Collaboration Networks: II, Shortest Paths, Weighted Networks, and Centrality, Physical Review E, 64, 016132.

Newman, M.E.J.(2001). Scientific Collaboration Networks: I, Network Construction and Fundamental Results, Physical Review E, 64, 016131.

Newman, P. and Thornley, A.(2005). Planning World Cities: Globalization and Urban Politics, London: Palgrave.

Ng, M.K. and Hills, P.(2003). World Cities or Great Cities? A Comparative Study of Five Asian Metropolis, Cities, 20, 151—165.

Niedzielski, M.and Malecki, E.J.(2012). Making Tracks: Rail Networks in World Cities, Annals of the Association of American Geographers, 102(6), 1409—1431.

North, R.D.(2005). Rich is Beautiful, A Very Personal Defence of Mass Affluent, The Social Affairs Unit, London.

O'Connor, K.and Fuellhart, K.(2012). Cities and Air Services: The Influence of the Airline Industry, Journal of Transport Geography, 22, 46—52.

O'Connor, K., Daniels, P.(2001). The Geography of International Trade in Services: Australia and the APEC Region, Environment and Planning A, 33, 281—296.

Ohlin, B., Hesselborn, P.O., Wijkman, P.M.(1977). The International Allocation of Economic Activity, London: Macmillan.

Ohmae, K.(1990). The Borderless World: Power and Strategy in the Interlinked Economy, London: HarperCollins.

Ohmae, K. (1995). The End of the Nation-State: The Rise of Regional Economies, London: HarperCollins.

O'kelly, M.E. and Grubesic, T.H.(2002). Backbone Topology, Access, and the Commercial Internet, 1997—2000, Environment and Planning B-Planning & Design, 29, 533—552.

Olalquiaga, C. (1992). Megalopolis, Contemporary Cultural Sensibilities, Minneapolis, University of Minnesota Press.

Olds, K.(1997). Globalizing Shanghai: The 'Global Intelligence Corps' and the Building of Pudong, Cities, 14, 109—123.

Olds, K. and Yeung, H.W-C.(2004). Pathways to Global City Formation: A View from the Developmental City-State of Singapore, Review of International Political Economy, 11, 489—521.

Olds, K.(1995). Globalization and the Projection of New Urban Spaces: Pacific Rim Mega-projects in the Late 20th Century, Environment and Planning A, 27, 1713—1743.

Oncu, A. and Weyland, P.(1997). Space, Culture, and Power, New Identities in Globalizing

Cities, Atlantic Heights, NJ: Zed Books.

Oner, A.C., Mitsova, D., Prosperi, D. and Vos, J.(2010). Knowledge Globalization in Urban Studies and Planning: A Network Analysis of International Co-authorships, Journal of Knowledge Globalization, 3(1), 2—30.

Owen, D.(2009). The Green Metropolis, New York: Riverhead Books.

Paasi, A. (1986). The Institutionalization of Regions: A Theoretical Framework for Understanding the Emergence of Regions and the Constitution of Regional Identity, Fennia, 164, 105—146.

Paasi, A.(2010). Regions are Social Constructs, But who or what 'Constructs' Them? Agency in Question, Environment and Planning A, 42, 2296—2301.

Pain, K. and Hall, P.(2006). Firms and Places: Inside the Mega-City Regions, In Hall, P. & Pain, K.(eds.) The Polycentric Metropolis: Learning from Mega-City Regions in Europe, 91—103. London: Earthscan.

Pain, K. and Hall, P.(2006). Flows and Relationships: Internal and External Linkages, in the Polycentric Metropolis: Learning from Mega-City Regions in Europe, Earthscan, London, 104—112.

Pain, K. and Hall, P.(2008). Informational Quantity Versus Informational Quality: The Perils of Navigating the Space of Flows, Regional Studies, vol.42, ISSN: 1360—0591(electronic).

Pain, K.(2005). POLYNET Action 2.1: Qualitative Analysis of Service Business Connections: Summary Report, Institute of Community Studies/The Young Foundation, London.

Pain, K.(2006). Policy Challenges of Functional Polycentricity in a Global Mega-City Region: South East England, Built Environment, 32(2), 194—205.

Pain, K.(2007). City of London Global Village: Understanding the Square Mile in a Post-Industrial World Economy, GaWC Research Bulletin 218, Loughborough: GaWC.

Pain, K.(2008). Examining Core-Periphery Relationships in a Global Mega-City Region—The Case of London and South East England, Regional Studies, 42, 1161—1172.

Pain, K.(2008). Gateways and Corridors in Globalization: Changing European Global City Roles and Functions, GaWC Research Bulletin No.287.

Pain, K.(2008). Spaces of Practice in Advanced Business Services: Rethinking London-Frankfurt Relations, Environment and Planning D: Society and Space, 26(2), 264—279.

Pain, K.(2008). Urban Regions and Economic Development. In Johnson, C., Hu, R. and Abedin, S.(eds.), Connecting Cities: City-Regions, Metropolis Congress, Sydney, Australia.

Paink, K.(2008). Looking for the 'Core' in Knowledge Globalization: The Need for a New Research Agenda, http://www.lboro.ac.uk/gawc/rb/rb286.html.

Painter, J.(2008). Cartographic Anxiety and the Search for Regionality, Environment and Planning A, 40, 342—361.

Panagariya, A.(2008). India: The Emerging Giant,Oxford University Press, Oxford.

Parmar, I.(2002). American Foundations and the Development of International Knowledge Networks, Global Networks, 2(1), 13—30.

Parnreiter, C.(2003). Global City Formation in Latin America: Socioeconomic and Spatial Transformations in Mexico City and Santiago de Chile, Paper presented at the 99th Annual Meeting of the Association of American Geographers, New Orleans, 4—8 March 2003, GaWC Research Bulletin Nr. 103, http://www.lboro.ac.uk/gawc/rb/rb103.html.

Parnreiter, C.(2002). Mexico: The Making of a Global City. In Sassen, S.(eds.), Global Networks, linked Cities, London, New York, 215—238.

Parnreiter, C.(2010). Global Cities in Global Commodity Chains: Exploring the Role of Mexico City in the Geography of Global Economic Governance, Global Networks, 10(1), 35—53.

Parnreiter, C.(2014). Network or Hierarchical Relations? A Plea for Redirecting Attention to the Control Functions of Global Cities, Tijdschrift voor Economische en Sociale Geografie, 105(4), 398—411.

Parr, J.B.(2002). Agglomeration Economies: Ambiguities and Confusions, Environment and Planning A, 34(4), 717—731.

Parr, J.B.(2004). The Polycentric Urban Region: A Closer Inspection, Regional Studies, 38, 231—240.

Parsons, T.(1957). The Distribution of Power in American Society, World Politics, 10, 123—143.

Parsons, T.(1963). On the Concept of Political Power, Proceedings of the American Philosophical Society, 107, 232—262.

Partridge, M.D., Rickman, D.S., Ali, K. and Olfert, M.R.(2009). Do New Economic Geography Agglomeration Shadows Underlie Current Population Dynamics across the Urban Hierarchy? Regional Science, 88, 445—466.

Pelupessy, W.(2001). Industrialization in Global Commodity Chains Emanating from Latin America, UNISA Latin American Report, 17(2), 4—14.

Pereira, R.A.O. and Derudder, B.(2010). Determinants of Dynamics in the World City Network, 2000—2004, Urban Studies, 47(9), 1949—1967.

Perlman, J. and O'Meara, S.(2007). The State of the World: Our Urban Future, http://www.megacitiesproject.org/, 1—16.

Perlman, J. and O'Sheehan, M.(2007). The State of the World 2007: Our Urban Future, Megacities Project, http://www.megacitiesproject.org/.

Perulli, P.(2012). The Ontology of Global City-Region: A Critique of Statehood, http://www.lboro.ac.uk/gawc/rb/rb415.html.

Petrella, R.(1991). World City-states of The Future, New Perspectives Quarterly, 8, 59—64.

Pfeffer, J.(1982). Organizations and Organization Theory, Marshfield, MA: Pitman.

Phelps, N. and Ozawa, T.(2003). Contrasts in Agglomeration: Proto-Industrial, Industrial and Post-Industrial Forms Compared, Progress in Human Geography, 27, 583—604.

Phelps, N.A. and Ozawa, T.(2003). Contrasts in Agglomeration: Proto-Industrial, Industrial and Post-Industrial Forms Compared, Progress in Human Geography, 27, 583—604.

Phelps, N.A.(1998). On the Edge of Something Big: Edge-City Economic Development in Croydon, South London, Town Planning Review, 69(4), 441—465.

Phelps, N.A., Fallon, R.J. and Williams, C.L.(2001). Small Firms, Borrowed Size and the Urban-Rural Shift, Regional Studies, 35(7), 613—624.

Pierson, P.(2000). Increasing Returns, Path Dependency, and the Study of Politics, American Political Science Review, Vol.94, 251—267.

Polèse, M. and Shearmur, R.(2006). Growth and Location of Economic Activity: The Spatial Dynamics of Industries in Canada 1971—2001, Growth and Change, 37(3), 362—395.

Popper, K.(1985). A World of Propensities, Thoemmes, Bristol.

Porter, M.E.(1990). The Competitive Advantage of Nations, Free Press.

Powell, W.(1990). Neither Market nor Hierarchy: Network Forms of Organization, Research in Organizational Behavior, 12, 295—336.

Pratt, A.C.(2012). The Cultural Economy and the Global City. In Derudder, B., Hoyler, M., Taylor, P.J., Witlox, F.(eds), International Handbook of Globalization and World Cities, Edward Elgar, Cheltenham, 265—274.

Pred, A.(1977). City-Systems in Advanced Economies, Hutchinson, London.

Pred, A.(1980). Urban Growth and City Systems in the United States, 1840—1860, Hutchinson, London.

Pred, A.(1984). Place as Historically Contingent Process: Structuration and the Time-geography of Becoming Places, Annals of the Association of American Geographers, 74, 279—297.

Presas, L.M.S.(2005). Transnational Buildings in Local Environments, Aldershot: Ashgate.

Pryke, M.(1994). Looking Back on the Space of a Boom: (Re) Developing Spatial Matrices in the City of London, Environment and Planning A, 26, 235—264.

Puga, D.(2010). The Magnitude and Causes of Agglomeration Economies, Journal of Regional Science, 50, 203—219.

Rabach, E. and Kim, E.M.(1994). Where is the Chain in Commodity Chains? The Service Sector Nexus. In Gereffi, G., Korzeniewicz, M. (eds.), Commodity Chains and Global Capitalism, Westport, 123—143.

Ratha, D. and Shaw, W.(2007). South-South Migration and Remittances, Working Paper 102, World Bank, Washington, DC.

Reed, H.C.(1981). The Pre-Eminence of International Financial Centers, New York: Praeger.

Regional Plan Association(2016). America 2050, http://www.america2050.org/images/2050_Map_Megaregions_Influence_150.png.

Reich, R.B.(1991). The Work of Nations, Preparing Ourselves for 21st-Century Capitalism, Vintage Books, New York.

Reiffenstein, T.(2009). Specialization, Centralization, and the Distribution of Patent Intermediaries in the USA and Japan, Regional Studies, 43, 571—588.

Richardson, R. and Gillespie, A.(2000). The Economic Development of Peripheral Rural Areas in the Information Age. In Wilson, M. I. & Corey, K.E.(eds.) Information Tectonics, Wiley.

Rimmer, P.J.(1986). Japan's World Cities: Tokyo, Osaka, Nagoya or Tokaido Megalopolis? Development and Change, 17(1), 121—157.

Robertson, R.(1992). Globalization: Social Theory and Global Culture, London: Sage.

Robinson, J.(2002). Global and World Cities: A View from off the Map, International Journal of Urban and Regional Research, 26(3), 531—534.

Robinson, J.(2006). Ordinary Cities: Between Modernity and Development, London: Routledge.

Rodrigue, J-P., Comtois, C. and Slack, B.(2006). The Geography of Transport Systems, London/New York: Routledge.

Romer, P.(1990). Endogeneous Technology Change, Journal of Political Economy, 98, 71—102.

Rosenberg, N.(1982). Inside the Black Box: Technology and Economics, Cambridge, Cambridge: University Press.

Rosenthal, S.S. and Strange, W.C.(2004). Evidence on the Nature and Sources of Agglomeration Economies. In Henderson, J.V., Thisse, J-F.(eds), Handbook of Regional Science and Urban Economics, Vol.4 Cities and Geography, Elsevier Amsterdam, 2119—2171.

Ross, B.H. and Levine, M.A.(2012). Urban Politics: Cities and Suburbs in a Global Age, M.E. Sharp, New York.

Ross, C.O.(1987). Organizational Dimensions of Metropolitan Dominance: Prominence in the Network of Corporate Control, 1955—1975, American Sociological Review, 52, 258—267.

Rossi, E.C. and Taylor, P.J.(2005). Banking Networks across Brazilian Cities: Interlocking Cities within and beyond Brazil, Cities, 22(5), 381—393.

Rossi, E. C. and Taylor, P. J. (2007). Gateway Cities: Círculos Bancarios, Concentración y Dispersión en el Ambiente Urbano Brasileño, Eure, 33(100), 115—133.

Rossi, E.C., Beaverstock, J.V.and Taylor, P.J.(2007). Transaction Links through Cities: 'Decision Cities' and 'Service Cities' in Outsourcing by Leading Brazilian Firms, Geoforum, 38(4), 628—642.

Rozenblat, C. and Melancon, G.(2009). A Small World Perspective on Urban Systems. In Bavaud, F. and Mager, C.(eds.), Handbook of Theoretical and Quantitative Geography, 431—457. UNIL, Lausanne.

Rozenblat, C. and Pumain, D.(2007). Firm Linkages, Innovation and the Evolution of Urban Systems. In Taylor, P., Derudder, B., Saey, P. and Witlox, F.(eds), Cities in Globalization: Practices, Policies, Theories, London: Routledge, 130—156.

Russett, B.M.(1967). International Regions and The International System Rand McNally, Chicago.

Rutherford, J., Gillespie, A. and Richardson, R.(2004). The Territoriality of Pan-European Telecommunications Backbone Networks, Journal of Urban Technology, 11(3), 1—34.

Saey, P.(1996). Het Wereldstedennetwerk: De Nieuwe Hanze? Vlaams Marxistisch Tijdschrift, 30(1), 120—123.

Salt, J. and Clout, H.(eds)(1976). Migration in Post-War Europe: Geographical Essays, London: Oxford University Press.

Sassen, S.(1988). The Mobility of Labor and Capital, A Study in International Investment and Capital Flow, Cambridge.

Sassen, S.(1991). The Global City: New York, London, Tokyo, Princeton: Princeton University Press.

Sassen, S.(1997). Losing Control? Sovereignty in an Age of Globalization, Chichester: Wiley.

Sassen, S.(1999). Global Financial Centres, Foreign Affairs, 78(1), 75—87.

Sassen, S.(2001). The Global City: New York, London, Tokyo, 2nd edition, Princeton University Press, Princeton.

Sassen, S.(2002). Global Cities and Diasporic Networks: Microsites in Global Civil Society. In Glasius, M., Kaldor, M. and Anheier, H.(eds), Global Civil Society 2002, Oxford: Oxford University Press.

Sassen, S.(2002). Introduction, Locating cities on global circuits. In Sassen, S.(eds.), Global Networks, Linked Cities, London, 1—36.

Sassen, S.(2002). Locating Cities on Global Circuits, Environment and Urbanization, 14(1), 13—30.

Sassen, S.(2006). Cities in a World Economy, 3rd Edition, Pine Forge Press, Thousand Oaks.

Sassen, S.(2006).Foreword. In Amen, M.M., Archer, K. and Bosman, M.M.(eds.), Relocating Global Cities: From the Center to the Margins, Rowman & Littlefield, Lanham, Md., ix—xiii.

Sassen, S.(2010). Global Inter-City Networks and Commodity Chains: Any Intersections? Global

Networks, 10(1), 150—163.

Sassen, S.(ed.)(2002). Global Networks-Linked Cities, Routledge, London.

Sassoon, D.(2006). The Culture of the Europeans: From 1800 to the Present, Harper Press, London.

Savage, M. and Williams, K. (eds.) (2008). Remembering Elites. Sociological Review Monograph: Blackwells.

Saxenian, A.L.(2005). From Brain Drain to Brain Circulation: Transnational Communities and Regional Upgrading in India and China, Studies in Comparative International Development, 40(2), 35—61.

Schafran, A.(2014). Rethinking Megaregions: Subregional Politics in a Fragmented Metropolis, Regional Studies, 48(4), 587—602.

Schmitt, P.and Smas, L.(2012). Nordic "Intercity Connectivities" in a Multi-Scalar Perspective, Nordregio Working Paper: 7. Stockholm: Nordregio, Available at http://www.nordregio.se.

Schmitz, H.(2000). Global Competition and Local Cooperation: Success and Failure in the Sinos Valley, Brazil, World Development, 27, 1627—1650.

Scott, A .J.(1988). Metropolis: From the Division of Labor to Urban Form, University of California Press, Berkeley and Los Angeles.

Scott, A., Soja, E. and Agnew, J. (2001). Global City-Regions: Trends, Theory, Policy, Oxford University Press, Oxford.

Scott, A.J.(eds.)(2001). Global City-Regions: Trends, Theory, Policy, Oxford: Oxford University Press, 11—30.

Scott, A. J. (2000). The Cultural Economy of Cities: Essays on the Geography of Image-Producing Industries, Sage, London.

Scott, A.J.(2001). Globalization and the Rise of City-Regions, European Planning Studies, 9(7), 813—826.

Scott, A.J.(eds.)(2001). Global City-Regions, Trends, Theory, Policy, Oxford: Oxford University Press.

Scott, A.J., Agnew, J., Soja, E. and Storper, M. (2001). Global City-Regions. In Scott, A. (eds.), Global City-Regions: Trends, Theory, Policy, Oxford: Oxford University Press, 11—30.

Scott, J.(1997). Corporate Business and Capitalist Classes, Oxford University Press, New York.

Segbers, K.(eds.)(2007). The Making of Global City Regions Johannesburg, Mumbai/Bombay, São Paulo, and Shanghai, Baltimore: John Hopkins University Press.

Shachar, A.(1997). A Metropolitan Approach in Planning the Urbanized Area of Tel Aviv. In Nachmias, D. and Nahum, G.(eds.), Tel Aviv-Yafo, Social Processes and Public Policy, Tel Aviv: Ramot Press, Tel Aviv University, 305—319.

Shapiro, J.(2005). Smart Cities: Quality of Life, Productivity and the Growth Effects of Human Capital, National Bureau of Economic research Working Paper 11615.

Sheller, M. and Urry, J.(2006). The New Mobilities Paradigm, Environment and Planning A, 38(2), 207—226.

Sheppard, E.(2002). The Spaces and Times of Globalization: Place, Scale, Networks and Positionality, Economic Geography, 78, 307—330.

Shin, K-H. and Timberlake, M.(2000). World Cities in Asia: Cliques, Centrality and Connectedness, Urban Studies, 37, 2257—2285.

Short, J.R.(2004). Black Holes and Loose Connections in a Global Urban Network, The Professional Geographer, 56(2), 295—302.

Short, J.R., Breitbach, C., Buckman, S. and Essex, J.(2000). From World Cities to Gateway Cities Extending the Boundaries of Globalisation Theory, City, 4.3, 317—340.

Short, J.(2006). Urban Theory: A Critical Assessment, New York: Palgrave.

Short, J., Kim, Y., Kuss, M. and Wells, H.(1996). The Dirty Little Secret of World City Research, International Journal of Regional and Urban Research, 20, 697—717.

Short, J.R.(2004). Black Holes and Loose Connections in a Global Urban Network, The Professional Geographer, 56(2), 295—302.

Shy, O.(2001). The Economics of Network Industries, Cambridge, UK: Cambridge University Press.

Siegel, P., Johnson, T., Alwang, J.(1995). Regional Economic Diversity and Diversification, Growth and Change, 26, 261—284.

Simmie, J.and Lever, W.F.(2002). Introduction: The Knowledge-Based City, Urban Studies, 39 (5—6), 885—857.

Simmonds, R. and Hack, G.(eds)(2000). Global City Regions: Their Emerging Forms, London Spon Press.

Sklair, L.(1991). Sociology of the Global System, Baltimore: Johns Hopkins University Press.

Sklair, L.(2001). The Transnational Capitalist Class, Oxford: Blackwell.

Sklair, L. (2005). The Transnational Capitalist Class and Contemporary Architecture in Globalizing Cities, International Journal of Urban and Regional Research, 29(3), 485—500.

Small, J. and Witherick, M.(1986). A Modern Dictionary of Geography, Baltimore, Edward Arnold.

Smith, A., Rainnie, A., Dunford, M., Hardy, J., Hudson, R. and Sadler, D.(2002). Networks of Value, Commodities and Regions: Reworking Divisions of Labour in Macro-Regional Economies, Progress in Human Geography, 26(1):41—63.

Smith, D.A. and Timberlake, M.(1995). Conceptualising and Mapping the Structure of the World System's City System, Urban Studies, 32, 287—302.

Smith, D.A. and Timberlake, M.(2001). World City Networks and Hierarchies, 1977—1997: An Empirical Analysis of Global Air Travel Links, American Behavioral Scientist, 44 (10), 1656—1678.

Smith, D.A., and Timberlake, M.(1995). World Cities: A Political Economy/Global Network Approach, Research in Urban Sociology, 3, 181—207.

Smith, M. P. (2001). Transnational Urbanism, Locating Globalization, Malden: Blackwell Publishers.

Smith, M.P.(2001). Transnational Urbanism: Locating Globalization, Blackwell, Oxford.

Smith, M.P.(2005). Transnational Urbanism Revisited, Journal of Ethnic and Migration Studies, 31(2), 235—244.

Smith, R.(2003). World City Actor-networks, Human Geography, 27, 25—44.

Smith, R.(2008). Urban Studies without "Scale": Localizing the Global through Singapore. In Bender, T., Farias, I.(eds), Urban Assemblages: How Actor-Network Theory Changes Urban Studies, Routledge, London.

Smith, R.G. and Doel, M.A.(2010). Questioning the Theoretical Basis of Current Global-City

Research: Structures, Networks, and Actor-Networks, International Journal of Urban and Regional Research, 34(4).

Smith, R.G. (2012). NY-LON. In Derudder, B., Hoyler, M., Taylor, P.J. and Witlox, F. (eds.), International Handbook of Globalization and World Cities, 421—428, Cheltenham, UK: Edward Elgar.

Smith, R.G. (2014). Beyond the Global City Concept and the Myth of "Command and Control", International Journal of Urban and Regional Research, 38(1), 98—115.

Soja, E.W. (2000). Postmetropolis, Critical Studies of Cities and Regions, Oxford: Blackwell.

Soja, E. (1996). Thirdspace: Journeys to Los Angeles and Other Real and Imagined Space, Oxford: Blackwell.

Sokol, M. (2004). The "Knowledge Economy": A Critical View. In Cooke, P. and Piccaluga, A. (eds.), Regional Economies as Knowledge Laboratories, Cheltenham: Edward Elgar, 216—231.

Storper, M. and Manville, M. (2006). Behaviour, Preferences and Cities: Urban Theory and Urban Resurgence, Urban Studies, 43(8), 1247—1274.

Storper, M. and Venables, A.J. (2004). Buzz: Face-to-Face Contact and the Urban Economy, Journal of Economic Geography, 4(4), 351—370.

Storper, M. (1995). The Resurgence of Regional Economies Ten Years Later: The Region as a Nexus of Untraded Interdependencies, European Urban and Regional Studies, 2, 191—222.

Storper, M. (1997). The Regional World: Territorial Development in a Global Economy, New York: Guilford Press.

Strassoldo, R. (1992). Globalism and Localism: Theoretical Reflections and some Evidence. In Mlinar, Z. (ed.), Globalization and Territorial Identities, Aldershot: Avebury, 35—39.

Su, N. and Xue, D. (2012). The Spatial Distribution of Transnational Organizations in the Cities of Mainland China, http://www.lboro.ac.uk/gawc/rb/rb399.html.

Sudjic, D. (1992). The 100 Mile City, Harcourt Brace, San Diego.

Taaffe, E.J. (1962). The Urban Hierarchy: An Air Passenger Definition, Economic Geography, 38, 1—14.

Taylor, M. and Asheim, B. (2001). The Concept of the Firm in Economic Geography, Economic Geography, 77, 315—328.

Taylor, P. J. (2006). Shanghai, Hong Kong, Taipei and Beijing within the World City Network: Positions, Trends and Prospects, http://www.lboro.ac.uk/gawc/rb/rb204, html.

Taylor, P. J. and Csomós G. (2012). Cities as Control and Command Centres: Analysis and Interpretation, Cities, 29(6), 408—411.

Taylor, P. J. (2001). Specification of the World City Network, Geographical Analysis, 33, 181—194.

Taylor, P. J., Hoyler, M., Pain, K. and Vinciguerra, S. (2011). Extensive and Intensive Globalizations: Explicating the Low Connectivity Puzzle of US Cities using City-Dyad Analysis, GaWC Research Bulletin No. 369(A).

Taylor, P., Derudder, B. and Witlox, F. (2007). Comparing Airline Passenger Destinations with Global Service Connectivities: A Worldwide Empirical Study of 214 Cities, Urban Geography, 28(3), 232—248.

Taylor, P.J. (2003/2004). World City Network, A Global Urban Analysis, New York/London: Routledge.

Taylor, P.J. and Aranya, R. (2006). Connectivity and City Revival, Town & Country Planning 75, 309—314.

Taylor, P.J.and Aranya, R.(2008). A Global "Urban Roller Coaster"? Connectivity Changes in the World City Network, 2000—2004, Regional Studies, 42(1), 1—16.

Taylor, P.J.and Derudder, B.(2004). Porous Europe: European Cities in Global Urban Arenas, Tijdschrift voor Economische en Sociale Geografie, 95(5), 527—538.

Taylor, P.J. and Pain, K.(2007). Polycentric Mega-City Regions: Exploratory Research from Western Europe. In Todorovich, P. (ed.), The Healdsburg Research Seminar on Megaregions, Lincoln Institute of Land Policy and Regional Plan Association, New York.

Taylor, P.J.and Walker, D.R.F.(2004). Urban Hinterworlds Revisited, Geography, 89(2), 145—151.

Taylor, P.J.(1995). World Cities and Territorial States: The Rise and Fall of their Mutuality. In Knox, P.L. and Taylor, P.J.(eds.), World Cities in a World-System, 48—62, Cambridge: Cambridge University Press.

Taylor, P.J.(1997). Hierarchical Tendencies amongst World Cities: A Global Research Proposal, Cities, 14, 323—332.

Taylor, P.J.(1999). Modernities: A Geohistorical Interpretation, Cambridge: Polity Press.

Taylor, P.J.(2000). "Izations" of The World: Americanization, Modernization and Globalization. In Hay, C. and Marsh, D.(eds.), Demystifying Globalization, London: Macmillan, 49—70.

Taylor, P.J.(2000). World Cities and Territorial States under Conditions of Contemporary Globalization, Political Geography, 19, 5—32.

Taylor, P.J. (2001). Specification of the World City Network, Geographical Analysis, 33, 181—194.

Taylor, P.J.(2001). Urban Hinterworlds: Geographies of Corporate Service Provision under Conditions of Contemporary Globalization, Geography, 86, 51—60.

Taylor, P.J. (2005). Leading World Cities: Empirical Evaluations of Urban Nodes in Multiple Networks, Urban Studies, 42, 1593—1608.

Taylor, P.J. (2005). New Political Geographies: Global Civil Society and Global Governance through World City Networks, Political Geography, 24(6), 703—730.

Taylor, P.J.(2005). The New Geography of Global Civil Society: NGOs in the World City Network, Globalizations, 1(2), 265—277.

Taylor, P.J.(2010). Competition and Cooperation between Cities in Globalization. In Derudder, B., Hoyler, M., Taylor, P.J. and Witlox, F.(eds), International Handbook of Globalization and World Cities, Cheltenham, UK, Northampton, MA, USA: Edward Elgar, 64—72.

Taylor, P.J.(2011). Advanced Producer Service Centres in the World Economy. In Taylor, P.J., Ni, P., Derudder, B., Hoyler, M., Huang,J. and Witlox, F.(eds.), Global Urban Analysis: A Survey of Cities in Globalization, London: Earthscan, 22—39.

Taylor, P.J.(2011). UK Cities in Globalization. In Taylor, P.J., Ni, P., Derudder, B., Hoyler, M.,Huan, J. and Witlox, F. (eds.) (2010), Global Urban Analysis: A Survey of Cities in Globalization, London: Earthscan, 245—250.

Taylor, P.J.(2012). The Challenge Facing World City Network Analysis, http://www.lboro.ac.uk/gawc/rb/rb409.html.

Taylor, P.J. (2013). Extraordinary Cities: Millennia of Moral Syndromes, World-Systems and

City/State Relations, Edward Elgar, Cheltenham, UK and Northampton, MA.

Taylor, P.J.(2013). Extraordinary Cities: Moral Syndromes, World-Systems and City/State Relations, Cheltenham, UK: Edward Elgar.

Taylor, P.J., Aranya, R.(2008). A Global "Urban Roller Coaster"? Connectivity Changes in the World City Network, 2000—2004, Regional Studies, 42(1), 1—16.

Taylor, P.J., Catalano, G.and Walker, D.R.F.(2002). Exploratory Analysis of the World City Network, Urban Studies, 39(13), 2377—2394.

Taylor, P.J., Catalano, G. and Walker, D.R.F.(2002). Exploratory Analysis of the World City Network, Urban Studies, 39, 2377—2394.

Taylor, P.J., Catalano, G.and Walker, D.R.F.(2004). Multiple Globalisations: Regional, Hierarchical and Sectoral Articulations of Global Business Services Through World Cities, Service Industries Journal, 24(3), 63—81.

Taylor, P.J., Derudder, B.and Witlox, F.(2007). Comparing Airline Passenger Destinations with Global Service Connectivities: A Worldwide Empirical Study of 214 Cities, Urban Geography, 28(3), 232—248.

Taylor, P.J., Derudder, B., Faulconbridge, J., Hoyler, M. and Ni, P.(2014). Advanced Producer Service Firms as Strategic Networks, Global Cities as Strategic Places, Economic Geography, 90 (3), 267—291.

Taylor, P.J., Derudder, B., Hoyler, M.and Ni, P.(2012). Vital Positioning through the World City Network: Advanced Producer Service Firms as Strategic Networks, Global Cities as Strategic Places, GaWC Research Bulletin 413, Available at http://www.lboro.ac.uk/gawc/rb/rb413.html.

Taylor, P.J., Derudder, B., Hoyler, M., and Ni, P.(2013). New Regional Geographies of the World as Practised by Leading Advanced Producer Service Firms in 2010, Transactions of the Institute of British Geographers, 38(3), 497—511.

Taylor, P.J., Derudder, B., Hoyler, M., Ni, P.and Witlox, F.(2012). City-dyad Analyses of China's Integration into the World City Network, GaWC Research Bulletin 407, http://www.lboro.ac.uk/gawc/rb/rb407.html.

Taylor, P.J., Derudder, B., Hoyler, M., Ni, P. and Witlox, F.(2014). City-Dyad Analyses of China's Integration into the World City Network, Urban Studies, 51(5), 868—882.

Taylor, P.J., Derudder, B., Hoyler, M., Pain, K.and Witlox, F.(2011). European Cities in Globalization. In Taylor, P.J., Ni, P., Derudder, B., Hoyler, M., Huang, J. and Witlox, F.(eds.), Global Urban Analysis, A Survey of Cities in Globalization, 114—136, London, Washington: Earthscan.

Taylor, P.J., Derudder, B., Saey, P. and Witlox, F.(eds.) (2006/2007). Cities in Globalization: Practices, Policies and Theories, London: Routledge.

Taylor, P.J., et al.(2014). City-Dyad Analyses of China's Integration into the World City Network, Urban Studies, 51(5), 868—882.

Taylor, P.J., Evans, D.M., Hoyler, M., Derudder, B. and Pain, K.(2009). The UK Space Economy as Practiced by Advanced Producer Service Firms: Identifying two Distinctive Polycentric Regional Processes in Contemporary Britain, International Journal of Urban and Regional Research, 33, 3, 700—718.

Taylor, P.J., Firth, A., Hoyler, M.and Smith, D.(2010). Explosive City Growth in the Modern World-System: An Initial Inventory Derived From Urban Demographic Changes, Urban Geography,

31(7), 865—884.

Taylor, P.J., Hoyler, M.and Verbruggen, R.(2010). External Urban Relational Process: Introducing Central Flow Theory to Complement Central Place Theory, Urban Studies, 47 (13), 2803—2818.

Taylor, P.J., Hoyler, M., Walker, D.R.F.and Szegner, M.J.(2001). A New Mapping of the World for the New Millennium, The Geographical Journal, 167(3), 213—222.

Taylor, P.J., Ni, P., Derudder, B., Hoyler, M., Huang, J. and Witlox, F.(eds.) (2011). Global Urban Analysis: A Survey of Cities in Globalization, London: Earthscan.

Taylor, P.J., Ni, P., Derudder, B., Hoyler, M., Huang, J., Lu, F., Pain, K., Witlox, F., Yang, X., Bassens, D. and Shen, W.(2008). Measuring the World City Network: New Developments and Results, GaWC Research Bulletin 300, http://www.lboro.ac.uk/gawc/publicat.html.

Taylor, P.J.,Firth, A.,Hoyler,M. and Smith,D.(2010). Explosive City Growth in the Modern World-System: An Initial Inventory Derived from Urban Demographic Changes,Urban Geography, 31 (7), 865—884.

Taylor,P.J.(2012). The Challenge Facing World City Network Analysis,http://www.lboro.ac.uk/gawc/rb/rb409.html.

Terlouw, C. P. (1992). The Regional Geography of the World-System: External Arena, Periphery, Semiperiphery, Core, Utrecht, Faculteit Ruimtelijke Wetenschappen Universiteit Utrecht.

The Economist(2004). Special Report: Manufacturing in Japan: (Still) Made in Japan, The Economist, 371(8370), April 10, 57—593.

The Economist(2009). Spare a Dime? A Special Report on the Rich, The Economist, April 4th.

Thierstein, A., Lüthi, S., Kruse, C., Gabi, S.and Glanzmann, L.(2008). Changing Value Chain of the Swiss Knowledge Economy: Spatial Impact of Intra-Firm and Inter-Firm Networks Within the Emerging Mega-City Region of Northern Switzerland. Regional Studies, 42 (8), 1113—1131.

Thompson, G.F.(2003). Between Hierarchies and Markets: The Logic and Limits of Network Forms of Organization, Oxford: Oxford University Press.

Thrift, N.(1999). Cities and Economic Change: Global Governance?. In Allen, J., Massey, D. and Pryke, M.(eds), Unsettling Cities, London: Routledge.

Thrift, N.(2000). Afterwords, Environment and Planning D: Society and Space, 18, 213—256.

Thrift, N.(2002). Performing Cultures in the New Economy. In DU Gay, P. and Pryke, M. (eds), Cultural Economy, 201—234, Sage, London.

Throsby, C. D. (2010). The Economics of Cultural Policy, Cambridge University Press, Cambridge.

Tilly, C.(1992). Coercion, Capital, and European States, AD 990—1992, Cambridge(MA)/Oxford: Blackwell.

Todeva, E.(2006). Business Networks: Strategy and Structure, New York: Routledge.

Toly, N. J., Bouteligier, S., Gibson, B. and Smith, G. (2012). New Maps, New Questions: Global Cities Beyond the Advanced Producer and Financial Services Sector, Globalizations, 9(2), 289—306.

Torrance, M. I. (2008). Forging Glocal Governance? Urban Infrastructures as Networked Financial Products, International Journal of Urban and Regional Research, 32, 1—21.

Townsend, J.(1999). Are Non-Governmental Organizations Working in Development a Transnational Community? Journal of International Development, 11, 613—623.

Townsend, J., Porter, G. and Mawdsley, E.(2002). The Role of the Transnational Community of NGOs: Governance or Poverty Reduction? Journal of International Development, 14, 829—839.

Turok, I.(2009). The Distinctive City: Pitfalls in the Pursuit of Differential Advantage, Environment and Planning A, 41, 13—30.

Tushman, M., Anderson, P.(1986). Technological Discontimities and Organizational Environments, Administrative Sciences Quarterly, 31, 439—465.

Ullman, E. and Harris, C.D.(1945). The Nature of Cities, The ANNALS of the American Academy of Political and Social Sciences, 242, 7—17.

Umpleby, S.A.(2007). Academic Globalization: The Growth of International Collaboration in Education and Research, Presented at the 11th World Multi-Conference on Systematics, Cybernetics, and Informatics, Orlando, FL, July 8—12.

UNCTAD(2001). World Investment Report 2001, Promoting Linkages, UN, New York, Geneva.

UNDP(2009). Human Development Report 2009, New York: UNDP, http://hdr.undp.org/en/reports/global/hdr2009/.

UNFPA(2007). State of the World Population: Unleashing the Potential of Urban Growth, United Nations Population Fund, New York: UNFPA,http://www.unfpa.org/swp/2007/.

UN-Habitat(2010). Urban Trends: Urban Corridors-Shape of Things to Come? UN-Habitat Press Release, 13 March, Nairobi: UN-Habitat.

Urry, J.(2000). Sociology Beyond Societies: Mobilities for the Twenty-first Century, Routledge, London.

Uzzi, B.(1996). The Sources and Consequences of Embeddedness for the Economic Performance of Organizations: The Network Effect, American Sociological Review, 61, 674—698.

van den Berg, L., Drewett, R., Klaasen, L. et al.(1982). Urban Europe: A Study of Growth and Decline, Oxford: Pergamon.

Van der Laan, L.(1998). Changing Urban Systems: An Empirical Analysis at Two Spatial Levels, Regional Studies, 32, 235—247.

Van Oort, F.G., Burger, M.J. and Raspe, O.(2010). On the Economic Foundation of the Urban Network Paradigm, Spatial Integration, Functional Integration and Economic Complementarities within the Dutch Randstad, Urban Studies, 47, 725—748.

Vega-Redondo, F.(1996). Evolution, Games and Economic Behavior, Oxford: Oxford University Press.

Veneri, P. and Burgalassi, D.(2012). Questioning Polycentric Development and Its Effects, Issues of Definition and Measurement for the Italian NUTS-2 Regions, European Planning Studies, 20, 1017—1037.

Venturelli, S.(2004). From the Information Economy to the Creative Economy, Center for Arts and Culture, New York.

Vertovec, S.(1999). Conceiving and Researching Transnationalism, Ethnic and Racial Studies, 22(2), 447—462.

Wagner, C.S. and Leydesdorff, L.(2005). Network Structure, Self-organization, and the Growth of International Collaboration in Science, Research Policy, 34: 1608—1618.

Wagner, C.S. and Leydesdorff, L.(2006). Measuring the Globalization of Knowledge Networks, Presented at Blue Sky II Forum 2006: What Indicators for Science, Technology and Innovation Policies in the 21st Century? Ottawa, Ontario, Canada.

Wall, R.S.(2009). Netscape: Cities and Global Corporate Networks, Rotterdam: Haveka.

Wall, R.S., Burger, M.J. and van der Knaap, G.A.(2008). National Competitiveness as a Determinant of the Geography of Global Corporate Networks, http://www.lboro.ac.uk/gawc/rb/rb285.html.

Wall, R.S., Burger, M.J. and van der Knaap, G.A.(2011). The Geography of Global Corporate Networks: The Poor, The Rich and The Happy Few, Environment and Planning A, 43(4), 904—927.

Wall, R.S., van der Knaap, G.A.(2011). Sectoral Differentiation and Network Structure within Contemporary Worldwide Corporate Networks, Economic Geography, 87, 267—308.

Wallerstein, I.(1974). The Modern World-System, New York, NY: Academic Press.

Wallerstein, I.(1979). The Capitalist World-Economy, Cambridge: Cambridge University Press.

Wallerstein, I.(1983). Historical Capitalism, London: Verso.

Wallerstein, I.(1984). Politics of the World-Economy, Cambridge: Cambridge University Press.

Wallerstein, I. (2004). World-Systems Analysis: An Introduction, Durham, NC: Duke University Press.

Wang, Chia-Huang(2003). Taipei as a Global City: A Theoretical and Empirical Examination. Urban Studies, 40(2), 309—334.

Warf, B.(1989). Telecommunications and the Globalization of Financial Services, Professional Geographer, 41(3), 257—271.

Wasserstrom, J.N.(2009). Global Shanghai, 1850—2010: A History in Fragments, New York: Routledge.

Watson, A. and Hoyler, M.(2010). Media Centres in the World Economy. In Taylor, P.J., Ni, P., Derudder, B., Hoyler, M., Huang, J. and Witlox, F.(eds.), Global Urban Analysis: A Survey of Cities in Globalization, Earthscan, London: 40—47.

Wei, B.P.-T.(1987). Shanghai: Crucible of Modern China, Hong Kong: Oxford University Press.

Weibull, J.W.(1995). Evolutionary Game Theory, Cambridge, Mass: MIT Press.

Weise, P.(1996). Evolution and Self-Organization, Journal of Institutional Theoretical Economics Vol. 152, 716—722.

Welsch, W.(1999). Transculturality: The Puzzling Form of Cultures Today. In Featherstone, M. and Lash, S.(eds.), Spaces of Culture, London: Sage, 194—213.

Wheeler, S.M. and Beatley, T.(eds)(2004), The Sustainable Urban Development Reader, Abingdon UK/New York: Routledge.

Willcocks, L. and Lacity, M.(1998). Strategic Sourcing of Information Systems, Wiley, Chichester, UK.

Williams, J. and Brunn, S.(2004). Cybercities of Asia: Measuring Globalization using Hyperlinks (Asian Cities and Hyperlinks), Asian Geographer, 23(1—2), 121—147.

Wilson, A.(2008). Urban and Regional Dynamics-3: "DNA" and "Genes" as a Basis for Constructing a Typology of Areas, CASA Working Paper 130, Centre for Advanced Spatial Analysis (UCL), London, UK.

Winter, S.G.(1964). Economics Natural Selection, and the Theory of the Firm, Yale Economic Essays, 4, 225—272.

Wirth, L. (1938). Urbanism as a Way of Life, American Journal of Sociology 44, 1—24.

Witt, U. (1985). Coordination of Individual Economic Activities as an Evolving Process of Self-Organization, Economie Appliquee, 37, 569—595.

Witt, U. (1987). How Transaction Rights Are Shaped to Channel Innovatiovness, Journal of Instiutional and Theoretical Economics, 143, 180—195.

Witt, U. (1993). Emergence and Dissemination of Innovations. In Day, R., Chen, P. (eds.), Nonlinear Dynamics and Evolutionary Economics, Oxford: Oxford University Press, 91—100.

Witt, U. (2001). Evolutionary Economics: An Interpretative Survey. In Dopfer, Evolutionary Economics: Program and Scope, Kluwer Academic Publishers.

Wójcik, D. (2011). Securitization and Its Footprint: The Rise of the US Securities Industry Centres 1998—2007, Journal of Economic Geography, 11, 925—947.

Wójcik, D. (2013). The Dark Side of NY-LON: Financial Centres and the Global Financial Crisis, Urban Studies, DOI: 10.1177/0042098012474513.

Wood, P.A. (2002). Knowledge-Intensive Services and Urban Innovativeness, Urban Studies, 39, 993—1002.

Woods, R. (1993). Classics in Human Geography Revisited: Commentary 1, Progress in Human Geography, 17(2), 213—215.

Wu, J., Radbone, I. (2005). Global Integration and the Intra-urban Determinants of Foreign Direct Investment in Shanghai, Cities, 22(4), 275—286.

Wu, N., Silva, E.A. (2011). Urban DNA: Exploring the Biological Metaphor of Urban Evolution with DG-ABC Model, Paper Sessions of the 14th AGILE International Conference on Geographic Information Science.

Yates, R. (1997). The City-State in Ancient China. In Nicholas, D. and Charlton, T. (eds), The Archaeology of City-States: Cross-cultural Approach, Washington, DC: Smithsonian Institution Press.

Yatsko, P. (2001). New Shanghai: The Rocky Rebirth of China's Legendary City, Singapore: John Wiley & Sons.

Yeaple, S.R. (2006). Offshoring, Foreign Direct Investment, and the Structure of U.S. Trade, Journal of the European Economic Association, 4, 602—611.

Yeung, H.W.-C (1998). Capital, State and Space: Contesting the Borderless World, Transactions of the Institute of British Geographers, 23, 291—309.

Yeung, H. W. C. (2005). Organizational Space: A New Frontier in International Business Strategy? Critical Perspectives on International Business, 1, 219—240.

Yeung, Y. (1996). An Asian Perspective on the Global City, International Social Science Journal, 147, 25—31.

Yusuf, S. and Wu, W. (2002). Pathways to a World City: Shanghai Rising in an Era of Globalisation, Urban Studies, 39, 1213—1240.

Z/Yen (2010). Global Financial Centres Index 7, Corporation of London, London.

Zelinsky, W. (1971). The Hypothesis of the Mobility Transition, Geographical Review, 61(2), 219—249.

Zhao, S.X.B., Zhang, L. and Wang, D.T. (2004). Determining Factors of the Development of a National Financial Center: The Case of China, Geoforum, 35(5), 577—592.

Zook, M. and Brunn, S. (2006). From Podes to Antipodes: Positionalities and Global Air Line

Geographies，Annals of the Association of American Geographers，96(3)，471—490.

范·杜因：《经济长波与创新》，上海译文出版社 1993 年版。

库尔特·多普尔编：《演化经济学》，高等教育出版社 2004 年版。

李功豪：《上海崛起：从渔村到国际大都市》，上海大学出版社 2010 年版。

李向阳：《全球经济重心东移的前景》，《国际经济评论》2011 年第 1 期。

美国国家情报委员会：《全球趋势 2030——变换的世界》，时事出版社 2013 年版。

申银万国证券研究所：《全球需要第五次产业革命来带动经济增长》，《上海证券报》2009 年 2 月 5 日。

约瑟夫·熊彼特：《经济发展理论》，商务印书馆 1990 年版。

张仲礼：《近代上海城市研究(1840—1949)》，上海文艺出版社 2008 年版。

郑晓瑛、陈立新：《中国人口老龄化特点及政策思考》，《中国全科医学》2006 年第 9 卷第 23 期。

周振华：《崛起中的全球城市》，上海人民出版社、格致出版社 2008 年版。

周振华等：《上海：城市嬗变及展望》(三卷本)，格致出版社、上海人民出版社 2010 年版。

后　记

　　从个人学术生涯讲,本书是我进行全球城市研究的一个延续和深化。进入新世纪后,我开始涉猎这一研究领域,在上海社科院曾组织多次全球城市国际研讨会,与来自美国、英国、法国、加拿大、日本、新加坡、韩国以及我国香港、台湾地区的专家学者进行了广泛深入探讨,组织翻译出版了美国沙森教授的《全球城市:纽约、伦敦、东京》,与美国陈向明教授一起主编了 Shanghai Rising (University of Minnesota Press)。在此研究中,我比较关注新兴经济体的全球城市兴起和发展,并于 2008 年后出版了专著《崛起中的全球城市》《上海迈向全球城市:战略与行动》,以中国上海为蓝本,系统分析了全球城市崛起的可能性、独特路径及其新型特点等。这种崛起中全球城市的研究视角,与现有全球城市主流的静态分析不同,更多是一种动态分析。然而,不足之处在于更多基于现象动态描述,缺乏深入的演化机理分析,未能深刻揭示全球城市动态过程中包含的复杂、不确定和非均衡意义。当时,对此就深感欠缺,计划进一步研究全球城市演化理论。但由于调任上海市人民政府发展研究中心主持工作,从事决策咨询研究,公务繁多,事务缠身,这一研究计划便耽搁下来,尽管一直萦绕在脑海之中。

　　此事重新续起,缘于上海面向未来 30 年发展战略研究的重大契机。我在担任上海市人民政府发展研究中心主任的最后两年任期内,基于上海 2020 年基本建成"四个中心"和现代化国际大都市后如何在实现中华民族伟大复兴"中国梦"中充当应有角色及其在国家战略中实现自身发展的战略考量,策划了上海面向未来 30 年发展战略研究议题,并被市委市政府采纳在全市开展研究和大讨论,由市政府发展研究中心负责总牵头。在策划总体研究方案时,基于上海在未来世界经济版图重塑及中国作为强国迅速崛起中独特战略地位的基本判断,我们把上海未来 30 年发展聚焦于作为一个全球城市的发展。这就要求我们把全球城市演化作为支撑该战略研究的理论框架,通过重大影响变量及其相互作用的趋势分析来推演上海未来 30 年全球城市发展的可能性状态,从而为其战略目标及功能定位提供重要依据。为此,在原有全球城市研究基础上,我们收集和阅读了大量有关全球城市演化的文献及相关资料,并从动态演化角度设计了战略环境、战略驱动力、战略资源以及目标愿景、功能定位和发展路径等内容构成的总体研究框架和 80 多个研究专题。但当时不免有点"临阵磨刀"和应急之用,尚未形成一个完整的全球城市演化理论框架。2014年我从市政府发展研究中心主任位置退下来后,有了更多自由支配时间来重新审视这一问题,再加上作为国家"四个一批"领军人才正好承接了中宣部课题"全球城市研究:上海未来发展战略目标定位",于是我便集中精力从事全球城市演化理论研究,并运用这一理论框架进行"上海2050"全球城市发展战略研究。

在这一研究过程中,除了学术上的科学、严谨、规范外,创作的精神状态可以归结为"率性、淡定、抱残"。全球城市演化的开拓性研究是令人兴奋的,研究中不断受到知识创生及新奇发现的强大刺激,赋予持续创作的源源动力,使我率性而为,孜孜不倦耕耘其中。同时,这一开拓性研究也更为艰辛,不断创造又不断自我否定,反复自问与仔细推敲,甚至推倒重来,几经易稿,但这在意料之中,习以为常了,便能泰然处之,没有太多焦虑与烦恼,更不为此身心疲惫。经过三年多努力,本书总算完稿,但这不过是就此搁笔、暂告一个段落而已。就本书内容来讲,实际上为一部"残稿",而非"完稿"。

尽管自己有前期全球城市研究的相应积累和基础,并在此研究过程中组织和参加了一系列专题学术研讨会,有幸听取和吸收了许多国内外专家学者的精辟见解和宝贵意见,但面对全球城市演化这一跨学科综合研究和多尺度、多层次、多界面的立体性研究,仍深感底蕴不足,功力不够,难以胜任,力不从心。事实上,作为全球城市演化的学术探索和理论创新,不管自己个人如何努力,也只能做到自圆其说的一家之言。如果其中一些观点能得到读者认同,则可聊以自慰,也算对全球城市理论深化研究有所微薄"贡献"了。

最后,要感谢中宣部下达"四个一批"领军人才研究课题和上海开展面向未来30年发展战略研究大讨论所提供的绝好机会和条件,感谢我的学术引路人恩师福建师范大学陈征教授、中国人民大学胡乃武教授以及上海浦东改革发展研究院原院长姚锡棠研究员、上海经济学会原会长袁恩桢研究员等学术前辈们的鼓励与支持,感谢上海经济学会张广生、周伟、朱金海、石良平、王国平、陈宪、冯国荣、袁志刚、张永岳、权衡、干春晖、沈开艳、茆训诚等同仁们在历次研讨会上提出的宝贵意见和真知灼见,感谢我的研究团队上海发展战略研究所青年才俊的大力帮助。同时,感谢上海世纪出版集团及责任编辑忻雁翔女士长期以来为我出版和编辑了一系列专著。

周振华

2017年4月1日于瑞金小楼

图书在版编目(CIP)数据

全球城市:演化原理与上海 2050/周振华著.—
上海:格致出版社:上海人民出版社,2017.10(2019.1 重印)
ISBN 978 - 7 - 5432 - 2782 - 8

Ⅰ.①全… Ⅱ.①周… Ⅲ.①城市发展战略-研究-
上海 Ⅳ.①F299.275.1

中国版本图书馆 CIP 数据核字(2017)第 194193 号

责任编辑 忻雁翔
装帧设计 人马艺术设计・储平

全球城市
——演化原理与上海 2050
周振华 著

出   版 格致出版社
          上海人 ᵃ 出版社
          (200001 上海福建中路 193 号)
发   行 上海人民出版社发行中心
印   刷 上海商务联西印刷有限公司
开   本 787×1092 1/16
印   张 28.75
插   页 3
字   数 510,000
版   次 2017 年 10 月第 1 版
印   次 2019 年 1 月第 3 次印刷
ISBN 978 - 7 - 5432 - 2782 - 8/F・1053
定   价 92.00 元